동일 어원 중국어 차용어의 통시적 연구

동일 어원 중국어 차용어의 통시적 연구

김춘월(金春月) 지음

(학)신구학원 신구문화사

머리말

이 책은 2017년 8월 한국학중연구원 한국학대학원에 제출한 박사학위논문 『동일 어원 중국어 차용어의 통시적 연구』를 다듬은 것이다. 졸업한 지 6년 만에 다시 박사학위논문을 교정을 보면서 대상 하나하나가 단지 중국어의 일시적인 영향이라는 편견에서 벗어나 객관적인 시각에서 검토해야 한다는 생각을 다시금 하게 되었다. 여전히 많이 부족하지만 그때로서는 최선을 다한 논문이란 생각으로 책 출판을 결심하였다.

저자가 중국어 차용어에 관심을 갖게 된 것은 『낙선재본 '홍루몽'의 중국어 어휘 차용에 대한 연구』라는 주제로 석사학위논문을 작성하게 되면서였다. 석사학위논문의 연장선상에서 연구 대상의 범위를 넓혀 중국어 차용어를 통시적으로 고찰해 보고자 시도한 연구가 바로 박사학위논문이었다.

이 책에서는 동일한 어원을 지니면서 다양한 형태로 드러나는 중국어 차용어를 연구대상으로 하였다. 다양한 형태를 지닌 동일 어원 차용어들을 서로와의 연관 속에서 다각도로 조망함으로써 중국어 차용어의 공존과 변화에서 드러나는 보다 일반적인 특징들을 종합적으로 제시하고자 하였다. 같은 어원에서 출발했으나 음운, 조어, 의미, 분포에 걸쳐 달리 나타나는 형태들이 국어사 문헌 자료에서 하나씩 모습을 드러낼 때마다 저자는 더할 나위 없이 설레었고, 서로 다른 것들이 하나씩 쌓여 일반적인 모습으로 다시 눈에 들어왔을 때 희열을 느꼈다. 그러한 설렘과 희열은 논문을 마무리할 때까지 꾸준히 논문에 집중할 수 있었던 원동력이 되었다.

박사학위논문을 책으로 출판하기까지 많은 분들의 지도와 도움을 받았다. 지도교수이신 황문환 선생님께서는 저자가 국어사 공부의 재미를 느끼게 해 주시고 비판적인 생각을 할 수 있도록 힘을 길러주셨다. "네 것과 내 것을 가려야 한다, 확실한 결론을 내려고만 하지 마라, 자료 검토를 충실히 한 논문이 오래 간다."는 말씀들은 훗날 저자가 학생들을 지도하면서 늘 하는 말이 되었다. 누구보다도 엄격한 분이셨지만 저자의 생각을 인내심 있게 들어주셨을 뿐만 아니라 행동으로 학자가 갖추어야 할 자세가 어떤 것인지를 보여주셨다. 대학원 언덕을 오를 때도, 도서관 앞을 지날 때도, 평일이든 주말이든 늘 같은 곳을 지켰던 선생님의 자가용은 저자가 흐트러지지 않고 연구실 자리를 지킬 수 있었던 버팀목이었다. 졸업해서도 선생님께서 변함없이 연구에 참여할 수 있는 기회를 주셨기 때문에 지금까지도 국어사 공부의 끈을 놓지 않을 수 있었다. 기대에 턱없이 못 미친 것 같아 선생님께 늘 죄송한 마음이지만 리듬에 맞춰 꾸준히 해 나가다 보면 언젠가 선생님을 흐뭇하게 해 드릴 수 있을 거란 믿음으로 하루하루 보람차게 보내려는 중이다. 박사학위논문을 심사해주신 조항범 선생님, 권인한 선생님, 황선엽 선생님, 안예리 선생님께도 감사의 말씀을 드린다. 또 소중한 자료들을 아낌없이 주셨던 선문대 박재연 선생님, 한국에서 유학하는 내내 격려해 주시고 도움을 주신 최경봉 선생님, 김건곤 선생님, 전경목 선생님께도 감사드린다. 그리고 박부자 선생님과 조정아 선생님께서는 중요한 고비마다 진심 어린 조언과 격려를 해주셨으며 학회든 답사든 스터디든 공부에 도움이 될 만한 곳이라면 번거로움을 마다하지 않고 저자를 데려가 주셨다. 두 분을 만난 것은 크나큰 행운이다.

졸업하고 한국학중앙연구원을 떠나서야 왕실도서관을 가까이할 수 있고 다양한 인문학 전공 선생님들의 수업을 마음껏 청강할 수 있었던 연구원 생활이 얼마나 소중했는지를 알게 되었다. 저자가 폭넓은 연구 시각을 가질 수 있도록 멋진 강의와 지도를 해 주신 연구원의 국어국문학, 고문서학 전공 교수님들, 열띤 토론 현장을 함께했던 국어국문학

전공 선배, 동학, 후배들, 그리고 고문서 전공 스터디 모임 멤버들에게도 감사를 드린다. 20대를 연구원에서 마음껏 공부하며 보낼 수 있어서 너무 감사하다.

학위논문을 완성하기까지 오롯이 공부에만 집중할 수 있었던 시간들이 참으로 행복했다. 저자가 하고 싶은 일만 하면서 지낼 수 있었던 것은 전폭적인 지지를 보내주는 엄마와 남편이 있었기 때문이다. 지금도 변함이 없지만 두 사람은 저자가 하고 싶은 일이라면 무조건 지지해준다.

끝으로 본서의 출판 과정에서 저자 이상으로 신경을 써 주신 이춘영 선생님, 그리고 학위논문을 책으로 만들어주신 출판사 관계자 분들께도 감사의 말씀을 드린다.

2024년 8월 10일

김춘월

차 례

표 차례

1. 서론

1.1. 연구 목적 및 배경

본고는 15~20세기 초의 국어사 문헌 자료를 중심으로 동일한 어원을 지닌 중국어 차용어의[1] 공존 및 변화 양상에 대해 실증적으로 살피는 것을 1차적인 목적으로 한다. 이러한 자료 조사와 정리를 바탕으로 중국어 차용어들의[2] 공존과 변화에서 발견되는 유형별 특징을 제시하는 것을 궁극적인 목표로 삼는다.

지금까지 중국어 차용어를 대상으로 한 통시적 연구들을 검토해 보았을 때, 개별 문헌 또는 한정된 시기를 중심으로 차용어의 어원을 확인하거나 차자 표기의 목록을 제시하는 유형의 논의가 주를 이룬다. 또한 고유어와 한자어,[3] 고유어와 서구어 차용어 사이의[4] 공존과 경쟁에 대해 다룬 논의는 있었으나 기원적으로 더 밀접한 관련을 맺는 동일

---

1) 우리가 문헌상으로 확인할 수 있는 한글 기록은 훈민정음 창제 이후의 것이다. 王力 著(2004: 40~44)에 제시된 중국어사의 시대 구분과 비교해 보았을 때, 이는 중국어사의 근대에 해당한다. 따라서 본고의 대부분 대상은 근대 중국어 차용어라고 할 수 있겠지만, 이 중에는 더 이전 시기의 중국음을 반영했을 것으로 추정되는 대상들도 들어 있다. 참고로 王力 著(2004: 43~44)에서는 3세기 이전을 상고기(上古期), 4~12세기를 중고기(中古期), 13~19세기를 근대(近代), 20세기를 현대(現代)로 구분하였다.

2) 이들을 귀화의 정도에 따라 외국어, 외래어·차용어, 귀화어로 구분하는 견해도 있으나, 본고의 목적은 동일한 어원을 가진 차용어의 다양한 형태를 제시하고 이들의 공존와 변화에서 드러나는 특징들을 제시하는 데 있으므로, 동일한 어원을 지니면서 한자음의 결합 방식이 다른 대상들 및 이들에서 음운변화를 겪은 어형까지 모두 차용어의 범위에 포함시켜 다루었다.

3) 成煥甲(1986)을 들 수 있다.

4) 盧明姬(2011)를 들 수 있다.

어원의 중국어 차용어들 사이의 공존 및 변화 양상에 대해 전면적이고 포괄적으로 다룬 논의는 찾아보기 어렵다. 이처럼 차용어 관련 연구가 대상 확인 중심의 논의를 크게 벗어나지 못하고, 나아가 중국어 원음을 반영한 차용어들을 이와 동일한 어원을 지닌 다른 형태의 차용어들과 관련시켜 살피지 못한 데에는 아래와 같은 여러 요인이 작용했을 것으로 생각된다.

첫째, 중국어 차용어를 정확하게 기술하기 위해서는 원어인 중국어와 이를 차용한 한국어의 당시 언어 현실에 최대한 가까이 접근해야 한다. 이는 중국어와 한국어의 음운사, 어휘사, 나아가 당시의 문화적 배경 등에 대한 지식을 필요로 하는 것이다. 차용어와 관련하여 참고할 수 있는 연구 성과가 부족하고, 그동안 몇몇 연구자들을 중심으로 간헐적으로 연구가 된 것도 이러한 현실과 관련된다.

둘째, 자료 면에서의 한계를 들 수 있다. 기존의 논의들은 대부분 한학서나 일부 한문 문집에 수록된 차용어를 대상으로 하고 있다. 게다가 제한된 몇몇 자료마저도 중국어의 영향을 피할 수 없다거나 중국어나 한자에서 어원을 찾으려고 하는 견강부회(牽强附會)의 대상이 많이 들어 있다는 등의 이유로 비판을 받고 있다. 이 문헌들은 중국어 차용어 연구에 있어 1차적인 접근 자료가 되어야 함에도 불구하고 그 가치가 충분히 인정되지 못한 채 차용어 연구가 지지부진한 상태를 이어오고 있다.

셋째, 어원이 동일한 차용어들을 단순히 의미와 어형이 유사한 관계의 것으로 치부해 버리거나 또는 차용어 연구의 주축을 어원을 확인하는 데 그친 그동안의 연구 흐름과 관련이 없지 않다.

이상의 요인들은 '관련 연구 성과의 부족', '대상 자료의 한계', '연구 시각과 접근 방법의 단순성'으로 요약될 수 있다. 연구 현실이 이렇다고 할지라도 차용어 연구를 소홀히 하거나 어휘 연구의 변두리에 그대로 방치할 수만은 없다. 차용어를 아래와 같이 다른 시각에서 접근하다 보면 이러한 문제들은 어느 정도 극복이 가능하기 때문이다.

우선, 중국어 차용어에 대한 어휘론적 연구 성과들이 많지 않지만, 이 부분은 국내외의 다양한 분야의 연구 성과들을 원용하는 방법으로 보완될 수 있다. 예컨대 한자음이나 한자어 분야의 연구 성과, 기타 언어에서의 차용어 관련 연구 성과, 어휘사와 관련된 일반적인 연구방법론, 실물과 관련하여 연구한 복식사나 음식사 분야의 연구 성과 등이 그러하다. 다양한 분야의 연구 성과나 다른 나라에서 이루어진 차용어 관련 연구 성과들은 차용어를 보다 다각적인 시각에서 접근하는 데 적지 않은 시사점을 제공한다.

또한 자료 면에서의 한계나 자료 성격의 단일화는 비단 중국어 차용어 연구에서만 존재하는 문제는 아니다. 특정한 성격의 자료를 대상으로 한 연구는 자료 자체가 가지는 성격이 그 자료의 가치가 될 수도 있고 제약이 될 수도 있다. 일례로 언해 자료들은 원문과의 대조를 통하여 의미 파악이 용이한 반면 언어 현실 또는 현실 세계의 반영 여부가 문제시될 수 있다. 또한 의궤 자료의 경우 비슷한 성격의 물품들을 나열해 놓았기 때문에 의미 부류 파악이 용이한 반면 단어들 사이의 차이를 파악하기 어렵다는 단점을 갖는다. 이외에 언간을 비롯한 필사 자료는 당시 언어를 확인할 수 있는 자료라는 점이 강조되는 대신 보편적이지 않은 개인의 언어를 반영했다는 비판을 받기가 쉽다. 하지만 자료가 가지고 있는 성격에 대한 이해를 바탕으로 다른 성격의 다양한 자료들을 함께 검토하다 보면 단점은 서로 보완되고 장점은 최대한 살릴 수 있다.

한학서처럼 중국어 차용어가 집중적으로 출현하는 문헌 또한 드물다. 이외에 중국어 차용어가 높은 빈도로 출현하는 자료는 유해서(類解書), 번역 소설, 연행록과 같이 중국 또는 중국어와 뗄 수 없는 관계를 가지고 있는 자료들이다. 본고의 논의에서 드러나겠지만, 차용어 전체가 한음(漢音)으로[5] 구성된 대상 중 대부분 이러한 자료에서 그 최초 용례

5) 한자음 분야의 관습에 따라 한국 한자음을 지칭할 때에는 동음(東音)이라는 용어를, 중국 한자음을 지칭할 때에는 한음(漢音)이라는 용어를 사용할 것

가 확인된다. 따라서 이 자료들을 1차적인 검토 대상으로 하되, 이와 반대의 성격을 지닌 자료들도 충분히 활용하여 교차 검토를 진행한다면 차용어의 실체에 사실적으로 접근할 수 있을 것이다. 설령 어떤 대상이 원문의 영향이거나 견강부회의 결과라고 할지라도, 어떤 것이 안정적인 차용어의 지위를 획득한 것이고 어떤 것이 원문의 영향에 따른 일시적인 간섭인지, 또한 어떤 것이 견강부회의 결과인지를 가려내고 검증하는 것 또한 차용어의 정밀화된 연구를 위한 의미 있는 작업이 될 것이다. 이러한 과정을 빌려 한학서나 유해서, 번역 소설, 연행록의 가치에 대해서도 다시 생각해볼 필요가 있다.[6)]

또한 연구 시각이나 접근 방법의 단순성은 시각이나 방법을 다각화하는 방식으로 극복될 수 있는 부분이다. 金春月(2016a, b)에서 이미 살펴본 바 있듯이 동일한 어원을 가진 차용어들 사이에는 기본적인 음운이나 형태에서의 차이 외에도 조어, 의미, 문헌의 성격에 따른 분포 등의 면에서 차이가 있다. 이러한 차이는 차용 당시부터 존재했던 것도 있지만 후대의 변화 과정에서 차차 획득하게 된 경우도 있다. 다양한 형태의 차용어에서 포착되는 공통점과 차이점들은 어휘의 공존, 경쟁, 분화를 연구함에 있어서 또 다른 접근 시각을 제시해 줄 수 있을 뿐만 아니라, 어휘사의 체계적인 연구에도 도움이 될 것이다. 따라서 차용어에 대한 연구를 어원 탐구에만 국한시키지 않고, 같은 어원을 지닌 다른 차용어들과 비교하는 방식으로 접근 방법을 달리하다 보면 새로운 연구가 가능하게 될 것이다.

이다.

6) 필자는 '보숙~포육'처럼 동일한 어원을 지닌 한자어들의 평음·격음 교차 양상에 대한 金春月(2017b)을 준비하면서 평음과 격음의 교차를 보이는 대상들 중에는 이른 시기 자료인 『순천김씨묘 출토 언간』(1550~1592), 『飜譯老乞大』(1510년대), 『飜譯朴通事』(1510년대), 『訓蒙字會』(1527)에서 동시에 검출되는 경우가 있음을 실감하였다. 자료가 갖고 있는 한계 때문에 방치하거나 소극적으로 인용할 것이 아니라 자료의 가치를 살릴 수 있도록 기타 보완 방법을 모색하는 것이 차용어 연구를 활성화하기 위한 보다 현실적인 방안이라고 생각한다.

이상 연구 배경에 대한 이해를 바탕으로 본고에서는 동일한 어원을 지니면서 다양한 형태로 드러나는 중국어 차용어들을 서로와의 연관 속에서 다각도로 조망함으로써 기존 논의를 비판적으로 진척시키고 차용어 연구의 활성화에 기여하고자 한다. 이러한 출발선상에서 본고의 연구 목적을 보다 명확하게 제시하면 다음과 같다.

첫째, 15~20세기 초의 다양한 성격의 자료들을 바탕으로 동일 어원 중국어 차용어들에서 드러나는 음운, 조어, 의미, 분포상의 특징을 개별 어형별로 정밀하게 추적하고 분석함으로써 차용어 연구와 관련한 보다 심도 있는 접근 방법을 제시하고자 한다.

둘째, 개별 어형에 대한 조사 자료를 바탕으로 중국어 차용어의 공존과 변화에서 드러나는 보다 일반적인 특징들을 음운, 조어, 의미, 분포 등에 걸쳐 종합적으로 제시함으로써 보다 정밀화되고 객관화된 차용어 연구의 방법론의 모색에 보탬이 되고자 한다. 아울러 한국어 어휘사에서 가지는 차용어의 지위에 대해 음미할 것이다.

셋째, 본고의 주된 목적 또는 직접적인 고찰 대상은 아니지만, 개별 어형들의 역사적인 존재 양상이나 발달 과정을 추적하는 과정에서 확인된 자료의 독자적인 특성에 대해서도 주목하고자 한다. 이는 차용어의 연구를 포함하여 앞으로의 어휘사 연구와 관련해서도 참조가 된다.

1.2. 연구사 검토

기존의 통시적 연구들에서 중국어 차용어로 지적된 대상들은 성격이 실로 다양하다.[7] 한음과 일치하는 어형을 차용어로 본다는 데는 대체

7) 차용어(借用語, loan word)는 외래어(外來語, foreign word)라고도 한다. 이는 외국에서 전래된 말로, 이미 자국어화(自國語化)된 말이다.(李埰 1966:1) 통시적 연구들에서는 '외래어'보다는 '차용어'라는 용어를 주로 사용해 왔다.

적으로 이견이 없지만 중국에서 기원한 한자어, 차용어나 한자어에서 음운 변화를 겪은 어형, 중국어 원음의 일시적인 영향이나 간섭을 받은 대상들도 차용어의 범위에 포함시키느냐 마느냐에 있어서는 의견을 달리한다. 이러한 의견 차이로 인해 차용어의 범위나 용어 체계 및 어휘 체계가 달라지는 것은 자연스러운 현상이다.[8)]

李基文(1965/1991: 214~226)은 16~18세기에 간행된 역학서를 중심으로 70여 개의 근세중국어 차용어를 '珍寶, 服飾, 布帛, 器用, 食物, 商賈, 官公, 禾穀·菜蔬, 其他'로 나누어 제시한 논의이다. 목록 제시에 앞서 차용어들에서 발견되는 공통적인 특징에 대해서도 언급한 바 있다.[9)] '망긴·망근, 툐야·툐아, 즈우샤·주사, 야투로·야토록·야토룩, 솨즈·샤즈·사즈, 좌슈·좌ᄋᆞ, 투슈·투셔'처럼 어형 중 일부만 한음이 반영된 대상들도 차용어에 포함시키고 있다. 李基文(1965/1991)은 중국어 차용어에 대한 최초의 본격적인 논의로서 이후의 차용어 관련 연구들에서 목록이 일부 추가되기는 하였으나 이 논의의 범위를 크게 벗어나지 못하였다.

또한 李基文(1986/1991)은 차용어 확인에 적용될 수 있는 음운론적, 형태론적, 의미론적, 어휘론적 기준들을 제시한 논의이다. 여기에 제시된 차용어 판정의 기준들은 李基文(1965/1991: 218~219)에서 포착된 차용어 특징을 바탕으로 설정된 것이다. 李基文(2008)에서는 『磻溪隧錄』, 『理藪新編』, 『雅言覺非』의 차용어 목록을 제시한 뒤에 각각의 차용어에 대해 간단한 주기(注記)를 붙였다.

金完鎭(1970)은 37개의 단어를 대상으로 이른 시기의 한중 언어 접

---

8) 여기에서 검토된 대상은 차용어를 본격적으로 다룬 논의들에 한정한다. 이외에 특정한 자료를 다루면서 언급되거나 나열된 차용어에 대해서는, 본고의 내용과 직접적으로 관련이 되지 않는 한 각주로 해당 논저를 소개는 하되 검토의 대상에는 포함시키지 않았다. 차용어와 관련된 기존논의를 검토하는 과정에서 金圭哲(1990), 趙恒範(1990), 金春月(2012), 蕭悦寧(2014)이 많은 참조가 되었다.

9) 차용어의 특징과 관련해서는 6장의 도입부에서 구체적으로 살필 예정이다.

촉에 대해 다룬 것이다. 그 후 金完鎭(1990)에서 金完鎭(1970)의 내용을 수정하여 게재한 바 있다.

南豊鉉(1968b)은 『飜譯朴通事』에 나타난 중국어 차용어에 대해 다룬 논의이다. 여기에서는 언어활동에 참여하는 계층을 한자를 이해 못하는 계층[B], 한자는 이해하나 중국 현실언어는 이해 못하는 지식인 계층[C], 중국 현실 언어에도 능통하고 한자도 이해하는 통역관 계층[D]으로 구분하였다. 또한 중국의 현실언어[A]에 대한 차용은 'ⓐA→B, ⓑA→D→B, ⓒA→D→C→B, ⓓA→C→B, ⓔB→C→B'의 5가지가 가능하며 이 중 한자를 배경으로 하지 않는 ⓐ와 ⓑ는 직접차용 과정이고 한자를 배경으로 한 ⓒ, ⓓ, ⓔ는 간접차용 과정이라고 하였다. 또한 전자의 과정을 거친 중국어 차용어는 직접차용어로, 후자의 과정을 거친 중국어 차용어를 간접차용어로 명명하였다. 해당 논의에 관점에 섰을 때, 흔히 한자어라고 불려온 대상들까지 차용어의 범주에 들게 된다.

南豊鉉(1968b)의 직접 차용어와 간접 차용어는 대체로 한음(漢音)이 반영된 어형과 동음(東音)이 반영된 어형에 대응되지만 양자가 꼭 이러한 대응 관계를 갖는 것은 아니다. 일례로 南豊鉉(1968b)과 南豊鉉(1968a: 79)에서는 '위두(爲頭)ᄒᆞ-'가 외형상으로는 간접차용의 형태를 지니고 있으나 당시 한문에서 쓰이지 않았을뿐더러 『飜譯朴通事』에서 처음 발견되기 때문에 한문을 모르는 하층사회에서 차용된 직접 차용어('南豊鉉 1968a'에서는 직접 차용 어사)라고 하였다.[10] 따라서 이는 어디까지나 언어 접촉의 시각에서 차용어의 유입 과정을 염두에 둔 분류이지, 반영된 한자음의 성격에 따른 분류는 아니다. 이러한 분류법에 따른다면, 어느 것이 직접 차용의 과정을 거친 것이고 어느 것이 간접 차용의 과정을 거친 것인지를 가려내는 것이 여간 어렵지 않다. '위두(爲頭)ᄒᆞ-'처럼 동음이 반영된 단어가 직접 차용어로 분류되는가 하면, 한문을 언해하는 과정에서 원어에 대한 번역자의 지식이 간섭 작용을

10) 南豊鉉(1968a: 79)에서는 '위두ᄒᆞ-(爲頭)'와 비슷한 성격의 것으로 추정되는 '가(家), 대가(大家)히, 대도(大都)히, 보(甫), 시혹(時或)'을 제시하였다.

일으켜 한음으로 기록했을 경우 오히려 간접 차용으로 지칭해야 하는 상황들도 발생할 것이다.[11)]

이외에 南豊鉉(1968a,[12)] 1972a,[13)] 1972b,[14)] 1985a,[15)] 1985b)은 위의 관점의 연장선상에서 진행된 차용어와 관련된 논의이다. 이 중 직접 차용어들에 대해서는 관련 용례를 제시하는 정도의 논의가 주를 이루었으며 대상의 범위에 있어서도 李基文(1965/1991)과 대부분 겹친다. 하지만 단음절 간접 차용어에 대해서는 南豊鉉(1972a, 1972b)에서 유형별로 자세히 이루어졌다. 간접 차용어에 국한된 것이기는 하나, 개별 용례의 차용과 변화에 대한 추적 과정과 방법들은 본고가 차용어의 공존과 변화를 살피는 데 많은 도움을 주었다.

귀화어는 차용어(외래어)의 범위에 포함시키지만 한자어는 차용어로 보지 않는 대표적인 논의로 劉昌惇(1980: 89~97)을 들 수 있다. 이 논저에서는 외래어의 한 갈래로서 '漢語系' 외래어를 설정하여 67개의 한어계 외래어를 '音韻變化', '固有語와의 複合語', '國音과 漢音의 混合

11) 근대국어 후기의 번역 소설에 중국 한자음을 반영한 어형들이 많이 등장한다는 점으로 미루어 보았을 때, 충분히 상정할 법한 가능성이다. 일례로 낙선재본 『紅樓夢』의 경우 언해문의 상단에 대응 중국어 원문뿐만이 아니라 그 당시의 중국어 발음도 병기되어 있다. 이러한 사실을 더불어 고려했을 때, 한문을 매개로 한 번역 과정이라 할지라도 원어에 대한 번역자의 지식이 간섭을 일으켰을 개연성은 얼마든지 존재한다.

12) 南豊鉉(1968a)은 『釋譜詳節』, 『月印釋譜』, 『初刊杜詩諺解』, 『金剛經三家解諺解』를 주요 자료로 하고 『龍飛御天歌』, 『月印千江之曲』, 『法華經諺解』, 『楞嚴經諺解』, 『觀音經諺解』를 보조 자료로 하여 이들에 나타나는 중국계 차용 어사를 다룬 논의이다. 여기에 제시된 중국어 직접차용 어사로 '노[羅], 보빅[寶貝], 비단[匹段], 샤공[艄工], 즈갸[自家], 즈디[紫的], 진딧[眞的], 차[茶], 차반[茶飯], 쳔[錢], 쳔량[錢糧], 퉁[銅], 훠[靴]'가 있다.

13) 南豊鉉(1972a)은 『杜詩諺解』, 『釋譜詳節』을 주요 자료로 하고 『月印釋譜』, 『月印千江之曲』을 보조 자료로 하여 단음절 체언을 차용의 입장에서 통시적으로 살핀 것이다.

14) 南豊鉉(1972b)은 南豊鉉(1972a)에 대한 후속 작업으로서 단음절 한자 용언과 부사에 대해 다룬 것이다. 여기에서는 이러한 대상들을 '한자어'라고 지칭하고 있다.

15) 南豊鉉(1985a)은 한국어 속에 존재하는 민간어원들에 대해 다룬 것이다.

語', '完全 漢音 借用語'로 나누어 고찰한 바 있다.

趙世用(1986)에서는 우선 한국어의 어휘 체계를 고유어와 차용어로 양분한 뒤에 다시 차용어를 외래어와 귀화어로 세분하였다. 중국어에서 기원한 어휘 중 20세기 이후에 차용되어 중국어 원음이 반영된 것은 '중국어계 외래어'로 명명하여 외래어의 하위 부류에 포함시켰다. 또한 귀화의 정도에 따라 동음이 반영된 우리가 흔히 한자어라고 부르는 대상은 귀화어(1)로, 동음이나 근대 한음을 반영한 어형에서 통시적인 변화를 경험한 것은 귀화어(2)로 분류하고 있다. 趙世用(1986)에서 대상으로 하고 있는 것은 이 중의 귀화어(2)이다. 趙世用(1986)의 논의에 따른다면, 차용어에는 고유어를 제외한 모든 대상이 포함된다.

蕭悅寧(2014)은 한자음의 시각에서 차용어에 대해 체계적으로 접근한 가장 최근의 논의이다. 이 논의에서는 『飜譯老乞大』, 『飜譯朴通事』, 『老乞大諺解』, 『朴通事諺解』, 『譯語類解』, 『伍倫全備諺解』, 『朴通事新釋諺解』, 『方言類釋』, 『重刊老乞大諺解』, 『華音啓蒙諺解』에 나타나는 117개의 '근대한음계 차용어'를 중국 문헌에 대한 실제 검토를 바탕으로 어원을 확인하는 한편 차용어와 어원 사이의 음운론적 관계를 설명한 것이다.[16] 李基文(1965/1991)에서처럼 차용어를 한자어와 구분하는 입장인데, 그 근거는 이들이 중국어의 구어로부터 차용되었고 중국어의 음상이 어느 정도 반영되었기 때문이라고 하였다. 蕭悅寧(2014)에서는 대체적으로 한음이 반영된 어형이라면 모두 '근대한음계 차용어'로 보는 입장이다.

이상의 논의를 전반적으로 요약한다면, 한자어를 차용어와 별도의 체계로 설정하는지, 한자어나 차용어에서 음운 변화를 경험한 귀화어를 차용어의 범위에 포함시키는지, 자국화 되지 않은 대상들도 차용어의

16) 이외에도 『紅樓夢 古語辭典』에 제시된 중국어 직·간접 차용어는 이표기를 포함하여 총 280여 개가 된다. 이들을 전부 차용어로 포함시키는 데 대하여 같은 입장을 취하는 것은 아니지만, 이와 같은 기존의 작업들을 통하여 우리는 역사 문헌 속에 중국어 차용어가 상당수 존재했다는 사실을 확인할 수 있다.

범위에 포함시키는지에 따라 입장이 갈린다는 것을 알 수 있다. 이외에도 차용어에 대한 전반적인 논의는 아니지만, 일부 문헌이나 개별 대상에 대해 연구가 이루어진 논의들도 있다.

연규동(1987)은 『方言類釋』에 나타난 한국어 풀이에 대한 연구로, 이 중에는 차용어에 대한 내용도 포함되어 있다. 蕭悅寧(2012)은 『譯語類解』와 『方言類釋』에 나타나는 차용어에 대해 음운론적으로 다루었다.[17] 이 과정에서 李基文(1965)이나 연규동(1987)에는 언급되지 않았던 '챵ᄌᆞ[腸子], 챵시[唱戲], 화냥[花娘], 반등[板凳], ᄇᆡ양[白楊], 시근ᄎᆡ[赤根菜], 싀면/슈면[濕麵]'에 대하여 중국 자료에서 어원을 일일이 확인하고 설명하고 있다. 蔡琬(1982: 38~43), 金鍾塤 著(1994b), 백상현(2001: 79~85)은 『雅言覺非』에 나타나는 중국어 차용어에 대해 다룬 것이다.

박재연(2001)을[18] 포함한 저자의 일련의 논저들에서는 백화어계 번역소설에 나타난 중국어 차용어에 대해 다루었다. 이들 대부분은 본고의 직접적인 고찰 대상에 포함시키지는 못하였으나 한자음의 대응 양상을 살핌에 있어 좋은 비교 자료가 된다. 특히 박재연(2012b)에 포함된 阿川文庫 『中華正音』, 華峯文庫 『中華正音』, 小倉文庫 『關話畧抄』와 같은 필사본 한어 회화서를 대상으로 한 연구들은 이전 시기 한학서들과 비교할 수 있어 본고에 많은 도움이 되었다. 그러나 백화어계 번역소설에서 추출된 직접 차용어의 목록 속에는 차용 여부가 의심되는 대상들이 적지 않게 포함되어 있는데, 이는 차용 당시 동음의 정음과 속음에 대한 이해의 부족에서 비롯된 것으로 판단된다.

박부자(2015)는 왕실 발기에 나타나는 복식 관련 어휘 차자 표기의

17) 蕭悅寧(2012)에 제시된 차용어들은 저자의 박사학위논문인 蕭悅寧(2014)에서 보다 구체적으로 언급되어 있다.

18) 박재연(2001)은 낙선재본 번역소설들에 나타나는 차용어를 중심으로 한 연구이다. 이외에도 저자의 여러 연구들에서 문헌 연구의 일부로 차용어가 언급된 바 있다. 박재연(2001)을 포함한 일련의 차용어 관련 연구들은 박재연(2012b)에서 확인할 수 있다.

한자 운용에 대해 다룬 논의로서, 차용어 표기 '縷飛', '玻瓓', '錦貝', '多紅', '苧藕紗', '蜜花'에 대해 다룬 바 있다. 언간 자료에 나타나는 물명에 대해 다룬 조정아(2016)에도 일부 차용어에 대한 논의가 포함되어 있다. 김춘월(2016a, 2016b)은 차용어의 공존 및 변화 양상을 다루기 위한 시론적 연구로서 의미 차이를 보이는 몇몇 대상들과 의미 차이는 없지만 반영된 한자음의 성격이나 분포 등에 있어서 특징적인 모습을 보이는 대상에 대해 다룬 바 있다. 이외에도 '餠餡'에 대해 다룬 方鍾鉉(1963), '누비' 관련 명칭에 대해 논의한 박부자(2013), '선비'의 선대형에 대해 다룬 蕭悅寧(2015) 등이 있다.

차용어의 범위에 대한 설정이 제각각인 상황에서 차용어를 통시적으로 논하기 위해서는 우선 차용어의 범위를 어디까지 한정할 것인지를 정해야 한다. 이는 결국 위에서 말한 한자어나 귀화어를 차용어에 포함시켜야 하는지 아니면 제외해야 하는지의 문제에 귀결된다. 이 시점에서 본고의 연구 목적을 다시금 생각하지 않으면 안 된다. 같은 어원을 지니면서 다양한 외형을 지닌 어형들의 공존과 변화의 양상을 살피고자 하는 것이 본고의 가장 기본적인 목적이다. 따라서 동일한 한자 어원에 소급할 수 있는 어형을 최대한 수집하여 비교 검토를 하는 것이 본고의 목적을 실현하는 데 도움이 되는 방향이라고 할 수 있다. 그러므로 무릇 한음이 반영된 중국어 차용어와 같은 어원을 지니는 어형이라면 모두 연구 대상의 범위에 포함시켜 함께 다루고자 한다.[19)]

이 중 어형 전체가 한음으로 구성된 경우는 '한음형 차용어', 한음과

19) 본고의 초점은 어디까지나 동일한 어원을 가진 차용어와 관련 용례들을 최대한 수집함으로써 공존과 변화의 양상에서 드러나는 특징적인 모습들을 제시하는 데 있다. 엄밀하게 따졌을 때, 본고에는 한국어의 체계 속에 자리 잡은 소위 진정한 의미의 차용어로 보기 어려우며 외국어의 성격에 보다 가까운 대상들도 일부 들어 있다. 이들은 비록 일부 문헌에서만 일시적으로 확인되지만, 차용어의 초기 모습을 보여줄 수 있다는 점에서 구체적인 언급이 필요한 대상들이라고 생각한다. 앞으로 이런 대상들이 지속적으로 축적되고 관련 연구가 진척이 된다면, 서로 다른 성격을 지닌 어형들에 대한 세부 분류도 연구의 정밀화를 위한 불가피한 작업이 될 것이다.

동음이 부분씩 반영된 경우는 '혼성형 차용어', 동음으로만 구성된 경우는 '동음형 차용어'로 달리 구분하고자 한다. 편의상 이들을 '한음형(漢音形)', '혼성형(混成形)', '동음형(東音形)'이라고 명명을 하되, 각각의 어형에서 음운 변화를 경험한 어형들도 해당 어형과 함께 다룰 것이다.

1.3. 연구 방법 및 절차

동일한 어원의 한음형, 혼성형, 동음형에 대한 통시적인 연구를 위해서는 해당 어원을 지닌 차용어들을 수집하고 분류한 뒤 어형별로 그 등장, 존속, 소멸 또는 변화에 대해 추적하고 기술하는 작업이 필요하다. 따라서 이는 큰 틀에서 어원 연구나 역사 자료 연구의 방법론에 크게 기댈 수밖에 없다.[20] 따라서 기존의 관련 연구 성과들을 활용하는 한편, 아래의 방법과 절차를 통해 연구 대상을 추출하고 분류하며 기술하고자 한다.

1.3.1. 연구 대상의 수집

1.3.1.1. 1차 수집

동일한 어원의 한음형, 혼성형, 동음형 차용어를 수집한다. 1차적으로 李基文(1965/1991), 劉昌惇(1980), 蕭悅寧(2014)에서 중국어 차용어라고 지적된 대상들을 토대로 하여 이들과 한자음 구성 방식이 다른

20) 조항범(2014: 53)에서는 어원 연구의 '역사적 기술 방법'에 대하여 "(1)문헌상 확인되는 최초 출현 어형과 그 용례 (2)최초의 출현 시기 및 출현 문헌 (3)기원형의 재구 및 차용 사실 확인 (4)형태 분석과 의미 해석 (5)형태와 의미의 변화 및 그 원인 (6)단어 소실의 시기와 최후 출현 문헌 (7)단어 소실의 원인" 등의 일곱 가지로 제시하였다. 본고의 방법론을 모색함에 있어 조항범(2014: 53)에서 많은 도움을 얻었다.

차용어의 존재 여부를 확인하였다. 최종적으로 이 세 연구를 연구 대상 수집의 1차적인 자료로 확정한 데는 아래와 같은 이유들이 있다.

필자의 조사에 의하면, 차용어는 한학서, 유해서, 번역 소설, 연행록에서 가장 집중적으로 나타난다.[21] 이 중 한학서를 제외한 여타의 한글 자료들은 모두 근대국어 이후에야 확인될 뿐만 아니라, 번역 소설이나 한글 연행록의 경우 이보다 더 후대인 근대국어 후기에 이르러서야 집중적으로 나타난다. 그러나 한학서의 경우 중세국어로부터 근대국어까지의 문헌에 두루 확인되기 때문에 중세국어로부터 근대국어에 이르기까지의[22] 차용어의 변화를 추적할 수 있다는 장점이 있다. 즉, 국어사 전반을 통해 차용어의 존재와 변화를 연속적으로 확인할 수 있다는 점에서 차용어 연구의 대표적인 자료가 될 수 있다고 판단하였다. 한학서의 경우 이 세 논저에서 이미 한음이 반영된 관련 차용어 목록을 제시한 바가 있기 때문에 이 세 논저를 논의의 출발점으로 삼았다.

또한 양적으로 볼 때 세 논저에서 중복 논의된 대상을 제외한 뒤 추출한 중국어 차용어는 총 150개 정도이다.([부록 2] 참조) 이 중 동일 어원을 지닌 다른 형태의 차용어를 확인할 수 있는 대상들은 70여 개가 있는데,[23] 이는 동일 어원 차용어들의 역사적인 변화를 살펴보는 데 충분한 양이다. 이외에도 필자가 그 동안 차용어와 관련된 자료들을 살피면서 수집한 일부 대상이 포함되어 있다.(본고의 대상 목록은 [부록 1] 참조)

---

21) 이외에도 『理藪新編』(1744년), 『磻溪隧錄』(1770년), 『雅言覺非』(1819년)에서 중국어 차용어로 지적된 대상들이 들어 있다.(목록은 [부록 3] 참조) 이 대상들은 '華音', '華語', '漢音', '漢語'과 같은 표현과 공기한다는 특징을 띤다. 본고에서는 다른 한문 문집 자료들에도 이들처럼 중국어 차용어가 집중적으로 나타나는 문헌이 있는지를 검토하기 위하여 이 네 단어를 키워드로 설정하여 <한국고전종합 DB>를 검토해 보았다. 그 결과 『華音方言字義解』, 『霞谷集』, 『牧民心書』, 『宋子大全隨箚』, 『竹欄物名攷』 등에서 개별적이고 산발적으로 나타났을 뿐 대량으로 발견되는 자료는 이 세 자료 외에 잘 보이지 않았다.

22) 국어사의 시대구분은 李基文(1998)을 따를 것이다.

23) 이속에는 차용 여부가 의심되는 대상들, 형태는 확인되지만 예문이 풍부하지가 않아 논의를 진전시키기에 어려운 대상들도 없지 않다.

1.3.1.2. 2차 수집

위의 과정을 거쳐 1차적인 목록이 확보되고 나면, 이들 차용어와 같은 어원을 지니되 한자음의 결합 방식이 다른 차용어, 또는 이들 차용어에서 어형 변화를 경험한 대상이 있는지를 추가적으로 확인하는 작업을 해야 한다. 대상만 다를 뿐, 수집 과정이나 방법에 있어서는 서로 통한다.

첫째, 1차 작업을 통해 확보된 차용어를 표제어로 한 기존의 사전들에서 참조로 제시된 대상 중에 동일 어원을 지닌 대상이 있는지를 확인한다. 참고문헌에 제시된 다양한 사전 중에서도 『우리말 큰 사전』, 『조선시대 한글편지 어휘사전』, 『필사본 고어대사전』, 인터넷판 『표준국어대사전』, 인터넷판 『한국 신소설 어휘사전』(http://newnovel.aks.ac.kr/) 등을 주로 참조하였다. 이러한 절차를 거쳐 수집된 차용어들은 결국 또 다른 어형의 존재를 찾아내는 밑거름이 된다.

둘째, 차용어가 확인되는 문헌을 중심으로 해당 문헌 속에 어원이 같으면서 형태가 다른 또 다른 동일 어원어가 있는지를 확인한다. 이는 다양한 어형의 공존을 공시적으로 다루는 데 유익한 검토 방법일 뿐만 아니라 차용어들의 음운·형태에 대해서도 해당 문헌의 특성과 결부하여 바라볼 수 있는 유익한 비교 자료가 된다.

셋째, 앞의 두 절차를 거쳐 수집된 구체적인 어형을 이용하여 언해 자료의 원문에 나타나는 대응어를 수집한다. 이 대응어 속에는 차용어의 어원, 차자 표기 형태, 어원과 유의 관계의 한자 대응어 등이 포함되어 있다. 이들 한자 대응어가 확보되고 나면 다시 수집된 대응어들을 키워드로 교차 검토하는 작업을 한다. 이 과정을 통해 또 다른 어형이 추가적으로 발견되기도 하고 동일한 의미의 고유어도 확보된다. 이는 차용어의 수집뿐만이 아니라 어휘의 의미나 용법을 분석하는 데 도움이 된다.

넷째, 이본 자료들도 검토의 대상 속에 포함시킨다. 앞선 세 절차가 기존의 역사 자료를 충분히 활용하는 방법이었다면 이 네 번째 방법의 주된 목적은 말뭉치에 구축되어 있지 않은 자료들도 함께 검토하기 위한 것이다. 현재 널리 활용되고 있는 세종 역사 말뭉치 자료는 대체로 기타 이본 자료나 후대의 필사 자료들이 누락된 채 이본 중의 선본 자료를 중심으로 구축되어 있다. 이본 자료들을 이용하여 동일한 문맥에서 어형들 사이의 치환 관계, 또는 음운·표기의 차이 등에 대해 비교해 볼 수 있으므로 어형의 변화를 추적하고 차용어의 의미나 쓰임을 파악하는 데 도움이 된다.

다섯째, 대상의 의미 유형을 고려하여 관련 어형을 수집하는 방법이다. 현대 한국어에서도 마찬가지겠지만 일부 어휘의 경우 특정된 주제나 내용을 포함한 자료에만 나타난다. 예를 들면 본고에서 대상으로 한 '변시'와 '탕슈'는 조리서에 자주 발견된다. 또한 일부 차용어의 경우 연행록을 비롯한 중국과 관련된 문헌에서 높은 출현 빈도를 보인다. 따라서 어휘의 의미나 성격에 따라 어떤 문헌에 보일 것인지를 미리 예측하여 접근하는 것도 유효한 방법이다. 이 과정에서 <한식아카이브>, <한국복식사전>과 같은 특정 분야의 DB나 웹자료가 많은 도움이 되었다.

여섯째, 어형에 대한 예측과 다양한 검색 수단의 활용이다. 예컨대, 본고에서는 유음화, 격음화, 위치 동화, 구개음화, y-첨가와 탈락, 원순모음화, 비원순모음화, ㅎ의 약화, 고모음화와 같은 음운 변화를 겪었을 가능성을 고려하여 어형을 예측하는 방법, 자소 검색을 통해 보다 다양한 어형을 확보하는 방법, 어원 속에 포함된 한자 중에서 핵심 의미가 되는 한자를 통해 접근하는 방법, 어형 속에 포함된 특수한 한글 표기를 통해 전수 조사하는 방법24) 등이 동원되었다.

24) 예를 들면, '갸ᄉᆞ', '갸ᄌᆞ', '갸군'의 '갸', 접미사 '즈[子]'로 종결되는 단어, '햐[下]'로 시작하는 단어, '솽[雙]'이 포함된 단어들에는 '갸', '즈', '햐', '솽'처럼 고유어에서는 드물거나 찾아보기 어려운 특이한 음절들이 포함된

이상의 내용은 '다양한 사전 활용', '한 문헌 속의 이표기 검토', '대응어와의 교차 검토', '이본 자료 검토', '의미 영역별 DB 검토', '어형에 대한 예측', '다양한 검색 수단의 활용'으로 요약될 수 있다. 이는 다양한 성격의 문헌들을 어떤 방식으로 활용을 했을 때 본고의 연구 대상을 최대한으로 수집할 수 있을지에 대한 고민 과정에서 얻어진 방법과 절차이다. 이상의 다양한 수집 방식을 복합적이고 교차적으로 이용했을 경우 보다 많은 이형태들을 발견할 수 있음은 물론 기존의 잘못된 어원 정보,[25] 및 어형 사이의 등장의 선후 순서를 등을 검토하는 데도 도움이 된다.

1.3.2. 연구 대상의 분류

위의 절차를 거쳐 동일 어원 차용어들이 추출되고 나면 이들을 어떻게 분류하고 기술하느냐의 문제에 부딪치게 된다. 분류를 함에 있어서 용례가 출현하는 문헌의 성격에 따라, 또는 음운·형태, 의미, 조어 등 국어사의 영역에 따라, '복식', '음식'과 같이 차용어가 나타내는 의미 부류에 따라, 또는 어형을 구성하는 한자음의 성격에 따라, 차용어의 품사에 따라 분류하는 방식 등을 생각해 볼 수 있다.

이 중 문헌의 성격에 따른 분류는 문헌의 성격에 따라 차용어의 분포를 살필 수 있다는 장점을 갖고 있고, 국어사 영역별 분류는 산발적인 대상을 종합적으로 살펴볼 수 있다는 장점이 있고, 차용어의 의미 부류에 따른 분포는 차용어들이 어떤 의미 부류에 집중적으로 나타나는지를 살필 수 있다는 장점이 있으며, 품사에 따른 분류는 차용어들을 품사별로 살필 수 있다는 장점이 있다. 이러한 장점을 갖고 있는 자료

경우가 있다. 이러한 경우에는 이 특이한 표기들만 키워드로 DB 자료를 전수 조사하였다.

25) 예컨대 '텰링·털링·텰링'을 기존 논의들에서 '帖裡'를 어원으로 하는 것으로 파악하였으나, 본고는 문헌 자료에 대한 조사와 예문 문맥에 대한 고찰을 바탕으로 '團領'이 그 어원일 가능성이 높음을 지적하였다.

들임에도 불구하고 단점 또한 간과할 수 없다. 우선, 문헌의 성격에 따라 분류했을 때 특별한 성격의 문헌에만 출현하는 대상에는 적용이 되겠지만 분포가 다양한 어형에는 적용이 되지 않을뿐더러 동일한 어원을 가진 대상들을 함께 다루지 못하고 분리해서 살펴야 한다는 문제가 있다. 또한 국어사의 영역에 치중하여 분류를 했을 때 단일한 대상에 대한 중복 서술을 면치 못할 뿐만 아니라 차용어를 유형별로 제시해주지 못한다는 단점이 있다. 그다음, 의미 유형별 분류는 문물의 교류 상황과 같은 문화적인 측면에서 어떤 교류가 이루어졌는지를 살필 수 있다는 장점은 있지만 성격이 다양한 차용어들을 분류하여 제시하지 못한다는 단점이 있다. 이외에도 차용어를 품사에 따라 분류했을 때, 대부분이 명사에 편중되어 있다는 점에서 차용어를 유형별로 살피는 데 효과적이지 못하다.

이상 분류법들의 장점은 살리고 단점은 보완하면서 본고의 연구 목적에도 잘 부합되는 분류 방법에 대해 고민해 본 결과, 동일 어원 차용어의 공존과 변화의 특징을 부류별로 잘 드러내줄 수 있는 방법은 차용어의 유형 및 어형 속에 놓인 한음의 위치 및 반영 정도에 따라 '한음형 차용어', '혼성형 차용어', '동음형 차용어'로 1차 분류를 한 뒤에, 혼성형 차용어에 대해서는 '선행 요소에 한음이 반영된 경우'와 '후행 요소에 한음이 반영된 경우'로 2차 분류를 하는 방식이라고 판단되었다.

1.3.3. 연구 대상의 기술

연구 대상의 추출 작업과 분류 작업이 완료가 되면 이들에 대해 개별적으로 기술하는 작업을 해야 한다. 개별적인 대상을 기술함에 있어 대체적으로 '차용 사실 확인→어형별 용례 분석→어형 사이의 비교 검토'의 순으로 논의를 전개할 것이다. 이 중 '음운·형태 확인', '의미'와 '문맥 속에서의 쓰임'은 필수적인 기술의 대상이지만, '조어'와 관련된 부분은 대상에 따라 편차가 있을 수 있다. 구체적인 기술 방식에 대해서는 아래에서 한음형, 혼성형, 동음형이 모두 확인되는 '家事'에서 기원한 차용어로 예시하면서 설명하기로 한다.

1.3.3.1. 차용 사실 확인

차용 사실을 확인하기 위해서 가장 기본적으로 어원 속에 포함되어 있는 한자의 한음과 동음을 확인한다. 이와 더불어 차용어임을 입증할 수 있는 기타 자료, 예컨대 동원어의 존재 여부, 증언 자료의 존재 여부 등에 대해서도 함께 검토할 것이다. 구체적인 절차는 아래와 같다.

① 해당 어형을 어원으로 하는 어형들을 모두 제시한다.(예시 ⓐ 참조)

② 어원의 한음과 동음을 순서대로 확인한다.(예시 ⓑⓒ 참조) 한음을 확인함에 있어서 한학서나 역학서에 나와 있는 주음을 포함하여 그 당시 한음을 한글로 전사한 자료를 1차적으로 이용한다. 단 전사 자료가 부재하거나 한글 전사음이 현실과 괴리가 있다고 판단될 경우 연구자들에 의해 재구된 음이나 한음이 병기된 운서 자료도 함께 참조할 것이다. 동음과 관련해서는 중세와 근대국어 시기의 다양한 자서와 운서를 참조 자료로 제시할 것이다. 여러 자료 중에서도 가장 기본적인 자료로 『訓蒙字會』를 인용하지만 『訓蒙字會』의 미수록 글자는 『千字文』을 비롯한 기타 자료의 동음을 참조할 것이다. 또한 근대국어 시기를 겪으면서 동음이 변화한 경우에는 『御製奎章全韻』을 비롯한 근대국어 운서 자료도 함께 검토한다. 이 경우에도 자서나 운서의 특성상 현실음에 기초하지 않고 규범성을 반영한 음이 들어 있을 수 있으므로 동일한 한자의 음 표기에 있어서 차이를 보이는 경우거나 운서에 해당 한자가 수록되어 있지 않은 경우에 동일한 시대의 운서나 자서, 언해 자료에 나타난 주음 표기 등도 함께 고찰할 것이다.[26]

26) 한음이나 동음과 관련된 준거 자료들을 수집하는 과정에서 李準煥(2007: 5~10)과 權仁瀚(2009), 蕭悅寧(2014)의 연구가 큰 도움이 되었다.

③ 어형들의 한자음 구성 방식에 대해 하나씩 살펴본다. 이 과정에서 어형들 사이의 음운 관계를 비롯하여, 기타 언어와의 동원 관계 여부, 비슷한 패턴을 지닌 유사 어형 등에 대해서도 언급할 것이다.(예시 ⓓ 참조)

④ 차용 사실을 입증할 수 있는 증거 자료를 제시하고 분석한다.(예시 ⓔⓕ 참조)

예시하면 아래와 같다.

<표 1> '家事' 기원 차용어를 통해 본 '차용 사실 확인'의 예

'家事'를 어원으로 하는 어형에는 '갸스', '갸ᄉᆞ, 갸슈, 개슈', '가ᄉᆞ'가 있다. **{ⓐ 어원 '家事'와 함께 '갸스', '갸ᄉᆞ, 갸슈, 개수', '가ᄉᆞ'와 같은 구체적인 어형 모두 제시}**

(1) 가. 家事: **家갸事스**, 一云家伙.<理藪新編-雜錄(1744) 20:58b> **{ⓑ '家事'의 한음 전사음 제시}**

나. 家: 집 가. 俗呼家當. 自稱寒家·寒居.<訓蒙字會-宮宅(1527) 中:3a>, 事: 일 ᄉᆞ.<訓蒙字會-雜語(1527) 下:13b> **{ⓒ '家'와 '事'의 동음 제시}**

(1)에서 보듯이, '家'와 '事'의 동음은 '가'와 'ᄉᆞ', 한음 전사음은 '갸'와 '스'이다. 따라서 '갸스'는 '家事'의 한음을 반영한 형태이고, '갸ᄉᆞ'는 '한음+동음'의 혼성형이며, '가ᄉᆞ'는 '家事'의 동음을 반영한 형태이다. '갸슈'는 둘째 음절이 'ᄉᆞ>수'의 변화를 겪은 것으로, 'ㅅ' 아래에서 'ㅜ'와 'ㅠ'가 혼기 되었던 당시의 언어 현상을 반영한 것이다. 또한 '개슈'는 혼성형 '갸ᄉᆞ'의 어두 위치에서 모음 변화를 겪은 어형이다. **{ⓓ 어형별 한자음 결합 양상, 동일한 한자가 한음에 가깝게 반영된 용례 제시}**

이 중 '갸스, 갸ᄉᆞ'가 한음이 반영된 중국어 차용어라는 사실은 아래의 기록에서 지적된 바 있다.

(2) 가. 家事: 呂伯恭打破家事. 朴君實云俗指器皿爲갸ᄉᆞ, 此是

漢語, 溪訓.(여백공이 家事를 깨뜨려 버렸다. (여기에 대하여) 퇴계는 “박군실은 세속에서 ‘기명’을 ‘갸ᄾ’라고 한다고 했는데, 이는 한어이다.”라고 주석을 달았다.)<鄭瀁 語錄解(1657) 6b>[cf. 갸ᄾ<南二星 語錄解(1669) 9b>, 家事: 呂伯恭打破家事. 俗指器皿爲가ᄾ, 此是漢語, 溪訓. <白斗鏞 語錄解(1919) 5b>]

나. 我國常談亦多華語, 往往可見, 今略列于下. [⋯] 家事/+家갸事스, 一云家伙+/<理藪新編-雜錄(1744) 20:58b>

다. 每官府開坐, 吏輒唱曰, 禁鄕談, 則府中上下於凡物名, 皆以漢語, 不得用鄕談. 今其制雖廢, 而尙有傳習之可見者. 如當直曰當당直디, 家事曰家갸事스<磻溪隧錄(1770) 25:續篇:言語> {ⓔ 차용 사실을 확인할 수 있는 증거 자료 제시}

(2가)의 ‘家事’에 대한 퇴계의 주석에서는 “기명”을 ‘갸ᄾ’라고 불렀으며, ‘갸ᄾ’는 중국어[漢語]에서 비롯된 것임을 지적하고 있다. (2나)와 (2다)의 기록의 밑줄 친 부분에서도 ‘갸스’가 ‘家事’의 한음을 반영한 형태라고 기술되어 있다. {ⓕ 한문으로 된 증거 자료에 대한 분석}

1.3.3.2. 어형별 용례 분석

차용 사실이 확인되고 나면 ‘한음형→혼성형→동음형’의 순서를 따라 어형별 쓰임에 대해 통시적으로 검토할 것이다.(예시 ⓐ→ⓑ→ⓒ 참조) 단어의 쓰임에 대해 충실히 기술하기 위해서는 무엇보다 단어가 분포되어 있는 맥락이나 출현 환경에 대해 면밀히 살펴야 한다. 이는 단어의 의미나 통사가 문맥적 의미, 즉 다른 단어들과의 관계 속에서 잘 드러나기 때문이다. 개별 어형들의 통시적인 고찰이 끝난 후 해당 어원을 지닌 차용어의 후대형들이 현대국어에서 가지고 있는 용법에 대해 살펴볼 것이다.(예시 ⓓ 참조) 예시하면 아래와 같다.

<표 2> '家事' 기원 차용어를 통해 본 '어형별 용례 분석'의 예

아래 어형별로 그 쓰임에 대해 살피기로 한다. 우선 살펴볼 것은 '갸스'의 용례이다. <u>**{ⓐ 이하 한음형 '갸스'의 쓰임에 대한 고찰}**</u>

(3) 器: 그릇 ○ 터톤 ○ 又<u>갸스</u><同文類解-器具(1748) 下:13a>

(3)에서 '器'의 대응어로 '그릇' 외에 '갸스'가 제시되어 있다. 따라서 '갸스'는 '그릇'과 유의 관계의 것이다. (3)을 제외한 기타 자료에서는 '갸스'로 표기된 예가 잘 보이지 않는다.

아래의 (4)와 (5)는 각각 '갸ᅀᆞ' 및 '갸ᅀᆞ'에서 음운 변화를 겪은 '갸슈, 개슈'의 용례이다. <u>**{ⓑ 이하 혼성형 '갸ᅀᆞ' 및 그 변화형 '갸슈, 개슈'의 쓰임에 대한 고찰}**</u>

(4) 가. 益利 가 보니 그어긔 <u>수졔</u> 섯드러 잇고 香ᄂᆡ 섯버므러 잇고 <u>갸ᅀᆞ</u>ᄅᆞᆯ 몯 다 서러 잇ᄂᆞᆫ ᄃᆞ시 ᄒᆞ얫더니(匙筯交橫 香烟雜亂 <u>**椀楪**</u>收拾 猶未得了)<月印釋譜(1459) 23:74a-b>, 對答호ᄃᆡ 지븨 가 ᄒᆞ니 <u>수졔</u> 섯드러 잇고 香ᄂᆡ 섯버므러 잇고 즁님낸 다 나가시고 <u>갸ᅀᆞ</u>ᄅᆞᆯ 몯 다 설어졧더이다(歸到家中 正見匙筯交橫 香烟雜亂 僧徒并散 <u>**椀楪**</u>收拾 猶未得了)<月印釋譜(1459) 23:74b>

나. <u>갸ᅀᆞ</u>ᄃᆞᄅᆞᆫ 게 죵이나 예 오ᄂᆞ니라 다 물이고 말리라 ᄂᆞᄆᆡ 것ᄃᆞᆯ 그릴 것갓 길 가기 밧브고 하 긔오니 곤ᄒᆞ니 ᄉᆞᆯ 마리 무진호ᄃᆡ 몯 스노라<순천김씨묘-065, 1550~1592년, 신천강씨(어머니)→순천김씨(딸)>

다. <u>갸ᅀᆞ</u>ᄂᆞᆫ 오ᄂᆞᆯ 언죵이ᄅᆞᆯ 한부의게 가 바다 가라 ᄒᆞ엿다니 바다 갓던가<진주하씨묘-112/곽씨-25, 17세기 전기, 곽주(남편)→진주하씨(아내)>

(5) 가. <u>갸슈</u>: Dish washing.<韓英字典(1897) 199>

나. **<u>갸슈물</u>**: 洗器水. Eau à laver la vaisselle. Lavure de vaisselle.(설거지할 때 쓰는 물. 설거지할 때 쓴 개숫물)<韓佛字典(1880) 138>, **<u>갸슈물</u>**: Dish-water.<韓英字典(1897) 199>[cf. **<u>개슈물</u>**: Dish-water.<韓英字典(1897) 174>]

다. **<u>갸슈통</u>**: 洗器桶. Bassin qui sert à mettre l'eau pour laver la vaisselle. Vase pour laver la vaisselle.(설거지하기 위한 물을 담는 데에 쓰는 대야. 설거지하기 위한 그릇)<韓佛字典(1880) 138>, **<u>갸슈통</u>**: A basin-in which to wash dishes.<韓英字典(1897) 199> **<u>{ⓓ '갸슈, 개슈' 용례 제시}</u>**

(4가)는 나복(羅卜) 어미가 죽은 나복(羅卜)의 아비를 위해 승재(僧齋)를 지낸 것처럼 거짓으로 꾸며놓은 장면을 묘사한 것이다. 이때의 '갸ᄉᆞ'는 '椀楪'에 대응되며 문맥 속의 '수져'와 함께 승재에 쓰이는 물건이다. (4나)와 (4다)는 언간에 출현하는 '갸ᄉᆞ'이다. 대상이 무엇인지는 확실하지는 않으나 '믈이-, 받아 가-'와 같은 표현과 공기하였으므로 구체적인 사물을 지시하는 용어임은 분명하다.

(5)는 '갸슈, 갸슈물, 개슈물, 갸슈통'의 용례이다. (5가)에서 '갸슈'는 "Dish washing(그릇 씻기)"로 풀이되어 있어 (2~4)에서 살펴본 '갸스, 갸ᄉᆞ'와는 의미 차이를 보인다. 그러나 (5나)의 동일한 문헌에서 'Dish-water'의 대응어로 '갸슈물'과 '개슈물'이 쓰였는데, '갸슈, 개수'가 "그릇"을 의미하는 'dish'에 대응된다.

아래는 '가ᄉᆞ'의 용례이다. **<u>{ⓒ 이하 동음형 '갸ᄉᆞ'의 쓰임에 대한 고찰}</u>**

(6) 가. 네 집 <u>가ᄉᆞ</u>는 직영의 편지의 ᄒᆞ거니와 누웨도 녁신과 ᄒᆞᆫ가지로 잘되어 명지 필이나 나흘 ᄃᆞᆺᄒᆞ다 ᄒᆞ니 ᄀᆞ이 업시 깃거ᄒᆞ노라<월성이씨-2, 1716년, 월성이씨(어머니)→권순경(아들)>

나. 아ᄋᆞ 광안이 몬져 댱가 드니 어미 <u>가ᄉᆞ</u>를 다 맛졋더니

[…] 광안의 쳬 ᄌᆡ산 문셔와 자믈쇠ᄅᆞᆯ 다 광진의 쳐ᄅᆞᆯ 주니 광진이 봉ᄒᆞ여 도로 주고 ᄀᆞᆯ오ᄃᆡ 제쉬 일즉 모친을 셤기고 <u>가ᄉᆞ</u>ᄅᆞᆯ 맛져 겨시니 고치디 못ᄒᆞ리라 ᄒᆞ고(弟光顔先娶而 母委以<u>**家事**</u> […] 弟婦籍貲貯納管鑰於姒光進命反之曰 婦逮事姑且嘗命主<u>**家事**</u> 不可改)<五倫行實圖-兄弟圖-光進返籍(1797) 4:30b-31a>[cf. <u>**집빗 이를**</u>, <u>**집븨 이를**</u><玉山書院本 二倫行實圖(1518) 18a>]

다. ᄒᆞᆫ갓 죽은 날만 부ᄅᆞ지져 <u>가ᄉᆞ</u>ᄅᆞᆯ 도라보지 아닌즉 내의 ᄇᆞ라미 아니로라 을유년 월 일 김 탹서<김성일가-001-1, 1765년, 김광찬(남편)→진성이씨(아내)>

라. 심실이 ᄀᆞ장 민망ᄒᆞ여 그 모친 녀시ᄅᆞᆯ 보와 닐오ᄃᆡ 우리 샹공이 겨신 제 날노 ᄒᆞ여곰 <u>가ᄉᆞ</u>ᄅᆞᆯ 돌보아 그ᄅᆞᆺᄒᆞ미 업과댜 ᄒᆞ시더니 이제 공ᄌᆡ 날노 청누의 ᄃᆞᆫ녀 허다 ᄌᆡ믈을 다 업시ᄒᆞ시니 ᄇᆞ라건대 쥬모ᄂᆞᆫ 금지ᄒᆞ쇼셔<型世言(19세기) 4:39a-39b>

마. <u>가ᄉᆞ</u>: <u>**家事**</u>. les affaires de la maison.(집안일)<韓佛字典(1880) 135>

'가ᄉᆞ'는 18세기 이후의 자료에서 문증된다. (6가)와 (6다)는 언간에 나타나는 용례이고, (6나)와 (6라)는 언해 자료에 나타나는 용례이며, (6마)는 근대국어 사전에 제시된 용례이다. 이 중 (6가)의 '가ᄉᆞ'는 누에 농사와 같은 "집안일"을 말한다. (6나)와 (6마)의 '가ᄉᆞ'는 한문 원문의 '家事'에 대응되며, 이 중 (6나)는 이른 시기에 간행된 이본 자료들에는 '집븨 일, 집의 일'로 되어 있다. 따라서 동일한 어원에 바탕을 두고 있지만, '갸ᄉᆞ, 갸스'는 "기명"의 의미로, '가ᄉᆞ'는 "집안일"의 의미로 달리 쓰였다고 할 수 있다. '家事'가 중국어에서 양자의 의미를 모두 갖고 있다는 점에 비추어 보았을 때, '갸스, 갸ᄉᆞ'와 '가ᄉᆞ'는 어원은 동일하지만, 차용의 시기를 달리 하여 원어 의미의 일부씩 받아들인 경우라고 하겠다. 현대국어에서는 '개수'와 '가사'가 쓰이고 있다. <u>**{ⓓ '家事' 기원 차용**</u>

어들의 현대국어 용법}

(7) 가. 개수01: 명 =개숫물. 【<<중>家事】[cf. 개숫물: 음식 그릇을 씻을 때 쓰는 물. ≒개수01·설거지물.] [cf. 가세통, 가시대, 가시물그릇, 개수대, 개수통, 개수기, 개수틀, 개숫물, 갸시, 자수통, 자시태, 자시통, 재수통]

나. 가사05: 명 「1」 살림살이에 관한 일. 「2」 한 집안의 사사로운 일.

(7가)의 '개수'는 '개숫물', 즉 '설거지물'과 동일한 의미를 나타내는 것으로 기술되어 있어, 지금까지 살펴본 '갸스, 갸ᄾ'나 (5가)에서 살펴본 '갸슈'와 의미 차이를 보인다. 이는 '개숫물'에서 '물'이 생략되면서 '개수'가 "설거지물"의 의미를 갖게 된 것이 아닌가 한다. (7가)의 서술 내용이 '갸슈'의 의미 변화를 반영한 것인지, 이것이 사실이라면 '개수'가 어떤 과정을 거쳐 '개숫물'과 동일한 의미의 것으로 변화했는지에 대해서는 앞으로 더 많은 자료 및 현상들과의 비교 속에서 지속적으로 살펴보아야 할 것이다.

1.3.3.3. 어형 사이의 비교 검토

개개의 용례에 대한 분석이 끝나면 어형 사이의 종합적인 비교 검토가 진행될 것이다. 여기에는 이 중 어떤 것이 가장 일반적인 형태인지, 문헌의 성격에 따라 분포상의 차이가 없는지, 등장의 선후 순서는 어떠한지, 어형들 사이의 의미 차이는 없었는지, 현대 국어에서 어떤 어형이 살아남았는지를 포함하여 어휘 공존과 변화와 관련된 여러 측면에 대한 종합적인 고찰이 이루어질 것이다. '家事'의 해당 내용을 옮겨오면 아래와 같다.

<표 3> '家事' 기원 차용어를 통해 본 '어형 사이의 비교 검토'의 예

이상으로 '家事'를 어원으로 하는 차용어 '쟈ᄉ', '쟈ᄉᆞ, 쟈슈, 개슈', '가ᄉᆞ'의 공존과 변화의 양상에 대해 살펴보았다. 지금까지 살펴본 내용의 핵심을 요약하면 아래와 같다. 혼성형 '쟈ᄉᆞ'는 여러 어형 중 가장 이른 시기에 문증되는 것으로, 15~17세기 자료에서 확인된다. 그후 19세기에 '쟈ᄉᆞ'에서 'ᄉᆞ>수'의 변화를 입은 '쟈슈'와 '쟈슈'에서 모음 변화를 경험한 '개슈'가 등장하였으며, '개슈'의 후대형인 '개수'가 현재까지 쓰이고 있다. 한음형 '쟈ᄉ'는 『同文類解』를 제외한 기타 자료에서는 잘 보이지 않는다. 또한 동음형의 '가ᄉᆞ'는 18세기 이후의 자료에서 문증되기 시작하여 현재 그 후대형인 '가사'가 쓰이고 있다. 이들은 모두 '家事'를 어원으로 하고 있으나, '家事'의 한음이 반영된 '쟈ᄉ, 쟈ᄉᆞ, 쟈슈, 개슈'와 동음이 반영된 '가ᄉᆞ'가 의미 차이를 보이고 있다. 전자는 "그릇"의 의미로 쓰인 반면, 후자는 "집안일"의 의미로 쓰였다. '家事'가 중국어에서 양자의 의미를 모두 가지고 있다는 점을 감안했을 때, 한음이 반영된 어형과 동음이 반영된 어형은 차용의 시기를 달리하여 원어의 의미를 일부씩 받아들였음을 알 수 있다. 각각의 후대형인 '개수'와 '가사'가 현재까지도 의미 차이를 보이면서 공존하고 있으나, 전자의 경우 "그릇"의 의미에서 "설거지물"의 의미로 변화했다는 점에서 기존의 용법과 차이를 보인다.

이상으로 '家事'에서 기원한 차용어를 예로 연구 대상의 기술 방식에 대해 살펴보았다. 앞서 언급했지만, 세부적인 기술에 있어서는 차용어의 특징에 따라 편차가 있을 수 있고 강조되는 내용도 다를 수 있다.

1.4. 인용 자료

언어의 역사적 현실에 보다 가까이 접근하기 위해서는 최대한 다양한 종류의 자료를 축적시킴으로써 일반성을 도출할 수 있도록 해야 할 것이다. 이러한 취지에서 본고는 관련 어형을 확인할 수 있는 문헌이라면 연구에 참조하고자 하였다.[27] 본고에서 인용된 자료를 가나다순으로 제시하면 아래와 같다. '자료명'에는 인용 자료의 명칭을 제시하였고, '연대'에는 자료의 작성 시기를 밝혔다.

<표 4> 인용 자료의 연대순 목록

	연대	자료명		연대	자료명
1	1447	釋譜詳節	98	18세기	禪眞逸史
2	1447	龍飛御天歌	99	18세기	後水滸傳
3	1449	月印千江之曲	100	18세기	醒風流
4	1459	月印釋譜	101	18세기 후기~19세기	朝野僉載
5	1461	楞嚴經諺解	102	18세기 말~19세기	朝野會通
6	1463	法華經諺解	103	18세기 말~19세기 초	洛城飛龍 (藏書閣本)
7	1464	佛頂心陀羅尼經	104	18~19세기	玩月會盟宴
8	1464	金剛經諺解	105	18~19세기	快心篇
9	1465	圓覺經諺解	106	18~19세기	三國志(毛宗崗本)
10	1466	救急方諺解	107	18~19세기	大宋興亡錄
11	1481	杜詩諺解	108	18~19세기	靑丘永言
12	1481	三綱行實圖	109	18~19세기	現夢雙龍記
13	1482	金剛經三家解諺解	110	18~19세기	동궁마마풍용필강ᄒᆞ오신ᄂᆡ외샹격블긔
14	1482	南明泉繼頌諺解	111	1802	物譜

27) 필자는 <역사자료 종합 정비 사업>(2014-2016년), <조선시대 한글편지의 수집·정리와 어휘·서체 사전의 편찬 연구> 과제에 참여한 덕분에 보다 정확하고 풍부한 국어사 자료를 활용할 수 있었을 뿐만 아니라, 보다 거시적인 시각에서 자료에 접근할 수 있었다.

	연대	자료명		연대	자료명
15	1489	救急簡易方諺解	112	1804	註解千字文
16	1490년대	新昌孟氏墓 出土諺簡	113	1809	閨閤叢書
17	1509~1517년	老朴集覽	114	1810	蒙喩篇
18	1510년대	飜譯老乞大	115	1812	草澗集
19	1510년대	飜譯朴通事	116	1816/1876	北燕記行
20	1518	二倫行實圖 (玉山書院本)	117	1819	雅言覺非
21	1518	正俗諺解 (李源周本)	118	1827년경	林園十六志
22	1518	飜譯小學	119	1829~1831	乙丙燕行錄 (숭실대본)
23	1519	呂氏鄕約諺解 (華山文庫本)	120	1832	十九史略諺解
24	1527	訓蒙字會 (叡山文庫本)	121	1843년경	春秋列國誌
25	1573	內訓	122	1848년 이후	丁未嘉禮時日記
26	1575	光州千字文	123	1852	太上感應篇圖說
27	1576	安民學哀悼文	124	1856	字類註釋
28	1576	新增類合	125	1856	貞一堂雜識
29	1581	三綱行實圖 (상백문고본)	126	1864	南原古詞
30	1583	石峰千字文	127	1868	醫宗損益附餘
31	1588	小學諺解	128	1870	名物紀略
32	16세기	佛說長壽滅罪護諸童 子陁羅尼經	129	1876	復文錄
33	16세기 말	百聯抄解 (東京大本)	130	1880	韓佛字典
34	1608	諺解痘瘡集要	131	1883	華音啓蒙諺解
35	1612	練兵指南	132	1884년경	易言言解
36	1613	東醫寶鑑	133	1886	蠶桑輯要
37	1617	東國新續三綱行實圖	134	1887	예수聖敎全書
38	1630	윤선도 恩賜帖	135	1887	鱉兎歌(가람본)
39	1632	家禮諺解	136	1889	士民必知
40	1632	重刊杜詩諺解	137	1889	女士須知
41	1657	語錄解(鄭瀁本)	138	1895	中山望月傳
42	1658	警民編諺解	139	1895	國漢會語
43	1664	類合(七長寺)	140	1895	天路歷程

	연대	자료명		연대	자료명
44	1669	語錄解(南二星本)	141	1895	燕行紀 (고대본)
45	1670	老乞大諺解	142	1897	韓英字典
46	1670년경~1680	음식디미방 [閨壺是議方]	143	1898	詩篇撮要
47	1677	朴通事諺解	144	19세기 초	廣才物譜
48	1690	譯語類解	145	19세기 초	陞付吏案 酒方文
49	1698	新傳煮硝方諺解	146	19세기 초반	明行貞義錄
50	17세기	西宮日記	147	19세기 초반	西漢演義
51	17세기	丙子日記	148	19세기 전반	和氏忠孝錄
51	17세기	馬經抄集諺解	149	19세기 중기~말기	注生延嗣妙應眞經諺解(藏書閣本)
53	17세기 이후	九雲夢	150	19세기 중 후반	禹飮諸方
54	1700	類合(靈藏寺)	151	19세기 중 후반	酒食是儀
55	1715/1775	西遊記(연세대)	152	19세기 후반	乙丙燕行錄 (藏書閣本)
56	1721	伍倫全備諺解	153	19세기 말	華語類抄
57	1727	二倫行實圖 (奎章閣本)	154	19세기 말	紅樓夢 (藏書閣本)
58	1730	三綱行實圖 (奎章閣本)	155	19세기 말	續紅樓夢 (藏書閣本)
59	1737	御製內訓	156	19세기 말	紅樓夢補 (藏書閣本)
60	1744	理藪新編	157	19세기 말	補紅樓夢 (藏書閣本)
61	1745	平安監營刊老乞大諺解	158	19세기 말	後紅樓夢 (藏書閣本)
62	1748	同文類解	159	19세기 말	紅樓復夢 (藏書閣本)
63	1758	種德新編諺解	160	19세기 말	女仙外史
64	1761	老乞大新釋諺解	161	19세기 말	忠烈小五義
65	1761~1762	御製經世問答	162	19세기 말	雪月梅傳
66	1763	御製經世問答續錄諺解	163	19세기 말	瑤華傳
67	1763	朴通事新釋諺解	164	19세기 말	再生緣傳
68	1764 이후	日東壯遊歌	165	19세기	戊午燕行錄
69	1765	淸語老乞大	166	19세기	閑中錄
70	1770	磻溪隧錄	167	19세기	閑中漫錄
71	1772	十九史略諺解	168	19세기	落泉登雲

	연대	자료명		연대	자료명
72	1774	三譯總解	169	19세기	型世言
73	1775	譯語類解補	170	19세기	包公演義
74	1775/1835/1895	列聖后妃誌文	171	19세기	戊子西行錄
75	1776	念佛普勸文 (海印寺版)	172	19세기	沈淸歌 (신씨가장본)
76	1777	明義錄解	173	19세기	物名括
77	1778	方言類釋	174	19세기	赤壁歌
78	1779	漢淸文鑑	175	19세기 이후	鶴石集
79	1780년대 초	倭語類解	176	19세기 이후	玉樓夢 (서울대도서관)
80	1783	諭慶尙道都事兼督運御史金載人書	177	19세기 말~20세기 초	西遊記(계명대)
81	1787	兵學指南	178	19세기 말~20세기 초	忠烈小五義
82	1790	蒙語類解	179	1903	토끼전(가람본)
83	1790	蒙語類解補	180	1908	水滸誌(이대)
84	1790	蒙語老乞大	181	1908	婦人必知
85	1790	捷解蒙語	182	1909	中華正音[騎着(一)匹] (華峰文庫本)
86	1792	增修無冤錄諺解	183	1911	歷代千字文
87	1792	正俗諺解 (一簑文庫本)	184	1913	部別千字文
88	1794	諭湖南六邑民人等綸音	185	1913	梅泉集
89	1795	重刊老乞大諺解	186	1916	朴興甫傳
90	1796	御製奎章全韻	187	1919	語錄解 (白斗鏞本)
91	1796	奠說因果曲	188	1937	日用備覽記
92	1797	五倫行實圖	189	1967	궁듕네법풍속과전하는말삼
93	18세기 초기	酒方文[瀟湘月文]	190	20세기 초	璿譜輯略諺解
94	18세기 중반	御製續自省篇諺解	191	20세기 초 이후	中華正音 (六堂文庫本)
95	18세기 중엽~말엽	古今釋林-東韓譯語	192	20세기 이후	神州光復誌演義
96	18세기 7·80년대 경	朝野記聞	193	20세기	大明聖主賢臣開運傳
97	18세기	華音方言字義解	194	20세기	古今歌曲

표의 내용이나 자료의 출전 제시와 관련하여 몇 가지 부연 설명할 필요가 있다.

첫째, 자료 명칭을 제시함에 있어 자료명의 의미 파악에 도움을 줄 수 있도록 한자로 제시하되 약호를 사용하지 않는다. 이는 흔히 알고 있는 자료들 외에도 한문 자료들을 포함한 다양한 성격의 자료가 인용되었기 때문에, 전체 명칭을 제시함으로써 다소 생소한 자료들에 대해 약호와 문헌명을 일일이 확인해야 하는 번거로움을 덜고자 하였다. 또한 예문과 문헌명을 바로 대조할 수 있도록 함으로써 자료의 성격을 이해하는 데 도움이 되고자 하였다.

둘째, 연대 제시와 관련된 문제이다. 현재 이용할 수 있는 자료 중에는 연대 미상의 것들이 많이 포함되어 있다. 어휘의 변화를 논하기에 앞서 해당 대상이 출현하는 문헌의 시기 조사가 선행되어야 한다. 간본 자료의 경우 큰 문제가 되지 않지만, 필사 자료의 경우는 문제가 되는 경우들이 많다. 이러한 경우에는 기존의 관련 역주서나 논문들을 검토하여 간행 연대의 대체적인 작성 시기를 제시하였다. 판독이나 영인과 관련된 더 자세한 내용은 참고문헌의 '판독·원전 자료'를 통해 확인할 수 있다.

셋째, 출전의 제시 방식에 대한 것이다. 각각의 자료가 갖고 있는 장점과 특성을 살리기 위하여 본고에서는 자료의 유형에 따라 출전의 제시 방식을 조금씩 달리하였다. 예를 들면, 분류 자서나 분류 어휘집의 경우 기본적으로 '<訓蒙字會-宮宅(1527) 中:3a>'처럼 '<자료명-의미 항목(시기) 수록면수>'의 형식으로 제시하였다. 이는 자서나 어휘집에 제시된 의미 항목이 차용어의 의미 부류를 참조하는 데 유리할 뿐만 아니라, 그 당시 해당 차용어의 의미 부류를 어떻게 명명하고 있는지에 대해서도 함께 살필 수 있기 때문이다. 또한 운서의 경우 '<御製奎章全韻(1796) 麻>'처럼 '<자료명(시기) 운목>'의 형식으로 제시하였다. 이는 중국어와 한국어의 음운 대응의 양상을 운목별로 살필 수 있다는 장점을 고려한 것이다. 또한 언간 자료의 경우 '<순천김씨묘-119, 1550~1592년, 신천강씨(어머니)→순천김씨(딸)>'처럼 『조선

시대 한글편지 어휘사전』의 출전 제시 방식을 그대로 따랐다. 언해 자료의 경우 일반적으로 '<南二星 語錄解(1669) 9b>'처럼 '<자료명(시기) 수록면수>'의 형식을 취했으나 문헌의 성격에 따라 왕조의 명칭, 사건의 명칭, 질병의 명칭, 요리 명칭과 같은 하위 제목을 병기한 경우도 있다. 일부 자료는 원문 공개가 되지 않았기 때문에 원문을 직접 확인하지 못하였다. 예를 들면 『燕行記』와 숭실대본 『乙丙燕行錄』이 그러하다. 이러한 자료들은 '수록면수' 부분에 '쪽'이라는 표현을 씀으로써 주해서의 해당 면수를 제시할 것이다. 예를 들면, '<燕行紀(1895) 96-97쪽>'과 같은 형식이다.

넷째, 위의 자료 중에는 한문 자료는 물론 한문으로 된 내용이 포함된 자료들도 있다. 대표적으로 『伍倫全備諺解』, 『訓蒙字會』나 『註解千字文』, 『語錄解』, 『名物紀畧』와 같은 어휘집에 들어 있는 한문 주석을 들 수 있다. 이과 같은 한글 자료 속에 포함된 한문 원문은 지금까지의 어휘사 연구들에서 크게 주목을 받지 못했던 부분이다. 이처럼 한문으로 자세하게 제시된 내용들은 대상의 의미와 관련하여 의미 있는 증거들을 많이 제시해주고 있으므로 본고에서는 적극적으로 활용하였다.

다섯째, 자료에 따라서 간행 또는 필사된 연대가 불분명하여 미상으로 처리된 것들이 적지 않다. 이들 자료 대부분은 18~20세기 초 사이에 필사된 것이다. 이들은 확실한 시대나 경위를 알 수 없다는 제약이 있기는 하나, 이 중에는 다량의 이본 자료가 포함되어 있다. 여러 이본들을 대조하다 보면, 동일한 내용에 대한 서술에서 자료의 성격에 따라 어형이 어떻게 달리 나타나는지를 살필 수 있으므로 배제해서는 안 될 자료들이다. 따라서 '미상'으로 처리된 자료의 경우 근대 후기라는 대체적인 시간 범위 내에 작성된 것으로 파악하고, 이들도 자료 속에 포함시켜 다루고자 한다.[28]

28) 현재 제시된 목록에는 포함되어 있지 않지만 구체적인 예시에서 '미상'으로 되어 있을 경우, 시기를 '18~20세기 초' 정도로 짐작해 볼 수 있다.

1.5. 논의의 구성

본고가 다양한 성격의 한자음이 반영된 차용어들의 공존과 변화의 양상을 고찰하는 논의인 만큼, 우선 차용어 공존형의 유형별로 논문의 근간을 구성하고자 하며, 결론에 앞서 음운, 조어, 의미의 측면에서 차용어의 특징에 대해 영역별로 귀납하고자 한다. 구체적인 논의의 순서는 다음과 같다.

2·3·4·5장에서는 공존형의 유형에 따라 '한음형·혼성형·동음형의 공존 및 변화', '한음형·동음형의 공존 및 변화', '혼성형·동음형의 공존 및 변화', '한음형·혼성형의 공존 및 변화'로 분류하여 살펴보고자 한다. 이 중 '한음형·혼성형·동음형', '혼성형·동음형', '한음형·혼성형'처럼 대상 중에 혼성형이 포함된 공존형은 다시 '선행 요소에 한음이 반영된 경우'와 '후행 요소에 한음이 반영된 경우'로 하위 분류를 할 것이다. 각각의 하위 부류 안에서는 어원의 가나다순에 따라 배열하여 어형별로 하나씩 살피기로 한다. 이는 차용어의 공존과 변화에서 드러난 특징적인 모습들을 살피기 위한 기초 작업에 해당한다.

이어서 6장 부분에서는 2~5장의 개별 용례에 대한 고찰 내용을 바탕으로 공존과 변화에서 드러나는 특징적인 내용에 대해 음운적 측면, 조어적 측면, 의미적 측면, 기타(동원어의 존재, 궁중어)로 나누어 귀납적으로 기술하고자 한다.

마지막으로 7장은 본고의 결론 부분에 해당하는 것으로서 본고의 내용을 요약하고 향후 과제를 제시하는 방식으로 구성할 것이다.

2. 한음형·혼성형·동음형의 공존 및 변화

2.1. 도입

이 장에서 살펴볼 것은 어형 전체가 한음(漢音)으로 구성된 '한음형', 어형 속에 한음(漢音)과 동음(東音)이 일부씩 반영된 '혼성형', 어형 전체가 동음(東音)으로 구성된 '동음형'이 모두 확인되는 동일 어원의 어휘이다.

한음형, 혼성형, 동음형이 모두 확인되는 대상들은 혼성형의 선행 요소에 반영되었는지 아니면 후행 요소에 반영되었는지에 따라 다시 두 부류로 나뉠 수 있다. 이러한 분류 방식은 어형의 후대 변화를 관찰하는 데 유용하다.[1] 따라서 '혼성형'에서 한음이 반영된 위치에 따라 '선행 요소에 한음이 반영된 경우'와 '후행 요소에 한음이 반영된 경우'로 나누어 살펴보고자 한다. 이밖에 '혼성형' 중에는 음절 속에 포함된 자음 또는 모음의 일부만 한음과 일치하는 경우가 있다. 이 장에서 다루어질 '스란[膝欄·膝襴]'과 '야토룩[鴨頭綠]'에 포함된 '스'음과 '룩'음이 그러하다. 대응 한자 '膝'과 '綠'의 당시 동음인 '슬', '록'과 비교했을 때, 음절 내의 일부 요소는 한음을 반영한 것이고 일부는 동음을 반영

1) 이렇게 분류한 데는 '혼성형'에서 '한음+ 동음'이 더 일반적인 결합 방식인지, 아니면 '동음+ 한음'이 더 일반적인지를 살펴보고자 하는 본고의 의도가 있다. 이는 현대국어에서 한자어 요소와 고유어 요소가 결합될 때 '한자어 요소+ 고유어 요소'가 '고유어 요소+ 한자어 요소'보다 빈도상 더 우세한 것으로 나타난 李庸周 著(1974: 26)의 연구에서 도움을 받은 것이다. 이질적인 요소들이 결합될 때, 결합 양상에 있어 어떠한 경향성을 보일지에 대해 고찰하고자 한다.

한 것임을 알 수 있다. 이들도 서로 다른 성격의 한자음이 반영되었다는 점에서 '혼성형'에 포함시켜 다루고자 한다.

이와 같은 방식으로 대상들을 분류한 뒤에 각각의 분류 체계 안에서 다시 어원의 가나다순으로 배열하여 대상별로 하나씩 살필 것이다. 개별 대상을 기술함에 있어서는 대체적으로 어형 속에 반영된 한자음의 결합 양식에 대해 살펴보고, 이어서 '한음형→혼성형→동음형'의 순서로 고찰하기로 한다. 개별 대상에서 드러나는 특징에 따라 서술 방식을 조금씩 달리한 부분도 있다.

2.2. 어원별 분석

2.2.1. 선행 요소에 한음이 반영된 경우

우선 살펴볼 대상들은 '혼성형'의 선행 요소에 한음이 반영된 대상들이다. '家事', '圖書', '燒餅', '膝欄, 膝襴', '鴨頭綠', '店房', '玻瓈, 玻璃', '下處', '夾棍, 挾棍'을 어원으로 하는 차용어들을 대상으로 동일한 어원을 지닌 한음형, 혼성형, 동음형의 차용어가 어떻게 공존하고 변화했는지에 대해 살피기로 한다. 앞서 언급한 바와 같이 한음형, 혼성형, 동음형 외에도 이들에서 음운이나 형태 변화를 경험한 어형들도 연구의 대상 속에 포함시켰다. 가령, 혼성형인 '갸ᄉᆞ'에 대해 논의하면서 '갸ᄉᆞ'에서 형태상의 변화를 입은 '갸슈'나 '개슈'도 함께 살펴보겠다는 것이다. 아래의 개별 대상들은 어원의 가나다순에 따라 배열하였다. 각각의 소제목에 '[ ]' 속에는 어원을 제시하고, '>'을 기준으로 왼쪽은 역사 자료 속에 반영된 어형을, 오른쪽에는 현대국어에서 쓰이고 있는 어형을 제시하였다. 각 어형의 앞에 제시된 약호 '[한]', '[혼]', '[동]'은 각각 '한음형', '혼성형', '동음형'을 가리킨다.(이하 같음)[2)]

2.2.1.1. [家事] 한갸스-혼갸ᄉᆞ·갸슈·개슈-동가ᄉᆞ > 한∅-혼개수-동가사

'家事'를 어원으로 하는 어형에는 '갸스', '갸ᄉᆞ, 갸슈, 개슈', '가ᄉᆞ'가 있다.[3]

(1) 가. 家事: **家갸事스**, 一云家伙.<理藪新編-雜錄(1744) 20:58b>
　　나. **家**: 집 **가**. 俗呼家當. 自稱寒家·寒居.<訓蒙字會-宮宅(1527) 中:3a>,
　　　事: 일 **ᄊᆞ**.<訓蒙字會-雜語(1527) 下:13b>

(1)에서 보듯이, '家'와 '事'의 동음은 '가'와 'ᄉᆞ',[4] 한음 전사음은 '갸'와 '스'이다. 따라서 '갸스'는 '家事'의 한음을 반영한 형태이고, '갸ᄉᆞ'는 '한음+동음'의 혼성형이며, '가ᄉᆞ'는 '家事'의 동음을 반영한 형태이다.[5] '갸슈'는 둘째 음절이 'ᄉᆞ>수'의 변화를 겪은 것으로, 'ㅅ' 아래에서 'ㅜ'와 'ㅠ'가 혼기되었던 당시의 언어 현상을 반영한 것이다. 또한 '개슈'는 혼성형 '갸ᄉᆞ'의 어두 위치에서 모음 변화를 겪은 어형이다.

이 중 '갸스, 갸ᄉᆞ'가 한음이 반영된 중국어 차용어라는 사실은 아래의 기록에서 지적된 바 있다.

---

2) 또한 개별 대상에 대해 살피는 2~5장의 예문들은 어원에 따라 번호를 달리 시작하였다. 이는 본고의 예문 수가 상당할 뿐만 아니라, 대상과 대상 사이에 참조로 제시한 내용이 거의 없다는 점을 감안하여 간략함을 추구하고자 한 것이다. 따라서 별다른 설명 없이 예문 번호를 제시했을 경우 해당 표제어와 관련된 예문임을 말한다.

3) 이 중 '갸ᄉᆞ'는 李基文(1965/1991), 劉昌惇(1975), 李基文(2008)에서, '갸스'는 李基文(1965/1991)에서 중국어 차용어로 지적된 바 있다.

4) 『訓蒙字會』에 '**氣**: 긔운 **ᄭᅴ**. 又憤不泄曰氣了, 애ᄃᆞ다. 又氣不忿了, 忿或作分.<訓蒙字會-天倫(1527) 上:17b>'나 '**君**: 님굼 **ᄭᅮᆫ**<訓蒙字會-人類(1527) 中:1a>'처럼 사이시옷이 한자음의 초성에 함께 표기되었는데(이진호 1999:37), '일 ᄊᆞ'의 'ᄊᆞ'도 이들과 마찬가지로 사이시옷에 '事'의 동음 'ᄉᆞ'가 결합된 표기이다.

5) '家'의 한음 '갸'가 반영된 예로 '自家'에서 기원한 'ᄌᆞ갸'를 더 들 수 있다.

(2) 가. 家事: 呂伯恭打破家事. 朴君實云俗指器皿爲갸ᄉᆞ, 此是漢語, 溪訓.(여백공이 家事를 깨뜨려 버렸다. (여기에 대하여) 퇴계는 “박군실은 세속에서 ‘기명’을 ‘갸ᄉᆞ’라고 한다고 했는데, 이는 한어이다.”라고 주석을 달았다.)<鄭瀁 語錄解(1657) 6b>[cf. 갸ᄉᆞ<南二星 語錄解(1669) 9b>, 家事: 呂伯恭打破家事. 俗指器皿爲가ᄉᆞ, 此是漢語, 溪訓.<白斗鏞 語錄解(1919) 5b>]

나. 我國常談亦多華語, 往往可見, 今略列于下. [⋯] **家事/+家갸事스, 一云家伙+/**<理藪新編-雜錄(1744) 20:58b>

다. 每官府開坐, 吏輒唱曰, 禁鄕談, 則府中上下於凡物名, 皆以漢語, 不得用鄕談. 今其制雖廢, 而尙有傳習之可見者. 如當直曰當당直디, **家事曰家갸事스**<磻溪隧錄(1770) 25:續篇:言語>

(2가)의 ‘家事’에 대한 퇴계의 주석에서는 “기명”을 ‘갸ᄉᆞ’라고 불렀으며, ‘갸ᄉᆞ’는 중국어[漢語]에서 비롯된 것임을 지적하고 있다.[6] (2나)와 (2다)의 밑줄 친 부분에서도 ‘갸스’가 ‘家事’의 한음을 반영한 형태라고 기술되어 있다.

아래 어형별로 그 쓰임에 대해 살피기로 한다. 우선 살펴볼 것은 ‘갸스’의 용례이다.

---

6) 시간 간격을 두고 필사된 이본들을 비교해 보았을 때, 선대본의 ‘갸ᄉᆞ’가 후대본에서는 ‘가ᄉᆞ’로 필사되었음을 발견할 수 있다. 백두용본 『語錄解』를 제외한 기타의 자료에서 “기명”의 의미로 쓰인 ‘가ᄉᆞ’가 발견되지 않기 때문에 ‘가ᄉᆞ’가 ‘갸ᄉᆞ’의 후대형을 정확히 반영한 것인지, 아니면 원문의 영향인지에 대해서는 판단을 내리기 어렵다. 아래 예문에서 한자로 표기된 ‘家事’가 “그릇”의 의미를 나타내기는 하나 이 또한 언해문이다.

예 仵作의 집의 魂車와 紙車와 影亭子와 香亭子와 여러 가지 彩亭子를 셰 내고 花果와 酒器 **家事**를 다 탁ᄌᆞ에 담아 들고(仵作家賃魂車 紙車 影亭子 香亭子 諸般彩亭子 花果 酒器 **家事** 都裝在卓兒上擡着)<朴通事諺解(1677) 下:42b-43a>

언해문 속의 ‘家事’는 입렴(入斂) 전날 저녁에 ‘花果’, ‘酒器’ 등과 함께 상에 놓여 있던 것이다.

(3) 器: 그릇 ○ 터튼 ○ 又**갸스**<同文類解-器具(1748) 下:13a>

(3)에서 '器'의 대응어로 '그릇' 외에 '갸스'가 제시되어 있다.[7] 따라서 '갸스'는 '그릇'과 유의 관계의 것이다. (3)을 제외한 기타 자료에서는 '갸스'로 표기된 예가 잘 보이지 않는다. 아래의 (4)와 (5)는 각각 '갸ᄉᆞ' 및 '갸ᄉᆞ'에서 음운 변화를 겪은 '갸슈, 개슈'의 용례이다.

(4) 가. 益利 가 보니 그어긔 수졔 섯드러 잇고 香ᄂᆡ 섯버므러 잇고 **갸ᄉᆞ**ᄅᆞᆯ 몯 다 서러 잇ᄂᆞᆫ ᄃᆞ시 ᄒᆞ얫더니(匙筯交橫 香烟雜亂 **椀楪**收拾 猶未得了)<月印釋譜(1459) 23:74a-b>, 對答호ᄃᆡ 지븨 가 ᄒᆞ니 수졔 섯드러 잇고 香ᄂᆡ 섯버므러 잇고 즁님낸 다 나가시고 **갸ᄉᆞ**ᄅᆞᆯ 몯 다 설어젯더이다(歸到家中正見匙筯交橫 香烟雜亂 僧徒并散 **椀楪**收拾 猶未得了)<月印釋譜(1459) 23:74b>

나. **갸ᄉᆞ**ᄃᆞ른 게 죵이나 예 오ᄂᆞ니라 다 물이고 말리라 ᄂᆞᄆᆡ 것ᄃᆞᆯ 그릴 것갓 길 가기 밧브고 하 괴오니 곤ᄒᆞ니 슬 마리 무진호ᄃᆡ 몯 스노라<순천김씨묘-065, 1550~1592년, 신천강씨(어머니)→순천김씨(딸)>

다. **갸ᄉᆞ**ᄂᆞᆫ 오ᄂᆞᆯ 언죵이ᄅᆞᆯ 한부의게 가 바다 가라 ᄒᆞ엿다니 바다 갓던가<진주하씨묘-112/곽씨-25, 17세기 전기, 곽주(남편)→진주하씨(아내)>

(5) 가. **갸슈**: Dish washing.<韓英字典(1897) 199>

나. **갸슈물**: 洗器水. Eau à laver la vaisselle. Lavure de vaisselle.(설거지할 때 쓰는 물. 설거지할 때 쓴 개숫물)

---

7) '갸스'가 출현하는 『同文類解』에는 한자로 표기된 중국어 아래에 한글로 표기된 한국어가 있고, 그 밑에 '○' 부호로 한글로 전사된 만주어가 있다. 연규동(1996:17)에 의하면 "제시된 만주어에 둘 이상의 의미가 있을 때, 조그만 권점과 '又'(드물게는 '或')라고 표기한 다음 또 다른 우리말 대역어를 나타내고 있다"고 한다. 따라서 '又'에 후행한 '갸스'는 '器'의 또 다른 한국어 대응어인 것이다.

<韓佛字典(1880) 138>, **갸슈물**: Dish-water.<韓英字典(1897) 199>[cf. **개슈물**: Dish-water.<韓英字典(1897) 174>]

다. **갸슈통**: 洗器桶. Bassin qui sert à mettre l'eau pour laver la vaisselle. Vase pour laver la vaisselle.(설거지하기 위한 물을 담는 데에 쓰는 대야. 설거지하기 위한 그릇)<韓佛字典(1880) 138>, **갸슈통**: A basin-in which to wash dishes.<韓英字典(1897) 199>

(4가)는 나복(羅卜) 어미가 죽은 나복(羅卜)의 아비를 위해 승재(僧齋)를 지낸 것처럼 거짓으로 꾸며놓은 장면을 묘사한 것이다. 이때의 '갸ᄉᆞ'는 '椀楪'에 대응되며 문맥 속의 '수져'와 함께 승재에 쓰이는 물건이다. (4나)와 (4다)는 언간에 출현하는 '갸ᄉᆞ'이다. 대상이 무엇인지는 확실하지는 않으나 '믈이-, 받아 가-'와 같은 표현과 공기하였으므로 구체적인 사물을 지시하는 용어임은 분명하다.

(5)는 '갸슈, 갸슈물, 개슈물, 갸슈통'의 용례이다. (5가)에서 '갸슈'는 "Dish washing(그릇 씻기)"로 풀이되어 있어 (2~4)에서 살펴본 '갸스, 갸ᄉᆞ'와는 의미 차이를 보인다. 그러나 (5나)의 동일한 문헌에서 'Dish-water'의 대응어로 '갸슈물'과 '개슈물'이 쓰였는데, '갸슈, 개수'가 "그릇"을 의미하는 'dish'에 대응된다.

아래는 '가ᄉᆞ'의 용례이다.

(6) 가. 네 집 가ᄉᆞ는 ᄌᆡ영의 편지의 ᄒᆞ거니와 누웨도 녁신과 ᄒᆞᆫ 가지로 잘되어 명지 필이나 나ᄒᆞᆯ ᄃᆞᆺᄒᆞ다 ᄒᆞ니 ᄀᆞ이업시 깃거ᄒᆞ노라<월성이씨-2, 1716년, 월성이씨(어머니)→권순경(아들)>

나. 아ᄋᆞ 광안이 몬져 댱가 드니 어미 가ᄉᆞ를 다 맛졋더니 [...] 광안의 체 ᄌᆡ산 문셔와 자믈쇠를 다 광진의 쳐를 주니 광진이 봉ᄒᆞ여 도로 주고 ᄀᆞᆯ오ᄃᆡ 졔쉬 일즉 모친을 셤기고 가ᄉᆞ를 맛져 겨시니 고치디 못ᄒᆞ리라 ᄒᆞ고(弟光顔先娶而 母委以**家事** [...] 弟婦籍貲貯納管鑰於姒 光進命反之曰 婦逮事姑且

嘗命主<u>**家事**</u> 不可改)<五倫行實圖-兄弟圖-光進返籍(1797) 4:30b-31a> [cf. <u>**집빗 이를**</u>, <u>**집븨 이를**</u><玉山書院本 二倫行實圖(1518) 18a>]

다. ᄒᆞᆫ갓 죽은 날만 부ᄅᆞ지져 <u>**가ᄉᆞ**</u>ᄅᆞᆯ 도라보지 아닌즉 내의 ᄇᆞ라미 아니로라 을유년 월 일 김 탹셔<김성일가-001-1, 1765년, 김광찬(남편)→진성이씨(아내)>

라. 심실이 ᄀᆞ장 민망ᄒᆞ여 그 모친 녀시ᄅᆞᆯ 보와 닐오ᄃᆡ 우리 샹공이 겨신 제 날노 ᄒᆞ여곰 <u>**가ᄉᆞ**</u>ᄅᆞᆯ 돌보아 그릇ᄒᆞ미 업과댜 ᄒᆞ시더니 이제 공ᄌᆡ 날노 쳥누의 ᄃᆞᆫ녀 허다 ᄌᆡ믈을 다 업시ᄒᆞ시니 ᄇᆞ라건대 쥬모ᄂᆞᆫ 금지ᄒᆞ쇼셔<型世言(19세기) 4:39a-39b>

마. <u>**가ᄉᆞ**</u>: <u>**家事**</u>. les affaires de la maison.(집안일)<韓佛字典(1880) 135>

'가ᄉᆞ'는 18세기 이후의 자료에서 문증된다. (6가)와 (6다)는 언간에 나타나는 용례이고, (6나)와 (6라)는 언해 자료에 나타나는 용례이며, (6마)는 근대국어 사전에 제시된 용례이다. 이 중 (6가)의 '가ᄉᆞ'는 누에농사와 같은 "집안일"을 말한다. (6나)와 (6마)의 '가ᄉᆞ'는 한문 원문의 '家事'에 대응되며, 이 중 (6나)는 이른 시기에 간행된 이본 자료들에는 '집븨 일, 집의 일'로 되어 있다. 따라서 동일한 어원에 바탕을 두고 있지만, '갸ᄉᆞ, 갸스'는 "기명"의 의미로, '가ᄉᆞ'는 "집안일"의 의미로 달리 쓰였다고 할 수 있다. '家事'가 중국어에서 양자의 의미를 모두 갖고 있다는[8] 점에 비추어 보았을 때, '갸스, 갸ᄉᆞ'와 '가ᄉᆞ'는 어원은 동일하지만, 차용의 시기를 달리 하여 원어 의미의 일부씩 받아들인 경우라고 하겠다. 현대국어에서는 '개수'와 '가사'가 쓰이고 있다.

---

8) '家事'는 중국어에서 아래와 같은 의미로 사용되었다.
家事: 「1」 고대에는 사대부 가문 내의 일을 지칭했으나, 점차 집안일을 두루 가리키게 됨. 「2」 집안 상황이나 형편. 「3」 집안 재산, 가업. 「4」 가재도구, 기구.(「1」 古代指大夫家族內部的事務, 后漸漸用以泛指家庭事務. 「2」 家庭情況 ; 家境. 「3」 家產 ; 家業. 「4」 家什, 器具.)<漢語大詞典>

(7) 가. <u>개수01</u>: 명 =개숫물. 【<<중>家事】 [cf. 개숫물: <u>음식 그릇을 씻을 때 쓰는 물.</u> ≒개수01·설거지물.] [cf. 가세통, 가시대, 가시물그릇, 개수대, 개수통, 개수기, 개수틀, 개숫물, 갸시, 자수통, 자시태, 자시통, 재수통]

나. <u>가사05</u>: 명 「1」 살림살이에 관한 일. 「2」 한 집안의 사사로운 일.

(7가)의 '개수'는 '개숫물', 즉 '설거지물'과 동일한 의미를 나타내는 것으로 기술되어 있어, 지금까지 살펴본 '갸스, 갸ᄉᆞ'나 (5가)에서 살펴본 '갸슈'와 의미 차이를 보인다. 이는 '개숫물'에서 '물'이 생략되면서 '개수'가 "설거지물"의 의미를 갖게 된 것이 아닌가 한다.9) (7가)의 서술 내용이 '갸슈'의 의미 변화를 반영한 것인지, 이것이 사실이라면 '개수'가 어떤 과정을 거쳐 '개숫물'과 동일한 의미의 것으로 변화했는지에 대해서는 앞으로 더 많은 자료 및 현상들과의 비교 속에서 지속적으로 살펴보아야 할 것이다.

이상으로 '家事'를 어원으로 하는 차용어 '갸스', '갸ᄉᆞ, 갸슈, 개슈', '가ᄉᆞ'의 공존과 변화의 양상에 대해 살펴보았다. 지금까지 살펴본 내용의 핵심을 요약하면 아래와 같다.

혼성형 '갸ᄉᆞ'는 여러 어형 중 가장 이른 시기에 문증되는 것으로, 15~17세기 자료에서 확인된다. 그후 19세기에 '갸ᄉᆞ'에서 'ᄉᆞ>수'의 변화를 입은 '갸슈'와 '갸슈'에서 모음 변화를 경험한 '개슈'가 등장하였으며, '개슈'의 후대형인 '개수'가 현재까지 쓰이고 있다. 한음형 '갸스'는 『同文類解』를 제외한 기타 자료에서는 잘 보이지 않는다. 또한 동음형의 '가ᄉᆞ'는 18세기 이후의 자료에서 문증되기 시작하여 현재 그 후대

9) 이러한 가능성에 대해서는 조항범 선생님께서 말씀해 주신 것이다. 본고의 '스란'이 "스란치마"의 의미를 갖게 된 과정도 유사한 방식을 통해 설명이 가능할 것으로 보인다.

형인 ‘가사’가 쓰이고 있다.

이들은 모두 ‘家事’를 어원으로 하고 있으나, ‘家事’의 한음이 반영된 ‘갸스, 갸ᄉᆞ, 갸슈, 개슈’와 동음이 반영된 ‘가ᄉᆞ’가 의미 차이를 보이고 있다. 전자는 “그릇”의 의미로 쓰인 반면, 후자는 “집안일”의 의미로 쓰였다. ‘家事’가 중국어에서 양자의 의미를 모두 가지고 있다는 점을 감안했을 때, 한음이 반영된 어형과 동음이 반영된 어형은 차용의 시기를 달리하여 원어의 의미를 일부씩 받아들였음을 알 수 있다. 각각의 후대형인 ‘개수’와 ‘가사’가 현재까지도 의미 차이를 보이면서 공존하고 있으나, 전자의 경우 “그릇”의 의미에서 “설거지물”의 의미로 변화했다는 점에서 기존의 용법과 차이를 보인다.

2.2.1.2. [圖書] 한투슈-혼투셔·튀셔-동도셔 > 한∅-혼투서-동도서·도서(圖署)

‘圖書’를 어원으로 하는 어형에는 ‘투슈’, ‘투셔, 튀셔’, ‘도셔’가 발견된다.10)

(1) 가. 圖書: 도셔(漢-<u>圖투書슈</u>)<方言類釋-筆硯類(1778) 酉部:8a>
　　나. <u>圖</u>: 그림 <u>도</u><訓蒙字會-雜語(1527) 下:9a>, <u>書</u>: 글월 <u>셔</u>. 尙書俗稱書經. 又寫字亦曰書字.<訓蒙字會-儒學(1527) 上:17b>[cf. 圖: 謀也, 畫也. 투/도<御製奎章全韻(1796) 虞>, 書: 著也, 記也. 슈/셔<御製奎章全韻(1796) 魚>]

위에서 보듯이 ‘투슈’는 ‘한음+한음’의 방식으로 결합된 형태이고, ‘투셔’는 ‘한음+동음’의 방식으로 결합된 형태이며, ‘도셔’는 ‘동음+동음’의 방식으로 결합된 형태이다. 이 중 ‘투셔’는 19세기 이후 자료들에

10) 이 중 ‘투슈’는 李基文(1965/1991)과 蕭悅寧(2014)에서, ‘투셔’는 李基文(1965/1991)에서 중국어 차용어로 지적된 바 있다.

서 주로 보이는 것으로 '투슈'의 둘째 음절 '슈'가 동음에 이끌려 '셔(書)'로 표기된 어형이고 '튀셔'는 '투셔'에 'y'가 첨가된 어형이다. '套'의 한음이 반영된 '투슈, 투셔, 튀셔'와 동음이 반영된 '도셔'는 어두에서 'ㅌ'과 'ㄷ'의 대응, 'ㅜ'와 'ㅗ'의 대응을 보인다.

'套署'가 '圖書'의 한음을 반영하였다는 사실은 아래의 『雅言覺非』에서 지적된 바가 있다.11)

(2) <u>圖書誤翻爲套署</u>/+華音本뚜슈. 今俗木刻者謂之套署, 石刻者謂之圖書.+/(圖書는 잘못 옮겨져 套署가 되었다./+중국음은 본디 '뚜슈'이다. 지금 세상에서는 나무로 새긴 것은 이를 套署라고 이르고, 돌로 새긴 것은 이를 圖書라고 이른다.+/)<雅言覺非(1819) 2>

위에서 '圖書'가 '套署'로 잘못 옮겨진 것이라고 지적하고 있지만, 이를 통해 '투셔'가 '圖書'의 한음을 반영한 것임을 알 수 있다. 아래 형태별로 살펴보기로 한다.

(3)은 '투슈'와 관련된 용례이다.

(3) 가. 옷 몯 미처 지을 양이어ᄃᆞᆫ ᄀᆞᄂᆞᆫ 무명을 마니 보내소 두녁 그틔 <u>투슈</u> 텨 보내소 무명옷 이시면 게갠ᄃᆞᆯ 오시사 몯 ᄒᆞ여 니블가 민망ᄒᆞ여 ᄒᆞ뇌 모로매 ᄒᆞ여 보내소<新昌孟氏墓 出土諺簡(1490년대)>

나. 押子: <u>투슈</u><譯語類解-官府(1690) 上:10a>, 押了: <u>투슈</u> 티다<譯語類解-官府(1690) 上:10a>[cf. 그러면 표를 쓰고 <u>슈결</u> 두어라(那麼就寫箇合通畵箇<u>押</u>罷)<華音啓蒙諺解(1883) 下:41b>]

(3가)는 옷을 미처 못 지을 것 같으면 가는 무명의 양쪽 끝에 '투슈'

---

11) 본고에서 인용한 『雅言覺非』의 번역문은 金鍾權 譯註(1976)와 丁若鏞 저·丁海廉 역주(2005)를 참조하여 필자가 부분적으로 수정한 것이다. 뒷부분에서도 마찬가지이다.

를 쳐서 보내라는 맥락이다. (3나)의 '투슈'와 '투슈 티다'는 각각 원문의 '押子'와 '押了'에 대응된다. 아래의 (5가)에서 '押子'와 같은 의미를 나타내는 '花押'의[12] 대응어로 '도셔'가 쓰인 것으로 보아 이때의 '도셔'와 '투슈'는 비슷한 의미일 것으로 추정된다.

아래는 '투셔, 튀셔'의 용례이다.

(4) 가. 套署: 凡糊封處墨印之, **투셔**.<廣才物譜(19세기 초) 一:臣道:3a>

나. **투셔**: 圖書. A seal; a stamp. (찍다) (치다). See 도셔.<韓英字典(1897) 711>, **투셔** 찍다: To stamp with a seal. See 도셔 치다.<韓英字典(1897) 711>, **투셔** 치다: 打圖書. Cachet particulier, sceau particulier. poser son cachet.(개인의 도장, 개인의 도장. 자신의 도장을 찍다.)<韓佛字典(1880) 522>

나.′ **튀셔** 치다: To stamp with a seal.<韓英字典(1897) 711>

다. 방믈 뉵십 태를 다시 봉과홀식 부윤으로 더브러 긱샤의셔 훈가지로 간검ᄒᆞ여 믄져 글ᄌᆞ로 일일히 구별하여 쓸희 빠흔 후 샹통ᄉᆞ 마두 두 놈을 차뎡ᄒᆞ여 쥬장ᄒᆞ야 간검ᄒᆞ고 봉과소입유둔 공셕과 결과ᄒᆞᄂᆞᆫ 노히 심히 만흐며 ᄂᆡ봉의ᄂᆞᆫ **투셔**를 치고 외봉의ᄂᆞᆫ 다 인을 쳐 봉과ᄒᆞ여 긱사 월낭의 빠히고 본부장교로 ᄒᆞ여금 쥬야슈직을 시기더라<戊午燕行錄(19세기) 1:9a-b>

라. 套書: **투셔**<日用備覽記-文房具(1937) 3a>

'투셔'는 19세기 이후 자료에서 발견되는 것으로 '套署, 圖書, 套書'에 대응된다. 또한 '튀셔'는 (4나)에 제시된 '투셔, 투셔 찍다'와 동일한 문헌에 출현하는 어형으로 극히 한정된 분포를 보인다. (4나~다)처럼

12) 화압(花押)은 중국어에서 "예전에 문서나 계약의 말미에 찍은 초서체로 된 사인, 또는 사인을 대신해서 쓰인 특수 부호(舊時文書契約末尾的草書簽名或代替簽名的特種符號).<漢語大詞典>"의 의미를 나타낸다.

'치다, 찍다' 등과 주로 어울리며 "도장"의 의미를 나타낸다. '투셔'와 관련하여 (4다)에서 'ᄂᆡ봉'에는 '투셔'를 치고 '외봉'에는 '인'을 친다고 한 것으로 보아 '투셔'와 '인'이 서로 다른 의미를 나타냈을 가능성이 높을 것으로 판단된다.[13)]

아래는 '도셔'가 등장하는 예문이다.

(5) 가. 외온 이ᄂᆞᆫ 스승이 免帖 ᄒᆞ나흘 주ᄂᆞ니 그 免帖 우희 세 번 마즈믈 면ᄒᆞ라 쓰고 스승이 우희 **도셔** 두ᄂᆞ니라(背念過的 師傅與免帖一箇 那免帖上寫着免打三下 師傅上頭畵着**花押**)<老乞大諺解(1670) 上:4a>

나. 圖書: **도셔**<方言類釋-筆硯類(1778) 西部:8a>

다. **도셔**: 圖書. Cachet, sceau gravé.(도장, 새겨진 도장)<韓佛字典(1880) 496>, **도셔**: 圖書. A private seal or stamp-as that bearing one`s name. (샤이다) (치다) (찍다). See 투셔.<韓英字典(1897) 680>, 圖書: **도셔**<日用備覽記-文房具(1937) 3b>

예문 중 '도셔'는 '花押'과 '圖書'에 대응된다. (5다)를 위의 (4나), (4라)와 비교했을 때, '투슈'의 후대형인 '투셔'와 '도셔'가 동일한 문헌에 함께 수록되어 있음을 발견할 수 있다. (4나)의 기술 내용으로 보았을 때, 양자 사이에는 별다른 의미 차이가 없는 것처럼 보인다. 그런데 이

13) 이와 관련하여 아래의 기록이 참조가 된다.

예 陰刻古稱白文 陽刻古稱朱文 而未有陰陽刻之稱 其刻法有正刀法單刀法切刀法等稱 不可枚擧 東人槩未之知也 今官印之文皆陽刻九曲篆 此自唐始漢晉則未嘗如此也 東人以官印稱印 以私印稱圖書 署當作書而亦誤稱也 以施於書札者稱套署 然皆印也 今人每於圖書 罕加印字而加章字 盖嫌於近官印也 然章亦官印之稱 何所異同耶 惟印字不當加於表德也<豹菴稿 五-題跋-圖書(미상)>

밑줄 친 부분에서는 "동인(東人)은 관인(官印)을 인(印)이라고 부르고, 사인(私印)을 도셔(圖書)라고 부른다. '圖書'를 '圖署'로 적는 것은 잘못이며, 서찰에 찍힌 것을 '圖署'라고 부르는 것도 사실은 모두 인(印)이다."라고 지적하고 있다.

와 관련하여 정약용의 『雅言覺非』에 다음과 같은 기록이 있어서 주목된다.

(6) 圖書誤翻爲套署/+華音本뚜슈. 今俗木刻者謂之套署, 石刻者謂之圖書.+/(圖書는 잘못 옮겨져 套署가 되었다./+중국음은 본디 '뚜슈'이다. 지금 세상에서는 나무로 새긴 것은 이를 套署라고 이르고, 돌로 새긴 것은 이를 圖書라고 이른다.+/)<雅言覺非(1819) 2>

위 증언의 밑줄 친 부분에서 "현재 세속에서는 나무에 삭인 것은 '套署'라고 하고 돌에 삭인 것은 '圖書'라고 한다."라는 내용을 확인할 수 있다. 실제로 국어사 자료들에서도 위의 증언 내용과 일치하는 (7)과 (8)의 용례들이 발견된다.

(7) 가. 포공이 ᄂᆞᆷ의 손의 죽은 줄을 아더니 믄득 보니 씌 우ᄒᆡ ᄒᆞᆫ 낫 젹은 남그로 삭인 **투셰** 이시ᄃᆡ 이ᄂᆞᆫ 뵈 ᄑᆞᄂᆞᆫ ᄃᆡ 표ᄒᆞᄂᆞᆫ 거시여ᄂᆞᆯ(包公知被人謀死 忽見衣帶上係一個木刻小小**印子** 却是賣布的記號)<包公演義-木印(19세기) 7:20>

나. 포공이 즉시 나모 **투셔**ᄅᆞᆯ ᄂᆡ여 공니ᄅᆞᆯ 시겨 뵈의 친 **투셔**와 마초와 보니 ᄒᆞᆫ 말도 그ᄅᆞ디 아닌디라(包公復取木**印記**對之 一些不差)<包公演義-木印(19세기) 7:24>

(8) 가. 죠고만 졉ᄎᆡᆨ이 이셔 졔목의 인보라 ᄒᆞ여시니 이ᄂᆞᆫ 당경의 친히 삭인 **도셔**ᄅᆞᆯ 긔록ᄒᆞ미니 슈졍 **도셔**와 구리 **도셔**와 샹아 **도셔**ᄅᆞᆯ 다 각각 표ᄒᆞ얏더라<장서각본 乙丙燕行錄(19세기) 11:111>

나. 탁ᄌᆞ 우ᄒᆡ **도셔돌** 여러히 노혀 ᄇᆞ야흐로 삭이ᄂᆞᆫ지라 다 남그로 우리ᄅᆞᆯ ᄡᅡ 돌ᄒᆞᆯ ᄡᅵ워시ᄃᆡ 안ᄒᆡ 소음을 너허 샹치 아니케 ᄒᆞ고 두 편의 ᄡᅩ야기ᄅᆞᆯ 박아 요동치 아니케 ᄒᆞ엿더라<장서각본 乙丙燕行錄(19세기) 11:110-111>

다. 일젼의 은 ᄒᆞᆫ 냥 엿 돈을 주고 슈졍 <u>**도셔돌**</u> ᄒᆞ나흘 사시ᄃᆡ 삭일 사람을 엇지 못ᄒᆞ얏더니 김복셰 닐오ᄃᆡ 뉴리챵 댱경의 ᄀᆞᆨ법이 ᄀᆞ장 졍교ᄒᆞ야 아국 도셔ᄅᆞᆯ 년년이 무슈히 삭인다 ᄒᆞ거ᄂᆞᆯ 드ᄃᆡ여 김복셔ᄅᆞᆯ 맛져 삭이기ᄅᆞᆯ 쳥ᄒᆞ라 ᄒᆞ고<장서각본 乙丙燕行錄(19세기) 11:38-39>

(7)의 '투셔'는 각각 원문의 '印子'와 '印記'에 대응된다. '印子'와 '印記'가 "도장"의 의미와 "흔적"의 의미를 모두 갖고 있기 때문에 대응어만으로 '투셔'의 의미를 확실히 알 수 없지만 (7가)의 "이ᄂᆞᆫ 뵈 ᄑᆞᄂᆞᆫ ᄃᆡ 표ᄒᆞᄂᆞᆫ 거시여ᄂᆞᆯ"에 대응되는 한문 원문이 "却是賣布的記號"로 되어 있는 것으로 보아 '印子'와 '印記'는 "記號"에 대응되는 의미를 나타내었음을 알 수 있다. 또한 '나모, 남ᄀᆞ'와 함께 쓰이고 있으므로 문맥을 통하여 '투셔'가 나무로 만들어진 것임을 확인할 수 있다. 이처럼 천의 양쪽 끝에 표식으로 치는 '투셔'는 앞서 (3가)에서 살펴본 '투슈'의 출현 문맥과 유사하다.

(8)은 '도셔'와 관련된 용례이다. (8가)는 '슈졍, 구리, 샹아' 등과 공기한 용례이고 (8나)와 (8다)는 '돌'이 후행한 용례이다. 정약용의 증언과 국어사 자료에 출현하는 용례들을 근거로 하였을 때, '투셔'와 '도셔'는 만들어진 재료에 따라 어느 정도 구분되었던 것으로 판단된다.[14)]

---

14) '套書'와 관련하여 한문으로 된 아래의 기술 내용이 참조할 만하다.

예 가. 套書: 本朝. 用方圓木·石, 篆刻謹封·魚雁等字, 印於書封者, 謂之套書. <古今釋林 28-外篇-東韓譯語-釋器(18세기 중엽~말엽) 817쪽>

나. 我國素不解圖書之製 間或有之 皆俗惡無足言 近頗倣效華人 亦未臻妙 此雖細事 亦可見東人椎魯也 中國之好事者 摸搨私印 至成劵秩 爛然可觀 然亦未免玩物之譏 只得二三顆古雅不俗 亦足矣 何用多爲 華人或於尺牘 亦必用印 故人皆有圖書 <u>有似我國之有謹封套署 中國呼圖書以套殊 盖圖音套而書音殊也 東人未分也 誤以謹封等施於書札者 謂以套署 以名字私印謂以圖書 其謬誤可笑如此</u> 中國人圖書之稱亦誤 盖古人於印章 或刻以某人圖書 以印於其所藏圖與書可 不可以私印之名 遂爲圖書也 今混稱私印以圖書 亦大誤矣<豹菴稿 五-題跋-圖書(미상)>

(가)의 내용에 따르면, '套書'는 네모 또는 둥근 모양의 나무 또는 돌에

어원 ‘圖書’가 중국어에서 나타내고 있는 “도장(圖章)<漢語大詞典>”이라는 보다 포괄적인 의미와는 달리, 한자음의 구성 방식이 다른 어형들이 유사한 의미로 공존하다가 나중에 의미가 세분된 경우라고 할 수 있다. 현재 『표준국어대사전』에도 ‘투서’, ‘도서(圖書)’, ‘도서(圖署)’가 서로 다른 의미를 나타내는 별개의 표제어로 올라 있다.

(9) 가. 투서01: 명 ‘도장17(圖章)’을 달리 이르는 말. 한자를 빌려 ‘套署·套書’로 적기도 한다. 【<〈중〉圖書】
나. 도서07(圖書): 명 『역사』 조선 시대에, 예조에서 대마도주나 여진인에게 준, 동으로 만든 도장. 이 도장이 찍힌 서계(書契)를 가져오는 사람에게만 우리나라와의 통상을 허락하였다. ≒인신05「2」.
다. 도서08(圖署): 명 책·그림·글씨 따위에 찍는, 일정한 격식을 갖춘 도장.

특이한 점은 ‘도셔’의 후대형인 ‘도서’가 (9나)와 (9다)에서처럼 대응어가 다른 별도의 표제어로 제시되어 있다는 점이다. 또한 ‘투서’는 “도장”이라는 보다 포괄된 의미를 가진 것으로, (9나)의 ‘도서’는 역사 분야의 전문 용어로, (9다)의 ‘도서’는 “책·그림·글씨 따위에 찍는, 일정한 격식을 갖는 도장”이라는 보다 한정적인 의미의 것으로 제시되어 있다.

이상으로 ‘圖書’를 어원으로 하는 ‘투슈’, ‘투셔, 튀셔’, ‘도셔’에 대해 통시적으로 살펴보았다. ‘套’의 한음이 반영된 ‘투슈, 투셔, 튀셔’와 동음이 반영된 ‘도셔’는 어두에서 ‘ㅌ’과 ‘ㄷ’의 대응, ‘ㅜ’와 ‘ㅗ’의 대응을

‘謹封’(“삼가 봉함”을 의미)이나 ‘魚雁’(“편지”를 의미)과 같은 글자를 새겨서 봉투에 찍는 것이다. 이에 따르면 재료는 돌이 될 수도 있고 나무가 될 수도 있다. 또한 (나)의 밑줄 친 부분에는 조선 사람이 ‘套署’가 ‘圖書’의 한음을 반영한 것임을 구분하지 못하고, ‘謹封’과 같은 서찰에 찍는 것을 ‘套署’라고 하고, 사인(私印)을 ‘圖書’라고 한다는 사실이 가소롭다고 지적하고 있다.

보인다. 논의의 핵심을 요약하면 아래와 같다.

한음형 '투슈'는 15~17세기 자료에서 문증되며, 둘째 음절의 '슈'가 '書'의 동음 '셔'에 이끌린 혼성형 '튜셔'는 19세기 이후의 자료에서 문증되기 시작하면서 '套署, 套書, 圖署'처럼 어원과 다른 대응 표기를 갖기도 한다. '투셔'에 'y'가 첨가된 '튀셔'는 『韓英字典』(1897)에 한정적으로 발견된다. 또한 동음형의 '도셔'는 17세기 이후의 자료에 나타난다. 현재 혼성형의 후대형인 '투서'와 동음형의 후대형인 '도서(圖書)', '도서(圖署)'가 서로 다른 의미로 쓰이고 있다.

여러 어형들의 대응어가 유의 관계인 점으로 미루어 보았을 때, '투슈, 투셔, 튀셔'와 '도셔'의 의미 차이는 후대의 변화 과정에서 발생하였을 가능성이 높을 것으로 판단된다. 정약용의 『雅言覺非』(1812)에서는 "세속에서 나무에 세긴 것은 '套署'라고 하고 돌에 세긴 것은 '圖書'라고 한다."라고 하였는데, 이는 문장 속에서 드러나는 단어들 사이의 공기 관계와도 일치하는 서술이다. 즉, 유의 관계로 쓰이던 '투셔'와 '도셔'가 후대의 변화 과정에서 의미 분화를 일으키게 된 것으로 판단된다.

2.2.1.3. [燒餠] [한]쇼빙-[혼]ᄉᆞ오병-[동]쇼병 > [한]∅-[혼]∅-[동]소병

'燒餠'을 어원으로 하는 어형에는 '쇼빙'과 'ᄉᆞ오병'과 '쇼병'이 있다.[15)]

(1) 가. **燒샤餠빙**: 구은ᄯᅥᆨ<譯語類解-食餌(1690) 上:51a>, **燒샤餠빙**: 구은ᄯᅥᆨ <華語類抄-食餌(19세기 말) 30b>

가.′ **燒餠**: 지진 ᄯᅥᆨ ○ **쇼빈**<同文類解-飮食(1748) 上:59a>, **燒餠**: 지진 ᄯᅥᆨ ○ **쇼빙**<蒙語類解-飮食(1790) 上:46a>

나. **燒**: ᄉᆞᆯ **쇼**. [爇/火]也. 又去聲. 野火也.<訓蒙字會-雜語(1527) 下:15a>, **餠**: ᄯᅥᆨ **병**<訓蒙字會-饌食(1527) 中:10b>

---

15) 이 중 '쇼빙'은 蕭悅寧(2014)에서 중국어 차용어로 지적된 바 있다.

위에서 보듯이 'ᄉᆞ오병'은 '燒餠'을 '한음+동음'의 형식으로 결합한 것이며, '쇼병'은 '燒餠'을 '동음+동음'의 형식으로 결합한 것이다. '쇼빙'의 경우 선행 음절이 '燒'의 동음과 일치하는 '쇼'로 되어 있어 '燒餠'의 '동음+한음'의 형식이 아닐까 하는 생각이 들 수도 있겠지만, 본고에서는 아래와 같은 여러 가지 이유로 '쇼빙'이 '燒餠'의 한음에 가까이 표기한 형태일 가능성이 높을 것으로 판단하였다. 첫째, (1나)에서 '燒餠'의 만주어와 몽골어 대응어의 전사음이 '쇼빈'과 'ᅀᅭ빙'으로 되어 있는데, 이는 본고의 '쇼빙'과 음상이 유사하다. 둘째, '쇼빙'의 '쇼'는 국어사 자료에서 독립적인 형태소의 자격을 갖지 않는다. 즉, 문장 속에 홀로 출현할 수 없다. 셋째, 하나의 차용어가 원어의 발음에 가깝게 받아들여질 때 고정된 하나의 대응 양상을 보이는 것이 아니라는 점과 '쇼빙'이 한학서에서 확인된다는 점 등은 모두 '쇼빙'이 한음을 반영한 형태일 가능성이 높음을 말해 준다.[16] 아래 '燒餠'에서 기원한 차용어들의 쓰임에 대해 어형별로 살피기로 한다.

아래 (2)는 '쇼빙'의 용례이다.

(2) 이러면 우리 **쇼빙** 사고 고기 봇가 먹고 디나가져 [···] 우리 네 사ᄅᆞ미 돈 셜흔 나챗 양의 고기 봇고 돈 스므 나챗 **쇼빙** 가져오라 [···] 이 **쇼빙**이 바는 ᄎᆞ고 바는 덥다 더우니 두라 우리 머고리라 이 ᄎᆞ니란 네 가져가 화로애 데워 오라 [···] 스므 낫 돈앳 **쇼빙** 셜흔 낫 돈앳 양육 모도니 쉰 낫 돈이로다(這們時 咱們買些**燒餠** 炒些肉喫了過去 [···] 我四箇人 炒着三十箇錢的羊肉 將二十箇錢的**燒餠**來 [···] 這**燒餠** 一半兒冷 一

16) '餠'의 한음 '빙'이 반영되었을 것으로 추정되는 대상에는 '쇼빙' 외에도 '빙쟈, 산빙'이 더 있다.

예 가. 餠餚: **빙쟈**(漢-餠빙餚져)<方言類釋-食餌類(1778) 酉部:30a>

나. **산빙**: 餠. Nom d'une esp. de gâteau.(과자류의 이름)<韓佛字典(1880) 373>

半兒熱 熱的留下着 我喫 這冷的你拿去 爐裏熱着來 [⋯] 二十箇錢燒餅 三十箇錢羊肉 通是五十箇錢)<飜譯老乞大(1510년대) 上:61a-62a>

(2)의 '쇼빙'은 '燒餠'에 대응되는 것으로 위의 자료에서 집중적으로 나타나며 다른 자료에서는 잘 보이지 않는다.

아래는 'ᄉᆞ오병'의 용례이다.

(3) ᄯᅥᆨ푸리는 좁쌀ᄯᅥᆨ 지단가요 흑탕 너흔 ᄉᆞ오병 힝인병 산ᄉᆞ병과 궁그런 소월병의 챵마호 지진ᄯᅥᆨ은 삭기쳐로 ᄭᅩ아스며 셕ᄉᆞ호라 ᄒᆞᄂᆞᆫ ᄯᅥᆨ은 인졀미 갓튼 게오 젼병 증편 다식ᄯᅥᆨ과 화젼 슈교 만두로다<燕行紀(1895) 111-112쪽>

(3)은 중국 떡가게[ᄯᅥᆨ푸리], 즉 중국과 관련된 내용을 언급하는 맥락에 출현하는 'ᄉᆞ오병'이다. '餠'에 대응되는 한자음이 '빙'이 아닌 '병'으로 나타나게 된 데는 후행하는 '힝인병'과 '산ᄉᆞ병'의 영향일 수 있다.

아래는 '쇼병'의 용례이다.

(4) 가. ᄎᆞᆷᄶᅢ ᄆᆞ틴 쇼병과 누론 쇼병과 酥油 너흔 쇼병과 硬麵으로 ᄒᆞᆫ 쇼병이 다 잇다(芝麻燒餠黃燒餠酥燒餠硬面燒餠都有)<朴通事諺解(1677) 下:33a-b>[cf. ᄎᆞᆷᄶᅢ 무친 燒餠과 수유에 디딘 燒餠과 경면으로 ᄆᆡᆫᄃᆞ라 구은 ᄯᅥᆨ이니 이셰라<朴通事新釋諺解(1765) 3:36a>]

나. 燒餠: 구은 ᄯᅥᆨ<譯語類解-食餌(1690) 上:51a>, 燒餠: 지진 ᄯᅥᆨ<蒙語類解-飮食(1790) 上:46a>, 燒餠: 구은 ᄯᅥᆨ<廣才物譜(19세기 초) 二:飮食:2a>

(4가)의 '쇼병'은 '쇼빙'과 마찬가지로 원문의 '燒餠'에 대응된다. 후대의 이본 자료에서 '구은 ᄯᅥᆨ'에 대응시킨 경우도 보인다. 또한 (4나)와 같은 대역 어휘 자료집에서는 '구은 ᄯᅥᆨ' 외에도 '지진 ᄯᅥᆨ'이 더 발견된다.

중국어와 밀접한 관련을 갖는 한학서나 기행자료 속에는 '쇼빙'이나

'ᄉᆞ오병'처럼 중국 음식명을 그 당시의 중국어 발음에 가깝게 표기한 경우들이 심심찮게 발견된다. 본고에서 대상으로 취급한 '沙糖, 匾食, 湯水' 외에도 아래의 '허로[餄餎], 탕보[餹餑], 원사오·원샤오[元宵], 쳬갸오[切餻], 지단가[鷄鴠糕]'와 같은 예가 그러하다.

(5) 가. 문 녑희 열아문 져문 ᄉᆞ나희 칼과 온갓 긔명을 ᄀᆞ디고 음식을 ᄆᆞᆫ드ᄃᆡ 손을 신속히 놀녀 밋쳐 슬피디 못ᄒᆞᆯ너라 **허로라 ᄒᆞᄂᆞᆫ 거ᄉᆞᆫ 국슈 모양이요**<장서각본 乙丙燕行錄(19세기) 1:117-118>[cf. **餄허餎로**: 굴근 국슈 ○ 餄或作胡후<譯語類解-食餌(1690) 上:51a>, **哈絡**: 국슈 ○ 호로해 부다가<蒙語類解-飮食(1790) 上:45b>]

나. 당궤디 아노라 ᄒᆞ고 가더니 졉시의 **탕보** 셔너흘 담아 왓거놀 ᄒᆞ나흘 드러 보니 속의 셜당을 너허 아국 상화덕 모양 ᄀᆞᆺᄒᆞᄃᆡ 족히 먹을 만ᄒᆞ더라<장서각본 乙丙燕行錄(19세기) 1:118-119>

다. 길ᄀᆞ희 음식 ᄑᆞᄂᆞᆫ 푸지 잇거놀 드러ᄀᆞ **원사오** ᄒᆞᆫ 그ᄅᆞ슬 사 먹으니 **원샤오**라 ᄒᆞᄂᆞᆫ 거ᄉᆞᆫ 뎡월 보름긔 먹ᄂᆞᆫ 음식이니 아국 새알심 모양으로 ᄆᆞᆫᄃᆞ라 속의 셜당을 너코 믈의 슬마 그ᄅᆞ싀 더운믈을 ᄯᅳ고 여라문식 너허 쥬니 가장 먹을 만ᄒᆞᆫ 음식이러라<장서각본 乙丙燕行錄(19세기) 6:41-42>[cf. 元宵餠: 원쇼병(漢-**元원宵샾餠빙**)<方言類釋-食餌類(1778) 西部:30a>]

라. 망희겸의 니ᄅᆞ러 쳬마ᄒᆞᆯ시 일힝이 다 허긔져 비쟝들이 **쳬갸오**/+**쳬갸오**ᄂᆞᆫ ᄎᆞ조ᄡᆞᆯ ᄀᆞᆯᄅᆞ로 ᄑᆞᆺ과 대조를 두어 ᄢᅵᆫ 시로ᄯᅥᆨ이라+/를 ᄃᆞ토아 사 먹으니<北燕記行(1816/1876년 필사) 3:94>

마. ᄯᅥᆨ푸리ᄂᆞᆫ 좁ᄡᆞᆯᄯᅥᆨ **지단가**요 흑탕 너흔 ᄉᆞ오병 힝인병 산ᄉᆞ병과 궁그런 소월병의 챵마호 지진ᄯᅥᆨ은 삭기쳐로 ᄭᅩ아스며 셕ᄉᆞ호라 ᄒᆞᄂᆞᆫ ᄯᅥᆨ은 인졀미 갓튼 게오 젼병 증편 다식ᄯᅥᆨ과 화젼 슈교 만두로다<燕行紀(1895) 111-112쪽>[cf. 糟챺子즈糕간: ᄃᆞᆰ의알ᄯᅥᆨ **鷄지鴠단糕간**<華語類抄-食餌(19세기 말) 30a>, **鷄지鴠단糕간**: ᄃᆞᆰ의알ᄯᅥᆨ<목판본 華語類抄-食餌(미상) 15a>]

(5)의 밑줄 친 내용에는 다소 낯선 '허로, 탕보, 원사오·원샤오, 쳬갸오'와 같은 이국 음식명을 자국의 음식에 빗대어 그 재료, 모양 등에 대해 자세하고 섬세하게 묘사하였다. 현재 동음형의 후대형인 '소병'이 『표준국어대사전』에 아래와 같이 올라 있으나, 이 동음형과 관련된 용례들은 국어사 자료에서 잘 나타나지 않는다.

(6) <u>소병06(燒餠)</u>: 명 불에 구운 떡.

이상으로 '燒餠'을 어원으로 하는 '쇼빙', 'ᄉᆞ오병', '쇼병'에 대해 살펴보았다. 지금까지 살펴본 내용의 핵심을 요약하면 아래와 같다.

세 어형 모두 한학서와 한글 연행록과 같은 중국 관련 문헌에 제한적으로 출현하였다. 이중 한음형 '쇼빙'은 『飜譯老乞大』(1510년대)에, 혼성형 'ᄉᆞ오병'은 『燕行紀』(1895)에, 동음형 '쇼병'은 『朴通事諺解』(1677)에서 확인되었다. 현재 동음형의 후대형인 '소병'이 "불에 구운 떡"의 의미로 쓰이고 있다.

2.2.1.4. [膝欄·膝襴] 한시란ᄒᆞ다-혼스란문·스란문ᄒᆞ다·슬안문-동슬란·슬란문·슬란문ᄒᆞ다 > 한∅-혼스란-동∅

'膝欄, 膝襴'을 어원으로 하는 어형에는 '시란ᄒᆞ-', '스란문, 스란문ᄒᆞ-, 슬안문'과 '슬란, 슬란문'이 있다.[17] 어형에서도 드러나듯이, 동음형 '슬란'을 제외한 기타 어형들은 '*시란', '*스란'처럼 단독으로 쓰인 용례는 확인되지 않고, '-ᄒᆞ다'나 '스란문, 슬안문, 스란문ᄒᆞ-'처럼 '문(紋)'이 후행한 형태로 나타난다. 따라서 이들은 각 어형의 핵심 요소가 '膝欄, 膝襴'을 어원으로 한다는 표현이 보다 정확할 것이다.

17) 이 중 '스란'은 蕭悅寧(2014)에서 중국어 차용어로 지적된 바 있다.

(1) 가. **膝시欄란**<飜譯老乞大(1510년대) 下:24a>, 膝欄: 슬란문(漢-**膝시欄란**)<方言類釋-布帛類(1778) 西部:26b>

나. **膝**: 무룹 슬<訓蒙字會-身體(1527) 上:14b>, **欄**: 란간 란. 遮欄·拘欄. 亦作闌. 又木名.<訓蒙字會-宮宅(1527) 中:3b>

(1)에서 보듯이, '시란'은 '膝欄'의 한음과[18] 일치하는 어형이고, '슬란'은 '膝欄'의 동음과 일치하는 형태이며, '스란'은 '膝欄'의 한음과 동음을 일부씩 반영한 것이다.[19] 또한 '슬안'은 '스란'을 과잉 분철한 것이다. 어형별로 하나씩 살피기로 한다.

아래 (2)는 '시란'에 'ᄒᆞ-'가 결합된 '시란ᄒᆞ-'의 예이다.

(2) 겨스리 다ᄃᆞ거든 벽드르 문엣 비단 핟옷과 초록 면듀 핟옷과 금으로 ᄧᅡ 시란ᄒᆞᆫ 핟옷과 [...] 이러ᄐᆞ시 ᄉᆞ졀 조초 옷ᄃᆞᆯ 닙더라(到冬間 界地紵紗襖子 綠紬襖子 織金**膝시欄란**襖子 [...] 這般按四時穿衣裳)<飜譯老乞大(1510년대) 下:50b-51a>[cf. 금으로 ᄧᆞᆫ 膝欄ᄒᆞᆫ 핫옷과<老乞上諺解(1670) 下:45b>][20]

(3) 가. 젹삼 고의 고두 류엣 속오스란 안직 니ᄅᆞ디 마져 앏뒤 흉븨와 두 엇게로셔 ᄉᆞᄆᆡᆺ ᄆᆞᄅᆞ내 치질ᄒᆞ고 무룹도리로 치질ᄒᆞᆫ 로 털릭에 산호로 ᄡᅴ거리 ᄒᆞ야 거ᄃᆞᆫ ᄡᅴ여(衫兒褲兒裹肚等裏衣且休說 **刺通袖膝欄**羅帖裏上 珊瑚鉤子系腰)<飜譯

---

18) '膝'의 한음 '시'가 반영된 형태로는 아래의 '후시'를 더 들 수 있다.

예 ᄆᆞᄉᆞᆷ 됴ᄒᆞ신 누의님하 네 나ᄅᆞᆯ 후시 ᄒᆞᆫ ᄇᆞᆯ ᄆᆡᆼᄀᆞ라 다고려(好姐姐 你做饋我一副**護亽膝시**)<飜譯朴通事(1510년대) 上:47a>

19) '실하-슬하, 금실-금슬'과 같은 예를 생각했을 때, 이때의 '스란-시란'이 전설모음화와 관련될 가능성도 열어두어야 할 것이다.

20) 아래의 기록에는 '膝幱'에서 변화한 '大猜艶'이 방언 속에 존재한다고 서술되어 있다. 이때의 '猜'가 '膝'의 한음 '시'와 관련된 것으로 짐작된다.

예 膝幱 我東婚儀 著新婦紫膝幱之名 方言稱**大猜艶** 卽膝幱之轉音 乃大摺裳也<五洲衍文長箋散稿-經史篇/論史類-風俗-四司六局辨證說>

朴通事(1510년대) 上:26b-27a>

나. 내 향춋 비쳇 **ᄉᆞᄆᆡ예 통ᄒᆞ야 무룹 둘와 오ᄎᆡ 실로 슈질ᄒᆞᆫ** 털릭과 네 다홍 비쳇 금으로 흉븨 뽄 털릭과 밧고져(我的串香褐**通袖膝欄五彩綉**帖裏 你的大紅織金胸背帖裏對換着) <飜譯朴通事(1510년대) 上:72a>

(2)의 '시란ᄒᆞ-'은 원문의 '膝欄'에 대응되며 '膝欄'이 포함된 (3)과의 비교를 통하여 이때의 '시란ᄒᆞᆫ'이 "무릎도리에 수를 놓은" 정도의 의미를 나타낸다는 것을 알 수 있다.

아래는 혼성형 '스란, 슬안'이 포함된 '스란문'과 '슬안문'의 용례이다.

(4) 가. 비단 ᄑᆞᄂᆞᆫ 큰형님 네 그 텬쳥 비쳇 흉븨 ᄒᆞᆫ 비단과 류쳥 비쳇 무릅도리로 문ᄒᆞᆫ 비단 [...] 샤향비쳇 **스란문 비단** 빡비체 벽드르문 비단 노ᄅᆞᆫ 차할 뮌 비단 매듕비쳇 차할 ᄒᆡ마문 비단 감찰 스뮌문 비단 이런 비단과 사와 로왜 다 잇ᄂᆞ녀(賣緞子的大哥 你那天青胸背 柳青**膝시란欄** [...] 麝香褐**膝시欄란** 艾褐玉磚階 蜜褐光素 鷹背褐海馬 茶褐暗花 這們的紵絲和紗羅都有麽)<飜譯老乞大(1510년대) 下:24a-b>[cf. 류쳥빗체 무룹도리로 문ᄒᆞᆫ 비단 [...] 샤향빗체 **슬란문ᄒᆞᆫ 비단**<老乞上諺解(1670) 下:22a-b>]

나. 비단 ᄑᆞᄂᆞᆫ 相公아 네 푸ᄌᆞ에 져 옥ᄉᆡᆨ [...] 여러가지빗 짓튼 이 엿튼이 또 져 胷背문 **스란문** 벽드르문 寶相花문 八寶문 [...] 이 여러 가지 대단과 다ᄆᆞᆺ 져기 비단과 紗羅ㅣ 다 잇ᄂᆞ냐(賣段子的相公 你鋪子裏 那魚白 [...] 各様顏色深的淺的 有那胷背 **膝欄** 界地雲 寶相花 八寶 [...] 這各様的緞子 與些紵絲紗羅都有麽)<重刊老乞大諺解(1795) 下:22b-23b>

다. 膝시欄란: **스란문**<華語類抄-織造(19세기 말) 43a>

(5) 膝攔紋: **슬안문**<廣才物譜(19세기 初) 二:衣服:4b>

(4)의 '스란문 비단, 스란문'은 원문의 '膝欄'에 대응되고 (5)의 '슬안문'은 '膝攔紋'에 대응된다. (4가)의 동일한 문맥에서 '膝欄'이 "무릅도리로 문흔 비단"에 대응된다는 점을 더불어 참조했을 때, '스란문', '스란문 비단', '슬안문'은 문맥상 "무릎도리에 수를 놓은 비단" 정도를 의미한다는 것을 알 수 있다. (4가)의 '스란문 비단'은 후대의 이본에서 '슬란문흔 비단', 즉 동음형 '슬란문'에 '-ᄒᆞ-'가 후행한 형태로 바뀌어 나타난다.

'슬란문ᄒᆞ-' 외에도 '膝欄'의 동음 '슬란'이 포함된 용례가 (6)과 같이 더 발견된다.

(6) 가. 膝欄: 슬란문<方言類釋-布帛類(1778) 西部:26b>[cf. 膝攔紋: 膝攔문 <譯語類解-織造(1690) 下:4b>]

나. 남 호뎝문 녕쵸단 웃치마 일/+부금뎐ᄌᆞ 슬란 구+/ 다홍 도뉴단 겹치마 일/+부금뎐ᄌᆞ 슬란 구+/(藍蝴蝶紋英綃緞上裳一/+付金篆字膝襴具+/ 多紅桃榴緞甲裳一/+付金篆字膝襴具+/)<丁未嘉禮時日記(1848년 이후) 14b>

나.′ 남 오호로문 금복ᄌᆞ단 웃치마 일/+슈쳔만셰 슬란 구+/ 남 별문단 웃치마 일/+구봉 슬란 구+/ 다홍 완ᄌᆞ 당츈단 겹치마 일/+슈쳔만셰 슬란 구+/(藍五葫蘆紋金福字緞上裳一/+壽千萬歲膝襴具+/ 藍別紋緞上裳一/+九鳳膝襴具+/ 多紅宛字長春緞甲裳一/+壽千萬歲膝襴具+/)<丁未嘉禮時日記(1848년 이후) 20a>

나.″ 남 화문사 웃치마 일/+구봉 슬란 구+/ 남 쥬련문사 치마 일/+뎐ᄌᆞ 슬란 구+/ 다홍 도뉴문사 치마 일/+구봉 슬란 구+/(藍花紋紗上裳一/+九鳳膝襴具+/ 藍珠蓮紋紗裳一/+篆字膝襴具+/ 多紅桃榴紋紗裳一/+九鳳膝襴具+/)<丁未嘉禮時日記(1848년 이후) 54b>

(6가)의 '슬란문'은 원문의 '膝欄'에 대응된다. '膝欄'이 문헌 속에서 '八寶: 팔보문<方言類釋-布帛類(1778) 西部:26b>'과 '暗花: ᄉᆞ믠문<方言類釋-布帛類(1778) 西部:26b>'과 같은 무늬를 나타내는 명칭 사이에 놓여 있을 뿐만 아

니라, '布帛類'의 하위 부류에 놓여 있기 때문에 '슬란문'은 비단의 무늬를 나타내는 용어임이 분명하다. 그러나 예문 (6나~나″)에서 단독형으로 쓰인 '슬란'은 문맥상 다른 의미의 것으로 판단된다. 문맥상 이는 '웃치마[上裳], 겹치마, 치마'의 아랫단에 부착된 부속품으로 짐작된다. 즉, 이때의 '스란'은 "무늬가 새겨진 비단"이 아닌 탈부착이 가능한 "치맛단"의 의미라고 할 수 있다. 이와 관련하여 한 가지 가정을 한다면 아마도 해당 무늬를 비단에 직접 수놓거나 찍어내던 방식에서 옷단을 치마의 가장 자리에 부착하는 방식으로 변화하면서 의미의 변화를 동반하게 된 것이 아닌가 한다.21)

지금까지 고찰한 한글 자료는 물론, 아래 (7)의 '膝襴' 관련 문맥을 통해 이러한 가능성을 짐작해 볼 수 있다. (8)은 비교를 위해 '膝襴'이 중국어에서 갖는 용법을 제시한 것이다.

(7) 가. 月山大君，<u>青紗織金麒麟**膝襴**一匹</u>，青界地雲紵絲一匹；明懿公主，明綠界地雲紵絲一匹，<u>青紗鋪絨暗**膝襴**一匹</u>.<성종실록 16권(1472년 3월 5일 기사)>

나. 裳以青緞爲之，前三幅短而連縫，後四幅長而各二幅連縫以相掩，前後有辟積，<u>中下列貼織金龍(俗稱**膝蘭**)</u>.<國朝續五禮儀補序例 1-吉禮-王妃禮服制度-裳(1751)>

(8) 膝襴：明代的一種制服.『明史·輿服志(三)』："永樂以後，宦官在帝左右，必蟒服 [···] <u>**膝襴**</u>，亦如曳撒，上有蟒補，<u>當膝處横織細雲蟒</u>，蓋南郊及山陵扈從便於乘馬也."<漢語大詞典>

(7가)의 '膝襴'은 '一匹'이 후행하므로 "해당 무늬가 새겨진 비단"을 의미한다. 또한 (7나)는 왕비의 예복인 상(裳)에 대해 설명한 것으로서,

21) 이와 관련하여 『한국복식사전』(479쪽)에서는 명나라 직금 방식의 스란치마가 조선에 전래되면서 별도의 스란단을 만들어 치마에 붙이는 방식으로 국속화된 듯하다고 보았다.

밑줄 친 부분에 상(裳)의 “중간에서 아래쪽으로 치우친 위치에 금룡(金龍)을 새기거나 붙인다.”라고 기록되어 있다. 이와 더불어 “세속에서는 이를 ‘膝蘭’이라고 부른다.”라는 내용의 협주가 수반되어 있다. 따라서 (7가)의 ‘膝欄’은 “해당 무늬가 새겨진 비단”이고 (7나)의 ‘膝蘭’은 상(裳)에 부착된 “스란단”임을 알 수 있다.

(8)의 밑줄 친 『明史·輿服志』에는 ‘膝襴’에 대해 “무릎 위치에 가는 구름과 망(蟒)을 가로로 짜 넣은 것.”이라고 서술되어 있다.[22] 이는 (7가)의 서술 내용과 유사하다. 이상의 내용을 근거로 했을 때, “슬란”이 원어와 동일한 “어떤 무늬가 새겨진 비단”을 가리키는 명칭으로부터 비슷한 위치에 부착하는 부속품의 명칭으로 변화하는 과정을 겪었을 것으로 추정된다.

현재 한음형 ‘시란’류과 동음형 ‘슬란’류는 사라지고, ‘스란’만 (9)와 같이 『표준국어대사전』에 올라 있다.

(9) <u>**스란**</u>: 명 『수공』 「1」 치맛단에 금박을 박아 선을 두른 것. 옛날 궁중이나 반가(班家)의 부녀자들의 예장용 치마에 장식했던 것으로, 폭은 약 20cm이며, 용·봉 따위의 무늬를 놓는다. 「2」 =스란치마.[cf. 스란치마: 명 『수공』 스란을 단 긴치마. 폭이 넓고 입었을 때 발이 보이지 않을 정도로 길다. ≒스란「2」.]

현재 ‘스란’은 “금박을 박아 선을 두른 치맛단”뿐만 아니라 “스란치

22) 밑줄 친 내용의 앞에 “슬란(膝襴)은 예살(曳撒)과 비슷한데, 위에는 蟒(망) 흉배가 있고, 무릎 위치에 가는 구름과 망(蟒)을 가로로 짜 넣었다(膝襴, 亦如曳撒, 上有蟒補, 當膝處橫織細雲蟒).”라고 기술되어 있는 것으로 보아, 이때의 슬란(膝襴)은 예살(曳撒)처럼 특정된 옷의 종류를 가리킬 것으로 판단된다. 이러한 서술 내용은 현대 한국어에서 ‘스란치마’와 동일한 의미를 나타내는 ‘스란’을 연상시킨 단지 필자가 현재까지 고찰한 자료들에서는 “스란치마”를 의미하는 ‘스란’의 용법이 포착되지 않으므로, 이에 대해서는 앞으로 지속적인 관심을 갖고 살피고자 한다.

마”의 의미도 나타낸다. 위에서 확인한 바 있듯이 이러한 “치맛단”의 의미는 후대의 변화 과정에서 획득한 것이다. 그러나 ‘스란’이 나타내는 “스란치마”의 의미는 필자가 조사한 자료들에서는 포착되지 않던 용법이다.

이상으로 ‘膝欄, 膝襴’을 어원으로 하는 ‘시란ᄒᆞ-’, ‘스란문, 스란문ᄒᆞ-, 슬안문’과 ‘슬란, 슬란문, 슬란문ᄒᆞ-’에 대해 살펴보았다. 논의의 핵심을 요약하면 아래와 같다.

여러 어형 중 한음형 ‘시란ᄒᆞ-’는 『飜譯老乞大』(1510년대)에 한정적으로 나타난다. 혼성형 ‘스란’은 16~19세기 문헌에서 두루 확인되기는 하나 ‘스란문, 스란문ᄒᆞ다, 슬안문’처럼 복합어의 내부 요소로만 존재하던 것이다. ‘스란’을 과잉 분철한 ‘슬안’은 ‘슬안문’의 형태로 『廣才物譜』(19세기 初)에서 한정적으로 문증된다. 또한 동음형 ‘슬란’은 시기적으로 ‘스란’보다 다소 늦은 17세기 이후에 문증되기 시작하여 19세기 문헌에 이르기까지 확인된다. 용법에 있어서도 ‘스란’보다는 다양하게 나타나기 때문에 어떠한 과정을 거쳐 ‘스란’만 남게 되는 결과에 이르렀는지는 불명확하다. 또한 ‘膝欄, 膝襴’을 어원으로 하는 이상의 어형들을 문헌 속에 등장하는 순서에 따라 배열하면, ‘시란ᄒᆞ다’, ‘스란’류, ‘슬란’류가 된다. 가장 한음에 가까운 형태에서 점차 동음에 가까운 어형으로 바뀌었다고 할 수 있다.

의미상, ‘膝欄, 膝襴’을 어원으로 하는 어형들은 “무늬”의 의미로 쓰이던 것이 후대에는 “치맛단”의 의미로 변화한 것으로 확인된다. 단지 “스란치마”의 용법으로 쓰인 경우는 ‘膝欄, 膝襴’ 기원 어형들에서 확인되지 않으므로 앞으로 지속적으로 검토할 필요가 있다.

2.2.1.5. [鴨頭綠] 한야투루·야투로·야토로–혼야토록·야토록–동압두록 > 한∅–혼∅–동∅

‘鴨頭綠’을 어원으로 하는 어형에는 ‘야투루, 야투로, 야토로’, ‘야토록, 야토록’, ‘압두록’이 있으며,[23] 이들은 초록의 한 가지를 의미한다.

(1) 가. 鴨야頭투綠루段子: 야토록 비단<譯語類解-織造(1690) 下:4a>
　나. 鴨: 올히 압, 俗呼鴨子. 又有梳鴨子, 빗올히.<訓蒙字會-禽鳥(1527) 上:9a>, 頭: 머리 두<訓蒙字會-身體(1527) 上:13a>, 綠: 프를 록<訓蒙字會-彩色(1527) 中:15a>

위에서 보듯이, ‘야투루’와[24] ‘압두록’이 ‘鴨頭綠’의 한음과 동음에 가장 가깝게 표기된 형태이고 ‘야투로, 야토로,[25] 야토룩, 야토록’은[26] 한음에 가깝게 또는 한음과 동음이 부분적으로 반영된 어형이다. 어형에 따라 ‘頭’가 ‘투’나 ‘토’로, ‘綠’이 ‘로’나 ‘루’로 달리 나타난다. 아래 어형별로 하나씩 살피기로 한다.

우선 살필 것은 한음이 전체 혹은 부분적으로 반영된 ‘야투루, 야투로, 야토로, 야토룩, 야토록’과 관련된 용례이다.

---

23) 李基文(1965/1991)에서는 ‘야투로, 야토록, 야토룩’에 대해서, 劉昌惇(1975)에서는 ‘야토로, 야투로, 야토록, 압두록’에 대해서, 蕭悅寧(2014)에서는 ‘야투루, 야투로, 야토록’에 대해서 다룬 바 있다.

24) ‘감투, 샹투, 투구’에서도 ‘頭’의 ‘투’음을 발견할 수 있다.
　예 가. 𩕳頭, 小帽也. 華音감투, 誤翻甘吐, 一曰氊帽, 或作[匚敢]頭者非.<名物紀畧-服飾部(1870) 3:28a>
　　나. 兜鍪도무, 俗言頭盔, 華音투귀. ○ 首鎧.<名物紀畧-器用部(1870) 3:15b>

25) ‘綠’의 한음이 ‘루’가 아닌 ‘로’로 나타나는 것으로 아래의 ‘희무로’을 더 들 수 있다. ‘희무로’는 ‘黑墨綠’의 한음에 가깝게 표기된 어형으로, 이때에도 ‘綠’이 ‘루’가 아닌 ‘로’에 대응된다.
　예 黑허墨머綠루段子: 희무로 비단<譯語類解-織造(1690) 下:4a>

26) 아래에 제시된 것처럼, 20세기 자료에서 ‘綠’이 ‘룩’과 ‘록’으로 달리 표기된 용례가 발견되기는 하지만 16세기 자료에 등장한 ‘야토룩’의 ‘룩’도 ‘ㅗ’와 ‘ㅜ’의 혼기에 따른 이표기로 간주할 수 있을지에 대해서는 불확실하다.
　예 [‘룩’음] 豆綠: 두룩<日用備覽記-衣服具(1937) 13b>, 草綠: 초룩<日用備覽記-衣服具(1937) 13b>
　　[‘록’음] 柳綠: 유록<日用備覽記-衣服具(1937) 13b>

(2) ['야투루' 관련 예]

비단 ᄑᆞᄂᆞᆫ 큰형님 네 그 텬쳥 비쳇 흉븨 ᄒᆞᆫ 비단과 류쳥 비쳇 무릅도리로 문ᄒᆞᆫ 비단 **야투루** 비쳇 벽드르헤 운문 ᄒᆞ욘 비단 연초록 비체 보샹화문 ᄒᆞ욘 비단 **연야투루** 비체 텬화의 팔보 ᄢᅧ ᄒᆞᆫ 문앳 비단 [...] 이런 비단과 사와 로왜 다 잇ᄂᆞ녀(賣段子的大哥 你那天青胸背 柳青膝欄 **鴨야綠루**界地雲 鸚哥錄寶相花 **黑綠**天花嵌八寶 [...] 這們的紵絲和紗羅都有麽)<飜譯老乞大(1510년대) 下:24a-25a>

(3) ['야투로' 관련 예]

가. 녀름 다ᄃᆞᆮ거든 ᄀᆞ장 ᄀᆞᄂᆞᆫ 모시뵈 젹삼애 우희ᄂᆞᆫ 제 실로 슈질 노ᄒᆞᆫ ᄒᆡᆫ 믠 紗 더그레 **야투로** 사 ᄃᆡ녕이오(到夏間好極細的毛施布布衫 上頭繡銀條紗搭胡 **鴨야綠루**紗直身)<飜譯老乞大(1510년대) 下:50a-b>

나. ᄯᅩ ᄒᆞᆫ 舍人은 빗ᅀᅥ쇼ᄃᆡ ᄒᆡᆫ 기ᄌᆞ피 훠의 **야투로** 노애 ᄉᆞ지 치질ᄒᆡ욘 깃 ᄃᆞ론 거믄 ᄀᆞᄂᆞᆯ오 보ᄃᆞ라온 시욱쳥 우희 ᄒᆞᆫ 솽 명록 비쳇 비단으로 ᄉᆞ곗곳 슈질ᄒᆞᆫ 후시를 ᄆᆡ엿고(又有一箇舍人打扮的 白麂皮靴子 **鴨야綠루**羅納綉獅子的抹口 青絨氈襪上 絟着一對明綠綉四季花護膝)<飜譯朴通事(1510년대) 上:29a>

(4) ['야토로' 관련 예]

가. 홍챵쉬 지ᄇᆡ **야토로** 갑 ᄒᆞᆫ 필 간다 브ᄃᆡ 믈러 보내여라 다 인 텨 가ᄂᆞ니라<순천김씨묘-119, 1550~1592년, 신천강씨(어머니)→순천김씨(딸)>, 하 사오납디 아니니 밧고리 하 심심ᄒᆡ여 ᄌᆞ시 몯 ᄒᆞ노라 **야토로** 와사 죵ᄃᆞᆯ 티장ᄒᆞ리라 호ᄃᆡ 살려 보내여라 <순천김씨묘-119, 1550~1592년, 신천강씨(어머니)→순천김씨(딸)>

나. 녀름 다ᄃᆞᆺ거든 ᄀᆞ장 ᄀᆞᄂᆞᆫ 모시뵈 젹삼에 우에ᄂᆞᆫ 슈 노ᄒᆞᆫ 흰 믠 사 더그레예 **야토로** 사 ᄃᆡ녕이오<老乞上諺解(1670) 下:45b>

(5) ['야토룩' 관련 예]

비단 ᄑᆞᄂᆞᆫ 큰형아 네 뎌 텬쳥 빗체 흉븨 ᄒᆞᆫ 비단과 류쳥 빗체 무룹도리로 문ᄒᆞᆫ 비단 압두록 빗체 벽드르헤 운문 ᄒᆞᆫ 비단 연초록 빗체 보샹화문 ᄒᆞᆫ 비단 **연야토룩** 빗체 텬화의 팔보 쪄 ᄒᆞᆫ 문엣 비단 [...] 이런 비단과 紗羅ㅣ 다 인ᄂᆞ냐<老乞大諺解(1670) 下:21b-22b>

(6) ['야토록' 관련 예]

가. 鴨頭綠段子: **야토록** 비단<譯語類解-織造(1690) 下:4a>

나. 녀름 다ᄃᆞᆺ거든 ᄀᆞ장 ᄀᆞᄂᆞᆫ 모시뵈 젹삼에 우희ᄂᆞᆫ 슈 노흔 흰 믠 사 더그레예 **야토록** 사 딕녕이오<平安監營刊老乞大諺解(1745) 下:45a-b>

다. 비단 ᄑᆞᄂᆞᆫ 相公아 네 푸ᄌᆞ에 져 옥ᄉᆡᆨ 짓튼 옥ᄉᆡᆨ 남 天靑 石靑 柳靑 草綠 연초록 **연야토록** 연숑화ᄉᆡᆨ 짓튼 숑화ᄉᆡᆨ 짓튼 초록 압두록 鴉靑 油綠 [...] 여러가지 빗 짓튼이 엿튼이 [...] 이 여러가지 대단과 다ᄆᆞᆺ 져기 비단과 紗羅ㅣ 다 잇ᄂᆞ냐(賣段子的相公 你鋪子裏 那魚白 蔥白 月白 天靑 石靑 柳靑 草綠 鸚哥綠 **黑綠** 南松 北松 官綠 鴨綠 鴉靑 油綠 [...] 各摾顏色 深的淺的 [...] 這各摾的緞子 與些紵絲 紗羅都有麽)<重刊老乞大諺解(1795) 下:22b>

한음이 전체 또는 부분적으로 반영된 위의 여러 어형을 최초 용례의 문증 시기에 따라 배열했을 때 대체로 '야투루·야투로→야토로→야토룩→야토록'의 순서이다. 이는 한음에 보다 가까운 어형으로부터 점차 동음에 가까운 어형으로 대체되는 과정이기도 하다.[27] 이들은 원문의 '鴨綠'에 대응되며, '연(軟)'과 결합한 '연야투루, 연야토룩, 연야토록'은 원

---

27) '鴨頭綠'이 출현하는 문헌 중 가장 다양한 동일 기원의 어형이 가장 다양하게 발견되는 것은 『老乞大諺解』이다. 이 문헌 속에는 '야토로, 연야토룩, 압두록'이 공존한다. 이를 기준으로 이전 시기 이본에서는 '야투루, 야투로, 야토로'가 확인이 되고, 이후의 이본에서는 '야토록, 압두록'이 확인된다. 이를 보더라도 대체적인 변화의 경향성은 파악이 가능하다.

문의 '黑綠'에 대응된다. 따라서 '야투루'류는 짙은 초록색 계열을 가리키는 명칭인 반면, '연'이 선행한 '연야투루'류는 '야투루'류보다는 다소 옅은 초록색을 의미한다는 것을 알 수 있다.[28] 한학서에 쓰인 경우 외에 (4가)처럼 언간에 출현한 '야토로'의 용례도 발견된다.

아래는 '鴨頭綠'의 동음이 반영된 '압두록'의 용례이다.

(7) 가. 비단 ᄑᆞ는 큰형아 네 뎌 텬청 빗체 흉븨 ᄒᆞᆫ 비단과 류청 빗체 무룹도리로 문ᄒᆞᆫ 비단 **<u>압두록</u>** 빗체 벽드르헤 운문 ᄒᆞᆫ 비단 연초록 빗체 보샹화문 ᄒᆞᆫ 비단 <u>연야토룩</u> 빗체 텬화의 팔보 쪄 ᄒᆞᆫ 문엣 비단 [⋯] 이런 비단과 紗羅ㅣ 다 인ᄂᆞ냐<老乞大諺解(1670) 下:21b-22b>

나. 비단 ᄑᆞ는 相公아 네 푸ᄌᆞ에 져 옥ᄉᆡᆨ 짓튼 옥ᄉᆡᆨ 남 天靑 石靑 柳靑 草綠 연초록 <u>연야토록</u> 연숑화ᄉᆡᆨ 짓튼 숑화ᄉᆡᆨ 짓튼 초록 **<u>압두록</u>** 鴉靑 油綠 [⋯] 여러가지 빗 짓튼이 엿튼이 [⋯] 이 여러가지 대단과 다ᄆᆞᆺ 져기 비단과 紗羅ㅣ 다 잇ᄂᆞ냐(賣段子的相公 你鋪子裏 那魚白 慈白 月白 天靑 石靑 柳靑 草綠 鸚哥綠 <u>黑綠</u> 南松 北松 官綠 **<u>鴨綠</u>** 鴉靑 油綠 [⋯] 各樣顔色 深的淺的 [⋯] 這各樣的緞子 與些紵絲 紗羅都有麽)<重刊老乞大諺解(1795) 下:22b>

다. 녀름에 다ᄃᆞᄅᆞ면 ᄀᆞ장 ᄀᆞᄂᆞᆫ 뵈 젹삼에 우희 닙은 거ᄉᆞᆫ 성긔고 센 紗 두루막이와 **<u>압두록</u>** 紗 직녕이오<重刊老乞大諺解(1795) 下:47b>

(7)에서 보듯이 이들은 모두 17세기 이후 이본자료에서 확인이 된다. 보다 이른 시기의 이본 자료들과 비교했을 때, 표기만 바뀌었을 뿐 대응어나 용법 등에 있어서는 변함이 없다.

---

28) 이는 아래의 밑줄 친 부분의 내용을 통해서도 확인 가능하다.

[예] 綠록, 靑黃色, 卽草綠초록. ○ 明綠명록, 鸎哥綠잉가록, 豆綠두록, 並淺綠. ○ <u>鴨頭綠압두록, 油綠유록, 並深綠.</u><名物紀畧-布帛部(1870) 3:25a>

이상으로 '鴨頭綠'을 어원으로 하는 '야투루, 야투로, 야토로', '야토룩, 야토록', '압두록'에 대해 살펴보았다. 어형에 따라 '頭'가 '투'나 '토'에, '綠'이 '로'나 '루'에 대응되어 나타난다. 각 어형 사이에는 의미상의 차이는 포착되지 않고 시대에 따라 어형이 달리 나타날 뿐이다. 논의의 핵심을 요약하면 아래와 같다.

한음형의 '야투루, 야투로, 야토로'는 16세기 이후의 자료에서 주로 문증된다. 한학서뿐만 아니라, '야토로'는 언간과 같은 원국문본 자료에서도 관련 용례가 확인된다. 이와 대조적으로 혼성형의 '야토룩, 야토록'과 동음형 '압두록'은 '야투루, 야투로, 야토로'로 출현하였던 한학서의 17세기 이후 이본에 집중적으로 나타난다. 즉 기존에 한음형으로 나타나던 것이 후대의 이본 자료에서는 혼성형 또는 동음형으로 바뀐 모습을 보인다. 대체적인 흐름을 보았을 때, 한음형에 가까운 어형에서 점차 동음형에 가까운 어형으로 바뀌는 경향을 보인다고 할 수 있다. 이중 한음형이나 혼성형의 경우 '연야투루, 연야토룩, 연야토록'과 같은 복합어로 나타나기도 한다. 현재 이들은 모두 쓰이지 않고 있다.

2.2.1.6. [店房] [한]뎐팡-[혼]뎐방·던방·젼방-[동]뎜방·졈방 > [한]∅-[혼]∅-[동]점방

'店房'을 어원으로 하는 어형에는 '뎐팡', '뎐방, 던방, 젼방', '뎜방, 졈방'이 있다.29)

(1) 가. <u>**店뎐房방**</u>: 外方 흥졍ᄒᆞ리 오ᄂᆞᆫ ᄃᆡ<譯語類解-賣買(1690) 上:68a>, <u>**店뎐房방**</u>: 店房<華語類抄-買賣(19세기 말) 39a>, <u>**店뎐房방**</u>: 순막방 <목판본 華語類抄-買賣(미상) 19a>

가.′ <u>店房</u>: ᄉᆞᆺ막 ○ 냘마 타타라 보, 一云<u>**뎐방**</u><同文類解-買賣(1748)

29) 華峰文庫本『中華正音』에 나타나는 '뎐팡'에 대해서는 朴在淵(2010: 212)을 참조할 수 있다.

下:27b>, **店房**: 숫막 ○ 쿠문ㅜ 바굴치 걸, 一云<u>댠팡</u><蒙類類解-買賣(1790) 下:22a>

나. <u>店</u>: 져제 <u>뎜</u>. 停商鬻貨之舍.<訓蒙字會-官衙(1527) 中:4b>, <u>房</u>: 집 <u>방</u>. 俗呼房子·瓦房·草房.<訓蒙字會-宮宅(1527) 中:3a>

(1)에서 보듯이 '뎐팡'은 '店房'의 한음을 반영한 한음형이고,30) '뎐방'은 '店'의 한음과 '房'의 동음이 반영된 혼성형이며, '뎜방'은 '店房'의 동음을 반영한 동음형이다. 이외에 '던방'은 '뎐방'에서 'y'가 탈락한 어형이고, '젼방'은 '뎐방'에서 어두의 '뎐'이 구개음화를 겪어 '젼'으로 표기된 것이다. (1가')에서 '뎐팡'과 음상과 의미가 유사한 '댠방'과 '댠팡'이 만주어와 몽골어 전사 자료에서 발견된다는 사실은 '뎐팡'이 차용어일 가능성을 한층 더 높여준다. 아래 어형별로 그 쓰임에 대해 살피기로 한다.

(2가)와 (2나)는 '뎐팡'의 용례이다. 비교를 위해 동일 문헌이나 이본 자료에 출현하는 '뎐방, 던방, 젼방'의 용례도 그 아래에 함께 제시하였다.

(2) 가. <u>**뎐팡**</u> 장궈디가 쳑 이 어림을 보고 졔딕로 마음 초급ᄒᆞ여 이편이 힘을 다ᄒᆞ여 져를 호동케 ᄒᆞ여도 더옥 동졍이 업더라(<u>**店젼房방**</u>掌櫃的一看這个光景 替他心裡憔急 各人盡力兒給他活動些 越發更沒有信)<華峰文庫本 中華正音(1909) 13b>

가.' <u>**젼방**</u> 쟝궤지가 쳐음 이 어림을 보고 그 사람드리 마음이 죠급허여 이편이 힘을 다허여 져를 셔둘너 쥬어도 더욱 가망이 업더니(<u>**店뎐房팡**</u>賬櫃的一看這箇光景 替他心裡焦急 各人盡力兒給他活動些 越發更沒有信)<濯足文庫本 中華正音(미상) 20a>

가." <u>**던방**</u> 니 쟝귀지가 이 광경을 보고 데딕로 마음이 초급하야 인역 이심을 다하여 져을 호동하여도 더옥 졍 긔별이

30) 차용어 중 동음의 'm'이 한음의 'n'에 대응되는 예로 '<u>션</u>단[<u>閃</u>緞]'과 '문<u>련</u>ᄌᆞ[門<u>簾</u>子]'를 더 들 수 있다.

업던니(**店뎐房팡**李掌櫃的一看這个光景 替他心裡燋急 各人盡力兒給他活動些 越發更沒有信)<六堂文庫本 中華正音/騎着匹(20세기 초 이후) 上:10b-11a>[cf. 닉가 삼십여 년 **뎜막**을 긔하여셔 얼마 긱상을 맛자 지닉보고 얼마 댱ᄉ을 반하여 지닉셔도(我開三十多年的**店뎐房팡** 惹過多少客商們 辦過多小的生意)<六堂文庫本 中華正音/騎着匹(20세기 초 이후) 上:17a>]

나. 닉 삼십여 년 **뎐팡**을 시작허여 긱샹들이 얼마 맛잡아 보와스며 얼마 은 흥경을 반허여 보와스랴마는(我開三十多年的**店뎐房팡** 惹過多少客商們 辦過多少銀子的生意)<濯足文庫本 中華正音(미상) 31a>

나.′ 닉 삼십여 년 **뎐방**을 키ᄒ여 열미 긱상을 맛잡아 보면 열미 흥졍을 반ᄒ여 보아시라(我開三十多年的**店뎐房방** 惹過多少客商們 辦過多少銀子的生意)<華峰文庫本 中華正音(1909) 21a>

(2)에 출현하는 '뎐팡, 젼방, 던방, 뎐방'은 '店房'에 대응되는 것으로 이본 자료의 동일 문맥 속에 출현한다. 이 중 '뎐팡'은 '店房'의 한음을 반영한 것임이 분명하다. '던방'은 동일한 자료에서 '店房'의 대응어가 '뎜막'으로도 나타난다는 점을 고려했을 때, '뎐방'에서 'y'가 탈락한 어형이다. 문제는 '젼방, 던방, 뎐방'이 '店'의 한음을 반영한 어형인가 하는 것이다. 아래 제시된 '뎐ㅅ방'이나 '뎐방'을 염두에 두었을 때 '젼방, 던방, 뎐방'의 어원 판단은 더욱더 어렵다.[31)]

(3) 가. 掌櫃的: **뎐ㅅ방** 궤직이<方言類釋-人類類(1778) 申部:34b>

나. 외셩을 ᄂ가 보면 닉셩보다 더 너르고 번화ᄒ기 금즉ᄒ고

31) 아래의 '의젼', '지뎐', '뎐집'이라는 어형을 고려했을 때 더 그러하다. 본고의 대상으로 삼은 '젼방, 던방, 뎐방'이 출현하는 문헌의 성격을 고려하여 '店'의 한음과 '房'의 동음을 반영한 어형으로 판단하였으나 이에 대해서는 아주 속단할 수 있는 문제는 아니다.

㉮ 가. 估衣鋪: 의**젼**<華語類抄-買賣(19세기 말) 39b>, 南紙鋪: 지**뎐**<목판본 華語類抄-買賣(미상) 19a-b>[cf. 南紙鋪: 紙廛<華語類抄-買賣(19세기 말) 39b>]

온갓 **뎐방** 두루 잇다<戊子西行錄(19세기)>, 녀염이 거려ᄒᆞ고 시뎐이 웅부ᄒᆞ니 **뎐집**을 볼죽시면 외모도 휼늉ᄒᆞ다<戊子西行錄(19세기)>[32)]

(3가)의 '掌櫃的'는 '뎐ㅅ방 궤직이'에 대응된다. (2가)에서 '掌櫃的'의 한음을 반영한 '장귀디, 쟝궤지, 쟝귀지'에 '뎐팡, 젼방, 뎐방'이 선행한 것으로 보아 이때의 '뎐ㅅ방'도 '店'의 한음이 반영되었을 가능성이 존재하지만 '廛'의 동음을 반영했을 가능성을 배제할 수도 없다.[33)] 또한 (3나)의 '뎐방', '뎐집', '시뎐'은 문맥상 유의 관계를 이룬다. '廛'과 '店'이 유의 관계의 것이기 때문에 이때의 '뎐'이 '店'의 한음을 반영한 것인지, '廛'의 동음을 반영한 것인지는 쉽게 판단되는 문제가 아니다. 따라서 이때의 '뎐ㅅ방'에 대하여 '廛'의 동음을 반영했을 가능성과 '店'의 한음을 반영했을 가능성을 모두 열어두어야 할 것이다.

아래의 (4)와 (5)는 '店房'의 동음이 반영된 '뎜방'과 '졈방'의 용례이다.

(4) 가. 趾店房: **뎜방** 잡다<譯語類解-瑣說-三字類(1690) 下:50b>

나. 챠셜 영쇼졔 ᄆᆡ암의 허믈 벗ᄉᆞ믈 본바다 졔시ᄋᆞ로 농즁의 드러 칠냥거의 오ᄅᆞᄆᆡ 방소ᄅᆞᆯ 뭇지 못ᄒᆞ고 져므도록 힝ᄒᆞ야 뷘 **뎜방**을 어더 바야흐로 나와 숨을 두ᄅᆞᄆᆡ 명도 험흔ᄒᆞ미 지ᄂᆡ지 아닌 배 업ᄉᆞ믈 탄ᄒᆞ더라<碧虛談關帝言錄(미상) 11:29b-30a>

(5) 가. 낙월이 셔령의 몰ᄒᆞ고 효식이 챵망ᄒᆞ니 ᄇᆞᆰ기를 기ᄃᆞ려 쥬

---

32) "<무자서행록>은 김지수가 1828년(순조 28) 진하겸사은사(進賀兼謝恩使)로 청나라에 간 정사(正使) 이구(李球)의 반당(伴倘) 신분으로 연경에 다녀온 뒤 기록한 연행가사이다."(안혜자 2012:1)

33) 南豊鉉(1972a: 64)에서는 중세 한국어에서 이미 높은 사용빈도를 보였을 뿐만 아니라 현대어까지 활발하게 쓰이고 있는 단음절 한자어 중의 하나로 '房'을 제시하고 있다.

뎜을 ᄎᆞ자 **<u>졈방</u>**의 들ᄆᆡ 다과ᄅᆞᆯ 사 요긔ᄒᆞ고 도관과 ᄉᆞ찰을 둣보니 슈십 니 밧게 뎐툭암이 잇다 ᄒᆞᄂᆞᆫ지라<碧虛談關帝言錄(미상) 21:18a>

나. 어ᄉᆡ 왈 나ᄂᆞᆫ 지ᄂᆡᄂᆞᆫ 션ᄇᆡ라 **<u>졈방</u>**의 번요ᄒᆞ믈 슬희 너겨 됴용ᄒᆞᆫ 곳을 ᄎᆞ저 네 집의 왓ᄂᆞ니 박졀이 졈탕치 말나<明行貞義錄(19세기 초반) 15:2b>, 후등이 여러 번 션영의 왕ᄂᆡᄒᆞ여 양쥬 고ᄐᆡᆨ을 보건ᄃᆡ 이 본ᄃᆡ 왕공 후ᄇᆡᆨ의 묘막을 위ᄒᆞ여 지으미 아니라 셕년 ᄐᆡᆨᄉᆡ 취렴흥판ᄒᆞ기ᄅᆞᆯ 위ᄒᆞ여 일운 ᄇᆡ니 긴 창고와 너ᄅᆞᆫ **<u>졈방</u>**이 다만 상고의 요리ᄒᆞ며 <u>졈쥬</u>의 졉ᄀᆡᆨᄒᆞᆷ의 가합ᄒᆞ니<明行貞義錄(19세기 초반) 66:30a-b>

(4)와 (5)의 비교에서 드러나듯이, '뎜방'은 17세기 말의 자료에서 확인되며, '졈방'은 이보다 후대에 발견된다. (4가)에서 '뎜방 잡다'는 '跐店房'에 대응된다. (4나)와 (5가)를 통해 동일한 자료에서 '뎜방'과 '졈방'이 공존하였음을 확인할 수 있다. 또한 (4나)와 (5나)에서 '졈방'과 공기하는 '쥬뎜'이나 '졈쥬'를 통해 '졈방'의 의미를 미루어 짐작해 볼 수 있다.

현재 (6가)에 제시한 바와 같이 동음형의 후대형인 '점방'이 『표준국어대사전』에 올라 있으며, 이외에도 '점방'의 충남 방언 '즌빵'이 (6나)와 같이 확인된다.

(6) 가. **<u>점방(店房)</u>**: 명 가게로 쓰는 방.

나. **<u>즌빵</u>**: 명 『방언』 '점방'의 방언(충남).

이상으로 '店房'을 어원으로 하는 '뎐팡', '뎐방, 뎐방, 젼방', '뎜방, 졈방'에 대해 살펴보았다. 한음형 '뎐팡'과 동음형 '뎜방'의 어형 비교를 통해 'ㄴ'과 'ㅁ'의 대응, 'ㅍ'과 'ㅂ'의 대응 양상을 관찰할 수 있다. 논의의 핵심을 요약하면 아래와 같다.

한음형 '뎐팡'과 혼성형 '뎐방, 던방, 젼방'은 역학서인 『中華正音』(20세기 전후)의 이본 자료들을 중심으로 확인된다. 이와 대조적으로 동음형의 '뎜방'과 '뎜방'에서 구개음화를 경험한 '졈방'은 17세기 말의 자료에서 문증되기 시작하여 현재까지 그 후대형 '점방'이 쓰이고 있다.

2.2.1.7. [玻瓈·玻璃] [한]보리·버리-[혼]보려-[동]파려·파리·ᄑᆞ리·피리 > [한]∅-[혼]∅-[동]파려(玻瓈)·파리(玻璃)

'玻瓈, 玻璃'를 어원으로 하는 어형에는 '보리, 버리', '보려', '파려, 파리, ᄑᆞ리, 피리'가 발견된다.34)

(1) 가. 玻瓈: 보리(漢-**玻보瓈리**)<方言類釋-珍寶類(1778) 戌部:18b>
가.′ **玻瓈**: 버리 ○ **보리**<同文類解-珍寶(1748) 下:23a>, **玻瓈**: 보리 ○ **보롤**<蒙語類解-珍寶(1790) 下:18b>, **玻瓈**: 보리(蒙-**볼로**)<方言類釋-珍寶類(1778) 戌部:18b>
나. **璃**: 류릿 **리**<訓蒙字會-金寶(1527) 中:15b>, **玻**: 파려 **파**. 玻瓈. 水玉, 頗黎國所出, 故名. 有眞有燒者.<字類註釋-寶貨類(1856) 下:13a>, **瓈**: 파려 **려**. 玻瓈. 西國寶.<字類註釋-寶貨類(1856) 下:13b>

(1가)에서 보듯이 '보리, 버리'는35) '玻瓈'의 한음에 가깝게 표기한 어형이고, '파려'는 '玻瓈'의 동음을 반영한 어형이다. (1가′)에서 '玻瓈'의 만주어와 몽골어 대응어가 각각 '보리'와 '보롤, 볼로'로 제시되어 있는데, 이들은 본고의 '보리, 버리'와 비슷한 음상을 지니고 있어서 동원관계일 가능성이 높다고 하겠다. 또한 '보려'는 '玻瓈'를 '한음+동음'의

34) 이 중 '버리'는 李基文(1965/1991)과 劉昌惇(1975)에서, '보리'는 蕭悅寧(2014)에서 중국어 차용어로 지적된 바 있다.

35) 이 중 '버리'에 대해서는 두 가지로 생각해 볼 수 있다. 하나는 본도기>번데기, 봇나무>벗나무, 몬져>먼져, 몬ᄌᆡ>먼지, 보션>버선'(이진호 2005:131)처럼 '보리'에서 비원순모음화를 겪은 어형으로 보는 것이고, 다른 하나는 '玻瓈'를 '보리'와 음상이 유사한 '버리'로 옮겨 적은 것으로 보는 것이다.

방식으로 결합한 어형이다.

'파리, ᄑᆞ리, 피리'도 '파려'와 마찬가지로 어원의 동음이 반영된 어형이지만 결합된 동음의 성격이나 대응 어원의 표기는 '파려'와 다르다. 어원인 '玻瓈, 玻璃'에서 '瓈'와 '璃'는 이체자 관계로서 양자의 한음이 동일하지만[36] 동음에서는 각각 '려'와 '리'로 구분된다. '파리'를 '玻'의 동음 '파'에 '瓈'나 '璃'의 한음 '리'가 결합되었을 가능성에 대해서 생각해볼 수 있겠으나, '파리'가 등장하는 문헌의 성격 및 출현 문맥, 대응어 등을 고려했을 때 이러한 가능성은 극히 낮을 것으로 짐작되며 '파리'는 '玻璃'를 어원으로 하는 동음형일 것으로 판단된다. '파리' 외에도 어두의 '파'가 'ᄑᆞ'로 표기된 'ᄑᆞ리'가 발견된다. 이외에 '피리'도 '玻璃'에 바탕을 둔 어형일 것으로 추정되며 이때의 '피'는 성부(聲符) '皮'에 이끌린 '玻'의 속음일 것으로 판단된다. 따라서 동음을 반영한 '파려, 파리, ᄑᆞ리, 피리' 중에서 '파려'는 '玻瓈'를 어원으로 한 것이고, '파리, ᄑᆞ리'와 '피리'는 '玻璃'를 어원으로 한 것이라고 하겠다.

'玻瓈'의 한음형 '보리'와 관련하여 정약용의 저술에서 (2가)에서와 같이 흥미로운 내용이 발견된다.

(2) 가. 玻瓈誤翻爲菩里/+華音本보리, 吾東麥曰菩里, 故玻瓈眼鏡, 俗謂之麥鏡, 其轉輾訛誤如此.+/(玻瓈는 잘못 옮겨져 菩里가 되었다./+중국음은 본디 '보리'이다. 우리 나라에서는 麥을 보리라고 말하는 까닭으로 玻瓈眼鏡을 세상에서는 麥鏡이라 이르고, 그것이 이리저리 옮겨지고 잘못 변화하여 이와 같이 되었다.+/) <雅言覺非(1819) 2>[cf. 靉靆之劣者, 俗稱麥鏡. 蓋方言謂麥爲菩离, 而華音玻瓈亦近菩离, 故因以譌傳也.<雅言指瑕>]

나. 玻瓈피려, 一作頗黎, 生頗黎國, 故因名焉. 其瑩如水, 其堅如玉, 華音보리, 誤翻甫里.<名物紀畧-貨寶部(1870) 3:21a>[cf. 眼境

36) '玻瓈, 玻璃' 외에 국어사 문헌 자료에 '玻瓅, 玻梨, 頗黎, 頗瓈, 玻璃'와 같은 한자 표기가 출현했던 것도 동일한 맥락에서 이해될 수 있다. 유사한 경우로 '琉璃, 瑠璃', '琺瑯, 玻瓓, 法朗' 등을 더 들 수 있다. 이들은 모두 '진보(珍寶)'류에 속하며 부수로 '王'을 공유하고 있다.

안경, 一名靉靆, 出自西洋. 明時中國人始學造焉. ○ 與眼平等者, 俗訓맛보기. ○ 老人鏡, 俗訓돗보기. ○ 玻璃造成者, 因華音보리, 誤翻甫里.<名物紀畧-器用部(1870) 3:6b>]

(2가)와 (2나)의 밑줄 친 내용으로부터 '麥鏡'은 '안경[靉靆]'37) 가운데서도 품질이 다소 떨어진 종류의 것으로서 당시 한국어[東語]에서 '보리[麥]'를 '菩里'라고 하는데, '玻瓈'의 번역어인 '菩里, 菩离, 甫里'와 음상이 유사하기 때문에 '玻瓈眼鏡'을 '麥鏡'이라고 잘못 지칭하게 되었음을 알 수 있다. 이와 관련하여 아래의 (3나)와 (3나')의 '보리경'을 참조할 수 있다. 아래 어형별로 하나씩 살피기로 한다.

우선 살펴볼 것은 '玻瓈, 玻璃'의 한음에 바탕을 둔 '보리'와 '버리'이다.

(3) 가. 玻瓈: **보리**<方言類釋-珍寶類(1778) 戌部:18b>, 玻瓈: **보리**<蒙語類解-珍寶(1790) 下:18b>, **보리**: 玻璃. Verre.(유리)<韓佛字典(1880) 336>, 玻보璃리: **보리**<華語類抄-珍寶(19세기 말) 41a>

나. **보리경**: 玻璃鏡. Spectacles; glasses.<韓英字典(1897) 435>

나.' 안경푸리 볼작시면 오슈졍 ᄌᆞ슈졍과 먼니 뵈ᄂᆞᆫ 쳔니경과 노소통경 양목경과 슌ᄃᆡ모테 슌양각테 은학술의 빅통 쟝식 돗보기 맛보기며 **보리경**의 귀거리오<燕行紀(1895) 96-97쪽>[cf. 안경푸리 보랑이면 슌ᄃᆡ모테 양각테며 돗보기 맛보기와 **보리경**의 귀거리며<아악부가집 2-燕行歌>]

(4) 玻瓈: **버리**<同文類解-珍寶(1748) 下:23a>

(3)의 '보리'와 (4)의 '버리'는 '玻瓈, 玻璃'에 대응되며 '珍寶'의 하위어로 분류된 것으로서 18세기 이후의 자료에서 발견된다. (3나)에서

---

37) 王力 著(2004: 590)에서 '靉靆'가 서역(西域)에서 받아들인 차용어로 지적된 바 있다.

'보리'에 '경'이 후행한 '보리경'은 '玻璃鏡'의 대응어로 쓰인 것이다. 또한 (3나′)의 '보리경'은 연경(燕京) 유리창(琉璃廠)의 안경 가게[안경푸리]에 상품으로 진열된 것이다. (4)의 '버리'는 『同文類解』(1748)에서 드물게 확인된다.

아래는 혼성형 '보려'의 예이다.

(5) 玻瓈: **보려**<日用備覽記-文房具(1937) 2a>

위에서 '보려'는 '玻瓈'의 대응어로 쓰였다. 『日用備覽記』(1937)를 제외한 기타 문헌에서는 잘 찾아지지 않는다.

아래 (6)은 '玻瓈'의 동음을 반영한 '파려'와 관련된 예시이다.

(6) 가. 텬존이 손으로 힝인을 ᄊᆡ치니 그 가온ᄃᆡ ᄆᆰ은 물이 잇셔 빗치 **파려** ᄀᆞᆺ고 향긔 먼니 ᄡᅩ이더라<明行貞義錄(19세기 초반) 17:30a>[cf. **파려반**<明行貞義錄(19세기 초반) 5:28a>, **파려**<明行貞義錄(19세기 초반) 31:33a>, **파려**<明行貞義錄(19세기 초반) 42:14b>, **파려ᄇᆡ**<明行貞義錄(19세기 초반) 42:33a>]

나. 玻: **파려** 파. 玻瓈. 水玉, 頗黎國所出, 故名. 有眞有燒者. <字類註釋-寶貨類(1856) 下:13a>, 瓈: **파려** 려. 玻瓈. 西國寶.<字類註釋-寶貨類(1856) 下:13b>

다. 반도회ᄉᆞᆼ에 실수ᄒᆞ여 **파려ᄌᆞᆫ**을 쳐 ᄊᆡ치모로 극죄를 범ᄒᆞ여 옥졔 날을 ᄌᆞᆸ아 팔ᄇᆡᆨ ᄌᆞᆼ을 치시고 ᄒᆞ계로 보ᄂᆡ여(只因蟠桃會上 失手打碎了**玻璃盞** 玉帝把我打了八百 貶下界來) <계명대 西遊記(19세기 말~20세기 초) 3:24>

라. 교방 풍뉴를 나오고 경장진슈를 나오ᄆᆡ 삼현오악이 텬지를 요동ᄒᆞ고 뉴리반 **파려긔**의 수륙진찬이 풍비ᄒᆞ고 산호상 황금완의 경장이 ᄀᆞ득ᄒᆞ니<楊賢門直節記(미상) 19:178>

마. ᄃᆡ모반의 션도니괘 문허졋고 **파려ᄌᆞ완**의 웅쟝탁죄 버렷고 <碧虛談關帝言錄(미상) 21:78>

바. 음식지졀 볼작시면 **파려** 소반 우의 유리잔 호박ᄇᆡ의 ᄌᆞ화

쥬 감노쥬도 노여 잇고 ᄉᆞᆷ천벽도로 안쥬ᄒᆞ니 셰샹의 못 본 빌너라<경판 20장본 심청전(미상) 14a>[cf. **파려반** 소반 우의 유리잔 호박ᄇᆡ의 ᄌᆞ하쥬 감노쥬도 노여 잇고<안성판 21장본 심청전(미상) 14b>]

'파려'는 19세기 이후의 번역 자료에서 주로 발견된다. 단독형으로 쓰이기도 하지만 '반(盤)', 'ᄌᆞ완(磁碗)', 'ᄌᆞᆫ(盞)', '긔(器)'와 같은 한자어 요소가 후행하기도 한다.

아래 '玻璃'의 동음을 반영한 '파리, ᄑᆞ리'에 대해 살펴볼 것이다.

(7) 가. 음식을 드릴 젹에 세ᄉᆞᆼ에 업ᄂᆞᆫ ᄇᆡ라 **파리ᄉᆞᆼ** 화유반에 ᄉᆞᆫ호ᄌᆞᆫ 호박ᄃᆡ며 ᄌᆞ하쥬 련엽쥬를 긔린포로 안쥬 노코<정명기소장 낙51장본 심청전(미상) 36b>

나. 옥졔 **파리ᄇᆡ**의 유하쥬를 부어 특별이 문창셩군을 쥬시여 ᄇᆡᆨ옥누 시를 지으라 ᄒᆞ시니<서울대도서관본 玉樓夢(19세기 이후) 1:1b>

다. 푸른 하늘이 ᄒᆞᆫ 졈 구름이 업고 셩관이 뇌락ᄒᆞ여 **파리반**의 구슬을 ᄒᆞᆺ튼 ᄃᆞᆺᄒᆞᆫ 듕 븍편의 ᄌᆞ미졔원의 검운 긔운이 ᄌᆞ옥ᄒᆞ고 삼ᄐᆡᆨ팔좌의 겹긔 어ᄅᆡ엿거ᄂᆞᆯ<서울대도서관본 玉樓夢(19세기 이후) 7:110b-111a>

라. 玻보璃리: **ᄑᆞ리**<목판본 華語類抄-珍寶(미상) 20a>[cf. 玻보璃리: **보리**<華語類抄-珍寶(19세기 말) 41a>]

마. **파리(玻璃)**: 명 ① 유리(琉璃) ② 수정(水晶)<조선어사전 10>

'파리'는 '파려'와 마찬가지로 19세기 이후의 문헌에서 확인된다. 단독형으로도 나타나지만, 'ᄉᆞᆼ(床), ᄇᆡ(杯), 반(盤)'과 같은 한자어 요소가 후행하여 나타나기도 한다. 이 또한 앞서 살펴본 '파려'의 경우와 비슷하다고 하겠다. 'ᄑᆞ리'는 (7라)에서처럼 단일 문헌에 출현하는데, 참조 부분을 통해 다소 이른 시기의 이본에는 '보리'로 되어 있던 것임을 확인할 수 있다.

아래는 ‘玻璃’에서 ‘玻’의 성부 ‘皮’에 이끌린 ‘피리’의 용례이다.

(8) 가. 습인이 보니 다만 보ᄆᆡ 두 낫 **<u>피리</u>** 젹은 병이 대쇄 셰 치ᄂᆞᆫ 되ᄂᆞᆫᄃᆡ 샹면의ᄂᆞᆫ 라ᄉᆞ쟝 은ᄯᅮ에ᄅᆞᆯ ᄒᆞ엿고 아황빗 조희의 목셔/+나모 일홈+/ ᄆᆞᆰ은 니ᄉᆞᆯ이라 ᄡᅧ시며(襲人看時 只見兩箇<u>玻瓈</u>小瓶 却有三寸大小 上面螺螄銀蓋 蛾黃籤上寫着林樨淸露)<紅樓夢(19세기 말) 34:35>

나. 한 죠각 **<u>피리</u>** 밋 업ᄂᆞᆫ 거울의 두 묏ᄲᅮ리 싹근 ᄃᆞ시 푸ᄅᆞ러 그 즁간의 잇더라(一片<u>玻璃</u>無底鏡 兩峰削翠在其中)<女仙外史(19세기 말) 6:7>

(8)의 ‘피리’는 원문의 ‘玻瓈, 玻璃’에 대응되며, 19세기 말의 언해 자료를 중심으로 확인된다. 문맥상 ‘병(甁)’과 ‘거울[鏡]’을 만드는 재료로 쓰였음이 확인 가능하다.

현재 ‘보리, 버리’나 ‘보려’와 같은 한음이 반영된 어형들은 더 이상 찾아볼 수 없고, 동음의 정음이 반영된 ‘파려’와 ‘파리’만 특수 분야의 용어로 아래와 같이 쓰이고 있다.

(9) 가. **<u>파려(玻瓈)</u>**: [명] 『불교』 =파리04(玻璃)「2」.

나. **<u>파리04(玻璃)</u>**: [명] 『광업』 =수정04(水晶). 『불교』 일곱 가지 보석 가운데 ‘수정04’을 이르는 말. ≒파려(玻瓈).

이상으로 ‘玻瓈, 玻璃’를 어원으로 하는 ‘보리, 버리’, ‘보려’, ‘파려, 파리, ᄑᆞ리, 피리’에 대해 살펴보았다. 논의의 핵심을 요약하면 아래와 같다.

한음형 중 ‘보리’는 18~19세기의 여러 자료에 두루 발견될 뿐만 아니라 ‘보리경’과 같은 복합어 내부에도 출현하는 반면 ‘버리’는 『同文類解』(1748)에 한정적으로 발견된다. 혼성형의 ‘보려’ 또한 『日用備覽記』

(1937)를 제외한 기타의 문헌에서는 보이지 않기 때문에 한음형 '버리' 처럼 제한된 분포를 보이는 어형이라고 할 수 있다. 이외에 '玻瓈'의 동음형인 '파려'와 '玻璃'의 정음을 반영한 '파리, 프리'와 속음을 반영한 '피리'는 모두 19세기 이후의 번역 자료를 중심으로 발견되는 어형이다. 이 중 '프리'는 19세기 말 이후 자료인 목판본 『華語類抄』에 출현한다. 현재 한음이 반영된 어형들은 모두 사라지고 '玻瓈'와 '玻璃'의 동음형의 후대형인 '파려'와 '파리'가 쓰이고 있다.

2.2.1.8. [下處] 한하츄-혼햐쳐(ᄒᆞ다)·샤쳐(ᄒᆞ다)·사쳐(ᄒᆞ다)·ᄉᆞ쳐(ᄒᆞ다)·사처-동하쳐(ᄒᆞ다) > 한∅-혼사처(하다)-동∅

'下處'를 어원으로 하는 어형에는 '햐츄', '햐쳐, 햐쳐ᄒᆞ다', '샤쳐, 샤쳐ᄒᆞ다, 사쳐, 사쳐ᄒᆞ다, ᄉᆞ쳐, ᄉᆞ쳐ᄒᆞ다, 사처', '하쳐, 하쳐ᄒᆞ다'가 있다.[38]

(1) 가. 下햐處츄<飜譯老乞大(1510년대) 下:20b>
나. 下: 아래 하. 又去聲, 降也.<訓蒙字會-雜語(1527) 下:15a>, 處: 살 쳐. 又處所.<訓蒙字會-雜語(1527) 下:8b>

위에서 보듯이 '햐츄'는 '下處'의 한음을 반영한 어형이고, '햐쳐'는 어두 음절이 한음을 반영한 어형이며, '햐쳐ᄒᆞ-'는 '햐쳐'에 '-ᄒᆞ-'가 결합한 것이고, '사쳐'는 '햐쳐'에서 ㅎ-구개음화를 겪은 어형이다.[39] 또한 '하쳐'는 '下處'의 동음을 반영한 어형이다. 이외에 '샤쳐'는 'ㅅ' 아래에서 'ㅑ'가 'ㅏ'로 표기된 어형이고, 'ᄉᆞ쳐'는 '사쳐'에서 어두 위치의

38) 이 중 '햐츄'는 蕭悅寧(2014)에서, '햐쳐'는 李基文(1965/1991), 劉昌惇(1975), 蕭悅寧(2014)에서 중국어 차용어로 지적된 바 있다.

39) '下'의 '햐'음이 반영된 어형으로 '햐ᄃᆡ(下待), 햐락·햐낙(下落), 햐소(下所), 햐슈·햐슈ᄒᆞ-(下手), 햐시·햐시ᄒᆞ-(下視), 햐져·햐져ᄒᆞ-·햐뎌ᄒᆞ-(下箸), 햐침ᄒᆞ-(下鍼), 햐필ᄒᆞ-(下筆)'를 더 들 수 있다.

‘ㅏ’가 ‘ㆍ’로 표기된 어형이다. 이들 중 ‘햐츄’가 중국어 차용어라는 사실은 아래의 기록에서 확인된다.

(2) 가. 我國常談亦多華語，往往可見，今略列于下．[…] 下處/+下햐處츄+/<理藪新編-雜錄(1744) 20:58b>

나. 每官府開坐，吏輒唱曰，禁鄕談，則府中上下於凡物名，皆以漢語，不得用鄕談．今其制雖廢，而尙有傳習之可見者．如當直曰當당直디，家事曰家갸事스，下處曰下햐處츄<磻溪隧錄(1770) 25:續篇:言語>

우선 살펴볼 것은 ‘햐츄’의 용례이다. (3)에서 보는 바와 같이 ‘햐츄’는 『飜譯老乞大』(1510년대)라는 특정 문헌에 나타난다.

(3) 가. 우리 ᄆᆞᆯ 모라 가 햐츄에 가 짐ᄃᆞᆯ 설엇노라 ᄒᆞ면 마치 ᄇᆞᆯᄀᆞ리로다(咱們赶將馬去來 到下處 收拾了行李時 恰明也)<飜譯老乞大(1510년대) 上:58b>[cf. 햐쳐<老乞大諺解(1670) 上:52b>]

나. 나ᄂᆞᆫ 漢兒의 마를 모ᄅᆞ모로 길헤 머글 거시며 ᄆᆞᆯ희 草料ㅣ며 햐츄ᄃᆞᆯ히 젼혀 이 형님이 슈고ᄒᆞ더니라 닐오미 올타 내 안직 햐츄에 가노라 다시 서르 보져(我漢兒言語 不理會的 路上喫的馬匹草料並下處 全是這大哥辛苦 說的是 我且到下處去 再廝見)<飜譯老乞大(1510년대) 下:6a-b>[cf. 햐쳐, 햐쳐<老乞大諺解(1670) 下:5b-6a>]

다. 우리 ᄆᆞᆯ 모라 햐츄에 草料 쟝망ᄒᆞ라 가노라 네 글월 벗겨든 ᄅᆡ실 우리 햐츄로 보내여라(我赶着馬 下處兌付草料去 你兌了契時 到明日 我下處送來)<飜譯老乞大(1510년대) 下:20b>[cf. 햐쳐, 햐쳐<老乞大諺解(1670) 下:18b>]

(4) 가. ᄇᆞ리여 겨신 ᄃᆡ 몰라 보ᅀᆞ오라 가디 몯ᄒᆡ야 잇대이다 얼우신하 허믈 마ᄅᆞ쇼셔(不知道下處 不曾得望去 大舍休怪)<飜譯朴通事(1510년대) 上:58b>

나. 내 ᄒᆞᆫ 벗과 몬져 가 죠흔 店을 어더 **머믈 곳**을 뎡ᄒᆞ고 ᄯᅩ 와 너희를 마즘이 엇더ᄒᆞ뇨(我同一箇火伴先去 尋箇號店占住**下處** 再來迎接你們如何)<重刊老乞大諺解(1795) 上:60b>[cf. 뎡당 뒤흔 샹ᄉᆞ의 햐쳐요 그 뒤흔 부ᄉᆞ의 샤쳐요 그 뒤흔 계부 **머무시ᄂᆞᆫ 곳**이니<숭실대본 乙丙燕行錄(1829~1831) 2:134>, 뎡당 뒤흔 상ᄉᆞ의 **햐쳐**오 그 뒤흔 부ᄉᆞ의 **햐체**오 그 뒤흔 계부 **머무시ᄂᆞᆫ 곳**이니<장서각본 乙丙燕行錄(19세기) 4:134>]

(3)의 '햐츄'는 원문의 '下處'에 대응되며, 17세기 이후의 이본 자료에서는 '햐쳐'로 바뀌어 나타난다. (4)과의 비교를 통해 이때의 '햐츄'가 "ᄇᆞ리여 겨신 ᄃᆡ, 머믈 곳/머무시는 곳" 즉 "숙소" 정도의 의미를 나타낸다는 것을 알 수 있다.

아래의 (5)와 (6)은 각각 '햐쳐' 및 '햐쳐'에 '-ᄒᆞ-'가 후행한 '햐쳐ᄒᆞ-'의 용례를 제시한 것이다.

(5) 가. 이거시 대군 겻 **햐쳐**오 나ᄂᆞᆫ 대군 유뫼로라 ᄒᆞ여<西宮日記(17세기) 17a>

나. ᄌᆞᄂᆞᆫ 어제 뇽인읍ᄂᆡ **햐쳐**의셔 자고 쳐가의 잠간 ᄃᆞᆫ녀 오늘 양지읍ᄂᆡ셔 듕화ᄒᆞ고 쥭산읍ᄂᆡ의 와 자고 ᄂᆡ일은 츙쥐로 가오니 수일ᄉᆞ이 죠령을 넘가엿ᄉᆞ오니 소식을 사 부쳐 보내올 길히 졈졈 희쇼ᄒᆞ올거시오니 심사 측녕치 못ᄒᆞ올소이다<언간의 연구 154번 편지>

다. 하ᄂᆞᆯ이 임의 져브러시니 너희 아직 **햐쳐**의 가 쉬여 ᄂᆡ일 도라가라(總是天色已晚 送個**寓所**安宿一宵 明早去罷)<醒風流(18세기) 5:38>

라. 뎡당 뒤흔 상ᄉᆞ의 **햐쳐**오 그 뒤흔 부ᄉᆞ의 **햐체**오 그 뒤흔 계부 머무시ᄂᆞᆫ 곳이니<장서각본 乙丙燕行錄(19세기) 4:134>

마. 문득 들으니 문 밧긔셔 ᄉᆞᄅᆞᆷ이 무르되 이 ᄃᆡᆨ이 뉴한님 부인 샤소져의 계신 **햐쳐**야 ᄒᆞ거ᄂᆞᆯ<謝氏南征記(미상) 上:30b>

(6) 가. 만일 집의 샹去ㅣ 자고 디낼 以上이어든 初虞란 **하쳐ᄒᆞ연** ᄂᆞᆫ ᄃᆡ셔 行ᄒᆞ라(若去家經宿以上則初虞於所**館**行之)<家禮諺解 (1632) 9:1a>

나. 그적의 趙雲이 동녁 마을 앏히 **하쳐ᄒᆞ여셔** 일졀이 일 업슴애 오ᄇᆡᆨ 군ᄉᆞ 사ᄅᆞᆷ과 ᄒᆞᆷᄭᅴ 날마다 셩밧긔 나셔 활 쏘며 혁 쏘더니 거의 ᄒᆞᆫ ᄒᆡ만의 子龍이 즉시 ᄉᆡᆼ가ᄒᆞ되<三譯總解 (1774) 10:9b>

다. 住下處: **하쳐ᄒᆞ다**<同文類解-動靜(1748) 上:29b>, 住下處: **하쳐ᄒᆞ다** <蒙語類解-動靜(1790) 上:23a>

라. 어제 져녁 정닌이가 윤집 ᄉᆡ아ᄌᆞ비 길쳥의 **하쳐ᄒᆞ얏기** 나가랴 ᄒᆞᄂᆞᆫᄃᆡ ᄉᆞ령 ᄒᆞ나히 업고 쇼롱도 업서 걱정ᄒᆞᄂᆞᆫᄃᆡ 엇디 출혀 간다 말이니<추사가-08, 1793년, 해평윤씨(시어머니)→기계유씨(며느리)>

마. ᄉᆞᄒᆡᆼ **하쳐ᄒᆞᆫ** 겻방의 비댱들이 하쳐ᄅᆞᆯ 뎡ᄒᆞ니 나도 ᄒᆞᆫ가지로 안ᄌᆞᄃᆡ 다ᄅᆞᆫ 비댱들이 심히 블안ᄒᆞ야 ᄒᆞ거ᄂᆞᆯ<장서각본 乙丙燕行錄(19세기) 2:6>

'하쳐'와 '하쳐ᄒᆞ-'는 17~19세기의 다양한 성격의 자료에서 문증되며 (5다)와 (6다)에서처럼 각각 원문의 '寓所', '住下處'에 대응된다. (6가)에서는 '館'의 대응 표현으로 "하쳐ᄒᆞ연ᄂᆞᆫ ᄃᆡ"가 보인다.

19세기에 이르면 이들에서 구개음화를 경험한 '샤쳐, 사쳐, ᄉᆞ쳐, 사처'와 '-ᄒᆞ다'가 결합한 '샤쳐ᄒᆞ다, 사쳐ᄒᆞ다, ᄉᆞ쳐ᄒᆞ다' 및 '방'이 결합된 '샤쳐방, 사쳐방, 사처방'이 출현한다. 아래의 (7), (8), (9)는 각각 '샤쳐, 사쳐, ᄉᆞ쳐, 사처', '샤쳐ᄒᆞ다, 사쳐ᄒᆞ다, ᄉᆞ쳐ᄒᆞ다', '샤쳐방, 사쳐방, 사처방'의 용례를 제시한 것이다.

(7) 가. ᄎᆡᆨ문을 든 후로 ᄆᆞ양 **샤쳐**의 니ᄅᆞ면 쥬인을 불너 말을 무러 슈작을 닉이고 ᄉᆡᆼ니와 풍쇽을 알고져 ᄒᆞ니 두어 말을 ᄒᆞ면 즉시 노야의게 알욀 말이 잇노라 ᄒᆞ고 청심환을 달나 ᄒᆞ니<숭실대본 乙丙燕行錄(1829~1831) 1:55>, **샤쳐**의 니ᄅᆞ러 오후

의 계부를 뫼시고 샹부ᄉᆞ와 ᄒᆞᆫ가지로 동문을 나가 강ᄀᆞ의 비를 귀경ᄒᆞᆯ식<장서각본 乙丙燕行錄(19세기) 18:104>

나. 샤쳐: 舍處. Maison prise ou occupée par un mandarin ou un gouverneur en voyage, pour y passer la nuit. (관리 또는 지사가 여행 중에 밤을 보내기 위해 취하거나 이용하는 집)<韓佛字典(1880) 379>, 샤쳐: 舍處. A special guest-room. (잡다). See 샤관.<韓英字典(1897) 535>, 샤쳐 치우다: To prepare a special guest-room.<韓英字典(1897) 535>

다. 나으리 말슴이 어서 몬져 가서 쥬막에 사쳐나 뎡ᄒᆞ고 져녁이나 식히면 나는 가는ᄃᆡ로 ᄯᅡ라갈 ㅅ것이니 어서 압셔가라 ᄒᆸ데다<馬上淚(1912) 17>, ᄒᆞ일업시 송도 남문 밧 ᄀᆡᆨ쥬집을 차ᄌᆞ가 청쥬집과 괴산집은 안에다 ᄉᆞ쳐를 뎡ᄒᆞ고 오도령은 봉노방으로 드러가 자랴고 누엇는ᄃᆡ<枯木花(1912) 140>, 쏜살갓치 드러가며 사처는 진룸문 밧 쥬목집으로 뎡ᄒᆞᆯ 작뎡이라<은세계(1908) 61>

(8) 가. ᄉᆞ힝 샤쳐ᄒᆞᆫ 겻방의 비쟝들이 햐쳐를 뎡ᄒᆞ니 나도 ᄒᆞᆫ가지로 안즈ᄃᆡ 다른 비쟝들이 심히 불안ᄒᆞ야 ᄒᆞ거ᄂᆞᆯ<숭실대본 乙丙燕行錄(1829~1831) 1:5>, 심양 동편은 샤쳐ᄒᆞᄂᆞᆫ 집이 다 놉고 너ᄅᆞ더니 산ᄒᆡ관 안밧근 큰 집이 젹고 세간 즙물이 다 가난ᄒᆞᆫ 모양이 만터라<숭실대본 乙丙燕行錄(1829~1831) 2:35-36>

나. 샤쳐ᄒᆞ다: 舍處. To occupy for a time; to reside at.<韓英字典(1897) 535>

다. 잔치를 파ᄒᆞ매 ᄉᆡᆼ이 퇴ᄒᆞ믈 쳥ᄒᆞ니 부인 왈 과부의 집이 젹막ᄒᆞ믈 허믈티 말라 ᄒᆞ고 즉시 ᄃᆡᄀᆡᆨ노ᄌᆞ 최령슈 빅황모를 불러 붕을 인도ᄒᆞ야 월연당의 샤쳐ᄒᆞ니<빙빙전(미상) 1:6a-6b>

라. 우리 ᄉᆞ쳐ᄒᆞ고 잇ᄂᆞᆫ 원각ᄃᆡᄉᆞ의 쵸막으로 ᄀᆞ셔 몃칠 간조리를 ᄒᆞ시ᄂᆞᆫ 거시 엇더ᄒᆞᆯᄂᆞᆫ지오<쌍옥적(1911) 85>

마. 잠시 려힝을 졍지ᄒᆞ고 ᄃᆡ동문 안에 **사쳐ᄒᆞ야** 슈일을 안흘ᄒᆞ고 셩 ᄂᆡ외를 ᄎᆞ례로 구경ᄒᆞᆫ다<화중화(1912) 4>

(9) 가. **사쳐방**: 舍處房. Chambre retirée où l'on peut être seul.(혼자 있을 수 있는 외딴 방)<韓佛字典(1880) 379>, **샤쳐방**: 舍處房. A special guest-room.<韓英字典(1897) 535>

나. 물론 누구던지 ᄌᆞ긔 령혼 **샤쳐방**에 싸크라티쓰와 벼즐과 쎈티와 쉑쓰피아와 다른 큰 ᄎᆡᆨ 지은 쟈이 잇스면 그 사ᄅᆞᆷ의 집은 좁고 간난ᄒᆞᆫ 집이로되 념려ᄒᆞᆯ 거시 아니오<신학월보(1908)>

다. 그 버들 그림자ᄂᆞᆫ 엇던 주막집 **사처방** 서창에 드렷고<은세계(1908) 67>, 김ᄉᆡᆼ원이 압셔 드러가며 여보게 쥬막장이 내힝 **사쳐방** ᄒᆞᆫ아를 어셔 치어 쥬게<雉岳山(1911) 하:114>, 그쟈가 영록을 압셔우고 얼마 안이 가더니 큰 ᄀᆡᆨ쥬 집으로 드러가 으슥ᄒᆞᆫ **ᄉᆞ쳐방** ᄒᆞ나를 치우고 드러안더니 얼골을 ᄯᅮ러지게 ᄉᆞᆲ혀보며 ᄉᆡ삼실럽게 인ᄉᆞ를 쳥ᄒᆞᆫ다<琵琶聲(1913) 132>

이상 (7~9)에 제시된 어형들은 모두 19세기 이후의 문헌 자료에서 확인되며, (5~6)의 '햐쳐', '햐쳐ᄒᆞ-'와 일정 기간 공존하였다. '햐쳐'나 '햐쳐ᄒᆞ-'와 달리 '샤쳐, 사쳐, ᄉᆞ쳐, 사처'의 경우 (9)에서처럼 '방'과 결합하여 복합어를 형성하기도 한다.

아래는 '下處'의 동음을 반영한 '하쳐'와 '하쳐ᄒᆞ-'의 용례이다.

(10) 가. 죵ᄉᆞ샹 오ᄂᆞᆯ브터 ᄀᆡᆨ샤의 못 들디라 내 **하쳐** 길텽이라 됴타 ᄒᆞ고 이리 오시니<日東壯遊歌(1764년 이후) 4:33a>

나. **하쳐**의 도라와 홀노 캉 우희 안자 거문고ᄅᆞᆯ ᄐᆞ더니 쥬인 악개 드러와 드ᄅᆞ며 됴타 일ᄏᆞᆺ고 겻집의 여닐 곱 계집이 일시의 모혀 ᄃᆞ토아 듯ᄂᆞᆫ지라<숭실대본 乙丙燕行錄(1829~1831) 9:86>, 참의 드러 밤든 후의 녕송관이 갑군을

보내여 샹방 <u>**하쳐**</u>의 사ᄅᆞᆷ 슈ᄅᆞᆯ 적어 갈시<장서각본 戊午燕行錄(19세기) 1:47b>

다. ᄉᆡ 글월을 보고 차ᄅᆞᆯ 먹이며 무러 ᄀᆞᆯ오ᄃᆡ 그ᄃᆡ <u>**하쳐**</u>ᄅᆞᆯ 이제 어ᄃᆡ ᄒᆞ엿ᄂᆞ뇨<쬂世言(19세기) 4:14b>

라. 인ᄒᆞ여 밤을 지ᄂᆡᆫ 후 청신의 써나고ᄌᆞ ᄒᆞ여 사신으로 더부러 국ᄉᆞ을 의논하다가 밤이 깁푸ᄆᆡ <u>**하쳐**</u>로 보ᄂᆡᆫ 후 호련 왕비을 ᄉᆡᆼ각ᄒᆞ여 잠시 니별를 앗기ᄆᆡ 한번 다시 얼골을 보고ᄌᆞ ᄒᆞ여 가마니 미힝ᄒᆞ여 궁즁에 도라와 왕비 침젼의 드러가니<유옥역전(1895) 3a>

마. 문득 밧그로셔 ᄒᆞᆫ ᄎᆞ환이 드러오다가 ᄉᆡᆼ을 보고 ᄃᆡ경문 왈 엇더ᄒᆞ신 공ᄌᆞ완ᄃᆡ 명교의 경계를 잇고 공후 ᄃᆡᆨ 규슈의 <u>**하쳐**</u>를 엿보시ᄂᆞ뇨<金喜慶傳(20세기) 4>

(11) 가. 그날 공줘 ᄡᅡ 유셩 근쳐의 <u>**하쳐ᄒᆞ다**</u><丙子日記(17세기) 23b>

나. 이 고을 관속들이 부산 와 지공ᄒᆞᆯ 졔 내게 은혜 닙엇기에 니방 ᄇᆡᆨ언국이 아병텽 <u>**하쳐ᄒᆞ고**</u> 와 보고 반겨ᄒᆞᆫ다<日東壯遊歌(1764년 이후) 4:32a>

다. ᄒᆞᆫ 집의 <u>**하쳐ᄒᆞ니**</u> 집이 극히 정졔ᄒᆞ고 도ᄇᆡ와 반ᄌᆞᄅᆞᆯ 새로 ᄒᆞ여시니 다 분당지로 발낫ᄂᆞᆫ지라 극히 조츌ᄒᆞ거ᄂᆞᆯ <장서각본 戊午燕行錄(19세기) 2:42a>

다. 동지날 대강을 건너 회셔의 니ᄅᆞ러 셩 졈즁의 편안이 <u>**하쳐ᄒᆞ여**</u> 츌입ᄒᆞ며 ᄎᆞᄎᆞ대 셩 진쥬의 긔별을 듯지 못ᄒᆞ엿더니<大明聖主賢臣開運傳(20세기) 78>

위의 '하쳐, 하쳐ᄒᆞ-'는 근대국어 이후, 주로는 18세기 이후의 자료에서 발견된다. 문맥을 통해 보았을 때, 그 쓰임에 있어서는 앞서 살펴본 한음 계열의 어형들과 다름이 없으나, 분포나 빈도에 있어서는 이들에 미치지 못한다.

현재 『표준국어대사전』에는 '사처, 사처하다, 사첫방, 하처, 하처하다, 하처방'이 올라 있다.[40]

(12) 가. **사처01**: [명] 손님이 길을 가다가 묵음. 또는 묵고 있는 그 집. 【< <중>下處】
나. **사처하다01**: [동] 【…에】 손님이 길을 가다가 묵다.
다. **사첫방(--房)**: [명] 손님이 묵고 있는 방.

이상으로 '下處'를 어원으로 하는 '햐츄', '햐쳐, 햐쳐ᄒᆞ다', '샤쳐, 샤쳐ᄒᆞ다, 사쳐, 사쳐ᄒᆞ다, ᄉᆞ쳐, ᄉᆞ쳐ᄒᆞ다, 사처', '하쳐, 하쳐ᄒᆞ다'에 대해 살펴보았다. 논의의 핵심을 요약하면 아래와 같다.

어형 속에 한음이 전체 또는 부분적으로 반영된 한음형과 혼성형의 대상을 문헌 속의 등장 순서에 따라 배열하면 '햐츄>'햐쳐'류>'샤쳐'류'가 될 것이다. 또한 동음형의 '하쳐'류는 혼성형 '햐쳐'류와 비슷한 시기에 등장하여 근대국어 문헌에서는 '햐쳐'류, '샤쳐'류, '하쳐'류가 공존하는 모습을 보인다. 이처럼 다양한 어형들이 공존하였으나 각 어형 사이에는 용법의 차이를 보이지 않는다. 하지만 '햐쳐'류, '샤쳐'류가 동음형의 '하쳐'류보다 폭넓은 분포를 지녔던 것은 사실이다. 조어적인 측면에서, ㅎ-구개음화를 겪어 어원과의 유연성을 가장 많이 상실한 '샤쳐'류가 '방'과 결합하여 쓰였음을 확인할 수 있었다. 현재 '샤쳐'류의 후대형인 '사처'와 '사처하다'가 여전히 쓰이고 있다.

2.2.1.9. [夾棍·挾棍] [한]갸군·갸군ᄒᆞ다-[혼]갸곤ᄒᆞ다-[동]협곤 > [한]∅-[혼]∅-[동]∅

'夾棍, 挾棍'을 어원으로 하는 단어에는 '갸군, 갸군ᄒᆞ다', '갸곤ᄒᆞ다',

---

40) 동음 계열인 '하처, 하처하다, 하처방'은 『표준국어대사전』에 아래와 같이 '사처'류의 비표준어 또는 북한어로 제시되어 있다.
[예] 가. **하처01(下處)**: [명] 「1」 → 사처01. 「2」 『북한어』 '사처01'의 북한어.
나. **하처하다(下處--)**: [동] 『북한어』 '사처하다01'의 북한어.
다. **하처방(下處房)**: [명] 「1」 → 사첫방. 「2」 『북한어』 '사첫방'의 북한어.

'협곤'이 있다.[41]

(1) 가. 夾갸棍군: 쥬릐 트는 나모<譯語類解-刑獄(1690) 上:66b>, 夾棍: 쥬릐 트는 나모(漢-夾갸棍군 淸-갸반·모오)<方言類釋-刑獄類(1778) 戌部:16a>[cf. 挾棍: 쥬릐 ○ 갸반<同文類解-刑獄(1748) 下:30a>, 板子: 곤장 ○ 모<同文類解-刑獄(1748) 下:30a>]

나. 夾: 찔 협<新增類合-事物(1576) 下:54a>, 挾: 찔 협<新增類合-動止(1576) 下:47a>, 棍: 막대 곤. 俗呼棍子.<訓蒙字會-器皿(1527) 中:9b>

(1)에서 보듯이 '갸군'은 '한음+한음'의 결합이고,[42] '갸군ᄒᆞ-'는 '갸군'에 'ᄒᆞ-'가 결합된 어형이며, '협곤'은 '동음+동음'의 결합이다. 또한 '갸곤ᄒᆞ-'는 '한음+동음'의 결합인 어근 '갸곤'에 'ᄒᆞ-'가 후행한 것이다.[43] 아래 어형별로 문장 속에서의 쓰임에 대해 살피기로 한다.

(2)는 '갸군'과 '갸군ᄒᆞ-'의 용례이다.

(2) 가. 杠子撞: 갸군ᄒᆞ고 티는 나모<譯語類解-刑獄(1690) 上:66b>[cf. 夾棍: 쥬릐 트는 나모<譯語類解-刑獄(1690) 上:66b>, 夾棍: 쥬리<廣才物譜(19세기 초) 一:臣道:4a>, 挾棍: 쥬릐<同文類解-刑獄(1748) 下:30a>, 挾挾棍: 쥬릐 트다<同文類解-刑獄(1748) 下:30a>]

나. 네 얼굴 가지고 번득엿다가 길ᄉᆞ의 귓것놈이 왓다 ᄒᆞ고

41) 蕭悅寧(2014)에서는 '갸군ᄒᆞ-'와 '갸곤ᄒᆞ-'에 포함된 '갸군'과 '갸곤'을 근대한음계 차용어로 다룬 바 있다.

42) 이른 시기 한학서의 주음과 달리, 근대 국어 후기에 이르면 아래와 같이 '夾'의 한음이 '쟈'로 주음되어 나타난다. 이러한 주음의 변화는 19세기말에 이루어진 중국어에서의 구개음화를 반영한 것이다.
예 夾쟈棍군: 쥬릐 트는 나무<華語類抄-刑獄(19세기 말) 38b>

43) 이외에도 '갸곤ᄒᆞ다'가 '갸군ᄒᆞ다'의 둘째 음절이 '군>곤'의 음운 변화를 거쳐 형성된 어형일 가능성도 배제할 수 없지만, 본고에서는 동일한 예문 속에서 '갸곤ᄒᆞ-'와 동일한 통사 구조 속에 놓인 '잔지ᄒᆞ-'의 어근 '잔지-'도 '儹指'를 '한음+동음'의 형식으로 반영했다는 점을 고려하여 '갸곤' 또한 '한음+동음'의 혼성형일 가능성이 더 높을 것으로 판단하였다. 관련 용례는 (3)을 참조할 수 있다.

된 칼 메워 옥의 ᄂᆞ리왓다가 **갸군**을 맛디거나 ᄒᆞ지 공쥬의 ᄯᅩᆼ이나 ᄎᆞ이랴<연세대 西遊記(1715/1775) 13:9>, 이 몹쓸 **갸군ᄒᆞᆯ** 도적놈아<연세대 西遊記(1715/1775) 3:43>

(2가)의 '갸군ᄒᆞ고 티ᄂᆞᆫ 나모'는 "주릿대"를 의미하는 '杠子撞'에 대응된다. (2나)의 '갸군, 갸군ᄒᆞ-'는 한 문헌 속에 발견되는 용례이다. 이 중 '갸군'은 칼[枷]을 씌워 감옥에 가두었다가 주뢰형에 처하라는 맥락에 쓰인 것이므로 이때의 '갸군'은 "주뢰형" 정도를 의미하는 것으로 판단된다. 이러한 '갸군'과 '갸군ᄒᆞ-'의 의미는 (3)의 '갸곤ᄒᆞ-'를 통해 보다 명확히 드러난다.

(3) 사ᄅᆞᆷ을 티며 사ᄅᆞᆷ을 ᄭᅮ지즈며 사ᄅᆞᆷ을 잔지ᄒᆞ며 사ᄅᆞᆷ을 **갸곤ᄒᆞ여** 錢鈔ᄅᆞᆯ 取覓ᄒᆞᄂᆞ니 ○ /+『譯語類解』: '손ᄭᅡ락 ᄶᅧᄆᆡᄂᆞᆫ 것'曰儹指, '쥬뢰 트는 나모'曰夾棍. 『吏文輯覽』: 將五條細木挾於手指足指之間, 以繩緊約其指若碎, 問囚之具也.+/(打人罵人偺人**夾**人 取覓錢鈔)<伍倫全備諺解(1721) 1:42a>[cf. **儹잔 指즈**: 손가락에 ᄶᅧᄆᆡᄂᆞᆫ 것<華語類抄-刑獄(19세기 말) 38a>]

(3)의 '갸곤ᄒᆞ-'는 원문의 '夾'에 대응되며, 동사 '티-[打], ᄭᅮ짖-[罵], 잔지ᄒᆞ-[偺]' 등과 함께 나열되어 있다. 이때 앞선 '잔지ᄒᆞ-'의 어근 '잔지-'도 '儹指'를 '한음+동음'의 형식으로 반영했다는 점, 즉 어두 음절만 한음을 반영한 형태라는 점에서 '갸곤ᄒᆞ-'와 유사한 특징을 보인다. 언해가 끝나는 위치에 권점을 사이에 두고 쌍행으로『譯語類解』의 관련 내용을 제시한 부분에 보면 '夾棍'에 대하여 '쥬뢰 트는 나모'라고 하고 있다.

아래는 동음을 반영한 '협곤'의 예이다.

(4) 가. 초퇴 엄호ᄒᆞ여 치도ᄒᆞᄂᆞᆫ **협곤**으로ᄡᅥ 져쥬라 ᄒᆞ여 왈 네 강칠승으로 더브러 장진을 죽이고 ᄌᆡ믈을 아ᄉᆞ믈 ᄇᆞᆰ히 아ᄂᆞ니 만일 복초치 아니면 당ᄀᆡᆨ의 화형으로ᄡᅥ 져쥬리니

괴로온 형벌을 밧지 말나<明行貞義錄(19세기 초반) 6:20a>

나. 강칠승이 혼비상텬ᄒᆞ고 ᄇᆡᆨ산입디ᄒᆞ니 제 간졍을 보ᄂᆞᆫ ᄃᆞᆺ 다시 ᄀᆡ일 거시 업ᄉᆞᄃᆡ 오히려 신약을 미더 죽기로 ᄀᆞ을 ᄒᆞ고 <u>협곤</u> 슈십의 니ᄅᆞ나 ᄋᆡᄆᆡᆨᄒᆞ믈 발명ᄒᆞ니 두노 부쳐와 닌리 친족이 다 칭원ᄒᆞ여 의심 업다 ᄒᆞ고 제관도 이에 당ᄒᆞ여ᄂᆞᆫ 초퇴 그ᄅᆞᆺ 의심ᄒᆞ민가 너기고 강칠승이라 ᄒᆞ믄 더옥 가당치 아니케 너기ᄂᆞᆫ지라<明行貞義錄(19세기 초반) 6:22a>

(4가)의 문맥을 통하여 이때의 '협곤'은 '화형(火刑)'과 동일한 층위로서 '형벌'의 한 유형을 의미한다는 것을 알 수 있다.

이상으로 '夾棍, 挾棍'을 어원으로 하는 '갸군, 갸군ᄒᆞ다', '갸곤ᄒᆞ다', '협곤'에 대해 살펴보았다. 논의의 핵심을 요약하면 아래와 같다.

한음이 포함된 '갸군, 갸군ᄒᆞ다', '갸곤ᄒᆞ다'와 동음형의 '협곤'은 어두에서 'ㄱ'과 'ㅎ'의 대응을, 한음형 '갸군, 갸군ᄒᆞ다'와 혼성형 '갸곤ᄒᆞ다', 동음형 '협곤'은 둘째 음절의 중성이 'ㅗ'와 'ㅜ'의 대응을 이루고 있다. 이 중 한음형 '갸군, 갸군ᄒᆞ다'는 17~18세기의 대역 어휘집과 번역 소설에서 확인되고, 혼성형 '갸곤ᄒᆞ다'는 18세기 말의 역학서에서 관련 용례가 확인되며, 동음형 '협곤'은 19세기 초의 소설 자료에서 확인된다. 현재 이들은 모두 사라지고 동일한 의미의 '주리'나 '주뢰형'이 쓰이고 있다.

2.2.2. 후행 요소에 한음이 반영된 경우

2.2.2.1. [蜜蠟] [한]미라-[혼]밀라·밀화·밀하·밀아-[동]밀랍 > [한]∅-[혼]밀화(蜜花)-[동]밀랍

'蜜蠟'을 어원으로 하는 대상에는 '미라', '밀라, 밀화, 밀하, 밀아', '밀랍'이 있다.[44]

(1) 가. 蜜蠟: 미라(漢-蜜미蠟라, 蒙-밀라)<方言類釋-珍寶類(1778) 戌部:18b>
　가.′ 蜜蠟: 미라 ○ 미라<蒙語類解-珍寶(1790) 下:18b>, 蜜蠟: 미라 ○ 미라<同文類解-珍寶(1748) 下:23a>]
　나. 蜜: 꿀 밀. 俗呼蜂蜜.<訓蒙字會-饌食(1527) 中:11a>, 蠟: 밀 랍. 俗呼黃蠟.<訓蒙字會-器皿(1527) 中:6b>

(1)에서 보듯이 '미라'는 '蜜蠟'의 한음과 일치하는 어형이고45) '밀라'는 '蜜'의 동음에 '蠟'의 한음이 결합된 것이며46) '밀랍'은 '蜜蠟'의 동음과 일치하는 어형이다. 또한 '밀화, 밀하, 밀아'는 '사홧대, 사왓대, 사

44) 이중 '미라'는 李基文(1965/1991), 劉昌惇(1975), 蕭悅寧(2014)에서 중국어 차용어로 지적된 바 있다.

45) 어원에 '蜜'이 포함된 '蜜水'는 '미슈' 또는 '밀슈'로 나타난다. 이때의 '미슈'는 'ㅅ' 앞에서 활음 'ㄹ'이 탈락했을 가능성도 있지만 '蜜'의 '미'음이 반영되었을 가능성도 배제할 수 없다. 아래의 (가)와 (나)는 동일한 문헌 속에 등장하는 '미슈'와 '밀슈'의 예를 제시한 것이다.

예 가. 미슈: 蜜水. Eau de miel, eau miellée, hydromel.(꿀물, 꿀을 넣은 물, 꿀물)<韓佛字典(1880) 241>, 미슈: 蜜水. Honey water-a summer drink. (ᄐᆞ다).<韓英字典(1897) 330>
　나. 밀슈: 蜜水. Eau de miel, eau miellée, hydromel.(꿀물, 꿀을 탄 물, 꿀물)<韓佛字典(1880) 240>, 밀슈: 蜜水. Honey water-a summer drink. (ᄐᆞ다). Also 미슈.<韓英字典(1897) 329>[cf. 진ᄀᆞᄅᆞ ᄒᆞᆫ 말의 쳥밀 되 다ᄉᆞᆸ 쳥쥬 다ᄉᆞᆸ ᄃᆞᄉᆞᆫ 믈 다ᄉᆞᆸ 교합ᄒᆞ여 ᄆᆞᄃᆞ라 지져 밀슈의 ᄃᆞᆷ가 두라 ○ 복근 콩ᄀᆞᆯᄅᆡ 쳥밀만 반쥭ᄒᆞ여 ᄆᆞᄃᆞ라 지지지 말고 그저 즙쳥ᄒᆞ라<酒方文[瀟湘月文]-약과/藥果(18세기 초기) 12a>]

46) 아래에서 보듯이 단독형으로 쓰인 '밀'의 용례는 이른 시기 문헌에서부터 발견된다. 이러한 사실은 '밀'을 쉽게 분석해내는 데 일조했을 것으로 판단된다.

예 가. 蜜蠟: 누른 밀<東醫寶鑑(1613) 2:5b>
　나. 됴ᄒᆞᆫ 쳥쥬 다ᄉᆞᆺ 다야의 호쵸 ᄀᆞᄅᆞ 서 돈 황밀 서 돈 ᄋᆞᆲ게 뎌며 녀코 병부리 마가 듕탕ᄒᆞ여 달혀 밀이 다 녹거ᄃᆞᆫ 내여 ᄡᅳ라<酒方文[瀟湘月文]-쟈쥬/煮酒(18세기 초기) 4a>
　다. 蠟燭랍쵹, 俗言黃燭황초, 以其色黃也. 又訓밀초, 蠟爲蜜滓, 故以蠟直云蜜밀.<名物紀畧-器用部(1870) 3:7a>
　라. 밀: 명 밀랍(蜜蠟)의 준말<조선어사전 2>

앗ᄃᆡ, 상앗대'나 '동화, 동하, 동아'와 유사한 패턴을 보인다. 이 중 '밀화'는 '밀라'의 과도 교정형이다.(박부자 2015:347) (1가)와 (1가')에서 '蜜蠟'의 만주어와 몽골어 대응어가 각각 '미라'와 '밀라, 미라'로 되어 있는 것으로 보아 이들 사이는 동원 관계일 것으로 파악된다. '미라'의 어원과 관련하여 아래의 기록이 참조가 된다.

(2) 琥珀호박, 出罽賓國, 千年茯笭所化, 拭熟能吸芥. 南蠻土人亦有燒治者. ○ <u>色黃明瑩曰蠟珀, 俗言蜜蠟, 華音미라.</u> ○ 紅而且黃曰明珀. ○ 淺黃多皺文曰水珀. ○ 如石重色黃曰石珀. ○ 黃赤二文曰花珀. ○ 淺曰金珀, 俗轉금패, 珀, 華音패. ○ 黑曰瑿珀.<名物紀畧-貨寶部(1870) 3:20b>

'琥珀'에 대한 서술 중 위의 밑줄 친 부분에는 "색깔이 노랗고 밝고 투명한 것은 '蠟珀'인데, 이를 세속에서는 '蜜蠟'라고 한다. '蜜蠟'의 한음[華音]은 '미라'이다."라고 되어 있다. 아래 어형별로 하나씩 살펴보기로 한다.

우선 살펴볼 것은 한음형인 '미라'의 용례이다.

(3) 가. 蜜蠟: <u>**미라**</u><同文類解-珍寶(1748) 下:23a>, 蜜蠟: <u>**미라**</u><蒙語類解-珍寶(1790) 下:18b>, 蜜蠟: <u>**미라**</u><方言類釋-珍寶類(1778) 戌部:18b>

나. ᄌᆡ간틱 ᄉᆡᆼ머리 일벌 도토락 일건 도금빈혀 일건 쓰는 화즘 일건 <u>**미라**</u> 지환 일건 ᄃᆡ궐셔 ᄒᆞ옵시고 츌궐<간틱시물픔빌긔>

'미라'는 18세기 이후의 문헌에서 확인된다. (3가)에서 '미라'는 '蜜蠟'에 대응되는 진보(珍寶) 명칭으로 쓰였다. 또한 (3나)에서는 '지환'을 만드는 재료로 쓰였다.

아래는 혼성형인 '밀라'의 예이다.

(4) 가. 산호 가ᄌᆞ **밀라** 가ᄌᆞ 공작셕 가ᄌᆞ 일줄(珊瑚茄子 **蜜花**茄子 孔雀石茄子 一乼)<丁未嘉禮時日記(1848년 이후) 12a>, **밀라** 편복 일빵(**蜜花**蝙蝠一雙)<丁未嘉禮時日記(1848년 이후) 32b>, 공쟉셕 갑 **밀라** 도병 일(孔雀石匣**蜜花**刀柄一)<丁未嘉禮時日記(1848년 이후) 35a>, **밀라** 지환 일빵(**蜜花**指環一雙)<丁未嘉禮時日記(1848년 이후) 35b>, 산호 화지 **밀라** 숑ᄌᆞ 공쟉셕 목년 일줄(珊瑚花枝 **蜜花**松子 孔雀石木蓮 一乼)<丁未嘉禮時日記(1848년 이후) 56b>

나. 산호쥬 **밀라쥬** 공쟉셕쥬 일줄(珊瑚珠 **蜜花珠** 孔雀石珠 一乼)<丁未嘉禮時日記(1848년 이후) 33a-b>, 옥패 **밀라패** 공쟉셕패 일줄(玉珮 孔雀石佩 **蜜花佩** 一乼)<丁未嘉禮時日記(1848년 이후) 33b-34a>

위에서 보듯이 '밀라'는 『丁未嘉禮時日記』에 집중적으로 출현하는 것으로 원문의 '蜜花'에 대응된다.[47] 문맥상 '밀라'에 후행하는 노리개의 재료로 쓰였다.

아래의 (5~8)은 '밀라'에서 음운 변화를 경험한 '밀화'와 '밀하, 밀아'의 관련 용례이다.

(5) 가. **蜜蠟**: **밀화**. =蜜花珠.<柳僖 物名考(19세기) 坤:25b~26a>

나. **밀화**: 密化. Esp. d'ambre jaune, succin, karabé.(노란 호박의 종류, 황호박, 노란 호박)<韓佛字典(1880) 240>, **밀화** 불슈: 密化佛手. (Breloques) représentant la main de Fo en ambre.(호박으로 된 부처의 손을 나타내는 (자그마한 장신구))<韓佛字典(1880) 240>, **밀화**: 密琥. Amber. See 호박. <韓英字典(1897) 328>, **밀화** 불슈: 蜜花佛手. Buddha's amber

---

47) 박부자(2015: 347)는 '밀라'의 차자 표기 형태를 제시하면서 아래 예문을 들고 있다.

예 其人物幷用**密羅**爲之. 樓閣樹木花葉, 皆銀與珊瑚靑碧也.(인물들은 모두 밀라로 만들었으며, 누각, 수목 꽃, 나뭇잎은 모두 은과 산호 구슬로 만들었다.)<노가재연행일기(1712) 4권 1월 26일>

hand-an ornament worn by women.<韓英字典(1897) 328>, 밀화: 密華, 實物.<國漢會語(1895) 128>, 蜜花: 밀화<日用備覽記-文房具(1937) 3b>

다. 몽고삼승 겹보션의 초록우단 슈운혜를 ᄆᆡᆸ시 잇게 도도 신고 삼쳔쥬 산호슈 밀화 불슈 옥나뷔며 진쥬 월ᄑᆡᆨ 청강셕 ᄌᆡᆨ계향 비취향 오ᄉᆡᆨ당ᄉᆞ ᄭᅵᆫ을 다라<南原古詞(1864) 1:14b>

라. ᄯᅩ 한편 바ᄅᆡ보니 왼갓 보물 다 나온다 황금 ᄇᆡᆨ금 오금이며 십싱 쳔은 오동이라 ᄇᆡᆨ통 변통 구리 쥬셕 노납 졍쳘 말근쇼 퉁쇼 ᄌᆞ물쇠 열쇠 밀화 금파 호박 진쥬 산호 야관쥬며 ᄃᆡ모유리 인삼 나삼 가ᄉᆞᆷ이요 ᄉᆞᆫ삼 여ᄉᆞᆷ 동상이라<朴興甫傳(1916) 18a>

(6) 蜜蠟珠: 밀화쥬. =密化.<廣才物譜(19세기 초) 三:玉:2a>, 蜜미蠟라珠쥬: 밀화쥬<목판본 華語類抄-珍寶(미상) 20a>[cf. 蜜미蠟라珠쥬: 蜜蠟珠<譯語類解-珍寶(1690) 下:1b>, 蜜미蠟라珠쥬: 蜜花珠<華語類抄-珍寶(19세기 말) 41b>]

(7) 銀金寶貨 徘假裝옷 ᄃᆡ단 치마 밀하슈 겻칼 ᄯᅡᆫ 머리 石雄黃 도오로 다 쓰러 ᄉᆞᆷᄌᆞ리로다<古今歌曲(20세기) 269>

(8) 밀아 가락지 밀아 □힝니 옥글ᄌᆞ 산호가지 진쥬가지 진쥬돌이 가락지 오래 ᄧᅧ셔<화유옹쥬묘(1777)>(3:317)

(5)의 '밀화'는 19세기 문헌에 등장하며, 대응어로 '蜜蠟, 密化, 密琥, 蜜花, 密華' 등이 나타난다. 이 중 '密化, 蜜花, 密華'는 '밀화'의 음과 일치하는 한자를 대응시킨 차자 표기이다. (6)의 '밀화쥬'는 '蜜蠟珠'에 대응되는 것이다. (7)과 (8)은 각각 '밀하'가 포함된 '밀하슈'와 '밀아'의 용례이다. 이들은 '밀화'에 비해 극히 낮은 출현 빈도를 보이고 있다.

이어서 살펴볼 것은 '蜜蠟'의 동음을 반영한 '밀랍'의 용례이다.

(9) **밀랍(蜜蠟)**: 명 꿀벌의 집에서 꿀을 짜내고 남은 찌끼를 끓이면 기름 같은 것이 끓어오르는데 이것을 냉수에 굳힌 것 黃蠟<조선어사전 2>

(9)와 같이 '밀랍'은 20세기 초반에 이르러서야 비로소 확인되며 (9)를 제외한 기타 자료에서는 찾아보기 어렵다. 또한 이때의 '밀랍'의 의미는 '미라'나 '밀라'류와 다른 의미의 것으로 서술되어 있다. 즉 '미라'와 '밀라'류가 "호박"과 관련된 의미를 나타내는 한편, '밀랍'은 "꿀벌의 분비물이 굳어진 것"으로서 양자의 의미는 다르다.

이와 관련하여 어원인 '蜜蠟'이 중국어에서 갖는 의미에 대해 살펴볼 필요가 있다. 아래 (10)은 『漢語大詞典』에 제시된 '蜜蠟'의 중국어 의미이다.

(10) 蜜蠟: 「1」 꿀벌의 복부에서 분비된 즙으로 만든 벌집을 달여 녹였을 때 그 윗부분에는 기름 같은 물질이 떠 있게 된다. 이것은 굳으면 곧 밀랍이 된다. 처음에는 황랍(黃蜡)이 만들어 지지만, 정밀하게 가공하다 보면 백랍(白蜡)이 만들어 진다. 초를 만들거나 약으로 쓰인다.(蜜蜂腹部分泌蜡汁爲巢, 取蜂巢煎而溶之, 其上浮如油者凝固即成蜜蜡, 初時爲黃蜡, 精制則成白蜡. 供制燭及藥用等.) 「2」 광물 명칭. 호박과 같은 종류, 색이 옅다. 금패(金珀)라고도 한다.(礦物名. 與琥珀同類而色淡. 也稱金珀.)

(10)의 내용을 보면, '蜜蠟'의 첫 번째 의미는 한국어에서 '밀랍'의 의미와 유사하고, 두 번째 의미는 '미라' 및 '밀라, 밀화, 밀하, 밀아'와 유사하다. 즉 중국어에서 '蜜蠟'이 갖는 의미를 '밀랍'과 그 외의 어형들이 일부씩 갖고 있다고 할 수 있다. 뿐만 아니라 20세기 이전의 자료

에서는 '밀랍'이 확인되지 않는 것으로 보아, 두 부류의 어형은 시기차를 두고 원어의 의미를 일부씩 반영하였을 가능성이 높을 것으로 판단된다.

현재 『표준국어대사전』에는 (11)과 같이 '밀화'와 '밀랍'이 올라 있다. 이중 중국어에서 '蜜蠟'이 갖던 "호박"의 의미는 혼성형의 후대형인 '밀화'가, "밀"의 의미는 동음형의 후대형인 '밀랍'이 담당하고 있다.

(11) 가. **밀화03(蜜花)**: 명 『광업』 밀랍 같은 누런빛이 나고 젖송이 같은 무늬가 있는 호박(琥珀).
나. **밀랍(蜜蠟)**: 명 =밀03. '밀03'로 순화. [cf. 밀03(蜜): 명 벌집을 만들기 위하여 꿀벌이 분비하는 물질. 누런 빛깔로 상온에서 단단하게 굳어지는 성질이 있다. 절연제, 광택제, 방수제 따위로 쓴다. ≒꿀밀·밀랍·벌똥·봉랍02·황랍(黃蠟).]

이상으로 '蜜蠟'을 어원으로 하는 '미라', '밀라, 밀화, 밀하, 밀아', '밀랍'에 대해 살펴보았다. 논의의 핵심을 요약하면 아래와 같다.

한음형 '미라'는 18세기 중반 이후의 자료에서, 혼성형의 '밀라'와 '밀라'의 과도 교정형인 '밀화'는 19세기 이후의 자료에서 발견된다. 이외에 '밀화'에서 'ㅎ'의 약화 및 활음 'w'의 탈락을 겪었을 것으로 짐작되는 '밀하'나 '밀아'는 개별 자료를 중심으로 확인된다. 또한 동음형의 '밀랍'은 20세기 초에 이르러서야 비로소 문증된다.

여러 어형 중 한음이 전체 혹은 부분적으로 반영된 어형과 그 변화형은 "호박"의 의미를, 그리고 동음이 반영된 '밀랍'은 "밀"의 의미를 나타내므로 두 부류의 어형 사이에는 의미 차이가 존재한다. 어원인 '蜜蠟'이 양쪽 의미를 다 가지고 있다는 점을 고려했을 때, 양자는 시기차를 두고 원어의 의미를 일부씩 받아들인 경우라고 할 수 있다. 현재 혼성형의 후대형인 '밀화'와 동음형의 후대형인 '밀랍'이 의미 차이를 보이면서 공존하고 있는데, '밀화'의 차자 표기로 쓰였던 '密化, 蜜花, 密華' 중 '密化, 密華'는 사라지고 어원과 '蜜'이라는 요소를 공유하면서 보다 높은 출현 빈도를 보였던 '蜜花'가 대응 한자 표기로 쓰이고 있다.

2.3. 소결

이상으로 한음형, 혼성형, 동음형이 모두 확인되는 '家事', '圖書', '燒餅', '膝欄, 膝襴', '鴨頭綠', '店房', '玻瓈, 玻璃', '下處', '夾棍, 挾棍', '蜜蠟'을 어원으로 하는 중국어 차용어를 대상으로, 어형별 음운·형태, 조어, 의미, 문헌의 성격 및 시기에 따른 분포 등에 대해 통시적인 고찰을 하였다.

혼성형을 구성하는 한자음의 결합 방식으로 '동음+한음'보다는 '한음+동음'이 더 일반적이었다. '蜜蠟'에서 기원한 혼성형을 제외한 나머지 대상들은 모두 선행 요소에 한음이 반영된 '한음+동음'의 방식이었음을 2장 논의를 통해 확인하였다. 이는 음성적인 측면에서 볼 때 청각적으로 더 또렷하게 들리는 어두 위치에서 한음이 반영될 가능성이 더 높았을 가능성을 암시한다. 특히 '한음+동음'의 방식으로 구성된 '갸곤ᄒᆞ다'와 동일한 문맥에 나란히 출현하는 '잔지ᄒᆞ-'도 어두 위치에 한음이 반영되었다는 사실은 이러한 가능성을 뒷받침해준다.

3종 공존형의 대상 중에는 한음형이 가장 먼저 문증되는 것이 대부분으로, 여기에는 '투슈[圖書]', '시란ᄒᆞ-[膝欄·膝襴]', '쇼빙[燒餅]', '야투루[鴨頭綠]', '보리[玻瓈·玻璃]', '햐츄[下處]', '갸군ᄒᆞ다[夾棍]', '미라[蜜蠟]'가 포함된다. 문증 시기상으로 보았을 때 개별 용례에 따라 편차가 존재하지만, 대체적으로 한음형이 우선 문증되고 나중에 동음형이 문증되는 양상을 보인다. 또한 동음형들은 예외 없이 17세기 이후, 즉 근대국어 이후의 문헌에 비로소 등장한다. <표 5>는 역사 자료 속에서 한음형, 혼성형, 동음형이 모두 확인되는 동일 어원 중국어 차용어의 세기별 분포 상황을 정리한 것이다.[48] 어형은 '한음형→혼성형→동음형'의 순으로 배열하였다.[49]

---

48) 표의 내용과 관련하여 부연 설명할 부분이 있다. 첫째, '○'와 '×'은 철저히 해당 용례의 문증 여부를 기준으로 한 것이다. 따라서 똑같이 '○'로 되어 있더라도 그 가치는 다를 수 있다. 다양한 성격의 문헌에서 다양한 용례가 발견되는 것일 수도 있고, 특정 문헌에 나타나는 개별 용례를 표시한 것일 수도 있다. 대상별로 편차가 있기 때문에 이러한 한계에 대해서는 표를 통해 파악하기 어려우므로, 표의 아래 부분에 설명을 덧붙이고자 한다. 둘째, 대상에 따라 연속적으로 문증되지 않고 세기를 건너뛰어 문증되는 경우가 있다. 예컨대 '투슈'의 경우 15세기와 17세기 자료에서는 문증되지만 16세기 자료에서는 문증되지 않는다. 문증되지 않는 대상을 '○'로 나타낼 수는 없는 것이므로 '×'로 표시를 하였다. 이러한 제약이 존재하기는 하지만 전반적인 흐름을 확인하는 데는 큰 문제가 없을 것이다. 셋째, 이른 시기에 발견되는 차용어들 중에는 15세기에 관련 용례를 찾아볼 수 없고, 16세기 이후의 자료에서 비로소 문증되는 것들이 있다. 이는 여러 가지 이유에서 비롯된 것이다. 우선, 불경 문헌이 대부분이라는 중세 문헌의 성격상의 제약이다. 본고에서 다룬 대상의 대부분이 복식(服飾), 포백(布帛), 진보(珍寶), 기구(器具), 매매(買賣), 음식(飮食), 악기(樂器), 희완(戲玩)의 부류에 속했던 것처럼 차용어에는 의(衣)·식(食)·주(住)와 밀접한 관련을 맺는 용어가 보다 높은 비중을 차지한다. 이러한 용어들을 불경 문헌 속에서 찾아낸다는 것은 그만큼 제약이 따를 수밖에 없다. 다음, 용례의 문증 상황이 곧 언어 현실을 반영했을 가능성이다. 중국어 원음을 반영한 차용어들은 한학서나 연행록과 같은 중국어와 밀접한 관련을 맺는 자료에서 높은 출현 빈도를 보인다. 현존하는 관련 자료 중 가장 이른 시기의 것이 곧 16세기 초 문헌인 『飜譯老乞大』와 『飜譯朴通事』이므로 이들이 곧 최초 용례일 수 있다는 것이다. 또한, 한자에 기원을 둔 어형들이 15세기 문헌들에서 한자 표기를 그대로 문헌에 노출시키는 경우들이 있기 때문에 해당 용어는 비록 이른 시기부터 모습을 보이더라도 한글 표기로 나타나는 것은 그 후대의 일일 수 있다.

49) 대상들 중 '玻瓈·玻璃, 木綿'의 경우 한자 표기를 그대로 노출시킨 용례가 이미 15세기 문헌에서 문증된다.

<표 5> 한음형·혼성형·동음형의 세기별 분포

어원	어형	15	16	17	18	19	20
家事	갸스	×	×	×	○	×	×
	갸ᄉᆞ·갸슈·개슈	○	○	○	○	○	○
	가ᄉᆞ	×	×	×	○	○	○
圖書	투슈	○	×	○	×	×	×
	투셔·튀셔	×	×	×	×	○	○
	도셔	×	×	○	○	○	○
燒餠	쇼빙	×	○	×	×	×	×
	ᄉᆞ오병	×	×	×	×	○	×
	쇼병	×	×	○	×	×	○
膝欄 膝襴	시란ᄒᆞ-	×	○	×	×	×	×
	스란문(ᄒᆞ-)·슬안문·스란	×	○	○	○	○	○
	슬란	×	×	×	○	○	×
鴨頭綠	야투루·야투로·야토로	×	○	○	×	×	×
	야토륙	×	×	○	×	×	×
	야토록	×	×	○	○	×	×
	압두록	×	×	○	○	×	×
店房	뎐팡	×	×	×	×	×	○
	뎐방·젼방·던방	×	×	×	×	×	○
	뎜방·졈방	×	×	○	○	○	○
玻瓈 玻璃	보리·버리	×	×	×	○	○	×
	보려	×	×	×	×	×	○
	파려·파리·ᄑᆞ리·피리	×	×	×	×	○	○
下處	햐츄	×	○	×	×	×	×
	햐쳐(ᄒᆞ다)·샤쳐(ᄒᆞ다)·사쳐(ᄒᆞ다)·ᄉᆞ쳐(ᄒᆞ다)·사처	×	×	○	○	○	○
	하쳐(ᄒᆞ다)	×	×	×	○	○	○
夾棍	갸군(ᄒᆞ다)	×	×	○	○	×	×
	갸곤ᄒᆞ다	×	×	×	○	×	×
	협곤	×	×	×	×	○	×
蜜蠟	미라	×	×	×	○	×	×
	밀라·밀화·밀하·밀아	×	×	×	×	○	○
	밀랍	×	×	×	×	×	○

변화의 결과로 보았을 때, 중도에서 사라진 '鴨頭綠', '夾棍'에서 기원한 대상들을 제외하고, '店房', '玻瓈·玻璃'에서 기원한 어형 중에서는 동음형이 살아남았다. 이 외에 '家事', '膝欄·膝襴', '下處'에서 기원한 어형 중에는 혼성형의 후대형이 현재까지 쓰이고 있으며, '家事', '圖書', '蜜蠟'을 어원으로 하는 대상들은 혼성형과 동음형이 형태와 의미상의 차이를 보이면서 현재까지 공존하고 있다. 이처럼 혼성형이나 동음형의 후대형은 현재까지 쓰이고 있는 경우가 있으나 한음형은 예외 없이 역사 속에서 사라졌다. 그렇다고 모든 한음형들이 일시적이고 제한적인 문헌상의 분포 특징을 보인다는 것은 아니다. 일례로 '圖書', '鴨頭綠', '玻瓈·玻璃'에서 기원한 한음형 '투슈', '야토로', '보리'는 비록 후대에 자취를 감추었으나, 이들이 출현한 문헌의 성격과 결부해 보았을 때 그 당시로서는 안정된 기반을 갖고 있던 것들이다.

이들 중 '家事', '圖書', '蜜蠟'에서 기원한 혼성형과 동음형의 공존이 가능했던 것은 한자음의 결합 방식이 다른 두 어형의 의미가 달랐기 때문이었을 것으로 판단된다. 이러한 의미 차이는 '圖書'에서 기원한 '투슈, 투셔, 튀셔'와 '도셔'처럼 후대의 변화 과정에서 일어난 것도 있지만, '家事'에서 기원한 '갸스, 갸ᄉᆞ, 갸슈, 개슈'와 '가ᄉᆞ', '蜜蠟'에서 기원한 '미라, 밀라, 밀화, 밀하, 밀아'와 '밀랍'처럼 애초부터 의미 차이를 보이면서 존재했던 것도 있다. 후자의 경우 원어의 의미를 시기를 달리 하여 일부씩 받아들였다는 점이 흥미롭다. 이외에도 '膝欄, 膝襴'을 어원으로 하는 '스란'이 "무늬"의 의미로 쓰이던 것이 후대에는 "치맛단"의 의미로 변화하였으며, '갸ᄉᆞ'의 후대형인 '개수'가 "그릇"의 의미에서 "개숫물"의 의미로 변화하였다.

한음이 반영된 어형과 관련하여 한 가지 흥미로운 현상은 바로 차용어의 원음에 가깝게 표기되었던 차자 표기가 나중에 해당 어형의 대응어로 자리잡은 경우들이 있다는 것이다. '圖署'와 '蜜花'가 그러하다. 차자 표기 중 '圖署'의 '圖'와 '蜜花'의 '蜜'은 어원의 표기를 그대로 유지하고 있다.

이외에도 '피리[玻璃]'처럼 '玻'의 성부 '皮'에 이끌린 어형도 발견이 된다. 이와 같은 어형의 존재는 차용어가 구어적인 접촉 외에도 문자를 통한 간접적인 접촉 과정을 통해서도 유입이 가능하다는 것을 증명하는 단적인 증거가 된다.

이처럼 3종이 모두 확인되는 대상들은 큰 흐름상에서는 한음형이 점차 동음형으로 대체되거나 또는 고유어와 동일한 형태상의 변화를 경험하였지만, 개별적인 출현 과정이나 변화의 양상을 포함한 음운, 표기, 형태, 의미, 시기나 문헌의 성격에 따른 분포 등의 측면에서 일정한 독자성을 지니면서 역사 속에서 공존하거나 경쟁하였다.

3. 한음형·동음형의 공존 및 변화

3.1. 도입

이 장에서 살펴볼 내용은 동일한 어원을 지니면서 어형 전체가 한음(漢音)으로 구성된 '한음형'과 어형 전체가 동음(東音)으로 구성된 '동음형'의 공존과 변화에 관한 것이다. 즉 '혼성형'이 발견되지 않는 대상들이다. 여기에는 '夥計, 衲衣, 團領, 玳瑁, 木綿, 寶貝, 沙糖·砂糖, 小旦, 耳掩, 財主, 錢糧, 請ᄒᆞ다, 縐紗, 湯罐, 湯水, 套袖, 匹段·匹緞, 觱篥·篳篥, 胸背'에서 기원한 한음형과 동음형이 포함된다. 한음형 중에는 어원을 구성하는 일부 한자의 한음과 동음이 일치하여 그것이 한음을 반영한 것인지, 아니면 동음을 반영한 것인지가 분명하지 않은 대상들이 일부 들어 있다. 예컨대 '사탕'의 '사', 'ᄉᆞ오단'의 '단'과 같은 것이다. 본고에서는 이처럼 대응 한자의 한자음의 성격을 명확히 제시하기 어려운 경우, 해당 한자의 자립성 유무에 대해 함께 검토하기로 한다. 즉 그 당시 한국어에서 독립적인 형태소의 자격을 갖지 못하는 것으로 판단되는 대상은 '한음형'에 포함시켜 다루되, 독립적으로 문장 속에 출현할 수 있는 대상에 대해서는 '한음형'일 가능성과 '혼성형'일 가능성을 모두 열어두고자 한다.

아래 어원의 가나다순으로 배열하여 어원별로 하나씩 살피기로 한다. 개별 대상을 기술함에 있어서는 대체적으로 어형 속에 반영된 한자음의 결합 양식에 대해 살펴보고, 이어서 '한음형→동음형'의 순서로 실제 용례 속에서의 용법에 대해 고찰한 뒤에, 마지막으로 논의의 핵심을 요약할 것이다.

3.2. 어원별 분석

3.2.1. [夥計] 한호치-동과게 > 한∅-동∅

'夥計'를 어원으로 하는 어형에는 '호치'와 '과게'가 있다.

(1) 가. **夥호計기**: 동무<譯語類解-買賣(1690) 上:68a>, **夥호計지**<朴通事新釋諺解(1765) 2:42b>, **夥호計지**: 동무<華語類抄-買賣(19세기 말) 39a>, **夥호計치**<華峰文庫本 中華正音(1909) 43b>

나. 夥: 만흘 **화**<新增類合-事物(1576) 下:60a>, 夥: 만을 **화**<倭語類解-雜語(1780년대 초) 下:42a>, 計: 혤 **계**<新增類合-動止(1576) 下:20b>

위에서 보듯이, '호치'는 후대의 한음과 일치하는 어형이고, '과게'에서 '과'음은 '夥'의 성부 '果'에 이끌렸거나 또는 '夥'의 또 다른 동음을 반영한 어형이다.[1] 또한 '과게'의 '게'는 (1나)대로라면 '계'로 표기되어야 마땅하겠지만, 'y'가 탈락한 채로 나타난다. 후술하겠지만, 이는 '과게'가 출현하는 문헌의 표기적 특징과 직결된 것이다. 아래 어형별로 하나씩 살피기로 한다.

아래는 '호치'의 용례이다.

(2) 가. ᄂᆡ 몃 간 방옥 산 거ᄉᆞᆫ 임의 오린 일이어니와 ᄯᅩᄒᆞᆫ 한 조각 ᄯᅡ흘 ᄉᆞ ᄯᅩ 일ᄀᆡ 푸ᄌᆞ를 여럿시ᄃᆡ 그 푸ᄌᆞ의 모다 **호치** 잇시ᄆᆡ 나는 그곳 일을 아니ᄒᆞ고 좌우간 한가ᄒᆞ지라(我買了幾間房子 是好久的話了 也置了一點子地 又開了一個鋪子 那鋪子裏頭都有**夥計** 我也不管那裏的事)<補紅樓夢(19세

1) 현재 '夥'는 동일한 의미를 가진 '과'와 '화'의 복수음을 가지고 있다.

기 말) 7:41>

나. ᄯᅩ 은루의 노셩ᄒᆞᆫ 호치를 갈ᄒᆡ며 ᄯᅩ 경인의 남녀 긔십 명을 ᄉᆞ셔 셰셰히 칙ᄌᆞ의 올니고(也選了銀樓上老成店伙 也買了本京人雙身男婦幾十房 粗細分開上冊)<紅樓夢補(19세기 말) 10:1>, ᄉᆞ면팔방의 가인과 호치 슈륙으로 영운ᄒᆞ여 이러므로 춍리ᄒᆞᄂᆞᆫ 사ᄅᆞᆷ이 극히 번란ᄒᆞᆫ지라(四面八方 家人店夥 水陸營運 這總理一席 實在煩難)<後紅樓夢(19세기 말) 5:10>

다. 오ᄅᆡ지 아냐 보ᄆᆡ 그 나귀 급히 거러 도라오ᄂᆞᆫ지라 호치 니ᄅᆞᄃᆡ 무던ᄒᆞ니 엇더케 이ᄀᆞᆺ치 년습ᄒᆞ엿ᄂᆞ뇨 ᄒᆞ더니(不多一時 就見他那驢連蹦帶進回來了 過賣說 難爲你 怎麽排練來着)<忠烈小五義(19세기 말) 21:78>

라. 왕 호치야 우리 셰 샤람의 힝니를 일즉이 다 명ᄇᆡᆨ키 수습ᄒᆞ여라(王夥호計치 咱們三个人的行李 趁早都收拾明白着)<華峰文庫本 中華正音(1909) 43b>[cf. ᄆᆡ양 져ᄌᆞ의셔 영니토당헌 동무를 식여 밧그로 반ᄒᆞ러 보ᄂᆡ니(蘇長家在鋪子裡 打派伶俐妥當的夥호計치們 往外販貨去)<華峰文庫本 中華正音(1909) 30a>]

'호치'는 19세기 말~20세기 초의 언해 자료를 중심으로 확인되며, 원문의 '夥計, 店伙·店夥, 過賣'에 대응된다. (2가)의 문맥을 통해 '호치'가 '푸ᄌᆞ' 즉 가게에서 일하는 사람을 가리킨다는 것을 알 수 있다. '호치'는 아래와 같이 '쇼(小)'나 '대쇼(大小)'가 선행하여 '소호치, 대쇼호치'로 나타나기도 한다.

(3) 가. 져의ᄂᆞᆫ 몬져 밥을 먹은 후의 즉시 본졈 쇼호치와 함긔 힝니를 션즁으로 옴겨 슈습ᄒᆞ믈 졍당히 ᄒᆞ고 바야흐로 잠부인을 쳥ᄒᆞ여 ᄇᆡ의 오ᄅᆞ게 ᄒᆞᆫᄃᆡ(他們先喫完飯就同本店小伙計搬行李下船 收拾停當 再請岑夫人上船)<雪月梅傳(19세기 말) 9:53>, 졈쥬인이 심히 환희ᄒᆞ며 ᄯᅩ ᄒᆞᆫ 그ᄅᆞᆺ 치쇼를 션샹으로 보내거늘 힝니를 옴긴 쇼호치의게 오십 ᄀᆡ 돈을 쥬며 당ᄀᆡᆨ의 졈쥬인을 쟉별ᄒᆞ고 즉시 닷쥴을 글너 발션홀ᄉᆡ(店

主甚是歡喜 還送了一罐十香小菜到船上來 與了那**小伙計**五十文錢 當時別了店主人 就解纜開船)<雪月梅傳(19세기 말) 9:54>

나. 젼당푸리와 비단푸리와 념션 **대쇼호치**의 월봉과 다못 각쳐 졀과 암ᄌᆞ 등유와 월미와 블샹도금과 희ᄌᆞ무리의 투구와 도챵 등졀을 젼위ᄒᆞ여 가음알고(當鋪鹽船綢莊鹽店**大小夥計**薪俸 以及各四廟燈油月米裝金修佛 戲班的套頭刀槍頭盔等項)<紅樓復夢(19세기 말) 8:115>

(3가)와 (3나)의 ‘쇼호치’와 ‘대쇼호치’는 원문의 ‘小伙計’와 ‘大小夥計’에 대응된다. 문맥상으로 볼 때 ‘호치’와 마찬가지로 각종 가게에서 일하는 사람을 가리킨다.

아래는 ‘과게’의 용례이다.

(4) **과게** 왈 페관에 ᄉᆡᆼᄋᆡ가 쳥담ᄒᆞ야 오ᄅᆡ 주무를 장괴ᄒᆞᆷ이 읍스며 다만 **과게** 일냥 인ᄉᆡᆫ이라(**夥計**曰 敝館生意清淡 久無專夥掌櫃 只**夥計**一二人耳)<神州光復誌演義(20세기 이후) 16:13b>

위의 ‘과게’는 원문의 ‘夥計’에 대응된다. 동일한 문장 안에서 ‘敝館’이 ‘폐관’이 아닌 ‘페관’에 대응된다는 점을 참조했을 때, ‘과게’ 또한 문헌 자체의 표기적 특징을 반영했을 가능성이 높다고 하겠다. 동일한 문맥에서 ‘ᄉᆡᆼᄋᆡ(生意)’, ‘장괴ᄒᆞ-(掌櫃)’와 함께 쓰이므로 예문 속의 ‘과게’는 “가게에서 일하는 사람”을 가리킨다. ‘과게’는 (4)와 같이 개별 문헌에서 문증된다.

이상으로 ‘夥計’를 어원으로 하는 ‘호치’와 ‘과게’에 대해 살펴보았다. 논의의 핵심을 요약하면 아래와 같다.

한음형 ‘호치’는 중국어의 영향과 간섭을 쉽게 받는 19세기 말~20세기 초의 여러 언해 자료에서 문증되는 반면, 동음형 ‘과게’는 20세기 이후의 개별 문헌에서 확인된다. ‘과게’는 ‘*과계’에서 ‘y’가 탈락한 어형으로, 동일한 문헌 속에서 'y'가 탈락한 어형은 '과게' 외에도 더 확인이 된다. 어형 속에 반영된 양자의 한자음의 성격은 다르나 의미는 동일하다. 현재 이들 모두 쓰이지 않는다.

3.2.2. [衲衣] [한]누비·뉘비-[동]납의 > [한]누비-[동]납의

'衲衣'를 어원으로 하는 단어에는 '누비, 뉘비'와 '납의'가 있다.

(1) 가. 衲: 눕더기 <u>납</u>. 僧呼衲襖.<訓蒙字會-服飾(1527) 中:12a>, 衲: 누더기 <u>납</u><倭語類解-服飾(1780년대 초) 上:46a>
나. 衣: 옷 <u>의</u>. 又去聲, 着衣也.<訓蒙字會-雜語(1527) 下:8b>

박부자(2013: 114-115)에서 '衲'과 '衣'의 상고음과의 비교를 통해 '누비'가 '衲衣'의 상고 한음을 반영한 어형인 것으로 밝힌 바 있다.2) 이외에 '뉘비'는 '누비'에서 'ㅣ' 모음 역행동화 현상을 겪은 것이고, '납의'는 (1)에서 보듯이 '衲衣'의 동음을 반영한 어형이다. 이 중 '누비'가

---

2) 李基文(2008: 108)에서는 '누비'가 동사 어간(누비다)으로도 쓰이고 있는 점을 고려하여 차용어라고 하기가 망설여진다고 하였다. 또한 설혹 차용어라 하더라도 『雅言覺非』에서 지적된 것처럼 중국 근세음 '나히'가 '누비'로 차용되었을 가능성은 전혀 없고 '衲'의 말음(ㅂ)이 있은 옛날로 거슬러 올라가 생각해 보아야 한다고 하였다. 차용어의 일반적인 조어 방식을 생각하였을 때, '누비다'에 대한 적절한 설명이 필요한 것은 사실이다. 다만 '衣撒'이 '이삭'으로 나타난다는 점, '눕더기, 눕덥치마'와 같은 어형이 존재한다는 점은 '누비'가 '衲衣'의 이른 시기 한음을 반영하였을 가능성을 배제할 수 없게 한다.
[예] 가. 衲: **<u>눕더기</u>** 납. 僧呼衲襖.<訓蒙字會-服飾(1527) 中:12a>
나. 내 니블 의복도 못ᄒᆞ고 ᄒᆞᆼ여 방젹기나 ᄒᆞ여도 날ᄒᆞ여 주로라 ᄒᆞ여ᄒᆞ니 그ᄃᆡᄂᆞᆫ 겨ᄋᆞ리라도 아ᄆᆞ란 져골 ᄒᆞ나하 ᄒᆞ고 영오 댱옷 ᄒᆞ나히나 ᄒᆞ고 **<u>눕덥치마</u>**만 ᄒᆞ고 바디도 봇고 ᄎᆞᆫ 구돌히셔 서어ᄒᆞᆫ 잘이 ᄒᆞ고셔 견ᄃᆡ니 인ᄂᆡ 구독기야 이 우히 이실가<安民學哀悼文(1576)>
또한 '눕더기, 눕덥치마'를 고려했을 때 '누비'가 '눕-+-이'로 분석되어야 할 가능성에 대해서도 고려해 보아야 할 것이다.

'衲衣'의 한음에 기원을 둔 어형이라는 것은 아래의 『雅言覺非』에서도 지적된 바 있다.

(2) 가. 衲衣者, 補紩之衣也. 東人誤翻爲縷飛/+衲衣, 華音作나이+/. 按譯書, 細縷飛/+잔누비+/曰細衲, 沓紩/+박아짓다+/曰實衲. 原初僧家縫補破衣, 名之曰衲. 後漸精細新布新帛, 亦皆衲之耳. 寶覺禪師以磨衲贈東坡, 卽今之細衲也. 緇衲·靑衲·斑衲·翠衲·緋衲·紫衲,/+『魏書』: 蠕蠕國人拜辭, 詔賜緋衲袴褶·紫衲袴褶各一具.+/ 竝見詩·史, 而東詩唯用白衲. 白衲之稱, 不見古詩.(衲衣란 기워 꿰매놓은 옷이다. 우리 나라 사람은 잘못 옮겨 縷飛라고 한다/+衲衣의 중국음은 '나이'라고 한다+/. 譯書를 살펴보니 細縷飛/+잔누비+/를 細衲이라고 말하고, 沓紩/+박아짓다+/을 實衲이라고 말하는데, 원래 처음에는 중들이 해진 옷을 기워 이름하기를 衲이라고 했다. 뒤에 차차 아주 가는 新布·新帛도 또한 모두 衲이라고 했다. 寶覺禪師가 磨衲을 東坡에게 주었는데, 이것이 곧 지금의 細衲인 것이다. 緇衲·靑衲·斑衲·翠衲·緋衲·紫衲/+『魏書』에 "蠕蠕國 사람이 절하고 말씀하자 분부를 내려 緋衲袴褶·紫衲袴褶을 각각 한 벌씩 주었다"고 했다.+/ 등이 모두 詩나 史에 보이는데, 우리 나라의 詩에는 오직 白衲이란 말만 썼는데, 이 白衲이란 일컬음도 옛날 詩에는 보이지 않는다.)<雅言覺非(1819) 1>

나. 縷飛: 本朝. 細衲衣稱縷飛.<古今釋林 27-外篇-東韓譯語-釋服(18세기 중엽~말엽) 793쪽>

위의 밑줄 친 부분으로부터 두 가지 사실을 확인할 수 있다. 첫째, '衲衣'가 "꿰맨 옷"을 의미하던 것이며 중국어의 '衲衣'가 '縷飛'로 잘못 옮겨졌다는 것이다.[3] 둘째, '衲衣'가 처음에는 중들의 해진 옷을 가리키는 단어였으나 나중에 차차 아주 가는 '新布'나 '新帛'까지도 '衲'이라고

3) 이외의 한문 자료들에서 '縷緋, 縷紕, 縷裶'로 표기된 예도 확인된다.

부르게 되었다는 것이다. 위 인용문에 대해서는 박부자(2013)에서 언급하지는 않았으나 해당 사실들은 박부자(2013)의 논의를 통해 증명된 바 있다. 이 논저에서는 '누비'가 "僧衣", "기운옷, 해지고 낡은 옷",[4) "누벼서 지은 옷"의 의미를 나타낸다고 하였다.

본고에서 확인한 결과 대체적인 경향에 있어서는 (2가)의 내용이나 박부자(2013)의 논의에서 특별히 진전된 부분이 없으므로, 박부자(2013)에서 언급되지 않았거나 추가적으로 설명이 필요한 부분에 대해서만 언급하기로 한다. 자료를 검토하다 보면 박부자(2013)에서는 언급되지 않은 (3)과 같은 용례가 발견된다.

(3) 가. 이 누비ᄂᆞᆫ 뎌 ᄀᆞᆮ디 아니ᄒᆞ야 오며 가매 제 ᄌᆞ녹ᄌᆞ녹ᄒᆞ도다(此衲ᄋᆞᆫ 不如彼ᄒᆞ야 來去에 自從容ᄒᆞ도다)<金剛經三家解諺解(1482) 5:10b>

나. 衲僧은 妄이 본ᄃᆡ 업슨 ᄃᆞᆯ 절로 아라 덜며 그촐 ᄆᆞᅀᆞᆷ 업고 ᄠᅳ며 ᄌᆞ모ᄆᆞᆯ ᄆᆞ더니 너기ᄂᆞ니 이 衲ᄋᆡ 妄 긋디 아니호ᄆᆞᆯ 웃디 말라(衲僧ᄋᆞᆫ 自知妄元無ᄒᆞ야 無心除斷ᄒᆞ고 任浮沈ᄒᆞᄂᆞ니 休笑此衲의 不斷妄ᄒᆞ라)<金剛經三家解諺解(1482) 5:16b>

다. 雲門의 ᄒᆞᆫ 낫 胡餅ᄋᆞᆫ 天下앳 누비즁이 시버 오며 시버 가ᄂᆞ니 머구므며 비와ᄐᆞ며 시보ᄆᆞᆯ 眞實로 알면 ᄇᆞᆯ셔 供養호ᄆᆞᆯ ᄆᆞᄎᆞ리라(雲門一枚胡餅ᄋᆞᆫ 天下衲僧이 咬嚼來咬嚼去ᄒᆞᄂᆞ니 苟知呑吐咬嚼ᄒᆞ면 早已供養了也ᄒᆞ리라)<金剛經三家解諺解

4) "낡은 옷"의 의미가 확실한 '누비옷'의 용례를 추가적으로 제시하면 아래와 같다.

예 가. 오ᄉᆞᆯ 비ᇫ이샤ᄃᆡ 七寶로 ᄭᅮ미실ᄊᆡ 고ᄫᆞ시고 쳔쳔ᄒᆞ더시니 마리ᄅᆞᆯ 갓ᄀᆞ시고 누비옷 니브샤 붓그료미 엇뎨 업스신가<月印千江之曲(1447) 上:43b-44a>

나. 가난호ᄆᆞᆫ 모매 샹녜 褸褐ᄋᆞᆯ 닙ᄂᆞ니 서르 맛나 繿縿ᄋᆞᆯ 웃디 마롤디어다 잇다감 ᄲᅧ러 겨르ᄅᆞ이 자바 니르와ᄃᆞ니 쇽절업시 錦繡 젹삼 니보매 더으도다/+褸褐ᄋᆞᆫ 누비오시라 繿縿ᄋᆞᆫ 오ᄉᆡ 허룬 양ᄌᆡ라+/(貧卽身常披褸褐ᄒᆞᄂᆞ니 相逢ᄒᆞ야 不用笑繿縿이어다 有時예 抖擻ᄒᆞ야 閑提起ᄒᆞ니 勝得空披錦綉衫ᄒᆞ도다)<南明集諺解(1482) 上:32a>

(1482) 3:52b-53a>[cf. 하ᄂᆞᆯ히 일워시니 赤脚仙人 아닌ᄃᆞᆯ 天下蒼生ᄋᆞᆯ 니ᄌᆞ시리잇가 하ᄂᆞᆯ히 ᄀᆞᆯᄒᆡ어시니 누비즁 아닌ᄃᆞᆯ 海東黎民을 니ᄌᆞ시리잇가(天旣成之 匪赤脚仙 天下蒼生 其肯忘焉 天方擇矣 匪百衲師 海東黎民 其肯忘斯)<龍飛御天歌 (1447) 4:7b>]

(3가)에서 '누비'는 원문의 '衲'에[5] 대응되며, 이때의 '누비'는 "僧衣"를 의미하는 것이 아니라 "僧衣를 입은 중"을 지칭한다. '누비'의 이러한 의미는 (3나)의 '衲僧'과 '衲', (3다)의 '누비즁'과 비교했을 때 보다 확실하게 드러난다. 따라서 '누비'의 의미 항목에 "僧衣를 입은 중"이라는 의미도 추가되어야 할 것이다. 그러나 '누비'의 이러한 의미는 언해 자료를 중심으로 확인되므로 이것이 그 당시의 '누비'가 갖고 있는 일반적인 용법을 반영한 것인지, 아니면 원문을 축자역하는 과정에서 발생한 번역 차원의 문제인지에 대해서는 불확실하다.

아래는 '뉘비'와 관련된 용례이다.

(4) 가. 풍각장이 ᄒᆞᆫ ᄑᆡ가 오ᄂᆞᆫᄃᆡ 그 즁에 압션 ᄀᆞᄀᆡᆨ 다 ᄡᅥ러진 통양갓에 버레줄 ᄆᆡ여 쓰고 소ᄆᆡ 업ᄂᆞᆫ 뵈즁츄막 권싱원ᄉᆡ 어더 입고 셰목동옷 쎠무든 놈 모동지게 어더 입고 안만 남은 뉘비 젹고리 신션달ᄉᆡ 어더 입고<申在孝판소리사설集(19세기) 586쪽>

나. 져 중의 거동보쇼 얼금얼금 거뭇거뭇ᄒᆞᆫ 즁 둘 뉘비 장삼

5) 중국어에서 '衲'는 아래와 같은 의미를 나타낸다. 이 중 (3가)의 '衲'는 아래의 「5」번 의미로 쓰인 것이다.
衲: 「1」깁다, 기워 붙이다. 「2」모아 합친다는 파생적 의미. 「3」중의 옷. 낡은 천을 붙여서 만들어졌기 때문에 붙여진 이름. 「4」기워 붙여진 옷을 두루 가리킴. 「5」승도가 자기 자신을 스스로 이르거나 승도를 달리 이르는 말. 「6」'納'과 통함. '納納'을 참조할 수 있음.(「1」補；縫綴. 「2」引申爲拼湊而成. 「3」僧衣. 因其常用許多碎布拼綴而成, 故稱. 「4」泛指補綴過的衣服. 「5」僧徒的自稱或代稱. 「6」通"納". 參見"衲衲".)<漢語大詞典>

의 실ᄡᅴ ᄡᅵ고<임형택소장 朴興甫傳(1916) 12a-b>

다. ᄌᆞᆼ기 바둑 골픽 ᄉᆞᆼ육 적기을 눌노ᄒᆞ여 보리 ᄒᆞ히 기ᄉᆡ 무선니 ᄂᆡ달으며 ᄋᆞ양피 ᄌᆞ지 토시 ᄉᆞᆷ승 보션 ᄂᆡ여노면 형임 니계 비록 약쇼ᄒᆞ오나 설ᄂᆡ북종 ᄎᆞᆫ 발암과 죠ᄉᆞ취혈 빙셜노의 숀발인들 안 실일가 형임 곳 죽계더며 ᄉᆞᆼ침젓셧 **뉘비질**과 관ᄃᆡ 도포 정여ᄂᆞ 수품 눌노ᄒᆞ여 ᄇᆡ우보고 아못죠록 ᄉᆞ라라서 오월오일 도라오면 츄천놀음 ᄒᆞ여보셰<홍윤표소장 154장본 춘향전(미상) 78a>

라. **잔뉘비**: 數行衣. piqué, esp. d'habit formé de deux tissus réunis parune couture à points rapproché formant ordinairement des carrés ou des losanges. (피케, 일반적으로 정사각형 또는 마름모 모양을 이루는, 촘촘한 바느질로 연결된 두 직물로 만들어진 옷의 종류) <韓佛字典(1880) 526>

마. 숑곳 셰울 ᄡᅡ니 업고 응문헐 아히 업셔 가련헌 곽씨부인 몸을 바려 품을 팔 졔 ᄡᅮᆨ반의질 관ᄃᆡ 도복 힝의 ᄎᆞᆼ의 직영이며 셥슈 쾌ᄌᆞ 즁치막 남여의복 **즌뉘비질** ᄉᆞᆼ침질<신씨가장본 沈淸歌(19세기) 156>

‘뉘비’는 19세기 이후의 자료에서 집중적으로 확인되며, (4)와 같이 주로 “바느질”, “누벼서 지은 옷”의 의미로 쓰였다. 단독형의 ‘뉘비’뿐만 아니라 ‘뉘비질, 잔뉘비, 즌뉘비질’과 같이 복합어 내부에도 자유롭게 출현한다. 현재 전남 방언에서 ‘뉘비, 뉘비옷, 뉘비이불, 뉘빗이울’(이기갑 외 공편 1998:124) 등의 형태로 쓰이고 있다.

아래는 동음형인 ‘납의’의 용례이다.

(5) 가. 익죄 무ᄌᆞᄒᆞ신디라 계비 최시 친히 양양 낙산ᄉᆞ 관음굴의 나아가 비ᄅᆞ시니 ᄭᅮᆷ의 **납의 닙은 듕**이 와 ᄒᆞᄃᆡ 반ᄃᆞ시 귀ᄌᆞ를 나호리니 기명을 ᄲᅧ 션ᄅᆡ라 ᄒᆞ라 ᄒᆞ더니 오래디 아냐 도조를 ᄉᆡᆼᄒᆞ시매 쇼ᄌᆞ를 션ᄅᆡ라 ᄒᆞ시고 쇼시의 ᄭᅮᆷ

을 ᄭᅮ시고 룡 ᄡᅩ신 일이 이셔 뉴혈이 ᄀᆞ득ᄒᆞᆫ 고로 젹디라 일홈ᄒᆞ니라<朝野會通(18세기 말~19세기) 1:10b-11a>[cf. 시혹 阿練若애 누비오ᄉᆞ로 空閑ᄒᆞᆫ ᄃᆡ 이셔(或有阿練若애 納衣로 在空閑ᄒᆞ야셔)<法華經諺解(1463) 4:194b>]

가.′ 觀世音菩薩이 ᄒᆞᆫ 즁이 ᄃᆞ외샤 누비 닙고 믌 ᄀᆞᅀᅢ 오샤 이 겨집ᄃᆞ려 니ᄅᆞ샤ᄃᆡ(觀世音菩薩ヽ 遂化作一僧人ッㅅ 披百衲直至江邊ッㅅ 乃謂此婦人曰ッㅅㅿ)<佛頂心陀羅尼經(1464) 上:11a>

나. 납의(衲衣): 명 빛이 검은 중의 옷<조선어사전 5>

(5가)의 '납의'는 익조(翼祖)의 계비 최씨의 꿈에 나타난 중이 입고 있던 것이다. 참조 부분 및 (5가′)와의 비교에서 드러나듯이, 이때의 '납의'는 15세기 자료의 '누비옷'이나 '누비'에 대응된다. 따라서 (5가)의 '납의'는 "중의 누비옷" 정도로 이해될 수 있다. 또한 (5나)에서는 '납의'에 대해 "빛이 검은 중의 옷"이라고 해석되어 있다. '납의'의 용례가 (5가)와 (5나)에서처럼 극히 한정적으로 나타나기 때문에 현재로서는 '납의'가 "중의 옷"을 의미하였다는 정도로 언급이 가능할 뿐이다. 어떤 과정을 거쳐 아래의 (6나)와 같은 '납의'로 이어지게 되었는지에 대한 추적이 어렵다. 아래 (6)은 『표준국어대사전』에 제시된 '누비'와 '납의'에 대한 서술 내용을 옮겨온 것이다.

(6) 가. 누비01: 명 두 겹의 천 사이에 솜을 넣고 줄이 죽죽 지게 박는 바느질. 또는 그렇게 만든 물건.

나. 납의02(衲衣): 명 『불교』 「1」 낡은 헝겊을 모아 기워 만든 승려의 옷. 「2」 '가사08'를 달리 이르는 말.[cf. 가사08(袈裟): 명 『불교』 승려가 장삼 위에, 왼쪽 어깨에서 오른쪽 겨드랑이 밑으로 걸쳐 입는 법의(法衣). 종파에 따라 빛깔과 형식을 엄격히 규정하고 있다. ≒마납(磨衲)·무구의·인욕개·인욕의·자비옷·자비의·전상의·전의01(田衣)·탁의01(卓衣)·해탈당상. 【<산>kasāya】]

'누비'는 원래 "僧衣", "기운옷, 해지고 낡은 옷", "누벼서 지은 옷"과 같은 의미뿐만 아니라 "누비를 입은 중"이라는 의미를 나타내던 것이었으나 점차 (6가)와 같이 바느질법이나 해당 바느질법으로 만든 물건을 지칭하는 용어로의 의미 변화를 경험하였다. 또한 (6나)처럼 동음을 반영한 '납의'가 새롭게 등장하면서 '누비'가 나타내던 "僧衣"의 의미는 현재 '납의'가 담당하게 된 것으로 판단된다.

이상으로 '衲衣'를 어원으로 하는 '누비, 뉘비'와 '납의'에 대해 살펴보았다. 논의의 핵심을 요약하면 아래와 같다.

한음형 '누비'는 15세기 이후의 자료에서부터 현재까지 줄곧 쓰이고 있다. 현재와 달리 "僧衣", "기운옷, 해지고 낡은 옷", "누벼서 지은 옷", "누비를 입은 중"과 같은 다양한 의미로 쓰인 용례가 확인된다. '누비'에서 'ㅣ' 모음 역행동화를 겪은 '뉘비'는 19세기 이후의 자료에서 주로 "바느질", "누벼서 지은 옷"의 의미로 쓰였으며, 현재 전남 방언에서 여전히 쓰이고 있다. 또한 동음형의 '납의'는 "중의 누비옷"의 의미로 쓰인 용례가 18세기 말 이후의 자료에서 확인된다. '누비'는 현재 "바느질법", "누벼 만든 물건"으로 의미가 축소되어 "중의 옷"을 의미하는 '납의'와 의미 차이를 보이면서 공존하고 있다.

3.2.3. [團領] [한]텰링·털링·텰링-[동]단령·단녕·단영·달영·덜렁 > [한]∅-[동]단령·덜렁

'團領'을 어원으로 하는 어형에는 '텰링, 털링, 텰링'과 '단령, 단녕, 단영, 달영, 덜렁'이 있다. 이 중 '텰링, 털링, 텰링'과 관련해서는 나중에 예문과 함께 살피기로 하고, 우선 '團'과 '領'의 동음에 대해 고찰하고자 한다.

(1) 가. <u>團</u>: 두렫ᄒᆞᆯ <u>단</u><新增類合-事物(1576) 下:51b>, 團: 둥글 <u>단</u>, 덩이질 단<部別千字文(1913) 24a>,

나. <u>領</u>: 옷깃 <u>령</u>. 又목 령. 又管領·統領.<訓蒙字會-服飾(1527) 中:12a> [cf. 圓了: 두렫ᄒᆞ다 ○ 무허련<同文類解-雜語(1748) 下:54a>]

(1)에서 보듯이 ‘단령’은 ‘團領’의 동음을 반영한 어형이고, ‘달영, 단녕, 단영’은 어중의 ‘ㄴㄹ’의 연쇄가 ‘ㄹㅇ’, ‘ㄴㄴ’, ‘ㄴㅇ’의 다양한 외형으로 나타난 것이다. 이외에 ‘덜렁’은 ‘단령’과의 음운적 관계를 설명하기가 용이하지는 않으나, 어두 음절의 음모음화, ‘ㄴㄹ>ㄹㄹ’, ‘y’ 탈락과 같은 음운변화를 경험한 어형일 가능성이 있다. 어형에서 드러나듯이, ‘달영, 단녕, 단영’은 ‘털링, 털링, 텰링’과 어두에서 평음과 격음의 대립을 이룬다.

이 중 ‘털링, 털링, 텰링’은 기존의 공구서나 역주서에서 ‘帖裡’를 어원으로 하는 ‘텬릭, 텰릭’ 등의 이표기로 다루어 온 것이다. 검토를 위해 기존의 공구서에 제시된 ‘털링, 털링, 텰링’과 관련된 내용을 옮겨오면 아래 (2)와 같다.(밑줄 필자)

(2) 가. <u>털링</u>: 철릭. ☞텬릭, 텰릭 [명] <u>皂衫은 거믄 털링이라<家禮 3:6></u> -『教學 古語辭典』[cf. <u>털링</u>: 털릭 *皂衫은 거믄 털링이라<家禮 3:6> -『李朝語辭典』]

나. <u>털링</u>: [명] 철릭.(조항범 1998: 187) 무관이 입던 공복(公服). [관련] 쳘닉, 텰릭, 텰링. [참조] 직령(直領)으로서, 허리에 주름이 잡히고 큰 소매가 달렸는데, 당상관은 남색이고 당하관은 분홍색이다.<표준> ¶【털링】 겨으릐도 오니 치워 등슬혀 계오 왓거놀 아바님 겹젹삼 붓라셔 져구리를 ᄒᆡ여 주어 사라 나고 어머다 {털링} 어더지라 ᄒᆞ듸 업거니와 제 안해 과심ᄒᆡ여 아니 주노라<순천김씨묘-031, 1550~1592년, 신천강씨(어머니)→순천김씨(딸)> □□기리 와시니 달라 보차여 바다라 {털링} 핀잔ᄒᆡ여 ᄀᆞ업서 ᄒᆞ노라<순천김씨묘-110, 1550~1592년, 신

천강씨(어머니)→순천김씨(딸)> 학개롤 하 내 병드러 옥쳐닉 닉월 스므엿쇄날 댱가 보내니 {털링} 이룰 딘□□□□릭 자븐 일 ᄎ리라 희경이 갈 거시니 이만ᄒ노라 □□□□ 열아ᄒ래<순천김씨묘-151, 1550~1592년, 신천강씨(어머니)→순천김씨(딸)> 【털링도】 슈닉 치마는 니시 업서 {털링도} 계오 섈고 내게 드릴 것 업고 그저 온농애 드러시니 새 니술 바다 주어사 드리려 ᄒ니 올히는 지그미 아니 보내시니 몯 드리니 어ᄃ 가리 짓든 몯ᄒ니 그제나 보내마<순천김씨묘-018, 1550~1592년, 신천강씨(어머니)→순천김씨(딸)> 【털링을】 그 거믄 {털링을} 밧고 디도 몯ᄒ고 그저 드리라 가ᄂ니라<순천김씨묘-013, 1550~1592년, 신천강씨(어머니)→순천김씨(딸)> 【털링ᄒ고】 내 {털링ᄒ고} 두건ᄒ고 한숴 가뎌간 눌근 명지 듕치막ᄒ고 니블 며개 보단 빗졉 슈건 갓보애 든 재 자리보 흔ᄃ 빠셔 년숴 ᄒ여 오늘로 소례 못쏠로 보내소<진주하씨묘-151/곽씨-59, 17세기 전기, 곽주(남편)→진주하씨(아내)> -『조선시대 한글편지 어휘사전』

나.′ **털링**: 명 철릭.(조항범 1998: 143) 무관이 입던 공복(公服).<표준> 관련 쳘닉, 털링, 텰릭. 참조 직령(直領)으로서, 허리에 주름이 잡히고 큰 소매가 달렸는데, 당상관은 남색이고 당하관은 분홍색이다.<표준> ¶【털링으란】 학개도 댱가 이 겨을로 그 지빅 호려 ᄒ니 그 {털링으란} 지어 빌여라 믿고 이시리라 그리ᄒ여 글란 쟝만 아니호마<순천김씨묘-021, 1550~1592년, 신천강씨(어머니)→순천김씨(딸)> -『조선시대 한글편지 어휘사전』

(2가)의 『教學 古語辭典』,[6] 『李朝語辭典』에서 ‘털링’을 ‘철릭’과 관련시키고 있다. 이는 최근 간행된 (2나)와 (2나′)의 『조선시대 한글편지 어휘사전』에서도 마찬가지이다. 기존 논의에 대해 비판적으로 접근하기 위해서는 관련 예문에 대해 다시 검토해 볼 필요가 있다. 본고에서는

6) 사전에는 ‘阜衫’으로 잘못 되어 있으나 원문을 참조하여 ‘皀衫’으로 수정하였다.

예문에 반영된 문맥 정보를 통해 (2)의 '털링, 텰링'이 달리 해석될 가능성에 대해 짚어보고자 한다. 본고에서는 특히 밑줄 친 예문들에 대해 주목한다.

(3) 가. 그 이ᄐᆞᆫ날 일 닐어 冠이며 옷ᄉᆞᆯ 陳ᄒᆞ라 벼ᄉᆞᆯ 인ᄂᆞ니ᄂᆞᆫ 公服과 띄와 靴와 笏을 ᄒᆞ고 벼ᄉᆞᆯ 업ᄉᆞ니ᄂᆞᆫ 欄衫과 띄와 靴ᄅᆞᆯ 호ᄃᆡ 通ᄒᆞ야 皀衫과 深衣과 大帶과 履와 櫛과 縪과 掠을 ᄡᅧ 다 卓子로 房中의 陳ᄒᆞ야 東으로 깃 가게 ᄒᆞ며 北으로 우흘 ᄒᆞ고 [...] /+조삼은 거믄 **텰링**이라+/<家禮諺解-冠禮(1632) 3:6a-b>

나. 학개도 댱가 이 겨을로 그 지ᄇᆡ 호려 ᄒᆞ니 그 **텰링**으란 지어 빌여라 믿고 이시리라 그리ᄒᆞ여 글란 쟝만 아니호마 <순천김씨묘-021, 1550~1592년, 신천강씨(어머니)→순천김씨(딸)>

나.′ 학개ᄅᆞᆯ 하 내 병드러 옥쳐ᄂᆡ ᄂᆡ월 스므엿쇈날 댱가 보내니 **털링** 이ᄅᆞᆯ 딘□□□□ᄅᆡ 자븐 일 ᄎᆞ리라 희경이 갈 거시니 이만ᄒᆞ노라 □□□□ 열아ᄒᆞ래<순천김씨묘-151, 1550~1592년, 신천강씨(어머니)→순천김씨(딸)>

『敎學 古語辭典』과 『李朝語辭典』에서 인용된 '털링'은 (3가)에서처럼 '皀衫'의 두주(頭註)인 '조삼은 거믄 털링이라'의[7] 일부로 출현하는 것이다. 이때 원문의 '皀衫'은 '거믄 털링'에 대응된다. (3나)와 (3나′)에 출현하는 '털링'과 '텰링'은 학개라는 사람이 혼례 때 착용할 옷이다. 신혜성·김지연(2009: 17~24)에 따르면, 조선 시대 민간 남성의 혼례복으로 관복에서 기원한 사모관대(紗帽冠帶), 즉 사모와 단령(團領)이 사용되었다고 한다.[8] 따라서 이때의 '텰링'과 '털링'은 '단령(團領)'과 관련

7) 『敎學 古語辭典』과 『李朝語辭典』에서는 '皀衫은 거믄 털링이라'로 되어 있지만, 원문에서는 '皀衫'이 '조삼'으로 표기되어 있으므로 현재와 같이 수정하였다.

8) <'團領'의 대응어가 '관ᄃᆡ'로 출현한 예>

예 團領: **관ᄃᆡ**<同文類解-服飾(1748) 上:55a>, 團領: **관ᄃᆡ**<方言類釋-服飾類(1778) 酉

되며 '帖裡'와의 연관성은 찾기 어려워 보인다. '텰릭'과 '털링'의 실체에 가까이 다가가기 위해 보다 이른 시기의 어형 '털링'이 출현하는 아래 (4가)를 주목할 필요가 있다.

(4) 가. ⓐ닐온 믈읫 져기 져믄 사ᄅᆞᆷ과 ᄀᆞ장 져믄 사ᄅᆞᆷ이 존ᄒᆞᆫ 사ᄅᆞᆷ과 댱샹읫 사ᄅᆞᆷ의게 설와 동지와 ᄉᆞ밍삭과 나갈 제 하딕ᄒᆞ며 도라와 뵈ᄉᆞ오며 깃븐 일 잇거든 가 하례ᄒᆞ며 아못 거시나 주어든 가 샤례호미 다 례로 뵈요미오 ⓑ/+례로 뵐 저긔 다 명함 드리고 사모 스고 **털링** 닙고 품ᄃᆡ ᄒᆞ고 훠 신고 홀 자ᄇᆞ라 벼슬 업슨 사ᄅᆞᆷ은 명함 드리고 갇 스고 **털링** 닙고 씌 씌오 신 시느라+/ [...] ⓐ이 외예 안부 무ᄅᆞᆷ과 의심ᄃᆞ왼 일 잇거든 질졍ᄒᆞ야 무르며 아모이리나 잇거든 가 ᄉᆞᆯ와 말ᄉᆞᆷ 드ᄅᆞᆷ과 밋 쳥ᄒᆞ야 블러시든 가미 다 샹녜 뵈ᄉᆞ오미라 ⓑ/+**털링**이나 딕령이나 니보ᄃᆡ 존댱이 바ᄉᆞ라 커든 즉재 바ᄉᆞ라+/ [...] ⓐ댱샹읫 사ᄅᆞᆷ은 설와 동지예 명함 가지고 가 답례호ᄃᆡ 저의 니버 와 뵈던 옷ᄀᆞᆮ티 ᄒᆞ고 녀나ᄆᆞᆫ 시졀엔 ᄌᆞ뎨ᄅᆞᆯ ᄇᆞ려 내 일홈 슨 명함 가지고 ᄀᆞᄅᆞ차 가 답례ᄒᆞ라 믈읫 나와 ᄀᆞᆮᄐᆞᆫ 사ᄅᆞᆷ은 설와 동지예 가 보며 나갈 제 하딕ᄒᆞ며 도라와 보며 깃븐 일 잇거든 하례ᄒᆞ며 샤례호매 서ᄅᆞ ᄃᆞᆫ니라 ⓑ/+명함으란 우와 ᄀᆞᆮ티 호ᄃᆡ 오ᄉᆞ란 딕령이나 **털링**이나 니브라+/ ⓐ믈읫 존ᄒᆞᆫ 사ᄅᆞᆷ과 댱샹읫 사ᄅᆞᆷ이 일 업시셔 져믄 사ᄅᆞᆷ의 집의 가ᄃᆡ 닙고젼 오ᄉᆞᆯ 니브라 ⓑ/+딕령이나 **털링**이나 ᄆᆞᄉᆞ모로 니브라+/(ⓐ曰凡少者幼者伊 於尊者長者厓 歲首/+正月初一日+/冬至四孟月朔果/+正月四月七月十月初一日+/ 辭/+凡出行下直+/ 見/+回還謁見+/ 賀/+有慶事往賀+/ 謝伊/+來訪饋遺稱謝+/ 皆爲禮見伊五 ⓑ皆具門狀/+今從便用名銜+/ 用幞頭公服腰帶靴笏/+國俗私禮不用公服 有官則從便代以紗帽**團領**品帶穿靴+/ 無官具名紙/+名銜+/ 用幞頭襴衫腰帶繫鞋/+無官者代以笠**團領**絛帶靴+/ [...] ⓐ此外亦伊 候問起居臥/+往問安否+/ 質疑白事臥/+有疑當問有事當稟+/ 及赴請召隱/+被召而進+/ 皆爲燕見伊羅

部:22b>, 團領: 관ᄃᆡ<蒙語類解-服飾(1790) 上:43a>

ⓑ深衣凉衫皆可 尊長令免卽去之/+今代**團領**直領通着+/ [⋯] ⓐ長者隱 歲首冬至亦伊 具榜子報之平代 如其服爲古 餘羅隱 令子弟以己名榜子奴 代行爲羅/+長者則歲首及冬至親報 餘月令子弟報之+/ 凡敵者隱 歲首冬至辭見賀謝厓 相往還爲羅 ⓑ門狀名紙同上 唯止服帽子/+今代直領**團領**通着+/ ⓐ凡尊者長者伊 無事而至少者幼者之家平代 唯所服爲羅 ⓑ深衣凉衫道服背子可也/+今從俗直領**搭胡帖裏**任意服之而着鞋+/)<呂氏鄕約諺解(1519) 19a-20b>

나. 그 거믄 **털링**을 밧고디도 몯ᄒᆞ고 그저 드리라 가ᄂᆞ니라
<순천김씨묘-013, 1550~1592년, 신천강씨(어머니)→순천김씨(딸)>

(4가)의[9] '털링' 또한 한문 원문의 '團領'에 대응되며 문맥 속에서 옷깃이 곧은 형태의 옷인 '직령(直領)'과 조사 '이나'로 연결되어 선택 관계에 놓여 있다. 관모(官帽)였던 '사모(紗帽)'와 함께 착용되기도 하였고, 벼슬이 없을 경우 '갇'과 함께 착용되기도 하였다. '帖裡'가 직령(直領) 형태의 옷이라는 점을 감안했을 때, "딕령이나 털링"에서 '털링'을 '帖裡'와 연관시키기 어려울 것이다. 즉 '털링'이 '團領'에 대응된다는 점, '紗帽'와 '團領'이 문장 속에서 높은 공기 관계를 보인다는 점 등은 모두 '털링'이 '團領'과 관련될 가능성을 시사해준다.

이외에도 검은색의 '帖裡'도 존재하였기 때문에 '털링'을 '帖裡'와 관련시킬 수 있는 직접적인 근거가 되지는 못하지만, 실제로 검은 단령 즉, '흑단령, 흑달영'이 검은 철릭보다 훨씬 높은 출현 빈도를 보인다는

9) 『呂氏鄕約諺解』의 全稱은 『朱子增損呂氏鄕約諺解』로서 한문 원문은 鄕約의 본문이 먼저 놓이고 이어서 이에 대한 朱子의 주석이 후행하는 체재로 되어 있다. 이 중 鄕約의 본문에만 구결이 달려 있기 때문에 육안으로 구분이 가능하나 예문의 길이가 길고 예문 사이사이 생략한 내용도 있다는 점을 고려하여 鄕約의 본문에는 ⓐ를, 이어지는 협주문에는 ⓑ를 달아 줌으로써 원문과 협주문을 구분하여 제시하였다. 또한 『呂氏鄕約諺解』의 한문 원문에 첨가된 쌍행 협주('/+ +/' 속의 내용)는 주자의 『子增損呂氏鄕約』에서는 찾아볼 수 없는 부분으로, 김안국이 번역하면서 한문 본문과 주자의 협주문에 다시 주석을 추가한 것이다. 더 자세한 내용은 김문웅 해제(2012)를 참조할 수 있다.

점은 (3가)와 (4나)의 '거믄 털링'이 '黑團領'에 대응될 가능성을 말해준다.

'털링, 털링, 텰링'이 '團領'과 관련될 것이라는 것과 관련하여 (5가)의 『理藪新編』과 (5나)의 『磻溪隧錄』의 기록도 참조가 된다.

(5) 가. 我國常談亦多華語, 往往可見, 今略列于下. [⋯] **團領/+團던領링+/**<理藪新編-雜錄(1744) 20:58b>

나. 每官府開坐, 吏輒唱曰, 禁鄕談, 則府中上下於凡物名, 皆以漢語, 不得用鄕談. 今其制雖廢, 而尙有傳習之可見者. 如當直曰當당直디, [⋯] **團領曰團뒨領링**<磻溪隧錄(1770) 25:續篇:言語>

다. **團뒨領링**: 團領<譯語類解-服飾(1690) 上:44b>[cf. 團領: 관듸(漢-**團뒨領링**, 又團윈領링)<方言類釋-服飾類(1778) 西部:22b>, 圓領: 團領<譯語類解-服飾(1690) 上:44b>, 官帶: 本朝. 俗稱團領曰官帶.<古今釋林 27-外篇-東韓譯語-釋服(18세기 중엽~말엽) 788쪽>]

(5가)와 (5나)에서는 '團領'이 중국어 차용어라는 사실을 지적하면서 각각 '던링'과 '뒨링'으로 달리 주음하였다. 또한 (5다)에서는 '團領'의 대응 한음이 '뒨링'으로 되어 있다. 이때 '團領'에 대한 세 주음 '던링, 뒨링, 뒨링'은 (2~4)에서 살펴본 '털링, 털링, 텰링'과 비슷한 음상을 지닌다. 문맥을 통한 (2~4)의 검토 내용과 (5)의 증거 자료를 바탕으로 본고에서는 '털링, 털링, 텰링'이 '團領'에서 기원했을 가능성이 보다 높을 것으로 판단하였다.[10]

이어서 '團領'의 동음 또는 변화형을 반영한 '단령', '단녕', '단영', '달영', '덜렁'에 대해 살펴볼 것이다. 아래 (6)은 '단령'의 용례이다.

(6) 가. 초팔일 제히 하랴 슈셔계 습의홀식 오각씩 **흑단령**은 종스

10) '團領'과 '帖裡'가 모두 복식 용어일 뿐만 아니라 어형 상으로도 음절말의 'ㄱ~ㅇ'의 유동으로 설명이 가능하기 때문에 기존의 논의들에서 '털링, 털링, 텰링'을 '帖裡'와 연관 지으려고 하였던 것은 아닐까 생각한다.

샹 빌니시고 사모와 젼후 흉비 최판ᄉᆞ 보ᄂᆡ엿ᄂᆡ<日東壯遊歌(1764년 이후) 1:27a>

나. 젼함 삼품 이해 셩복 후 복직ᄒᆞᆫ 쟈ᄂᆞᆫ 긔히년 젼례를 의거ᄒᆞ여 ᄇᆡᆨ사모와 **ᄇᆡᆨ단령**과 ᄉᆞᆨ마씌로 힝공케 ᄒᆞ다<朝野會通(18세기 말~19세기) 31:3a>[cf. 녜조의셔 젼함 삼품 이하 셩복 후 복직ᄒᆞᆫ 쟈를 긔히년 젼녜로 ᄇᆡᆨ사모 **ᄇᆡᆨ단녕** ᄉᆞᆨ마ᄃᆡ로 힝공ᄒᆞ기를 쳥ᄒᆞ거ᄂᆞᆯ 답왈 의ᄒᆞ시다<朝野僉載(18세기 후기~19세기) 34:26a>]

다. 團領: **단령**<廣才物譜(19세기 初) 二:衣服:2a>, 團領: 書吏所着紅衣, **단령**.<廣才物譜(19세기 初) 一:庶流:1b>

라. **단령**: 團領. Collet d'habit en rond(sur la poitrine, sur le cou) bord supérieur de l'habit taillé en rond; cet habit lui-même(c'est celui des prétoriens).((가슴에, 목에) 둥근 모양의 옷깃, 둥글게 재단된 옷의 위쪽 가장자리. 그 옷 그 자체(근위병의 옷이다).)<韓佛字典(1880) 456>, **단령**: 團領. (둥굴) (옷깃) An official coat with a wide collar.<韓英字典(1897) 634>

마. 내 부ᄉᆞ로 더브러 사모와 **흑단령** ᄀᆞᆺ초고 쟝ᄎᆞᆺ 문을 나고져 홀ᄉᆡ 통관들이 니ᄅᆞ러 례슈ᄒᆞᄂᆞᆫ 의ᄉᆞ를 뵈고 아국 말노 잘 왓쇼 ᄒᆞ니 말 ᄇᆡ호ᄂᆞᆫ 아희 말과 ᄀᆞᆺᄐᆞ며 분명치 아니ᄒᆞ더라<장서각본 戊午燕行錄(19세기) 2:56a>

바. 졔복과 금관죠복 **흑단령**과 사모ᄂᆞᆫ 그 젼ᄃᆡ로 두고 기외 관인 의복은 외국과 ᄀᆞᆺ치 고친다더라<매일신문(1899-1-5)>

사. **단령(團領)**: [명] 깃을 둥글게 파서 지어 입던 공복 덜령·흑단령의 종류가 있었다.<조선어사전 2>

'단령'은 '團領'에 대응되며, 문장 속에서 '사모'와 공기한다. 위의 예문처럼 가장 높은 출현 빈도를 보이는 '흑단령' 외에도 '푸른 단령, 홍단령, ᄇᆡᆨ단령, 옥ᄉᆡᆨ 단령, ᄇᆞᆰ은 단령, 황금 단령'처럼 '단령'의 색상을 지칭하는 용어와 주로 어울린다. 이외에도 '년포 단령'처럼 단령을 만드는 데 쓴 재료를 지칭하는 용어가 선행하기도 한다. (6나)와 대응 참조 내용의 비교를 통해, 동일한 내용이 서로 다른 문헌에서 '빅단령'과 '빅단녕'으로 달리 필사되어 있음을 발견할 수 있다.

아래 (7~10)은 '단녕', '단영', '달영', '덜렁'의 예이다.

(7) 가. 왕개 우셔 ᄀᆞᆯ오ᄃᆡ 머리털을 ᄭᆞᆨ지 아니ᄒᆞ면 ᄀᆞ려워 견ᄃᆡ기 어려올 거시오 ᄯᅩ 됴션 사나희 머리ᄅᆞᆯ 보면 겨집과 다름이 업ᄉᆞ니 엇지 븟그럽지 아니ᄒᆞ리오 내 ᄀᆞᆯ오ᄃᆡ 네 집의 션ᄃᆡ 화상이 잇ᄂᆞ냐 왕개 ᄀᆞᆯ오ᄃᆡ 내 집은 업ᄉᆞᄃᆡ 다른 집은 흔이 잇ᄂᆞ니라 내 ᄀᆞᆯ오ᄃᆡ 그 복ᄉᆡᆨ이 무ᄉᆞᆷ 졔되러니 왕개 ᄀᆞᆯ오ᄃᆡ 명됴 젹 화상은 다 사모 **단녕**이오 머리털을 ᄭᆞᆨ지 아녓ᄂᆞ니라 내 ᄀᆞᆯ오ᄃᆡ 그러ᄒᆞ면 네 조상도 근본은 우리 머리 졔도와 ᄀᆞᆺ흐니 네 이졔 우리 머리ᄅᆞᆯ 나모라 ᄒᆞᆷ이 올흐냐 왕개 웃고 말을 아니 ᄒᆞ더라<장서각본 乙丙燕行錄(19세기) 4:42-43>

나. ᄂᆡ 셕반을 실히 못ᄒᆞ고 한ᄎᆞᆨᄒᆞ믈 겸ᄒᆞ여 ᄒᆡᆼ즁의 가져 왓던 **단녕**을 ᄌᆞᆸ히고 술을 만히 어더 진취ᄒᆞᄆᆡ 쥬긔 편ᄒᆡᆼᄒᆞ여 일신니 번열ᄒᆞ니 온실을 구혈 의ᄉᆡ 업고 거두망산월ᄒᆞ며 회두ᄉᆞ고향ᄒᆞ여 댱부 웅심이 셜셜이 쳑ᄉᆞᆼᄒᆞ던 ᄇᆡ 한쥰 술이 화연이 슬프믈 잇치이며 ᄇᆡᆨ우을 쳑탕ᄒᆞ니 이 아니 호긔롭고 즐거오냐<玩月會盟宴(18~19세기) 17:22a-b>[cf. 홍포 오ᄉᆞᄒᆞᆫ 하관은 즁계의셔 명을 드러 젼ᄒᆞ고 거믄 단쇽 젼포의 슈군복을 ᄡᅧ닙고 ᄎᆞᆼᄆᆡ지ᄅᆞᆯ ᄡᅳᆫ ᄌᆞ와 흑ᄉᆞ **단영**의 ᄌᆞ젹 두건 ᄡᅳᆫ 무리 정하의 벌 버듯ᄒᆞ여 마이 치믈 웨니 집장ᄉᆞ예 엇지 잠간이나 ᄆᆞᄋᆞᆷ 노흐리오<玩月會盟宴(18~19세기) 157:13b>]

다. 국쇽이 녜브터 벼ᄉᆞᆯᄒᆞᄂᆞᆫ 재 다 **홍단녕**을 닙으니 듕국 사ᄅᆞᆷ이 군신이 복ᄉᆡᆨ이 ᄀᆞᆺ다 ᄒᆞ야 글니 너기더니 임진 후 창졸의 ᄉᆞ대뷔 다 쳔닉을 닙다가 긔히년 간의 비로소 듕국을 의방ᄒᆞ야 **흑단녕**을 닙고 신튝의 녜조판셔 뉴근이 의논을 셰워 평시ᄅᆞᆯ 의방ᄒᆞ야 고쳐 홍ᄉᆡᆨ을 닙으니 인졍이 네일 좃기ᄅᆞᆯ 즐거워 ᄒᆞ미러라<朝野記聞(18세기 7·80년대 경) 3:33b-34a>

(8) 가. 쇼졔 존명이 이러ᄒᆞ니 거역지 못ᄒᆞ여 ᄌᆡᄇᆡ슈명ᄒᆞ니 년보ᄅᆞᆯ 두루혀 관복을 셤길ᄉᆡ 초옥 셤슈의 녹금 <u>**단영**</u>을 밧드러 골흠을 ᄆᆡ고 ᄯᅴᄅᆞᆯ 두루ᄆᆡ<尹河鄭三門聚錄(미상) 35:24b>

나. 녜죄 회계ᄒᆞᄃᆡ 이제 왕셰ᄌᆞ 샹에 ᄌᆞ샹으로 ᄉᆞᄂᆞᆫ 긔년을 입으샤 십삼일에 졔ᄒᆞ시고 졔복후ᄂᆞᆫ 목면 <u>**단영**</u> 등 복식으로 통젼 삼십일ᄒᆞ야 졔ᄒᆞ야 인렬왕후 샹 마련을 의거ᄒᆞ니 <朝野僉載(18세기 후기~19세기) 32:29a>

(9) 가. 젼쥬읍ᄂᆡ 드러가셔 ᄉᆞᄯᅩ게 연명 아조ᄒᆞ고 남원 오슈역에 슉쇼ᄒᆞ고 오리졍에 당도ᄒᆞ니 좌우 시ᄇᆡ 신영 나졸 낙진 포교 방ᄌᆞ 삼힝슈 쳔파총이 호장 불근 <u>**달영**</u> 형방 영기씌 솔군관 본영 장교 시ᄇᆡ 통인 쳥도 발방 취ᄐᆡ슈 좌우로 버러난듸 셰악슈 취ᄐᆡ넌 산쳔이 우난 듯 썽쿵 난이나<충주 박물관소장 춘향전(1918) 30a-b>[cf. 불근 <u>**달영**</u> 힝방<홍윤표소장 154장본 춘향전(미상) 59b>, 불근 <u>**달영**</u> 호장영니 긔슈 표슈 취ᄐᆡ슈 본양장교 인ᄇᆡ통인 죄별ᄉᆞ 느러셧ᄃᆞ<백성환창본 춘향가(미상) 28a>]

나. <u>**團領**</u>: <u>**달영**</u><日用備覽記-衣服具(1937) 11b>

(10) <u>**덜렁**</u>: [명] 각 관아의 서리가 입던 공복, 단홍색의 무명 또는 모시로 짓되 깃을 둥글게 파서 지은 것.<조선어사전 2>[cf. <u>**단령(團領)**</u>: [명] 깃을 둥글게 파서 지어 입던 공복 덜렁·흑단령의 종류가 있었다.<조선어사전 2>]

(7)의 '단녕'은 '단령' 다음으로 높은 출현 빈도를 보이는 것이다. '흑단녕, 홍단녕, 옥식 단녕'과 같은 색상이 선행한 경우 외에도 '목면 단녕, 뵈 단녕, 금수 단녕'처럼 직물명이 선행한 용례가 발견된다. 이는 앞서 살핀 '단령'의 경우와 비슷하다. '단녕'과 달리 (8)의 '단영'은 20세기 이후의 일부 문헌에 한정적으로 나타난다. (10)의 '덜렁'을 동일한

문헌에 제시된 '단령'의 뜻풀이와 함께 고려했을 때 "홍단령"의 의미로 쓰인 것으로 추정된다. (10)의 기술 내용이 언어 현실을 정확이 반영하고 있다면, 어떤 과정을 거쳐 이러한 의미 변화가 일어난 것인지는 현재까지 고찰한 내용만으로 판단이 어려우므로 더 이상의 논의는 보류하고자 한다.[11] 현재 『표준국어대사전』에는 (11)과 같이 '덜령'과 '단령'이 표제어로 수록되어 있다.

(11) 가. **덜령01**: 명 『역사』 '단령(團領)'의 변한말.
　　나. **단령(團領)**: 명 『역사』 조선 시대에, 깃을 둥글게 만든 관복.

(11가)에서는 '덜령'에 대하여 "'단령'의 변한말"로 기술하고 있어 (10)의 기술 내용과는 차이를 보인다. 이와 관련해서는 앞으로 추가적인 논의가 필요하다.

지금까지 '團領'을 어원으로 하는 '털링, 텰링, 텰링'과 '단령, 단녕, 단영, 달영, 덜령'에 대해 살펴보았다. 논의의 핵심을 요약하면 아래와 같다.

한음형의 '털링, 텰링, 텰링'은 16~17세기 다양한 성격의 자료에서 집중적으로 확인된다. '털링, 텰링' 위주로 확인되며, '텰링'은 '털링'과 유사한 맥락에서 동일한 발신자에 의해 달리 표기된 바 있다. 동음형 중에서는 '단령'이 18세기 이후 자료에서 확인되기 시작하여 현재까지도 쓰이고 있다. '단령' 다음으로 높은 빈도를 보이는 것은 18~19세기 자료에서 확인되는 '단녕'이다. 이외에 '단영, 달영, 덜령'은 18세기 이

11) 개인적으로 『조선어사전』과 『표준국어대사전』에 제시된 '덜령'이 '團領'의 한음을 반영한 어형은 아닐까 하는 의심을 품고 있다. '덜령이~덜링이'와 같은 어형이나 (5가)의 '던링'이라는 주음을 참조했을 때 '털링'류와 '덜령'을 음운론적으로 설명할 수 있는 여지가 있기 때문이다. 관련 용례가 부족하여 이에 대한 더 이상의 설명은 보류하고 앞으로의 지속적인 연구를 통해 추가로 논의하고자 한다.

후 한정된 일부 자료에서 확인된다. 한음형은 후대에 사라지고 동음형의 '덜령'과 '단령'이 유의관계를 맺으면서 공존하고 있다.

3.2.4. [玳瑁·瑇瑁] 한ᄃᆡ미-동ᄃᆡ모·대모·ᄃᆡ무 > 한∅-동대모

'玳瑁, 瑇瑁'를 어원으로 하는 단어에는 'ᄃᆡ미'와 'ᄃᆡ모, 대모, ᄃᆡ무'가 있다.[12)]

(1) 가. **玳대瑁믜**: 玳瑁<譯語類解-珍寶(1690) 下:1b>[cf. **玳대瑁모**<漢淸文鑑-貨財類(1779) 10:44a>, **玳대瑁무**: 玳瑁<華語類抄-珍寶(19세기 말) 41b>]

가.′ 玳瑁: 玳瑁 ○ **대믜** 후루<同文類解-珍寶(1748) 下:23a>, 玳瑁: 玳瑁 ○ **대메**<蒙語類解-珍寶(1790) 下:18b>, 玳瑁: 대모(漢-玳대瑁믜, 淸-후루간, 蒙-**대메**)<方言類釋-珍寶類(1778) 戌部:19a>

나. 蚮: ᄃᆡ못 **ᄃᆡ**. 亦作玳·瑁.<訓蒙字會-蜫蟲(1527) 上:12b>, 蝐: ᄃᆡ못 **모**. 亦作瑁·帽.<訓蒙字會-蜫蟲(1527) 上:12b>, **玳ᄃᆡ瑁모**<倭語類解-珍寶(1780년대 초) 下:8a>

위에서 보듯이, 'ᄃᆡ미'는 '玳瑁'의 한음에 가까운 어형이고, 'ᄃᆡ모'는 '玳瑁'의 동음에 가까운 어형이다. 이외에 'ᄃᆡ무'는 'ᄃᆡ모'에서 '오>우'의 변화를 겪은 어형이고, '대모'는 '·>ㅏ'의 변화를 반영한 것이다. (1가′)의 한글로 전사된 만주어와 몽골어 대응어는 한글 대응어 'ᄃᆡ미'와 음상이 유사한 '대믜, 대메'로 되어 있는데, 이들은 서로 동원 관계일 가능성이 높다. 이와 같은 동원어의 존재는 'ᄃᆡ미'가 중국어 차용어일 가능성을 더 높여준다. 아래 어형별로 하나씩 살피기로 한다.

우선 살펴볼 것은 'ᄃᆡ미'의 용례이다.[13)]

---

12) 이 중 'ᄃᆡ미'는 李基文(1965/1991)과 劉昌惇(1975)에서 중국어 차용어로 지적된 바 있다.

13) 'ᄃᆡ미' 이전에 언해문에서 '玳瑁'로 표기 예가 발견된다.
㉵ **玳瑁** 돗과 ᄉᆡᆨᄅᆞᆫ 더헤 놀애를 ᄯᅩ ᄆᆞᄎᆞ니 즐거우미 ᄀᆞ장ᄒᆞ야 슬프미

(2) 흔 먹뎡ᄀᆞ티 거믄 가라간쟈 ᄉᆞ족빅앳 ᄆᆞᆯ 탓고 기ᄅᆞ마는 이 흔 거믄 셔각으로 젼ᄒᆞ고 **드ᆡ미** ᄡᆞ고 유심홍 블근 비체 슈파 그린 면엣 기ᄅᆞ맛 가지예 두ᄋᆞ리예는 금실로 입ᄉᆞ흔 ᄉᆞ견 바갓고(騎着一箇墨丁也似五明馬 鞍子是一箇烏犀角邊兒鞔**玳대瑁믜**油心紅畫水波面兒的鞍橋子 鴈翅板上 釘着金絲減鐵事件)<飜譯朴通事(1510년대) 上:27b-28a>[cf. 기ᄅᆞ마는 이 흔 烏犀角 변ᄋᆞ에 **玳瑁**를 ᄀᆞ랏고<朴通事諺解(1677) 上:26a>]

(2)의 '드ᆡ미'는 원문의 '玳瑁'에 대응되며, '기ᄅᆞ마'를 장식하는 재료로 쓰인 것이다. 한음이 반영된 '드ᆡ미'의 용례는 (2)를 제외한 기타 문헌에서는 잘 찾아지지 않는다. 그 이후의 자료에서 발견되는 '玳瑁' 기원 어형들은 모두 아래 (3~5)에서처럼 '玳瑁'의 동음 및 그 변화형들이다. (3)은 '드ᆡ모', (4)는 '대모', (5)는 '드ᆡ무'의 용례이다.

(3) 가. 蚮: **드ᆡ못** 드ᆡ. 亦作玳·瑁.<訓蒙字會-蜫蟲(1527) 上:12b>, 蝐: **드ᆡ못** 모. 亦作瑁·帽.<訓蒙字會-蜫蟲(1527) 上:12b>

나. 놀라고 미치고 헌 입 십거든 가미늑일산을 ᄡᅳ라 ᄯᅩ ᄌᆞ초 등심 달힌 믈에 셔각과 **드ᆡ모** ᄀᆞᆫ 믈을 플어 머기라 그르고티면 홀리 몯ᄒᆞ야셔 목 쉬여 죽ᄂᆞ니라(黑陷驚狂譫語 宜加味六一散 或紫草燈心煎湯磨犀角**玳瑁**汁調服 失治則不日聲啞而死)<諺解痘瘡集要(1608) 上:43a>[cf. 瑇瑁: 야긔 겁질<東醫寶鑑湯液篇(1613) 2:7a>, 玳瑁: 야긔 겁질<醫宗損益附餘(1868) 41b>]

다. 평원군이 사ᄅᆞᆷ을 츈신군의게 브릴ᄉᆡ 초의 쟈랑내고져 ᄒᆞ야 **드ᆡ모**로 빈혀를 ᄆᆡᆼ글고 칼과 환도딥을 구실과 옥으로ᄡᅧ ᄭᅮ몃거늘 츈신군의 웃듬손이 다 구슬신을 신고 ᄡᅧ 보니 됴ᄉᆞㅣ 크게 붓ᄭᅳ려 ᄒᆞ더라(平原君이 使人於春申君홀ᄉᆡ 欲夸楚

오니 ᄃᆞ리 東의셔 돋놋다(**玳**筵急管曲復終 樂極哀來月東出)<杜詩諺解(1481) 16:48b>

ᄒᆞ야 爲**玳대瑁모**簪ᄒᆞ고 刀劒室을 飾以珠玉이어ᄂᆞᆯ 春申君의 上客이 皆躡珠履以見之ᄒᆞ니 趙使ㅣ 大慙ᄒᆞ더라)<十九史略諺解(1772) 2:86b-87a>

라. 두 사람이 다 비연을 ᄂᆡ여 코의 너흐ᄃᆡ 담은 그ᄅᆞᄉᆞᆫ **ᄃᆡ모**로 믄ᄃᆞᆫ 동근 합이오 픔의 픔엇더라<장서각본 乙丙燕行錄(19세기) 9:134>

마. 외국 통샹에 내아 ᄑᆞᄂᆞᆫ 거ᄉᆞᆫ **ᄃᆡ모**와 보셕과 여러 가지 약렴과 여러 가지 실과ㅣ오 사드리ᄂᆞᆫ 거ᄉᆞᆫ 온갓 필육과 연쟝과 구슬과 술이며<士民必知(1889) 160>

바. 오ᄂᆞᆯ 우리가 공부ᄒᆞᆯ 거ᄉᆞᆫ 긔여 다니ᄂᆞᆫ 즘승이라 [...] ᄌᆞ라 쇽에 죵류가 둘이 잇스니 ᄒᆞ나ᄂᆞᆫ 물쇽에셔 살고 ᄯᅩ ᄒᆞ나ᄂᆞᆫ 물가에 습ᄒᆞᆫ ᄃᆡ 사ᄂᆞᆫ 거시라 보기에ᄂᆞᆫ 대개 두 죵류가 다 ᄀᆞᆺ하 보히나니라 다닐 ᄯᅢ에 다리를 샹아ᄡᅵᆨ 졋듯기 져셔 몸을 운동ᄒᆞ고 미국 해변에ᄂᆞᆫ ᄌᆞ라들이 알을 여러 만 ᄀᆡ식 샤장에 나셔 해마다 ᄉᆡᆨ기를 치ᄂᆞᆫ 고로 미국셔 ᄌᆞ라들을 잡아 그 고기로 국을 ᄭᅳ려 먹고 겁질은 **ᄃᆡ모**로 쓰나니라 이 죵류ᄂᆞᆫ 죠션셔 거북이라 ᄒᆞ고 외국셔ᄂᆞᆫ 바다 ᄌᆞ라라 ᄒᆞ나니라<독립신문(1897-7-10)>

사. 남셔 경무관 장윤환씨가 본월 이십삼일에 ᄂᆡ남산에 힝슌ᄒᆞ다가 진옥ᄉᆡᆨ 여의ᄉᆞ 쥬머니를 일엇ᄂᆞᆫᄃᆡ 그 속에 도쟝과 면빗과 **ᄃᆡ모** 살젹미리와 호각과 면경이 드렷스니 누구던지 엇어 남셔로 보내면 상급을 만히 쥰다더라<매일신문(1899-8-17)>

(4) 가. 玳瑁: **대모**<方言類釋-珍寶類(1778) 戌部:19a>

나. **대모** 셔안과 산호 거저의 셔칙 문광디물을 ᄉᆡᆨ고 월나라 비단과 쵹나라 능금의 뎨일 극픔으로ᄡᅧ 침구 의결을 ᄀᆞᆺ초고<玩月會盟宴(18~19세기) 104:18b>

다. 혼구 홍졍을 젹어 보내며 경쥬인의게 ᄉᆞ십 냥 돈을 보내엿스니 홍졍ᄒᆞᄂᆞᆫ 대로 ᄒᆞ고 남거던 져를 ᄆᆡᆨ겨 두엇다가 내가 이젹지 갓긴이 업스니 **대모** 갓긴을 ᄇᆡᆨ 냥 위ᄒᆞᆫᄒᆞ고 극품을 샤셔 쥬게 ᄒᆞ면 ᄎᆞᄎᆞ 드ᄂᆞᆫ 대로 갑슨 보낼 거시니

경쥬인과 의논ᄒᆞ야 그리ᄒᆞ게 ᄒᆞ여라<김성일가-123, 1850년, 김진화(지방관)→안영록(경아전)>

라. **화대모**: 火玳瑁. Dessin, écaille du ventre de la tortue. Ecaille du ventre de la tortue de mer tachetées de rouge.(거북의 배의 그림, 껍질. 붉은 반점이 있는 바다거북의 배 껍질.)<韓佛字典(1880) 105>[cf. 화ᄃᆡ모: 화대모<韓佛字典(1880) 105>]

마. **대모**: 玳瑁<國漢會語(1895) 72>, **적대모**: 赤玳瑁<國漢會語(1895) 256>[cf. 화ᄃᆡ모: 花玳瑁<國漢會語(1895) 360>]

바. 玳: **대모** 대<部別千字文(1913) 21a>

(5) **흑ᄃᆡ무**: 黑玳瑁. Black tortoise-shell.<韓英字典(1897) 144>[cf. ᄃᆡ모: 玳瑁. (ᄃᆡ) (모). Tortoise-shell.<韓英字典(1897) 644>, 왜ᄃᆡ모: 倭玳瑁. Japanese tortoise-shell.<韓英字典(1897) 76>, 젹ᄃᆡ모: 赤玳瑁. Red tortoise-shell. See 화ᄃᆡ모.<韓英字典(1897) 742>, 화ᄃᆡ모: 花玳瑁. Bright colored tortoise-shell.<韓英字典(1897) 155>]

(3나) 참조 부분의 설명처럼 '玳瑁'는 바다 깊은 곳에서 생활하는 거북이의 등껍질을 지칭하는 것으로서 (3~5)에서처럼 '비연(鼻烟), 빈혀, 그릇, 갓긴'을 만들거나 치장하는 재료로 쓰였을 뿐만 아니라, 이외에도 '장도(粧刀), 각ᄃᆡ(角帶), 반(盤), 관ᄌᆞ(貫子), 연경(煙鏡), 들보[梁], 졉시[楪子], 상(床), 베루[硯], 병풍(屛風), 쟁반(錚盤), 궤, 풍잠(風簪)' 등을 만들거나 꾸미는 재료로 쓰인 예를 발견할 수 있다.14) 이상에서 살펴본 한음형의 'ᄃᆡ미'와 동음형의 'ᄃᆡ모, 대모, ᄃᆡ무'는 모두 자라의 껍질로 만들어진 장식품이나 공예품 등을 가리키는 것이다. 이외에도 동음형 중에 바다거북의 인갑(鱗甲)이 아닌 거북 자체를 가리키는 예도 발

14) 대모를 소재로 한 역사 유물로 '갓끈, 상, 함, 안경, 탁자, 농, 쟁반, 장, 참빗, 거북, 잠자리, 갓솔, 전총, 안경집, 호신도, 각대, 바둑판, 옷상자' 등이 남아 있다. 관련 이미지와 소장 현황에 대해서는 전국박물관소장품검색 사이트(http://www.emuseum.go.kr/main)를 통해 확인할 수 있다.

견된다.

(6) 가. 玳瑁: 딕모. 生海洋深處, 狀如龜黿而殼稍長. 背有甲十二片, 以黑白相錯, 成斑文. 其裙邊缺如鋸齒.<廣才物譜(19세기 초) 四:介龜:1b>[cf. 玳瑁대모, 一作瑇瑁, 南海大龜, 背上有鱗, 大如扇, 將作器煮之, 其柔如皮.<名物紀畧-貨寶部(1870) 3:20a>]

나. 딕모: 玳瑁. Ecaille transparente du ventre de tortue de mer, du 거북 Ke-pouk.(바다거북, 거북의 배에 있는 투명한 껍질.)<韓佛字典(1880) 464>

(6)을 통해 '딕모'로 대표되는 동음형은 "대모갑"의 의미와 함께 "거북, 자라"와 같은 동물의 의미도 나타내었음을 확인할 수 있다. 이는 현대국어에서도 마찬가지이다.

(7) **대모(玳瑁/瑇瑁)**: 명 「1」 =대모갑(玳瑁甲). 「2」『동물』 바다거북과의 하나. 몸의 길이는 60cm 정도이며, 등딱지는 노란색에 구름 모양의 어두운 갈색 무늬가 있다. 네 다리는 편평하고 물고기, 조개 따위를 잡아먹는다. 열대, 아열대의 바다에 분포한다.(Eretmochelys imbricata)

지금까지 '玳瑁, 瑇瑁'를 어원으로 하는 '딕미'와 '딕모, 대모, 딕무'에 대해 통시적으로 살펴보았다. 논의의 핵심을 요약하면 아래와 같다.

한음형 '딕미'는 『飜譯朴通事』(1510년대) 외의 자료에서는 잘 보이지 않는다. 동음형으로는 '딕모, 대모, 딕무'가 발견된다. 이 중 '딕모'는 16세기 초부터 발견되고, '대모'는 18세기 말에 이르러 확인이 되며, '딕무'가 포함된 '흑딕무'는 『韓英字典』(1897)에서 제한적으로 발견된다. 대응어나 출현 문맥 등을 고려했을 때, '딕미'는 "대모갑"의 의미로 쓰였으며, '딕모'는 "대모갑"이라는 의미 외에도 "대모"라는 동물 자체를 지칭하는 용법으로 쓰인 예가 확인된다.[15] 현재 동음형의 후대형인 '대모'가 쓰이고 있다.

3.2.5. [木棉] 한무면·무명·무녕·무영·미명·미영·밍·명-동목면 > 한무명·명-동목면

'木綿'을 어원으로 하는 어형에는 '무면, 무명, 무녕, 무영, 미명, 미영, 밍, 명'과 '목면'이 있다.[16]

(1) 가. 木무緜면<飜譯老乞大(1510년대) 下:69b>

나. 木: 나모 목. 樹之生死者總稱.<訓蒙字會-雜語(1527) 下:2a>, 緜: 소옴 면. 俗呼緜花, 去其子者曰花絨.<訓蒙字會-服飾(1527) 中:12a>

(1가)와 (1나)에서 보듯이 '木'과 '綿'의 한음은 각각 '무'와 '면'이고, 동음은 각각 '목'과 '면'이다. 따라서 '무면'은 '木綿'의 한음을 반영한 것이고[17] '무명'은 말음 위치의 'ㄴ'이 'ㅇ'으로 표기된 형태이며[18] '무녕, 무영, 미명, 미영, 밍, 명'은 '무명>무녕>무영, 무명>미명>*미녕>미

---

15) 단지 '딕미'의 출현 용례가 워낙 한정적이기 때문에 이러한 차이가 양자의 의미 영역의 차이를 말해준다고 단정 지을 수는 없을 것이다.

16) 이 중 '무명'은 李基文(1965/1991)과 劉昌惇(1975)에서 중국어 차용어로 지적된 바 있다.

17) 김무림(2015: 406)에서는 '무면'이 한어 '木棉'의 근대음을 부분적으로 차용한 말이라고 보았다. 이 입장에서라면 '무면'은 '木'의 한음 '무'에 '棉'의 동음 '면'이 결합된 혼성형 차용어로 보아야 할 것이다. '棉'의 근대 한음 주음과 동음이 모두 '면'이기 때문에 '무면'이 한음형인지 혼성형인지를 판단 내리기가 쉽지 않은 것은 사실이지만, 본고에서는 '무면'이 출현하는 문헌의 성격을 고려하여 혼성형이 아닌 한음형일 가능성이 더 크다고 보았다.

18) 劉昌惇(1980: 91)에서는 'ㄴ'과 'ㅇ'이 넘나드는 예로 '파랑>파란, 빙쟈>빈쟈, 무면>무명'을 들고 있다. 이외에도 기존의 연구들에서 '견마(牽馬)>경마, 간묘(乾苗)>강모, 잔인(殘忍)>잔잉/자닝, 낭선(狼筅)>낭성'과 같은 용례들이 지적된 바 있다.

영>명>밍'과 같은 어형 변화를 경험한 것이다. '구멍>구녕, 병신>빙신'에서 유사한 변화를 관찰할 수 있다. 또한 '목면'은 '木綿'의 동음을 반영한 것이다. (2)에서 이 중의 '무면'에 대해 한음을 반영한 어형이라고 지적한 바 있다.

(2) 가. <u>木棉誤翻爲武名</u>/+華音本무면+/(木棉은 잘못 옮겨져 武名이 되었다./+중국음은 본디 '무면'이다+/)<雅言覺非(1819) 2>

나. 棉布면포, 俗言木棉, 以華音무면, 轉云무명, 誤翻武名. 又以文益漸得木棉種以來, 織布謂之文營. 又以木綿之布直云木, 故棉布之肆, 亦曰白木廛빅목젼. 生曰生木, 漂白曰白木, 升數多者曰細木, 少者曰麤木. ○ 木棉, 一名古貝, 或轉云吉貝, 緝其花爲布, 麤曰貝, 精曰氎.<名物紀畧-布帛部(1870) 3:23a-23b>

(2가)에서는 '木棉'이 한음으로는 '무면'이나 '武名'으로 잘못 옮겨졌다고 기술하고 있다.[19] 또한 (2나)에서는 면포(棉布)를 세속에서 '木棉'이라고 하는데, 한음의 '무면'이 '무명'으로, 이것이 다시 武名으로 잘못 옮겨졌다고 하였다. 또한 '木棉'으로 짠 천은 '木',[20] '棉布'를 파는 가게는 '白木廛'이라 한다고 되어 있다.[21] 아래 어형별로 하나씩 살피기로 한다.

우선 (3)의 '무면'에 대해 살펴보겠다.

---

19) 이와 관련하여 '木'이 '무' 또는 '모'로 표기된 용례로, '무궁화[木槿(花)], 모과[木瓜]'를 더 들 수 있고, '綿'의 '면'음이 '명'으로 반영된 용례로 '면디~명디·명디, 면쥬·면쥬~명쥬, 면화~명화'를 더 들 수 있다.

20) 沈在箕(1987: 27)의 각주 5에 따르면, '木'이 나타내는 "무명"의 의미는 한국어에서 뜻이 바뀐 것이라고 한다.

21) 문익점이 木棉 씨를 얻어 왔기 때문에 이로써 짠 천을 文營이라고도 한다는 부분에 대해서는 재고의 여지가 있어 보인다. '文營'과 관련된 어형으로 '무영, 무녕, 미녕'을 찾을 수 있는데, '무녕'이 문익점이 목화씨를 얻어 왔기 때문에 붙여진 이름이라는 부분은 견강부회일 가능성이 높다. 이들은 음운론적 이형태이기 때문이다.

(3) 가. ᄯᅩ 굴근 <u>무면</u> 일ᄇᆡᆨ 필와 금으로 ᄧᆞ니와 밋 ᄆᆡᆫ 비단 일ᄇᆡᆨ 필와 화문 비단 일ᄇᆡᆨ 필와 […] 쇠예 입ᄉᆞᄒᆞᆫ 토환 일ᄇᆡᆨ 나출 사고(再買些麤<u>木무緜면</u>一百匹 織金和素段子一百匹 花樣段子一百匹 […] 咸鐵條環一百個)<飜譯老乞大(1510년대) 下:69b>[cf. <u>목면</u><老乞大諺解(1670) 下:62b>, <u>목면</u><平安監營刊老乞大諺解(1745) 下:62b>, ᄯᅩ 굵은 <u>무명</u> 一百 疋 金으로 ᄶᆞᆫ 無紋 비단 一百 疋 어린 아희 방올 一百 이 貨物을 다 오로 삿다<淸語老乞大(1765) 8:19a-b>]

나. 이 고ᄃᆡ 탑이 이셔 ᄀᆞ의가 十里만 ᄒᆞ여 놉기 열네 발 ᄒᆞᆫ <u>무면</u> 二十五 빌을 니어야 우희셔 아ᄅᆡ예 타ᄒᆞᆫ다 ᄒᆞᄋᆞᆸ고 (此所ニ 塔アリ 廻リ 十里斗リニシテ 高サ 十四尋ノ<u>木棉</u>二十五疋ヲ 續キ 上層ヨリ 下ニ 屆クト申候)<復文錄(1876) 89조>[22]

(3가)의 '무면'은 원문의 '木緜'에 대응되며, 단위명사 '필' 구성에 쓰였다. 또 '굴근 무면'이 'ᄆᆡᆫ 비단', '화문 비단'과 동일한 위치에 놓이기 때문에 이때의 '무면'은 "목면포"의 의미일 것으로 판단된다. 참조 부분에서 후대에 간행된 이본들에서는 해당 부분이 '목면' 또는 '무명'으로 되어 있음을 발견할 수 있다. (3나)의 '무면'은 원문의 '木棉'에 대응되며 '빌'과 함께 수량 명사구 구성에 쓰이고 있으므로 (3가)와 동일한 의미의 것이라고 할 수 있다.

아래는 '무면'에서 음운 변화를 경험한 '무명, 무영, 미명'의 용례이다.

(4) 가. 주거도 감믈 거시 업ᄉᆞ니 가지가지 블샹ᄒᆞ고 늙도록 브리다가 죽게 되니 젼의 하 ᄀᆞ이업ᄉᆞ니 좀 <u>무명</u> 필이나 보내여든 홋니블 ᄀᆞᄐᆞᆫ 거시나 ᄒᆞ여 갈마 보내라 ᄒᆞ고져 ᄒᆞ노라<선찰-9-072, 1700, 안동김씨(어머니)→송상기(아들)>

22) 이 예문은 한국학중앙연구원 청계어학회(2016년 제1회)에서 "구한말 조선어 통사의 조선어 학습 내용-『복문록』을 중심으로"(17쪽)라는 주제로 발표한 박꽃새미 선생님의 글에서 인용한 것이다.

나. 점동 갈 적 편지 슈지 힝담의 혼인의 **무명** 아쳥 니블ᄎᆞ 보내엿더니 즉시 뎐홀 것 아니냐 십칠 ᄉᆡ모<추사가-10, 1793, 해평윤씨(시어머니)→기계유씨(며느리)>

다. 환좌와 뵈와 ᄡᆞᆯ을 ᄒᆞᆫ ᄒᆡ 거슬 ᄒᆞᆫ 번 감ᄒᆞᄂᆞᆫ 거시 어ᄂᆡ 거시 어드며 어ᄂᆡ 거시 일흐뇨 [...] ᄡᆞᆯ과 **무명**과 돈이 ᄇᆡᆨ셩의 몸에셔 내여 셔울과 외방에 바치ᄂᆞᆫ 거ᄉᆞᆫ [...] 그 다음은 ᄡᆞᆯ **무명** 돈은 절반은 탕감ᄒᆞ고<諭湖南六邑民人等綸音(1794)>

라. **綿布**: **무명**. 以綿花織成者, 梁武帝時始入中國.<廣才物譜(19세기초) 二:衣服:4b>

마. 이삼월의 녹도ᄅᆞᆯ ᄀᆞᄃᆡ 온 낫과 뉘 업시 ᄀᆞ라 어을믜 정화슈 기러다가 ᄃᆞ모ᄃᆡ 이 ᄃᆞ몬 거ᄉᆞᆯ 덥흐면 녹되 쉬니 그처물에 ᄌᆞ몰게 ᄃᆞᆷ가 이튼날 새배 우물의 가 씨어 급히 ᄀᆞ라 ᄒᆡ 달게 덥지 아닌 제 **무영** 주머니예 넛 내ᄃᆞᆺ 쳐 내여 ᄎᆞᆫ물을 만이 부어 ᄀᆞ장 눅게 ᄒᆞ여 관질그ᄅᆞᄉᆡ 안치와<음식디미방-ᄉᆡᆨ면법(1670경~1680) 1b>

바. **白木**: **미명**. 步兵木: 上仝. **武名**: 上仝. **細木**: 가는 **무명**.<日用備覽記-衣服具(1937) 12b>

(4가)와 (4나)는 언간의 용례로 문맥상 이불감으로 쓰이는 원단을 나타낸다. '무명'의 이러한 의미는 (4다)와 (4라)에서 보다 분명히 드러나는데, (4다)의 '뵈'와 '무명'은 '신포(身布)'와 관련된 것이며, 비슷한 위치에서 문맥적 유의 관계를 나타난다. 또한 (4라)의 '무명'은 '綿布'에 대응되며, 후행하는 내용에 의하면 '무명[綿布]'은 '면화(棉花)'로 짜여진 것으로, 양(梁) 무제(武帝) 때에 비로소 중국에 전해졌다고 한다. 즉 '면화'가 재료이고, '무명'은 '면화'를 재료로 한 가공품임을 알 수 있다. 문헌 자료에서 확인되는 대부분 '무명' 관련 용례는 (4)처럼 "천"의 의미로 사용된 것이다. 하지만 (5)처럼 "면화"의 의미로 쓰인 용례도 발견이 된다.

(5) 가. 무명: 木花. Cotonnade(면포), toile de coton(면직물).<韓佛字典(1880) 252>

나. 무명: 匹木. Korean cotton goods. The cotton flower. <韓英字典(1897) 344>

다. 무명: 棉花名.<國漢會語(1895) 乾:38>[cf. 무명: 棉花, 白木, 木綿布.<國漢會語(1895) 坤:481>][23]

라. 미영밭에 고부야 무얼먹고 사노냐 참깨들깨 오도독<朝鮮民謠集成-고부야-南海지방(미상) 43>

마. 밍을갈아 밍을가아 원꼴밭에 밍을갈아 붕지붕지 마치다가 구름한쌍 따여다가 거무줄로 늙어시어 밍타는 열흘만에 나라하네 나라하네<朝鮮民謠集成-밍[木花]노래-善山지방(미상) 42>[24]

바. 木花曰무명者, 木緜也.<東言考略(미상) 下:52>

(5가~다)의 '무명-木花', '무명-The cotton flower', '무명-棉花(名)'에서 '무명'을 '목화'나 '면화'와 관련 짓고 있음을 볼 수 있다. 물론 이때에도 "천"의 용법과 함께 제시된 것이다. 이와 더불어 민요 자료들에 남아 있는 (5라)의 '미영밭'에서나[25] (5마)에서 '갈-'이나 '타-'와 공기하는 '밍'의 경우[26] 식물 명칭으로 쓰인 것이 확실하다.[27]

(5)에서 살펴본 것처럼 '무명'이 "목화"의 의미로 쓰인 것으로 판단되는 용례들이 있는가 하면 아래 (6)에서처럼, '무명'과 '목화, 목면, 면화'를 구분하고자 한 흔적들도 보인다.

---

23) 洪允杓(1986: 1)의 해제에 따르면, 『國漢會語』의 "乾冊은 草稿이고 坤冊은 이 草稿를 整理·增補한 것"이라고 한다. 乾冊에서 "棉花名"으로만 되어 있던 것이 坤冊에서는 "棉花, 白木, 木綿布"로 수정되었다.

24) 목차에는 '미엉(木花)노래'로, 본문에는 '밍(木花)노래'로 되어 있다.

25) 이와 관련하여 "'무명밭 노래'의 방언(경남, 전남, 제주, 충청, 함경).<표준국어대사전>"인 '미명밭노래'가 보인다. 이때의 '미명'도 '밭'이 후행하는 것으로 보아 "목화"의 의미를 나타내는 것이 확실하다. '무명밭' 외에 '무명씨'에서도 '무명'은 "목화"의 의미를 나타낸다.

26) 이와 관련하여 '명지'가 '밍지'로 나타나는 경우를 참조해 볼 수 있다.

27) '미영, 밍' 외에도 '미명'이나 '명' 등을 더 찾아볼 수 있다. 백두현(2013: 64)에서는 어형의 변화 과정을 '무영>뮈영>믜영>미영>명'으로 잡고 있다.

(6) 가. **목면**: 木棉. Coton(솜, 목화, 면).<韓佛字典(1880) 244>

나. 명ᄒᆞᄉᆞ **미명** 사쳔 필과 면화 일쳔오ᄇᆡᆨ 근으로 함경남북도 군졸을 분급ᄒᆞ라 ᄒᆞ시다<璿譜輯略諺解(20세기 초) 118a>[cf. 명ᄒᆞᄉᆞ 면화 구쳔 근과 **면포** 이쳔 필을 함경도 륙진과 밋 삼수와 갑산에 나누어 보ᄂᆡ다<璿譜輯略諺解(20세기 초) 121b>]

(5가)와 (6가)의 비교에서 드러나듯이, 동일한 문헌에서 '무명'과 '목면'을 별도의 표제어로 설정하였을 뿐만 아니라, "천"과 "목화"의 의미로 다르게 기술하였다. 또한 (6나)의 '미명 사쳔 필'과 '면화 일쳔오ᄇᆡᆨ 근'에서 '미명'과 '면화'는 각각 '필', '근'과 어울려 쓰이고 있는데, 이때의 '미명'은 '면포'에 대응된다.

지금까지 살펴본 '무면'이나 '무명'과 달리, '목면'은 근대국어 이후의 문헌에서부터 확인되는 어형이다. (7)에 제시된 것은 (3가)의 참조 부분 및 (6가)에서 살펴본 바 있는 "천"의 의미로 쓰인 '목면'의 용례이다.

(7) 가. 내 **목면** 이삭 ᄃᆡᆨ녕을 가져오라 닙쟈(將我木綿衣撒來穿)<朴通事諺解(1677) 中:51b>, 또 굴근 **목면** 일ᄇᆡᆨ 필과(再買些麤木綿一百疋)<老乞大諺解(1670) 下:62b>

나. 종실 원챵녕/+의신도졍 비의 아ᄃᆞᆯ+/으로 왕뎨ᄅᆞᆯ 칭ᄒᆞ고 군호ᄅᆞᆯ 더ᄒᆞ고 니홍망으로 통신ᄉᆞᄅᆞᆯ 삼고 녜믈은 **목면** 삼ᄇᆡᆨ 동과 ᄇᆡᆨ져포 삼ᄇᆡᆨ 필과 호표피 각 ᄇᆡᆨ 녕이오<朝野僉載(18세기 후기~19세기) 25:22a>[cf. 부졔혹 뉴봉휘 왈 아모 명ᄉᆡᆨ일넌지 의논치 말고 댱졍 ᄆᆡ명에 **무명** ᄒᆞᆫ 필식 거두ᄃᆡ 일홈을 당인푀라 ᄒᆞ고<朝野僉載(18세기 후기~19세기) 51:36b>]

다. 나회소로 부ᄉᆞᄅᆞᆯ ᄒᆞ이여 보내니 녜단은 각ᄉᆡᆨ 면듀 팔ᄇᆡᆨ 필과 뎌포 마포 팔ᄇᆡᆨ 필과 **목면** 팔쳔 필과 표피 뉵십 댱 슈달피 삼ᄇᆡᆨ 댱과 상화지 팔ᄇᆡᆨ 권이러라<朝野記聞(18세기 7·80년대 경) 11:5a>[cf. 츈신ᄉᆞ 박뇌 녜단과 각ᄉᆡᆨ 쥬 팔ᄇᆡᆨ 필 뎌포 마포 팔빅 필 **목면** 일쳔 필 표피 늑십 녕 슈달피 삼빅 녕 상화지 팔빅 권을 가지고 가니라<朝野僉載(18세기 후기~19세기) 27:33a>]

(7가)의 '목면'은 '木棉'에 대응되고 (7나~다)에서 '목면 삼빅 동', '목면 팔천 필'과 같은 수량사 구성에 나타나기 때문에, 이때의 '목면'은 "천"을 의미하는 것으로 판단된다. 이 중 (7나~다)에서 '목면'과 동일한 통사 위치에 놓인 '빅져포', '면듀, 뎌포, 마포' 등과 비교했을 때 "천"의 의미임이 더 분명하게 드러난다. (7다)와 달리 (8가)에서처럼 "식물"의 의미로 쓰인 '목면'의 용례도 발견된다.

(8) 가. **목면**이 흉년 되니 이 히의 곡식은 풍년 되고 **목면**은 지귀ᄒᆞ야 ᄒᆞᆫ 필 갑시 ᄡᆞᆯ 삼ᄉᆞ 뒤 되ᄂᆞᆫ지라<朝野僉載(18세기 후기~19세기) 16:30b-31a>

나. 크게 풍년 들고 **면화**ᄂᆞᆫ 흉년 드러 ᄒᆞᆫ 필에 갑시 ᄡᆞᆯ 삼ᄉᆞ 십 뒤 되더라<朝野會通(18세기 말~19세기) 19:28b-29a>

(8가)에서 '목면'은 '흉년 되-'와 어울려 식물 명칭으로 쓰이고 있다. 이는 동일한 내용을 포함하고 있는 (8나)와의 비교를 통해 더 명확하게 드러나는데, 비슷한 위치에서 '면화'가 '흉년 들-' 구성과 어울려 있으므로 이때 '목면'과 '면화'는 유의 관계이다.

현재 '무명, 명, 목면'이 쓰이고 있다.[28]

(9) 가. **무명01**: 명 무명실로 짠 피륙. ≒면포02(綿布)·명01「1」·목면「4」·목면포(木綿布)·백목01(白木). 【<<중>木棉·木

28) 이밖에도 "메11(함북), 메영(경남), 무닝(평안), 무녕(강원·경기·황해), 무메(함북), 미닝(평안), 미녕(강원·경기·제주·황해), 미엉배(경남), 미잉(경남), 밍02(경상·전남)" 등이 '무명01'의 방언형으로 올라 있다. 또한 신소설 자료들을 대상으로 했을 때, '무명', '미명', '무영'과 같은 어형들이 발견된다.

綿】[cf. 무명것, 무명길쌈, 무명끝, 무명낳이, 무명밭노래, 무명베, 무명실, 무명실뽑기, 무명옷, 무명천, 무명필, 무명활, 북덕무명, 색무명, 생무명, 서총대무명]

나. **명01**: 명 「1」 =무명01. 「2」『방언』 '목화02(木花)'의 방언(경기·경상)[cf. 너른명, 명실]

다. **목면(木綿)**: 명 「1」『식물』 목화나뭇과의 식물을 통틀어 이르는 말. 「2」『식물』 여러해살이 목본(木本)의 목화. 「3」『식물』 =목화02(木花)「2」. 「4」 =무명01. [cf. 남경목면, 당목면, 목면발거, 목면방적, 목면사, 목면지, 목면직, 목면포]

지금까지 '木綿'을 어원으로 하는 한음형 '무면, 무명, 무녕, 무영, 미명, 미영, 밍, 명'과 동음형 '목면'에 대해 살펴보았다. 논의의 핵심을 요약하면 아래와 같다.

한음형 '무면'은 16세기에 이미 문증되는 것으로 '木綿'을 어원으로 하는 어형들 가운데서 가장 오래된 것이다. '무면'에서 어말 'ㄴ>ㅇ'의 변화를 겪은 '무명'은 18세기 이후의 자료에서, 동음형의 '목면'은 17세기 이후의 발견되기 시작한다. 이외에도 '무명>무녕>무영, 무명>미명>*미녕>미영>명>밍'과 같은 어형 변화를 경험한, '무녕, 무영, 미명, 미영, 명, 밍' 등이 일부 자료에서 확인된다. '木綿'을 어원으로 하는 어형 중 한음형의 후대형 '무명, 명'과 동음형의 후대형 '목면'이 현재도 쓰이고 있다.

'무면'류와 '목면'은 모두 "천" 또는 "식물"을 의미하는 예들이 발견되지만, "천"의 의미로 쓰인 경우가 대부분이고 "식물"의 의미로 쓰인 용례는 근대국어 후기의 일부 문헌에서 확인된다. 이러한 제한적인 모습은 한자어인 '목면'에서 더 두드러지는데, '목면'은 한문 원문의 영향을 쉽게 받는 번역 자료를 중심으로 확인될 뿐만 아니라, 17세기에 이르러서야 비로소 나타난다. 또한 조어에 있어서도 '무명'은 '싱무명, 무명뇨, 무명반물, 무명사, 무명실, 무명오리, 무명ᄌᆞ이'처럼 고유어·한자어 요소들과의 결합이 모두 가능한 반면, '목면'은 '목면의, 목면포'처럼 한자어의 내부 요소로만 나타난다.

3.2.6. [寶貝] 한보ᄇᆡ·보븨·보배·보뵈–동보ᄑᆡ·보ᄑᆡ > 한보배–동∅

'寶貝'를 어원으로 하는 어형에는 '보ᄇᆡ, 보븨, 보배, 보뵈'와 '보패, 보ᄑᆡ'가 있다.29)

(1) 가. **<u>寶바ᅩ貝븨</u>**: 寶貝<譯語類解-珍寶(1690) 下:1a>

가.′ 寶貝: 보ᄑᆡ(漢-寶바ᅩ貝븨 清-**<u>보오배</u>**)<方言類釋-珍寶類(1778) 戌部:18b>, 寶貝: 보ᄇᆡ ○ **<u>본배</u>**<同文類解-珍寶(1748) 下:22b>, 玉璽: 玉璽 ○ **<u>본배</u>**<同文類解-官職(1748) 上:39a>

나. 寶: 보ᄇᆡᆺ <u>보</u>.<訓蒙字會-金寶(1527) 中:15a>, 貝: 쟈개 <u>패</u>. 卽肥子, 又曰海蚆.<訓蒙字會-金寶(1527) 中:15a>

'보븨'는 '寶貝'의 한음을 반영한 것이고, '보패'는 '寶貝'의 동음을 반영한 것이다. 또한 '보ᄇᆡ'는 '보븨'보다 이른 시기에 문증되는 어형으로, '貝'의 상고음 '[*pAi]가 반영되었을 가능성이 매우 크다.30) 즉 '보ᄇᆡ'는 보다 이른 시기의 한음을 반영한 것이고 '보븨'는 '寶貝'의 근대 한음을 반영한 것으로 판단된다.31) (1가′)에서 '寶貝'의 만주어가 '보오배, 보

29) 이 중 '보븨'는 蕭悅寧(2014)에서, 'ᄇᆡ'는 李基文(1965/1991), 劉昌惇(1975), 蕭悅寧(2014)에서 중국어 차용어로 지적된 바 있다.

30) 이와 관련하여 아래의 기록이 참조가 된다.

예 寶貨보화, 寶圭璋璧琮之類, <u>俗寶貝, 轉云보ᄇᆡ. 貝因華音.</u> ○ 貨通利有無者, 俗言財物지물.<名物紀畧-貨寶部(1870) 3:20a>

31) 南豊鉉(1968b: 219~220)에서는 '보븨'를 한음의 고음을 유지한 어형으로 보았다. 그런데 '보ᄇᆡ'가 '보븨'보다 이른 시기의 문헌에서 확인된다는 점, 이 시기에 이미 'ㆍ'가 비어두에서 'ㅡ'로 바뀌는 제1단계 변화가 일어났다는 점, 동일한 문헌에서 '보ᄇᆡ'와 '보븨'가 모두 확인된다는 점을 고려했을 때 '보븨'가 '보ᄇᆡ'의 비음운화를 반영하였을 가능성도 배제할 수 없다.

배'로 전사되어 있는데, 이는 '寶貝'에서 기원한 평음형의 어형들과 비슷한 음상을 지닌다. 따라서 이들은 동원 관계일 가능성이 높다. 이외에 '보뵈'는 '보ᄇᆡ'에서 원순모음화를 겪은 형태이고 '보ᄑᆡ'와 '보배'는 'ㆍ>ㅏ'의 비음운화 과정에서 생긴 어형이다. 아래 어형별로 하나씩 살펴보기로 한다. (2)와 (3)은 '보ᄇᆡ, 보븨, 보배, 보뵈'의 예문이다.

(2) 가. 金銀 瑠璃 硨磲 瑪瑙 珊瑚 琥珀 眞珠 等 **보ᄇᆡ** 구ᄒᆞ야 바ᄅᆞ래 드러갯다가(若有百千萬億衆生 爲求金銀琉璃車璩馬瑙珊瑚虎珀眞珠等**寶** 入於大海)<釋譜詳節(1447) 21:2b>

나. 우리 남지니 ᄆᆞᆯ 업스면 엇디 디낼고 반거름도 ᄃᆞ니디 몯ᄒᆞ리라 ᄆᆞ리 뎨일 **보븨**니(咱男子漢 沒馬時怎麽過 半步也行不得 馬是弟一**寶貝**)<飜譯朴通事(1510년대)上:43b>, 안즌 앏핏 윗주레 **보ᄇᆡ**로 ᄭᆞ민 수늙 노픈 곳 곳고(席面上 **寶**粧高頂插花)<飜譯朴通事(1510년대) 上:5a>

다. ᄯᅩ 이 **보븨** 아니라 네 니ᄅᆞ라 世間의 므스 거시 이 **보븨**뇨 米穀이 이 **보븨**니이다 이거시 이 **보븨**라(也不是**寶** 你說世間何物是**寶** 米穀是**寶**)<伍倫全備諺解(1721) 5:30b>[cf. 胡人의 ᄉᆞ랑ᄒᆞᄂᆞᆫ 거ᄉᆞᆫ 이 **보ᄇᆡ**어늘 **보ᄇᆡ** 우리 여긔 업고(胡人愛的是**寶** **寶**我這裏沒有)<伍倫全備諺解(1721) 6:21b>, 이런 젼ᄎᆞ로 吐谷虜人이 臣의 一家忠義ᄅᆞᆯ 감동ᄒᆞ여 믄득 改心易慮ᄒᆞ야 서ᄅᆞ 거ᄂᆞ려 **보ᄇᆡ**ᄅᆞᆯ 시러 贄ᄅᆞᆯ 드리니이다(因此吐谷虜人 感臣一家忠義 忽然改心易慮 相率輿**琛**獻贄)<伍倫全備諺解(1721) 7:33a>]

라. 광뮈 이 **보븨**를 의양의 어덧더니 근ᄅᆡ 드르니 십상시 작란ᄒᆞ여 쇼뎨ᄅᆞᆯ 무리쳐 북방의 나갓다가 궁의 도라와 이 ᄉᆡᄅᆞᆯ 일헛더니(光武得此**寶**於宜陽 傳位至今 近聞十常侍作亂 劫少帝出北邙 回宮失此寶)<毛宗崗本 三國志(18~19세기) 1:104>

마. 강셔쥬 어사댁 부인이 이 옥연 한 쌍을 셔역으로 래왕하는 장사에게 ᄇᆡᆨ금을 쥬고 사니 지극하온 **보배**이라<林花鄭延(미상) 上:11>

바. **보븨**: 寶. Trésor(보물)<韓佛字典(1880) 335>, **보ᄇᆡ**: 寶. Trésor;

chose précieuse.(보물, 귀중한 것)<韓佛字典(1880) 335>[cf. 보픠: 寶貝. Trésor; chose précieuse; pierre précieuse (보물, 귀중한 것, 보석)<韓佛字典(1880) 335>]

사. 寶: **보배** 보<部別千字文(1913) 1b>

'보빅'류는 15세기부터 확인되는 어형으로 원문의 '寶, 寶貝, 琛'에 대응된다. 문헌상으로 확인되는 최초 용례를 기준으로 했을 때, '보빅→보븨→보뵈→보배'의 순으로 문증되며, 현재 그 후대형 '보배'가 쓰이고 있다. (2나), (2다)의 참조 부분과의 비교를 통하여 동일한 문헌 안에서 '보빅'와 '보븨'가 공존하고 있음을 확인할 수 있다. (2가~마)의 '보빅'류는 문맥상 각각 '金銀 瑠璃 硨磲 瑪瑙 珊瑚 琥珀 眞珠', '믈', '米穀', '식', '옥연'과 같은 구체적인 사물을 지시한다. 이때의 '보빅'류는 (2바)에 제시된 것처럼 대체로 "소중한 물건, 보물"의 의미로 쓰인 것이다. (2바)의 참조 부분에서 '보픠' 항목에 "보석(pierre précieuse)"이라는 의미가 들어 있다는 점이 흥미롭다. 아래 '보패'류와 관련된 서술 부분에서 집중적으로 논의하게 되겠지만, 이는 '보픠'가 "금은보화"의 의미로 쓰이는 경향성을 나타낸다고 파악한 본고의 관점과 일치한다. (2)에 제시된 구체적 의미의 '보빅'류와는 달리 (3)과 같이 추상적인 비유의 의미로 쓰인 '보빅'류도 발견된다.

(3) 가. 德으로 일삼으면 제 分인 줄 제 모로며 [···] 學文을 **보뵈**로 아라야 去取 適中ᄒᆞ리라<靑丘永言-원(18~19세기) 24>

나. 청년 시ᄃᆡ에 제일 질거운 일이 무잇이냐 ᄒᆞ면 무를 것 업시 일싱에 **보빅** 될 만ᄒᆞᆫ 공부ᄒᆞ는 일이라 ᄒᆞᆯ 것이라<金剛門(1915) 35>

(3가)에서 '보뵈'는 비유적인 의미로 쓰인 것으로 '學文'이 보배처럼 값진 것임을 가리킨다. 또한 (3나)에서 '보빅'는 '공부'가 보배와 같이

소중한 것임을 나타낸 '보ᄇᆡ'류가 이처럼 구체적인 의미와 추상적인 의미를 모두 나타낼 수 있었기 때문에 (4)와 같은 '보ᄇᆡ+(옛)+NP' 구성에도[32] 자유롭게 출현할 수 있었고, (5)처럼 '-ᄅᆞ외-, -롭-'과의 결합도 가능했을 것이다.

(4) 가. 日月淨明德佛ㅅ 알ᄑᆡ **하ᄂᆞᇙ 보ᄇᆡ옛 오ᄉᆞ**로 모매 감고<釋譜詳節(1447) 20:10a>, 日月淨明德佛ㅅ 알ᄑᆡ **天寶衣**로 제 모매 감고 여러 가짓 香油 븟고 神通力 願으로 제 모ᄆᆞᆯ ᄉᆞ니<月印釋譜(1459) 18:29b-30a>, 내 니ᄂᆞᆫ 더러온 오슬 버서 ᄇᆞ리고 **보뵈옛 오슬** 어더 니브미 ᄀᆞᆺᄒᆞᆫ디라<海印寺版 念佛普勸文(1776) 38a>[cf. 舍那身이 뵈샤 **보ᄇᆡ 옷** 니브샤 頓敎ᄅᆞᆯ 뉘 아라듣ᄌᆞᄫᆞ리 丈六身이 뵈샤 헌 오ᄉᆞᆯ 니브샤 漸敎ᄅᆞᆯᅀᅡ 다 아라듣ᄌᆞᄫᆞ니<月印千江之曲(1449) 上:35b-36a>]

나. 七寶로 莊嚴ᄒᆞ욘 **보ᄇᆡ옛 ᄯᅡ콰 보ᄇᆡ옛 못과 보ᄇᆡ옛 즘게** 남기 行列 잇게 셔며(七寶莊嚴**寶地寶池寶樹**行列)<月印釋譜(1459) 8:22b>[cf. 이 想이 일면 極樂世界옛 **보ᄇᆡ 즘게**와 **보ᄇᆡ ᄯᅡ콰** **보ᄇᆡ 모ᄉᆞᆯ** 어둘 보ᄂᆞᆫ디니(此想成已 名爲粗見極樂世界**寶樹寶地寶池**)<月印釋譜(1459) 8:15a>]

다. 이런 **보ᄇᆡ옛 아ᄃᆞᆯ** □…□<月印釋譜(1459) 20:70a>[cf. 졍이ᄂᆞᆫ ᄇᆡ도 넙젹ᄒᆞ고 **보배 ᄯᆞᆯ**을 ᄇᆡ엿도다 시버 뎌 싀집의셔 ᄒᆞ고 뎌리 위신코 잇다가 핀잔저어 어일고 념녀ᄅᆞᆯ ᄒᆞ더니<숙명-44, 1663년, 인선왕후(어머니)→숙명공주(딸)>]

라. 뉴구국은 바다 ᄀᆞ온ᄃᆡ 잇ᄂᆞᆫ 나라히오 **보ᄇᆡ의 ᄌᆡ믈**이 만흔 곳이오 아국 젼나도 ᄯᅡ히셔 머디 아니ᄒᆞ니 아국 초년은 셔로 신ᄉᆞᄅᆞᆯ 통ᄒᆞ더니 즁년의 뉴구국 왕이 바다의 표풍ᄒᆞ야 왜국의 ᄉᆞ로잡히니 그 셰ᄌᆡ 긔이ᄒᆞᆫ 보ᄑᆡᄅᆞᆯ 큰 ᄇᆡ의 ᄀᆞ득이 싯고 장찻 왜국으로 드러ᄀᆞ 회뢰ᄅᆞᆯ 주어 그 아비ᄅᆞᆯ 살나오고져 ᄒᆞ더니 ᄯᅩᄒᆞᆫ ᄇᆞ람의 표박ᄒᆞ야 졔쥐의 다흐니

32) '옛' 외에도 '엿, 예, 엣, 읫, 의, 에'의 다양한 형태에 선행한 예들이 발견된다.

이ᄯᅢ 제쥐 목ᄉᆞᄂᆞᆫ 욕심이 만코 인심이 업ᄉᆞᆫ 사람이라 그 <u>보화</u>ᄅᆞᆯ 탐ᄒᆞ야 셰ᄌᆞᄅᆞᆯ 죽이려 ᄒᆞ니 그 셰ᄌᆡ 그 ᄉᆞ연을 닐너 ᄋᆡ긍이 비ᄃᆡ 좋시 듯디 아니ᄒᆞᄂᆞᆫ디라 셰ᄌᆡ 크게 분ᄒᆞ야 온갓 <u>보픠</u>ᄅᆞᆯ 바다히 즘으고 글을 지어 ᄀᆞᆯ오ᄃᆡ<장서각본 乙丙燕行錄(19세기) 6:118-119>

(5) 가. ᄯᅡ히 靈ᄒᆞ니 거름마다 雲山앳 플 ᄀᆞᆮ고 즁이 **<u>보ᄇᆡᄅᆞ외니</u>** 사ᄅᆞᆷ마다 바ᄅᆞᆳ 구슬 ᄀᆞᆮ도다(地靈步步雲山草 僧**<u>寶</u>**人人滄海珠)<杜詩諺解(1481) 9:30>

나. 망부 깃거 **<u>보ᄇᆡ로이</u>** 감초와 등한이 사ᄅᆞᆷ을 뵈지 아니터니(亡夫喜甚**<u>珍</u>**藏 等閑不與人見)<禪眞逸史(18세기) 15:4>

다. 월야의 가만이 토장을 파니 두발 ᄒᆡ골이 잇거ᄂᆞᆯ 쇼장이 **<u>보ᄇᆡ로온</u>** 병의 담아와 원슈긔 복명ᄒᆞᄂᆞ이다(月夜悄悄撅開墻土 果見有骸骨二副 小將細細撿出 用**<u>寶</u>**甁盛貯 謹奉在此復元帥鈞命)<禪眞逸史(18세기) 14:28>[cf. 五萬 梵天은 寶甁 잡고 /+寶甁은 <u>보ᄇᆡ옛 甁</u>이라+/ 二萬 魔妻ᄂᆞᆫ 寶縷 자바 侍衛ᄒᆞᅀᆞᄫᆞ니라/+魔妻ᄂᆞᆫ 귓거싀 가시오 宝縷는 <u>보ᄇᆡ옛 시리</u>라+/<釋譜詳節(1447) 3:2b>]

라. 예도 ᄎᆞ돌이 무양ᄀᆡ 되여 츙실ᄒᆞ오니 긔특긔특 **<u>보ᄇᆡ롭ᄉᆞ오나</u>** 험찰 난감ᄒᆞ오니 민망ᄒᆞ오며 아ᄇᆡᄂᆞᆫ 고을에 고을ᄒᆞ여 일산 밧고 온다고 온 사ᄅᆞᆷᄃᆞ려 ᄌᆞ랑을 ᄒᆞ오니 이리 웃ᄉᆞᆸ<김성일가-004, 1832년, 여강이씨(아내)→김진화(남편)>

마. **<u>보ᄇᆡ롭다</u>**: 寶. précieus(귀중하다)<韓佛字典(1880) 335>

(4)의 ''보ᄇᆡ'류+(옛)+NP' 구성은 '보패, 보픠'에서는 거의 보이지 않는 것이다.[33] 이러한 차이는 (4라)를 통해 보다 분명히 드러난다. 이는 동일한 문맥에서 "보화"를 의미하는 표현으로 '보ᄇᆡ의 지믈'과 '보픠'가

---

33) '보픠'의 뒤에 '-의'가 결합된 용례가 『예수聖敎全書』에서 드물게 발견된다. 그러나 이는 '보ᄇᆡ'의 쓰임과 비교했을 때 극히 예외적인 경우일 것으로 판단된다.

㉮ 오직 허물알 티 업ᄂᆞᆫ고 양 갓튼 키리쓰토의 <u>보픠</u>의 피로 ᄒᆞᄂᆞ니라 더ᄅᆞᆯ ᄀᆡ벽젼에 미리 과고<예수聖敎全書-피들젼셔(1887) 1:19>

함께 등장한 경우이다. 기타 부분에서는 '보ᄑᆡ'로 되어 있으나 'NP의 NP' 구성에서 '-의'에 선행하는 'NP'는 '보ᄇᆡ'로 되어 있다. 각 용례의 참조 부분과의 비교를 통해 '보ᄇᆡ'와 'NP'의 사이에 나타나는 관형격 조사는 생략이 가능했음을 알 수 있다. (5)의 '보ᄇᆡ롭-, 보ᄇᆡ로이'는 '寶, 珍'에 대응된다.

아래는 '보패, 보ᄑᆡ'의 용례이다.

(6) 가. 네 ᄇᆡᆨ듀에 황가 샤부의 드러가 진쥬 **보패**ᄅᆞᆯ 겁틱ᄒᆞ야 가져가다 ᄒᆞ니 엇지 감히 이러ᄐᆞᆺ 법을 아디 못ᄒᆞᄂᆞᆫ다<後水滸傳(18세기) 14:17>

나. 寶貝: **보ᄑᆡ**<方言類釋-珍寶類(1778) 戌部:18b>

다. 죵일토록 미쥬 셩찬을 ᄃᆡ령ᄒᆞ고 찬난ᄒᆞᆫ 쥬옥 **보ᄑᆡ** 슈식으로 그 ᄆᆞᄋᆞᆷ을 깃브게 ᄒᆞ니<現夢雙龍記(18~19세기) 7:52>

라. 경옥이 교시의 음분도쥬ᄒᆞ미 범한을 ᄉᆞ통ᄒᆞ여 금은 **보ᄑᆡ**ᄅᆞᆯ 다 도적을 ᄒᆞ여 가지고 가믈 드ᄅᆞ니 분긔 가슴이 막히고<和氏忠孝錄(19세기 전반) 26:51>

마. 과인이 텬ᄌᆞ 명됴ᄅᆞᆯ ᄇᆞ다 녈후로 더부러 이에 모다 텬하 보물을 모도아 텬ᄌᆞ긔 드리려 ᄒᆞᄂᆞ니 이제 공 등이 다 모다시니 각각 **보ᄑᆡ**ᄅᆞᆯ ᄂᆡ여 경듕을 분변ᄒᆞ게 ᄒᆞ라(寡人敬奉天子之命 大開此會 聚鬪天下寶物 然後收集貢上 今公等既齊 合出**寶物** 辨別重輕)<春秋列國誌(1843년경) 10:4>

바. 이 **보ᄑᆡ**ᄂᆞᆫ 일홈을 긴즙아라 ᄒᆞ나니 비록 이거시 ᄉᆞᆷ기 ᄒᆞᆫ갈갓튼 듯ᄒᆞ나 쓰난 곳즌 각각 다르니(此**寶**喚做緊箍兒 雖是一樣三箇 但只是用各不同)<계명대 西遊記(19세기 말~20세기 초) 3:19>

사. 지금 셰샹 인심에 ᄌᆡ물 가진 사ᄅᆞᆷ을 호좁웃ᄒᆞᆫ 곳에셔 맛나면 환도로 질으던지 총으로 놋코라도 그 ᄌᆡ물을 ᄲᆡ아셔 가ᄂᆞᆫ 도적놈들이 경셩드뭇ᄒᆞ것마는 이 사ᄅᆞᆷ은 웃지면 ᄌᆞ션심이 그러케 가득ᄒᆞ던지 그 만ᄒᆞᆫ **보패**에ᄂᆞᆫ 일호도 ᄆᆞᄋᆞᆷ이 업고 그 신톄 구제ᄒᆞ기로만 골몰ᄒᆞ더니<花世界(1911) 37>

아. 신랑 될 ᄋᆞᄒᆡ가 강변에 가셔 물구경을 ᄒᆞ더니 집이 써ᄂᆞ려오는ᄃᆡ 그 집 우혜 탐스러온 처ᄌᆞ ᄒᆞ나히 무엇슬 픔에 픔ᄭᅩ 사ᄅᆞᆷ 살니라 웨이거ᄂᆞᆯ 그 ᄋᆞᄒᆡ가 ᄉᆡᆼ각ᄒᆞᄃᆡ 뎌 처ᄌᆞ가 픔ᄭᅩ 잇는 거는 필연 됴흔 <u>**보ᄑᆡ**</u>라<瑤池鏡(1913) 44>

'보패, 보ᄑᆡ'는 18세기 이후의 자료에서 확인되며, 원문의 '寶貝, 寶物, 寶'에 대응된다. (6)의 '보패, 보ᄑᆡ'는 문장 속의 '진쥬, 쥬옥, 금은, 보물, 긴ᄀᆞᆸ아, ᄌᆡ물'과 같은 구체적 사물을 지칭한다. 이 중 '긴ᄀᆞᆸ아'는 손오공의 머리에 씌워져 있는 테를 의미하는 말이다. 이처럼 '보패, 보ᄑᆡ'의 경우 '보ᄇᆡ'와 달리 추상적 의미로 쓰인 예가 잘 보이지 않는다. 따라서 '보ᄇᆡ'류는 '보패'류보다 통사적 분포나 의미적 외연이 넓었던 것으로 보인다.

20세기 초반의 신소설 자료들에서도 활발하게 쓰였던 '보패, 보ᄑᆡ'는 현재 더 이상 쓰이지 않고 '보ᄇᆡ'류의 후대형인 '보배'만 (7가)와 같이 쓰이고 있다.

(7) 가. <u>보배</u>: 「1」 아주 귀하고 소중한 물건. 「2」 아주 귀하고 소중하며 꼭 필요한 사람이나 물건 따위를 비유적으로 이르는 말. 【<〈중〉寶貝】

나. <u>보패</u>: '보배'의 원말.

국어사 문헌에서 확인되는 순서를 참조했을 때, '보패'를 '보배'의 원말이라고 기술하는 데는 문제가 있어 보인다. '보배'의 소급형인 '보ᄇᆡ'가 갖고 있는 포괄적인 의미 때문에 결국은 의미 경쟁 속에서 '보배'만 남게 된 결과로 이어졌을 것이다.

지금까지 '寶貝'를 어원으로 하는 '보ᄇᆡ, 보븨, 보배, 보뵈'와 '보패, 보ᄑᆡ'에 대해 살펴보았다. 논의의 핵심을 요약하면 아래와 같다.

한음형의 '보ᄇᆡ'류는 15세기 자료에서 이미 활발하게 쓰이고 있었으나 동음형의 '보패'류는 18세기 이후의 자료에서 문증되기 시작한다. 여러 어형 중 '보븨'는 '寶貝'의 한음을 반영한 표기이거나 '보ᄇᆡ>보븨'의 변화를 통해 생긴 어형일 가능성이 있고, '보뵈'는 '보ᄇᆡ'에서 원순모음화를 겪은 형태이며, '보배'와 '보ᄑᆡ'는 'ㆍ'의 비음운화 과정에서 생긴 어형이다. '보ᄇᆡ, 보븨, 보배, 보뵈'가 "소중한 물건"이라는 보다 포괄적인 의미뿐만 아니라 "보석"이라는 한정된 의미도 나타내었다. 반면에 '보ᄑᆡ/보패'는 "보석"을 지칭하는 의미로 주로 쓰였다. 이외에도 '보ᄇᆡ'류는 '보ᄇᆡᄅᆞ외-, 보ᄇᆡ롭-'과 같은 파행어 형성 및 '보ᄇᆡ+(옛/엿/엣/읫/의/예/에)+NP'와 같은 통사적 구성에도 활발하게 나타나지만 '보패/보ᄑᆡ'는 그렇지 못하였다. 즉 '보패/보ᄑᆡ'는 그 분포, 시기, 의미에 있어서 '보ᄇᆡ'보다 제한적이라고 할 수 있다. 이는 결국 현대국어에서 한음형의 후대형인 '보배'만 남게 된 결과로 이어졌다.

3.2.7. [沙糖·砂糖] [한]사탕·사탕·ᄉᆞ탕·샤탕-[동]사당·사당 > [한]사탕-[동]∅

'沙糖, 砂糖'을[34] 어원으로 하는 어형에는 '사탕, 사탕, ᄉᆞ탕, 샤탕'과 '사당, 사당'이 있다.[35]

(1) 가. 沙사糖탕<飜譯老乞大(1510년대) 下:38b>, 粆사糖탕: 粆糖<譯語類解-食餌(1690) 上:52a>, 糖: 사탕. 糖華音탕, 沙小而甘美也. 糖, 飴也. 窨蔗爲糖者, 其甘倍飴.<名物紀畧-飮食部(1870) 3:40b>

가.′ 砂糖: 砂糖 ○ 샤탄<同文類解-飮食(1748) 上:61a>

나. 沙: 몰애 사. 又水旁曰沙. 又汰也. 又下卷.<訓蒙字會-地理(1527) 上:2b>, 糖: 엿 당. 凝者爲糖, 又蔗者爲沙糖.<訓蒙字會-饌食(1527)

34) '沙'의 속자 '砂'를 써서 '砂糖'으로 표기하기도 한다.
35) 이 중 '사탕'은 李基文(1965/1991), 劉昌惇(1975), 蕭悅寧(2014)에서 중국어 차용어로 지적된 바 있다.

中:10b>

(1)에서 보듯이 ‘사탕’은 ‘沙糖’의 한음을 반영한 것이고, ‘사당’은 ‘沙糖’의 동음을 반영한 것이며, ‘사탕, ᄉᆞ탕, 샤탕’과 ‘사당’은 각각의 한음형과 동음형에서 ‘ㆍ’의 비음운화 및 치찰음 아래에서 ‘ㅏ’와 ‘ㅑ’의 혼기, ‘ㆁ’의 소실 등에 따른 어형의 변화를 반영한 것이다. 한음형과 동음형은 어형상으로 ‘ㅌ’과 ‘ㄷ’의 격음과 평음의 대립을 이루고 있다.36) (1가')의 만주어 전사 자료에서 비슷한 음상과 의미를 나타내는 ‘샤탄’이 발견된다. ‘샤탄’은 한음형 ‘사탕’류와 동원 관계일 것으로 판단된다. 아래 어형별로 그 쓰임에 대해 살피기로 한다.

아래 (2)는 ‘沙糖, 砂糖’의 한음이 반영된 ‘사탕, 사탕, ᄉᆞ탕, 샤탕’이다.

(2) 가. ᄯᅩ 쥐믄 毒氣ᄅᆞᆯ 고튜ᄃᆡ **사탕**ᄋᆞᆯ ᄆᆞ레 프러 ᄎᆞ닐 머그면 즉재 됸ᄂᆞ니라(又方治鼠咬毒 用**沙糖**調水冷服 立效)<救急方諺解-虎咬(1466) 下:64a-b>, **사탕**을 져기 믈 조쳐 프러 고리 ᄃᆞ외어

---

36) 역사 자료 속에는 ‘사당-사탕’ 외에도 ‘빙당-빙탕, 셜당·설당-설탕·설탕, 빅당-빅탕, 흑당-흑탕’처럼 ‘당’음과 ‘탕’음이 넘나드는 쌍들이 더 발견된다. 이들은 현재 ‘설탕, 빅당, 빙당, 흑당·흑탕’으로 쓰이고 있다. 즉 대상에 따라 ‘탕’ 또는 ‘당’ 음을 보유하고 있다. ‘탕’이 이처럼 활발하게 조어에 참여하면서 대응 한자인 ‘糖’의 한자음도 단일음 ‘당’에서 현재 ‘당’과 ‘탕’의 복수음으로 바뀌게 된 것이 아닌가 생각한다. 참고로 ‘흑당, 흑탕’과 관련하여 『표준국어대사전』에는 ‘흑당’이 “흑설탕”의 의미로, ‘흑탕’이 “조청의 옛말”로 서술되어 있다. 역사자료에 문증되는 ‘흑당’과 ‘흑탕’은 이러한 의미 차이 없이 모두 “조청”의 의미로 쓰였다. 따라서 이러한 의미 차이는 후대의 변화 과정에서 점차 획득한 것으로 보인다. 관련 용례를 제시하면 아래와 같다.

예 가. 밀조환은 ᄭᅮᆯ 두서 냥만 달혀 **흑탕** ᄀᆞᆮ거든 조각 ᄀᆞᄅᆞ 두 돈을 섯거(蜜皀丸蜜二三兩熬如**飴糖** 入皀角末二錢和匀)<諺解痘瘡集要(1608) 下:21a>

나. 엿 고으ᄂᆞᆫ 법: [...] 청즙을 취ᄒᆞ야 솟테 너코 만화로 불을 ᄯᆡ이여 졋기을 쉬지 ᄋᆞᆫ니ᄒᆞ야 호박ᄉᆡᆨ이 되거든 퍼ᄂᆡ야 엉긔면 쓰라 명왈 **흑당**이요 켜셔 빗치 ᄒᆞ면 명왈 **빅당**이라<閨閤叢書(1809) 20a-b>

든 브티고 또 **사탕믈** 흔 사바롤 머그라(**沙糖**入少水調 成膏傅 仍服**糖水**一椀)<救急簡易方諺解-虎傷(1489) 6:31a>

나. 가온딕는 **사탕** 오로 즁싱의 얼굴 밍ᄀ로니 노커나 션신이 사ᄌᆡ 탓게 밍근 **사탕**을 노코(當中間裏 放象生纏**糖** 或是獅仙**糖**)<飜譯朴通事(1510년대) 下:5a>

다. 糖包: **사탕** 소 녀흔 상화<譯語類解-食餌(1690) 上:51b>, 沙糖: **사탕**. 煮蔗汁爲之. =糖餠·糖霜.<廣才物譜(19세기 초) 二:飮食:3a>, 沙餹: **사탕**<廣才物譜(19세기 초) 四:果苽:1a>, 糖包: **사탕** 소 녀흔 썩<華語類抄-食餌(19세기 말) 30b>, 蔗: **사탕풀** 자<部別千字文(1913) 26a>

라. 민강 **ᄉᆞ탕** 오화당 놓안 예지 당딕초며 동정 금귤이 더욱 조타 청동화로 빅탄 숫히 다리쇠를 거러 노코<南原古詞(1864) 2:7b>

마. 일본 사름이 죠션 셔울에다가 **샤탕** 문ᄃᆞ는 회샤를 셜립흘 ᄎᆞ로 본익 빅만원을 마련ᄒᆞ엿더라<京鄕新聞-**샤탕** 졔조(1906-10-19)>

바. 피긔를 오래 ᄒᆞ면 믜우 해로오니 쏠쏙질 날 째 ᄌᆞ긔 손가락으로 두 귀 구멍을 막고 다른 사름으로 술이나 **사탕물** 흔 그릇슬 먹이면 낫ᄂᆞ니라<京鄕新聞-쏠쏙질 곳침(1907-1-4)>

그러나 19세기 말~20세기 초의 아래 문헌들에는 "설탕"을 의미하는 (4)의 용례와는 달리 "사탕수수"의 의미로 쓰인 '사탕'류가 발견된다.

(3) 가. 하와이 안에 외국 사름들이 토민보다 슈효가 더 만히 잇시며 외국 사름 즁에는 일본 막버리군이 뎨일 만히 잇는 지라 이 셔음 속에셔 **샤탕나무**를 만히 심으는딕 역군이 부족흔 고로 하와이 졍부에셔 몃 해 젼에 일본 졍부와 약죠ᄒᆞ고 일본 역군을 **샤탕** 회샤에셔들 고립ᄒᆞ야 쓰게 약죠흔 후로 지금 거긔 가셔 잇는 일본 역군이 이만 ᄉᆞ쳔ᄉᆞ빅칠 명이라 그 나라 안에 뎨일 큰 장ᄉᆞ들과 텰도와 젼션과 **샤탕** 회샤들과 기외 각식 큰 샹회들은 대개 미국 사름들의 돈으로 ᄒᆞ는 것이라<독립신문(1897-7-15)>

나. 비유컨ᄃᆡ 미국셔ᄂᆞᆫ ᄇᆡᆨ셩들이 힘쓰ᄂᆞᆫ 것이 밀 심으ᄂᆞᆫ 것과 목화 심으ᄂᆞᆫ 것과 쇼 기르ᄂᆞᆫ 것과 ᄃᆞᆷᄇᆡ 기르ᄂᆞᆫ 것과 실과 기르ᄂᆞᆫ 것과 **<u>샤탕</u>** 기르ᄂᆞᆫ 것과 나무 기르ᄂᆞᆫ 것과 ᄉᆡᆼ션 잡ᄂᆞᆫ 것이라<독립신문(1898-4-9)>

다. 하와이 이민과에셔 샹항으로 보ᄂᆡᆫ 아라ᄉᆞ국 이민 ᄉᆞᄇᆡᆨ명은 돈을 적게 준다고 불평ᄒᆞᆫ ᄆᆞᄋᆞᆷ을 ᄑᆞᆷ고 **<u>사탕밧헤</u>** 드러가셔 일ᄒᆞ기를 거절ᄒᆞ고 워슁톤에 잇ᄂᆞᆫ 아라ᄉᆞ 대ᄉᆞ에게 뎐보ᄒᆞ여 본국으로 도라가게 ᄒᆞ여 달나고 ᄒᆞ엿다더라<대한매일신보-아국 이민의 불평(1910-3-10)>

라. 청국 ᄉᆞᄅᆞᆷ이 미국에 가셔 고용으로 **<u>샤탕</u>** 농ᄉᆞ를 ᄒᆞᆯ식 모든 일에 ᄉᆡᆼ소ᄒᆞ야 ᄌᆞ연히 잘 못ᄒᆞ는 일이 만ᄒᆞᆫ지라<瑤池鏡(1913) 30>

위의 예문에 등장하는 '샤탕나무', '샤탕 기르-', '사탕밧ㅎ', '샤탕 농ᄉᆞ' 등의 표현을 통해 이때의 '샤탕'이 어떠한 "농작물"을 의미하고 있음을 알 수 있다. 문맥에 포함된 '사탕, 샤탕'의 의미 파악을 위해 이와 관련된 그 당시의 역사 배경을 살필 필요가 있다. 당시 설탕 수요의 급증으로 원주민의 노동력만으로 농장 경영이 힘들어지자 하와이 농장주들은 1850년대부터 중국인과 일본인 등을 먼저 사탕수수 농장에 끌어들였다. 이들이 고된 농장 일에 적응하지 못하고 소란을 일으키자 한인들을 하와이로 끌어들이게 되었다.(성석제 외 2007:10) 위의 예문들은 바로 이러한 역사 사실을 직접적으로 반영한 것이다. 따라서 이때의 '사탕, 샤탕'은 '사탕수수'를 가리킨다는 것을 알 수 있다.[37] 현대국어에

37) 이 시기에 '사탕, 샤탕'이 "사탕수수"의 의미로 쓰인 용례가 집중적으로 나타나게 된 동기에 대해서는 불확실하다. '슬란'이 "스란치마"의 의미를, '개수'가 "개숫물"의 의미를 갖게 된 것처럼 '사탕, 샤탕'도 '사탕수수'나 '샤탕수수'에서 '수수'가 생략된 것일 가능성이 있다. 단지 '사탕수수'나 '샤탕수수'를 제외한 기타 '스란치마'나 '개숫물'의 경우 역사 자료 속에서 거의 문증되지 않는다는 것이 문제이다. 이러한 생략의 가능성에 대해서는 앞으로 관련 용례와 함께 지속적으로 검증해 볼 필요가 있다. '사탕수수'에서

서는 '사탕'이 아닌 '사탕수수'가 쓰이고 있지만, 역사의 일정 기간 동안 세력을 갖고 높은 출현 빈도를 보였던 것임은 분명하다.

아래는 동음형 '사당, 사당'의 용례이다.

(4) 가. 뉴쉬 ᄀᆞᆯ오ᄃᆡ 골믄 터히 허여디고 더데 아니 짓거든 사당을 믈에 플어 머기면 더데 진ᄂᆞ니라(劉洙曰 發膿窠不肯靨但調砂糖水與喫卽結痂)<諺解痘瘡集要(1608) 上:36a>

나. 糖包: 사당 소 너흔 상화<方言類釋-食餌類(1778) 酉部:30a>, 粆糖: 사당<方言類釋-食餌類(1778) 酉部:30a>, 甘蔗: 사당풀<方言類釋-花草類(1778) 4:23b>[cf. 菩薩이 城 밧 甘蔗園에/+城은 자시라 甘蔗ᄂᆞᆫ 프리니 시믄 두ᅀᅥ ᄒᆡᆺ자히 나ᄃᆡ 대 ᄀᆞᆮ고 기리 열 자 남ᄌᆞᆨᄒᆞ니 그 汁으로 粆糖ᄋᆞᆯ ᄆᆡᆼᄀᆞᄂᆞ니라 園은 東山이라+/ 精舍 ᄆᆡᆼᄀᆞᆯ오/+精舍ᄂᆞᆫ 조심ᄒᆞᄂᆞᆫ 지비라+/ ᄒᆞ오ᅀᅡ 안자 잇더시니(於城外甘蔗園中 以爲精舍 於中獨坐時)<月印釋譜(1459) 1:6a>, 甘蔗: 蔗草<譯語類解補-花草補(1775) 50b>]

다. 슈시 닉고 ᄃᆞᆫᄃᆞᆫᄒᆞᆫ 거ᄉᆞᆯ 거피ᄒᆞ야 ᄒᆞᆫ졉을 ᄉᆡᆼ뉼 치듯 싹가니러 ᄆᆞᆯ뇌여 작말ᄒᆞ고 뫼ᄀᆞ로 참반ᄒᆞ야 석고 사당ᄀᆞᆯ니나 만히 섯거 맛보아 만일 덜 ᄃᆞᆯ거든 됴흔 ᄉᆡᆼ쳥 더 섯거 ᄎᆞ고 귤병과 민강 얇게 졈여 무우ᄡᅥᆨ 석듯 섯거 안칠 적 잣ᄀᆞ로 계피말 합ᄒᆞ야 안치고 대쵸와 황뉼 ᄉᆞᆯ믄 것 ᄀᆞ늘게 ᄎᆡ 쳐 잣ᄀᆞ로와 석거 안칠 적 잣ᄀᆞ로 섯거 우희 ᄀᆞ득이 흣고 ᄇᆡᆨ지로 ᄡᆞᆫ 후 ᄯᅩ 죠희를 덥고 다른 ᄀᆞᄅᆞ로 우흘 덥허 ᄧᅵ면 감녈ᄒᆞᆫ 마시 ᄉᆞᆷ키기를 앗기난고로 위지 셕ᄐᆞᆫ병이라<閨閤叢書-셕ᄐᆞᆫ병(1809) 91쪽>[38][cf. 감을 무리 만코 조흔 것 살 너어셔 무르지 안인 거살 겁질 벗겨 졈여 말유면 구득구득ᄒᆞᆫ 후 멥쌀가로을 찹쌀가로와 반식 셕거 ᄉᆞ탕가로 만이 셕거 치고 귤병 민강 얄게 졈여 무우ᄡᅥᆨ ᄰᅦᄒᆞ듯 ᄒᆞ여

'수수'가 생략되었을 가능성에 대해서는 조항범 선생님께서 지적해 주신 것이다.

38) 憑虛閣李氏 原著·鄭良婉 譯註(1987) 참조.

안칠 젹의 계피가로 잣가로 ᄃᆡ초 밤 살문 거살 ᄎᆡ 쳐 우의 가득히 쎄여 ᄇᆡᆨ지 덥고 다른 가로 덥허 씨면 감열ᄒᆞᆫ 맛이 ᄉᆡᆼ기고 먹기가 앗가우니라<酒食是儀-셕탄병(19세기 중 후반) 6b-7a>]

라. 니질처로 긔운 휘잡히ᄂᆞᆫ 거시 업ᄂᆞ니 샹약 율당 쟉셜차 진히 달히고 **사당** 셜 타셔 ᄒᆞᆫ 탕긔가 되던디 삼ᄉᆞ ᄎᆞ식 먹으면 셜변이 되여 나은 일도 이시니 뎡약도 먹으려니와 이것 시험ᄒᆞ여 보소<봉셔-09, 1837~1857년, 순원왕후(장모)→윤의선(사위)>

마. **사당**: 沙糖. Sucre; sucre en poudre.(설탕, 가루로 된 설탕)<韓佛字典(1880) 378>[cf. **사탕**: 沙糖. Sugar.<韓英字典(1897) 526>]

바. **사당(沙糖)**: 명 「사탕」(砂糖)에 보라<조선어사전 1>

동음형의 '사당'류는 17세기 이후의 문헌자료에서 확인되기 시작하여 20세기 초까지 한음형들과 공존하였다. (4가), (4라)와 (2가), (4나)와 (2다)와 (4다)와 그 참조 부분, (4마)와 그 참조 부분, (4바)를 통해 한음형과 동음형이 동일한 문맥에 출현한다는 사실을 발견할 수 있다. 그러나 "사탕수수"의 의미를 나타내거나 '슈슈'와 결합된 동음형의 예는 발견되지 않는다. 이러한 의미에서 한음형은 동음형보다 의미 외연이 넓었다고 할 수 있다. 현재 (5)처럼 '사탕'만 쓰이고 있다.

(5) **사탕02(沙糖▽·砂糖▽)**: 명 「1」 설탕이나 엿 따위를 끓였다가 식혀서 여러 가지 모양으로 굳힌 것. 알사탕, 눈깔사탕, 드롭스, 캐러멜, 누가 따위가 있다. ≒캔디01. 「2」=설탕(雪糖).

이상으로 '沙糖, 砂糖'을 어원으로 하는 '사탕, 사탕, ᄉᆞ탕, 샤탕'과 '사당, 사당'에 대해 통시적으로 살펴보았다. 논의의 핵심을 요약하면 아래와 같다.

한음형 중 ‘사탕’은 15~16세기 자료에서 ‘사탕’은 17세기 이후의 자료에서 그리고 ‘ᄉᆞ탕’과 ‘샤탕’은 모두 19세기 이후의 자료에서 문증된다. 특히 19세기 말~20세기 초의 자료에서는 기존에 잘 보이지 않던 “사탕수수”의 의미로 쓰인 ‘사탕, 샤탕’의 용례가 발견된다. 현재 이러한 의미의 ‘사탕’은 쓰이고 있지 않지만, 일정 기간 동안 쓰였던 용법임은 분명하다. 동음형의 ‘사당’과 ‘사당’은 한음형보다 늦은 17세기 이후의 자료에서 문증되며 ‘사탕, 샤탕’과 같이 “사탕수수”의 의미로서의 쓰임은 발견되지 않는다. 현재 동음형은 사라지고 한음형의 후대형인 ‘사탕’만 “설탕”의 의미로 쓰이고 있다. ‘사탕’의 선대형이 갖고 있던 “사탕수수”로서의 쓰임도 또한 사라지고 ‘사탕수수’가 그대로 쓰이고 있다.

3.2.8. [小旦] 한ᄉᆞ오단-동쇼조 > 한∅-동∅

‘小旦’을 어원으로 하는 어형에는 ‘ᄉᆞ오단’과 ‘쇼조’가 있다.39)

(1) 가. 小ᄧᅣ旦단<紅樓夢(19세기 말) 22:23>

나. 小: 자골 쇼<新增類合-事物(1576) 下:47b>, 旦: 아ᄎᆞᆷ 단<訓蒙字會-天文(1527) 上:1b>

나.′ 旦: 아ᄎᆞᆷ 단, 今音 됴.<光州千字文(1575) 23b>, 旦: 아ᄎᆞᆷ 단. 今音 됴.<新增類合-天文(1576) 上:3b>, 旦: 아ᄎᆞᆷ 됴<石峰千字文((1583) 23b>

(1가)에서 보듯이 ‘ᄉᆞ오단’은 ‘小旦’을 중국어 발음에 가깝게 표기한 형태이고 ‘쇼조’는 (1나′)에서처럼, ‘小’의 동음 ‘쇼’에 ‘旦’의 금속음(今俗音) ‘됴’에서 구개음화를 경험한 ‘조’가 결합된 동음형이다. ‘旦’의 금속음이 탄생한 동기와 관련하여 아래의 기록이 참고가 된다.

39) 낙선재본 『紅樓夢』에 출현하는 ‘ᄉᆞ오단’과 ‘쇼조’에 대해서는 金春月(2012:22~23)에서 부분적으로 언급된 바 있다.

(2) 가. 旦: 아춤 단. 朝也, 明也. 太祖御諱, 當讀如朝조.<註解千字文(1804) 23b>[cf. 朝: 아춤 됴. 又見中卷.<訓蒙字會-天文(1527) 上:1b>]

나. 胡宗旦·河千旦·兪升旦, 旦字犯我國諱, 故皆以朝字代之.(호종단·하천단·유승단, '旦'자는 우리 나라의 휘를 범하므로 모두 '朝'자로 대신한다.)<草澗集 四(1812)>

(2가)의 밑줄 친 부분에는 '旦'자가 태조 이성계의 어휘(御諱)이기 때문에 마땅히 '朝(조)'로 읽어야 한다고 되어 있다. 피휘자(避諱字)를 대신하는 방법에는40) 여러 가지가 있는데, (2가)의 참조 부분과 대조해 보았을 때 '旦'과 비슷한 의미의 대자(代字) '朝(됴)'의 동음이 선택된 것으로 판단된다. '단'과 같은 피휘자에 대하여 운서(韻書)나 자서(字書)에서는 특별한 부호로써 해당 한자가 피휘자임을 나타내기도 하였다. 일례로 『御製奎章全韻』에서는 '旦'자의 위아래를 '( )' 부호로 감싸는 한편 서미(書眉) 부분에 '御諱'라는 두주(頭註)를 달았으며41) 『註解千字文』에서는 '旦'의 양쪽을 '[ ]' 부호로 감싸는 방식으로 해당 글자가 피휘자임을 밝혔다.42) 아래 어형별로 하나씩 살피기로 한다.

---

40) 피휘의 유래와 분류 및 피휘의 방식 등에 대한 내용은 정석원(2002)과 윤창열(2009)을 참조할 수 있다. 이외에도 송부호(2010)에서 『삼국사기』, 『조선왕조실록』과 같은 역사서(歷史書)에 출현하는 피휘 관련 기사에 대해 논한 바 있고, 박필상 외(2007)에서는 의서(醫書)에 출현하는 피휘자를 다룬 바 있다.

41) 장서각본 『御製奎章全韻』에서는 '旦<翰>'(1대 太祖)을 포함한 '焞<灰><眞><元>'(19대 肅宗), '鈞<眞>'(14대 宣祖), '椿<眞>'(先系 度祖), '珦<陽>'(5대 文宗), '懌<庚>'(11대 中宗), '祘<庚>'(22대 正祖)에 대하여 '御諱'라는 두주를 달았다.

42) 동일한 문헌에서는 '鈞'에 대해서도 '[ ]' 부호로 감싼 뒤, 선조(宣祖)의 초휘(初諱)이므로 마땅히 '斤(근)'과 같이 읽어야 한다고 서술되어 있다.
㉦ [鈞]: 무거울 균, 三十斤. 又 고롤 균, 仝均. 宣祖初諱, 當讀如斤근.<註解千字文(1804) 39b> 李基文 解題(1973: 15)에서는 "이런 괄호의 사용은 삼운성휘, 규장전운, 전운옥편 등에서 볼 수 있는 것으로 당시의 관용이었던 것으로 생각된다."고 하였다. 이와 관련하여 『字類註釋』에도 이와 마찬가지로, 조선 역대 왕의 휘자에 네모를 두르고 있음을 발견할 수 있다. 실제로 이러한 어휘(御諱)들은 한자음의 변화에 영향을 주기도 한다. 예를 들면, 피휘로

(3)은 'ᄉᆞ오단'의 용례이다.

(3) 가. 챠환들이 드러와 슐을 치며 ᄎᆡ쇼ᄅᆞᆯ 올니고 외간의 임의 <u>희ᄌᆞ</u>ᄅᆞᆯ 여러 마당의 나오니 ᄌᆞ연히 쳣 마ᄃᆡ 둘ᄌᆡ 마ᄃᆡᄂᆞᆫ 길경희문이오 이제 셰 마ᄃᆡ의 니ᄅᆞ러ᄂᆞᆫ 다만 보니 금동옥녀 긔번보동으로 ᄒᆞᆫ ᄀᆡ 예상우의 닙은 <u>**ᄉᆞ오단**</u>을 닛그러ᄂᆡᄂᆞᆫᄃᆡ 머리 우ᄒᆡ ᄒᆞᆫ 오리 거믄 슈건을 헤치고 ᄒᆞᆫ ᄎᆞ례ᄅᆞᆯ 챵ᄒᆞ다가 드러가니(丫頭們下來斟酒上菜 外面已開戲了 出場自然是一兩齣吉慶戲文 及至第三齣 只見金童玉女旗幡寶幢 引着一個霓裳羽衣的<u>**小ᄲᅣ旦단**</u>頭上披着一條黑帕唱了一回兒進去了)<紅樓夢(19세기 말) 85:76-77>

나. 내 잇ᄀᆞᆺ치 년ᄀᆡ 만흐ᄆᆡ 희ᄌᆞᄅᆞᆯ 쏘ᄒᆞᆫ 만히 드럿시나 엇지 이런 죠ᄒᆞᆫ 희ᄌᆡ 이ᄉᆞ리오 다ᄅᆞᆫ 거ᄉᆞᆫ 내 모로ᄃᆡ 다만 <u>**ᄉᆞ오단**</u> ᄭᆞ민 거시 쳔연이 녀ᄒᆡᄋᆞ ᄀᆞᆺ도다(我活了這麽大年紀 戲也聽過的多 那裏有這樣好戲 別的我不懂 只瞧扮的<u>**旦脚**</u> 活脫像個女孩兒)<紅樓夢補(19세기 말) 20:86>

다. 보기에 진개 마고 션녀와 한 모양 ᄀᆞᆺ트니 져 양쳥의 얼골판이 져 <u>**ᄉᆞ오단**</u>과 더브러 흡ᄉᆞᄒᆞᆫ 고로 더옥 ᄀᆞᆺᄐᆞᆫ 쥴을 ᄉᆡᆨ다ᄅᆞᆯ지라(這李揚淸的臉盤 也與那<u>**唱旦的**</u>相似 故此更覺得相像)<瑤華傳(19세기 말) 8:15>

(3)의 'ᄉᆞ오단'은 원문의 '小旦', '旦脚', '唱旦的'에 대응된다. 대응어인 '小旦'은 '단각(旦脚, 旦角)'의 하위 부류이고, '唱旦的'은 "단(旦) 역할을 맡은 사람"을 의미한다. 'ᄉᆞ오단'의 의미는 아래 (4)의 '쇼조'와 관련된 용례에서 더 구체적으로 드러난다.

인해 '甄'이 '견'과 '진'이라는 복수음을 갖게 된 경우가 그러하다.

예 叢攷曰, 甄字說文本音堅/+孫堅得玉璽於甄官井, 以甄與己名協以爲符+/. 孫權追尊孫堅, 江左諱堅, 以聲相近讀甄作眞音. 宋時進士唱名甄姓讀爲堅, 徽宗以爲當作眞. 今華音甄진, 堅견, 東音堅견, <u>甄견·진二音, 夫避.</u> 堅及甄已是無義, 而孫吳之後復歷隋文, 而堅還本音, 甄仍前避亦異矣. 東音之兩傳, 猶存漢時之舊也.<字類註釋(1856) 總論:8a-b> (판독 필자)

(4) 가. 어시의 즁인이 노름을 보고 느ᄌᆞᆫ 후의 바야흐로 훗허지니 가뫼 그 <u>쇼조</u>/+노름ᄒᆞᄂᆞᆫ 명식이라+/ 되엿던 것과 쇼츅 되엿던 거ᄉᆞᆯ 깁히 ᄉᆞ랑ᄒᆞ여(於是大家看戲看到晚方散 賈母深愛那做<u>小ᄣᅣ旦단</u>的與一個做小丑的)<紅樓夢(19세기 말) 22:23>

나. 우리 부즁의 <u>쇼조</u>/+노름 ᄎᆞ지ᄒᆞᆫ 명식이라+/ 구실ᄒᆞᄂᆞᆫ 긔관 하나히 이시니 오ᄅᆡ 조히 부즁의 잇더니 이졔 마ᄎᆞᆷ내 ᄉᆞ오일을 도라오지 아니ᄒᆞ거늘(我們府裡有一個做<u>小ᄣᅣ旦단</u>的琪官一向好好在府 如今竟三五日不見回去)<紅樓夢(19세기 말) 33:9-10>

(4)의 '쇼조'는 '小旦'에 대응된다. (4가)와 (4나)의 '쇼조'에는 '노름ᄒᆞᄂᆞᆫ 명식이라', '노름 ᄎᆞ지ᄒᆞᆫ 명식이라'라는 내용의 협주가 달려 있다. 이뿐만 아니라, (4가)의 문맥에 '노름', '쇼츅'과 같은 단어가 함께 출현하는 것으로 보아, '쇼조'는 "희곡에 참여하는 캐릭터 중의 하나"를 의미한다는 것을 알 수 있다.[43]

이상으로 '小旦'에서 기원한 'ᄉᆞ오단'과 '쇼조'에 대해 살펴보았다. 논의의 핵심을 요약하면 아래와 같다.

한음형 'ᄉᆞ오단'과 동음형 '쇼조'는 문장 속에서 의미 차이가 없이 쓰였으며 19세기의 낙선재본 번역소설을 중심으로 나타난다.[44] 다소 특

---

43) 낙선재본 『紅樓夢』에서 '小旦'과 관련된 한문의 '旦'이 언해문에서 모두 '조'로 표기된 것은 아니다. 예를 들면, '生旦'에 대한 언해로 'ᄉᆡᆼ<u>조</u>/+노름ᄑᆡ 일홈+/<紅樓夢(19세기 말) 30:45>'가 나타나기도 하고 'ᄉᆡᆼ과 <u>단</u>/+희ᄌᆞ 노름ᄒᆞᄂᆞᆫ ᄋᆞᄒᆡ라+/<紅樓夢(19세기 말) 47:36>이 나타나기도 하였다. 왕실 언해 자료에서 이러한 피휘자들이 엄격하게 지켜지지 않았던 이유가 공식적 한문 자료가 아닌 언해 자료라서 그런지, 아니면 공문서가 아닌 소설 자료라는 성격에서 비롯된 것인지 등에 대해서는 앞으로 더 살펴볼 필요가 있다.

44) 'ᄉᆞ오단'처럼 연희(演戲)와 관련된 용어들이 중국어 발음에 가깝게 옮긴 경우들이 중국 관련 문헌에서 종종 발견된다. 예를 들면, 아래의 '唱戲'를 어원으로 하는 '챵시, 챵시ᄒᆞ다'가 그렇다.

예 가. 戲子: <u>챵시ᄒᆞᄂᆞᆫ</u> 사ᄅᆞᆷ<方言類釋-人類類(1778) 申部:35a>

나. ᄯᅩ 일즉 황샹의 남방의 거동ᄒᆞᄂᆞᆫ 그림을 보니 곳곳이 궁뎐과 누관이 샤치를 궁극히 ᄒᆞ엿고 <u>챵시ᄒᆞᄂᆞᆫ</u> 집이 궁뎐 ᄀᆞ온ᄃᆡ 업ᄉᆞᆫ 곳이 업ᄉᆞ

이한 점이라면 '旦'의 한자음이 정음(正音) '단'이 아닌 속음(俗音) '조'로 표기되었다는 점이다. 즉 '피휘(避諱)'라는 언어 외적 요인이 어형의 표기에 작용하였다는 점에서 여타의 공존형들과 구별된다.[45] 현재 이들은 모두 사라지고 더 이상 쓰이지 않고 있다.

3.2.9. [耳掩] [한]ᄉᆞ염·아얌·에염이–[동]이엄·이염·이음 > [한]아얌–[동]이엄

'耳掩'을[46] 어원으로 하는 어형에는 'ᄉᆞ염, 아얌, 에염이'와 '이엄, 이

니 ᄉᆡᆼ민의 ᄌᆡ믈은 ᄒᆞᆫ졍이 잇고 이목의 욕심은 궁진ᄒᆞᆷ이 업ᄂᆞ니 엇지 ᄋᆡ듧지 아니리오 [...] 반ᄉᆡᆼ은 희롱ᄒᆞ야 ᄀᆞᆯ오ᄃᆡ **<u>챵시</u>**ᄂᆞᆫ ᄯᅩᄒᆞᆫ 묘ᄒᆞᆫ 곳이 이시니 한관의 위의ᄅᆞᆯ 다시 보미라 ᄒᆞ고 부술 더지며 크게 웃거ᄂᆞᆯ 내 ᄯᅩᄒᆞᆫ 우서 ᄀᆞᆯ오ᄃᆡ 황샹이 만일 한관의 위의ᄅᆞᆯ 보고져 ᄒᆞ여 **<u>챵시</u>**ᄅᆞᆯ 베플면 이ᄂᆞᆫ 텬하의 다ᄒᆡᆼᄒᆞᆫ 일이라<장서각본 乙丙燕行錄(19세기) 14:73-74>

다. ᄯᅩᄒᆞᆫ 언마 놉픈 樓上의셔 **<u>챵시</u>**ᄅᆞᆯ ᄒᆞᄂᆞᆫᄃᆡ(咳有多高的樓上演起戲班子)<華音啓蒙諺解(1883) 上:28b>

라. 演戲: **<u>챵시ᄒᆞ다</u>**<方言類釋-技戲類(1778) 亥部:2b>[cf. 唱챵大다戲시: 唱戲ᄒᆞ다<華語類抄-技戲(19세기 말) 52b>]

마. 마ᄌᆞᆫ 편 희ᄌᆞ누의 **<u>챵시노름</u>** ᄒᆞᆫ다 ᄒᆞ고 구경군이 모혀드러 인셩만셩 풍류소ᄅᆡ ᄌᆞ야져셔 쳔지가 진동ᄒᆞᆫᄃᆡ<燕行紀(1895) 59쪽>

45) 앞으로『列聖御諱』와 같은 어휘자(御諱字)들을 모아놓은 문서 또는 해당 한자가 어휘자(御諱字)임이 명확히 지적된 문서들을 바탕으로 이들이 국어 어휘 자료에 어떻게 반영되었는지에 대해서도 구체적으로 검토할 필요가 있다. 이는 피휘라는 언어 외적 요인이 어형의 표기에 대한 영향을 고찰하는 데 있어서, 문헌 판독의 정확성을 높임에 있어서 필요한 작업이다.

46) 이 '耳掩'에 대해 아래의 기록들에서는 '額掩'에서 와전된 것이라고 하고 있다. 그러나 문증되는 여러 어형 중 최초형으로 판단되는 'ᄉᆞ얌'이 '耳掩'의 전사 한음과 음상이 유사하다는 점, 'ᄉᆞ얌'이 후대의 이본 자료에서는 '이엄'으로 나타난다는 점 등을 고려하여 본고에서는 'ᄉᆞ염, 아얌'을 '耳掩'에서 기원한 차용어로 처리하였다.

[예] 가. <u>額掩者, 貂鼠之帽也. 華音額讀如耳./+中國今無入聲+/ 東俗訛傳, 遂以爲耳掩.</u> 『經國大典』: "堂上官貂皮耳掩, 堂下官鼠皮耳掩." 其沿誤已久也. 於是朝官所著, 其制高大, 謂之耳掩./+毛圍高+/ 吏胥所著, 其制環繞, 謂之額掩./+毛圍卑+/ 其實本皆額掩, 非耳掩也. 本可掩額, 不能掩耳.(額

염, 이음'이 있다.47)

(1) 가. 귀(耳ᄉᆞ朵도)<飜譯老乞大(1510년대) 下:38b>, 耳掩: 머리예 耳掩을 쓰며(頭戴耳올掩연)<朴通事諺解(1677) 下:46b>

나. 耳: 귀 ᅀᅵ. 俗呼耳垂귓밥. 腎之竅以司聽.<訓蒙字會-身體(1527) 上:13b>, 掩: 더플 엄<新增類合-動止(1576) 下:26a>

(1가)에서 보듯이, 'ᅀᆞ염'은 '耳掩'의 한음에 가까운 표기로서 '耳掩'의 한음과 어말 위치에서 'ㄴ'과 'ㅁ'의 대응을 이루고 있다. '아얌'에 대해서는 두 가지로 생각해 볼 수 있다. 하나는 'ᄇᆡ얌'과 'ᄇᆡ염', 'ᄇᆡᆼ양'과 'ᄇᆡᆼ영'처럼, '아얌'을 'ᅀᆞ염'에서 음운 변화를 경험한 어형으로 보는 것이다. 다른 하나는 어원을 '額掩'으로 보아 'ᄋᆡᆨ암'에서 음운 변화를 경험하여 '아얌'으로 나타나게 되었다고 보는 것이다.48) '*에염'에 명사 파

掩이란 貂鼠로 만든 모자인 것이다. 중국 발음으로 額은 耳와 같이 읽는다./+중국에는 지금 入聲이 없다.+/ 우리 나라 풍속에서 와전되어 드디어 耳掩이라고 만들어 썼다. 『經國大典』에 이르기를 "당상관은 초피 이엄을 쓰고 당하관은 서피 이엄을 쓴다."고 했는데, 그 연원은 잘못된 것이 이미 오래 되었다. 이에 있어서 朝官이 착용하는 것은 그 만든 제도가 높고 큰데 이를 耳掩이라 말하였고/+그 털의 둘레가 높다.+/ 吏胥의 착용하는 것은 그 만든 제도가 주위를 둘러쌌는데 이를 額掩이라고 했다./+그 털의 둘레가 낮다.+/ 실은 본래 다 額掩이지 耳掩이 아니다. 그런데 이 모자는 가히 이마를 덮을 수는 있지만 귀를 덮을 수는 없는 것이다.)<雅言覺非(1819) 2>

나. 額掩ᄋᆡᆨ엄, 俗傳ᄋᆡᆨ암. 又以額字華音이, 而復沿爲耳掩이엄, 以二其制. 然額掩環繞而掩額及耳. 耳掩頗爲高大而反不能掩耳, 一曰煖帽, 又曰披肩. ○ 風遮풍차, 差小護項.<名物紀畧-服飾部(1870) 3:29b>

47) 조정아(2016: 125~131)에서는 언간 자료에 출현하는 '아얌'류 어휘에 대해 논의하면서 이 중의 'ᅀᆞ염, 아얌, 이엄, 이염, 이음'에 대해 구체적으로 살펴본 바 있다.

48) 이럴 경우 'ᄋᆡᆨ암'이라는 어형이 아래의 기록을 제외한 기타 자료에서 발견되지 않는다는 점이 문제이다.

예 額掩ᄋᆡᆨ엄, 俗傳ᄋᆡᆨ암. 又以額字華音이, 而復沿爲耳掩이엄, 以二其制. 然額掩環繞而掩額及耳. 耳掩頗爲高大而反不能掩耳, 一曰煖帽, 又曰披肩. ○ 風遮풍차, 差小護項.<名物紀畧-服飾部(1870) 3:29b>

생 접미사 '-이'가 후행한 '에염이'도 이와 유사하게 '아얌'에서 '*어염'으로, 여기에 다시 'y'가 첨가되는 변화를 겪었을 가능성이 있다.49) 이외에 '이엄'은 '耳掩'의 동음을 반영한 어형이고, '이염'과 '이음'은 각각 '이엄'에서 'y' 첨가와 '어>으'의 고모음화를 경험한 형태이다.50) 어형별로 하나씩 살피기로 한다.

(2)는 'ᄉᆞ염'의 용례이다.

(2) 겨스리어든 [⋯] 머리예 슨 거슨 됴ᄒᆞᆫ 돈피 <u>ᄉᆞ염</u>이오 됴ᄒᆞᆫ ᄎᆞᆼ나못 실로 ᄆᆡᆺ고 금딩ᄌᆞ 브틴 갇이니 이 ᄒᆞᆫ 가디 넉 량 은 드러ᅀᅡ ᄆᆡᆼᄀᆞ라 내엿고(冬裏 [⋯] 頭上戴的好貂鼠皮<u>披肩</u> 好纓綜金頂大帽子 這一箇帽子 結裏四兩銀子)<飜譯老乞大(1510년대) 下:51b-52a>[cf. 머리에 쁜 거ᄉᆞᆫ 됴흔 돈피 <u>이엄</u>이오<老乞上諺解(1670) 下:46b>, 披肩: <u>耳掩</u><譯語類解-服飾(1690) 上:43b>, 耳掩: 本朝. 芝峯曰<u>今之耳掩旧稱披肩</u>, 按征討錄, 成廟朝命造披肩二千分賜士卒, 是也. 中朝則謂暖耳, 維盛冬必下旨後百官得戴之.<古今釋林 27-外篇-東韓譯語-釋服(18세기 중엽~말엽) 787쪽>]

예문의 'ᄉᆞ염'은 '耳掩'과 유의 관계를 이루는 '披肩'의51) 대응어로 쓰인 것으로, '돈피'를 재료로 만들어졌다. 참조 부분에서처럼, 동일 원

49) 단지 이렇게 보았을 때, '아얌'과 유사한 의미를 지닌 '*에염'이나 '*어염'이 문증되지 않는다는 것이 문제이다.

50) 조정아(2016: 126)에서는 같은 발신자의 편지에 '없-'이 '읎-'으로 일관되게 나타나는 것으로 보아 '이음'이 '이엄'의 충청 방언을 반영했을 가능성이 있다고 보았다.

51) 중국어에서 '披肩'은 아래와 같은 의미를 나타낸다. 이 중 (2)의 '披肩'은 아래의 「2」번 의미로 쓰인 것이다.

披肩: 「1」어깨에 걸치다. 「2」옛 복식 명칭. 「3」오늘날 어깨에 걸치는 복식을 두루 지칭하는 말. 부녀들이 몸에 걸치는 소매가 없는 형태의 짧은 겉옷을 특별히 지칭하는 말. 「4」의료기구 명칭.(「1」披於肩上. 「2」舊時服飾名. 「3」今泛指披在肩上的服飾. 特指婦女披在上身的一種無袖短外衣. 「4」醫療器具名.)<漢語大詞典>

문을 언해한 후대의 자료에서는 동음형 '이엄'으로 나타난다.

아래는 '아얌'의 용례이다.

(3) 가. 미처 <u>**사모아얌**</u>을 못 어더 당하관 적 <u>**아얌**</u>을 쓰ᄋᆞᆸ고 드렷더니 우히 보ᄋᆞᆸ시고 블러드리ᄋᆞᆸ셔 돈피 <u>**사모아얌**</u>을 주ᄋᆞᆸ시니<이동표가-32, 1693년, 이동표(아들)→순천김씨(어머니)>[cf. 즉시 우히 돈피 <u>**아얌**</u> 주ᄋᆞᆸ신 일을 셔울셔도 ᄀᆞ장 니ᄅᆞ오니 이러ᄒᆞ신 은혜ᄅᆞᆯ ᄆᆞᄉᆞ 일로 갑ᄉᆞ올고 민망민망ᄒᆞ오이다<이동표가-22, 1693년, 이동표(아들)→순천김씨(어머니)>, 모다 니ᄅᆞ기ᄅᆞᆯ 어제 당샹 ᄒᆞ이시고 오ᄂᆞᆯ <u>**아얌**</u> 주ᄋᆞᆸ시니 어이 갑ᄉᆞ올고 니ᄅᆞᄂᆞ이다<이동표가-32, 1693년, 이동표(아들)→순천김씨(어머니)>]

나. <u>**아얌**</u>: 額掩. Bonnet fourré, esp. de bonnet en poil pour l'hiver.(모피로 안을 댄 챙 없는 모자, 겨울용의 털로 만든 챙 없는 모자의 종류)<韓佛字典(1880) 1>

다. <u>**아얌**</u>: 額掩. A fur cap worn by women. (쓰다). See 이염.<韓英字典(1897) 1>

(3가)는 발신자 이동표가 당상관으로 된 이튿날 임금으로부터 '돈피 사모아얌'을 하사받은 내용을 어머니에게 전하고 있다. 당상관이 돈피 이엄[貂皮耳掩]을 착용했고, 당하관이 서피 이엄[鼠皮耳掩]을 착용했다는[52] 성해응(成海應: 1760~1839)의 기록 내용을 참조했을 때, 이때의 '아얌'은 곧 '耳掩'에 대응되는 것이며, '사모아얌'은 사모(紗帽) 위로 솟아서 모자를 감싸고 양쪽 부분이 귀를 덮었으며 단수(單綬)를 등 뒤로 늘어뜨린 형태의 것임을 알 수 있다. (3나)와 (3다)의 '아얌'은 '額掩'의 대응어로 나타난 것인데, 다소 특이한 점은 (3다)의 '아얌'이 (3가)의 문맥이 제공해 주는 정보와는 달리 "여성이 착용하는 털모자"라고 서술되어 있다는 점이다. 이와 관련해서는 동음형의 '이엄'과 '이염'을 논

---

52) <u>今堂上官貂皮耳掩, 堂下官鼠皮耳掩, 耳掩亦稱煖帽.</u> 外毛內綿, 隆然包帽, 雙跗掩耳, 單綬飄背, 自十月至正月許戴.<研經齋全集 43-儀章類-巾服攷>

의하는 부분에서 좀 더 구체적으로 살피기로 한다.

아래는 '에염이'의 용례이다.

(4) 額어箍구: 니마 앏히 붓치는 **에염이**<漢淸文鑑-飾用物件類(1779) 11:22a>

위에서 '에염이'는 '額箍'에 대응되며, 이마 앞에 붙이는 형태의 것임을 알 수 있다.

아래는 '耳掩'의 동음을 반영한 '이엄'이다.

(5) 가. **사모이엄**은 돈피가 됴티 아니ᄒᆞ니 ᄂᆞᆺ업더라 쓰니는 엇더ᄒᆞ더니<숙명-62, 1664~1669년, 인선왕후(어머니)→숙명공주(딸)>

나. ᄒᆞ나히 ᄉᆞ힝 벼슬을 뭇고 부ᄉᆞ의 돈피 **ᄉᆞ모이엄**을 ᄀᆞᄅᆞ쳐 여러 번 칭찬ᄒᆞ니<숭실대본 乙丙燕行錄(1829~1831) 2:8>[cf. 잡ᄉᆞ룸들이 여러히 문 압히 니ᄅᆞ러 서로 말ᄒᆞ며 귀경ᄒᆞ거늘 내 더브러 말을 슈작ᄒᆞ더니 ᄒᆞ나히 ᄉᆞ힝 벼슬을 뭇고 부ᄉᆞ의 돈피 **이엄** 사모를 ᄀᆞᄅᆞ쳐 여러 번 칭찬ᄒᆞ니 다 나히 졈고 무식ᄒᆞᆫ 뉘러라<장서각본 乙丙燕行錄(19세기) 5:8>]

다. **이엄** ᄒᆞᄂᆞ 보ᄂᆡᆫ다 부ᄃᆡ 치위의 몸 상치 아니케 ᄒᆞ여라 긋친다 초사일 舅<송병필가-28, 19세기 후반, 송지수(시아버지)→전주이씨(며느리)>

(5가)와 (5나)의 '사모이엄, ᄉᆞ모이엄'은 앞서 살핀 '사모아얌'과 마찬가지로 돈피로 만들어진 것이다.53) 착용의 주체를 보았을 때, (5나)는 부사(副使)인 남성이 착용한 것이고, (5다)의 '이엄'은 여성인 전주이씨가 착용한 것이다.

아래의 (6)과 (7)은 각각 '이염'과 '이음'의 용례이다.

---

53) (5나)의 '돈피 ᄉᆞ모이엄'이 후대의 이본에서는 '돈피 이엄 사모'로 필사되었다. '돈피 이엄 사모'의 구조로 된 예가 다른 문헌에서는 잘 찾아지지 않으므로, 필사의 오류인지, 아니면 다른 의미를 나타내기 위한 것인지는 확실하지 않다.

(6) 가. 帽套: **紗帽이염**<譯語類解-服飾(1690) 上:44a>, 狐帽: **紗帽이염** ○ 一云煖帽<譯語類解-服飾(1690) 上:44a>, 帽套: **紗帽이염**<華語類抄-服飾(19세기 말) 26b>, 帽套: **사모이염**<목판본 華語類抄-服飾(미상) 13b>

나. 이염: 額掩. Bonnet en peau de zibeline ayant la forme d'un melon.(Les hommers en place le mettent pendant l'hiver; les jeunes mariés s'en servent pour la cérémonie du mariage.)(멜론의 형태를 띤 검은 담비 가죽으로 된 챙 없는 모자.(요직에 있는 사람들이 겨울 동안 그것을 착용한다. 신랑신부가 결혼 예식을 위해 그것을 쓴다.))<韓佛字典(1880) 37>

다. **이염**: 額掩. A woman's winter cap. (Prov.) 아얌.<韓英字典(1897) 58>

(7) 거번의 보닌 이음 며나리 머리의 맛더잇ᄀ<송병필가-17, 1891년, 송병필(남편)→전주이씨(아내)>

(6가)의 '紗帽이염'이나 '사모이염'은 '帽套, 狐帽'의 대응어로 나타난 것으로, 앞서 살핀 '사모아얌'이나 '사모이엄'처럼 '사모'에 덧씌워 착용하던 것이다. (6나)와 (6다)의 '이염'은 '額掩'에 대응되며, 이 중 (6다)의 '이염'은 같은 문헌에 수록된 (3다)의 '아얌'과 마찬가지로 착용의 주체가 여성인 것으로 되어 있다. 이와 대조적으로 한 문헌에 수록된 (3나)의 '아얌'과 (6나)의 '이염'에는 착용의 주체에 대한 특별한 언급이 보이지 않는다. 마지막으로 (7)의 '이음'은 여성인 전주이씨가 착용한 것임이 분명하다. 현재 (8)과 같이 '아얌'과 '이엄'이 『표준국어대사전』에 올라 있다. 이 중 '아얌'은 부녀자가 착용하는 것으로, '이엄'은 사모 밑에 쓰는 관복용의 것으로 의미가 달리 서술되어 있다.

(8) 가. **아얌**: 명 겨울에 부녀자가 나들이할 때 춥지 않도록 머리

에 쓰는 쓰개. 위는 터져 있어 이마만 두르게 되어 있고 뒤에는 아얌드림을 늘어뜨린다. ≒액엄(額掩). [cf. 액엄(額掩): 명 =아얌.]

나. <u>이엄03(耳掩)</u>: 명 『역사』 관복(官服)을 입을 때에 사모(紗帽) 밑에 쓰던, 모피로 된 방한구. ≒모이엄.

현재까지 '耳掩'을 어원으로 하는 'ᄉᆞ염, 아얌, 에염이'와 '이엄, 이염, 이음'에 대해 통시적으로 살펴보았다. 논의의 핵심을 요약하면 아래와 같다.

'ᄉᆞ염'은 『번역노걸대』(1510년)에서 해당 용례가 확인되며 후대의 이본 자료에서는 '이엄'으로 바뀌어 나타난다. '아얌'은 17세기 이후의 다양한 성격의 자료에서 발견되며, '에염이'는 『漢淸文鑑』(1779)에서 관련 용례가 확인된다. 동음형의 '이엄'도 '아얌'과 비슷한 17세기 이후의 자료에서 발견되며, 비슷한 시기의 자료에서 'y'가 첨가된 '이염'으로 나타나기도 한다. 또한 '이엄'에서 고모음화를 겪은 '이음'은 19세기 말의 자료에서 문증된다. 현재 한음형의 후대형인 '아얌'과 동음형의 후대형인 '이엄'이 의미 차이를 갖고 공존하고 있지만, 문헌 자료에서는 이러한 차이를 포착하기 어려웠다. 즉 현재 '아얌'은 착용의 주체가 부녀자이지만, 이전 시기의 자료에서는 'ᄉᆞ염, 아얌'과 '이엄, 이염, 이음'이 특별한 의미나 용법 차이가 없이 대체적으로 남성과 여성이 모두 착용 가능했던 것으로 드러났다. 이들의 후대형인 '아얌'과 '이엄'이 어떤 과정을 거쳐 (8)과 같은 의미 차이를 갖게 되었는지는 향후 더 살펴볼 필요가 있다.

3.2.10. [財主] 한채쥬-동직쥬 > 한∅-동재주

'財主'를 어원으로 하는 어형에는 '채쥬'와 '직쥬'가 있다.[54)]

---

54) 이 중 '채쥬'는 蕭悅寧(2014)에서 중국어 차용어로 지적된 바 있다.

(1) 가. **財채主쥬**<飜譯朴通事(1510년대) 上:60b>, **財채主쥬**: 쟝ᄌᆡ<譯語類解補-買賣補(1775) 38a>, 財主: 쟝ᄌᆡ(漢-**財채主쥬**)<方言類釋-借貸類(1778) 戌部:22a>

나. 財: ᄌᆡ홧 ᄌᆡ<訓蒙字會-雜語(1527) 下:8b>, 主: 님 쥬<訓蒙字會-人類(1527) 中:1a>

위에서 보듯이, '채쥬'는 '財主'의 한음을 반영한 어형이고, 'ᄌᆡ쥬'는 '財主'의 동음을 반영한 어형이다. 한음형 '채쥬'와 동음형 'ᄌᆡ쥬'는 어두에서 격음 'ㅊ'과 평음 'ㅈ'의 대립을 이룬다. 아래 형태별로 살피기로 한다.

(2)는 '채쥬'의 용례이다.

(2) 셔울 잣 안 積慶坊의셔 사ᄂᆞᆫ 사ᄅᆞᆷ 趙寶兒ㅣ 이제 쳔량 ᄡᅳᆯ 거시 업슨 젼ᄎᆞ로 졍원으로 긔약ᄒᆞ야 아모 **채쥬**의손ᄃᆡ 실 ᄀᆞᄂᆞᆫ 시푼 구의 나깃 은 쉰 량 여수 업시 빋 내여 ᄆᆡ ᄒᆞᆫ 량의 워리를 현 분식 ᄒᆞ야 ᄃᆞᆯ 조초 보내요ᄃᆡ ᄠᅳᆫ들이디 아니ᄒᆞ고 그 은을 ᄅᆡ년 아모 ᄃᆞᆯ ᄂᆡ예 긔가포믈 수에 족게 호리라(京都在城積慶坊住人趙寶兒 今爲缺錢使用 情願立約於某**財채主쥬**處借到細絲官銀五十兩整 每月利息幾分 按月送納 不致拖欠 其銀限至下年幾月內 歸還數足)<飜譯朴通事(1510년대) 上:60b-61a>[cf. 京都 자 안 積慶坊에셔 사ᄂᆞᆫ 사ᄅᆞᆷ 趙寶兒ㅣ 이제 돈 ᄡᅳᆯ 것 입ᄉᆞ믈 위ᄒᆞ여 情愿으로 아모 財主 處에 立約ᄒᆞ야 細絲官銀 五十 兩 덩이ᄅᆞᆯ ᄭᅮ되<朴通事諺解(1677) 上:54a>]

(3) 가. ᄒᆞᆫ 버는 **쳔량 님자히**며 王이며 ᄆᆞᅀᆞᆶ 사ᄅᆞ미 모다 ᄶᅩ차 오거늘(後於一時 夫與群賊共行抄劫 爾時財主王及聚落并力馳逐)<月印釋譜(1459) 10:25a>

나. **ᄒᆞᆫ 빗 주기 ᄒᆞᄂᆞᆫ 財主** 小名을 李大舍ㅣ라 브ᄅᆞᄂᆞᆫ 이 一座

解儅庫ᄅᆞᆯ 열고 믈읫 갑 ᄉᆞᆫ 物件으로 와 뎐당ᄒᆞ면 곳 그거슬 앗고 ᄯᅩ 그 사ᄅᆞᆷ을 텨 죽여 正房 뒤헤 ᄒᆞᆫ 크고 기픈 디함을 ᄑᆡ고 그 안ᄒᆡ 드리티더니(一個**<u>放債財主</u>** 小名喚李大舍 開著一座解當庫 但是直錢物件來當時 便奪了那物 卻打死那人 正房背后 掘開一個老大深淺的坑 彫在那裏頭)<朴通事諺解(1677) 中:27a>

(2)의 '채쥬'는 원문의 '財主'에 대응되며, 후대의 이본 자료에서는 '財主'로 나타난다. (3)의 예문들을 참조했을 때 '財主'의 의미가 보다 구체적으로 드러난다. (2)를 제외한 기타 자료에서는 '채쥬'가 잘 발견되지 않는데, '채쥬'의 출현이 가능했던 것은 한학서라는 문헌의 성격과 관련될 가능성이 높다.

아래 (4)는 '財主'의 동음을 반영한 'ᄌᆡ쥬'의 용례이다.

(4) 가. 셔울 이ᄅᆞ히 분쥬ᄒᆞ고 ᄋᆡ써 단니다가 길ᄒᆡ 슈고ᄒᆞ여 본ᄃᆡ 호부ᄒᆞᆫ 집 <u>ᄌᆡ쥬</u>로 일신을 평안이 단니다가<和氏忠孝錄(19세기 전반) 17:6>

나. 이젹의 왕ᄉᆡᆼ이 후원의 만흔 금ᄇᆡᆨ을 맛다 <u>ᄌᆡ쥐</u> 되야시니 후ᄆᆡ 그 형을 위ᄒᆞ야 분두ᄅᆞᆯ 사고 ᄯᅩ ᄉᆡᆼ의 쇼년 풍뉴로 미녀ᄅᆞᆯ 쇽여 ᄌᆡ물 엇기ᄅᆞᆯ 쐬ᄒᆞ여 냥가 쳔가의 두루 듯보아 가가호호의 ᄃᆞᆫ말을 흣트니 후마의 소ᄒᆡᆼ을 알 니 만흔지라<落泉登雲(19세기) 1:12b>

다. 필금이 니ᄅᆞᄃᆡ 노친낭아 ᄂᆡ 이십 냥 은ᄌᆞᄅᆞᆯ ᄂᆡᄂᆞ니 너ᄂᆞᆫ 몬져 가져가라 기뫼 흡흡ᄃᆡ쇼ᄒᆞ며 니ᄅᆞᄃᆡ 대야ᄂᆞᆫ 진ᄀᆡ <u>ᄌᆡ쥐</u>로다 엇지 니러ᄐᆞᆺ 활슈ᄒᆞ뇨 필금이 니ᄅᆞᄃᆡ 다만 쥬연쇼비 ᄲᅳᆫ 아니라 오입ᄒᆞᄂᆞᆫ 돈이 ᄯᅩᄒᆞᆫ 기즁의 드럿ᄂᆞ니라<진주탑(미상) 3b-4a>, ᄂᆡ ᄉᆡᆼ각ᄒᆞᄆᆡ 외쳐의셔 온 사ᄅᆞᆷ이 반ᄃᆞ시 큰 ᄌᆡ믈이 업술지라 [...] 쇼동이 니ᄅᆞᄃᆡ ᄂᆡ 져ᄅᆞᆯ ᄃᆡᄒᆞ여 말ᄒᆞ엿더니 졔 도로혀 말ᄒᆞᄃᆡ ᄂᆡ 큰 ᄌᆡ믈이 이시니 이곳의셔 여러 ᄒᆡ를 오입ᄒᆞ려 ᄒᆞ노라 ᄒᆞ더라 기뫼 흡흡ᄃᆡ쇼ᄒᆞ며 니ᄅᆞᄃᆡ 무ᄉᆞᆫ 큰 <u>ᄌᆡ쥬</u>완ᄃᆡ 능히 여러 ᄒᆡ를 오입ᄒᆞ리오 ᄂᆡ 도로혀 밋지 아니ᄒᆞᄂᆞ니 ᄂᆡ 나가 져를 보리라 ᄒᆞ며 기뫼 ᄀᆡ신ᄒᆞ여 나와 필금을 보니<진주탑(미상) 6:1a-b>

‘ᄌᆡ쥬’는 19세기 이후의 언해 자료를 중심으로 발견되는 어형이다. 현재 아래와 같이 동음형의 후대형인 ‘재주’가 쓰이고 있다.

(5) <u>재주05(財主)</u>: 명 「1」 재산이나 재물의 임자. 「2」 땅이나 종의 주인이 죽은 뒤에 그 재산을 처리하기 위하여 정부나 관청에서 관리인으로 지정한 사람.

이상으로 ‘財主’를 어원으로 하는 ‘채쥬’와 ‘ᄌᆡ쥬’에 대해 살펴보았다. 논의의 핵심을 요약하면 아래와 같다.

한음형 ‘채쥬’는 『飜譯朴通事』(1510년대)에서 제한적으로 확인되며, 후대의 이본 자료에서는 ‘財主’로 표기되어 나타난다. 동음형의 ‘ᄌᆡ쥬’는 19세기 이후에 이르러서야 비로소 문증되며, 문맥상 양자는 의미 차이가 발견되지 않는다. 현재 동음형의 후대형인 ‘재주’가 쓰이고 있다.

3.2.11. [錢糧] 한천량·쳔량·쳔냥·쳘량·쳘냥·천량–동젼량·젼냥·전량 > 한천량–동전량

‘錢糧’을 어원으로 하는 어형에는 ‘쳔량, 쳔량, 쳔냥, 쳘량, 쳘냥, 천량’과 ‘젼량, 젼냥, 전량’이 있다.55)

(1) 가. 錢粮: 뇨(漢-**<u>錢쳔粮량</u>** 淸-챨랸, 蒙-챨링, 倭-홤마이)<方言

55) 이 중 ‘쳔량’은 李基文(1965/1991), 劉昌惇(1975), 蕭悅寧(2014)에서 중국어 차용어로 지적된 바 있다.

類釋-官職類(1778) 申部:32b>[cf. 錢粮: 뇨 ○ 챠량<同文類解-官職(1748) 上:38b>, 錢粮: 뇨 ○ 챠링<蒙語類解-官職(1790) 上:28b>]

가.′ 錢糧: 華音**쳔량**, 錢穀也.<名物紀畧-貨寶部(1870) 3:22a>

나. 錢: 돈 **젼**. 俗呼銅錢.<訓蒙字會-金寶(1527) 中:15a>, 粮: 량식 **량**. 穀食. 金謂納稅曰上粮, 納戶曰粮長.<訓蒙字會-饌食(1527) 中:10b>

위에서 보듯이, '쳔량'과 '젼량'은 각각 '錢糧'의 한음과 동음을 반영한 형태이다.[56] 또한 '쳔량, 쳔냥, 쳘량, 쳘냥, 천량' 등 한음형은 '쳔량>쳔량>쳔냥, 쳔량>쳘량>쳘냥, 쳔량>쳔량>천량'과 같은 어중 'ㄴ'과 'ㄹ' 연쇄의 변화를 반영한 것이다. '젼냥, 전량'과 같은 동음형 또한 '젼량>젼냥, 젼량>전량'과 같은 어중 'ㄴ'과 'ㄹ' 연쇄의 변화를 반영한 것이다. (1가)에서 '錢糧'의 만주어와 몽골어 대응어가 각각 '챨랸'과 '챨링'으로 되어 있는데, 이는 한어의 대응어인 '쳔량'과 음상과 의미가 유사하다. 따라서 삼자는 동원 관계일 가능성이 높다. 이 중 전자가 중국어 차용어라는 것에 대해서는 (2)의 『理藪新編』, 『磻溪隨錄』, 『雅言覺非』에서 지적된 바 있다.

(2) 가. 我國常談亦多華語, 往往可見, 今略列于下. [...] **錢粮/+錢쳔粮량+/**(우리 나라 상언(常言)에 또한 화어(華語)가 많다. 이따금 볼 수 있는데, 이제 간략하게 아래에 나열한다. [...] 錢粮/+錢쳔粮량+/)<理藪新編-雜錄(1744) 20:58b>

나. 每官府開坐, 吏輒唱曰, 禁鄕談, 則府中上下於凡物名, 皆以漢語, 不得用鄕談. 今其制雖廢, 而尙有傳習之可見者. 如當直曰當당直디, [...] **錢糧曰錢쳔糧량**<磻溪隧錄(1770) 25:續篇:言語>

다. 錢糧誤翻爲賤量/+華音本쳔량+/(錢糧은 잘못 옮겨져 賤量이 되었다./+중국음은 본디 '쳔량'이다.+/)<雅言覺非(1819) 2>

---

56) '쳔'음이 반영된 어형으로 '쇼쳔, 쳔표, 니쳔·리쳔, 뺜쳔, 믿쳔·밋쳔(本錢), 은쳔, 사쳔' 등을 더 들 수 있다.

아래 형태별로 하나씩 살피기로 한다. 우선 살펴볼 것은 '錢糧'의 한음을 반영한 '쳔량, 쳔량, 쳔냥, 쳘량, 쳘냥'이다.57) '錢糧'의 한음을 반영한 용례의 수가 많고 대응어가 다양하게 나타나므로, 편의상 대응어의 어두 한자를 기준으로 '錢'류, '財'류, '資'류, '貲'류, '珍'류, '貨'류와 기타로 나누어 살필 것이다. 아래 (3~9)는 한음형 중 보다 높은 출현빈도를 보이는 '쳔량, 쳔량'의 용례이다.

(3) ['錢'류 대응어: 錢, 錢糧, 錢物, 錢帛, 錢財, 錢鈔]

가. 셔울 잣 안 積慶坊의셔 사ᄂᆞᆫ 사ᄅᆞᆷ 趙寶兒ㅣ 이제 **쳔량** ᄡᅳᆯ 거시 업슨 젼ᄎᆞ로 졍원으로 긔약ᄒᆞ야 아모 채쥬의손ᄃᆡ 실 ᄀᆞᄂᆞᆫ 시푼 구의 나깃 은 쉰 량 여수 업시 빋 내여 ᄆᆡ ᄒᆞᆫ

57) 문헌 자료 속에는 '쳔량'류와 유의 관계를 맺는 '쳔'의 용례도 발견된다. 아래는 동일한 문맥에 출현하는 '쳔량'류와 '쳔'의 용례를 제시한 것이다.

예 가. 瞿陀尼ᄂᆞᆫ 쇼 **쳔량**이라 ᄒᆞᆫ ᄠᅳ디니 그어긔 쇠 하아 쇼로 **쳔** 사마 흥졍ᄒᆞᄂᆞ니라<月印釋譜(1459) 1:24b>

나. 일즈시 손 여러 **쳔량** 내여 ᄡᅳ쇼셔 ᄒᆞ야든 그 **쳔**이 더 노ᄅᆞᆺᄒᆞᄂᆞᆫ 노ᄆᆡ ᄆᆞᅀᆞᆷ대로 ᄡᅳ거든(早開手使**錢**也 那**錢物**只由那幫閑的人支使)<飜譯老乞大(1510년대) 下:54b>

다. 네 高麗ㅅ ᄯᅡ해셔 므슴 **쳔**을 가져 온다 내 여러 필 ᄆᆞᄅᆞᆯ 가져 오라 ᄯᅩ 므슴 **쳔** 잇ᄂᆞ뇨 별히 아못 것도 업거니와 져기 人蔘과 모시뵈 잇다(你高麗地面裏 將甚麼**貨物**來 我將的幾匹馬來 再有甚麼**貨物** 別沒甚麼 有些人參毛施布)<飜譯老乞大(1510년대) 下:2a>[cf. 우리 다티 살 **흥졍ᄀᆞᅀᆞ믈** 의논호ᄃᆡ 엇더ᄒᆞ니오(咱們商量別買**貨物**如何)<飜譯老乞大(1510년대) 下:21a>, **황호** ᄑᆞᆯ오 즉재 오마(賣了**貨物**便來)<飜譯老乞大(1510년대) 下:56a>, 中天竺으로셔 五百 술위예 種種앳 **쳔량** 싣고 北天竺에 도라가노라 ᄒᆞ야(從中天竺依土所出 種種**貨物** 滿五百車 大得宜利 從中欲還北天竺國)<月印釋譜(1459) 4:53b>]

라. 그 아비ᄂᆞᆫ 올ᄒᆡ 나히 열 아호비오 글 지ᅀᅵ와 여러 가짓 ᄌᆡ죄 됴코 수 업슨 **쳔량**이러라 듕신도 유복ᄒᆞ도다 졍히 올타 **쳔** 만히 어드리라(那官人是今年十九歲 好文章 諸般才藝 無計筭的**錢糧** 媒人也有福正著了 也多尋**鈔**)<飜譯朴通事(1510년대) 上:46b>[cf. 人은 이 올ᄒᆡ 十九 歲오 文章이 됴코 여러가지 才藝오 수 업슨 **쳔량**이니 媒人도 有福ᄒᆞᆯ샤 졍히 만나시니 **錢鈔**ᄅᆞᆯ 만히 어드리로다<朴通事諺解(1677) 上:42a-b>]

량의 워리를 현 분식 ᄒᆞ야 ᄃᆞᆯ 조초 보내요ᄃᆡ ᄠᅳᆫ들이디 아니ᄒᆞ고 그 은을 ᄅᆡ년 아모 ᄃᆞᆯ ᄂᆡ예 ᄀᆡ가포믈 수에 ᄌᆞᆨ게 호리라(京都在城積慶坊住人趙寶兒 今爲缺**錢**使用 情願立約於某財主處 借到細絲官銀五十兩整 每月利息幾分 按月送納不致拖欠 其銀限至下年幾月內 歸還數足)<飜譯朴通事(1510년대) 上:60b-61a>

나. 챠셜 롱취암은 본시 가부의 ᄀᆡ디라 셩친ᄒᆞᄂᆞᆫ 동산을 짓기로 그 암ᄌᆞ를 속의 일위여 두엇시나 향ᄅᆡ의 식용ᄒᆞᄂᆞᆫ 것과 향화 쇼입을 아오로 가부의 **쳔량**을 움즉이지 아니ᄒᆞ더니(且說櫳翠庵原是賈府的地址 因蓋省親園子 將那庵圈在裡頭 向來食用香火並不動賈府的**錢糧**)<紅樓夢(19세기 말) 113:54>

다. 요ᄉᆞᅀᅵ예 보니 親表 中에/+親ᄋᆞᆫ 同姓이오 表ᄂᆞᆫ 異姓이라+/ 그위실ᄒᆞ리 **쳔량**을 가져다가 父母ᄭᅴ 받ᄌᆞ와ᄃᆞᆫ(比見親表中에 仕宦者ㅣ 將**錢物**ᄒᆞ야 上其父母ᄒᆞ야ᄃᆞᆫ)<內訓(1573) 3:29b>[cf. 요ᄉᆞᅀᅵ예 보니 권당 동셩 이셩 ᄠᅮᆼ에 벼슬 ᄒᆞ옌ᄂᆞᆫ 사ᄅᆞᆷ들히 **쳔량**읫 거슬 가져다가 父母ㅅᄭᅴ 올여든(比見親表中에 仕宦者ㅣ 將錢物ᄒᆞ야 上其父母ᄒᆞ야든)<飜譯小學(1518) 9:51b>, 쳔량읫 거슬 가져다가<小學諺解(1588) 6:47a>]

라. 奴婢와 **쳔량**괘 길헤 ᄀᆞᄃᆞᆨᄒᆞ더니(奴婢**錢帛**充路)<三綱行實圖-烈女圖-禮宗罵卓(1481) 9a>[cf. 노비와 **쳔량**이 길헤 ᄀᆞᄃᆞᆨᄒᆞ더니<상백문고본 三綱行實圖(1581)>]

마. 아바님 겨싫 저긔 **쳔랴이** 그지업더니 이제ᄂᆞᆫ 庫앳 거시 다 뷔여갈ᄊᆡ 내 도ᄂᆞᆯ 가져 다ᄅᆞᆫ 나라해 가 흥졍ᄒᆞ야 오고져 ᄒᆞ노이다(阿爺在日 **錢財**無數 卽今庫藏 並欲空虛 兒欲將錢 出往外國經紀)<月印釋譜(1459) 23:72b>

바. 올ᄒᆡᆫ **쳔량**이 간난ᄒᆞ고 셔울도 아ᄆᆞ란 흥졍이 업더라(今年**錢鈔**艱難 京裏也沒甚麼買賣)<飜譯朴通事(1510년대) 上:153b>

(4) ['財'류 대응어: 財, 財利, 財物, 財帛, 財寶, 財富, 財產, 財錢, 財賄]

가. ᄇᆞ리 盛ᄒᆞ야 나면 世間앳 **쳔랴ᄋᆞᆯ** ᄉᆞᆯ어니와(猛火熾然燒世間**財**)<釋譜詳節(1447) 11:42b-43a>

가.′ 五欲**財**利와/+**財**ᄂᆞᆫ **쳔량**이라+/ 生死悲惱ᄋᆡ ᄉᆞ로미 ᄃᆞ외야(為五欲財利生死悲惱之所燒煮)<月印釋譜(1459) 12:22a>

가.″ 님금이 **쳔량**ᄋᆞᆯ 그지업시 ᄡᅳ시며(今君用**財**若無窮)<三綱行實圖-忠臣圖-龍逄諫死(1481) 1a>[cf. 님굼이 **쳘량**ᄋᆞᆯ 그지업시 ᄡᅳ시며<상백문고본 三綱行實圖(1581)>, 이제 군은 그러치 아니ᄒᆞ야 **직믈** ᄡᅳ기ᄅᆞᆯ ᄒᆞᆫ이 업시 ᄒᆞ고<奎章閣本 三綱行實圖(1730)>, 이제 군은 **직믈** ᄡᅳ기ᄅᆞᆯ 궁진ᄒᆞ미 업ᄉᆞᆯ ᄃᆞ시 ᄒᆞ고<五倫行實圖(1797) 2:2a>]

나. 다ᄉᆞᆺ재ᄂᆞᆫ **쳔량** 하며 져곰과 가난호믈 앗쳣고 가ᅀᆞ며루믈 구호믈 니ᄅᆞ디 말며(五ᄂᆞᆫ 不言**財利**多少厭貧求富ㅣ오)<飜譯小學(1518) 8:21b>

다. 아ᄃᆞ리 녯 艱難ᄋᆞᆯ 念ᄒᆞ야 ᄠᅳ디 사오납다가 이제 아비게 보ᄇᆡ와 ᄯᅩ 집과 一切 **쳔량** ᄀᆞ장 얻고 ᄀᆞ장 깃거 未曾有ᄅᆞᆯ 得ᄒᆞ니(子ㅣ 念昔貧ᄒᆞ야 志意下劣ᄒᆞ다가 今於父所애 大獲珍寶와 幷及舍宅과 一切**財物**ᄒᆞ고 甚大歡喜ᄒᆞ야 得未曾有ᄒᆞ니)<法華經諺解(1463) 2:245b-246a>[cf. 내 쳔량앳 거시 다ᄋᆞᆹ 업스니 사오나온 져근 술위로 諸子ᄃᆞᆯᄒᆞᆯ 주미 올티 몯도다(我財物이 無極ᄒᆞ니 不應以下劣小車로 與諸子等이로다)<法華經諺解(1463) 2:75b>]

다.′ **쳔량**: **財物**. Richesses de toute sorte.(모든 종류의 재산)<韓佛字典(1880) 597>

라. 이 陁羅尼ᄅᆞᆯ ᄒᆞ다가 사ᄅᆞ미 艱難ᄒᆞ야 주으리며 목 ᄆᆞᆯ라 오ᄉᆞᆯ ᄉᆞ랑ᄒᆞ며 바ᄇᆞᆯ 念호ᄃᆡ 사ᄅᆞ미 救ᄒᆞ리 업스닌 오직 志心으로 供養호ᄃᆡ 날마다 香花로 ᄒᆞ며 ᄆᆞᅀᆞ매 그ᅀᅳ기 ᄉᆞᆲ와 부텨ᄅᆞᆯ 念ᄒᆞᅀᆞ오면 반ᄃᆞ기 **쳔량**과 옷바ᄇᆞᆯ 만히 어드리라(此陀羅尼乚 若人丶 貧困飢渴ソ3 復思衣念食ノ厶 無人救接者ㄱ 但能志心供養ノ厶 日以香花ソ3 冥心啓告ソ3 念佛ソ丅 必得**財帛**衣食ソ3 悉能滿足ソリ丶)<佛頂心陀羅尼經(1464) 8a>

마. 그 지비 ᄀᆞ장 가ᅀᆞ며러 **쳔량**과 한 보ᄇᆡᄂᆞᆫ 道場애 得ᄒᆞ샨 法이 無量 功德 ᄀᆞᄌᆞ샤ᄆᆞᆯ 가ᄌᆞ비니(其家ㅣ 大富ᄒᆞ야 **財寶**

諸珍은　譬道場所得法이　具無量功德也ㅣ니)<法華經諺解(1463) 2:187a>[cf. 그 지비 ᄀᆞ장 가ᅀᆞ며러 쳔량 보ᄇᆡ 그지업서(其家ㅣ 大富ᄒᆞ야 財寶ㅣ 無量ᄒᆞ야)<法華經諺解(1463) 2:186a>]

바. 한 사ᄅᆞ미 侍衛ᄒᆞ야 시혹 金銀 寶物 혜여 **쳔량** 내며 드려 券疏애 注 내야 쓰더니(諸人이 侍衛ᄒᆞ야 或有計算金銀寶物ᄒᆞ야 出內**財産**ᄒᆞ야 注記券疏ᄒᆞ더니)<法華經諺解(1463) 2:238a>

사. 갇나희가 니믈리기가 올히 ᄀᆞᆺ 열여스신 순갇나희라 **쳔량**을 언매나 보낼고 은 일ᄇᆡᆨ 량과 비단 열 필 깁 열 필와 진쥬 네콤 드려 ᄆᆡᆼᄀᆞ론 귀엿골회와 머리예 ᄀᆞᄃᆞ기 진쥬와 비취 보셕에 금 젼 메워 바근 곳갈진쥬로 봉 ᄆᆡᆼᄀᆞ라 바근 冠과양 열콰 수울 열 항을 보내더라(女孩兒那後婚 今年才十六的女孩兒 下多少**財錢** 下一百兩銀子 十表十裏 八珠環兒 滿頭珠翠 金廂寶石頭面 珠鳳冠 十羊十酒裏)<飜譯朴通事(1510년대) 上:45a-b>

아. 對答호ᄃᆡ ᄇᆡ 배야 다 죽고 내 ᄒᆞᆫ 몺분 주거ᄆᆞᆯ ᄇᆞ티 ᄃᆞᆼᄀᆡ야 사라 잇노니 **쳔랴ᇰᄋᆞᆫ** 다 업스이다(答言 善友 船舫沈沒 一切死盡 唯弟一身 牽持死尸 而得全濟一身 **財賄**一切已盡)<月印釋譜(1459) 22:47a>

(5) ['資'류 대응어: 資, 資財, 資賄]

가. ᄯᅩ 한 朝士 더브러 **쳔량**ᄋᆞ로 匠人 뫼화ᄂᆞᆯ(且率諸朝士ᄒᆞ야 以**資**募工ᄒᆞ야ᄂᆞᆯ)<金剛經諺解(1464) 後序:14b-15a>

나. ᄯᅩ 貪ᄒᆞᆫ 無量 有情이 **쳔랴ᇰᄋᆞᆯ** 모도아 두고(復有無量慳貪有情積集**資財**)<釋譜詳節(1447) 9:12a>, <月印釋譜(1459) 9:29a>

다. 연장과 **쳔량**이 ᄀᆞ장 盛ᄒᆞ더니 宣이 깃디 아니ᄒᆞ야 妻ᄃᆞ려 닐오ᄃᆡ(裝送**資賄**甚盛ᄒᆞ더니 宣이 不悅ᄒᆞ야 謂妻曰호ᄃᆡ)<內訓(1573) 2下:75b>

(6) ['貲'류 대응어: 貲, 貲貨]

가. 이틄나래 집 **쳔량**ᄋᆞᆯ 흐터 아ᅀᆞ와 아ᄎᆞᆫ아ᄃᆞᆯ와 죵과 주어 다 보내니라(明日 乃散其家**貲** 與弟姪僕婢 悉遣之)<三綱行實圖

-烈女圖-雍氏同死(1481) 20a-b>[cf. 이튼나래 제 죄 **천량**올 흐터 아이며 아촌아돌이며 죵돌 주어 다 보내니라<상백문고본 三綱行實圖(1581)>, 이튼날 **가산**을 흣터 결닉와 죵들을 눈화 주어 보내고<奎章閣本 三綱行實圖(1730)>, 이튼날 **가산**을 흐터 겨릭와 죵들을 눈화 주어 보내고<五倫行實圖(1797) 3:41a>]

나. 또 **천량**이 만히 잇고 오시 됴ᄒᆞ며 ᄆᆞ리 술지다 ᄒᆞ야 드르면(若聞**貲貨**ㅣ 充足ᄒᆞ며 衣馬ㅣ 輕肥라 ᄒᆞ면)<飜譯小學(1518) 9:50b>[cf. ᄒᆞ다가 **천량**이 만ᄒᆞ며 옷과 ᄆᆞᆯ왜 됴터라 들이면<內訓(1573) 3:29b>]

(7) ['珍'류 대응어: 珍寶, 珍財]

가. 말ᄆᆡ 엳ᄌᆞᆸ고 **천량** 만히 시러 王舍城으로 가며(求假爲兒娶婦 王卽聽之 大載**珍寶** 趣王舍城)<釋譜詳節(1447) 3:15b>

나. 안좀 것과 衣食과 象과 ᄆᆞᆯ와 술위와 보ᄇᆡ와 **천량**ᄋᆞᆯ 供給ᄒᆞ니(供給敷具幷衣食象馬車乘及**珍財**)<圓覺經諺解(1465) 上:2-2:25a>[cf. 내게 잇ᄂᆞᆫ **천량**이 故鄕애 ᄀᆞᄃᆞᆨᄒᆞ니라(自有**珍財**ㅣ 滿故鄕ᄒᆞ니라)<南明泉繼頌諺解(1482) 36b>]

(8) ['貨'류 대응어: 貨, 貨物]

가. 時節ㅅ 거스로 **천량** 옮길씨 닐온 貿ㅣ오(以時物로 遷**貨**ᄒᆞᆯ씨 曰貿ㅣ오)<法華經諺解(1463) 4:40a>

가.′ 갈 벗겨 ᄇᆞ리고 糧食과 **천량**ᄋᆞᆯ 빠아 주고(媛姜 便解道桎梏 爲齎粮**貨**)<三綱行實圖-烈女圖-媛姜解梏(1481) 10a>[cf. 갈 벗겨 ᄇᆞ리고 량식과 **천냥**ᄋᆞᆯ 빠 주고<상백문고본 三綱行實圖(1581)>]

나. 네 본ᄃᆡ 셔울 가 **천량** ᄑᆞ라 또 소옴 깁 사 王京의 가 ᄑᆞ노라 ᄒᆞ야 前後에 언메나 오래 머므ᄂᆞᆫ다(你自來 到京裏賣了**貨物** 却買緜絹 到王京賣了 前後住了多少時)<飜譯老乞大(1510년대) 上:14b-15a>

(9) 기타

가. 柳玭이 닐오ᄃᆡ 王涯라 ᄒᆞᆫ 相國이 뵈야호로 직상 도ᄋᆡ야

나라ᄒᆡ **쳔량**ᄋᆞᆯ ᄀᆞᅀᆞ만 權을 자밧더니(柳玭이 曰 王相國애 涯方居相位ᄒᆞ야 掌**利**權이러니)<飜譯小學(1518) 10:15b>[cf. 柳玭이 ᄀᆞᆯ오ᄃᆡ 王相國/+ 정승을 닐옴이라+/涯/+ 唐 적 사ᄅᆞᆷ이라+/ ㅣ 보야호로 정승 位예 이셔 **ᄌᆡ릿** 權을 ᄀᆞ옴아랏더니/+ 이젯 戶曹判書 소임이라+/(柳玭이 曰 王相國涯ㅣ 方居相位ᄒᆞ야 掌**利**權이러니)<小學諺解(1588) 6:114b>]

위의 예문들에서 '쳔량, 쳔량'은 '錢, 錢糧, 錢物, 錢帛, 錢財, 錢鈔; 財, 財利, 財物, 財帛, 財寶, 財富, 財産, 財錢, 財賄; 資, 資財, 資賄; 貲, 貲貨; 珍寶, 珍財; 貨, 貨物; 利'의 대응어로 나타난다. 이 중 보다 높은 비율을 보이는 것은 '財, 財物, 財寶, 財富'와 같은 '財'류의 대응어로 쓰인 경우이다. 대응어들의 의미에서도 드러나듯이 이때의 '쳔량, 쳔량'은 (4다')에서처럼 "모든 종류의 재산"을 의미한다.58)

한음형 중에는 '쳔량, 쳔량' 외에도 '쳔냥, 쳘량, 쳘냥'의 용례가 발견된다. 일부 제시하면 (10)과 같다.

(10) 가. 벼ᄉᆞᆯ이 도독이오 심삽 쥐 삼십오 현 젼냥을 ᄀᆞ옴아라 여러 ᄇᆡᆨ만 **쳔냥**을 두디 아냐 이리 쉬 젹으니 엇디ᄒᆞ리오(官至都督 管轄十三州三十縣**錢糧** 我只道有幾百萬堆積原來也只有這些)<禪眞逸史(18세기) 3:99>

가.′ 파셕이 닐오ᄃᆡ 가히 알리로다 샹담의 닐오ᄃᆡ 구실ᄒᆞᄂᆞᆫ 사ᄅᆞᆷ이 **쳔냥**을 보면 마치 ᄑᆞ리 피 보니 ᄀᆞᆺ다 ᄒᆞ니(婆惜道 可知哩 常言道 公人見**錢** 如蠅子見血)<서울대 忠義水

58) 중국어에서 '錢糧'은 아래와 같은 의미를 나타낸다.

錢糧: 「1」재물과 양식. 「2」전부(田賦)를 지칭. 옛날에는 전부(田賦)로 속백(粟帛)을 거두거나 또는 은전으로 환산하여 거두거나 또는 속백과 은전을 아울러 징수하기도 하였기 때문에 붙여진 이름임. 「3」조세(租稅)를 두루 지칭. 「4」봉급을 가리킴. 「5」미신(迷信) 용품. 저승돈을 가리킴.(「1」錢財和糧食. 「2」指田賦. 舊時田賦, 或征收粟帛, 或折征銀錢, 或二者幷征, 因稱. 「3」泛指租稅. 「4」指薪水. 「5」迷信用品. 指冥錢.)<漢語大詞典>

滸傳(미상) 8:11b>

나. 내 준 금은 비단 **쳘량**을 다 내게 둔 거슨 雲長이 과연 쳔 냥 금으로도 ᄉᆡᆼ각올 밧고지 못ᄒᆞᆯ 거시오 의ᄅᆞᆯ 웃듬으로 ᄒᆞ여 **쳘량**을 멀리ᄒᆞᄂᆞᆫ 거슨 진실로 ᄉᆞ나희라<三譯總解(1774) 2:5b>

다. 成親 계우 三四年에 戲殺이 드러던지 數多 **쳘냥** 가즌 셰간 各邑貢物 奴婢 田畓 싼머리 石雄黃의 眞珠 套心 귀의고리 압뒤 빈혀 蜜花粧刀 緋緞長衣 大緞치마 다 쥬어 팔아다가<악부(미상) 下:50>

예문에서 '쳔냥'은 '錢糧'과 '錢'의 대응어로 나타난다. (10)에 제시된 '쳔냥, 쳘량, 쳘냥'의 용법은 앞서 살핀 '쳔량, 쳔량'과 다를 바가 없다.

아래는 '錢糧'의 동음이 반영된 '젼량, 젼냥'의 용례이다.[59]

(11) 가. 시험ᄒᆞ야 샹고ᄒᆞ건ᄃᆡ 직례ᄉᆡᆼ 창고에 잇ᄂᆞᆫ **젼량**과 은젼이 ᄆᆡ양 두 량 즁으로 작뎡ᄒᆞ고 은빗치 심히 아름답고 강셔의 방보/+은젼 일홈+/도 ᄯᅩᄒᆞᆫ 그러ᄒᆞᄃᆡ 타ᄉᆡᆼ의 잇ᄂᆞᆫ 은젼은 다 능히 밋지 못ᄒᆞ니 일이 젼쥬ᄒᆞ야 ᄎᆡᆨ망ᄒᆞ미 이ᄉᆞᆫ즉 폐단이 말ᄆᆡ암아 나미 업ᄉᆞ믈 가히 알지라(試觀直隷藩庫之**錢糧**銀錁 每以二兩爲率 銀色甚佳 江西之方寶亦然 他省均不能及 可見事有專責則弊無由生)<易言言解(1884년경) 2:18b>

나. ᄇᆡᆨ셩의 ᄌᆡ물을 륵탈ᄒᆞᆫ즉 부요ᄒᆞᆫ 집을 가히 빈곤ᄒᆞ게 ᄒᆞ며 뢰물이 드러나게 ᄒᆡᆼᄒᆞᆫ즉 시비 밧고이고 거죄 맛당ᄒᆞ믈 일흐며 공젼과 국곡을 투식ᄒᆞᄆᆡ 무ᄉᆞᆷ 결을에 군병이 ᄇᆡ골프믈 교계ᄒᆞ며 진휼ᄒᆞᄂᆞᆫ **젼량**을 쥬려 낭탁ᄒᆞᄆᆡ ᄇᆡᆨ

59) '젼량, 젼냥'으로 표기된 대상들 중에는 '田糧'을 어원으로 하는 대상들과 '田糧'인지 '錢糧'인지가 문맥상 구분이 어려운 예들도 포함되어 있다. 본고에서 예로 든 대상들은 문맥이나 대응어를 통해 어원이 '錢糧'임이 확인되는 대상들이다.

셩의 긔ᄉᆞ지폐를 도라보지 아니ᄒᆞ야 우아ᄅᆡ 셔로 뒤덥고 쇽여 리ᄒᆞᆯ 도리만 골돌이 ᄉᆡᆼ각ᄒᆞᄂᆞ니(掊尅則富室可貧 賂賂公行 則是非倒置 苞苴競進 則擧措失宜 呑蝕**錢糧**遑計三軍枵腹 浮冒賑**欵** 不顧萬姓啼饑 上下相蒙 孳孶爲利)<易言言解(1884년경) 4:29a>

다. 일일은 경틍ᄃᆞ려 닐오ᄃᆡ 하동 겻 고을히 **젼량**이 만히 잇다 ᄒᆞ니 ᄉᆞᆨᄉᆞᆨ이 군ᄉᆞ 삼쳔을 거ᄂᆞ리고 강쥐를 터 겁냑ᄒᆞ야 도라오면 가히 이년 쓸거ᄉᆞᆯ 어드리라 [...] 군ᄉᆞ를 ᄂᆞᆫ화 강쥐셩을 ᄊᆞ고 크게 블러 닐오ᄃᆡ 셩듕의 보고 **젼량**을 우리게 드리면 믈러가려니와 만일 그러티 아니면 셩을 파ᄒᆞᄂᆞᆫ 날의 옥셕을 ᄀᆞᆯ히디 아니호리라 [...] 호연찬이 오룡마를 ᄐᆞ고 군젼의 ᄃᆞ려와 크게 블러 닐오ᄃᆡ 네 고듕의 황금 삼쳔 냥을 내게 드리라<북송연의(미상) 1:9b-10a>

라. 하와이 ᄀᆞᆺᄒᆞᆫ 디방에ᄂᆞᆫ 월급이야 우리나라에 월급보다 만타 ᄒᆞ나 모든 물죵이 ᄆᆡ우 비싸니 무ᄉᆞᆷ 리익이 잇다 ᄒᆞ리오 가령 우리나라헤 밥 ᄒᆞᆫ 샹 갑시 ᄒᆞᆫ 량이 되면 날마다 닷 량만 버ᄂᆞᆫ 사ᄅᆞᆷ이 쉽게 사나 타국에ᄂᆞᆫ 밥 ᄒᆞᆫ 샹 갑시 닷 량이 되면 날마다 열닷 량 버ᄂᆞᆫ 사ᄅᆞᆷ이라도 어렵게 지낼 거시오 대한셔 써나갈 째 션가를 무지 아니ᄒᆞ나 다시 대한으로 도라오랴면 이왕 갈 째 션가와 로비를 몰수히 갑ᄂᆞᆫ 거시니 도라올 션가와 로슈도 ᄌᆞ긔 **젼량**으로 마련ᄒᆞᆯ 거시라<京鄕新聞-론셜(1906-12-14)>

마. 하양 군슈 김용복씨ᄂᆞᆫ 져녁 후 칠팔시 가량에 동원에셔 적경을 당ᄒᆞ엿ᄂᆞᆫᄃᆡ 적당 칠명이 와셔 ᄉᆞ명은 밧게 잇고 삼명이 명함을 뎡당으로 드리기에 밧아보고 엇더ᄒᆞᆫ 사ᄅᆞᆷ인지 알 수 업서 드러오라 ᄒᆞ니 세 사ᄅᆞᆷ이 ᄀᆞᆺ치 드러와 인ᄉᆞᄒᆞ고 ᄒᆞᄂᆞᆫ 말이 우리ᄂᆞᆫ 다 불우ᄒᆞᆫ 사ᄅᆞᆷ으로써 이런 령감이나 ᄎᆞ자보고 **젼량**이나 엇으랴고 왓시니 돈을 ᄒᆞᆫ 이쳔원이나 주어야 ᄒᆞ겟소 ᄒᆞ거ᄂᆞᆯ<京鄕新聞-경샹보-이

ᄇᆡᆨ원과 인쟝(1906-12-28)>

바. 쟝연 도ᄌᆡᆨ쥬의 본을 ᄯᆞ라 슌검 셜시ᄒᆞᆫ 후로 투젼군들이 망군을 세워 밤에ᄂᆞᆫ 열량 주고 나제ᄂᆞᆫ 닷량식 준다ᄂᆞᆫᄃᆡ 녀인들은 윷ᄶᅵ기로 <u>수만 량식 득실 잇게 놀아 **젼량**이 왓다 갓다 ᄒᆞᆫ다더라</u><京鄕新聞-황히보-노ᄅᆞᆷ군의 슈단(1907-2-1)>

사. 본 신문 보시ᄂᆞᆫ 황히도 쟝연읍 교형들이 몃 마ᄃᆡ 말노 긔별ᄒᆞᄃᆡ 경향신문이 불편불의ᄒᆞ고 공정우위ᄒᆞ야 사ᄅᆞᆷ의 정신을 ᄭᆡ오치며 ᄆᆞᄋᆞᆷ의 힘을 길너 ᄌᆞ라게 ᄒᆞ기에 십분 긴졀ᄒᆞᆷ으로 ᄆᆞᄋᆞᆷ에 ᄀᆞ득히 즐거워 빈한ᄒᆞᆫ 쳐디로 써 변변치 못ᄒᆞᆫ <u>**젼량**</u>을 모화 정셩을 표ᄒᆞ노라 ᄒᆞ고 <u>삼원 칠십오젼을 보내엿기에</u> 본샤ᄂᆞᆫ 그 ᄀᆞ득ᄒᆞᆫ ᄆᆞᄋᆞᆷ을 깁히 감샤ᄒᆞ며 그 교형들의 셩명을 아래 긔ᄌᆡᄒᆞᆸ<京鄕新聞(1907-8-23)>

아. 위션 졔물포 텰도 놋ᄂᆞᆫ 거스로만 보아도 그 리해를 쇼상히 판단 ᄒᆞᆯ 거시 처음에는 <u>모군 삭을 ᄆᆡ일 여덜 량을 남아 주던 거시</u> 차차 ᄡᅥ러져셔 [⋯] 몃 쳔 명 모군군이 당장 <u>**젼량** 버러 ᄡᅳᄂᆞᆫ 거슬</u> 리라고 ᄒᆞᆯ 슈 업고<매일신문(1898-6-14)>

(11)의 밑줄 친 부분의 문맥을 참조했을 때, 위의 용례들에 출현하는 '젼량'은 "돈"의 의미를 나타낸다. 유의할 점은 (11나)에서 "전곡"의 의미를 나타내는 '錢粮'은 '공젼과 국곡'으로 대응되어 나타나는 반면, 동일한 문맥에서 "돈"을 의미하는 '款'의 대응어로는 '전량'이 나타난다는 것이다.

아래는 "돈"을 의미할 수도 있지만, 이보다 포괄적인 "재물"을 의미할 가능성도 존재하는 예들이다.

(12) 가. 벼슬이 도독이오 심삽 쥐 삼십오 현 <u>**젼냥**</u>을 ᄀᆞᄋᆞᆷ아라 여러 ᄇᆡᆨ만 <u>**쳔냥**</u>을 두디 아냐 이리 쉬 젹으니 엇디ᄒᆞ리오(官至都督　管轄十三州三十縣<u>**錢糧**</u>　我只道有幾百萬<u>**堆積**</u>

原來也只有這些)<禪眞逸史(18세기) 3:99>[cf. 혹 젼량을 관뎡의 응당 밧칠 거술 항거ᄒᆞ야 밧치지 아니ᄒᆞ며(或錢糧應繳公庭抗不完納)<易言言解(1884년경) 3:21b>]

나. 坐 가즁의 빅만금 부명이 잇셔 목하의 닉탕고 **젼량**을 거ᄂᆞ려 잡믈죵을 판비ᄒᆞ여 밧치니(且家中有百萬之富 現領着內帑**錢糧** 採辦雜料)<紅樓夢(19세기 말) 4:46>[cf. 챠셜 롱취암은 본시 가부의 긔디라 셩친ᄒᆞᄂᆞᆫ 동산을 짓기로 그 암ᄌᆞ를 쇽의 일위여 두엇시나 향릭의 식용ᄒᆞᄂᆞᆫ 것과 향화 쇼입을 아오로 가부의 **쳔량**을 움즉이지 아니ᄒᆞ더니(且說櫳翠庵原是賈府的地址 因蓋省親園子 將那庵圈在裡頭 向來食用香火並不動賈府的**錢糧**)<紅樓夢(19세기 말) 113:54>]

다. 베 심은 ᄯᅡ흘 나를 쥬시면 일년 동안의 져 희롱ᄒᆞᄂᆞᆫ 크고 젹은 식의 량식은 궁즁 거술 움즉이지 아니ᄒᆞ고 내 도로혀 가히 **젼량**을 밧치리이다(那一片稻地交給我 一年這些頑的大小雀鳥的糧食不必動宮中**錢糧** 我還可以交**錢糧**)<紅樓夢(19세기 말) 56:31>

라. 양쥬 광릉쳔 부근에 소위 부샹이라 칭ᄒᆞᄂᆞᆫ 협잡빅들이 부샹 텹지를 픈다 ᄒᆞ고 촌에 ᄃᆞ니며 농민을 위협 륵입ᄒᆞ며 도로샹 힝인의 쥬머니를 털어 잇ᄂᆞᆫ **젼량**을 몰수히 ᄲᅢ아사 가니 쟝ᄉᆞ길이 막히고 민심이 미우 소동ᄒᆞ다더라<京鄕新聞-경긔보-협잡 힝패(1907-2-8)>

현재 『표준국어대사전』에는 한음형과 동음형의 후대형인 ‘천량’과 ‘전량’이 서로 다른 의미를 나타내는 별도의 표제어로 올라 있다.

(13) 가. **천량01**: 명 개인 살림살이의 재산. 【<중>錢糧】
나. **전량07(錢糧)**: 명 =전곡05(錢穀).

이 중 ‘천량’에 대한 서술은 앞서 문헌 자료를 빌어 검토된 내용과 대체로 일치하지만, ‘전량’에 대해 “돈과 곡식”으로 보는 것은 본고에서 검토된 내용과 차이가 있다. 역사 문헌 자료에서 확인되는 '전량'은 '천량'과 마찬가지로 "돈" 또는 "재산"의 의미로 쓰였다. 반면에 "전곡"의 의미는 문맥만으로는 유추해 내기가 쉽지가 않았다.

이상으로 '錢糧'을 어원으로 하는 '쳔량, 쳔량, 쳔냥, 쳘량, 쳘냥, 천량'과 '젼량, 젼냥, 전량'에 대해 통시적으로 살펴보았다. 논의의 핵심을 요약하면 아래와 같다.

한음형 중 가장 높은 출현 빈도를 보이는 것은 '쳔량, 쳔량'이다. 이외에 이들에서 어중 'ㄴㄹ' 또는 'ㄹㄹ' 연쇄의 변화를 반영한 '쳔냥, 쳘량, 쳘냥' 등은 18세기 이후에 이르러서 문증되며, 현재 한음형의 후대형인 '천량'이 "재산"의 의미로 쓰이고 있다.

동음형의 '젼량, 젼냥'은 19세기 이후의 자료에서 비로소 문증된다. 이 중 '젼냥'은 어중 'ㄴㄹ' 연쇄의 변화를 반영하였으며, 현재는 동음형의 후대형인 '전량'이 "전곡"과 동일한 의미로 쓰이고 있다.

『표준국어대사전』에서의 기술과 달리, 문헌 자료를 통해 확인한 사실에 따른다면, 한음형과 동음형 사이에는 특별한 의미 차이 없이 구체적인 "돈"의 의미나 추상적인 "재산"의 의미를 모두 나타낼 수 있었다. 또한 '쳔량'류의 경우 구체적인 "돈"을 나타내는 맥락보다는 추상적인 "재산"을 의미하는 맥락에서 보다 높은 출현 빈도를 보인 반면, '젼량'류는 구체적인 "돈"을 의미할 때 보다 많이 나타난다.

돈과 곡식도 재산의 일부라는 점을 감안했을 때, '전량'이 나타내는 "전곡"의 의미를 문맥을 통해 유추해내는 자체가 쉽지가 않았다. 단지 확실한 것은 '젼량'이 "돈"의 의미로 쓰인 예나 "재산"의 의미로 쓰인 예가 확인된다는 점이다. '천량'과 '전량'이 어떤 과정을 거쳐 현재와 같이 "재산"과 "돈과 곡식"의 의미로 분화되었는지는 앞으로 더 살펴보아야 할 것이다.

3.2.12. [請] 한칭ᄒᆞ다-동청ᄒᆞ다·쳥ᄒᆞ다·청ᄒᆞ다 > 한∅-동청하다

'請ᄒᆞ-'를 어원으로 하는 어형에는 '칭ᄒᆞ-'와 '쳥ᄒᆞ-, 청ᄒᆞ-, 청ᄒᆞ-'가 있다.[60)]

(1) 가. **請칭**<老乞上諺解(1670) 下:30b>

나. 請: 쳥홀 **쳥**<新增類合-動止(1576) 下:45a>

위에서 보듯이 '칭ᄒᆞ-'는 '請'의 한음을 반영한 '칭'에 '-ᄒᆞ-'가 결합된 어형이고, '쳥ᄒᆞ-'는 '請'의 동음 '쳥'에 '-ᄒᆞ-'가 결합된 어형이다. 아래 어형별로 관련 용례에 대해 살피기로 한다.

(2)는 '칭ᄒᆞ-'의 용례이다.

(2) 오ᄂᆞᆯ 차반 여토와 우리 모든 권당을 **칭ᄒᆞ야** 힘힘이 안젓쟈 [⋯] ᄇᆞ리ᄂᆞᆫ 奴婢를 다 **請ᄒᆞ야** 오라 [⋯] **쳥ᄒᆞ노니** 집의 드러 안ᄌᆞ쇼셔 오ᄂᆞᆯ 잠깐 담박ᄒᆞᆫ 녜로 쇽졀업시 권당을 **쳥ᄒᆞ야**(今日備辦了些箇茶飯 **請칭**咱們眾親眷閑坐的 [⋯] 使喚的奴婢 都**請칭**將來 [⋯] **請칭**家裏坐的 今日些小淡薄禮 虛**請칭**親眷)<老乞上諺解(1670) 下:30b-31b>[cf. 오ᄂᆞᆯ 차반 여투워 우리 모든 아ᅀᆞᆷ들 쳥ᄒᆞ야 안자셔 말ᄒᆞ져 [⋯] ᄇᆞ리ᄂᆞᆫ 죵들 다 쳥ᄒᆞ야 오라 [⋯] 쳥ᄒᆞ뇌 지븨 드러 안ᄌᆞ쇼셔 오ᄂᆞᆯ 잠깐 담박ᄒᆞᆫ 이레 쇽졀업시 아ᅀᆞᆷ들 쳥ᄒᆞ야<飜譯老乞大(1510년대) 下:33b-35a>]

'칭ᄒᆞ-'의 용례는 (2)에 한해 출현한다. 보다 이른 시기의 판본에서는 '쳥ᄒᆞ-'로 일괄적으로 출현하던 것이 (2)에서는 '칭ᄒᆞ-, 請ᄒᆞ-, 쳥ᄒᆞ-'의 다양한 형태로 나타난다.[61)]

---

60) 이 중 '칭ᄒᆞ-'는 蕭悅寧(2014)에서 중국어 차용어로 지적된 바 있다.

61) '칭ᄒᆞ-'처럼 '請'의 한음 '칭'이 반영된 예로 "안ᄌᆞ쇼셔"를 의미하는 아래의 '칭조[請坐]'를 더 들 수 있다.

아래는 동음을 반영한 '쳥ᄒᆞ-, 청ᄒᆞ-, 칭ᄒᆞ-'의 용례이다.

(3) 가. 언쇄 아촌 섯나래 형과 아ᄌᆞ미 <u>**청ᄒᆞ여**</u> 수을 이바ᄃᆞ며 닐우듸<二倫行實圖(1518) 21a>

나. 이 경을 싀워셔 즁을 마자다가 부텨를 <u>**쳥ᄒᆞ야**</u> 향과 곳과 공양ᄒᆞᄉᆞᆸ(書寫是經 香花供養 <u>請</u>佛迎僧)<佛說長壽滅罪護諸童子陁羅尼經(16세기) 73b>

다. 당숡 안쥬를 뎌그나 놈 보암즉게 ᄒᆞ여 보내소 일향 얼우신네를 다 <u>**쳥ᄒᆞ니**</u> 하 초초케 마소 밧바 이만 즈일<진주하씨묘-057/곽씨-55, 17세기 전기, 곽주(남편)→진주하씨(아내)>

라. 몬져 내 녯벗이라 ᄒᆞ여 너를 <u>**쳥ᄒᆞ여**</u> 취토록 먹이고 ᄒᆞᆫ 평상에 누엇더니<三譯總解(1774) 7:5b>

마. 년젼은 아국 ᄉᆞ힝이 드러오면 이 ᄆᆞ올 사람이 스ᄉᆞ로 고려 ᄌᆞ손이로라 일ᄏᆞᆺ고 각각 집으로 <u>**쳥ᄒᆞ야**</u> ᄃᆡ졉이 관곡ᄒᆞ더니 년ᄒᆞ야 됴션 사람이 그 관곡ᄒᆞᆷ믈 인연ᄒᆞ야 거ᄌᆞᆺ말노 속이고 셰간을 도적ᄒᆞ니 근ᄂᆡᄂᆞᆫ 아국 사람을 보아도 ᄯᅩᄒᆞᆫ 반기지 아니ᄒᆞ고 혹 고려 사람의 ᄌᆞ손이시믈 무ᄅᆞ면 ᄃᆡ답ᄒᆞᄃᆡ 고려의 조상이 잇고 고려의 ᄌᆞ손이 어이 이시리오 ᄒᆞᆫ다 ᄒᆞ더라<장서각본 乙丙燕行錄(19세기) 4:54-55>

바. 이ᄯᅢ 관찰사가 빅반을 부벽루에 광장이 ᄎᆞ리고 부하관요를 <u>**쳥ᄒᆞ야**</u> 질탕이 놀ᄉᆡ<秋天明月(1914) 51>, 량반의 자식들의게 천ᄃᆡ를 바들가 겁이 나셔 학교에ᄂᆞᆫ 드러보ᄂᆡ지 못ᄒᆞ고 여러 젼문 교사를 ᄆᆡ일 집으로 <u>**쳥ᄒᆞ야**</u> 학문과 기예를 가라

예 역관이 ᄯᅩᄒᆞᆫ 웃고 닐오ᄃᆡ 산ᄃᆡ인의 궁ᄌᆞ로 첫번 드러온다 ᄒᆞ니 산ᄃᆡ인은 셔장을 니ᄅᆞᆫ 말이오 궁ᄌᆞᄂᆞᆫ ᄌᆞ뎨라 말이라 쥬인이 크게 웃고 날을 향ᄒᆞ야 ᄀᆞᆯ오ᄃᆡ <u>**칭조**</u>라 ᄒᆞ니 <u>**칭조**</u>란 말은 <u>안ᄌᆞ쇼셔 ᄒᆞᄂᆞᆫ ᄃᆡ졉ᄒᆞᄂᆞᆫ 말</u>이라<장서각본 乙丙燕行錄(19세기) 1:88-89>

예문 속의 '칭조'나 본고의 '칭ᄒᆞ-'는 모두 중국어의 간섭이 쉽게 일어나는 한학서나 연행록 자료에 출현한다. 따라서 동음형 '쳥ᄒᆞ-'나 '청ᄒᆞ-'가 이른 시기의 자료에서부터 폭넓게 사용되었음에도 불구하고 해당 자료에 '칭ᄒᆞ-'라는 어형이 출현할 수 있었던 것은 한학서라는 문헌 자료의 성격에서 비롯된 것으로 짐작된다.

치게 ᄒᆞ니<再逢春(1912) 22>

(3)의 '청ᄒᆞ-, 청ᄒᆞ-, 청ᄒᆞ-'는 원문의 '請'에 대응되며, (2)와 마찬가지로 "초대하다"는 의미를 나타낸다. '청ᄒᆞ-'류는 "초대하다"라는 의미 외에도 (4)와 같이 "부탁하다"의 의미로도 쓰인다.

(4) 가. 녀름지슬 아비 **청ᄒᆞ거든** 다 가고 이웃지븨셔 주거든 거스디 아니ᄒᆞ노라(田父**要**皆去 隣家問不違)<杜詩諺解-寒食(1481) 11:11b>

나. 반도 아니 바닷더니 ᄀᆡ니 바다 두고 번동 ᄡᆞᆯ 셜ᄒᆞᆫ 말 셔올로 갈 제 ᄒᆡ여 달라 **청ᄒᆞ니** 내 모기라 맛뎌더니 ᄀᆡ니 다 바다 두고<순천김씨묘-080, 1550~1592년, 신천강씨(어머니)→순천김씨(딸)>

다. 전시ᄂᆞᆫ 안음현 사ᄅᆞᆷ이니 찰방 뎡유열의 안해라 임진왜난의 맛보 그 아븨게 **청ᄒᆞ야** ᄀᆞᆯ오ᄃᆡ 원컨대 져근 칼ᄒᆞᆯ 어더지라 ᄒᆞ거ᄂᆞᆯ(全氏安陰縣人 察訪鄭惟悅之妻也 壬辰倭亂嘗**請**於其父曰願得小刀)<東國新續三綱行實圖-新續烈女圖-全氏被害(1617) 4:85b>

라. 길분은 량나라 풍익 사ᄅᆞᆷ이니 아비 원향 녕을 ᄒᆞ엿더니 아젼의 무함ᄒᆞᆫ 배 되여 잡히여 뎡위/+법 마튼 마을이라+/에 나아갈ᄉᆡ 이 ᄣᅢ에 분의 나히 십오 셰라 길거리에 우지디며 공경의게 빌고 **청ᄒᆞ니** 보ᄂᆞᆫ 사ᄅᆞᆷ이 다 눈믈을 흘리더라(吉翂 馮翊人 父爲原鄕令 爲吏所誣 逮詣廷尉 翂年十五 號泣衢路 祈**請**公卿 見者隕涕)<五倫行實圖-孝子圖-吉翂代父(1797) 1:39a>

마. 됴 평원군의 부인은 무긔의 ᄆᆞᆺ누의라 됴ㅣ 급ᄒᆞᆷ애 ᄉᆞ쟈 관과 개 셔로 ᄇᆞ라 구완을 무긔의게 칙ᄒᆞ거ᄂᆞᆯ 무긔 왕의게 **청ᄒᆞ고** 밋 손으로 ᄒᆞ여곰 노라 다래기ᄅᆞᆯ 온가지로 ᄒᆞᆫᄃᆡ 왕이 듯디 안니ᄒᆞ더라(趙平原君의 夫人은 無忌의 姉也ㅣ라 趙ㅣ 急에 使者冠蓋相望ᄒᆞ야 責救於無忌어ᄂᆞᆯ 無忌**請**於王ᄒᆞ고 及使賓客으로 游說萬端ᄒᆞᆫᄃᆡ 王이 不聽ᄒᆞ더라)<+九史略諺解(1832) 2:73b-74a>

바. 김씨ᄂᆞᆫ 괴롭기도 ᄒᆞ고 그 사졍이 가엽기도 ᄒᆞ야 **청ᄒᆞᄂᆞᆫ** ᄃᆡ로 쥬고 쥬고 ᄒᆞᆫ 것이 벌셔 ᄒᆞᆫ두 번니 아니요<江上淚(1919) 23>

(4)에서 '쳥ᄒᆞ-'류는 '請, 要'에 대응된다.62) (3)과 (4)에서 보듯이 '請'을 어원으로 하는 동음형들은 중세 국어 시기부터 확인되기 시작하여 현재까지도 활발하게 쓰이고 있다. 현재 『표준국어대사전』에서는 동음형의 후대형인 '청하다'가 (5)와 같이 표제어로 올라 있다.

(5) **청하다(請--)**: 동 [1](…에/에게 …을)(…에/에게 -기를)(…에/에게 -고)어떤 일을 이루기 위하여 남에게 부탁을 하다. [2](…을 …에)(…을 …으로)사람을 따로 부르거나 잔치 따위에 초대하다. [3](…을) 「1」 잠이 들기를 바라다. 또는 잠이 들도록 노력하다. 「2」 『불교』 불보살이나 영혼 따위를 부르다.

지금까지 '請ᄒᆞ-'를 어원으로 하는 '칭ᄒᆞ-'와 '쳥ᄒᆞ-, 쳥ᄒᆞ-, 청ᄒᆞ-'에 대해 통시적으로 살펴보았다. 논의의 핵심을 요약하면 아래와 같다.

한음형 '칭ᄒᆞ-'는 『老乞大諺解』(1670년)에서 "초대하다"의 의미로 쓰인 용례가 제한적으로 확인된다. 이는 이전 시기 이본 자료인 『飜譯老乞大』에서는 '쳥ᄒᆞ-'로 나타나던 것이다. 이와 대조적으로 동음형의 '쳥ᄒᆞ-'는 16세기 자료에서 문증되기 시작하여 현재까지도 그 후대형인 '청하다'가 다양한 의미로 활발하게 쓰이고 있다.

3.2.13. [縐紗] 한 즈우샤·주사·즈으사·즈우사·져사·져우사-동 츄사 > 한 ∅-동 ∅

'縐紗'를 어원으로 하는 어형에는 '즈우샤, 주사, 즈으사, 즈우사, 져사, 져우사'와 '추사'가 있다.63)

62) "부탁하다"의 의미를 나타낼 경우에는 '-ᄒᆞ다' 없이 단독형으로 쓰인 경우도 발견된다.

63) 이 중 '즈우샤, 주사'는 李基文(1965/1991)과 蕭悅寧(2014)에서, '즈우사'

(1) 가. 縐주紗사: 즈우사<譯語類解-織造(1690) 下:4b>
나. 縐: 무뤼 추. 俗呼縐紗.<訓蒙字會-布帛(1527) 中:15a>, 紗: 샷 사<訓蒙字會-布帛(1527) 中:15a>

위에서 보듯이 '즈우샤, 주사, 즈으사, 즈우사, 져사, 져우사'는 '縐紗'의 한음에 가까운 표기이고,[64] '츄사'는 '縐紗'의 동음을 반영한 것이다. 한음형 중 '져사, 져우사'로 대표되는 '져'류는 '즈우샤, 주사, 즈으사, 즈우사'로 대표되는 '즈'류에서 '즈>져', 즉 '으>어'의 변화를 겪은 어형으로 판단된다. 어형의 비교에서 드러나듯이, 한음을 반영한 어형들과 동음을 반영한 어형 사이에는 어두에서 평음 'ㅈ'과 격음 'ㅊ'의 대립을 이룬다. 평음 계열이 중국어 차용어라는 것에 대해서는 아래의 기록이 참조가 된다.

(2) 가. 縐紗誤翻爲走紬/+ 華音本 주사+ /(縐紗는 잘못 옮겨져 走紬로 되었다./+ 중국음은 본래 '주사'이다.+ /)<雅言覺非(1819) 2>
나. 紗: 사, 紡絲織之輕者爲紗, 縐者爲縠. ○ 縐紗, 俗轉져사, 誤翻走紗. ○ 甲紗갑샤. ○ 花綃紗화션사. ○ 大紗대사. ○ 吉祥紗길샹사. ○ 如意紗여의사. ○ 桃李紗도리사.<名物紀畧-布帛部(1870) 3:23b>

아래 (4)의 '縐紬'와 '縐紗'가 동일한 한글 대응어를 가지고 있듯이, '紬'와 '縐'가 유동적인 결합 양상을 보이기 때문에 (2)의 '走紬'에[65] 대

는 劉昌惇(1975)에서 중국어 차용어로 지적된 바 있다.

64) 이 중 '주사, 즈으사, 즈우사, 져사, 져우사'는 '紗'의 한음 주음과 동음이 모두 '사'이기 때문에 '縐紗'를 '한음+동음'의 방식으로 받아들였을 가능성도 존재한다. 이들의 차자표기 형태도 '走紗', '苧藕紗'와 같이 '紗' 부분만 어원과 동일한 한자를 그대로 유지하고 있다는 사실은 이와 같은 가능성을 더 높여준다.

65) '縐紬'를 어원으로 하는 '즈으듀'에서도 '縐'가 '즈으'로 표기된 예가 발견

한 설명 또한 '走紗'와 관련지어 생각해볼 수 있다. 즉 '縐紗'가 중국어 발음에 가깝게 옮겨지는 과정에서 '縐紗'가 '走紗'로 잘못 옮겨졌으며 결국은 '走紗'라는 새로운 표기까지 획득하게 되었다는 것이다. '縐紗'의 한음을 반영한 어형들이 다양하게 나타나므로, 최초 용례를 기준으로 시대순에 따라 어형별 용법에 대해 살피기로 한다.

아래의 (3~6)은 각각 '즈우샤', '주사', '즈으사', '즈우사'의 용례이다.

(3) 縐紗: 즈우샤<譯語類解-織造(1690) 下:4b>

(4) 가. 湖縐: 주사<方言類釋-布帛類(1778) 西部:26a>[cf. 湖縐: 走紗<譯語類解補-織造補(1775) 40a>]

나. 縐紗: 주사<同文類解-布帛(1748) 下:24b>, 縐紗: 주사<華語類抄-織造(19세기 말) 44a>

다. 縐紬: 주사<蒙語類解補-布帛補(1790) 27a>

(3)의 '즈우샤'는 '縐紗'에 대응되며 『譯語類解』에 관련 용례가 확인된다. (4)의 '주사'는 순서대로 각각 '湖縐, 縐紗, 縐紬'에 대응된다.[66] (4가)처럼 '주사'의 대응어로 '走紗'라는 차자 표기가 나타나기도 한다.

(5) 縐紗: 즈으사<物譜-蠶績(1802) 下:10b>

된다.

예 옥ᄉᆡᆨ 양속 믠쥬의 이 회ᄉᆡᆨ 양속 믠쥬의 일 옥ᄉᆡᆨ 별문 즈으듀 믠쥬의 일 옥ᄉᆡᆨ 슉갑사 믠쥬의 이<탄일의ᄃᆡ블긔번947>

『필사본 고어대사전』에서는 '즈으듀'를 미상으로 처리하였으나, '縐紬'와 '縐紗'가 모두 '주사'의 대응어로 나타난다는 점으로 미루어 보았을 때, '즈으듀'는 '縐紬'를 어원으로 한 것으로 추정된다.

66) 이 중 '湖縐'는 중국 절강성(浙江省) 호주(湖州)에서 생산되었기 때문에 붙여진 이름이다. 이러한 명명 방식은 직물 관련 용어에서 종종 발견된다.

(5)의 '즈으사'는 원문의 '縐紗'에 대응되는 것으로 『物譜』에서 제한적으로 확인된다. 아래는 '즈우사'의 용례이다.

(6) 다홍 화문 즈우사 겹치마 일(多紅花紋**苧藕紗**甲裳一)<丁未嘉禮時日記(1848년 이후) 15a>, 초록 유문 즈우사 누비금(草綠有紋**苧藕紗**縷飛衾)<丁未嘉禮時日記(1848년 이후) 55b>, 다홍 화문 즈우사 징 겹치마 일(多紅花紋**苧藕紗**載陽甲裳一)<丁未嘉禮時日記(1848년 이후) 62a>, 연두 ᄉᆡᆨ 화문 즈우사 져고리ᄎᆞ 보라 왜듀 져고리ᄎᆞ 일쟉 회장ᄎᆞ구(軟豆色花紋**苧藕紗**赤古里次 甫羅倭紬赤古里次一作 回粧次具)<丁未嘉禮時日記(1848년 이후) 69a>

(6)의 '즈우사'는 '苧藕紗'에 대응되며, 이는 '즈우사'를 차자 표기한 것으로 『丁未嘉禮時日記』에서 관련 용례가 집중적으로 확인된다.

(7)은 앞서 살핀 바 있던 '져사'의 용례로서[67] 『名物紀畧』에서 관련 용례가 확인된다.

(7) 紗사, 紡絲織之輕者爲紗, 縐者爲縠. ○ 縐紗, 俗轉**져사**, 誤翻走紗. ○ 甲紗갑샤. ○ 花縇紗화션사. ○ 大紗대사. ○ 吉祥紗길샹사. ○ 如意紗여의사. ○ 桃李紗도리사.<名物紀畧-布帛部(1870) 3:23b>

아래는 '져우사'의 용례이다.

(8) 남 별문단 단치마 일 남 왜단 단치마 일 남 **져우사** 도련 단치마 이 ᄇᆡᆨ갑사 단여의 이 ᄇᆡᆨ 삼팔 단여의 삼<의ᄃᆡ불긔 번983>

---

67) 이와 관련하여 '져ᄉᆞ 슈건, 즈ᄉᆞ 슈건, 져사 슈건'의 형태로 출현하는 '져ᄉᆞ, 즈ᄉᆞ, 져사'가 발견된다. 어형상으로만 보았을 때, '져ᄉᆞ, 즈ᄉᆞ, 져사'가 본고의 '縐紗'와 관련될 듯하나, 문맥으로 보았을 때 어원이 '紵紗'인지 '縐紗'인지가 판단이 어려우므로 본격적인 논의의 대상에서 일단 제외하였다.

이어서 살펴볼 것은 '縐紗'의 동음을 반영한 '츄사'의 용례이다.

(9) 縐紗: **츄사**<廣才物譜(19세기 초) 二:衣服:4b>

(9)의 '츄사'는 원문의 '縐紗'에 대응되며 비단의 이름으로 쓰인 것으로 『廣才物譜』에서 관련 용례가 확인된다.

지금까지 '縐紗'를 어원으로 하는 '즈우샤, 주사, 즈으사, 즈우사, 져사, 져우사'와 '추사'에 대해 통시적으로 살펴보았다. 논의의 핵심을 요약하면 아래와 같다.

동음형의 '츄사'는 『廣才物譜』에서 관련 용례가 확인된다. 『廣才物譜』를 제외한 기타 자료에서는 동음형의 예를 확인하기 어려우며 한음형 중심으로 문증된다. 따라서 '縐紗'를 어원으로 하는 대상들 중에서는 한음형이 주로 쓰였음을 알 수 있다. 한음을 반영한 어형을 전반적으로 살펴보았을 때, '으/우' 계열의 어형인 '즈우샤, 주사, 즈으사, 즈우사'가 17세기 이후의 문헌에서 우선 문증되고, '져사'와 '져우사'로 대표되는 '어' 계열 어형들은 19세기에 이르러 비로소 문증되며, 대응어를 비교했을 때 어형들 사이의 의미나 용법 차이는 발견되지 않는다. 한음형 중 '주사'는 18~19세기의 유해서를 중심으로 확인되며, '주사'를 제외한 기타의 어형들은 특정 문헌에서 용례가 발견된다. 예를 들면, '즈우샤'는 『譯語類解』에서, '즈으사'는 『物譜』에서, '즈우사'는 『丁未嘉禮時日記』에서, '져사'는 『名物紀畧』에서, '져우사'는 발기에서 확인되는 것과 같은 것이다. '즈우샤, 주사, 즈으사, 즈우사, 져사, 져우사'와 같이 다양한 외형을 지닌 한음형의 존재는 하나의 차용어가 원어의 발음에 가깝게 받아들여질 때 다양한 대응 양상을 드러낼 수 있음을 확인시켜 준다. 현재 모두 소멸되어 쓰이지 않고 있다.

3.2.14. [湯罐] 한탕권-동탕관·탕관 > 한∅-동탕관

'湯罐'을 어원으로 하는 어형에는 '탕권'과 '탕관, 탕관'이 있다.[68]

(1) 가. **湯탕**<飜譯老乞大(1510년대) 上:61b>, **罐권**兒ᄉᆞ<飜譯老乞大(1510년대) 上:43a>
　나. 湯: 탕 **탕**. 又더울 탕. 又去聲. 熱水灼之也.<訓蒙字會-饌食(1527) 中:10b>, 罐: 단디 **관**. 又汲水缸, 有耳. 又柳編者, 柳罐. 又曰水斗.<訓蒙字會-器皿(1527) 中:7a>

위에서 보듯이 '탕권'은 '湯罐'의 한음과 일치하는 어형이고[69] '탕관'과 '탕관'은 '湯罐'의 동음과 일치하는 어형이다. 한음형과 동음형에 반영된 '권'과 '관'은 'ㅜ'와 'ㅗ'의 대응을 이루고 있다. 아래 어형별로 하나씩 살피기로 한다.

(2)는 '탕권'의 용례이다.

(2) 가. 이예 약글 나모 아래 달히더니 믄득 즘승이 이셔 나모 우ᄒᆞᆯ 조차 **탕권** 가온대 ᄠᅥ러디거ᄂᆞᆯ 보니 이 ᄉᆡᆼ개고리러라(乃熬藥于樹下 忽有物從樹上墮**鐺**中 視之乃生蛙也)<東國新續三綱行實圖-新續孝子圖-徐稜感天(1617) 1:12b>
　나. **금탕권** 쇠곡지 속에 白沙蜜 담은 거시여 이 거ᄉᆞᆫ 이 ᄇᆡ로다(**金罐兒**鐵攜兒裏頭 盛著白沙蜜 這個是梨兒)<朴通事諺解(1677) 上:37b>[cf. **金탕관** 쇠ᄌᆞᄅᆞ에 속에 白沙蜜 담은 거시여 이ᄂᆞᆫ 이 ᄇᆡ로다(**金罐兒**鐵柄兒 裏頭盛著白沙蜜 這是梨兒)<朴通事新釋諺解(1765) 1:40a-b>]
　다. 興兒야 네 ᄲᆞ로 ᄒᆞᆫ 사발 밥을 담고 **탕권**에 져기 탕 가져 나그내 조차 가 뎌 벗 주어 먹거든 ᄯᅩ 그ᄅᆞᆺ들 설어저 오라 [...] 아

68) 이 중 '탕권'은 劉昌惇(1975)과 蕭悅寧(2014)에서 중국어 차용어로 지적된 바 있다.
69) 국어사 자료에서 단독형으로 쓰인 '탕, 탕'이 존재했기 때문에 이때의 '탕권'의 '탕'이 '湯'의 동음을 반영하였을 가능성도 배제할 수 없다.
　[예] 가. **湯탕**<飜譯老乞大(1510년대) 上:61b>
　　나. 궤 ᄒᆞ나 약포 동봉 지령 산젹 병 ᄉᆡᆼ치 조린 **탕** 보션 봉<송준길가-67, 1757년, 여흥민씨(며느리)→송요화(시아버지)>

ᄒᆡ야 네 사발 뎝시 **탕권** 가져 집의 가라(興兒 你另盛一椀飯 **罐兒**裏將些湯 跟着客人去 與那箇火伴 喫了時 卻收拾家事來 [⋯] 小的 你將椀楪**罐兒**家)<老乞上諺解(1690) 上:38b-41b>[cf. 興兒] 아 네 ᄣᅩ로 ᄒᆞᆫ 사발 밥을 담고 탕관에 져기 湯을 가져 나그ᄂᆡᄅᆞᆯ ᄯᆞ라가 져 벗을 주어 먹이고 먹어 ᄆᆞᆺ거든 收拾ᄒᆞ여 도라 오라 [⋯] 아ᄒᆡ아 네 사발 졉시와 탕관 가져 집의 도라 가라(興兒 你另盛一碗飯 **罐兒**裏取些湯 跟客人去 給那箇火伴喫 喫完了收拾回来 [⋯] 小廝你可拿了椀楪與**瓦罐**回家去)<重刊老乞大諺解(1795) 上:39b-42a>]

라. 茶차鑵권: **차탕권**<譯語類解-器具(1690) 下:12b>[cf. 湯罐: 湯罐<同文類解-器具(1748) 下:14a>, 湯罐: 湯罐<蒙語類解補-器具補(1790) 25a>]

(2)의 ‘탕권’은 ‘鐺, 罐兒, 鑵’ 등에 대응되며, 17세기 언해 자료를 중심으로 확인된다. (2나)와 (2다)의 ‘탕권’은 후대의 이본에서는 ‘탕관’으로 바뀌어 나타난다. 또한 (3다)의 ‘탕권’은 보다 이른 시기의 이본에서는 (3)에서 제시한 바와 같이 ‘권ᄌᆞ’로 나타나던 것이다. ‘권ᄌᆞ’에도 ‘鑵’의 한음 ‘권’이 반영되어 있다.

(3) **권ᄌᆞ**애 탕 ᄡᅧ 가져 나그내 조차 가 뎌 번다가 주고 머구믈 ᄆᆞ차든 ᄯᅩ 그릇ᄃᆞᆯ 설어저 오라 [⋯] 아ᄒᆡ야 네 사발 뎝시 **권ᄌᆞ** 가져 지븨 가라(**罐권兒ᅀᆞ**裏將些湯 跟着客人去 與那箇火伴 喫了時 却收拾家事來 [⋯] 小的 你將碗碟**罐권兒ᅀᆞ**家去)<飜譯老乞大(1510년대) 上:43a-46a>

아래의 (4)에서 드러나겠지만, 한음형이 쓰이기 이전에 이미 동음형이 활발하게 쓰이고 있었던 점을 감안했을 때 언해 자료를 중심으로 문증되는 ‘탕권’의 출현은 문헌 자체 성격과 직결될 가능성이 높다.

아래는 ‘탕관, 탕관’의 용례이다.

(4) 가. 멍덕빨긼 불휘를 조히 시서 됴ᄒᆞᆫ 초로 **딜탕관**애 디투 달히고 죠ᄒᆡ로 **탕괎** 이플 마고ᄃᆡ ᄒᆞᆫ 굼글 두어 병ᄒᆞᆫ 사ᄅᆞᄆᆞ로 입 버려 그 굼긔 다혀 ᄒᆞᆫ두 시극만 ᄡᅬ면 ᄲᅧ 절로 ᄂᆞ리리라(覆盆子根/+멍덕빨긼 불휘+/取淨洗釅醋/+됴ᄒᆞᆫ 초+/**瓦礶**煎濃汁用紙盖礶口留一孔令患人開口置孔熏一二時久骨自下)<救急簡易方(1489) 6:12a-b>

나. 은긔 업거든 **사탕관**의 달히고 년닙픈 업서도 므던ᄒᆞ니라(無銀器以**砂罐**煎之荷葉雖無不妨)<諺解痘瘡集要(1608) 下:67a>

다. ᄯᅩ 져기 사발 졉시 즙믈 사려 ᄒᆞ노라 노고 헤너러진 가마 두 귀 가진 가마 **차탕관**(再要買些椀楪什物 鑼鍋 荷葉鍋 兩耳鍋 **茶罐**)<重刊老乞大諺解(1795) 下:31b>[cf. 차관: 茶罐. Théière, casserole à thé.(찻주전자, 차 끓이는 냄비)<韓佛字典(1880) 589>]

라. 츈향 어미 거동 보소 노랑머리 비켜 솟고 몽동치마 두루치고 옥바라지 단니다가 **질탕관**의 죽을 쑤니 죽탕관의 불살을 졔 져즌 남게 불을 불며 눈물 흘녀 셩화ᄒᆞᆫ다<南原古詞(1864) 4:36a>

마. 湯罐: **탕관**<廣才物譜(19세기 초) 二:飮食:1b>, 土銼: **질탕관**<廣才物譜(19세기 초) 二:飮食:1b>, **탕관**: 湯罐. Petite chaudière en terre cuite.(흙을 구워 만든 작은 가마솥)<韓佛字典(1880) 507>, **약탕관**: 藥湯罐. Cafetière à remèdes, vase à préparer les remèdes et les drogues.(약을 만드는 커피포트, 약과 약재를 조제하는 그릇)<韓佛字典(1880) 13>, **탕관**: 湯罐. An earthen ware rice-pot.<韓英字典(1897) 693>, **약탕관**: 藥湯罐. A dish in which medicines are prepared.<韓英字典(1897) 18>

바. 샹쥬군 거ᄒᆞᄂᆞᆫ 죠남식이가 본 삼월분에 술을 취ᄒᆞ고 저의 집에 드러가 져녁밥을 늣게 ᄒᆞᆫ다고 발로 밥 짓ᄂᆞᆫ **질탕관**을 ᄭᆡ치매 그 부친 슌익이가 대노ᄒᆞ야 말목을 들고 ᄯᅡ리려 ᄒᆞᆫ즉 죠남식이 그 말목을 ᄲᅢ아셔 져의 부친 두뢰를 치니 즉시 죽ᄂᆞᆫ지라<京鄕新聞(1906-10-19)>

'탕관'은 15세기 이후의 자료에서부터 발견되기 시작한다. '탕관, 탕관'과 같은 단독형뿐만 아니라 '딜탕관·질탕관[瓦礶, 土銼], 사탕관[砂礶], 차탕관[茶礶], 약탕관(藥湯礶)'처럼 복합어의 내부에도 출현한다. (2)에서 살펴본 '탕권'과 유의 관계를 이루면서 일정 기간 공존하였으나, 현재 아래와 같이 '탕관'류의 후대형인 '탕관'만 쓰이고 있다.

(5) **탕관02(湯礶)**: [명] 국을 끓이거나 약을 달이는 자그마한 그릇. 쇠붙이나 오지 따위로 만들며 흔히 손잡이가 달려 있다.

지금까지 '湯礶'을 어원으로 하는 '탕권'과 '탕관, 탕관'에 대해 통시적으로 살펴보았다. 논의의 핵심을 요약하면 아래와 같다.

한음형 '탕권'은 17세기 언해 자료들에서 집중적으로 출현한다. 보다 이른 시기인 15세기부터 동음형의 '탕관'이 쓰인 용례가 문증될 뿐만 아니라 현재까지 그 후대형인 '탕관'이 활발하게 쓰이고 있다는 점을 감안했을 때, '탕권'의 출현은 언해서라는 자료의 성격과 직결될 가능성이 높다. 한음형 '탕권'과 동음형 '탕관, 탕관'은 일정 기간 유의 관계를 갖고 공존하다가 한음형은 사라지고 동음형만 남게 되었다.

3.2.15. [湯水] [한]탕쇠-[동]탕슈 > [한]∅-[동]탕수

'湯水'를 어원으로 하는 어형에는 '탕쇠'와 '탕슈'가 있다.70)

(1) 가. 탕쇠와 차반이(湯탕水쉬茶飯)<飜譯老乞大(1510년대) 下:39a>
나. 湯: 탕 탕. 又더울 탕. 又去聲. 熱水灼之也.<訓蒙字會-饌食(1527) 中:10b>, 水: 믈 슈.<訓蒙字會-雜語(1527) 下:15a>[cf. 湯: 탕슈 탕, 熱水. 又ᄭᅳᆯ힐 탕, 熱沃. 又물결 샹, 水盛貌, 蕩也.<註解千字文

70) 이 중 '탕쇠'는 蕭悅寧(2014)에서 중국어 차용어로 지적된 바 있다.

(1804) 5a>]

'탕쇠'는 '湯水'의 한음에 가까운 어형이고[71] '탕슈'는 '湯水'의 동음과 일치하는 어형이다. (1가)에서 '湯水'의 한음 주음이 '탕쉬'로 되어 있으나 언해문에서 '탕쇠'로 나타난다. 이는 한음의 'ㅜ'가 한글로 전사될 때 'ㅜ'뿐만 아니라 'ㅗ'에 대응되는 경우도 있다는 사실과 결부하였을 때 설명이 가능하다. 아래 어형별로 하나씩 살피기로 한다.

우선 살펴볼 것은 '탕쇠'의 예문이다.

(2) 가. **탕쇠**와 차반이 다 ᄀᆞᆺ거다 ᄒᆡ 디ᄂᆞ다 ᄲᆞᆯ리 대육 받ᄌᆞ와든 각산ᄒᆞᆯ 거시라(**湯탕水쉬**茶飯都完備了 日頭落了 疾忙擡肉時散着)<飜譯老乞大(1510년대) 下:39a>[cf. 湯水<老乞大諺解(1670) 下:35a-b>]
나. 잔ᄎᆡ에 국과 밥이 다 ᄀᆞ잣다 ᄒᆡ 져시니 밧비 드러다가 먹으미 죠타(酒席湯飯都完備了 日頭落了 疾些忙擡過來喫了好)<重刊老乞大諺解(1795) 下:38a>

'탕쇠'는 (2가)처럼 『飜譯老乞大』에 나타나는 어형이다. '탕쇠'가 후대의 이본인 (2나)에서 '국'으로 바뀐 사실에서도 알 수 있듯이, (2가)의 '탕쇠'는 문맥상 "국"의 의미를 나타낸다. 아래 (3)에서도 이와 동일한 용법을 가진 '탕슈'의 예를 찾아볼 수 있다.

(3) **탕슈**: 湯水. Bouillon épais et consommé(진하고 맑은 수프).<韓佛字典(1880) 508>[cf. 탕: Bouillon épais; consommé de viande; remède infusé, consommé; eau thermale; eau.(진한 수프; 맑은 고기국; 우려낸 약, 콩소메; 온천수; 물.)<韓佛字典(1880) 507>]

---

71) '水'가 '쇠'가 아닌 '쉬'에 대응되는 예로 '당쉬·쟝슈(漿水), 쉬문(水門)'을 들 수 있다.

(3)의 '탕슈'는 대응어가 '湯水'로 되어 있으며, "진하고 맑은 수프"라는 의미를 나타낸다. 동음형의 '탕슈'는72) 이와 같은 "국"의 의미보다는 "끓인 물"의 의미로 쓰인 용례들이 훨씬 많이 나타난다. 아래의 (4)가 그러하다.

(4) 가. ᄇᆡᆨ미 두 말 ᄇᆡᆨ셰 작말ᄒᆞ여 **탕슈** 열 다ᄉᆞᆺ 대야 ᄀᆞ장 ᄡᅳᆯ혀 ᄃᆞᆷ ᄀᆡ야 ᄂᆡᆨ거든 국말 ᄒᆞᆫ 되 다ᄉᆞᆸ 섯거 녀코 사ᄒᆞᆯ 만ᄒᆞ거든 ᄎᆞᆸᄡᆞᆯ 두 말 밥 ᄡᅧ 식거든 ᄆᆞᆫ져 술에 석거 녀허 ᄃᆞᆺ다가 ᄉᆞ므 날 후 ᄡᅳ라<음식디미방-녹파쥬(1670경~1680) 19a>

나. 졍월 첫 ᄃᆞᆺ날 ᄇᆡᆨ미 두 말 ᄇᆡᆨ셰 작말 **탕슈** 서 말 ᄃᆡ링 누록 닷 홉 섯거 녀코 둘잿 ᄃᆞᆺ날 ᄇᆡᆨ미 서 말 ᄇᆡᆨ셰 작말 **탕슈** 너 말 닷 되 반쥭 ᄃᆡ링ᄒᆞ여 녓고 셋재 ᄃᆞᆺ날 ᄇᆡᆨ미 닷 말 ᄇᆡᆨ셰 작말 **탕슈** 닐굽 말 닷 되 ᄃᆡ링ᄒᆞ여 비져 ᄂᆡᆨ거든 ᄡᅳ라<酒方文[瀟湘月文]-삼히쥬/三亥酒(18세기 초기) 2a-b>

다. 진말 ᄒᆞᆫ 말 뇌야 기름 ᄒᆞᆫ 되 너허 반쥭ᄒᆞ여 되나기로 ᄎᆞ고 **탕슈**와 슐과 ᄭᅮᆯ은 반쥭 알맛치 쳐셔 반쥭ᄒᆞ여 판의 박거나 모 지게 ᄆᆡᆫ들 불을 알맛초 ᄯᅳ게 ᄒᆞ여 지져 내여 즙쳥을 먹이되<陞付吏案 酒方文-별약과법(19세기 초기) 2a>

라. ᄆᆞᆫ져 여러 사ᄅᆞᆷ과/+뭇 증인이라+/ 아오로 처엄 ᄒᆞᆫ가디로 ᄒᆞ엿던 會首等人/+모다 술먹던 두목 사ᄅᆞᆷ이라+/을 모도아 衆을 對ᄒᆞ야 仵作 行人을 시겨 초와 **탕슈**를 써 씻겨 다ᄒᆞᆷ애 ᄆᆞᆫ져 몸에 잇ᄂᆞᆫ 거ᄉᆞᆯ 驗ᄒᆞ야 만일 痕損이 업스면 곳 이 酒食에 醉飽ᄒᆞᆷ을 過度히 ᄒᆞ야 心肺 脹滿ᄒᆞ야 致死ᄒᆞᆷ이니(先集衆과 並元同會首等人ᄒᆞ야 對衆勒仵作行人ᄒᆞ야 用醋<u>湯</u>洗浴畢애 先驗在身ᄒᆞ야 如無痕損이면 卽是酒食醉飽過度ᄒᆞ야 脹滿心肺

---

72) "끓인 물"의 의미를 나타내는 '湯水'의 용례는 훨씬 이전 시기의 문헌에서 이미 문증된다. 관련 용례를 제시하면 아래와 같다.

[예] 조ᄒᆞᆫ 그ᄅᆞᆺ 中에 毒ᄒᆞᆫ ᄢᅮᆯ를 더러 ᄇᆞ리고 모ᄃᆞᆫ **湯水**와 雜ᄌᆡ와 香과로 그 그르ᄉᆞᆯ 싯고ᅀᅡ 後에 甘露ᄅᆞᆯ 담ᄃᆞᆺ ᄒᆞ니라(如淨器中에 除去毒蜜ᄒᆞ고 以諸**湯水**와 幷雜灰香ᄋᆞ로 洗滌其器ᄒᆞ고ᅀᅡ 後貯甘露ᄃᆞᆺ ᄒᆞ니라)<楞嚴經諺解(1461) 8:2b>

致死ㅣ니)<增修無冤錄諺解-酒食醉飽死(1792) 3:86a-86b>[cf. **湯탕水슈器긔**/+믈 긇힐 그르시라+/(湯水器)<增修無冤錄諺解-應用法物(1792) 1:20a>, 믈읫 暑셔月월에 **湯탕水슈**와 酒쥬醋조ᄅᆞᆯ 써 그 屍시의 우희 덥ᄒᆞ면 손샹ᄒᆞᆫ 곳은 듧쁜 갓치 만히 희고 손샹티 아닌 곳은 믄득 프르고 검으미 이셔(凡暑月에 用**湯水**酒醋ᄒᆞ야 罨着其屍上ᄒᆞ면 損處ᄂᆞᆫ 浮皮多白ᄒᆞ고 不損處ᄂᆞᆫ 却有靑黑ᄒᆞ야)<增修無冤錄諺解-應用法物(1792) 1:35b>]

마. 湯: **탕슈 탕, 熱水**. 又긇힐 탕, 熱沃. 又믈결 샹, 水盛貌, 蕩也.<註解千字文(1804) 5a>

바. **탕슈**: 湯水. The hot water-of sulphur springs.<韓英字典(1897) 693>

(4가~다)는 한글 조리서에 등장하는 '탕슈'의 용례를 제시한 것이다. 이 중 (4나)에서 "식기를 기다림"을 의미하는 'ᄃᆡ링ᄒᆞ-(待冷_)'와 공기하는 것으로 보아, 문맥상 "끓인 물"의 의미를 나타냄이 분명하다. 이러한 의미는 언해 자료를 비롯하여 대응어나 관련어가 존재하는 자료들을 통해 더 확실하게 드러나는데, (4라~바)가 그러하다. (4라)의 '탕슈'는 원문의 '湯'에 대응된다. 이 예문만으로 '탕슈'의 의미 파악이 용이하지 않지만, 한 문헌 안에서 관련어인 '湯水器'에 대한 주석 내용이 "믈 긇힐 그르시라"로 되어 있고, '탕슈'의 한자 표기인 '湯水'가 한문 원문의 '湯水'에 대응되므로 "끓인 물"의 의미로 추정된다. (4마)에서는 '湯'에 대하여 '탕슈'라는 자석(字釋)의 뒤에 "더운물[熱水]"이라고 명확히 밝히고 있다. 이는 (4바)의 영어로 된 설명 부분에서도 마찬가지이다. 현재 『표준국어대사전』에는 아래와 같이 '탕수'가 표제어로 올라 있다.

(5) **탕수02(湯水)**: 명 「1」 끓는 물. 「2」 『북한어』 시뻘겋게 흐린 흙탕물.

지금까지 '湯水'를 어원으로 하는 '탕쇠'와 '탕슈'에 대해 살펴보았다. 논의의 핵심을 요약하면 아래와 같다.

한음형 '탕쇠'는 『飜譯老乞大』에서 문증되며, 후대의 이본 자료에서는 '湯水' 또는 '국'으로 바뀌어 나타난다. 동음형의 '탕슈'는 17세기 이후의 자료에서 "끓인 물" 또는 "국"의 의미로 쓰인 용례가 확인된다. 현재 동음형의 후대형인 '탕수'가 "끓인 물"의 의미로 의미 범위가 축소되어 쓰이고 있다.

3.2.16. [套袖] [한]토슈·토수·토시-[동]투수 > [한]토시-[동]∅

'套袖'를 어원으로 하는[73] 어형에는 '토슈, 토수, 토시'와 '투수'가 있다.[74]

(1) 가. 五指兒: 매버러 ○ 或云套톼手싀<譯語類解-飛禽(1690) 下:26a>, 套톼手싀: 토슈<譯語類解補-服飾補(1775) 28b>, 華音套袖作톼싀<雅言覺非(1819) 2>

나. 套: ᄢᅵᆯ 토. 衣一襲曰一套. 又活套, ᄉᆞᆷ 틔오다.<訓蒙字會-雜語(1527) 下:9a>, 袖: ᄉᆞ매 슈<訓蒙字會-服飾(1527) 中:11b>, 套: 씌울 투. 凡物重沓者爲套, 不受籠絡曰不落套, 簡略時趨者曰脫套, 又長大也.<字類註釋-衣冠類(1856) 上::87a>, 袖: ᄉᆞᄆᆡ 슈. 袂也, 由也, 手所由出入.<字類註釋-衣冠類(1856) 上::86a>

(1나)에서 보듯이 '袖'의 동음에는 변화가 없으나, '套'의 동음은 '토'

73) '套手'가 어원일 가능성도 생각해볼 수 있겠으나, <중국기본서적고>의 문헌들을 검토했을 때, "손에 끼다"는 의미의 '套手'는 발견되나 '套袖'와 동일한 의미를 지닌 '套手'는 발견되지 않았다. 따라서 본고에서는 『雅言覺非』에 제시된 증언을 토대로 어원을 '套袖'로 보고, '套手'를 '토슈'의 차자 표기 형태로 판단하였다.

74) 이 중 '토슈'는 李基文(1965/1991), 劉昌惇(1975), 蕭悅寧(2014)에서 중국어 차용어로 지적된 바 있다.

에서 '투'로의 역사적인 변화를 겪었다. '套'의 동음이 '투'로 변화한 시기와 '투수'의 문증 시기를 더불어 고려했을 때, '투수'는 '套袖'의 동음을 반영한 어형일 것으로 판단된다. 그러나 '토슈'의 경우 '套'와 '袖'의 동음이 각각 '토'와 '슈'이기 때문에 '套'의 동음이 '토'였던 시기의 음을 반영하였을 가능성도 있겠지만, '套袖'의 한음을 반영하였을 가능성이 더 클 것으로 본다. 첫째, '套袖'의 한음 전사음인 'ᄐᅶ식'와 음상이 유사할 뿐만 아니라 본고의 한음형이나 혼성형 차용어 중에도 '쇼빙[燒餠], 보ᄇᆡ[寶貝], 조ᄌᆞ[卓子]'의 '쇼, 보, 조'처럼 'ᅶ'가 'ㅗ'계에 대응되는 예들이 존재하기 때문이다. 둘째, 아래의 (2)와 같은 증언 자료가 존재하기 때문이다.

(2) 套袖謂之吐手者, 華音之誤翻也./+華音套袖作ᄐᅶ식+/(套袖를 吐手라고 이르는 것은 중국음을 잘못 옮긴 것이다./+套袖의 중국음은 'ᄐᅶ식'이다.+/)<雅言覺非(1819) 2>

위의 『雅言覺非』의 기록에 의하면, '吐手'75) 즉 '토슈'는 '套袖'를 한음에 가깝게 옮기는 과정에서 생긴 것으로 보아야 할 것이다. 이외에도 '토수'와 '토시'는 '토슈'로부터 어형 변화를 경험한 것이다. 아래 어형별로 하나씩 살피기로 한다.

(3)과 (4)는 '토슈'와 '토수'의 용례이다.

(3) 가. 套手: **토슈**<譯語類解補-服飾補(1775) 28b>, 套手: **토슈**<同文類解-服飾(1748) 上:56a>, 套袖: **토슈**<漢淸文鑑-衣服類(1779) 11:6b>, 手套: **토슈**<蒙語類解-服飾(1790) 上:43b>, 暖鞲: **토슈**. =腕衣·套袖.<廣才物譜(19세기 초) 二:衣服:3a>

나. 이 압희 ᄒᆞ나 지여 보내고 토슈ᄂᆞᆫ 어럽지 아니ᄒᆞᆫ 거시 얄은 것 둑거온 것 ᄒᆞᆫ 벌식 염식을 하 열게 말고 짓튼 빗스

75) 일부 한문 자료에서 '吐袖'라는 형태도 발견된다.

로 ᄒᆞ여 보내면 나려온 흰 <u>토슈</u>와 서금막여 ᄶᅵ면 과동은 넉넉ᄒᆞ게다<추사가-31, 1830년, 김노경(시아버지)→미상(며느리)>

다. ᄌᆞ뎌단 촉묘피 <u>덧토슈</u>(紫的緞蜀猫皮<u>加吐手</u>)<丁未嘉禮時日記(1848년 이후) 22a>

라. 셔방님이 날 다려갈 졔 ᄡᅳ려 ᄒᆞ고 장만ᄒᆞ엿던 의복 초록공단 겻막이며 보라ᄃᆡ단 속젹고리 남무ᄃᆡ단 핫치마며 진홍갑ᄉᆞ 홋치마 ᄇᆡᆨ방 슈쥬 고장바지 ᄃᆡ셜후릉 너른바지 돈피 ᄌᆞ알 갓젹고리 양피 볼ᄶᅵ <u>갓토슈</u>며 삼승 두 필 함농속의 드러시니<南原古詞(1864) 5:9b>

마. <u>토슈</u>: 吐手. Bouts de manche, sous-manches, esp. de bracelets, de fausses manches, de manchons d'étoffe qui se portent sur la peau et qui vont du poignet au coude.(소매의 말단, 속 소매, 팔찌의, 가짜 소매의, 피부 위에 착용하고 손목에서 팔꿈치까지 이르는 천 토시의 종류)<韓佛字典(1880) 521>, <u>등토슈</u>: 藤吐手. Esp.de bracelet en petit rotin pour le temps des chaleurs.(더울 때 사용하는 작은 등나무로 만든 팔찌의 종류)<韓佛字典(1880) 479>, <u>토슈</u>: 吐手. Wristlets. (ᄶᅵ다). See 토시.<韓英字典(1897) 709>

바. 묘동 사는 하용근이가 <u>자알토슈</u> 은쟝도 은가락지 춍모립 남바위 각 ᄒᆞᆫ 벌식을 이ᄃᆞᆯ 삼일에 묘동 압 쵸물뎐 도가 사셜 뎐당국에 잡히고 돈 일ᄇᆡᆨ오십 량을 엇어 쓰고 그 잇튼날에 오십 량과 별리 두 량을 가지고 가셔 춍모립을 달나고 ᄒᆞ니<매일신문(1899-1-6)>[cf. 십여셰된 계집아ᄒᆡ가 장옷과 <u>털토슈</u>를 ᄊᆞ가지고 가ᄂᆞᆫᄃᆡ<매일신문(1899-1-16)>, 지나가던 사ᄅᆞᆷ이 ᄃᆡ경ᄒᆞ여 자셔히 본즉 그 아ᄒᆡ가 우ᄂᆞᆫ 소ᄅᆡ를 ᄒᆞ거ᄂᆞᆯ 급히 집어 <u>토슈</u>를 버셔 ᄶᅵ져셔 싸가지고 엇지홀쥴 모로더니<매일신문(1899-1-28)>]

사. 곰방ᄃᆡ 든 왼손으로 바른팔의 <u>토슈</u>를 억개ᄭᆞ지 츄키면셔 고셩ᄃᆡ담으로 의긔양양ᄒᆞ야 예젼 모양과 딴판이라<共進會(1915) 50>

(4) 가. <u>**등토수**</u>: 藤吐手<國漢會語(1895) 90>, <u>**토수**</u>: 吐手·衣具<國漢會語(1895) 320>

나. 별감의 거동 보소 [⋯] 다홍 ᄉᆡᆼ초 고은 홍의 슉쵸 창의 밧쳐 입고 보라 누비 저고리에 외올쓰기 누비 바지 양ᄉᆡᆨ단 누비 ᄇᆡᆨ자 젼ᄇᆡᆨ자 바쳐 입고 그항수쥬 <u>**누비토수**</u> <u>**젼토수**</u> 밧쳐 끼고<漢陽風物歌(미상) 197>

다. <u>**마제토수(馬蹄吐手)**</u>: 명 토수의 부리를 말굽 모양으로 만들어서 손등을 덮는 것<조선어사전 2>, <u>**등토수**</u>: 명 등의 줄기로 엮어 만든 여름에 끼는 토수<조선어사전 2>, <u>**토수(吐手)**</u>: 명 팔목에 끼는 방한구 套袖<조선어사전 9>

(3), (4)에서 '토슈'와 '토수'는 '套手, 手套, 暖講, 腕衣, 套袖, 吐手, 衣具' 등의 대응어로 나타난다. 이 중 '吐手'는 '套袖'의 차자 표기 형태이다. '토슈'는 18세기 이후 다양한 성격의 자료에서 폭넓게 발견되며, '토수'는 19세기 말부터 확인된다. 이들은 단독형으로 쓰일 뿐만 아니라, '덧토슈, 갓토슈, 등토슈, 자알토슈, 털토슈; 등토수, 누비토수, 전토수, 마제토수'처럼 형태, 재료, 품질, 바느질법, 모양 등을 나타내는 요소들과 결합하여 복합어도 자유롭게 형성한다.

아래는 '토시'의 용례이다.

(5) 가. <u>토시</u>는 너도 기워 씨고 이리 기워 보낸다<선세언독-23, 1681~1689년, 연안이씨(어머니)→안동김씨(딸)>

나. ᄌᆞᆼ기 바둑 골픠 ᄉᆞᆼ육 적기을 눌노ᄒᆞ여 보리 ᄒᆞ히 기ᄉᆡᆨ 무선니 ᄂᆡ달으머 ᄋᆞ양픠 ᄌᆞ지 <u>토시</u> ᄉᆞᆷ승 보션 ᄂᆡ여노면 형임 니게 비록 약쇼ᄒᆞ오나 설ᄂᆡ북종 ᄎᆞᆫ 발암과 죠ᄉᆞ취혈 빙셜노의 숀발인들 안 실일가 형임 곳 죽게더머 ᄉᆞᆼ침젓셧 뉘비질과 관듸 도포 정여ᄂᆞᆫ 수품 눌노ᄒᆞ여 ᄇᆡ우보고 아못죠록 ᄉᆞ라라서 오월오일 도라오먼 츄천놀음 ᄒᆞ여보셰<홍윤

표소장 154장본 춘향전(미상) 78a>

다. <u>**토시**</u>: 吐手. Bracelets, fausses manches d'étoffe, manchons qui vont du poignet jusqu'au coude sous l'habit.(손목에 대는 가죽 밴드, 천으로 된 소매커버, 옷 아래에 팔꿈치에서 손목까지 오는 토시)<韓佛字典(1880) 521>, <u>**토시**</u>: 吐手. Wristlets. (끼다)<韓英字典(1897) 709>

라. 남셔 큰 산림동 사ᄂᆞᆫ 김운고가 작은 광교 송학보의 집을 빌어 <u>**둥토시**</u>를 ᄆᆞᆫ드러 파ᄂᆞᆫᄃᆡ 그 형 김운경이가 오면 문득 돈을 구쳥ᄒᆞ니ᄭᆡ 김운고의 ᄆᆞ음에 괴롭고 슬어ᄒᆞ야 륙월 이십 오일 스ᄉᆞ로 그 목을 칼노 찔너 피가 만히 낫ᄂᆞᆫᄃᆡ 아즉 쥭지 아니ᄒᆞ얏다더라<독립신문(1897-7-8)>

마. <u>**토시**</u>: 명 「토수」(吐手)에서 온 말<조선어사전 9>

'토시'도 '토슈'와 마찬가지로 17세기 이후 다양한 성격의 자료에서 폭넓게 확인되는 어형이다. 형태상으로 볼 때, '토시'는 '토슈, 토수'에서 '수>시'의 변화를 겪었을 것으로 판단되나, 문헌상으로 확인되는 최초 용례는 '토슈'보다 이르다. '토슈, 토수'와 마찬가지로 '吐手'에 대응되며, '등(藤)'이 선행하여 '등토시'로도 나타난다. 한음을 반영한 '토슈, 토수, 토시'와는 대조적으로 '套'의 변화한 동음 '투'가 반영된 '투수'는 20세기에 이르러서야 비로소 문증된다.

(6) <u>**투수(套袖)**</u>: 명 토수<조선어사전 10>

(6)을 제외한 기타의 자료에서는 '투수'가 확인되지 않을 뿐만 아니라, '투수'에 대한 풀이도 "토수"로 되어 있기 때문에 이때의 '투수'가 언어 현실을 그대로 반영한 어형인지는 불확실하다. (3마)와 (5다), (4다)와 (5마)의 비교를 통해 '토슈, 토수'와 '토시'는 동일한 문헌에서 의미 차이 없이 공존하였을 뿐만 아니라 대응어나 복합어의 형성 등에 있어서도 별다른 차이 없이 쓰였음을 확인할 수 있다. 이 중 가장 높은

출현 빈도를 보이는 것은 '토슈'이고, '투수'는 20세기 개별 자료에서 비로소 확인된다. 현재 (7)처럼 '토수, 퇴수, 토시, 투수'가 『표준국어대사전』에서 확인 가능하며, '토시'의 한자를 빌려 쓴 '토수'는 '토시'의 비표준어로, '투수'는 '토시'의 원말로, '퇴수'는 '토시'의 방언으로 각각 서술되어 있다.

(7) 가. <u>토수02(吐手)</u>: 명 → 토시. '토시'를 한자를 빌려서 쓴 말이다.
나. <u>퇴수01</u>: 명 『방언』 '토시'의 방언(평남).
다. <u>토시</u>: 명 「1」 추위를 막기 위하여 팔뚝에 끼는 것. 저고리 소매처럼 생겨 한쪽은 좁고 다른 쪽은 넓다. 「2」 일할 때 소매를 가뜬하게 하고 그것이 해지거나 더러워지지 아니하도록 하기 위해서 소매 위에 덧끼는 물건. 「3」 사냥꾼들이 매를 팔에 앉혀 가지고 다니기 위하여 팔뚝에 끼는 물건. 「4」 『기계』 축의 도는 쪽이 쉽게 닳는 것을 막기 위하여 축에 덧씌우는, 바탕이 부드러운 물건. 길이가 길지 않고 속이 비었으며 양 끝이 열린 둥근 통 모양이다. [cf. 덧토시, 등토시, 마제굽토시, 마제토시, 말굽토시, 모의덧토시, 일토시, 잘토시, 털토시]
라. <u>투수02(套袖)</u>: 명 <u>'토시'의 원말.</u>

(7라)의 밑줄 친 서술 내용은 '套'의 한자음의 변화나 '토슈, 토시' 및 '투수'의 문증 사실에 비추어 보았을 때 잘못된 서술일 가능성이 높다. 즉, 어원과의 음운 대응 양상을 근거로 하였을 때, '토슈'가 최초의 어형이고, '토시'가 '토슈'에서 '시>슈'의 변화를 경험한 형태이며, '투수'는 '套'의 변화된 동음 '투'가 반영된 어형이라는 것이다. 이외에도 (7가)에서 차자 표기로 쓰이던 '吐手'가 '토수'의 대응 한자어로 굳어진 것을 관찰할 수 있다.

지금까지 '套袖'를 어원으로 하는 '토슈, 토수, 토시'와 '투수'에 대해 통시적으로 살펴보았다. 논의의 핵심을 요약하면 아래와 같다.

한음형 중 '토슈'는 18세기 이후, '토수'는 19세기 이후, 그리고 '토시'는 17세기 이후의 자료에서 문증된다. 문증의 선후 순서상으로는 '토시'가 '토슈'보다 이른 시기에 문증되지만, 어원 '套袖'와의 음운 대응 양상으로 보았을 때 '토슈'가 더 오래된 어형일 가능성이 높다. '套袖'의 변화된 동음을 반영한 '투수'는 20세기 초의 자료에서 문증된다. 현재 '토수'와 '토시'가 쓰이고 있으며 '토슈'의 차자 표기로 쓰였던 '吐手'가 '토수'의 한자 대응어로 자리잡았다.

3.2.17. [匹段·匹緞] 한비단-동필단 > 한비단-동필단

'匹段, 匹緞'을 어원으로 하는 어형에는 '비단'과 '필단'이 있다.[76]

(1) 가. 疋피<飜譯老乞大(1510년대) 下:69b>, 段뒨子ᄌᆞ<飜譯老乞大(1510년대) 下:23b>
　　나. 匹: ᄒᆞᆫ 필 필. 又配也.<訓蒙字會-器皿(1527) 中:15a>, 段: 비다ᇇ 단. 俗呼紵絲. 又體段·片段.<訓蒙字會-布帛(1527) 中:9a>, 緞: 비단 단 <倭語類解-布帛(1781) 下:9a>

이 중 '필단'이 동음형이라는 것은 자명하다. 하지만 '비단'은 어두 음절이 '비'처럼 평음으로 되어 있으므로 (1가)에 주음된 '匹'의 근대 한음과는 완전히 일치하는 것이 아니다. '비단'이 15세기 중반 이전 자료에서 확인될 뿐만 아니라 단위 명사 용법의 '匹'이 '비, 빌, 필'과 같은 형태로 등장한다는 사실을 고려했을 때 이 중 '비'와 '빌'은 '피'와 '필'의 고형을 보유한 어형일 것으로 판단된다. 즉, '비단'은 격음으로 발달하기 이전의 '匹'의 한음을 보유한 어형일 가능성이 높다. 이 중 '비단'이 중국어 차용어라는 사실은 아래의 기록에서 언급된 바가 있다.

76) 이 중 '비단'은 李基文(1965/1991), 劉昌惇(1980), 김민수 편(1997), 蕭悅寧(2014)에서 중국어 차용어로 다루어진 바 있다.

(2) 我國常談亦多華語, 往往可見, 今略列于下. [⋯] **匹段**/+匹비段단+/ (우리 나라 상언(常言)에 또한 화어(華語)가 많다. 이따금 볼 수 있는데, 이제 간략하게 아래에 나열한다. [⋯] 匹段/+匹비段단+/)<理藪新編-雜錄(1744) 20:58b>

아래 어형별로 구체적인 쓰임에 대해 살피기로 한다. (3)은 '비단'의 용례이다.

(3) 가. 城 안햇 모ᄃᆞᆫ 사ᄅᆞ미 無數ᄒᆞᆫ 香泥와/+泥ᄂᆞᆫ 즌 ᄒᆞᆯ기니 香泥ᄂᆞᆫ 香ᄋᆞ로 즌 ᄒᆞᆰ ᄀᆞ티 ᄆᆡᆼᄀᆞ론 거시라+/ 香水와ᄅᆞᆯ 가져 力士 뒤헤 미조차오며 길 닷가 香泥 ᄇᆞᄅᆞ고 갌 두 녁 펴네 無數ᄒᆞᆫ 보ᄇᆡ옛 幢幡蓋와 香花와 眞珠 瓔珞과 各色 金線 <u>비단</u>과 풍류와ᄅᆞᆯ 싁싀기 ᄭᅮ며 기드리ᄉᆞᆸ더니<釋譜詳節(1447) 23:50a-b>

나. 갓싸ᄉᆞ로 버러 무명 두 필 보내노라 ᄒᆞᆫ 필란 소곰 받고 ᄒᆞᆫ 필란 내 겹ᄀᆞᄅᆞ매 ᄀᆞ장 <u>비단</u> ᄆᆡᆸ고 둗겁고 븕고 ᄒᆞ니사 보내여라<순천김씨묘-014, 1550~1592년, 신천강씨(어머니)→순천김씨(딸)>

다. 이믜셔 <u>비단</u> 사 가지고 가쟈(一發買<u>段子</u>將去)<飜譯老乞大(1510년대) 下:23b>

라. 織金<u>段子</u>: 금션 <u>비단</u> ○ 自草金至月白去段子<譯語類解-織造(1690) 下:3b>

마. 녯적의 ᄒᆞᆫ 자히 놉흐며 필 <u>비단</u>을 온젼히 ᄒᆞᄂᆞᆫ 긔롱이 이시니/+한 적 동요에 ᄀᆞᆯ오ᄃᆡ 셩듕이 샹토 놉흔 거ᄉᆞᆯ 됴하ᄒᆞ니 ᄉᆞ방이 ᄒᆞᆫ 자히 놉고 셩듕이 너분 ᄉᆞ매ᄅᆞᆯ 됴하ᄒᆞ니 ᄉᆞ방이 필 <u>비단</u>을 온젼히 ᄒᆞᆫ다 ᄒᆞ니라+/(昔有高一尺全匹<u>帛</u>之譏)<御製警世問答(1761~1762) 7b>

바. <u>비단</u> 샹ᄌᆞ 일/+비단 ᄉᆞ텹 이 젼ᄌᆞ 이 화각 악듁 이+/(<u>備緞</u>箱子一/+備緞絲貼二 畵角絲牌二 剪子二 畵角握竹二+/)<丁未嘉禮時日記(1848년 이후) 41a>

사. 죠션에 뉘예가 청국이나 일본보다 더 잘되고 뽕나무가 훈륭이 자라ᄂᆞᆫ 토디라 이런 죠흔 ᄯᅡ와 기후를 가지고 면쥬와 <u>비단</u>을 청국이나 일본만큼 못 ᄆᆞᆫ들고 그 나라 물건들

을 사셔 쓰니 엇지 어리셕지 안ᄒᆞ리요 죠션 뉘예씨와 ᄲᅩᆼ나무씨가 오ᄅᆡ 되야 아죠 못 되얏거니와 일본과 청국 뉘예씨들을 엇어다가 양잠 회샤 ᄒᆞ나를 시쟉ᄒᆞ거드면 […] 몃ᄒᆡ가 아니 되야 죠션셔도 외국 **비단**을 샤 쓰지 안코 싀골 농민들도 곡식 슴으ᄂᆞᆫ 외국 면쥬로 ᄒᆞ야 취리ᄒᆞᄂᆞᆫ 방칙이 ᄉᆡᆼ길 터이니 양잠 일을 시쟉ᄒᆞᄂᆞᆫ 이 잇기를 ᄇᆞ라노라<독립신문(1896-8-13)>

아. 셔양셔 근일에 유명ᄒᆞᆫ 농학ᄉᆞ ᄒᆞ나이 신발명을 ᄒᆞ야 삼과 모시를 이 새 법으로 다루거드면 모시와 삼 실이 비단 짜ᄂᆞᆫ 면쥬실과 ᄀᆞᆺ치 되야 이걸노 **비단**을 짜커드면 비단 풀이 면쥬실노 짜ᄂᆞᆫ 것과 ᄯᅩᆨ ᄀᆞᆺ고 갑신즉 ᄇᆡᆨ분에 ᄉᆞ십분 밧쎄 안 되ᄂᆞᆫ지라 그런고로 이 신발명 ᄒᆞᆫ 사ᄅᆞᆷ이 청국과 죠션 등디에 회샤를 모하 삼과 모시 만히 무역ᄒᆞ야 신발명 ᄒᆞᆫ 법으로 다루와 실을 ᄆᆞᆫ드러 **비단** 짜ᄂᆞᆫ 뎨죠쇼로 츌구를 ᄒᆞ랴 ᄒᆞᄂᆞᆫᄃᆡ 상해셔ᄂᆞᆫ 회샤가 발셔 되야 외국 사ᄅᆞᆷ들이 자본을 십만원을 내여 시작을 ᄒᆞ엿ᄂᆞᆫᄃᆡ<독립신문(1896-4-7)>

'비단'은 '段子, 帛, 備緞' 등에 대응되며 15세기 자료에서부터 현재까지 높은 사용 빈도를 보이고 있다. 이 중 '備緞'은 '비단'의 차자 표기 형태이다. (3가)와 (3나)는 각종 '金線' '비단'과 '겹ᄀᆞᄅᆞ매'에 쓰일 '비단'이다. (3다)와 (3라)에서 '비단'은 '段子'에 대응되고,[77] (3마)에서는 '帛'에 대응되며, (3바)에서는 차자 표기인 '備緞'에 대응된다. (3사)의 문맥을 통해 '비단'은 누에고치에서 켠 실을 재료로 한다는 것을 알 수 있다. 즉, 이는 흔히 알고 있는 견직물로서의 '비단'이다. 대부분의 맥락에서 '비단'은 이러한 견직물을 나타내는 데 쓰인다. 이와 더불어 (3아)는 기술의 발전을 비롯한 사회의 변화와 함께 지시 대상의 범위가 달

77) '織金段子'에 대한 서술 아래에 '自草金至月白去段子'라는 주석이 달려 있다. 이는 '草金'이라는 표제어부터 '月白'라는 표제어에 이르기까지 '段子'라는 표현이 생략되어 있다는 말이다.

라질 수 있다는 것을 문맥을 통해 보여주고 있다. 점선 친 부분은 서양의 어느 유명한 농학사(農學士)가 삼과 모시로 명주실과 유사한 실을 만들어 내어 ‘비단’을 짰는데, 명주실로 비단을 짠 것과 똑같을뿐더러 값은 오히려 반도 안 된다는 내용이다. 여기에서 기술이 발전함에 따라 비단을 만드는 재료가 달라졌지만, 여전히 ‘비단’이라는 명칭이 쓰였음을 발견할 수 있다.

아래는 ‘필단’의 용례이다.

(4) 가. 범간 졔뎐을 다 긔수ᄅᆞᆯ 뎡ᄒᆞ시니 녜 잇ᄂᆞᆫ 배 이제 만히 감ᄒᆞ고 ᄂᆡ로의 은ᄌᆞ와 어고의 <u>**필단**</u>을 머무ᄅᆞ샤 명ᄒᆞ야 도감의 ᄂᆞ리오시고 능젼 ᄡᅳᄋᆞᆸᄂᆞᆫ 바 은긔ᄅᆞᆯ 경ᄌᆞ년 ᄡᅳᄋᆞᆸ던 바로 ᄡᅧ 명ᄒᆞ야 ᄡᅳ라 ᄒᆞ시고<列聖后妃誌文(1775/1835/1895) 2:39a>

나. ᄌᆞ지 <u>**필단**</u> 쥬머니를 령돈령과 졍부 눅조와 경조총부 졍원 냥ᄉᆞ와 당예원과 ᄉᆞ관쥬셔의게 반ᄉᆞᄒᆞ시니 셰시예 ᄒᆡ랑 ᄌᆞ랑의 법이 일노 비롯다 ᄒᆞ여 오십삼권을 ᄆᆡᆫ드다<朝野會通-成宗朝(18세기 말~19세기) 7:24a>

다. 왜병이 졸연이 니르니 일되 진동ᄒᆞ고 놀나되 홀로 외로온 셩을 보젼ᄒᆞ여 ᄒᆞᆫ ᄊᆞ홈에 크게 니긔고 ᄯᅩ 텬됴 사ᄅᆞᆷ이 왜에 사로잡혓든 쟈를 어더 주문ᄒᆞ니 텬ᄌᆡ 아ᄅᆞᆷᄃᆞ이 너기샤 은과 <u>**필단**</u>으로 샹ᄉᆞᄒᆞ시다<朝野會通-宣祖朝(18세기 말~19세기) 16:29a-b>

라. ᄃᆡ궐 <u>**필단브치**</u>도 ᄂᆡ여올 길 업ᄉᆞ니 습염졔구ᄅᆞᆯ 다 션친이 ᄌᆞ비ᄒᆞ셔 여감이 업게 ᄒᆞ시니 이젼 여러ᄒᆡ의 ᄃᆡ병환의 무수히 니워 주시고 이 슈의ᄅᆞᆯ 다 조비ᄒᆞ셔 당신 위ᄒᆞ신 마ᄌᆞ막 졍셩으로 갈진이 ᄒᆞ시니라<閑中錄(19세기) 272쪽>

‘필단’은 18세기 문헌에서 비로소 확인되는 어형으로 거의 (4)의 예문에 한정적으로 확인된다. (4가)는 내탕[內帑]의 은자(銀子)와 어고(御庫)의 ‘필단’을 도감에 하사한다는 내용이고, (4나)는 자지[紫的]색의 ‘필단’ 주머니를 여러 사람에게 반사(頒賜)했다는 맥락이다. 또한 (4다)

는 변협(邊協)이 왜병(倭兵)에게 잡혔던 천조(天朝) 사람을 구한 공으로 천자(天子)로부터 은과 '필단'을 하사받았다는 내용이며, (4라)는 선친이 습렴(襲殮)에 쓰일 '필단브치'를 마련했다는 내용이다. 우리는 (4)와 동일한 문맥에 출현하는 (5)의 '비단' 관련 용례와 비교를 통하여 '비단'과 '필단'은 별다른 의미 차이 없이 쓰였음을 알 수 있다.

(5) 가. ᄀᆞ온ᄃᆡ 두 층 집이 이셔 현판의 쳬인각 세 ᄌᆞᄅᆞᆯ 삭이고 여러 환ᄌᆞ들이 열쇠ᄅᆞᆯ 가지고 문을 열거ᄂᆞᆯ 셰팔ᄃᆞ려 그 연고ᄅᆞᆯ 무ᄅᆞ라 ᄒᆞ니 고쟈들이 닐오ᄃᆡ **비단**을 ᄂᆡ여 됴션 ᄉᆞ신의 년녜 상ᄉᆞᄅᆞᆯ 준다 ᄒᆞ거ᄂᆞᆯ 그 압흐로 나아ᄀᆞ 안흘 귀경ᄒᆞ니 ᄉᆞ면의 층층ᄒᆞᆫ 탁ᄌᆞᄅᆞᆯ 무슈히 셰워 각ᄉᆡᆨ **비단**을 통으로 ᄆᆞ라 간간이 빠하시ᄃᆡ 다 누ᄅᆞᆫ 됴희로 ᄀᆞ온ᄃᆡᄅᆞᆯ ᄡᆞ고 만쥬 글ᄌᆞ로 여러 말을 뻐시ᄃᆡ 아지 못ᄒᆞᆯ너라 우흐로 마로ᄅᆞᆯ 노하 누샹고ᄅᆞᆯ ᄆᆞᆫ들고 사ᄃᆞ리ᄅᆞᆯ 노하 오ᄅᆞᄂᆞ리게 ᄒᆞ야시니 문 밧긔 관원이 이셔 무슴 문셔ᄅᆞᆯ 가지고 **비단** 일홈을 블너 몃 필을 ᄂᆡ라 ᄒᆞ면 여러 고자들이 소ᄅᆡᄅᆞᆯ 응ᄒᆞ야 일홈을 브ᄅᆞ며 ᄎᆞᄎᆞ 뎐ᄒᆞ야 문 밧그로 ᄂᆡ여 오니 셰쇄ᄒᆞᆫ 일이라도 엄정ᄒᆞᆫ 졔도ᄅᆞᆯ 볼너라<장서각본 乙丙燕行錄(19세기) 13:18-20>

나. 두 사ᄅᆞᆷ이 다 므ᄅᆞᄃᆡ 그ᄃᆡᄂᆞᆫ **비단** 오ᄉᆞᆯ 닙지 아니ᄒᆞᄂᆞ냐 내 닙은 면쥬 동오ᄉᆞᆯ ᄀᆞᄅᆞ쳐 ᄀᆞᆯ오ᄃᆡ 겨을날의 먼 길흘 당ᄒᆞᆫ 고로 가ᄇᆡ얍고 덥기ᄅᆞᆯ 취ᄒᆞ야 이 오ᄉᆞᆯ 닙엇거니와 집의 이실 ᄣᅵᄂᆞᆫ 토산 면포ᄅᆞᆯ 닙을 ᄯᆞᄅᆞᆷ이오 즁국 **비단**은 부인의 샹복과 관원의 됴복을 ᄆᆞᆫ들고 그 밧긔 션ᄇᆡ로 일ᄏᆞᆺᄂᆞ니ᄂᆞᆫ 감히 닙지 못ᄒᆞ니 비록 검박을 슝샹ᄒᆞᆫ 일이나 ᄯᅩᄒᆞᆫ 가난ᄒᆞᆫ 연괴니라<장서각본 乙丙燕行錄(19세기) 13:84-85>

다. 반ᄉᆡᆼ이 ᄀᆞᆯ오ᄃᆡ ᄉᆞ신이 도라가ᄆᆡ 황샹이 샹ᄉᆞᄒᆞᆫ 거시 잇ᄂᆞ냐 내 ᄀᆞᆯ오ᄃᆡ ᄇᆡᆨ여 필 **비단**과 수쳔 냥 은으로 일ᄒᆡᆼ을 난화 주고 년노와 유관시의 냥식과 찬믈을 니워 허비ᄒᆞᄂᆞᆫ 거시 적지 아니니라<장서각본 乙丙燕行錄(19세기) 14:134>

(5가)는 체인각(體仁閣)에서 조선의 사신에게 상사(賞賜)할 '비단'을 꺼내는 장면을 묘사한 것이다. (5나)의 문맥을 통해서 '비단'은 '면쥬'나 '면포'와 의미상 구분되는 것이었고, 부인의 평상복(平常服)이나 관원의 조복(朝服)을 만드는 재료로 쓰였음을 알 수 있다. (5다)는 중국 황제가 조선 사신 일행에게 '비단' 백여 필과 은 수천 냥을 나누어 준다는 맥락에 쓰인 '비단'의 용례로, (4)에서 살핀 '필단'과 유사한 맥락에 쓰이고 있다.

아래 (6)의 『표준국어대사전』에서 보듯이 '비단'은 '緋緞'이라는[78] 새로운 한자 표기를 갖게 되었으며, 의미도 '필단'과 다르게 기술되어 있다.

(6) 가. **비단(緋緞)**: 명 명주실로 짠 광택이 나는 피륙을 통틀어 이르는 말. 가볍고 빛깔이 우아하며 촉감이 부드럽다.≒견포(絹布)「1」·단15(緞).

나. **필단(疋緞)**: 명 필로 된 비단.

(6)에서 '필단'이 갖고 있는 "필로 된 비단"이라는 의미는 역사 자료에서는 잘 보이지 않던 것이기 때문에 이것이 '필단'의 언어 사실을 그대로 반영한 것인지는 확실하지 않다.[79]

지금까지 '匹段, 匹緞'을 어원으로 하는 '비단'과 '필단'에 대해 통시적으로 살펴보았다. 논의의 핵심을 요약하면 아래와 같다.

한음형 '비단'은 15세기 문헌에서부터 발견되기 시작하여 현재까지 다양한 성격의 자료에서 폭넓게 쓰이고 있는 반면, '필단'은 18~19세기 일부 언해 자료에 한정적으로 확인되던 것이다. 출현 용례들의 문맥

78) 이외에도 '緋段'이라는 한자 표기가 한문 자료에서 발견된다.

79) '필단'과 같은 '단위 명사+명사' 구조의 '필마(匹馬)'가 "한 필의 말"로, '되쌀'이 "되로 헤아릴 만한 양의 쌀. 또는 한 되 가량의 쌀."로 기술되어 있는 것으로 보아 '필단'도 의미 기술 과정에서 "필로 된 비단"으로 기술된 것이 아닌가 싶다.

을 대조하여 고찰했을 때 양자는 의미나 용법에서 별다른 차이가 발견되지 않는다. 본고에서 문맥을 통해 검증된 사실과는 달리, 현재 '필단'은 "필로 된 비단<표준국어대사전>"이라는 의미로 쓰이고 있다. 문헌 자료상으로는 이와 같은 의미가 잘 포착되지 않으므로, 이것이 자료상의 제약인지 아니면 후대의 변화 과정에서 새롭게 획득하게 된 의미인지에 대해서는 불확실하다.

3.2.18. [觱篥·篳篥] 한피리·필이-동필률 > 한피리-동필률

'觱篥·篳篥'을 어원으로 하는 어형에는 '피리, 필이', '필률'이 있다.80)

(1) 가. 觱栗誤翻爲皮里/+華音本<u>피리</u>+/<雅言覺非(1819) 2>
나. 觱: 피리 <u>필</u><訓蒙字會-音樂(1527) 中:16a>, 篥: 피리 <u>률</u>. 觱篥九孔.<訓蒙字會-音樂(1527) 中:16a>

(1)에서 보듯이, 이 중 '피리'는 '觱篥'의 한음을 반영한 형태이고, '필이'는 '피리'를 과잉 분철한 것이며, '필률'은 '觱篥'의 동음을 반영한 형태이다. '피리'(원문에서는 '皮里')가 중국어 차용어라는 사실은 아래의 『雅言覺非』에서 지적된 바 있다.

(2) <u>觱栗誤翻爲皮里</u>/+華音本피리+/(觱栗은 잘못 옮겨져 皮里가 되었다./+중국음은 본래 '피리'이다.+/)<雅言覺非(1819) 2>

아래 어형별로 하나씩 살피기로 한다. (3)은 '피리'의 용례이다.

---

80) 이 중 '피리'는 李基文(1965/1991), 김민수 편(1997), 김무림(2015)에서 중국어 차용어로 지적된 바 있다. 김무림(2015: 744)에서는 '觱篥'의 근대 한음을 그대로 받아들였다면 '*비리'가 되어야 할 것이나, '피리'가 된 것은 '觱'의 한국 한자음의 영향일 것이라고 보았다.

(3) 가. 漁陽ᄋᆞᆫ 豪俠ᄒᆞᄂᆞᆫ ᄯᅡ히니 부플 티며 뎌 **피리** 부놋다(漁陽 豪俠地 擊鼓吹笙竽)<杜詩諺解(1481) 5:32a>

나. **觱**: **피리** 필<訓蒙字會-音樂(1527) 中:16a>, **篥**: **피리** 률. 觱篥九孔.<訓蒙字會-音樂(1527) 中:16a>, **篥**: **피리** 률<倭語類解-樂器(1780년대 초) 上:43b>

다. **管**: **피리**<方言類釋-樂器類(1778) 西部:9b>, **管**: **피리**<蒙語類解-樂器(1790) 上:41a>, **피리**: **管**. A kind of clarionet.<韓英字典(1897) 473>

라. **觱篥**: **피리**<蒙喩篇(1810) 上:10b>

마. **피리**: **篥**. Esp. de flûte, pipeau, musette.(작은 피리 종류, 피리, 백파이프)<韓佛字典(1880) 361>

바. **피리**: **觱篥·管籥**<國漢會語(1895) 336>, **피리**: **笛**<國漢會語(1895) 336>

사. **觱里**: **피리**<日用備覽記-文房具(1937) 3a>

(3)에서 '피리'는 '竽, 管, 觱篥, 管籥, 笛, 觱里'에 대응된다. 이 중 '觱里'는 '피리'의 차자 표기이다. 아래는 '필이'의 용례이다.

(4) 가. 홀연 문밧긔 뎌와 **필이** 소릐 나며 문의 어ᄌᆞ러이 드러오거늘 오거늘<後水滸傳(18세기) 18:61>

나. **觱篥**: **필이**<廣才物譜(19세기 초) 二:音樂:2a>[cf. 觱栗: 以竹爲管, 以蘆爲首. 胡人吹之, 以驚馬者. (笳管·悲篥)<廣才物譜(19세기 초) 二:軍旅:5a>]

다. 觱: **필이** 필. 觱篥, 羌人吹角, 今觱栗聲, 然俗作篳. 又觱發風寒觱沸泉湧出皃.<字類註釋-音樂類(1856) 下:41b> 篥: **필이** 률. 竹管, 以蘆爲首, 九竅角音. 又竹名, 勁利削爲矛.<字類註釋-音樂類(1856) 下:41b>

라. 왕이 즉시 ᄃᆡ연을 비셜허고 토쳐ᄉᆞ를 졉ᄃᆡ헐 ᄉᆡ 쥬궁픽월은 반공에 쇼ᄉᆞᄂᆞᆫᄃᆡ 북 장구 져 **필이** 히금 비파 싱황으로 청탁을 화답허니<가람본 토끼전(1903) 33b-34a>

아래는 『조선어사전』에 표제어로 올라 있는 '필률'의 용례를 제시한 것이다.

(5) 가. 삼죽(三竹): 명저(笛)·생(笙)·**필률(觱篥)**<조선어사전 01>

나. **필률(觱篥)**: 명①「나발」과 같음 ②「피리」①과 같음<조선어사전 10>[cf. 피리: 명①저의 한 가지 구멍 여덟이 있고 피리혀를 꽂아 부는 악기 觱篥 ②속이 빈 대에 구멍을 뚫고 숨을 내불어 소리를 내는 악기의 총칭 笛<조선어사전 10>]

아래 (6)에서 보듯이 『표준국어대사전』에 '피리', '필률', '필융'이 표제어로 올라 있으며,[81] '필률'은 '피리'의 부분적인 의미만 나타내는 것으로 제시되어 있는 한편, '필융'은 '피리'의 비표준어로 표시되어 있다.

(6) 가. **피리01**: 명 『음악』 「1」 구멍이 여덟 개 있고 피리서를 꽂아서 부는 목관 악기. 향피리, 당피리, 세피리가 있다.≒필률. 「2」 속이 빈 대에 구멍을 뚫고 불어서 소리를 내는 악기를 통틀어 이르는 말. ≒가관05(笳管). 【<<중>觱篥】

나. **필률(觱篥/篳篥)**: 명 『음악』=피리01「1」.

다. **필융**: 명 『음악』 → 피리01.

지금까지 '觱篥·篳篥'을 어원으로 하는 '피리, 필이'와 '필률'에 대해 살펴보았다. 논의의 핵심을 요약하면 아래와 같다.

한음형 '피리'는 15세기 문헌에서부터 현재까지 다양한 성격의 자료에서 폭넓게 발견되는 어형이다. '피리'의 음을 취한 표기로 '皮里', '觱里'도 발견된다. 또한 '피리'의 과잉 분철 표기인 '필이'는 18~20세기 초의 문헌에서 확인된다. 이와 대조적으로 '觱篥'의 동음이 반영된 '필률'은 20세기에 이르러서야 모습을 드러내어 현재 '피리'와 공존하고

81) '피리'의 방언형으로는 '피레(평안), 피래(평안·함남), 필레(전남·함북)'가 발견된다.

있다.

3.2.19. [胸背] 한흉븨·흉븨-동흉ᄇᆡ > 한∅-동흉배

'胸背'를[82] 어원으로 하는 어형에는 '흉븨, 흉븨'와 '흉ᄇᆡ'가 있다.[83]

(1) 가. **胸흉背븨**<飜譯老乞大(1510년대) 下:26b>
  나. 胸: 가ᄉᆞᆷ **흉**<訓蒙字會-身體(1527) 上:14a>, 背: ᄃᆞᆼ **ᄇᆡ**, 俗呼背子, 又脊背.<訓蒙字會-身體(1527) 上:14a>

위에서 보듯이, '흉븨, 흉븨'는 '胸背'의 한음을 반영한 어형이고,[84] '흉ᄇᆡ'는 '胸背'의 동음을 반영한 어형이다.[85] 한음형과 동음형의 모음이 둘째 음절에서 'ㅢ'와 'ㆎ'의 대응을 이루고 있다. 아래 어형별로 출현 용례를 검토할 것이다.

---

82) 아래의 기록에 따르면, 오채(五彩)로 가슴과 등 위치에 무늬를 수놓아 붙였기 때문에 '胸背'라는 명칭을 얻게 되었다고 한다.
  예 胸背흉ᄇᆡ, 文用鶴武用虎, 以五采刺紋而貼之胸背, 故因名焉. 又以雙鶴雙虎爲堂上□, 一曰補子.<名物紀畧-服飾部(1870) 3:27b>

83) 이 중 '흉븨'는 李基文(1965/1991)과 劉昌惇(1975)에서 중국어 차용어로 지적된 바 있다.

84) '흉븨, 흉븨'가 '흉ᄇᆡ, 흉ᄇᆡ'의 과도 교정형일 가능성에 대해서도 생각해 볼 수 있겠지만, 동음형인 '흉ᄇᆡ'가 17세기 중반 이후에야 비로소 문증된다는 점, '흉븨, 흉븨'가 한학서를 중심으로 확인된다는 점 등을 근거로 '胸背'의 한음을 반영하였을 가능성이 더 크다고 보았다.

85) 한국어에서는 '胸背'를 차용한 것에 반해, 몽골어와 만주어에서는 아래와 같이 '補子'를 차용했다는 것도 흥미로운 현상이다. 한국어에도 "'補'의 동음이 반영된 '보'가 쓰이고 있으나 특별히 "왕·왕세자·왕세손의 곤룡포와 왕비·황태자비·왕세자빈의 적의, 원삼, 당의에 부착<한국복식사전>"한 것을 이른다는 점에서 이들과 차이를 보인다. 『표준국어대사전』에는 '보(補)'에 대해 "왕이나 그 권속이 다는 흉배를 특별히 이르던 말. 용보, 봉황보, 수보(壽補) 따위가 있다."라고 서술되어 있다.
  예 가. 補子: **흉ᄇᆡ** ○ 푸스<同文類解-服飾(1748) 上:55b>
    나. 補子: **흉ᄇᆡ** ○ 푸스<蒙語類解-服飾(1790) 上:43a>

(2)와 (3)은 '胸背'의 한음이 반영된 '흉븨'와 '흉븨'의 용례이다.

(2) 가. 내 향츳 비쳇 ᄉᆞ미예 통ᄒᆞ야 무룹 둘와 오ᄎᆡ 실로 슈질ᄒᆞᆫ 털릭과 네 다홍 비쳇 금으로 흉븨 뽄 털릭과 밧고져 [···] 뎌 금으로 흉븨 뽄 비단 ᄑᆞᆯ 리여 가져 오라 내 보리라 이 진짓 陜西 ᄶᅡ호로셔 나오니가 舍人이 됴ᄒᆞᆫ 거슬 모ᄅᆞᄂᆞᆫ ᄃᆞᆺᄒᆞ고나 밋 ᄶᅡ해셔 난 됴ᄒᆞᆫ 흉븨라(我的串香褐通袖膝欄五彩綉帖裏 你的大紅織金胸背帖裏對換着 [···] 那賣織金胸背段子的 將來我看 這的是眞陜西地面裏來的 舍人敢不識好貨物麼 道地的好胸背)<飜譯朴通事(1510년대) 上:72a-73a>[cf. 내 팀 향 빗체 通袖膝欄ᄒᆞ고 五彩로 繡 노흔 털릭과 네 大紅 빗체 금ᄉᆞ로 ᄧᅡ 胸背 ᄒᆞᆫ 털릭과 막밧고쟈 [···] 뎌 織金 胸背 비단 ᄑᆞ리아 가져오라 내 보쟈 이 거시 이 진짓 陜西 ᄶᅡ흐로셔 온 거시로다 舍人이 됴흔 거슬 아디 못ᄒᆞᄂᆞᆫ ᄃᆞᆺᄒᆞ다 본 ᄶᅡ 됴흔 胸背라<朴通事諺解(1677) 上:63a-64a>]

나. 다믄 디튼 야쳥 직금 흉븨 ᄒᆞᆫ 비단 ᄒᆞ고져 ᄒᆞ노니 [···] 네 고디시기 갑슬 바다라 이 직금 흉븨예 닐굽 량을 바도리라 [···] 이 직금 흉븨 비다ᄂᆞᆫ 蘇州셔 온 사오나온 비다니로소니(只要深青織金胸흉背븨段子 [···] 你老實討價錢 這織金胸흉背븨要七兩 [···] 這織金胸흉背븨是蘇州來的草段子 你討七兩時 這南京來的 清水織金絨段子 却賣多少)<飜譯老乞大(1510년대) 下:26b-27b>

(3) 다만 디튼 야쳥 직금 흉븨 ᄒᆞᆫ 비단을 ᄒᆞ고져 ᄒᆞ노니 [···] 네 고디시기 갑슬 바드라 이 직금 흉븨예 닐곱 냥을 바드리라 [···] 이 직금 흉븨 비단은 蘇州셔 온 사오나온 비단이니<老乞上諺解(1670) 下:24a-b>

위에서 보듯이, '흉븨'와 '흉븨'는 이른 시기에 간행된 한학서를 중심으로 확인되며 그 이외의 문헌 자료에서는 잘 보이지 않는다. (3)은 (2

나)보다 후대에 간행된 이본 자료에서 '흉븨'로 나타난 용례이다.

아래는 '흉ᄇᆡ'의 용례이다.

(4) 가. <u>흉ᄇᆡ</u>ᄂᆞᆫ 경영ᄒᆞ여 ᄒᆞᆫ 거시 지극디 못ᄒᆞ니 ᄒᆞ여 주ᄂᆞᆫ 보람이 업서 서운ᄒᆞ여 ᄒᆞ더니 인ᄉᆞ조차 ᄒᆞ여시니 몬내 웃노라<숙휘-24, 1653~1674년, 인선왕후(어머니)→숙휘공주(딸)>

나. 補子: <u>흉ᄇᆡ</u><同文類解-服飾(1748) 上:55b>, 補子: <u>흉ᄇᆡ</u><譯語類解補-服飾補(1775) 28a>, 補子: <u>흉ᄇᆡ</u><蒙語類解-服飾(1790) 上:43a>, 補子: <u>흉ᄇᆡ</u><方言類釋-服飾類(1778) 西部:22b>, 補子: <u>흉ᄇᆡ</u>. =胸褙·胸褙.<廣才物譜(19세기 초) 二:衣服:2a>[cf. <u>胸흉褙ᄇᆡ</u><倭語類解-服飾(1780년대 초) 上:45a>]

다. 초팔일 제ᄒᆡ 하랴 슈셔계 습의ᄒᆞᆯᄉᆡ 오각ᄡᅵ 흑단령은 종ᄉᆞ샹 빌니시고 사모와 젼후 <u>흉ᄇᆡ</u> 최판ᄉᆞ 보ᄂᆡ엿ᄂᆡ<日東壯遊歌(1764년 이후) 1:27a>

라. 삼간ᄐᆡᆨ 의복 [⋯] 초록단 부금슈ᄌᆞ <u>흉ᄇᆡ</u>(三揀擇衣服 [⋯] 草綠緞付金繡字<u>胸背</u>)<丁未嘉禮時日記(1848년 이후) 13b>

마. 됴복ᄒᆞ고 됴복의 ᄯᅡ로인 갓초미 안고옵고 ᄌᆞ가 슈ᄌᆞ <u>흉ᄇᆡ</u>도 잇ᄉᆞ올 거시니 <u>흉ᄇᆡ</u>와 ᄌᆞ가 홍당삼의 안고인 후슈 폐슬 패옥은 ᄡᅳ이와ᄉᆞ올디라도 그려 ᄡᅳ이옵고 잇ᄉᆞ올 듯ᄒᆞ오니 ᄒᆞᆫᄃᆡ 드려보ᄂᆡ오시고<봉셔-15, 19세기 중반~20세기 초반, 원상궁→미상>

바. 이날은 져희 니른바 됴관과 됴복을 ᄀᆞᆽ초와시니 [⋯] 문관은 새로 슈노코 무관은 즘ᄉᆡᆼ으로 슈노하 가ᄉᆞᆷ과 등의 가리게 ᄒᆞᆫ 거ᄉᆞᆫ ᄀᆞᆮ은 보복이니 아국 <u>흉ᄇᆡ</u>란 말이라 왕공 후ᄇᆡᆨ은 무론 문무ᄒᆞ고 다 망뇽 <u>흉ᄇᆡ</u>며 일픔 문관은 션학 <u>흉ᄇᆡ</u>오 무관은 긔린 <u>흉ᄇᆡ</u>오 이픔 문관은 금계 <u>흉ᄇᆡ</u>오 무관은 ᄉᆞᄌᆡ <u>흉ᄇᆡ</u>오 삼픔 문관은 공쟉 <u>흉ᄇᆡ</u>오 무관은 포범 <u>흉ᄇᆡ</u>오 ᄉᆞ픔 문관은 운안 <u>흉ᄇᆡ</u>오 무관은 범 <u>흉ᄇᆡ</u>오 오픔 문관은 ᄇᆡᆨ학 <u>흉ᄇᆡ</u>오 무관은 곰 <u>흉ᄇᆡ</u>오 뉵픔 문관은 노ᄌᆞ <u>흉ᄇᆡ</u>오 무관은 츄 <u>흉ᄇᆡ</u>오 칠픔 문관은 비오리 <u>흉ᄇᆡ</u>오 무관은 셔우 <u>흉ᄇᆡ</u>오 구픔 문관은 연쟉 <u>흉ᄇᆡ</u>오 무관은 ᄒᆡ마 <u>흉</u>

ᄇᆡ며 도찰원과 안찰ᄉᆞ와 과도관 ᄀᆞ튼 벼ᄉᆞᆯ은 다 아국 법관 ᄀᆞ튼지라 픔급을 의논치 아니ᄒᆞ고 다 ᄒᆡ치 **흉ᄇᆡ**를 브치니 이ᄂᆞᆫ 다 대명 적 졔되오<장서각본 戊午燕行錄(19세기) 3:24a-b>

사. **흉ᄇᆡ**: 胸褙. Plaque ronde brodée sur la poitrine et sur le dos(v.g.des dignitaires qui accompagnent le roi dans ses sorties, ou des jeunes mariés)((예.왕이 외출할 때 왕을 수행하는 고관들 또는 신혼부부의) 가슴과 등 위에 수놓은 둥근 판)<韓佛字典(1880) 119>, **흉ᄇᆡ**: 胸褙. The embroidered square worn on the breast by officials.<韓英字典(1897) 172>

아. 관ᄃᆡ 도복 ᄒᆡᆼ의 창옷 ᄌᆞᆼ치막과 남여 의복 ᄒᆞᆫ삼 고의 망건 쉬미기 각ᄉᆡᆨ졉기 ᄇᆡ자 단쵸 토슈 보션 쥬먼이 ᄊᆞᆷ지 양낭 필낭 휘양 풍ᄎᆡ 쳔의 ᄌᆞᆼ의 가진 금침 쌍원낭 슈노키라 각ᄃᆡ **흉ᄇᆡ** 쌍학 노키<가람본 46장본 심청전(1911) 1a>

위에서 보듯이, ‘흉ᄇᆡ’는 17세기 이후 다양한 성격의 자료에서 폭넓게 발견되는 어형으로 ‘補子, 胸褙’에 대응된다. 이 중 (4가)와 (4마)의 ‘흉ᄇᆡ’는 언간 자료에 출현하는 용례로, ‘흉ᄇᆡ’를 착용하는 대상은 각각 수신자인 숙휘공주와 ‘ᄌᆞ가’로 불리는 어느 공주이다. (4라)의 ‘흉ᄇᆡ’도 ‘ᄉᆞᆷ간ᄐᆡᆨ 의복’에 포함된 것이므로 착용대상이 왕족 여성이다. 또한 (4사)의 신혼부부가 사용했다는 뜻풀이를 참조했을 때 남녀의 혼례복에도 사용되었음을 알 수 있다. (4바)는 품계에 따라 문양을 달리 한 청나라 관리들의 보복(補服)을 묘사한 장면이다. 현대 한국어에서는 ‘흉ᄇᆡ’의 후대형인 ‘흉배’가 (5)의 「3」처럼 『표준국어대사전』에 올라 있다.

(5) **흉배(胸背)**: 명 「1」가슴과 등을 아울러 이르는 말. 「2」가슴의 뒷부분. 「3」『역사』 조선 시대에, 문무관(文武官)이 입는 관복의 가슴과 등에 학이나 범을 수놓아 붙이던 사각형의 표장

(表章). [cf. 공작흉배, 기린흉배, 단학흉배, 단호흉배, 백택흉배, 백한흉배, 쌍학흉배, 쌍호흉배, 운안흉배, 운학흉배, 웅비흉배, 학흉배, 해치흉배, 호표흉배, 호흉배]

본고에서 고찰한 언어 현실을 바탕으로 했을 때 밑줄 친 부분의 기술 내용은 문제점이 있다. 문무관 외에도 왕실의 여성이나 혼례를 치르는 여성도 사용한 용례가 발견되기 때문이다.

이상으로 '胸背'를 어원으로 하는 한음형 '흉븨, 흉븨'와 동음형 '흉ᄇᆡ'에 대해 통시적으로 고찰하였다. 논의의 핵심을 요약하면 아래와 같다.

한음형 '흉븨'는 16세기, '흉븨'는 17세기 한학서를 중심으로 확인된다. 또한 동음형의 '흉ᄇᆡ'는 17세기 중반 이후의 자료에서 문증되는 것으로 현재까지 그 후대형인 '흉배'가 활발하게 쓰이고 있다.

3.3. 소결

이상으로 한음형과 동음형이 확인되는 '夥計, 衲衣, 團領, 玳瑁·瑇瑁, 木綿, 寶貝, 沙糖·砂糖, 小旦, 耳掩, 財主, 錢糧, 請, 縐紗, 湯罐, 湯水, 套袖, 匹段·匹緞, 觱篥·篳篥, 胸背'를 어원으로 하는 중국어 차용어를 대상으로, 음운·형태, 조어, 의미, 시기 및 문헌의 성격에 따른 분포 등 면에서의 공존과 변화의 양상에 대해 통시적으로 고찰하였다.

한음형과 동음형이 확인되는 총 19종의 대상 중 '칭ᄒᆞ다[請ᄒᆞ-], 탕권[湯罐]'을 제외한 나머지 대상들은 한음형이 동음형에 앞서 문증되었다. 또한 한음형이 우선 문증되는 대상들에서 동음형은 17세기 이후의 문헌 자료에서 문증된다는 점에서 앞선 장에서 살펴본 3종 공존형의 경우와 비슷한 양상을 보인다. 대상에 따라서 17세기, 18세기, 19세기, 20세기에 그 최초 용례가 확인되는 경우가 있다.

아래 <표 6>은 '한음형'과 '동음형'이 모두 확인되는 동일 어원 차용어들의 세기별 분포 상황을 표로 제시한 것이다.[86]

<표 6> 한음형·동음형의 세기별 분포

어원	어형	15	16	17	18	19	20
夥計	호치	×	×	×	×	○	○
	과게	×	×	×	×	×	○
衲衣	누비·뉘비	○	○	○	○	○	○
	납의	×	×	×	×	○	○
團領	털링·털링·털링	×	○	○	×	×	×
	단령·달영·단영·단녕·덜렁	×	×	×	○	○	○
玳瑁	ᄃᆡ미	×	○	×	×	×	×
	ᄃᆡ모·대모·ᄃᆡ무	×	×	○	○	○	○
木綿	무면·무명·무영·미명·미영·밍·명	×	○	○	○	○	○
	목면	×	×	○	○	○	○
寶貝	보ᄇᆡ·보븨·보배·보뵈	○	○	○	○	○	○
	보패·보ᄑᆡ	×	×	×	○	○	○
沙糖·砂糖	사탕·사탕·ᄉᆞ탕·샤탕	○	○	○	○	○	○
	사당·사당	×	×	○	○	○	○
小旦	ᄉᆞ오단	×	×	×	×	○	×
	쇼조	×	×	×	×	○	×
耳掩	ᄉᆞ염·아얌	×	○	○	○	○	○
	이엄·이염·이음	×	×	○	○	○	○
財主	채쥬	×	○	×	×	×	×
	ᄌᆡ쥬	×	×	×	×	○	○
錢糧	쳔량·쳔량·쳔냥·쳘량·쳘냥·천량	○	○	○	○	○	○
	젼량·젼냥·전량	×	×	×	×	○	○
請ᄒᆞ다	칭ᄒᆞ다	×	○	×	×	×	×
	청ᄒᆞ다·청ᄒᆞ다·청ᄒᆞ다	○	○	○	○	○	○

86) 이 중 '請ᄒᆞ-, 湯水, 架子'의 경우 한자 표기를 그대로 노출시킨 어형이 15세기 자료에서 이미 문증된다.

縐紗	즈우샤·주사·즈으사·즈우사·져사·져우사	×	×	○	○	○	×
	츄사	×	×	×	×	○	×
湯罐	탕권	×	×	○	○	×	×
	탕관·탕관	○	○	○	○	○	○
湯水	탕쇠	×	○	×	×	×	×
	탕슈	×	×	×	×	○	○
套袖	토슈·토수·토시	×	×	○	○	○	○
	투수	×	×	×	×	×	○
匹段·匹緞	비단	○	○	○	○	○	○
	필단	×	×	×	○	○	○
觱篥·篳篥	피리·필이	○	○	○	○	○	○
	필률	×	×	×	×	×	○
胸背	흉븨·흉븨	×	○	○	×	×	×
	흉ᄇᆡ	×	×	○	○	○	○

현재 '夥計', '小旦', '縐紗'를 어원으로 하는 대상들은 차용어 전체가 사라진 반면, '團領, 玳瑁, 財主, 請ᄒᆞ다, 湯罐, 湯水, 胸背'에서 기원한 어형들 중에는 동음형의 후대형이 쓰이고 있다. 또한 '寶貝, 沙糖·砂糖, 套袖'에서 기원한 어형들 중에서는 한음형이 기존의 세력을 유지하면서 쓰이고 있다. 이외에 '衲衣, 木綿, 耳掩, 錢糧, 匹段·匹緞, 觱篥·篳篥'에서 기원한 차용어들은 『표준국어대사전』에서 의미 차이를 보이면서 공동 표제어로 올라 있는 것인데, 실제로 '衲衣'에서 기원한 '누비, 뉘비'와 '납의'를 제외한 기타 공존형들은 20세기 초반에 이르기까지의 문헌 속에서 한음형과 동음형의 의미 차이를 포착하기 어려웠다. 따라서 '木綿, 耳掩, 錢糧, 匹段·匹緞, 觱篥·篳篥'에서 기원한 공존형들의 이러한 의미 차이가 최근 몇 십 년 사이에 이루어진 것이어서 역사자료 속에서는 포착하기 어려웠던 것인지, 아니면 사전 기술상의 오류인지, 20세기에 인위적으로 이들을 동음형으로 적고자 했던 어떠한 움직임 때문이었는지에 대해서는 앞으로 더 따져보아야 할 부분이다.

이외에도 동음형 중에는 '쇼조'처럼 언어의 외적 요인에 따라 정통적인 한자음에서는 벗어난 음이 포함된 어형이 있는가 하면, '沙糖'을 어원으로 하는 한음형처럼 후대에 의미가 확대된 경우도 있다. 이러한 변화는 자체적인 발달에 의한 것으로 원어의 형태나 의미, 용법에서 점점 멀어져 가는 자국화의 과정을 반영한 것이기도 하다.

4. 혼성형·동음형의 공존 및 변화

4.1. 도입

이 장에서 살펴볼 내용은 동일한 어원을 지니면서 어형 중 일부가 한음(漢音)으로 구성된 '혼성형'과 어형 전체가 동음(東音)으로 구성된 '동음형'의 공존과 변화에 관한 것이다. 여기에는 '架子, 筐子, 唐巾, 大紅, 雙陸, 牙子, 鴉青, 頂子, 酒鼈兒, 梢工, 卓子, 板子, 靴(兒/子), 喇叭, 網巾, 紫的, 紫檀'에서 기원한 혼성형과 동음형의 대상들이 포함된다.

혼성형이 포함된 3종 공존형에서와 마찬가지로 대상 어형들을 '선행 요소에 한음이 반영된 경우'와 '후행 요소에 한음이 반영된 경우'로 양분하여 살필 것이다. 이 중에는 '라발'의 '발'처럼 음절 내부의 일부 요소가 한음과 일치하는 경우도 혼성형의 범위에 포함시켜 다루고자 한다.

이와 같은 방식으로 대상들을 분류한 뒤에 각각의 분류 체계 안에서 다시 어원의 가나다순으로 배열하여 대상별로 하나씩 살필 것이다. 개별 대상을 기술함에 있어서는 대체적으로 어형 속에 반영된 한자음의 결합 양식에 대해 살펴보고, 이어서 '혼성형→동음형'의 순서로 고찰하기로 한다.

4.2. 어원별 분석

4.2.1. 선행 요소에 한음이 반영된 경우

우선 살펴볼 것은 '혼성형'의 선행 요소에 한음이 반영된 공존형들이다. 여기에는 '架子, 筐子, 唐巾, 大紅, 雙陸, 牙子, 鴉靑, 頂子, 酒鼈兒, 梢工, 卓子, 板子, 靴(兒/子)'를 어원으로 하는 '혼성형'과 '동음형'이 있다. 어원의 표기에서 드러나듯이 '架子, 牙子, 頂子, 卓子, 板子, 靴子'처럼 '子'의 동음 'ᄌᆞ'가 포함된 대상이 대부분이다. 따라서 '-ᄌᆞ'의 동음과 관련된 부분은 중복 서술을 피하기 위하여 이곳에서 우선 언급해 두기로 한다.

이때의 '-ᄌᆞ(子)'는 '쥬벼ᄋᆞ, 쥬별ᄋᆞ'의 '-ᄋᆞ(兒)'처럼[1] 중국어에서 허사(虛辭)로 쓰이던 것이다. 이때의 '架子, 牙子, 頂子, 卓子, 板子, 靴子'에서의 '子'는 아래 제시된 '䦨子'의 '子'와 동일한 용법으로 사용되었다.

○ 䦨子: 子, 語辭, 如扇子·亭子之類. 眉訓只是䦨.<語錄解-정양본(1657) 5b>

위의 내용에서 '䦨子'는 '扇子, 亭子'처럼 허사 '-子'가 결합된 것으로서 '䦨'과 동일한 것이라고 서술하고 있다. 실제로 중국어 차용어들 중에는 'ᄌᆞ' 또는 그 변화형이 후행한 것과 그렇지 않은 형태가 모두 확인되는 용례가 여럿 존재한다. 역사 자료에 등장하는 '훠, 훠ᄌᆞ', '톄, 톄ᄌᆞ'와 방언형에 존재하는 '광, 광지, 광재', '펀(<푼), 푼주' 등이 그러하다. 자서나 운서에 언급된 '子'의 용법은 허사(虛辭)로서의 '-子'의 용

1) 『老朴集覽』에는 '兒'와 관련된 기록이 있어 참조가 된다.(원문과 번역문은 정광·양오진 역주(2011:59) 참조.)

예 兒: 嬰孩也, 孩兒. 又呼物名, 必用兒字, 爲助語之辭. 杏兒·李兒. 凡呼物名, 則呼兒字, 只宜微用其音, 而不至太白可也.('兒'는 "어린 아이"이다. [예를 들면] "孩兒-어린이"와 같다. 또는 사물의 이름을 부를 때에 반드시 '兒'자를 첨부하여 어조사의 말로 삼는다. [예를 들면] "杏兒-살구", "李兒-오얏"과 같다. 대체로 사물의 이름을 부를 때에 '兒'를 사용하면 그 소리를 너무 분명히 하지 말고 가볍게 발음하여야 한다.)<老朴集覽-單字解(1509~1517) 5a>

법과 다른 것이다. 아래 선행 요소에 한음이 반영된 대상들에 대해 어원의 가나다순에 따라 하나씩 살피기로 한다.

4.2.1.1. [架子] [혼]갸ᄌᆞ·개ᄌᆞ-[동]가ᄌᆞ > [혼]갸자-[동]가자

'架子'를 어원으로 하는 어형에는 '갸ᄌᆞ, 개ᄌᆞ'와 '가ᄌᆞ'가 있다.[2)]

(1) 가. 架: 杙也, 起屋. 갸·가.<御製奎章全韻(1796) 禡>, 子: 男稱, 爵名. 즈·ᄌᆞ.<御製奎章全韻(1796) 紙>
가.′ 架子門: 栅門 ○ 갸스 두카<同文類解-城郭(1748) 上:41b>
나. 架: 실에 가. 又造屋曰架, 又棚也.<訓蒙字會-器皿(1527) 中:7b>

위에서 보듯이 '갸ᄌᆞ'는 '架子'를 '한음+동음'의 방식으로 표기한 것이고 '가ᄌᆞ'는 '架子'를 '동음+동음'의 방식으로 표기한 것이며 '개ᄌᆞ'는 '갸ᄌᆞ'에 'y'가 첨가된 것이다. 따라서 '갸ᄌᆞ', '개ᄌᆞ'는 한음에 바탕을 둔 것이고, '가ᄌᆞ'는 동음에 바탕을 둔 것임을 알 수 있다. '갸ᄌᆞ'와 비슷한 의미와 음상을 지닌 (1가')의 만주어 '갸스' 역시 '架子'와 관련될 것으로 짐작된다. 아래 어형별로 하나씩 살피기로 한다.

(2)는 '갸ᄌᆞ'의 용례이다.

(2) 가. 薔薇 갸ᄌᆞ ᄉᆡ와 木香 가개 뒤흘 도라 디나면 예 곳이 花園이라(轉過薔薇架갸邊木香棚後　這裡便是花園)<伍倫全備諺解(1721) 1:31b>
나. 鷹架: 매 갸ᄌᆞ<同文類解-佃漁(1748) 下:12a>, 鷹架: 매 갸ᄌᆞ<蒙語類解-佃漁(1790) 上:50a>, 鷹架子: 매 갸ᄌᆞ<漢淸文鑑-頑鷹犬類(1779) 4:56a>, 燻架: 누록 씌오ᄂᆞᆫ 갸ᄌᆞ<漢淸文鑑-室家類(1779) 9:74b>, 葡萄架: 포도 갸ᄌᆞ<漢淸文鑑-果品類(1779) 13:8a>, 花架: 곳 갸ᄌᆞ<漢淸文鑑-花類

2) 이 중 '갸ᄌᆞ'는 李基文(1965/1991), 劉昌惇(1975), 蕭悅寧(2014)에서 중국어 차용어로 지적된 바 있다.

(1779) 13:45a>

나.′ 撲拉: 매 갸ᄌᆞ의셔 ᄂᆞ다. 박납.<物名括-鳥獸類(19세기) 10b>

다. 동신졈으로붓터 텬교를 지나 길 ᄭᅳᆫ허진 곳의 애벽 ᄉᆞ이의 남글 ᄭᅬᄌᆞ 뫼흘 의지ᄒᆞ여 갸ᄌᆞ를 ᄒᆞ고 아ᄅᆡ 벽슈강가 근월을 님ᄒᆞ여시니 비로쇼 잔되라<明行貞義錄(19세기 초반) 47:10b>

라. ᄌᆞ방이 누에 올나가 두루 보니 좟녁 갸ᄌᆞᄂᆞᆫ 셔칙뉴요 웃녁 갸ᄌᆞᄂᆞᆫ 뉵국 글월이며 모든 ᄆᆞ올 간ᄒᆞᄂᆞᆫ 글월이라(子房覓樓閑玩 只見左壁一帶**書架**上 盡是石刻竹簡 右壁一帶**書架**上 盡是各處進來文策)<西漢演義(19세기 초반) 5:5>

마. 갸ᄌᆞ: Perchoir du faucon privé.(길들여진 매의 횃대)<韓佛字典(1880) 138>

'架子, 架'에 대응되는 '갸ᄌᆞ'는 18세기 이후의 자료에서 확인되며, '薔薇, 매, 포도, 곳(←곶)' 등에 후행하여 선행하는 대상들을 받쳐주는 "지지대"의 의미를 나타낸다. (2나′)처럼 대응어에 대한 풀이 속에 '갸ᄌᆞ'가 쓰인 경우도 발견된다. (2다)는 문맥상 서책을 올려놓는 물건으로 쓰인 '갸ᄌᆞ'의 용례이다. 또한 (2마)에서는 '갸ᄌᆞ'에 대하여 "길들여진 매의 횃대"로 풀이하고 있어 (2나)의 '매 갸ᄌᆞ'와 의미가 상통한다.

이외에도 국어사 문헌 중에는 아래 (3)처럼 "지지대"의 의미로 해석되기 어려워 보이는 '갸ᄌᆞ, 걔ᄌᆞ'의 용례가 발견된다.

(3) 가. 食輿: 갸ᄌᆞ<物名括-舟車類(19세기) 19b>, 食輿: 갸ᄌᆞ<物譜-舟車-車輿(1802) 下:6b>, 食輿: 舁食者. 걔ᄌᆞ.<廣才物譜(19세기 초) 二:飮食:1a>

나. ᄂᆡ궁의셔 녀귀비 치졔ᄒᆞᄂᆞᆫ 위의 니ᄅᆞ니 놉흔 샤ᄌᆞ의 향촉 졔젼을 밧드러 궁뇌 메여 [...] 댱공이 황망이 외졍의 돗글 여러 태감을 마ᄌᆞ 졉ᄃᆡᄒᆞ며 쥬방의 븐부ᄒᆞ여 갸ᄌᆞ 멘 궁노를 후ᄃᆡᄒᆞ라 ᄒᆞ고 ᄂᆡ쳑의 흔흔ᄒᆞ믈 깃거ᄒᆞ니<玩月會盟宴(18~19세기) 170:32a-32b>

다. 이의 상방의 하지ᄒᆞ여 어션 두 갸ᄌᆞ로 뼈 위틔ᄉᆞ의게 ᄉᆞ

숑ᄒᆞ시니 진공이 뎐은을 망극ᄒᆞ여 젼하의 나려 ᄇᆡᆨᄇᆡᆨ고두 ᄒᆞ여 황은을 슉ᄉᆞᄒᆞ더라<明行貞義錄(19세기 초반) 38:3a>, 셩찬 두 <u>갸ᄌᆞ</u><明行貞義錄(19세기 초반) 53:1b>

라. ᄉᆞ령 이 명 ᄉᆞ환군 오 명 <u>갸ᄌᆞ군</u> ᄉᆞ 명 각 목 일 필<동궁마마풍용필강ᄒᆞ오신ᄂᆡ외샹격불긔(18~19세기) 11a>

마. <u>갸ᄌᆞ</u>: Plateau pour porter les mets.(요리를 나르기 위한 큰 쟁반)<韓佛字典(1880) 138>

(3가)의 ‘갸ᄌᆞ, 개ᄌᆞ’는 ‘食輿’에 대응되며, ‘舁食者’라는 풀이에서도 알 수 있듯이 “음식을 나르는 것”의 의미로 쓰였다. (3나)에서 동사 ‘메-, 메이-’와 함께 쓰였을 뿐만 아니라 ‘쥬방(廚房)’이라는 용어가 등장하는 것으로 보아 이때의 ‘갸ᄌᆞ’는 “음식 나르는 도구”로[3] 쓰였음을 알 수 있다. (3다) 및 그 참조 부분에서 ‘어션(御膳)’, ‘셩찬(盛饌)’ 등의 단어와 함께 출현하므로 이 또한 음식과 관련된 것임을 알 수 있다. (3라)에서 ‘갸ᄌᆞ’는 ‘-군’과 결합하여 “음식 나르는 도구를 메는 사람”을 나타내기도 한다. 또한 (2마)와 (3마)의 비교를 통해 동일한 문헌 속에서 ‘갸ᄌᆞ’가 서로 다른 의미를 지닌 별개의 표제어로 제시되었음을 발견할 수 있다.

3) 『필사본 고어대사전』에서 이와 같은 경우의 ‘갸ᄌᆞ’의 의미에 대하여 “들것. 음식을 나르는 데 쓰는 들것.”이라고 풀이하고 있고, 『표준국어대사전』에서도 “음식을 나르는 데 쓰는 들것. 두 사람이 가마를 메듯이 하여 나른다.”라고 풀이하고 있다. 제송희(2012: 120)에 실린 <화성원행반차도>(1795)와 <정리의궤반차도>(1797)에서 ‘水刺架子’가 수레 모양임이 확인된다. 아래는 제송희(2012: 120)의 그림을 옮겨온 것이다.

수라 가자		

<표 7> 왼쪽-화성원행반차도, 오른쪽-정리의궤반차도

이어서 살펴볼 것은 '架子'의 동음이 반영된 '가ᄌᆞ'의 용례이다.

(4) 가. 즁간은 텬당을/+복도 ᄀᆞᆺᄐᆞᆫ 집이라+/ 지엇ᄂᆞᆫᄃᆡ ᄶᆞᆨ희 자단향 <u>가ᄌᆞ</u> 하나ᄅᆞᆯ 노코 돌을 련마ᄒᆞ여 크게 병풍을 ᄆᆡᆫᄃᆞ러 둘너시며(當中是穿堂　當地放着一個紫檀<u>架子</u>大理石屛風)<紅樓夢(19세기 말) 3:17>, 쟝미 <u>가ᄌᆞ</u>(薔薇<u>架</u>)<紅樓夢(19세기 말) 31:76>

나. 심듕의 ᄉᆡᆼ각ᄒᆞᄃᆡ 예셔 거웟다가는 쇼ᄅᆡ 곳 ᄒᆞ면 큰 일이 날 거시니 바로 입을 ᄡᆞᆫ ᄎᆡ 니블의 마라 안고 ᄂᆡ다라 ᄇᆡ로 화계 우희 가 포도 <u>가ᄌᆞ</u> 밋희 니ᄅᆞ러 월ᄉᆡᆨ이 여쥬ᄒᆞᆫ 곳의 니블을 희티고 오욕고져 본즉<花鄭善行錄(미상) 9:10b>

다. 불상 탁ᄌᆞ와 경문과 북 <u>가ᄌᆞ</u>ᄅᆞᆯ 모다 밀쳐 ᄇᆞ리고<快心篇(18~19세기) 10:48>

라. 이 사ᄅᆞᆷ의 집이 졍히 향촌의 거쥬ᄒᆞ나 가장 쳬면이 이시니 ᄯᅩ 일ᄀᆡ 외셔당이 잇도다 ᄒᆞ며 보ᄆᆡ 방즁이 유아침졍ᄒᆞ고 <u>가ᄌᆞ</u> 우희 셔칙이 만히 ᄊᆞ힌지라(別看人家可是鄕村居住　很有點樣式　又有個外書房　屋裏頭幽雅沈靜　<u>架兒</u>上書史成林)<忠烈小五義(19세기 말~20세기 초) 25:36b>

(4가~나)에서 '가ᄌᆞ'는 '자단향, 쟝미, 포도'와 함께 어울려 이들을 받치는 "지지대"의 의미로 쓰였다. (4다)는 '북'과 함께 어울려 북을 받치는 "틀"의 의미로 쓰였다. (4라)에서 '가ᄌᆞ'는 서책을 올려놓는 "선반"의 의미이다. 앞서 살펴본 (2)의 '갸ᄌᆞ'와 동일한 용법의 것이다. 그러나 '가ᄌᆞ'의 경우 "음식을 나르는 것"의 의미로 쓰인 용례는 잘 보이지 않는다.[4]

현재 『표준국어대사전』에서는 아래에서 보듯이 '가자'와 '갸자'의 의미가 달리 서술되어 있다.

---

4) 예외적으로 예물을 헤아리는 단위 명사 용법의 '가ᄌᆞ'가 아래와 같이 발견된다.

예 뉴쥰이 즉시 군ᄉᆞ로 ᄒᆞ여곰 이십ᄉᆞ <u>가ᄌᆞ</u> 례믈을 메여 드리니<쾌심편(18~19세기) 30:14b-15a>

(5) 가. <u>가자04(架子)</u>: 명 「1」 가지가 늘어지지 않도록 밑에서 받쳐 세운 시렁.「2」 =가자「1」. 「3」 『음악』 편종, 편경 따위를 달아 놓는 틀.

나. <u>갸자(架▽子)</u>: 명 「1」 음식을 나르는 데 쓰는 들것. 두 사람이 가마를 메듯이 하여 나른다. ≒ 가자04「2」. 「2」 ((수량을 나타내는 말 뒤에 쓰여)) 음식을 '「1」'에 실어 그 분량을 세는 단위.

지금까지 '架子'를 어원으로 하는 '갸ᄌᆞ, 개ᄌᆞ'와 '가ᄌᆞ'에 대해 살펴보았다. 논의의 핵심을 요약하면 아래와 같다.

'갸ᄌᆞ'형이 18세기 자료 속에 먼저 등장하였으며, '가ᄌᆞ'는 19세기 이후의 언해 자료를 중심으로 확인된다. "선반, 시렁, 틀" 등을 의미할 때 '갸ᄌᆞ'와 '가ᄌᆞ'가 모두 쓰인 반면, "음식을 나르는 도구"를 의미할 때는 '갸ᄌᆞ'만 쓰였다. 따라서 '架子'를 어원으로 하는 어형들은 '가ᄌᆞ'가 '갸ᄌᆞ, 개ᄌᆞ'보다 좁은 의미 영역을 지니면서 양자의 후대형이 현재까지 공존하고 있는 차용어 공존형이라고 할 수 있다.

4.2.1.2. [筐子] 혼쾅지-동광지 > 혼∅-동∅

'筐子'를 어원으로 하는 어형에는 '쾅지'와 '광지'가 있다.

(1) 가. <u>筐子</u>: 광조리(漢-<u>筐쾅子즈</u>)<方言類釋-器用類(1778) 戌部:10b>[cf. <u>筐쾅子즈</u>: 광조리<華語類抄-器具(19세기 말) 49a>]

나. 筐: 광조리 <u>광</u>. 方曰筐.<訓蒙字會-器皿(1527) 中:7a>

위에서 보듯이 '쾅지'는 '筐'의 한음이 반영된 어형이고, '광지'는 '筐'의 동음이 반영된 어형이며, '쾅지'와 '광지'에 후행한 '지'는 'ᄌᆞ(子)>지'

의 변화를 반영하였을 것으로 추정된다.5) 혼성형 '쾅지'와 동음형 '광지'는 어두에서 평음 'ㄱ'과 격음 'ㅋ'의 대립을 이룬다. 아래 형태별로 그 쓰임에 대해 살필 것이다.

아래는 '筐'의 한음이 반영된 '쾅지'의 용례이다.

(2) 가. ᄆᆞᆯᄯᅩᆼ을 **쾅지**에 담아시니 드려서 잘 ᄀᆞᆷ초와 두라 다ᄅᆞᆫ 사ᄅᆞᆷ 가져갈셰라<淸語老乞大(1765) 7:1a-1b>[cf. ᄆᆞᆯᄯᅩᆼ이 주ᅀᅥ **광조리** 안해 다마 잇ᄂᆞ니 거두워 드려 오고 다ᄅᆞᆫ 사ᄅᆞᆷ 가져 가게 말라(糞拾在**筐子**裏頭 收進來 休教別人將去了)<飜譯老乞大(1510년대) 下:35b>, ᄆᆞᆯᄯᅩᆼ을 주워 **광조리** 안희 이시니 거두어 드려오고 다ᄅᆞᆫ 사ᄅᆞᆷ 가져 가게 말라<老乞上諺解(1670) 下:32a-b>]

나. 竹簍子: **쾅지**<同文類解-器具(1748) 下:15b>, 竹簍子: **쾅지**<蒙語類解-器具(1790) 下:11a>[cf. **筐子**: 광조리<同文類解-器具(1748) 下:15a>, **筐子**: 광조리<蒙語類解-器具(1790) 下:11a>]

다. 蒲包: 부들 **쾅지**<譯語類解補-器具補(1775) 45a>, 蒲包: 창포로 겨ᄅᆞᆫ **쾅지**<漢淸文鑑-器用類(1779) 11:44a>, 荆條筐: ᄊᆞ리 **쾅지**<漢淸文鑑-器用類(1779) 11:44a>, 茶紙簍: 차 **쾅지**<漢淸文鑑-器用類(1779) 11:44b>, 油簍: 기름 **쾅지**<漢淸文鑑-器用類(1779) 11:44b>[cf. **筐쾅子즈**: 광조리<漢淸文鑑-器用類(1779) 11:44a>]

(2)의 '쾅지'는 원문의 '竹簍子, 包, 筐, 紙簍, 簍'에 대응되며, 18세기

5) 필자에게 익숙한 중국 길림성 지역의 경상도 방언에서는 현재까지도 "바구니, 광주리"를 의미하는 단어로 '쾅'을 사용하고 있다. 또한 함경도 방언에서는 '쾅'을 '쾅재'라고 하는데, 함경도 방언에서 '모자(帽子)'를 '모재'라고 하는 것처럼, 이때의 방언형 '쾅재'는 '筐子'의 혼성형 '*쾅ᄌᆞ'에 'ㅣ'가 결합된 어형일 것으로 판단된다. 본고에서는 방언형에 '쾅', '쾅재'와 같은 어형이 존재한다는 점과 '쾅지'와 '광지'형이 18세기 이후의 자료에서 문증된다는 점을 근거로, '쾅지'와 '광지'의 '지'를 '子'의 고음을 반영했을 가능성보다는 'ᄌᆞ>지'와 같은 변화를 거쳐 탄생한 어형일 가능성이 더 크다고 보았다. 따라서 '쾅지'와 '광지'를 각각 '*쾅ᄌᆞ'와 '*광ᄌᆞ'에서 변화한 어형으로 간주하여 혼성형과 동음형에 포함시켜 다루고자 한다.

중반 이후에 간행된 역학서 자료에 집중적으로 나타난다. (2가)의 참조 부분에서 드러나듯이, '쾅지'는 이전 시기 판본에서는 '광조리'로 나타나던 것이다. 따라서 '쾅지'는 '광조리'와 유의 관계의 것임을 알 수 있다.

아래는 '筐'의 동음이 반영된 '광지'의 예이다.

(3) 가. 竹簍子: <u>**광지**</u><廣才物譜(19세기 초) 二:器用:3a>[cf. 筐: 광쥬리<廣才物譜(19세기 초) 二:器用:3b>, 籃: 竹筐, 대광쥬리<廣才物譜(19세기 초) 二:器用:3b>]

나. 이여 뭇사ᄅᆞᆷᄋᆞᆯ 명ᄒᆞ여 풀에 안지우고 떡 다삿 ᄀᆡ과 고기 두 ᄀᆡᄅᆞᆯ 취ᄒᆞ여 하날ᄋᆞᆯ 울어러 츅슈ᄒᆞ고 쪠여 데자ᄅᆞᆯ 주니 데자 뭇사ᄅᆞᆷᄋᆞᆯ 주ᄆᆡ 다 ᄇᆡ부루게 먹고 남은 부수럭이ᄅᆞᆯ 열두 <u>**광지**</u>에 ᄎᆡ우고 먹은 쟈 녀인과 얼인 것 외여 수가 오쳔이다라<예수聖教全書-맛ᄃᆡ복음 데십사쟝(1887) 20a>[cf. 이익고 유ᄃᆡ 사ᄅᆞᆷ이 소로 쉬기기ᄅᆞᆯ 도모ᄒᆞᄆᆡ 다뭇 소로 그 도모ᄅᆞᆯ 아니 쥬야로 셩문에 직켜 써 쉬기려 ᄒᆞ거날 이여 그 데자가 밤에 <u>**광지**</u>로써 소로ᄅᆞᆯ 셩담에 ᄂᆡ려 보ᄂᆡ니라<예수聖教全書-데자힝젹 데구쟝(1887) 14a>]

다. 筐: <u>**광지**</u> 비<歷代千字文(1911) 24b>[6][cf. 筐: 筐之圓者. =筥<廣才物譜(19세기 초) 二:器用:3b>]

'광지'는 19~20세기 자료에서 확인되는 것으로 (3가)와 (3다)에서처럼 '竹簍子, 筐'에 대응된다. (3나)는 떡과 고기 부스러기를 담는 용기의 의미로 쓰인 '광지'이다.

아래 (4)와 같이 현재 『표준국어대사전』에서 '광지'에 대한 언급 내용은 찾을 수 없었으며, '광지'와 관련된 여러 어형들이 방언형으로 올라 있다.

---

6) 규장각한국학연구원 사이트에 제공된 해제 내용에는 이것이 1900년에 저술되어 1911년에 간인된 것이라고 하였다.

(4) **광지02**: 명 『방언』 「1」‘광주리01’의 방언(함경). 「2」‘바구니’의 방언(평안, 함북). [cf. 기뚜광지(함북)·지뚜광지(함북), 두루광지(강원), 반지광지(평북), 밥광지(황해)]

지금까지 ‘筐子’를 어원으로 하는 ‘쾅지’와 ‘광지’에 대하여 통시적으로 살펴보았다. 논의의 핵심을 요약하면 아래와 같다.

혼성형의 변화형인 ‘쾅지’는 18세기 중반 이후에 간행된 역학서에 집중적으로 나타나며, 동음형의 변화형인 ‘광지’는 19~20세기 여러 자료에서 확인된다. 양자는 별다른 의미 차이 없이 일정 기간 공존하였으며, 현재 표준어에서는 쓰이지 않으나 여러 방언에서 여전히 세력을 유지하고 있다.

4.2.1.3. [唐巾] 혼탕건·탕근-동당건 > 혼탕건(宕巾)-동당건

‘唐巾’을 어원으로 하는 어형에는 ‘탕건, 탕근’과 ‘당건’이 있다.7)

(1) 가. 唐巾誤翻爲宕巾/+華音唐爲탕+/(唐巾은 잘못 옮겨져 宕巾이 되었다./+중국음은 唐은 ‘탕’이다.+/)<雅言覺非(1819) 2>
나. 唐: 대랑 당<光州千字文(1575) 5a>, 唐: 대당 당<石峰千字文(1583) 5a>, 巾: 곳갈 건. 又슈건 건.<訓蒙字會-服飾(1527) 中:11a>
나.′ 巾: 帨也, 首飾. 근.<御製奎章全韻(1796) 眞>, 巾: 슈건 근, 拭物具. 又 두건 근, 蒙首衣, 帨也, 首飾. 俗音건.<註解千字文(1804) 35b>, 巾: 머리 쓸 근, 諺건, 羃也, 一幅巾裹頭. 수건 근, 佩巾帨手.<字類註釋-衣冠類(1856) 上:88b>

이 중 ‘탕건’은 ‘한음+동음’의 혼성형이고, ‘당건’은 ‘동음+동음’의 동

7) 이 중 ‘탕건’은 李基文(1965/1991)과 劉昌惇(1975)에서 중국어 차용어로 지적된 바 있다.

음형이며, '탕근'은 (1나')처럼 '巾'의 또 다른 동음을 반영한 어형이다. '宕巾'이 한음을 반영한 차용어라는 것은 (1가)에서 지적된 바 있다. 아래 어형별로 하나씩 살피기로 한다.

(2)는 단독형으로 쓰인 '탕건'이고, (3)은 복합어 내부에 나타난 '탕건'의 용례이다.

(2) 가. 唐巾: 唐一作宕, 或云有居宕山者造此. **탕건**.<廣才物譜(19세기 초) 二:衣服:3b>

나. **탕건**: 宕巾. Bonnet en crin des officiers du gouvernement, comme celui des mandarins, mais sans ailes.(관리들의 그것처럼, 그러나 날개는 없는, 정부 관료들의 말총으로 만든 챙 없는 모자)<韓佛字典(1880) 507>

다. 져경궁 압헤 사ᄂᆞᆫ 김션달 ᄌᆡ힝이가 **탕건**ᄆᆞᆫ 쓰고 슐집에셔 슐을 먹다가 나와셔 두 슌검을 만지 ᄒᆞ엿다니 이런 슌검은 경무쳥에셔 그져 두지 못 ᄒᆞ리라 ᄒᆞ더라<독립신문(1897-10-21)>

라. 삼청동 사ᄂᆞᆫ ᄇᆡᆨ가라 ᄒᆞᄂᆞᆫ 녀인이 나히 삼십삼 셰가 되엿ᄂᆞᆫᄃᆡ 관공이 집혓다고 사나희 모양으로 망근에 옥관ᄌᆞ 붓쳐 통사립에 **탕건**ᄭᆞ지 쓰고 사나ᄒᆡ 고의 적삼에 슌쥬 두루막이 입고 남젼복에 도홍씌를 씌여 혹셰무민ᄒᆞ야 ᄌᆡ물을 취ᄒᆞ다가 일젼에 경무쳥에 잡히엿다 ᄒᆞ니 법률노 말ᄒᆞ면 거짓 귀신이 나렷다 ᄒᆞ야 인민을 의혹ᄒᆞ게 ᄒᆞᄂᆞᆫ 죄샹은 교에 쳐ᄒᆞᆫ다 ᄒᆞ엿다더라<매일신문(1898-9-28)>

마. 놈의 쐬옴 잘도 듯ᄂᆞᆫ 우리 정부 아쳐롭다 머리 짝고 아니 짝금 위ᄉᆡᆼ샹에 샹관 젹어 갓 망건과 **탕건** 쟝ᄉᆞ 정부에셔 살녀 줄가 [⋯] 위ᄉᆡᆼ 칭탁 그만 두고 단발령을 반포 마오 짝셰 짝셰 그른 ᄆᆞ음 두셰 두셰 우리 의관 ᄋᆡ국지심 ᄇᆡ양ᄒᆞ야 츙효신ᄌᆞ 되사이다<京鄕新聞-탄단발가(1907-6-10)>[cf. **탕건**과 갓을 몬져 폐지 ᄂᆡ각 회의에 일반 관리ᄂᆞᆫ 갓과 **탕건**을 위션 폐지ᄒᆞ기로 결뎡ᄒᆞ엿다더라<京鄕新聞(1907-5-25)>]

바. ᄉᆡᆼ면부지의 남ᄌᆞ 한아이 방문을 걸쳐 붓들고 ᄯᅡᆨ 셧ᄂᆞᆫᄃᆡ [⋯] 게알 갓흔 **<u>탕건</u>**에 쥭져립을 푹 슉여 쓰고 금테 안경에 보셕 반지를 ᄆᆡᆸ시 잇게 ᄭᅵ고 슐이 얼근이 취ᄒᆞ야 비틀비틀 들어와 졍슉을 ᄯᅮ러지게 보다가 털셕 쥬져안즈며 말을 붓치니<牧丹花(1911) 61>

(3) 가. 갈닌 증산군슈 김인식씨가 증산에 임 ᄒᆞ엿슬 ᄣᅢ에 치민을 공평되이 ᄒᆞ엿다ᄂᆞᆫᄃᆡ **<u>단탕건</u>**에 슈건만 동이고 마고ᄌᆞ ᄒᆞ나만 입고 손집ᄑᆡᆼ이 ᄒᆞ나만 들고 몃십리식 도라다니다가 <매일신문(1898-5-26)>

나. 낭청니 들어오는듸 통영모ᄌᆞ 셰ᄉᆞ립 은구영ᄌᆞ ᄉᆞᆫ호갓ᄭᅳᆫ 철ᄃᆡ 슈계 눌너 쓰고 ᄋᆡᄐᆡ 죠흔 석셩망근 ᄃᆡ모관ᄌᆞ ᄀᆡ알 갓튼 **<u>춍탕건</u>** 세포징엄 광ᄃᆡ슐 홍복통을 눌너 ᄆᆡ고 쌍코박니 빅ᄶᅧᆨ이 방ᄌᆞ바지 통향전 물읍 아ᄅᆡ 눌너 ᄆᆡ고 흘흘 들어갈 졔<홍윤표소장 154장본 춘향전(미상) 17a>

다. 김씨가 멀ᄶᅳᆨ안이 셔셔 동졍을 ᄉᆞᆲ히노라니 과연 ᄌᆞ긔 싀아바지가 탈망에 **<u>갓탕건</u>**만 쓰고 쇼두루막이 바ᄅᆞᆷ으로 ᄒᆞᆫ숨을 훌훌 쉬며 열아문 거름씀 가다ᄂᆞᆫ 집힝이로 턱을 괴이고 우두커니 셧다가 ᄯᅩ 열아문 거름 가다가 여젼히 집힝이로 턱을 괴이고 셧기ᄅᆞᆯ 수십 ᄎᆞ례를 ᄒᆞᄂᆞᆫᄃᆡ<九疑山(1908) 上:95-96>

라. 협슈룩ᄒᆞᆫ 머리에 **<u>인모탕건</u>**을 푹 눌너쓰고 취안이 몽롱ᄒᆞ야 그 엽헤 십오륙 셰는 될락말락ᄒᆞ고 쇼복을 하얏케ᄒᆞᆫ 녀ᄌᆞ 한아를 홱 도라보며<顯微鏡(1912) 4>

(2가~나)에서 '탕건'은 '宕巾' 또는 '唐巾'에 대응된다.[8] (2나)의 뜻풀

8) 이외에도 한문 자료들 중에는 '湯巾'이라는 차자 표기가 발견된다. 관련 용례는 아래에 제시하였다.

예 가. **<u>湯巾</u>**: 本朝 結馬鬣作帽形 戴諸笠下曰<u>湯巾</u><古今釋林 27-外篇-東韓譯語-釋服(18세기 중엽~말엽) 787쪽>

나. 唐巾華人便巾 與<u>湯巾</u>同義 蓋其製或騣或絹 狀紗帽而無角者也 華音唐

이와 (3나)의 'ᄎᆞᆼ탕건'을 통해 말총이 소재로 쓰였음을 알 수 있다. 또한 (3라)의 '인모탕건'은 말총 이외에도 인모가 재료로 쓰였음을 말해준다.[9] (2다)의 "탕건ᄆᆞᆫ 쓰-"라는 표현과 (3가)의 '단탕건'에서 '탕건'이 단독으로 착용되기도 하였음을 확인할 수 있다. 그러나 이보다는 (2라~마)처럼 '탕건'이 전립이나 갓 등과 함께 착용하는 것이 보다 일반적이었다. (3다)의 '탈망'과 '갓탕건'이라는 표현에서 망건 없이 갓과 탕건만을 사용하기도 하였다는 것을 알 수 있다. 20세기 초에 단발령(斷髮令)이 반포되고 새로운 복식 제도가 도입되면서 장발(長髮)에 사용되었던 '탕건, 망건'과 같은 옛 복식 제도가 폐기되었고 신식 모자와 양복이 점차 기존의 '탕건' 제도를 대체하게 되었다.

이상 (2)와 (3)을 통해 살펴본 것은 구체적인 복식 명칭을 나타내는 '탕건'의 용법이다. 이외에도 (4)와 같이 비유적 의미로 쓰인 '탕건'의 용례가 확인된다.

(4) 가. ᄂᆡ부 쥬ᄉᆞ 홍붕관씨ᄂᆞᆫ 젼 대신 남정쳘씨의 친근ᄒᆞᆫ 사ᄅᆞᆷ이라 대신ᄭᅴ 사ᄉᆞ로이 말ᄉᆞᆷᄒᆞ기를 ᄉᆡᆼ이 특별ᄒᆞᆫ 직업도 업고 겸ᄒᆞ여 **탕건**이나 ᄒᆞ나 엇어 써 ᄇᆡᆨ두나 면ᄒᆞ면 영귀ᄒᆞᆷ이 극ᄒᆞᆯ지니 쥬ᄉᆞ나 ᄒᆞ나 ᄉᆡᆨ여 쥬시면 월은은 밧지 안켓ᄉᆞᆸ네다 ᄒᆞ고 인ᄒᆞ야 쥬ᄉᆞ 차함 ᄒᆞᆫ 자리를 엇어 ᄒᆞ고 여일히 마을노 ᄉᆞ진ᄒᆞ거ᄂᆞᆯ<매일신문(1898-6-18)>

나. 戊戌 設博士試于成均舘 求禮郡守朴恒來勸公赴試 將薦之 公辭曰 吾忘**宕巾**久矣 屢勸竟不應 宕巾者 本邦官人所戴馬鬃帽子之名也<梅泉集-先兄梅泉公事行零錄(1913) 卷首>

(4가)는 홍붕관이 가까이 알고 지내는 전(前) 대신 남정철에게 주사

音湯 故名**湯巾** 實唐巾也<霞谷集-答金汝和書(미상) 3>

9) 『한국복식사전』을 비롯한 기존 사전에서는 탕건이 '말총'을 재료로 한다고 서술되어 있다. 한글 자료의 맥락을 통해 '인모'도 탕건을 만드는 재료로 쓰였음을 확인할 수 있다.

벼슬을 해 달라고 부탁하는 맥락이므로 이때의 "탕건이나 ᄒᆞ나 엇어 쓰-"라는 말은 "벼슬자리를 하나 얻다"는 의미로 해석된다. 동일한 문장에서 벼슬하지 못한 사람을 비유적으로 이르는 '빅두(白頭)'와 대비되므로, "벼슬아치가 갓 아래 받쳐 쓰던 관"의 의미가 아닌 "벼슬자리"를 나타내고 있음이 확실하다. '탕건'의 이러한 비유적 의미는 (4나)의 한문 자료에 쓰인 '宕巾'을 통해서도 드러난다. 1898년[무술년]에 성균관에 박사시(博士試)를 설치하자 당시 구례군수(求禮郡守)였던 박항래(朴恒來)가 매천(梅泉) 황현(黃玹)에게 응시할 것을 권하고 그를 천거하려고 하였으나 매천이 "吾忘宕巾久矣.(나는 탕건을 잊은 지 오래입니다.)"라고 사양하며 누차 권유해도 끝내 응하지 않았다는 내용이다. '宕巾'을 잊은 지 오래라는 것은 곧 벼슬에 욕심이 없음을 표현한 것이므로 (4가)와 같은 비유적 용법이다.

아래는 '탕근'의 용례이다.

(5) 가. 모든 수령 도망할 제 거동 보소 인궤 일코 과절 들고 병부 일코 송편 들고 **탕근** 일코 용수 쓰고 갓 일코 소반 쓰고 칼집 쥐고 오좀 뉘기 부셔진니 거문고요 씌지나니 북장고라<烈女春香守節歌(미상) 下:38a>[cf. 사ᄯᅩ 기가 막켜 엇지 분하시던지 연상을 ᄯᅮ달일 졔 **탕건**이 버셔지고 상토고가 탁 풀리고<烈女春香守節歌(미상) 下:10b-11a>, **탕건** 일코 용슈 쓴 슈령이며<백성환창본 춘향가(미상) 58a>, 슈령더리 겁얼 ᄂᆡ여 **탕건**을 일코 용슈 씨고 붓ᄎᆡ 노코 막ᄃᆡ 쥐고<사재동 87장본 춘향전(1908) 85b>, 각읍 슈령 넉셜 일코 인도 녹코 병부 들고 갓 써노라 쇼반 씨고 **탕건** 씨노라<충주박물관소장 춘향전(1918) 63b>]

나. 토인이 드러가 그ᄃᆡ로 엿쥬온이 ᄉᆞᄯᅩ 물ᄉᆡᆨ 모르시고 도련님 글공부 심쎠 ᄒᆞ신 쫄만 짐작ᄒᆞ고 우슘 한번을 웃난듸 **탕근** 버셔지난 쫄도 모르고 시물 네 ᄭᅪᆨ지을 넹긔난듸<장자백창본 춘향가(미상) 11a-b>

다. 외올망 쥬어ᄆᆡ여 옥관ᄌᆞ ᄌᆞ쥬 당쥴 압을 쥴나 질ᄉᆞᆫ ᄆᆡ고

> 젼남황나 ᄌᆞ락쳘육 진ᄌᆞ쥬 ᄃᆡ고씌여 쳥영ᄑᆡ 빗계 차고 젼모입 금파 갓ᄭᅳᆫ 호슈 입시을 졔법 쌘쳐 **ᄀᆡ알탕근** 밧쳐 쓰고 칠ᄑᆡ영마 각진부감 호담요을 언져 타고 젼후ᄇᆡ 굴노ᄉᆞ영 홍의십슈 표장공장 혼검으로 번듯 들고 나난 듯ᄀᆡ 드러올 졔<백성환창본 춘향가(미상) 58a>

(5가)와 그 참조 부분의 비교를 통해 드러나듯이, 동일한 자료나 유사한 문맥을 포함한 이본 자료에서 '탕근'과 '탕건'이 공존한다. 문헌 성격상으로 볼 때, '탕근'은 (5)의 『춘향전』류를 비롯한 조선 후기 판소리계 소설 자료에 집중적으로 나타난다.[10] '탕근'과 '탕건'의 이러한 양상은 '망건'과 '망근'에서도 유사하게 관찰된다.

아래 (6)은 '唐巾'의 동음이 반영된 '당건'의 용례이다.

(6) 가. 비ᄌᆔ 놀나 졍신을 뎡ᄒᆞ여 보니 쥬듕의 일위 쇼년이 흑ᄉᆞ **당건**을 쓰고 쳥ᄉᆞ포를 닙어 유ᄉᆡᆼ의 거동이로ᄃᆡ<明珠寶月聘(미상) 11:68-69>

나. 뉴지휘 니ᄅᆞ러 그 ᄇᆡᆨ나 광삼을 금풍의 브치이고 오ᄉᆞ **당건**을 우빈의 기우려 솔 그늘과 ᄃᆡ 쎨기 밋희 ᄒᆞᆫ가로이 거ᄅᆞ며 냥안이 다만 츄텬의 뇨활홈과 ᄇᆡᆨ운의 표양ᄒᆞ믈 눈쥬어 동빈이 동졍의 오ᄅᆞ고 ᄌᆞ진이 학가ᄅᆞᆯ 멍에홈 ᄀᆞᆺ트믈 ᄋᆡ찬ᄒᆞ여 이윽이 관망ᄒᆞᄃᆡ<明行貞義錄(19세기 초반) 12:35a>[cf. 이의 텬측의 근시ᄒᆞ엿던 관복을 탈ᄒᆞ고 머리의 연ᄉᆞ **당건**을 쓰고 몸의 ᄇᆡᆨ포 심의ᄅᆞᆯ 닙어 셰초ᄃᆡᄅᆞᆯ 씌며 비운니ᄅᆞᆯ 신어<明行貞義錄(19세기 초반) 70:10a-b>]

다. 소ᄉᆞᄆᆡ 크게 깃거 홍과 노졸을 ᄃᆞ리고 본진의 도라와 원

---

10) 『춘향전』 외에도 『심청전』에서 '졍쥬 탕근, 장쥴 탕근, 졍쥬 탕건, 경쥬 탕건, 즁쥬 탕건, 증쥬 탕건'처럼 원문의 동일한 부분이 '탕근'과 '탕건'으로 달리 나타나고 있음이 확인된다. '탕근, 탕건'뿐만 아니라 선행 요소도 '졍쥬, 장쥴, 경쥬, 즁쥬, 증쥬'처럼 다양한 형태로 나타나 있다. 구전으로 전승된 자료라는 특징으로 말미암아 이처럼 형태가 다양한 어형들의 공존이 가능하게 된 것으로 판단된다.

문 밧긔 셰우고 먼져 드러가 원슈게 고ᄒᆞᆫᄃᆡ 원쉬 ᄃᆡ희ᄒᆞ여 왈 ᄂᆡ 혼탈의 우인을 잠간 보니 교앙 당돌ᄒᆞᆫ지라 심샹한 항장으로 대졉지 못ᄒᆞ리라 ᄒᆞ고 즉시 융복을 벗고 학챵의를 닙고 <u>**당건**</u>을 쓰고 문밧긔 나아가 홍혼탈의 손을 잡고 소 왈<서울대도서관본 玉樓夢(19세기 이후) 5:58b>

라. ᄉᆡᆼ이 ᄒᆞᄂᆞᆫ 거동을 보려 ᄒᆞ여 <u>**당건**</u> 청삼으로 단정히 안ᄌᆞ 요동치 아니니<서울대도서관본 蘇賢聖錄(미상) 165b>

마. 원쉬 홀로 댱검을 딥고 학의 <u>**당건**</u>으로 딘 밧긔셔 ᄉᆞ면을 ᄉᆞᆯ피니 화긔 만면ᄒᆞ야 봄ᄃᆞᆯ이 화ᄒᆞᆫ ᄇᆞ람을 당ᄒᆞᆷ ᄀᆞᆺ고 엄위ᄒᆞᆫ 긔샹과 웅장ᄒᆞᆫ 골격이 사ᄅᆞᆷ이 사ᄅᆞᆷ을 경동케 ᄒᆞᄂᆞᆫ디라<洛城飛龍(미상) 2:27a>[cf. 원쉬 홀로 댱듕의 안자 쵹을 ᄇᆞᆰ히고 <u>**당건**</u> 학의로 셔안의 지혀 병셔를 보더니<洛城飛龍(미상) 2:28a-b>]

바. 이 밤의 졔시녀로 더브러 힝즁의 깁을 긋쳐 유ᄉᆡᆼ의 복ᄉᆡᆨ을 ᄒᆞ고 쥐소 등 칠인이 혹 셔동의 모양도 ᄒᆞ고 가인의 ᄆᆡᆸ시도 ᄒᆞ야 개복홀ᄉᆡ 쇼졔 운발을 거두어 ᄎᆞᆼᄒᆞ며 년ᄉᆞ <u>**당건**</u>을 쓰고 봉익의 청나포를 간ᄒᆞ며 셰요의 흑ᄉᆞᄃᆡ를 두로고 거믄 혜를 신고 반듁션을 드러시니<碧虛談關帝言錄(미상) 11:30a>[cf. 머리의 연ᄉᆞ <u>**당건**</u>을 쓰고 몸의 대홍 망뇽포를 입고 허리의 냥지 ᄇᆡᆨ옥ᄃᆡ를 ᄯᅴ고<碧虛談關帝言錄(미상) 10:24b>]

(6가~바)는 순서대로 '흑ᄉᆞ 당건-청ᄉᆞ포, ᄇᆡᆨ나 광ᄉᆞᆷ-오ᄉᆞ 당건[cf. 연ᄉᆞ 당건-ᄇᆡᆨ포 심의-셰초ᄃᆡ-비운니], 학챵의-당건, 당건-청삼, 학의-당건[cf. 당건-학의], 년ᄉᆞ 당건-청나포-흑ᄉᆞᄃᆡ-거믄 혜-반듁션[cf. 연ᄉᆞ 당건-대홍 망뇽포-ᄇᆡᆨ옥ᄃᆡ]'의 차림을 묘사한 것이다. 그런데 '당건'의 출현 맥락은 앞서 살핀 '탕건, 탕근'과는 사뭇 다르다.

첫째, '당건'이 나타나는 문헌의 성격이다. (6)에서 보듯이 '당건'은 번역 또는 번안된 소설 자료에 집중적으로 나타난다. 이는 다양한 성격의 문헌에서 두루 확인되었던 '탕건'과는 대조적이다. 둘째, '당건'이 만들어진 재료이다. '흑ᄉᆞ 당건, 오ᄉᆞ 당건, 연ᄉᆞ/년ᄉᆞ 당건'으로부터 이들이 말총이나 인모를 재료로 한 '탕건, 탕근'과는 달리 사(紗)로 만들어진 것임을 알 수 있다. 셋째, '갓'이나 '망건' 등과 조합해서 착용한 기록이 잘 보이지 않고 단독으로 착용되었다. 넷째, 함께 착용한 '청ᄉᆞ포(靑紗袍)', 'ᄇᆡᆨ나 광ᄉᆞᆷ(白羅纊衫)', 'ᄇᆡᆨ포 심의(白布深衣)', '학챵의(鶴氅衣)', '청삼(靑衫)', '학의(鶴衣)', '청나포(靑羅袍)', '대홍 망농포(大紅蟒龍袍)' 등은 모두 동음을 반영한 어형이다. 이러한 특징을 문헌의 성격과 결부해 보았을 때 한자를 매개로 원문을 언해하는 과정에 주로 출현하는 '당건'은 의미상 '탕건, 탕근'과 구분되었을 가능성이 높을 것으로 판단된다.

이와 관련하여 『표준국어대사전』에는 '탕건'과 '당건'이 서로 다른 의미를 가진 표제어로 제시되어 있으며, 이전 자료에서 차자 표기로 쓰였던 '宕巾'이 '탕건'의 대응 한자 표기로 자리잡았다.

(7) 가. **탕건(宕巾)**: [명] 벼슬아치가 갓 아래 받쳐 쓰던 관(冠)의 하나. 말총을 잘게 세워서 앞쪽은 낮고 뒤쪽은 높게 턱이 지도록 뜬다. 집 안에서는 그대로 쓰고 외출할 때는 그 위에 갓을 썼다. 【<〈중〉唐巾】 [cf. 게알탕건, 단탕건, 외올탕건, 탕건쟁이, 탕건집, 한림탕건]

나. **당건(唐巾)**: [명] 예전에, 중국에서 쓰던 관(冠)의 하나. 당나라 때에는 임금이 많이 썼으나, 뒤에는 사대부들이 사용하였다.

본고의 고찰을 통해 드러난 언어 사실들에 의거했을 때, (7가)의 서술 내용은 재고의 여지가 있어 보인다. 벼슬아치가 쓰는 경우가 많지만, 벼슬이 없는 사람도 착용을 하였다는 점, 갓 아래 받쳐 쓰는 경우가 많지만 단독으로도 착용되었다는 점, 말총 외에도 인모가 사용되었다는 점 등에서 그러하다.

지금까지 '唐巾'을 어원으로 하는 '탕건, 탕근'과 '당건'에 대해 통시적으로 살펴보았다. 논의의 핵심을 간략히 요약하면 아래와 같다.

'탕건, 탕근'과 '당건'은 모두 19세기 이후의 문헌 자료에서 확인된다. 이 중 '탕건'은 원국문본 자료를 포함하여 다양한 성격의 자료에서 확인되고 '巾'의 또 다른 동음을 반영한 '탕근'은 판소리계 소설을 중심으로 출현한다. 문맥을 통해 이들은 '말총, 인모'와 같은 재료로 만들어지며 단독으로 착용되기도 하고 망건이나 갓, 전립과 같은 것과 함께 착용되기도 했음이 확인된다. 이와는 대조적으로 '당건'은 언해 자료를 중심으로 확인되며, 만들어진 소재나 착장법에 있어서 '탕건, 탕근'과는 다르다. 양자 모두 '唐巾'을 어원으로 하지만, 지칭하는 대상은 달랐을 것으로 판단된다. 현재 '탕건'과 '당건'은 서로 다른 의미로 쓰이고 있고, '탕건'의 차자 표기로 쓰였던 '宕巾'이 '탕건'의 대응 한자 표기로 자리잡았다. 뿐만 아니라 '宕巾'의 영향으로 '宕'이 "탕건"이라는 새로운 훈을 갖게 되기도 하였다.

4.2.1.4. [大紅] 혼다홍·다홍·ᄃᆞ홍-동대홍·대홍ᄒᆞ다 > 혼다홍-동대홍

'大紅'을 어원으로 하는 어형에는 '다홍, 다홍, ᄃᆞ홍'과 '대홍, 대홍ᄒᆞ-'가 있다.11)

(1) 가. 大다紅홍段子: 다홍 비단<譯語類解-織造(1690) 下:3b>
나. 大: 큰 대<光州千字文(1575) 7a>, 紅: 블글 홍<訓蒙字會-彩色(1527) 中:15a>

(1)에서 보듯이, '다홍'은 '大'의 한음 '다'가 반영된 어형이고, '대홍'은 '大'의 동음 '대'가 반영된 어형이다. 또한 '다홍'은 'ㆁ'의 소실로 인해 탄생한 표기이고, 'ᄃᆞ홍'은 'ㆍ'의 비음운화를 반영한 표기이다. '다

11) 이 중 '다홍'은 李基文(1965/1991), 劉昌惇(1975), 蕭悅寧(2014)에서 중국어 차용어로 지적된 바 있다.

홍, 다홍'이 한음에 바탕을 둔 형태라는 것은 아래의 여러 자료에서 지적된 바가 있다.

(2) 가. 我國常談亦多華語, 往往可見, 今略列于下. […] 大紅/+大더紅ᄒᆞᆼ+/(우리 나라 상언(常言)에 또한 화어(華語)가 많다. 이따금 볼 수 있는데, 이제 간략하게 아래에 나열한다. […] 大紅/+大더紅ᄒᆞᆼ+/)<理藪新編-雜錄(1744) 20:58b>

나. 每官府開坐, 吏輒唱曰, 禁鄕談, 則府中上下於凡物名, 皆以漢語, 不得用鄕談. 今其制雖廢, 而尚有傳習之可見者. 如當直曰當당直디, […] 大紅曰大다紅홍<硰溪隧錄(1770) 25:續篇:言語>

다. 紅홍, 赤白色. 小紅쇼홍, 桃紅도홍, 水紅슈홍, 粉紅분홍, 皆淺紅. ○ 大紅(대홍), 大因華音다也, 而誤翻多紅. ○ 肉紅륙홍, 木紅목홍, 茜紅쳔홍, 眞紅진홍, 皆深紅.<名物紀畧-布帛部(1870) 3:25b>

어형별로 하나씩 살피기로 한다. 우선 살펴볼 것은 한음을 반영한 '다홍, 다홍, ᄃᆞ홍'의 용례이다.

(3) 가. 네 그 텬쳥 비쳇 흉븨 ᄒᆞᆫ 비단과 류쳥 비쳇 무룹도리로 문ᄒᆞᆫ 비단 […] 도홍 비체 엇게예 구룸 문 ᄒᆞ고 넌된 쇼화 문 ᄒᆞᆫ 비단 **다홍비체** 금 드려 ᄧᆞᆫ 비단 은홍 비체 효근 련곳 문 ᄒᆞᆫ 비단 슉홍 비체 너출 모란 문 ᄒᆞᆫ 비단 […] 이런 비단과 사와 로왜 다 잇ᄂᆞ녀(你那天青胸背 柳青膝欄 […] 桃紅雲肩 大紅織金 銀紅西蕃蓮 肉紅纏枝牡丹 […] 這們的紵絲和紗羅都有麼)<飜譯老乞大(1510년대) 下:24a-25a>[cf. 顏色: 通稱 빗<方言類釋-布帛類(1778) 酉部:26b>]

나. 훠를 시ᄂᆞᆯ딘댄 봄 ᄉᆞᅀᅵᄂᆞᆫ 거믄 기ᄌᆞ피 훠 시노ᄃᆡ 우희 구룸 갓고로 드리옛게 호와 잇고 녀름 ᄉᆞᅀᅵᄂᆞᆫ 뎐피 훠 신고 겨ᅀᅳ렌 람비단 갸품에 금션 조쳐 ᄢᅵᆫ ᄇᆡᆨ기ᄌᆞ피 훠 시노ᄃᆡ 시욱쳥은 됴ᄒᆞᆫ ᄀᆞᄂᆞᆯ오 보ᄃᆞ라온 터리로 미론 쳥 시너 이

쇼ᄃᆡ 다 다홍 비단오로 깃 ᄃᆞ라 이시니 ᄒᆞᆫ 솽 훠예 다 블근 실로 고 ᄃᆞ라 잇더라(穿靴時 春間穿皀麂皮靴 上頭縫着倒提雲 夏間穿獐皮靴 到冬間穿嵌金線藍條子白麂皮靴 氈襪穿好絨毛襪子 都使大紅紵絲緣口子 一對靴上 都有紅絨雁爪)<飜譯老乞大(1510년대) 下:52b-53a>

다. 이 다홍비체 다ᄉᆞᆺ 밧ᄀᆞ락 가진 ᄲᅳᆯ 업슨 룡을 슈질ᄒᆞ니ᄂᆞᆫ 늘와 씨를 실 어울워 ᄧᆞ시니 우희 ᄡᅳ실 비단이오 졔왕네 ᄡᅳ실 비단도 아니며 ᄯᅩ 샹네 ᄃᆞ니ᄂᆞᆫ 비단 아니로소니 열두 량 은곳 아니면 그를 사디 몯ᄒᆞ리로다(這的大紅綉五爪蟒龍 經緯合線結織 上用段子 不是諸王段子 也不是常行的 不着十二兩銀子 買不得他的)<飜譯朴通事(1510년대) 上:14b-15a>

라. 내 향ᄎᆞᆺ 비쳇 ᄉᆞᄆᆡ예 통ᄒᆞ야 무룹 둘와 오ᄎᆡ 실로 슈질ᄒᆞᆫ 털릭과 네 다홍비쳇 금으로 흉븨 ᄧᆞᆫ 털릭과 밧고져(我的串香褐通袖膝欄五彩綉帖裏 你的大紅織金胸背帖裏對換着) <飜譯朴通事(1510년대) 上:14b-72a>

(4) 가. ᄯᅩ ᄀᆞᆯ오ᄃᆡ 힝역 소ᄉᆞᆯ 제 블근 어루러지 도다 다홍 비단문 ᄀᆞᄐᆞ면 엿쇄 닐웨 후에 일뎡 죽ᄂᆞ니 ᄲᆞᆯ리 화독탕의 홍화과 황금과 승다를 가ᄒᆞ여 구완ᄒᆞ라(又曰 出痘時發紅瘢如錦紋者 六七月後決死 急用化毒湯加紅花黃芩升麻救之)<諺解痘瘡集要(1608) 上:18b>

나. ᄌᆞ지 실이나 다홍 실이나 듕에 아ᄆᆞ 실이나 반반 ᄉᆞ리만 조차 보내소<진주하씨묘-166/곽씨-38, 17세기 전기, 곽주(남편)→진주하씨(아내)>

다. 복셩 겁질 ᄒᆞᆫ 근의 믈 열 여ᄉᆞᆺ 사발로 반 되게 달히고 오리나모 겁질 ᄒᆞᆫ 근의 ᄯᅩ 그리 달혀 거ᄌᆡᄒᆞ고 두 믈을 ᄒᆞᆫᄃᆡ ᄯᅩ 반 되게 달힌 후의 ᄉᆞ히 두 술을 녀허 저어 드리면 진다홍 ᄀᆞᄐᆞ니라<酒方文[瀟湘月文]-조다홍법/造丹紅法(18세기 초기) 27b-28a>

라. 大다紅홍段子: 다홍 비단<譯語類解-織造(1690) 下:3b>, 大紅: 다홍(漢-大다紅홍)<方言類釋-布帛類(1778) 西部:26b>, 大紅: 다홍. =眞紅.<廣才物譜(19세기 초) 二:衣服:5b>

마. **다홍** 삼승을 압집의셔 졔년의도 낭ᄑᆡ을 ᄒᆞ야 겨요 다른 ᄃᆡ셔 나 쓰와다 ᄒᆞᄋᆞᆸ 무인 ᄉᆞ월 초칠 샹장<추사-03, 1818년, 김정희(남편)→예안이씨(아내)>[cf. 이 닷 필 **다홍** 깁은 每 ᄒᆞᆫ 필에 믈갑시 너 돈식이니(五個**大紅**絹 每一疋染錢四錢家)<朴通事諺解(1677) 中:4a>]

바. **다홍** 화문 즈우사 겹치마 일 **다홍** ᄉᆡᆼ슉쵸 단치마 일 **다홍** 뎌포 치마 일(**多紅**花紋苧藕紗甲裳一 **多紅**生熟綃單裳一 **多紅**苧布裳一)<丁未嘉禮時日記(1848년 이후) 15a>

사. 져 초록 젹고리의 **다홍** 치마 닙은 동기 좀 ᄂᆞ려보ᄂᆡ오면 호ᄉᆞ판의 담ᄇᆡᄭᆞ지 부쳐 먹깃소 운봉이 기ᄉᆡᆼ 불너 부쳐드리라 그 기ᄉᆡᆼ ᄂᆞ려오며 그러ᄉᆞ나 슛거시라 졔반 악종의 소ᄅᆡ를 다 ᄒᆞᄂᆡ 운봉 안젼은 분부 한 목 맛타나 ᄒᆞ며 담비ᄃᆡ ᄂᆡ시오<南原古詞(1864) 5:21b-22a>, **다홍** 보로 ᄡᆞ셔 두엇다가<南原古詞(1864) 3:35a>

아. 샹답 줄 필 모슈와 치마ᄀᆞ음 ᄒᆞᆫ 필 ᄉᆞ십 쳑이나 되ᄂᆞᆫ 것 아조 필노 반믈을 드려 보내시면 죠흘 듯 **다홍** 드릴 모시 ᄒᆞᆫ 필은 흰 ᄃᆡ로 보내시면 죠흘 듯ᄒᆞᄋᆞᆸ<김성일가-043, 1848년, 여강이씨(아내)→김진화(남편)>[cf. 이 열 필 깁에셔 닷 필은 **다홍** 드려 다ᄃᆞᆷ고(這十個絹裏 五個**大紅**碾著)<朴通事諺解(1677) 中:3b-4a>]

자. 고간의셔 진분홍 가로 고흔 취월 가로ᄒᆞ고 보라로 **다홍** 가로 좀 서너 병 식식 주옵소셔<명성궁녀-14, 1883~1895년, 미상→민영소>

차. **나홍**: **茶紅**. Couleur rouge.(붉은 색)<韓佛字典(1880) 453>, **다홍**: **茶紅**. Red color. See 쥬홍.<韓英字典(1897) 630>, **茶紅**: **다홍**<日用備覽記-衣服具(1937) 13b>

카. 헛되이 밋는 속긔 [⋯] 초ᄒᆞ로ᄂᆞᆯ **다홍** 실 차면 그ᄒᆡ에 빗ᄂᆞᆫ일 보ᄂᆞᆫ이라<협성회회보(1898-2-5)>

타. ①**다홍** 면쥬 젹오리-풍ᄎᆞ 바지-ᄉᆡᆨ 멋토리: 3세 남아 '갑룡이'<독립신문(1897-10-26)>, 당묵 **다홍** 져고리-당목 누비 바지-버션: 3세 남아<매일신문(1898-11-16)>, 무명 **다홍** 젹오리-무명 겹바지-무명 힝쥬치마-홍목 당혜-더벙머리: 5세 남

아 '원셩이'<독립신문(1897-11-6)>, 양목 **다홍** 두루마이-양목 풍ᄎᆡ 바지-나막신: 5세 남아 '을룡이'<매일신문(1899-3-22)>, **다홍** ᄉᆡᆼ목 젹오리-츄월 젹오리-신: 6세 남아 '뎡부츌이'<독립신문(1898-2-24)>, **다홍** 양목 동옷-죵자 문고단 마고자-흰 바지-홍목 당혜: 8세 남아 '삼쳘이'<매일신문(1899-3-17)> ②**다홍** 사나희 져고리-셔양목 솜두렁이-무명 겹드렁이-분홍 당혜: 4세 여아 '쪼마'<매일신문(1898-4-13)>, 옥ᄉᆡᆨ 져고리-**다홍** 소□-솜바지: 5세 여아 '졈슌이'<매일신문(1898-6-18)>, 양목 **다홍** 져구리-양목 바지: 5세 여아<매일신문(1899-2-27)>, **다홍** 치마-**다홍** 져고리: 10세 여아<매일신문(1899-5-9)>, **다홍** 젹오리-**다홍** 도랑치마-집신: 11세 여아<독립신문(1898-4-9)>

파. 머리ᄂᆞᆫ 협수록ᄒᆞ고 의복은 남누ᄒᆞᆫ 아ᄒᆡ ᄒᆞᆫ쎄가 데각기 ᄒᆞ야 괴짝 ᄒᆞ나식을 **다홍** 질빵을 느지막ᄒᆞ게 ᄒᆞ야 왼편 억ᄀᆡ에다 메이고<鍊光亭(1913) 1>, 김의관이 ᄌᆞ긔 집으로 도라와 ᄌᆞ긔 부인 오씨와 말을 ᄒᆞ고 즉시 용록을 불너 ᄉᆞ쥬단ᄌᆞ를 ᄃᆡ간에다 쓰라 ᄒᆞ야 ᄇᆡᆨ지로 봉ᄒᆞ고 싸리를 쪄ᄀᆡ여 ᄀᆞᆺ치 ᄒᆞᆫ 반을 끼워 우아릐를 **다홍실**로 휘휘 감아셔 셔쥬ᄉᆞ 집으로 보ᄂᆡ엿더라<琵琶聲(1913) 14>

(5) **ᄃᆞ홍** 드리기ᄂᆞᆫ 젼혀 물이 죠하야 빗치 션명허고 물이 ᄶᅳ거ᄂᆞ 잡ᄌᆡᄀᆞ 석기거ᄂᆞ 부졍ᄒᆞᆫ ᄉᆞᄅᆞᆷ이 보면 연지 물이 잘 ᄂᆞ지 아니ᄒᆞᄂᆞ니라<閨閤叢書-염식법-진홍(1869) 22b>[cf. **다홍**은 오미ᄌᆞᄂᆞ ᄆᆡ실물의 쌜면 빗치 셩ᄒᆞ고<閨閤叢書-셰의법(1869) 27b>]

'다홍'이 이른 시기 문헌에서 발견되었다면, 여기에서 형태 변화를 입은 '다홍'은 17세기 이후의 다양한 자료에서 폭넓게 발견되어 현대국어에까지 쓰이고 있다. '다홍, 다홍'은 원문의 '大紅, 眞紅, 丹紅, 茶紅, 多紅'에 대응되며, 이 중 '茶紅, 多紅'은 '다홍'의 차자 표기 형태이다. (4타)는 근대국어 시기의 신문 속에 들어 있는 미아(迷兒) 찾기 광고에 출현하는 용례들이다. 해당 부분에는 잃어버렸을 당시 아이가 착용하고 있었던 복식에 대해 자세하게 서술되어 있는데, ①과 ②는 각각 잃어버린 남아와 여아가 착용하고 있던 복식을 나이순으로 제시한 것이다. (5)는 드물게 발견되는 ‘ᄃᆞ홍’의 용례로서, 동일한 문헌에서 ‘ᄃᆞ홍’과 ‘다홍’이 공존하는데, 이는 어두 음절에서 ‘ㅏ’와 ‘ㆍ’가 구분이 되지 않은 현실을 반영하였다.

아래는 동음이 반영된 ‘대홍, 대홍ᄒᆞ-’의 용례이다. ‘[ ]’ 속에는 문맥상 ‘대홍’과 유사한 공기 관계를 갖는 ‘다홍’의 용례를 참조로 제시하였다.

(6) 가. 머리의 연ᄉᆞ 당건을 쓰고 몸의 **대홍** 망농포를 입고 허리의 냥지 ᄇᆡᆨ옥ᄃᆡ를 ᄯᅵ고<碧虛談關帝言錄(미상) 10:24b>, 황뎨 ᄒᆡᆼ인ᄉᆞ 좌ᄉᆞ부ᄉᆞ헌을 보내여 틱셔를 ᄂᆞ리와 ᄀᆞᆯ오샤ᄃᆡ 왕이 대병으로 도적을 좃차 내치고 도셩의 도라가 표를 올리고 방물을 드려 샤은ᄒᆞ니 딤이 깁히 아름다와 ᄒᆞ노라 나라 회복한 듕ᄉᆞ를 샹녜로 ᄃᆡ답디 못ᄒᆞᆯ디라 특별히 ᄉᆞ신을 보내여 뎐유ᄒᆞ고 인ᄒᆞ야 **대홍** 망의 두 벌과 ᄎᆡ단을 ᄉᆞ송ᄒᆞ야 딤이 권권히 왕을 위ᄒᆞ야 먼리 위로ᄒᆞ난 ᄯᅳᆺ을 뵈노라<朝野記聞(18세기 7·80년대 경) 7:19b-20a>[cf. 이튼날 군위를 셩히 ᄒᆞ여 진문을 열고 송진 샹을 ᄇᆞ라보니 금괴 움즉이며 대홍 슈ᄌᆞ긔 움즉이ᄂᆞᆫ 곳의 대원슈 님공이 머리의 봉시 투구를 쓰고 몸의 **다홍** 망농포의 황금 쇄ᄌᆞ갑을 쎠 닙고 쳘졔 벽옥마를 타고 산호 ᄎᆡ를 가ᄇᆞ야이 드러시니 <花鄭善行錄(미상) 3:35b-36a>]

나. 이튼날 군위를 셩히 ᄒᆞ여 진문을 열고 송진 샹을 ᄇᆞ라보니 금괴 움즉이며 **대홍** 슈ᄌᆞ긔 움즉이ᄂᆞᆫ 곳의 대원슈 님공이 머리의 봉시 투구를 쓰고 몸의 다홍 망농포의 황금 쇄ᄌᆞ갑을 쎠 닙고 쳘졔 벽옥마를 타고 산호 ᄎᆡ를 가ᄇᆞ야이 드러시니<花鄭善行錄(미상) 3:35b-36a>, 숑진즁의셔 **대홍** 슈ᄌᆞ긔 움ᄌᆞ긔며 홍금망농포의 일월쇄ᄌᆞ갑을 쎠 닙고 양지 ᄇᆡᆨ

옥ᄃᆡ의 구룡익션관을 ᄡᅥ시니 동탕효용광이 금당의 일쳔앙 뉘 휘드ᄅᆞ며 일ᄇᆡᆨ화신이 다토와 웃고져 ᄒᆞ니 겸ᄒᆞ여 위풍이 늠연ᄒᆞ니 쥬공ᄌᆞ의 연약ᄒᆞᆷ믈 우ᄉᆞ며 번쟝군의 위풍을 나모라니 쳔고영웅이오 일ᄃᆡ 군ᄌᆡ어ᄂᆞᆯ<玄氏兩雄雙麟記(미상) 4:36b-37a>[cf. 위왕이 올히 넉여 샤ᄌᆞ를 도라 보ᄂᆡ고 명일 냥딘이 상ᄃᆡ홀ᄉᆡ 금괴 졔명ᄒᆞ고 긧발이 움즉이ᄂᆞᆫ 곳의 ᄇᆡᆨᄉᆞ장 너른 들히 냥딘 긔치를 버리고 위왕이 머리의 ᄌᆞ금관을 ᄡᅳ고 몸의 망농포의 ᄇᆡᆨ옥ᄃᆡ를 두르고 문긔 하의 나 숑딘을 바라고 ᄡᅡ호ᄌᆞ ᄒᆞ니 숑딘 듕의 문긔 열니며 고각이 딘텬ᄒᆞ고 **다홍** 슈ᄌᆞ긔 붓치이ᄂᆞᆫ 곳의 홍냥산 아ᄅᆡ ᄉᆞ륜거를 미러 나아 오니 이ᄂᆞᆫ 윤 원슈라<明珠寶月聘(미상) 84:29-30>, 쳥홍냥산이 혼득이며 **다홍** 슈ᄌᆞ긔 붓치이ᄂᆞᆫ 아ᄅᆡ 거상의 귀인이 완연이 단좌ᄒᆞ여시니<尹河鄭三門聚錄(미상) 55:16b-17a>, 이튼날 냥 진이 ᄃᆡ진홀ᄉᆡ 금괴 졔명ᄒᆞ고 명나뇌고ᄒᆞ니 당진 샹의셔 진문을 크게 열고 **다홍** 슈ᄌᆞ긔 ᄇᆞ람의 날니며 황나우개와 홍양산이 동ᄒᆞᄂᆞᆫ 곳의 팔늅금거를 미러 나아오니 당황ᄌᆞ 강왕이 머리의 ᄌᆞ금통텬관을 ᄡᅳ고 일월봉익포를 닙고 좌슈의 쥭졀파리칙를 드러시니 츈광이 ᄇᆞ야흐로 이팔이라<漢朝三姓奇逢(미상) 4:2a>]

다. 춍직 [...] 부인을 향ᄒᆞ야 왈 ᄋᆞ녀의 특이ᄒᆞᆫ ᄌᆞ질과 슈연ᄒᆞᆫ 셩덕이 당금의 초츌ᄒᆞ니 그 ᄧᅡᆼ이 ᄀᆞ즉ᄒᆞ미 업슬가 념녀ᄒᆞ엿더니 셕ᄌᆞ의 군ᄌᆞ지풍과 셩인지격이 진짓 오ᄋᆞ의 샹뎍ᄒᆞᆫ ᄇᆡ위라 엇지 다힝치 아니리오 부인의 담연무욕ᄒᆞ미 능히 ᄯᅡᆯ의 어미 소임을 ᄒᆞ시며 사회를 어드ᄆᆡ 빙모 소임을 ᄒᆞ시리잇가 부인이 져슈믁연이오 ᄋᆞ소졔 옥면이 **대홍**ᄒᆞ니 슈려ᄒᆞᆫ 안치와 녕농ᄒᆞᆫ 광치 더옥 교교발월ᄒᆞ야 가히 ᄌᆞ싱민 이ᄅᆡ로 뎨일작셩이라<楊賢門直節記(미상) 19:135>, 왕이 문긔 등을 보니 ᄂᆞ치 취긔 **대홍**ᄒᆞ거ᄂᆞᆯ 이의 군관 ᄉᆞ예를 모로고 문긔 등을 진목 칙왈<尹河鄭三門聚錄(미상) 13:8a>[cf. 일시의 신부를 보니 ᄇᆡᆨ셜긔부와 교옥면뫼며 부용냥협이오 효셩츄

파와 버들 ᄀᆞᆺᄒᆞᆫ 쌍미라 **다홍 ᄀᆞᆺᄒᆞᆫ 단슌**의 흑운 ᄀᆞᆺᄒᆞᆫ 운환과 비봉냥익이며 깁 ᄀᆞᆺᄒᆞᆫ 허리요 쵸일ᄒᆞᆫ 신당이오<和氏忠孝錄(19세기 전반) 3:26a>]

라. 혹ᄉᆡ 무심이 ᄎᆞᄅᆞᆯ 밧아 ᄒᆞᆫ 먹음의 다 마시ᄆᆡ 비로소 그 쥬ᄂᆞᆫ 사ᄅᆞᆷ의 동작이 심상치 아니믈 ᄭᆡ쳐 봉안을 들어 보건ᄃᆡ **대홍** 금촉이 빵으로 븕앗고 난샤 향긔 실즁에 ᄌᆞ옥ᄒᆞᆫᄃᆡ 금병슈쟝이 완연이 신방 경ᄉᆡᆨ이오 ᄌᆞ가의 겻ᄒᆡ 일위 미인이 홍군취ᄉᆞᆷ으로 은근이 ᄎᆞ완을 밧으니<明行貞義錄(19세기 초반) 11:12b>

(6)에서 보듯이, '대홍'은 18세기 이후의 번역소설을 중심으로 나타나며, 예문 및 참조 부분에 제시된 '대홍 망뇽포-다홍 망뇽포, 대홍 슈ᄌᆞ긔(帥字旗)-다홍 슈ᄌᆞ긔, 옥면이 대홍ᄒᆞ-/ᄂᆞᆺ치 취긔 대홍ᄒᆞ-/다 ᄀᆞᆺᄒᆞᆫ 단슌'의[12] 문맥을 참조했을 때, '대홍'과 '다홍'의 의미는 유사한 것으로 보인다. 그러나 출현 시기나 문헌의 성격 및 용법에 있어서 일부 차이를 보인다. '다홍'은 '-ᄒᆞ-'가 후행한 어형이 목격되지 않지만, '대홍'은 얼굴색을 나타내는 맥락에 '대홍ᄒᆞ-'로 출현한 용례가 보인다.

현재 (7)과 같이 '다홍'과 '대홍'이 모두 『표준국어대사전』에 올라 있다.

(7) 가. 다홍(-紅): [명] 「1」 =다홍색. 「2」=다홍빛.【<〈중〉大紅】[cf. 다홍강정, 다홍꼭지, 다홍물, 다홍빛, 다홍사, 다홍색, 다홍실, 다홍치마, 잇다홍, 잇다홍치마]

나. 대홍(大紅): [명] 『공업』 도자기의 겉면에 입히는 잿물의 하나. 적홍(赤紅)보다 짙다.

12) '옥면'과 공기하는 붉은색 관련 표현으로 '홍유ᄒᆞ-, 븕-, 취홍ᄒᆞ-, 홍운이 취집ᄒᆞ-, 여홍ᄒᆞ-, 홍광이 가득ᄒᆞ-, 홍광이 솟-, 홍광이 찬연ᄒᆞ-, 븕히-, 훈ᄉᆡᆨ을 ᄯᅴ-, 홍ᄉᆡᆨ이 은영ᄒᆞ-, 담홍ᄒᆞ-' 등이 있다. 즉, 여기에는 어두운 붉은색과 밝은 붉은색이 모두 포함되어 있으므로 이를 통해 '대홍'의 의미를 유추해내는 데는 한계가 있다.

위에서 '대홍'과 관련된 서술은 본고에서 고찰한 내용과는 다르다. 20세기 초반에 이르기까지의 문헌에서는 (7나)와 같이 전문 영역에서 쓰이는 '대홍'의 용례가 발견되지 않는다.13)

현재까지 '大紅'을 어원으로 하는 '다홍, 다홍, ᄃᆞ홍'과 '대홍, 대홍ᄒᆞ-'에 대해 살펴보았다. 논의의 핵심을 요약하면 아래와 같다.

혼성형 중 '다홍'은 16세기 문헌에서, '다홍'은 17세기 이후 문헌에서, 그리고 'ᄃᆞ홍'은 18세기 개별 문헌에서 문증된다. 이들의 대응어로 '茶紅, 多紅'과 같은 차자 표기들이 등장하기도 한다. 동음형의 '대홍'은 18세기 이후의 번역소설을 중심으로 나타나며, '다홍, 다홍, ᄃᆞ홍'과 달리 '-ᄒᆞ다'가 결합되어 얼굴색을 나타내는 맥락에 쓰이기도 한다. 현재 혼성형의 후대형인 '다홍'과 동음형의 후대형인 '대홍'이 사용 영역을 달리하여 공존하고 있다.

4.2.1.5. [雙六·雙陸] 혼솽륙·솽륙·솽뉵-동상륙·상뉵·상륙·상뉵·샹뉵·ᄡᅡᆼ륙·쌍륙·썅뉵·ᄡᅣᆼ뉵·ᄡᅡᆼ뉵 > 혼∅-동쌍륙

'雙六, 雙陸'을 어원으로 하는 어형에는 '솽륙, 솽륙, 솽뉵', '상륙, 상뉵, 상륙, 상뉵, 샹뉵'과 'ᄡᅡᆼ륙, 쌍륙, 쌍륙, 썅뉵, ᄡᅣᆼ뉵, ᄡᅡᆼ뉵'이 있다.14)

(1) 가. **雙솽六루**<飜譯老乞大(1510년대) 下:68b-69a>, 打雙陸: 상륙 치다(漢-打다**雙솽陸뤼**)<方言類釋-技戲類(1778) 亥部:3a>

가.′ 雙陸: 雙陸 ○ **솽루**<同文類解-戲玩(1748) 下:32b>, 雙陸: 雙陸 ○ **솽루**<蒙語類解-戲玩(1790) 下:26a>, 打雙陸: 상륙 치다(漢-打다雙

13) 번역소설을 중심으로 확인되는 '대홍'의 경우, 원문의 일시적인 간섭에 의한 것으로 결국은 정착을 하지 못하고 소실되었을 가능성을 생각해 볼 수 있다. 동기는 불분명하지만, 현대에 이르러 '대홍'이 이와 같은 의미를 새롭게 획득하였을 것이다.

14) 이 중 '솽뉵'은 蕭悅寧(2014)에서 중국어 차용어로 지적된 바 있다.

쌍陸뤼, 蒙-쌍률라뮈)<方言類釋-技戲類(1778) 亥部:3a>

나. 雙: 두 쌍<訓蒙字會-雜語(1527) 下:14b>, 지븨셔 셩뎍ᄒᆞᄂᆞᆫ 고운 겨지븐 두 구미티 ᄑᆞᄅᆞ고(粧閣美人雙/+두 쌍+/鬢綠)<百聯抄解(16세기 말) 12a>

나.′ 雙: 두 상<七長寺 類合(1664) 29b>

나.″ 雙: 쌍 쌍<倭語類解-雜語(1780년대초) 下:33a>

'쌍륙, 쌍륙, 쌍뉵'은 '雙'의 한음을 반영한 어형이고, '상륙, 상뉵, 상륙, 상뉵, 샹뉵'은 '雙'의 동음을 반영한 어형이며, '빵륙, 쌍륙, 쌍륙, 쌰뉵, 빵뉵, 빵뉵'은 '雙'이 경음으로 변화한 후의 동음을 반영한 어형이다. (1가′)에는 '雙陸'의 만주어, 몽골어 대응어로 '쌍륙'과 음상이 유사한 형태가 제시되어 있다. 따라서 이들은 서로 동원 관계일 것으로 판단된다. 아래 어형별로 하나씩 살피기로 한다.

(2) 가. 쌍가플ᄒᆞᆫ 갈 열 ᄌᆞᄅᆞ [⋯] 쟝긔 열 부 바독 열 부 쌍륙 열 부(雙쌍鞘샤刀子一十把 [⋯] 象棊十副 大碁十副 雙쌍六루十副)<飜譯老乞大(1510년대) 下:68b-69a>

가.′ 쌍가플ᄒᆞᆫ 칼 일빅 낫 [⋯] 쟝긔 열 부 바독 열 부 쌍륙 열 부<老乞上諺解(1670) 下:62a>[cf. 빵갑플ᄒᆞᆫ 칼 열 ᄌᆞᄅᆞ [⋯] 쟝긔 열 부 바독 열 부 雙陸 열부<重刊老乞大諺解(1795) 下:64a>, 쌍거플 칼 열 ᄌᆞ로 [⋯] 쟝긔 雙陸 各各 열 부<淸語老乞大(1765) 8:18b>]

나. 뎌 ᄒᆞᆫ 날 李指揮 집의셔 쌍뉵 틸 적의 王千戶ㅣ 뒤흐로셔 와 내 ᄒᆞᆫ ᄌᆞᄅᆞ 칼을 쌔히고 뎨 진 도틔 머리도 즐겨 사디 아니ᄒᆞ니(那一日李指揮家裏打雙陸時節 王千戶打背后來扯了我一把刀兒 他輸了的豬頭也不肯買)<朴通事諺解(1677) 中:46b-47a>[cf. 뎌 ᄒᆞᆫ 날 李指揮 집의셔 雙陸 칠 째에(那一日在李指揮家打雙陸時節)<朴通事新釋諺解(1765) 2:51b>]

(2가)에서 보듯이 '쌍륙'은 16세기 초의 한학서에서 처음으로 문증된

다.[15] (2가)와 유사한 성격의 문헌에서 ‘雙’의 한음 ‘솽’을 유지한 어형으로 (3)의 ‘솽솽, 솽’이 더 발견된다.[16]

(3) 가. 각 앏 믈 우희 제 ᄆᆞᅀᆞ모로셔 즐기ᄂᆞᆫ 거ᄉᆞᆫ 이 **솽솽**인 원앙과 뭇 가온ᄃᆡ ᄠᅧ 오ᄅᆞ며 ᄠᅧ ᄂᆞ리ᄂᆞ니ᄂᆞᆫ 이 **솽솽**인 올히오(閣前水面上自在快活的 是**對對**兒鴛鴦 湖心中浮上浮下的 是**雙雙**兒鴨子)<飜譯朴通事(1510년대) 上:70a>

나. ᄒᆞᆫ **솽** 훠에 다 블근 실로 고 ᄃᆞ라 잇더라(一**對**靴上都有紅絨雁爪)<飜譯老乞大(1510년대) 下:53a>[cf. ᄒᆞᆫ **빵** 훠에 다 블근 실로 고 ᄃᆞ라 잇더라<老乞上諺解(1670) 下:48a>]

나.′ ᄒᆞᆫ **솽** 명록 비쳇 비단으로 ᄉᆞ곗곳 슈질ᄒᆞᆫ 후시를 ᄆᆡ엿고(拴著一**對**明綠繡四季花護膝)<飜譯朴通事(1510년대) 上:29a>[cf. ᄒᆞᆫ **쌍** 明綠 빗ᄎᆡ 四季花ᄅᆞᆯ 綉ᄒᆞᆫ 슬갑을 ᄆᆡ엿고<朴通事諺解(1677) 上:27a>]

‘솽’형은 16세기 한학서를 중심으로 확인되며, 17세기의 특정 이본

---

15) <‘상다디’와 ‘빵다지’의 예>

예 가. 납 ᄆᆞᄅᆞ 혀 기동 短柱 쟉슈 門얼굴 門빡 들창 울어리창 **상다디** 외다디 창살로 ᄡᅧ 바리와 돌과 벽과 培瓦에 니르히 다 이셰라(檁梁椽柱短柱義豎門框門扇吊窗天窗**雙扇**窗欞 以至升斗石磚培瓦都有)<朴通事諺解(1677) 下:12b>

나. 이 납과 ᄆᆞᄅᆞ와 혀와 기동과 短柱와 문얼굴과 문빡과 들창과 우러리창과 **빵다지**와 외다지와 창얼굴과 ᄡᅧ 섬돌과 벽과 지개에 니르히 다 이시니(做的木料都有麼 這檁樑椽柱短柱門框門扇吊窓天窓**雙扇**單扇窓欞 以至堦台石磚瓦都有)<朴通事新釋諺解(1765) 3:16b-17a>

16) 형태상으로 보았을 때 아래의 ‘솽불, 솽불’도 ‘雙’과 관련될 가능성이 있을 것으로 짐작되나, 어원을 확실히 알 수 없는 관계로 일단 관련 용례만 제시하기로 한다.

예 가. 봄내 ᄃᆞᆮ거든 당티기 ᄒᆞ며 혹 식돈 더니 ᄒᆞ며 **솽불쥐기** ᄒᆞ며 녀름내 숨막질 ᄒᆞᄂᆞ니(開春時 打球兒 或是博錢**拿錢** 一夏裏藏藏昧昧)<飜譯朴通事(1510년대) 上:18a-b>[cf. 開春ᄒᆞ면 당방올티기 ᄒᆞ고 혹 돈 더ᄂᆞ기 ᄒᆞ며 **쌍블잡기** ᄒᆞ고 ᄒᆞᆫ 녀름은 수뭇져기 ᄒᆞᄂᆞ니라<朴通事諺解 (1677) 上:17b>]

나. 拿錢: **솽불쥐다**<譯語類解-技戲(1690) 下:23b>

자료에서 '쌍륙'의 예가 확인되기도 하지만, 그 외는 모두 '상'형, '빵'형, '쌍'형으로 나타난다. 이와 같은 어형의 공존은 17세기 무렵에 '雙'의 동음이 평음에서 경음으로 바뀌기 시작했음을 시사해 준다. 그러나 이러한 변화는 모든 단어에서 일시적으로 일어나는 것이 아니라 어형에 따라 편차를 보인다. 예컨대 본고에서 대상으로 하는 '상륙, 상뉵'의 경우, 동일한 문헌 안에서 '雙'과 관련된 기타 용례들이 모두 '빵'형 또는 '쌍'형으로 나타남에도 불구하고 19세기 말까지 평음형이 주된 분포를 보인다. 관련 용례는 (4)에 제시하였다.

(4) 가. 打雙陸: **상륙** 티다<譯語類解-技戲(1690) 下:24a>[cf. 喫雙不喫單: **빵빅**을 먹고 단빅을 먹디 아니ᄒᆞᄂᆞ니라<譯語類解-宴享(1690) 上:59b>, 雙鍾: **썅빅**<譯語類解-宴享(1690) 上:60a>, 雙生子: **빵싱**<譯語類解補-親屬補(1775) 32b>]

나. 打雙陸: **상뉵** 티다<同文類解-戲玩(1748) 下:32b>[cf. 一雙: ᄒᆞᆫ 쌍<同文類解-算數(1748) 下:21b>, 雙雙: 쌍쌍이<同文類解-算數(1748) 下:21b>, 作雙: 쌍 짓다<同文類解-算數(1748) 下:21b>]

다. 打雙陸: **상륙** 치다<方言類釋-技戲類(1778) 亥部:3a>[cf. 雙生子: 빵싱ᄌᆞ<方言類釋-親屬類(1778) 申部:14a>, 雙扇: 쌍짝<方言類釋-屋宅類(1778) 酉部:19b>]

라. 打雙陸: **상뉵** 티다<蒙語類解-戲玩(1790) 下:26a>[cf. 一雙: ᄒᆞᆫ 빵<蒙語類解-數目(1790) 下:17a>, 雙雙: 빵빵이<蒙語類解-數目(1790) 下:17a>, 作雙: 빵 짓다<蒙語類解-數目(1790) 下:17b>]

마. 雙陸: **상뉵**. 陳思王植始制雙陸局, 置骰子二枚. =握槊.<廣才物譜(19세기 초) 二:技戲:1b> 槃: **상뉵판**<廣才物譜(19세기 초) 二:技戲:1b>, 骰子: **상뉵** ᄉᆞ위.<廣才物譜(19세기 초) 二:技戲:1b>[cf. 雙胎: 빵틔<廣才物譜(19세기 초) 一:人道:1b>, 雙立: 빵닙ᄒᆞ다<廣才物譜(19세기 초) 二:技戲::1a>

바. **상륙(雙六·象陸)**: 명 유희물의 한 가지 여러 사람이 차례로 주사위를 한쌍을 던지어 나타나는 사위대로 상륙판에 말을 써서 먼저 입궁하는 사람이 이기는 내기<조선어사전 1>,

상뉵: 명 「상륙」(雙陸)에 보라<조선어사전 1>, **상륙판(象陸板)**: 명 상륙의 말이 가는 길을 그린 판<조선어사전 1>

(4가~마)의 대역 어휘집에 출현하는 '상륙, 상뉵'의 예문과 각각의 참조자료의 비교에서 드러나듯이, 동일한 문헌 속에서 '상륙, 상뉵'을 제외한 '雙'의 대응 동음은 모두 '빵, 쌍, 썅'으로 나타난다. (4바)에서 알 수 있듯이, '상륙'은 20세기 초반의 사전에서도 그대로 등장한다. 이러한 사정은 대역 어휘집을 제외한 기타 자료에서도 마찬가지이다. 아래 평음형인 '상륙, 상뉵, 상눅, 샹뉵'의 용례를 살펴봄으로써 '상륙, 상뉵'의 실체에 좀 더 가까이 다가가고자 한다.

(5) 가. 녀름지ᅀᅵ를 게을이 말며 도ᄌᆞ골 ᄒᆞ디 말며 나기 쟝긔 **상륙**을 ᄡᅵ호디 말며 ᄃᆞ토아 숑ᄉᆞ를 즐기디 말며(無墮農業ᄒᆞ며 無作盜賊ᄒᆞ며 無學**賭博**ᄒᆞ며 無好爭訟ᄒᆞ며)<飜譯小學(1518) 6:36b>, 모ᄃᆞᆫ 아랫 관원이 부ᄉᆞᄒᆞ야 놀오 일 아니ᄒᆞ거든 제의 술 먹던 그릇과 저희 두던 **상뉵** 쟝긔ᄃᆞᆯ흘 아ᅀᅡ 므레 드리티며 아젼과 군ᄉᆞᄃᆞᆯ히 그리 ᄒᆞ더니란 티고 닐오ᄃᆡ(諸參佐ㅣ 或以談戲廢事者ㅣ어든 乃命取其酒器**蒱博**之具ᄒᆞ야 悉投之于江ᄒᆞ며 吏將則加鞭扑ᄒᆞ고 曰)<飜譯小學(1518) 10:9b-10a>

나. 허므른 닐온 례의예 맛디 아니ᄒᆞᆫ 허믈이 여ᄉᆺ 가지니 ᄒᆞᆫ나ᄒᆞᆫ ᄀᆞ론 수울 먹고 쥬졍ᄒᆞ며 **상륙** 쟝긔 두어 ᄂᆞᄆᆡ 것 던기 즐기며 사홈 즐기며 숑ᄉᆞ 즐겨 호미오(ⓐ過失隱 謂犯義之過伊 六伊尼 一曰酗博鬪訟伊五 ⓑ酗謂縱酒喧競/+飮酒至醉而喧爭+/ 博謂賭博財物/+**雙陸**象碁賭取財物+/ 鬪謂鬪毆罵詈/+或忿怒相毆或惡言相詰+/)<呂氏鄕約諺解(1519) 6b>[17)]

---

17) 한문과 언해문을 대조해보면 '상륙 쟝긔 둬 ᄂᆞᄆᆡ 것 던기 즐기며'라는 말은 '博'에 대응된다. 이 부분은 아래 부분에 달린 주자의 주석 부분 중 일부를 번역하는 과정에서 언해문에 반영된 것이다.

다. **상뉵** 쟝긔 ᄒᆞ디 마라 송ᄉᆞ 그월 ᄒᆞ디 마라 집 배야 므슴 ᄒᆞ며 ᄂᆞᄆᆡ 원슈 될 줄 엇디 나라히 법을 셰우샤 죄 인ᄂᆞᆫ 줄 모로ᄂᆞᆫ다<警民編諺解-無學賭博無好争訟(1658) 40b-41a>

라. 世간애 利와 어즈러운 빗난 것과 풍뉴와 노롯과 노롬 노리의 잔ᄎᆡ과뼈 博奕奇玩애 니르히/+博은 **상뉵**이오 奕은 바독이오 奇玩은 긔특한 보암즉ᄒᆞᆫ 거시라+/ 淡然히/+淡은 소담탄 말이+/ 즐기ᄂᆞᆫ 배 업더라(於世利紛華聲伎遊宴과 以至於博奕奇玩히 淡然無所好ᄒᆞ더라)<御製內訓(1737) 23a>

마. 뉵목 팔목 **상뉵** 골ᄑᆡ 댱긔 바독 좌우의 버려 잇고 가즌 즙물 셰간치레 황홀이도 버려고나<南原古詞(1864) 2:5b>

바. 방듕의셔 두 공쥬의 담쇼와 **샹뉵** 치ᄂᆞᆫ 소ᄅᆡ 나거ᄂᆞᆯ 창틈으로 여어보니 진시 공쥬 알ᄑᆡ셔 ᄒᆞᆫ 녀ᄌᆞ로 더브러 **샹뉵판**을 ᄃᆡᄒᆞ야 ᄇᆞ야흐로 흥을 빌며 ᄇᆡᆨ을 브ᄅᆞ거ᄂᆞᆯ 그 녀ᄌᆡ 몸을 두로혀 쵹화ᄅᆞᆯ 집거ᄂᆞᆯ 보니 졍히 츈운이라 원간 운이 뎡시 대례 밋쳐 관광ᄒᆞ라 드러완 디 여러 날이로ᄃᆡ 몸을 감초와 승샹을 뵈디 아녓더라 승샹이 경아ᄒᆞ야 ᄉᆡᆼ각ᄒᆞᄃᆡ 츈낭은 어이 이에 왓ᄂᆞᆫ고 일뎡 공쥐 보려 블너 왓도다 홀연 ᄎᆡ봉이 **샹뉵판**을 더디며 그져 치기 흥이 업ᄉᆞ니 츈낭ᄌᆞ로 더브러 나기ᄅᆞᆯ ᄒᆞ여디라<九雲夢(17세기 이후) 4:12a-b>

위에서 보듯이 '상륙, 상뉵, 상뉵, 샹뉵'은 어휘집 외에도 16세기 이후의 다양한 자료에 걸쳐 확인된다. 이 중 '상륙, 상뉵'은 앞서 살펴본 '솽륙'과 비슷한 시기에 문증된다.

아래는 경음으로 변화한 '雙'의 동음이 반영된 '빵륙, 빵뉵, 뺭뉵, 쌍륙, 썅뉵'의 예이다.

(6) 가. 계ᄒᆡᆼ보시 닥가시면 인간의 귀인되야 츈하츄동 ᄉᆞ시 팔졀 의복 음식 온포ᄒᆞ고 쳐쳡 권쇽 다 남ᄌᆞ 손 두줄 빵빵 벌어 잇고 압샤랑의 어룬 손님 뒤 샤랑의 져문 벗님 쟝긔 골ᄑᆡ 바독 **빵륙** 편편이 벌여 노코<糞說因果曲(1796) 12b-13a>

나. ᄯᅩ 비단 자리ᄅᆞᆯ ᄶᅡᄆᆡ **ᄢᅡᆼ뉵** 판문을 노하 ᄭᆞᆯ고 아ᄅᆞᆷ다온 계집 삼십 인을 갈희여 두 가지 빗ᄎᆞ로 오ᄉᆞᆯ 만들어 난화 닙히고 셰번이 ᄆᆡ양 ᄀᆡᆨ으로 더부러 ᄃᆡᄒᆞ여 **ᄢᅡᆼ뉵 칠ᄉᆡᆨ** 그녀ᄌᆡ 각기 사위ᄅᆞᆯ 응ᄒᆞ여 올마 셔니 니ᄅᆞ기ᄅᆞᆯ **육ᄢᅡᆼ뉵**이라 ᄒᆞ더라(雜用錦罽織成**雙陸**點位 用美女三十人 衣別二色 世蕃每與客對藝**喝點** 而女子已至其位 謂之**肉雙陸**)<太上感應篇圖說(1852) 4:11a>

다. 잇ᄯᅴ 황소졔 션낭을 만류ᄒᆞ야 **ᄡᅣᆼ뉵** 치며 한담ᄒᆞ더니 홀연 ᄡᅣᆼ뉵판을 물여노코 소왈 낭의 ᄌᆡ죄 이갓트니 응당 셔화의 ᄉᆡᆼ소치 아니ᄒᆞᆯ지라 글시를 엇지 ᄡᅳᄂᆞ뇨<서울대도서관본 玉樓夢(19세기 이후) 4:64a>

라. **쌍륙**: 雙陸. Esp. de jeu, jeu de dés.(놀이, 주사위 놀이의 종류)<韓佛字典(1880) 375>, **쌍뉵**: 雙陸. Dés à jouer; esp. de jeu.(놀이 주사위, 놀이의 종류)<韓佛字典(1880) 382>, **쌍륙**: 雙陸. Dise. (치다).<韓英字典(1897) 520>, **쌍륙** 치다: 雙陸<韓英字典(1897) 520>

위에서 보듯이, '雙陸'에서 기원한 경음형들은 18세기 말에 이르러서야 확인되며, 그 이전 시기 자료에서는 평음형으로만 나타난다. 앞서 한학서나 대역 어휘집에서 확인한 바 있지만, 'ㅄ'형과 'ㅆ'형은 17세기부터 이미 한 문헌 안에서 공존하고 있었을뿐더러, '雙'을 어원으로 포함한 단어들이 모두 'ㅄ'형과 'ㅆ'형으로 바뀌었다.[18] 이와 달리 '雙陸'의 평음형이 20세기 초까지 보이고 경음형은 18세기 말에 이르러서야 확인된다. 이를 통해 동일한 한자를 포함하고 있는 대상일지라도 변화

18) 17세기 다른 자료에도 'ᄢᅡᆼ'과 '쌍'형이 공존하는 경우가 있다. 따라서 이는 한학서에서만 드러나는 특징이 아닌 일반적인 변화인 것이다. 예를 들면 아래와 같다.

예 가. ᄆᆡᆨ과 빗ᄎᆞᆫ **ᄢᅡᆼ부** 디ᄒᆞ며 ᄀᆞ늘고 입 빗치 소옴 ᄀᆞᆮᄐᆞ니라(脈色은 雙鳧遲細ᄒᆞ고 口色如綿ᄒᆞᄂᆞ니)<馬經抄集諺解(17세기) 上:108b>

나. **쌍부** 홍ᄒᆞ며 삭ᄒᆞ면 ᄋᆞᆲ픈 황 디고 뒤ᄂᆞᆫ 븟고(**雙鳧**洪數ᄒᆞ면 前黃後腫ᄒᆞ고)<馬經抄集諺解(17세기) 上:23a>

가 동시다발적으로 일어나는 것이 아니라 대상에 따라 편차가 있을 수 있음을 확인할 수 있다.[19] 또한 결국 '雙'을 포함한 단어들이 모두 경음형으로 변화함에 따라 '상륙'류도 결국은 현재 경음형 '쌍륙'이 남게 된 것으로 보인다.

(7) 쌍륙(雙六): 명 『민속』 놀이의 하나. 여러 사람이 편을 갈라 차례로 두 개의 주사위를 던져서 나오는 사위대로 말을 써서 먼저 궁에 들여보내는 놀이이다. ≒악삭.

지금까지 '雙六, 雙陸'을 어원으로 하는 '솽륙, 솽륙, 솽뉵', '상륙, 상뉵, 상륙, 상뉵, 샹뉵', '빵륙, 쌍륙, 쌍륙, 썅뉵, 뺭뉵, 빵뉵'에 대해 통시적으로 살펴보았다. 논의의 핵심을 요약하면 아래와 같다.

혼성형의 '솽륙, 솽륙, 솽뉵'은 16~17세기 한학서를 중심으로 확인되고, '雙'의 중세 동음을 반영한 동음형 '상륙, 상뉵, 상륙, 상뉵, 샹뉵'은 16~19세기 자료에서 확인된다. 또한 17세기 무렵에 '雙'의 동음이 평음에서 경음으로 변화함에 따라 18세기 이후의 자료에서 '빵륙, 쌍륙, 쌍륙, 썅뉵, 뺭뉵, 빵뉵'과 같은 어형이 출현하기 시작하였다. 이처럼 평음형과 경음형의 동음형들이 일정 기간 공존하다가 현재 경음형인 '쌍륙'만 살아남고 기타 어형들은 모두 사라졌다.

4.2.1.6. [牙子] 혼야ᄌᆞ-동아ᄌᆞ > 혼∅-동∅

'牙子'를 어원으로 하는 어형에는 '야ᄌᆞ'와 '아ᄌᆞ'가 있다.[20]

---

19) 이러한 편차를 보이게 된 이유에 대해서 여전히 궁금증으로 남는다. '상륙'이 '雙'을 포함한 여타의 단어들에 비해 결합 관계가 강했기 때문일 가능성, '상륙'이 단순히 '雙'의 동음을 반영한 것이 아니라 '솨ᄌᆞ>사ᄌᆞ[刷子]'처럼 '솽륙'에서 음운 변화를 겪었을 가능성, '상륙'의 줄곧 큰 세력을 유지했기 때문일 가능성 등을 생각해 볼 수 있다.

20) 이 중 '야ᄌᆞ'는 蕭悅寧(2014)에서 중국어 차용어로 지적된 바 있다.

(1) 가. 牙야子ᄌᆞ: ᄌᆞ름<譯語類解-買賣(1690) 上:68a>
  나. 牙: 엄 아<訓蒙字會-身體(1527) 上:13b>

위에서 보듯이, ‘야ᄌᆞ’는 ‘한음+동음’의 혼성형이고, ‘아ᄌᆞ’는 ‘동음+동음’의 결합이다. ‘牙’의 한음 ‘야’가 반영된 것으로 “이ᄡᅮ시개”를 의미하는 ‘툐야[挑牙]’를 더 들 수 있다. 어형별로 하나씩 살피기로 한다.

아래 (2)는 ‘야ᄌᆞ’의 용례이다.

(2) 가. 야ᄌᆡ 닐오되 [⋯] 이제 시개 닷 도내 ᄒᆞᆫ 근시기니 므슴 혜아료미 이시리오(牙야家갸說 [⋯] 如今時價五錢一斤 有甚麽商量)<飜譯老乞大(1510년대) 下:57a>[cf. ᄌᆞ름(牙家)<老乞大諺解(1670) 下:51b>, ᄌᆞ름(牙家)<重刊老乞大諺解(1795) 下:53a>]
  나. 이 은 듕에셔 진짓 거신 동 거즛 거신 동 우리 高麗ㅅ 사ᄅᆞᆷ이 아디 몯ᄒᆞ노니 네 다 보람 두고 야ᄌᆞ와 보ᄂᆞᆫ ᄃᆡ 홈ᄭᅴ 보라 후에 ᄡᅳ디 몯ᄒᆞ거든 내 야ᄌᆞᄃᆞ려 무러 밧고리라(這銀子里頭 真的假的 我高麗人不識 你都使了記號着 牙家眼同看了着 后頭使不得時 我只問牙家換)<飜譯老乞大(1510년대) 下:64a-b>[cf. ᄌᆞ름, ᄌᆞ름(牙家, 牙家)<老乞大諺解(1670) 下:58a>, ᄌᆞ름, ᄌᆞ름(牙子, 牙子)<重刊老乞大諺解(1795) 下:60a-b>]

‘야ᄌᆞ’는 원문의 ‘牙家’에[21] 대응되며, 후대의 이본 자료에서는 ‘ᄌᆞ름’으로 나타난다. 이때의 ‘ᄌᆞ름’의 대응어로는 ‘牙家’ 또는 ‘牙子’가 쓰였다. (2)와 유사한 성격의 아래 (3)에서 ‘牙子’와 ‘牙家’가 ‘ᄌᆞ름아비’나[22] ‘ᄌᆞ름’에 대응되는 것과 대조된다.

21) ‘牙家’는 ‘아인(牙人)<漢語大詞典>’, 즉 “중국에서, 상거래를 중개하는 사람. <표준국어대사전>”을 의미한다.

22) 이때의 ‘牙子’는 남자 성별을 가진 ‘李小兒’이므로 언해문에서 ‘ᄌᆞ름아비’라는 대응어를 사용한 것으로 보인다. 여자 거간꾼을 지칭하는 단어로 흔히 ‘아파(牙婆)’가 쓰였다.

(3) 가. 뎌 노미 고려 ᄯᅡ해셔 온 ᄌᆡ샹네손ᄃᆡ 가 <u>즈름아비</u> 도의엿ᄂᆞ니(那廝高麗地面來的宰相們上做<u>牙子</u>)<飜譯朴通事(1510년대) 上:33b>[cf. <u>즈름</u>(<u>牙子</u>)<朴通事諺解(1677) 上:31a>, ᄉᆡᆼ각건대 뎌 놈이 <u>즈름질ᄒᆞ라</u> 갓도다(想那廝<u>做牙子</u>去了)<朴通事新釋諺解(1765) 1:33b>]

나. 동녁 져젯 <u>즈름아비</u> ᄃᆞᆫ닌 ᄃᆡ 하니 아ᄂᆞᆫ ᄃᆞᆺᄒᆞ니라(東角頭<u>牙家</u>去處廣 敢知道)<飜譯朴通事(1510년대) 上:62a>[cf. <u>즈름</u>(<u>牙家</u>)<朴通事諺解(1677) 上:55a>, 큰 거리 동녁 져제에 ᄆᆞᆯ <u>즈름</u>의 집이 잇ᄂᆞ니라(大街東市上馬<u>牙子</u>家有)<朴通事新釋諺解(1765) 2:1a>]

이와 더불어 후대의 어휘집들에서도 한문 표제어로 쓰인 '牙子'가 종종 발견되지만, 대응 한글 표제어는 (4)에서처럼 '즈름', '거간'으로 나타난다.

(4) 가. <u>牙야子즈</u>: <u>즈름</u><譯語類解-買賣(1690) 上:68a>, <u>牙子</u>: <u>즈름</u><同文類解-人品(1748) 上:14a>, <u>牙야子즈</u>: <u>즈름</u><蒙語類解-人品(1790) 上:10b>, <u>牙子</u>: <u>즈름</u>(漢-牙야子즈, 又牙야家갸)<方言類釋-買賣類(1690) 戌部:20a>

나. <u>牙야子즈</u>: <u>거간</u><華語類抄-買賣(19세기 말) 39a>

위의 여러 가지 증거를 통하여 '야ᄌᆞ'는 『老乞大諺解』를 중심으로 나타나는 어형임을 알 수 있다.

아래 (5)는 '아ᄌᆞ'의 용례이다.

(5) 니제ᄂᆞᆫ 우리 형뎨 힝실을 곳쳐 나ᄂᆞᆫ 이 곳의셔 장ᄉᆞ질ᄒᆞ고 장슌은 강쥐셔 ᄉᆡᆼ션 파ᄂᆞᆫ <u>아ᄌᆞ</u> 노릇ᄉᆞᆯ ᄒᆞ나니(如今我弟兄兩個都改了業 我便只在這潯陽江裏做些私商 兄弟張順 他却如今自在江州做賣魚<u>牙子</u>)<이대 水滸誌(1908) 32:24b>

위에서 '아ᄌᆞ'는 '牙子'에 대응되는 것으로 보아 '야ᄌᆞ'와 동일한 의미의 것으로 파악이 된다. (5)의 언해 자료에 한정적으로 나타날 뿐만 아니라 동일한 의미의 'ᄌᆞ름'과 '거간'의 후대형인 '주릅'과 '거간'이 현대국어에까지 맥을 이어온 것으로 보아 '야ᄌᆞ'와 '아ᄌᆞ'는 모두 원어의 간섭이나 영향에 따른 일시적인 표기일 가능성이 높을 것으로 판단된다.

지금까지 '牙子'를 어원으로 하는 '야ᄌᆞ'와 '아ᄌᆞ'에 대해 통시적으로 살펴보았다. 논의의 핵심을 간략히 요약하면 아래와 같다.

'야ᄌᆞ'는 『老乞大諺解』(1510년대)에서, '아ᄌᆞ'는 『水滸誌』(1908)에서 제한적으로 확인되는 어형이다. 현재 이들과 동일한 의미의 '주릅'과 '거간'이 쓰이고 있으며, '야ᄌᆞ'나 '아ᄌᆞ'가 나타나는 문헌의 성격상으로 보아 원어의 일시적인 영향에 따른 어형일 가능성이 높다.

4.2.1.7. [鴉靑] [혼]야쳥·야청·야칭·애청–[동]아쳥·아청 > [혼]야청–[동]아청

'鴉靑'을 어원으로 하는 어형에는 '야쳥, 야청, 야칭, 애청'과 '아쳥, 아청' 등이 있으며,[23] "검은 빛을 띤 푸른 색<한국복식사전>"을 의미한다.

(1) 가. **鴉야靑칭**段子: 鴉靑 비단<譯語類解-織造(1690) 下:4a>, 鴉靑: 아쳥(漢-**鴉야靑칭**)<方言類釋-布帛類(1778) 西部:27a>[cf. 靑쳥, 東方色, 俗言豊意, 轉云푸르다. 盖靑者草始生之色, 而俗以草爲豊乙, 故曰豊意. ○ 深靑曰鴉靑아쳥, **鴉**華音**야**. ○ 天靑텬쳥. ○ 半物반물.<名物紀畧-布帛部(1870) 3:25a>]

가.′ **鴉靑**: 야쳥 ○ **야친**<同文類解-布帛(1748) 下:26a>, 鴉靑: 아쳥(漢-鴉야靑칭 淸-**야친**)<方言類釋-布帛類(1778) 西部:27a>

나. 鴉: ᄀᆞᆯ가마괴 아. 俗呼寒鴉.<訓蒙字會-禽鳥(1527) 上:9a>, 靑: 프를 **청**.<訓蒙字會-彩色(1527) 中:15b>

23) 이 중 '야청'은 李基文(1965/1991)과 劉昌惇(1975)에서, '야청·야칭'은 蕭悅寧(2014)에서 중국어 차용어로 지적된 바 있다.

(1가)에서 보듯이, '야쳥, 야청, 야칭'은 '鴉'의 한음과 '靑'의 동음이 반영된 형태이고, '아쳥, 아청'은 '鴉靑'의 동음이 반영된 형태이다. (1가')에서 만주어에 중국어 '야칭'과 음상이 비슷한 '야친'이 존재하는 것으로 보아, '야쳥'과 '야친'은 동원 관계일 가능성이 높다. '야'형들이 중국어 차용어라는 사실은 (2)의 『理藪新編』과 『磻溪隧錄』에서 지적된 바 있다.

(2) 가. 我國常談亦多華語, 往往可見, 今略列于下. [...] **<u>鴉靑/+鴉야靑칭+/</u>**<理藪新編-雜錄(1744) 20:58b>

나. 每官府開坐, 吏輒唱曰, 禁鄕談, 則府中上下於凡物名, 皆以漢語, 不得用鄕談. 今其制雖廢, 而尙有傳習之可見者. 如當直曰當당直디, [...] **<u>鴉靑曰鴉야靑칭</u>**<磻溪隧錄(1770) 25:續篇:言語>

아래 형태별로 문맥 속에서의 쓰임에 대해 살펴보기로 한다. 우선 살펴볼 것은 '야쳥, 야청, 야칭, 애청'의 용례이다.

(3) 가. 네 뎌 고로와 깁과 소옴ᄃᆞᆯᄒᆞᆯ 밋ᄯᅡ해셔 언멋 갑소로 사 王京의 가 갑슬 언머의 ᄑᆞᄂᆞ다 내 사ᄂᆞᆫ 갑슨 [...] 고로ᄂᆞᆫ ᄆᆡ ᄒᆞᆫ 피레 두 량식 주고 사 **<u>야쳥</u>**과 쇼홍 드리노라 [...] 고로 ᄆᆡ ᄒᆞᆫ 피레 믓 갑슨 **<u>야쳥</u>**앤 세 돈이오 [...] 王京의 가 [...] 고로 ᄒᆞᆫ 피렌 **<u>야쳥</u>**의ᄂᆞᆫ 뵈 엿 비레 ᄑᆞ라 은 석 량 엿 돈애 혜오(你那綾絹緜子 就地頭多少價錢買來 到王京多少價錢賣 我買的價錢 [...] 綾子每匹二兩家 染做**<u>鴉야青칭</u>**和小紅 [...] 綾子每匹染錢 **<u>鴉야青칭</u>**的三錢 [...] 到王京 [...] 綾子一匹 **<u>鴉야青칭</u>**的賣布六匹 折銀子三兩六錢)<飜譯老乞大(1510년대) 上:13b-14b>[cf. 내 사ᄂᆞᆫ 갑슨 [...] 능 ᄆᆡ ᄒᆞᆫ 필에 두 냥식 ᄒᆞ여 **<u>야쳥</u>**과 쇼홍 드리노라ᄉᆞᆫ [...] 능 ᄆᆡ ᄒᆞᆫ 필에 믈 갑슨 **<u>야쳥</u>**앤 서 돈이오 [...] 王京의 가 [...] 綾 ᄒᆞᆫ 필엔 **<u>야쳥</u>**의

ᄂᆞᆫ 뵈 엿 쎌에 ᄑᆞ라 銀 석 냥 엿 돈에 혜고<老乞上諺解(1670) 上:12b-13a>]

나. 보ᄆᆡᆫ 됴ᄒᆞᆫ <u>**야청**</u> 로 이삭 딕녕에 힌 로 큰 더그레예 픈 류청 로 ᄀᆞᄂᆞᆫ 주룸 텬릭이오 [...] 겨ᄉᆞ리 다ᄃᆞᆮ거든 벽드르문엣 비단 핟옷과 초록 핟옷과 금으로 ᄧᆞ 시란ᄒᆞᆫ 핟옷과 감차할 믈졀 바탕애 ᄉᆞ화문ᄒᆞᆫ 비단 핟옷과 <u>**야청비체**</u> 구룸 여슷곰 문 둔 비단 핟옷과(春間好<u>青</u>羅衣撒 白羅大搭胡 柳綠羅細摺兒 [...] 到冬間 界地紵紗襖子 綠紬襖子 織金膝欄襖子 茶褐水波浪地兒四花襖子 <u>青</u>六雲襖子)<飜譯老乞大(1510년대) 下:50a-51a> [cf. 봄의ᄂᆞᆫ 됴흔 <u>야청</u> 노 이삭 딕녕에 흰 노 큰 더그레예 ᄑᆞ른 뉴청 노 ᄀᆞᄂᆞᆫ 줄옴 텰릭이오 [...] 겨올이 다ᄃᆞᆺ거든 벽드르문엣 비단 옷과 초록 면듀 핫옷과 금으로 ᄧᆞᆫ 膝欄ᄒᆞᆫ 핫옷과 감찰비ᄎᆡ 믈졀 바탕에 ᄉᆞ화문ᄒᆞᆫ 비단 핫옷과 <u>**야청빗체**</u> 六雲文 비단 핫옷과<老乞上諺解(1670) 下:46a>]

다. ᄯᅩ 내 요히 다 헤여ᄂᆞ니 주거도 ᄒᆞᆫ 불 거시나 ᄒᆞ쟈 ᄒᆞ니 그 반뵈 쉬 몯 나커든 보내여든 ᄲᅡ셔 ᄒᆞᆫ ᄀᆞᄋᆞᆷ곰 ᄂᆞᆫ화 ᄡᅳ고 <u>**야청**</u>을 녀ᄅᆞᄆᆡ 드려 ᄒᆞᆫ ᄀᆞᄋᆞᆯ 도로 주거나 반자글 ᄒᆞ거나 몯 ᄒᆞᆯ가<순천김씨묘-070, 1550~1592년, 신천강씨(어머니)→순천김씨(딸)>

라. 교의예 돗 션ᄒᆞᆯ 거슬 몯 어더 날 ᄒᆞ여 어더 ᄒᆞ라 ᄒᆞ시니 명지예 ᄌᆞ지 든 거시나 <u>**야청**</u> 든 거시나 아므거시나 ᄒᆞᆫ 자세 치만 보내소<진주하씨묘-166/곽씨-38, 17세기 전기, 곽주(남편)→진주하씨(아내)>

마. 黑青段子: 거믄 <u>**야청**</u> 비단<譯語類解-織造(1690) 下:4a>, 鴉青: 야청<同文類解-布帛(1748) 下:26a>, 鴉青: <u>**야청**</u><蒙語類解-布帛(1790) 下:20b>, 染青: <u>**야청**</u> 드리다<蒙語類解補-布帛補(1790) 28a>, 鴉青: <u>**야청**</u>. = 緅.<廣才物譜(19세기 초) 二:衣服:5b>, 黛: <u>**야청**</u> ᄃᆡ, 騰省作黛, 青黛. 似空青而色深. 又畫眉也.<字類註釋(1856) 下:44a>, 鴉青: <u>**야청**</u><日用備覽記-衣服具(1937) 13b>

바. <u>**야청**</u>은 밤숭이를 네 가마로 ᄒᆞᆫ 가마 되게 달혀 ᄉᆞ오 ᄉᆞᆫ 드러 그믄 빗 나거든 니근믈의 ᄡᅵ라<酒方文[瀟湘月文]-<u>야청/鴉青</u>(18세기 초기) 28a>

사. 闞澤의 글에 니른 거시 黃蓋 몸 동홀 날을 모로나 다만 **야청** ᄀᆡ ᄭᅩ즌 이ᄅᆞᆯ 보라<三譯總解(1774) 6:25b>, **야청** 옷 닙은 그ᄃᆡᄅᆞᆯ 속에 ᄆᆡ양 ᄉᆡᆼ각노라<三譯總解(1774) 8:17a>

아. **야청**: Teinture bleue, couleur bleu foncé, indigo.(푸른 물감, 짙은 파란색, 남색.)<韓佛字典(1880) 15>, **야청**: 鴉靑. Dark blue color.<韓英字典(1897) 23>

(4) **애청**: 명 「야청」에서 온 말<조선어사전 3>[cf. 야청: 명 검정에 푸른빛이 나는 빛 鴉靑 紺靑<조선어사전 3>, 아청(鴉靑): 명 야청<조선어사전 3>]

'야청'을 대표로 한 '야청, 야청, 야청'은 16세기 이후의 다양한 성격의 자료에서 폭넓게 발견되는 것으로, 한문의 '鴉靑', '靑', '黛' 등에 대응된다. 문맥상으로 볼 때, 대부분의 경우 옷감 재료의 색깔이나 물감의 색깔과 관련된 명칭임을 알 수 있다.24) '야청, 야청, 야청' 외에도 '야청'에 'y'가 첨가된 '애청'이 드물게 (4)에서 발견된다. 아래는 동음을 반영한 '아청, 아청'의 용례이다.

(5) 가. 鴉靑: **아청**<方言類釋-布帛類(1778) 西部:27a>, 鴉靑: **아청**<목판본 華語類抄-織造(미상) 20b>[cf. 鴉야靑칭: 鴉靑<華語類抄-織造(19세기 말) 42b>]

나. **아청** 공단 나울 십이 **아청** 사 나울 ᄉᆞ(鴉靑貢緞羅兀十二 鴉靑紗羅兀四)<丁未嘉禮時日記(1848년 이후) 38a>

다. **아청**: Bleuâtre, couleur légère du bleu.(푸르스름하다,

---

24) 다소 특이한 점이라면, 『韓佛字典』에서 '야청'이 "짙은 파란색"으로 '아청'이 "연한 파란색"으로 의미가 다르게 기술되어 있다는 점이다. 그러나 『韓佛字典』의 영향을 받았다고 알려진 『韓英字典』에서는 '야청'과 '아청'이 동일한 의미를 나타내는 것으로 서술되어 있다. 대응어나 문헌에서의 공기 관계 등을 근거로 했을 때, 혼성형과 동음형 사이에는 특별한 의미 차이가 포착되지 않으므로, 『韓佛字典』에 '아청'에 대한 기술 내용이 잘못되었을 가능성이 높을 것으로 판단된다. 이에 대해서는 앞으로 더 살펴볼 필요가 있다.

연한 파란색.)<韓佛字典(1880) 11>, **아청**: 鴉靑. Dark blue color. (드리다). See 야청.<韓英字典(1897) 16>

라. 녹창쥬호 여염들은 오ᄉᆡᆨ이 영농ᄒᆞ고 화ᄉᆞ치란 시젼들은 만물이 번화ᄒᆞᆫᄃᆡ 집집이 호인들은 길의 나와 구경ᄒᆞ니 의복이 고이ᄒᆞ야 초견이 놀납고나 머리ᄂᆞᆫ 압흘 ᄶᅡᆨ가 뒤만 ᄶᅡ아 누르쳐셔 홍당ᄉᆞ로 당긔ᄒᆞ고 마라기를 눌너쓰며 거문빗 져구리ᄂᆞᆫ 깃업시 지어스되 옷고름은 아니 달고 단초다라 입어스며 **아청** 바지 반물 속것 허리ᄯᅴ 눌러ᄆᆡ고 힝젼모양 타오구리 일홈ᄒᆞ야 회목의셔 오곰ᄶᅡ지 회ᄆᆡᄒᆞ게 드리ᄯᅵ고 깃 업ᄉᆞᆫ 청쥬의를 단초가 열어이요 좁은 ᄉᆞᄆᆡ 손등 덥허 손이 계요 드나들고 곰방ᄃᆡ 옥물부리 담ᄇᆡ 너은 쥬머니의 부ᄉᆡᄶᅡ지 ᄶᅦ셔 들고 뒷짐지기 버ᄅᆞ시라<燕行紀(1895) 50-51쪽>[cf. **아청갑**의 ᄡᅧ메독이 불근의예 황지 붓쳐 졔목 ᄡᅧ 놉히 ᄊᆞ아 못 보든 ᄎᆡᆨ 틔반이오<燕行紀(1895) 102쪽>]

마. 비단은 오ᄉᆡᆨ을 다 ᄇᆡᆨ급풀을 먹이되 옥ᄉᆡᆨ은 풀을 먹이지 말고 밤이슬 맛쳐 다듬고 **아청**은 아교를 먹이고 보라ᄂᆞᆫ 토련즙을 먹이고<婦人必知(1908) 20b>[cf. 비단은 오ᄉᆡᆨ을 ᄃᆞ ᄇᆡᆨ급 풀을 먹여야 고오되 옥ᄉᆡᆨ은 풀을 먹이지 말고 밤의 졍ᄒᆞᆫ ᄯᆞ흘 졍이 쓸고 펴 노하 이슬니ᄂᆞ 셔리ᄂᆞ 흡족이 ᄇᆞᄃᆞ 저즌 김의 ᄃᆞ듬으면 슈결지고 ᄌᆞ별이 고오니 원간 ᄃᆞ듬이를 마차 갈 적 서리를 ᄇᆞᄃᆞ 치오치면 고오니라 **아청**은 아교풀을 먹여야 죠흐니라 보라의ᄂᆞᆫ 토란을 ᄉᆡᆼ으로 갈아 그 즙을 먹여 다듬으라 흰 명지ᄂᆞᆫ 계란 ᄇᆡᆨ청을 슈비ᄒᆞᆫ 무리의 석거 먹이면 고으니라 모시 두어번 ᄌᆡ 다듬ᄂᆞᆫ ᄃᆡᄂᆞᆫ 활셕니나 녹말이나 먹이면 ᄭᆞᆺᄭᆞᆺᄒᆞ야 죠흐니라<閨閤叢書-각ᄉᆡᆨ 비단 도침법(1869) 27a-b>]

바. 나ᄂᆞᆫ 됴곰이라도 간격을 두고 말을 ᄒᆞ면 **아청** ᄒᆞᄂᆞᆯ에 별악을 맛겟소<빈상설(1908) 41>, 그 마암을 모로고 늙엇다고 ᄡᅡᆫ 마암을 두면 여보 형님 **아청** ᄒᆞ날의 벼락을 맛지 안이ᄒᆞ겟소<산천초목(1912) 32>[cf. 대감 ᄂᆡ가 **야청** 하날에 벼락 마져

쓴 년이오<산천초목(1912) 90>]

‘아청’은 18세기 이후의 문헌에서 확인되며, ‘鴉靑’에 대응된다. (5마)와 (5바)처럼 동일 문헌이나 이본 자료에서 ‘아청’과 ‘아쳥’, ‘아쳥’과 ‘야쳥’이 공존하였다. 이 중 (5바)는 ‘아쳥 ᄒᆞ늘에 별악을 맞-, 아쳥 ᄒᆞ날의 벼락을 맞-, 야쳥 하날에 벼락 맞-’과 같은 관용구에 쓰인 용례로 이때의 ‘아쳥, 야쳥’은 하늘의 색깔을 묘사한 것이다.[25] 현재 『표준국어대사전』에는 ‘야청, 애청, 아청’이 동일한 의미를 지닌 별도의 표제어로 올라 있다. 이 중 ‘애청’은 ‘야청’의 비표준어로 제시된 것이다.

(6) 가. **야청(-靑)**: [명] 검은빛을 띤 푸른빛. ≒아청(鴉靑)·아청빛·야청빛·왜청(倭靑)·왜청빛. 【<〈중〉雅靑<〈만〉yacin】 [cf. 야청빛, 애청]

나. **아청(鴉靑)**: [명] =야청. [cf. 아청빛]

25) 이외에도 『필사본 고어대사전』에 ‘藍靛, 藍, 靛’ 등에 대응되는 ‘야쳥, 아쳥’의 용례가 제시되어 있다. 제시된 예문 속의 ‘야쳥, 아쳥’은 ‘낫, 힘쥴, 손, 눈망울, 우쥬’과 같은 다양한 사물의 색깔을 지시하는 맥락에서 사용된 것이다. 관련 용례는 아래에 옮겨왔다.

[예] 가. 졍히 즐길 쥬음의 쳔만 싱각 밧 일진광풍 이러나며 금 갓튼 눈과 **아쳥** 갓튼 낫 가진 님군이 문득 번듸쳐 ᄂᆡ다라 졸녀를 잡아가오되(正歡娛之間 不覺一陣香風 閃出個金睛**藍**面靑髮魔王 將女擒住)<계명대 西遊記(19세기 말~20세기 초) 9:92-29>

나. 한 빵 **야쳥빗** 힘쥴이ᄅᆞ 우슈에 혼을 쫏고 명을 취ᄒᆞ난 보검을 집아시니(一雙**藍靛**焦筋手 執定追魂取命刀)<계명대 西遊記(19세기 말~20세기 초) 9:69-24>

다. **아쳥빗** 갓ᄒᆞᆫ 손을 펼쳐<語覽 西遊 73b>, **아쳥빗** 가튼 손을 펼쳐(輪開**藍靛**手)<聯帖 西遊 26b>

라. 머리와 나ᄅᆞᆺ시 다 프ᄅᆞ고 양ᄌᆡ 븕으며 눈망울이 **아쳥빗** ᄀᆞᆺ고 용모와 어음이 녜사 사ᄅᆞᆷ ᄀᆞᆺ지 아닌지라<틱원 1:71>

마. 일월셩신이 문득 가리워 건곤이 먹칠ᄒᆞᆫ 덧 우쥬 **아쳥빗츨** 단당ᄒᆞᆫ 덧 엇지 칠야황혼이 아니리오(把日月星辰俱遮閉了 眞是乾坤墨染就 宇宙**靛**裝成)<계명대 西遊記(19세기 말~20세기 초) 11:74-33>

지금까지 '鴉靑'을 어원으로 하는 '야쳥, 야쳥, 야청, 애청'과 '아쳥, 아청'에 대해 통시적으로 살펴보았다. 논의의 핵심을 요약하면 아래와 같다.

혼성형 중 '야쳥, 야쳥'은 16세기 자료에, '야청'은 17세기 자료에, '애청'은 『조선어사전』에서 발견되는 어형이다. 또한 동음형의 '아쳥'은 18세기 이후에, '아청'은 20세기 이후에 발견된다. 현재 『표준국어대사전』에는 혼성형의 후대형 '야청'과 동음형의 후대형 '아청'이 동일한 의미의 단어로 기술되어 있다.

4.2.1.8. [頂子] [혼]딩ᄌᆞ·딩ᄌᆞ·징ᄌᆞ·증ᄌᆞ–[동]뎡ᄌᆞ > [혼]징자(鐵子)·증자(鏳子)–[동]정자(頂子)

'頂子'를 어원으로 하는 어형에는 '딩ᄌᆞ, 딩ᄌᆞ, 징ᄌᆞ, 증ᄌᆞ'와 '뎡ᄌᆞ'가 있다.26)

(1) 가. <u>頂딩子즈</u>: 頂子<譯語類解-服飾(1690) 上:43b>

가.′ 頂子: 딩ᄌᆞ ○ <u>**딩스**</u><同文類解-服飾(1748) 上:55a>, 頂子: 딩ᄌᆞ(漢-頂딩子즈, 淸-<u>**딩스**</u>)<方言類釋-服飾類(1778) 西部:22b>

나. 頂: 뎡바기 <u>**뎡**</u>. 頭上顚.<訓蒙字會-身體(1527) 上:13a>

(1)에서 보듯이 '딩ᄌᆞ, 딩ᄌᆞ'는 '頂'의 한음을 반영한 어형이다. 또한 '징ᄌᆞ'는 '딩ᄌᆞ'에서 구개음화를 겪은 어형이고, '증ᄌᆞ'는 '즈>지'(치찰음 아래의 전설모음화)의 변화의 과도 교정형이다. 따라서 '딩ᄌᆞ, 딩ᄌᆞ, 징ᄌᆞ, 증ᄌᆞ'는 한음을 반영했거나, 또는 한음을 반영한 어형에서 형태 변화를 경험한 것이라고 할 수 있다. (1가′)에서 '頂子'의 만주어 대응어와 몽골어 대응어 전사음은 '딩ᄌᆞ'와 음상이 유사한 '딩스'이다. 따라서 이들은

26) 이 중 '딩ᄌᆞ'는 李基文(1965/1991), 劉昌惇(1975), 蕭悅寧(2014)에서 중국어 차용어로 지적된 바 있다.

동원 관계일 가능성이 높다고 하겠다. 이들과는 달리 '뎡ᄌᆞ'는 '頂子'의 동음을 반영한 어형이다. 이 중 '딩ᄌᆞ' 계열이 중국어 차용어라는 것에 대해서 아래 자료들에서 지적된 바 있다.

(2) 가. 頂子謂之徵子者, 華音之誤翻也./+華音頂子作딩즈+/(頂子를 徵子라고 이르는 것은 중국음을 잘못 옮긴 것이다./+頂子의 중국음은 '딩즈'이다.+/)<雅言覺非(1819) 2>

나. 頂子졍ᄌᆞ, 頂華音딩, 誤翻徵子딩ᄌᆞ.<名物紀畧-服飾部(1870) 3:28a>[27]

(2)를 통해, '頂'의 한음 전사음이 '딩'이며 '徵子'는 '頂子'의 한음에 바탕을 둔 어형이라는 것을 알 수 있다. 아래 어형별로 그 용례와 함께 구체적으로 검토하고자 한다.

아래는 '딩ᄌᆞ'와 '딩ᄌᆞ'의 용례이다.

(3) 가. 머리예 슨 거슨 됴ᄒᆞᆫ 돈피 ᄉᆞ염이오 됴ᄒᆞᆫ 총나못 실로 ᄆᆡᆺ고 **금 딩ᄌᆞ** 브틴 갇이니 이 ᄒᆞᆫ 가디 넉 량 은 드려ᅀᅡ ᄆᆡᆼᄀᆞ라 내엿고 ᄯᅩ 비단으로 드르 두 녁 가ᄅᆞ ᄠᅡ 둘마기 ᄃᆞ론 갇애 양지옥 **딩ᄌᆞ** 브텨시니 이 ᄒᆞᆫ 갇은 석 량 은으로 드려ᅀᅡ ᄆᆡᆼᄀᆞ라 내엿고 ᄯᅩ 텬쳥 비쳇 비단 갇과 운남의셔 ᄒᆞᆫ 시욱 갇과 ᄯᅩ 돈피털 갇과ᄋᆡ 우ᄒᆡ 다 **금 딩ᄌᆞ** 잇더라 (頭上戴的好貂鼠皮披肩　好纓綜**金頂딩**大帽子　這一箇帽子結裏四兩銀子　又有紵絲剛叉帽兒　羊脂玉**頂딩子ᄌᆞ**　這一箇帽子　結裏三兩銀子　又有天青紵絲帽兒　雲南氈帽兒　又有貂鼠皮狐帽　上頭都有**金頂딩子ᄌᆞ**)<飜譯老乞大(1510년대) 下:52a-b>[cf. **금 딩ᄌᆞ** 브틴 갓이니 [⋯] 양지옥 **딩ᄌᆞ** 브텨시니 [⋯] 우희

27) 원문에는 "頂華音딩"이 아닌 "華音딩"으로 되어 있다. '華'로부터 새로운 행이 시작되는 것으로 보아, 행을 바꾸어 필사하는 과정에서 '頂'이 누락되었을 것으로 판단된다.

다 금 딩ᄌᆞ 잇드라<老乞上諺解(1670) 下:47a-b>, 마리에 쓴 거슨 죠흔 돈피 이엄이오 죠흔 실로 ᄧᆞᆫ 갓과 ᄆᆞᆰ은 빗채 비단 갓과 雲南에셔 난 담갓세 우희 다 金 딩ᄌᆞ 박아 쓰ᄂᆞ니라<淸語老乞大(1765) 7:20b-21a>]

나. 호박 딩ᄌᆞ 일ᄇᆡᆨ 블(琥珀頂子一百副)<飜譯老乞大(1510년대) 下:67b>[cf. 호박 딩ᄌᆞ 일ᄇᆡᆨ 블<老乞上諺解(1670) 下:61a>, 호박 딩ᄌᆞ 一百<淸語老乞大(1765) 8:17a>, 琥珀 징ᄌᆞ 一百 블<重刊老乞大諺解(1795) 下:63a>]

다. 진언ᄌᆞ를 금으로 ᄭᆞ민 갇 우희 ᄉᆞᆫᄀᆞ락만 큰 ᄌᆞ타날 딩ᄌᆞ애 ᄀᆞᅀᅢ 공쟉의 짓 고잣고(眞言字妝金大帽上 指頭來大紫鴉忽頂兒 傍邊揷孔雀翎兒)<飜譯朴通事(1510) 上:29b>[cf. 眞言字를 금으로 ᄭᅮᆷ인 큰 갓에 손ᄭᅡ락 굴긔 紫鴉忽 頂子에 겻틔 孔雀의 짓츨 고잣고<朴通事諺解(1677) 上:28a>]

(4) 가. 頂子: 딩ᄌᆞ<同文類解-服飾(1748) 上:55a>, 頂子: 딩ᄌᆞ<方言類釋-服飾類(1778) 西部:22b>, 頂子: 딩ᄌᆞ<蒙語類解-服飾(1790) 上:42b>[cf. 頂子: 頂子<譯語類解-服飾(1690) 上:43b>]

나. 길ᄀᆞ의 젼팡 우희 ᄒᆞᆫ 표피 갓오ᄉᆞᆯ 닙고 언건히 안즌 재 이시니 머리의 금 징ᄌᆞ를 ᄃᆞ랏고 올ᄒᆞᆫ편 엄지가락의 노각 각지를 ᄶᅧ시니 호반 벼ᄉᆞᆯ인가 시브더라 딩ᄌᆞ라 ᄒᆞᄂᆞᆫ 거ᄉᆞᆫ 마으락이 우희 쥬홍실 영ᄌᆞ를 덥고 영ᄌᆞ 우희 ᄯᆞᄅᆞ ᄒᆞ야 박은 거시요 일노 품수를 뎡ᄒᆞᄂᆞᆫ 거시니 금 징ᄌᆞᄂᆞᆫ 그 듕 ᄂᆞᄌᆞᆫ 품이라 모양은 아국 놋그ᄅᆞᆺ ᄭᅩᆨ지 ᄀᆞᆺ더라<숭실대본 乙丙燕行錄(1829~1831) 1:122>[cf. 길ᄀᆞ희 젼팡 우희 ᄒᆞᆫ 표피 갓오ᄉᆞᆯ 닙고 언건이 안잔 재 이시니 머리의 금 증ᄌᆞ를 ᄃᆞ랏고 올ᄒᆞᆫ편 엄디가락의 노각 각디를 ᄶᅧ시니 호반 벼ᄉᆞᆯ인가 시브더라 징ᄌᆞ라 ᄒᆞᄂᆞᆫ 거ᄉᆞᆫ 마을악이 우희 쥬홍실 영ᄌᆞ를 덥고 영ᄌᆞ 우희 ᄯᆞ로 ᄒᆞ여 박은 거시오 일노 픔슈를 뎡ᄒᆞᄂᆞᆫ 거시니 금 징ᄌᆞᄂᆞᆫ 그즁 ᄂᆞᄌᆞᆫ 픔이라 모양은 아국 놋그ᄅᆞᆺ ᄭᅩᆨ디 ᄀᆞᆺ더라<장서각본 乙丙燕行錄(19세기) 1:122>]

다. 딩ᄌᆞ: 頂子. A point on a helmet or hat.<韓英字典(1897) 664>

'딩ᄌᆞ'는 16세기 자료에서 확인되며, '딩ᄌᆞ'는 17세기 이후의 자료에서 확인되는 어형으로, 원문의 '頂, 頂子, 頂兒'에 대응된다. 출현 용례들에 대한 관찰에서 드러나듯이, 이들은 한학서나 연행록과 같은 중국 관련 문헌들에서 보다 높은 출현 빈도를 보인다. 일례로 장서각본 『乙丙燕行錄』에는 '頂子'를 어원으로 한 '딩ᄌᆞ, 징ᄌᆞ, 증ᄌᆞ'가 대거 등장한다. 이때 '딩ᄌᆞ, 징ᄌᆞ, 증ᄌᆞ'의 앞에는 '頂子'의 색상을 나타내는 '희-, 냥남(亮藍), 암빅'이 선행하기도 하고, '頂子'의 소재를 나타내는 '산호, 홍보셕, 진쥬, 금, 은'이 선행하기도 한다. 소재에 따라 품계를 달리 했으므로, 벼슬 있는 사람이 달고 있는 용례가 대부분이지만 벼슬이 없는 사람이 사용한 용례도 확인된다. (3가~다)의 문맥을 통해 '금, 양지옥, 호박, ᄌᆞ타날'과 같은 재료로 만들어졌음을 확인할 수 있다. 또한 (3가~다)와 (4나)의 참조 부분과의 비교를 통해, '딩ᄌᆞ'나 '딩ᄌᆞ'가 후대의 이본 자료들에서 '딩ᄌᆞ, 징ᄌᆞ, 증ᄌᆞ'로 나타난다는 것을 확인할 수 있다.

이어서 'ㄷ' 구개음화를 겪은 '징ᄌᆞ'와 '증ᄌᆞ'에 대해 살펴보기로 한다. (5)와 (6)에 제시된 '징ᄌᆞ'와 '증ᄌᆞ'의 예문을 비교해 보았을 때 한 문헌 또는 이본 관계인 자료들에서 '징ᄌᆞ'와 '증ᄌᆞ'가 모두 쓰이고 있음을 확인할 수 있다.

(5) 가. 그 즁 의복이 션명ᄒᆞ고 마으락이의 <u>징ᄌᆞ</u>를 붓친 쟈는 벼ᄉᆞᆯ이 잇ᄂᆞᆫ 사ᄅᆞᆷ이오 션ᄇᆡᄂᆞᆫ 벼ᄉᆞᆯ이 업셔도 ᄯᅩᄒᆞᆫ <u>징ᄌᆞ</u>ᄅᆞᆯ 붓치니 션ᄇᆡ의 <u>징ᄌᆞ</u>ᄂᆞᆫ 금으로 ᄆᆡᆼ근 거시러라<장서각본 戊午燕行錄(19세기) 2:23b>

나. 도굴노 호ᄉᆞ 보쇼 산슈털 벙거지 남일광단 안을 올여 날나리 용ᄌᆞ 싹 붓치고 ᄇᆡᆨ옥 <u>징ᄌᆞ</u> 공장미 쥬먹 갓탄 밀화쥬난 양귀 밋티 빗시 난다<장자백창본 춘향가(미상) 30a-b>[cf. 팔쳑 당신 군노ᄉᆞ령 훨젹 쒸여 나가ᄂᆞᆫ 거동 보소 산슈털 벙거지 청니 광단 안을 올녀 <u>총증ᄌᆞ</u> 굴독 샹모 눈 고은 공작

미ᄅᆞᆯ 당ᄉᆞ실노 역거 달고 셩셩젼 증도리 밀화 귓돈 은영ᄌᆞ 너분 씐의 날ᄂᆡ 용ᄌᆞ 쎡 붓치고 환도 ᄉᆞ슬 거러 ᄎᆞ고 화류 댱도 씐을 다라 흉복통 빗기 ᄎᆞ고<南原古詞(1864) 3:11b-12a>]

(6) 가. 증ᄌᆞ: Bouton au sommet du chapeau des soldats et des mandarins. Globule(au-dessus du chapeau des soldats)(군인들과 관리들의 모자 꼭대기에 달린 단추. (군인들의 모자 위에 달린) 작은 구.)<韓佛字典(1880) 556>

나. 피인이 샹시ᄂᆞᆫ 다 귀쳔 업시 마으락이ᄅᆞᆯ 뻐시되 증ᄌᆞᄅᆞᆯ 둥근 구실ᄀᆞᆺ치 ᄆᆡᆼ글고 비록 픔슈ᄅᆞᆯ 조차 븕고 검으며 프ᄅᆞ고 흰 빗ᄎᆞᆯ 다ᄅᆞ게 ᄒᆞ나 옷ᄉᆞᆫ ᄒᆞᆫ 빗 거믄 거시오 [⋯] 이날은 져희 니른바 됴관과 됴복을 ᄀᆞᆺ초와시니 [⋯] 마으라기예 다 증ᄌᆞᄅᆞᆯ 다라시ᄃᆡ 빗ᄎᆞᆯ ᄂᆞᆫ화 ᄆᆡᆼ그라 두 치 남ᄌᆞᆨᄒᆞ게 ᄒᆞ여시니 왕공 후ᄇᆡᆨ과 문무 일픔은 금으로 꼿 바탕을 ᄆᆡᆼ그라 우희ᄂᆞᆫ 븕은 보셕을 믈니고 가온대 동쥬ᄅᆞᆯ 박아시며 이픔은 우희 산호ᄅᆞᆯ 믈니고 가온대 져근 븕은 보셕을 박아시며 ᄉᆞ픔은 우희 쳥금셕을 믈니고 가온대 져근 프른 보셕을 박아시며 바탕은 다 일픔과 ᄀᆞᆺ고 오픔은 우희 슈졍을 믈니고 가온대 슈졍을 박아시며 칠팔구픔은 우희 믈닌 거시 업고 가온대 다만 져근 슈졍을 박아시며<장서각본 戊午燕行錄(19세기) 3:23b-25b>

다. 예부의 지휘ᄃᆡ로 표ᄌᆞ문 진졍ᄒᆞᆯᄉᆡ 예부의 드러가셔 ᄃᆡ쳥우의 올나가며 예부상셔 나와 셔니 보셕 증ᄌᆞ 일품이오 예부시랑 나와 셔니 산호 증ᄌᆞ 이품이며 여ᄃᆞᆲ 통관 갈나셔니 ᄉᆞ품은 슈졍 증ᄌᆞ 뉵품은 옥 증ᄌᆞ요 팔품은 금 증ᄌᆞ라 마라기 우의 둥근 구슬 증ᄌᆞ 다라 품슈ᄃᆡ로 ᄎᆞ려 셜ᄉᆡᆨ 증ᄌᆞ로 표를 ᄒᆞ고 공뇌 잇ᄂᆞᆫ ᄉᆞ람들은 공작우를 다라스며 관복이라 ᄒᆞᄂᆞᆫ 거ᄉᆞᆫ 거문 비단 소쥬의예 오ᄉᆡᆨ으로 슈흉ᄇᆡ를 압뒤흐로 붓쳐더라<燕行紀(1895) 79쪽>[28][cf. 예부 지위 드듸여셔 표ᄌᆞ문 진셩헐 ᄎᆞ 예부의 나아가셔 ᄃᆡ쳥누의 올나가ᄆᆡ 예부상셔 나와 셔니 보셕 징ᄌᆞ 일품이요 예부시랑 나와 셔니 산호 **증ᄌᆞ** 이품이요 열덜 통관 갈나 셔니 ᄉᆞᆷ품은 슈정 징ᄌᆞ 육품은 옥 징ᄌᆞ요 팔품은 금 징ᄌᆞ라 마라기 우의다가 동근 구실 징ᄌᆞ 다라 품슈ᄃᆡ로 ᄎᆞ려실ᄉᆡᆨ 징ᄌᆞ로 표을 ᄒᆞ고 공뇌 잇는 ᄉᆞ람들은 공작미을 달아스니 관복이라 ᄒᆞ는 거슨 거문 빗 두루막기 옥ᄉᆡᆨ 슈 노흔 흉ᄇᆡ 압뒤으로 붓쳐드라<악부-燕行歌(미상) 下:247쪽>]

라. ᄇᆞ라건ᄃᆡ 대왕은 금야의 쳘목동의 드러가 나탁의 쟝듕의 드러가 그 머리를 취ᄒᆞ디 말고 다만 머리 우희 달닌 산호 **증ᄌᆞ**를 ᄲᅥ혀 오ᄃᆡ 나탁의 두샹의 칼 흔젹을 머무러 왓든 ᄌᆞ최를 표ᄒᆞ고 오쇼셔<서울대도서관본 玉樓夢(미상) 6:109b>[cf. 말이 맛디 못ᄒᆞ여 양원슈 ᄃᆡ우젼을 ᄲᅦ혀 ᄒᆞᆫ번 ᄡᅩ니 나탁 머리 우희 달닌 **홍징ᄌᆞ**를 마쳐 ᄲᅡ희 ᄯᅥ러지니<서울대도서관본 玉樓夢(미상) 5:5b>]

이 중 (6나), (6다)는 연행록 자료에 등장하는 예문으로 품계에 따라 그 소재를 달리 한다는 것을 자세히 기술하고 있다. 또한 (5가)의 문맥을 통해 청나라에서는 벼슬이 없는 선비도 '징ᄌᆞ'를 붙였음을 확인할 수 있다. 또한 (5나)에서는 '빅옥 징ᄌᆞ, 총증ᄌᆞ'가 확인되고, (6라)에서는 '산호 증ᄌᆞ, 홍징ᄌᆞ'가 확인된다. 이상에서 살펴본 '뎡ᄌᆞ, 딩ᄌᆞ, 징ᄌᆞ, 증ᄌᆞ'는 형태나 시기상의 차이만 있을 뿐 문맥 속에서의 쓰임에 있어서는 차이를 보이지 않는다.

아래는 '뎡ᄌᆞ'의 용례이다.

(7) 頂딩子즈: **뎡ᄌᆞ**<華語類抄-服飾(19세기 말) 26b>[cf. 네 이 帽子 우희 亮藍**頂戴**를 보지 못ᄒᆞᆫ다(你瞧不出這帽子上亮藍**頂戴**麽)<華音啓蒙諺解(1883) 下:2a>][29]

---

28) 동일한 문헌에서 '징[錠]'이 '증'으로 표기된 용례도 발견된다.

29) 이때의 '頂戴'는 '頂子'와 동일한 의미를 나타내는 것이다. 참조로 『漢語大

(7)에서처럼 '뎡ᄌᆞ'는 극히 한정된 문헌에서 발견되며, '뎡ᄌᆞ' 외에는 '頂子'의 동음을 반영한 어형이 잘 보이지 않는다. 현재 의미가 동일한 '징자', '증자', '정자'가 모두 『표준국어대사전』에 올라 있으며 대응 원어가 '鐵子, 鏳子, 頂子'로 달리 표시되어 있다.

(8) 가. **징자(鐵子)**: 명 『역사』 =증자05(鏳子).
　　나. **증자05(鏳子)**: 명 『역사』 전립 따위의 위에 꼭지처럼 만들어 달던 꾸밈새. 품계(品階)에 따라 금, 은, 옥, 석 따위의 구별이 있었다. ≒정자11(頂子)·징자.
　　다. **정자11(頂子)**: 명 『역사』 =증자05(鏳子).

지금까지 '頂子'를 어원으로 하는 '딩ᄌᆞ, 딩ᄌᆞ, 징ᄌᆞ, 증ᄌᆞ'와 '뎡ᄌᆞ'에 대해 통시적으로 살펴보았다. 논의의 핵심을 요약하면 아래와 같다.

혼성형 중 '딩ᄌᆞ'는 16세기 이후, '딩ᄌᆞ'는 17세기 이후, '징ᄌᆞ'와 '증ᄌᆞ'는 19세기 이후의 자료에서 확인되는 어형이다. 이들과는 대조적으로 동음형의 '뎡ᄌᆞ'는 19세기 말 자료인 『華語類抄』에서 문증된다. 따라서 '頂子'를 어원으로 하는 차용어들 중에서는 혼성형이 주로 쓰였음을 알 수 있다. 이들은 서로 다른 색깔 또는 재료를 의미하는 단어들과 공기하여 품계의 높낮이를 나타내는 맥락에 주로 사용되었으나, 벼슬이 없는 사람들도 착용한 경우가 있음을 확인할 수 있었다. 현재 『표준국어대사전』에는 '징자', '증자', '정자'가 동일한 의미의 표제어로 제시되어 있다. 혼성형의 차자 표기로 쓰이던 '鐵子'와 '鏳子'가 '징자'와 '증자'의 대응 한자로 자리잡기까지 하였다.

詞典』에는 '頂戴'의 해당 의미에 대해 "청나라 때 관원의 등급을 구별하기 위한 모자 장식. 구슬의 품질 및 색깔에 따라 품계의 높고 낮음을 구분하였다. '頂子' 또는 '頂帶'라고도 부른다.(淸代用以區別官員等級的帽飾. 依頂珠品質, 顔色的不同而區分官階大小. 也稱'頂子', '頂帶'.)"라고 기술되어 있다.

4.2.1.9. [酒鼈兒] 혼쥬벼ᄋᆞ-동쥬별ᄋᆞ > 혼∅-동∅

'酒鼈兒'를 어원으로 하는 어형에는 '쥬벼ᄋᆞ'와 '쥬별ᄋᆞ'가 있다.[30]

(1) 가. <u>酒쥐鼈벼兒ᅀᅳᆯ</u>: 쥬벼ᄋᆞ <譯語類解-器具(1690) 下:13a>
　　나. 酒: 술 <u>쥬</u><訓蒙字會-饌食(1527) 中:10b>, 鼈: 쟈래 <u>별</u>, 俗呼王八, 又呼團魚, 其殼曰團板.<訓蒙字會-獸畜(1527) 上:10b>, 兒: 아ᄒᆡ <u>ᅀᆞ</u>, 俗呼兒子.<訓蒙字會-天倫(1527) 上:16b>

위에서 보듯이 '쥬벼ᄋᆞ'는 한음을 반영한 어형이고, '쥬별ᄋᆞ'는 동음을 반영한 어형이다. 아래 어형별로 하나씩 살피기로 한다. '쥬벼ᄋᆞ'와 관련된 예문은 아래에 제시하였다.

(2) 가. 로고 솱 드레 아리쇠 사발 뎝시 술 져 나모쥬게 죠ᄅᆡ 솔 ᄉᆞᆨᄎᆡ칼 키 얼멍이 ᄆᆞᆯ총체 상 반 찻반 졉잔 壺瓶 <u>**쥬벼ᄋᆞ**</u> 놋쥬게ᄅᆞᆯ 다 收拾ᄒᆞ여 두라(鑼鍋 柳箱 灑子 三脚 椀 楪 匙 筯 榪杓 笊籬 炊箒 檫卓兒 簸箕 篩子 馬尾羅兒 卓兒 盤子 茶盤 抬盞 壺瓶 <u>**酒쥐鼈벼**</u> 銅杓 都收拾下着)<朴通事諺解(1677) 中:11b-12a>
　　나. 酒쥐鼈벼兒ᅀᅳᆯ: <u>**쥬벼ᄋᆞ**</u><譯語類解-器具(1690) 下:13a>

아래 (3)은 "술병"을 의미하는 '쥬별ᄋᆞ'의 용례로, 원문의 '酒鼈兒'에 대응된다.

(3) 酒鼈兒: <u>**쥬별ᄋᆞ**</u><廣才物譜(19세기 初) 二:飮食:4b>

---

30) 이 중 '쥬벼ᄋᆞ'는 李基文(1965/1991)과 蕭悅寧(2014)에서 중국어 차용어로 지적된 바 있다.

이상에서 보듯이 '酒鼈兒'를 어원으로 하는 혼성형의 '쥬벼ᄋᆞ'와 동음형의 '쥬별ᄋᆞ'는 각각 17세기 한학서와 19세기의 『廣才物譜』에 드물게 확인되는 어형이다. 이들은 현재 모두 쓰이지 않고 있다.

4.2.1.10. [梢工] 혼샤공·샤공·사공·ᄉᆞ공-동쵸공·초공 > 혼사공(沙工·砂工)-동초공(梢工)

'梢工'을 어원으로 하는 어형에는 '샤공, 샤공, 사공, ᄉᆞ공'과 '쵸공, 초공'이 있다.31)

(1) 가. <u>梢산工궁</u>: 사공<譯語類解-舟舡(1690) 下:21a>, 梢工: 사공(漢-<u>**梢산工공**</u>, 又船家, 又柁工.)<方言類釋-舟船類(1778) 亥部:5a>
   나. 梢: 긑 <u>**쵸**</u>, 枝末. <u>又俗謂舩上篙師曰梢子</u>.<訓蒙字會-雜語(1527) 下:2b>, 工: 공장바치 <u>공</u>, 俗稱作工的. 又巧也.<訓蒙字會-人類(1527) 中:2b>

위에서 보듯이, '샤공, 샤공, 사공, ᄉᆞ공'은 '梢工'의 한음을 반영한 어형이고 '쵸공, 초공'은 '梢工'의 동음을 반영한 어형이다. '梢工'이 중국어 차용어라는 사실은 아래의 『雅言覺非』에서 지적된 바 있다.

(2) <u>艄工誤翻爲沙工</u>/+華音本산궁+/(艄工은 잘못 옮겨져 沙工이 되었다./+중국음은 본디 '산궁'이다.+/)<雅言覺非(1819) 2>

위의 내용을 통해, '샤공, 사공, ᄉᆞ공'은 '艄工'의 한음을 반영한 것임을 알 수 있다. 뿐만 아니라, '沙工'은 '艄工'의 한음에 가깝게 표기하기 위한 차자 표기임을 알 수 있다. 아래 어형별로 하나씩 살피기로 한다.

---

31) '샤공'에 대해서는 南豊鉉(1968a: 56)에서, 'ᄉᆞ공·사공'에 대해서는 蕭悅寧(2014)에서 논의된 바 있다.

우선 살펴볼 것은 '샤공, 샤공'과 '사공, ᄉᆞ공'의 예이다.

(3) 가. ᄇᆡ 네요미 다 ᄇᆡᆺ 자ᄇᆞᆫ 사ᄅᆞᄆᆡ게 잇ᄂᆞ니라 **샤공**이 ᄇᆡ 네요ᄃᆡ 東ᄋᆞᆯ 求ᄒᆞ면 東ᄋᆞ로 나ᅀᅡ가며 西ᄅᆞᆯ 求ᄒᆞ면 西로 나ᅀᅡ가ᄂᆞᆫ디라(行船이 盡在把梢人ᄒᆞ니라 **篙師**ㅣ 行船호ᄃᆡ 要東即東ᄒᆞ며 要西即西라)<金剛經三家解諺解(1482) 5:38a>

나. **샤공**이 幸혀 ᄃᆞᆷ디 아니ᄒᆞ야 아니 한 더데 가ᄇᆡ야온 ᄀᆞᆯ며기ᄅᆞᆯ 조차 나도다(**篙工**幸不溺 俄頃逐輕鷗)<杜詩諺解(1481) 15:33b>[cf. **샤공**이 幸혀 ᄃᆞᆷ디 아니ᄒᆞ야 아니 한 더데 가ᄇᆡ야온 ᄀᆞᆯ며기ᄅᆞᆯ 조차 나도다<重刊杜詩諺解(1632) 15:33b>]

다. 짐 가져간 노미 피련 **샤공**일 거시니 수리라 바비라 됴히 머기소 ᄉᆡ거든 ᄉᆡ다 니ᄅᆞ고 필죵의 ᄇᆡᄌᆞᄒᆞ고 올히 가셔도 올히 왓다 ᄇᆡᄌᆞᄒᆞ소<순천김씨묘-072, 1550~1592년, 채무이(남편)→순천김씨(아내)>

라. 반ᄃᆞ시 ᄇᆡ사ᄅᆞᆷ이 도적ᄒᆞ야 물 속에 드리 텨실거시니 가히 **샤공**을 시겨 낙시ᄅᆞᆯ 녀허 나그라(必是舟人盜之沈於江中矣 爾可令**楫師**沈鈞而釣之)<種德新編諺解(1758) 下:44b>

마. 열나흘 만에 ᄇᆡ가 앗랴히 즁에셔 표루ᄒᆞ니 ᄌᆡ밤에 **샤공**이 뭇테 갓가온가 헴ᄒᆞ고 물길ᄋᆞᆯ 헤아리니 이십 발이오 죠금 가 ᄯᅩ 헤아리니 열다삿 발이라 돌 잇ᄂᆞᆫ 데 딜니울가 접퍼ᄒᆞ여 ᄇᆡ ᄭᅩ리에 닥 너이ᄅᆞᆯ 주고써 발씨ᄅᆞᆯ 거ᄃᆡ리더니 **사공**이 도망코져 ᄒᆞ여 져근 ᄇᆡᄅᆞᆯ ᄂᆡ리워 거즛 ᄇᆡ 멀이에 닥글 주ᄂᆞᆫ 것갓치 ᄒᆞᄂᆞᆫᄃᆡ 보로 ᄇᆡᆨ부쟝과 군사게 갈오ᄃᆡ **샤공**이 ᄇᆡ에 뉴치 ᄋᆞᆫ으면 너희가 구완치 못ᄒᆞ리라 ᄒᆞ니 군사가 줄ᄋᆞᆯ ᄭᅳᆫ어 져근 ᄇᆡᄅᆞᆯ ᄂᆡ치더라<예수聖教全書(1887) 389>

(4) 가. 梢工: **사공**. =梢子·舡家·舡夫.<譯語類解-舟舡(1690) 下:21a>, 梢工: **사공**<蒙語類解-舟車(1790) 下:14b>, 梢工: **사공**(漢-梢工, 又船家, 又柁工.)<方言類釋-舟船類(1778) 亥部:5a>, **사공**: 沙工. A ship-master; a skipper. See 션장.<韓英字典(1897) 509>, **도**

사공: 舵師. The chief boatman. See 션장.<韓英字典(1897) 680>, 사공: 沙工·舟子.<國漢會語(1895) 160>[cf. 沙사工공<倭語類解-舟車(1780년대 初) 下:18b>]

나. 희라 뉵도 민싱이 바야흐로 십는 빅의 실녀시니 사공의 칙망이 방악과 슈령의게 이시니 어르몬지고 뎐거ᄒᆞ여 안졉게 홈이 ᄒᆞᆫ 가지라도 혹 맛당홈을 일흔즉 다른 날 죠졍의 도라와 쟝ᄎᆞᆺ 어ᄂᆡ ᄂᆞᆺ츠로 날을 보리오(噫 六道民生 方在漏船 而梢工之責 在於方岳守令 撫摩之 奠接之 一或失宜 則他日還朝 將何顏面見予乎)<諭京畿洪忠全羅慶尙原春咸鏡六道綸音(1783) 5a-b>[cf. 바다희 ᄇᆡ를 ᄯᅴ일 ᄯᅢ 삼가 후풍ᄒᆞ야 ᄡᅥ 사공의 공을 일우기ᄂᆞᆫ 그 칙망이 젼혀 너 어ᄉᆞ의게 잇ᄂᆞ니(駕海之時 愼占風雨 以成梢工之功 其責專在爾御史)<諭慶尙道都事兼督運御史金載人書(1783) 5b>][32]

다. 츄직에 ᄲᅢ힌 후에 부타공/+버금 사공+/을 삼아 열력ᄒᆞᆫ 지 히포만에 다시 츄직ᄒᆞ야 졍타공/+도사공+/을 삼아 만일 과연 ᄆᆞ음이 령통ᄒᆞ고 솜씨 민쳡ᄒᆞ야 가히 ᄒᆞᆫ ᄇᆡ 권력을 조죵홀 만ᄒᆞᆫ 연후의 바야흐로 션쥬를 삼고(考選後 爲副舵工 閱歷有年 再考爲正舵工 如果心靈手敏 游刃有餘 可操全船之權 方爲船主)<易言言解(19세기) 2:12a-b>

라. ᄉᆞ공: 掌舵. Batelier; marin; marinier; matelot.(뱃사공, 선원, 뱃사람, 수병)<韓佛字典(1880) 389>, 도ᄉᆞ공: 都師工. Le capitaine, le premier de l'équipage d'un navire, chef des bateliers qui font passer le fleuve.(함장, 배 승무원의 우두머리, 큰 강을 건네주는 뱃사공들의 우두머리)<韓佛字典(1880) 496>

마. 대한국 변ᄒᆞᄂᆞᆫ 거시 마치 바다헤 ᄯᅳᆫ ᄇᆡ가 바람 변ᄒᆞᄂᆞᆫ 대로 가ᄂᆞᆫ 것 ᄀᆞᆺ고 우리ᄂᆞᆫ 그 ᄇᆡ를 ᄐᆞᆫ 션긱 ᄀᆞᆺ흔즉 불가불 알 거슨 우리 ᄐᆞᆫ ᄇᆡ가 어ᄃᆡ로 감과 사공들이 엇더케 돗출

32) (4나)는 주희(朱熹)의 『答呂伯恭』에 나오는 "吾輩與百萬生靈性命盡在此漏船上 若喚得副手稍工 不至沈醉 緩急猶可恃也"를 원용한 표현이다.

달고 치롤 다ᄉᆞ림이니 이러므로 우리나라 뒷일이 엇더케 됨과 대한 인민의 ᄉᆞ졍이 엇더케 될넌지 ᄉᆡᆼ각ᄒᆞ여 볼지라 <京鄕新聞(1906-11-2)>

'샤공'류는 15세기에 이미 발견되며, 다양한 성격의 자료에서 폭넓게 쓰였을 뿐만 아니라 현재까지도 활발하게 쓰이고 있다. 문헌 속에서 '蒿師, 篙工, 楫師, 梢工, 沙工, 舟子, 梢子, 舡家, 舡夫, 船家, 柁工, 師工' 등의 대응어로 출현한다. 이 중 '沙工, 師工'은 차자 표기이다. (4가, 4다, 4라)의 '도사공, 도ᄉᆞ공'이나 아래의 'ᄇᆡ사공, ᄇᆡᄉᆞ공, ᄇᆡ샤공, ᄇᆡㅅ사공'처럼 복합어의 내부 요소로도 출현한다.

아래 (5)는 '샤공'류와 유의 관계를 맺고 있는 'ᄇᆡ사공'류의 용례이다.

(5) 가. 녕남 **ᄇᆡ사공** 격군들의 당년 신포/+올히 밧칠 신포란 말솜이라+/를 특별이 탕감ᄒᆞ고(嶺南**沙**格等身布 特爲蕩減)<諭慶尙道都事兼督運御史金載人書(1783) 5a>

나. 梢工: **ᄇᆡ사공**<廣才物譜(19세기 初) 二:器用:1a>

다. 임진왜난에 샤부가 부녀ㅣ 만히 증파강에 다달나 ᄇᆡ예 닷토와 올을 ᄉᆡ ᄒᆞᆫ 부인이 잇서 게집종 다려고 왓서 ᄇᆡ예 올여지 못ᄒᆞᆫ지라 **ᄇᆡ사공**이 졀박히 녁여 그 손을 잡아 ᄇᆡ예 올어게 ᄒᆞ니 부인이 크게 울어 갈오ᄃᆡ ᄂᆡ 손이 네게 욕 당ᄒᆞ엿스니 ᄂᆡ 엇지 살이요<女士須知(1889) 29a>

라. 즁쥬 ᄯᆞ희 김샹이라 ᄒᆞᄂᆞᆫ 사ᄅᆞᆷ이 보화롤 만히 가지고 비단을 무역ᄒᆞ려 금능으로 가노라 강을 건너더니 그 **ᄇᆡᄉᆞ공**이 김샹의 간진 ᄌᆡ물을 탐ᄒᆞ여 모진 ᄆᆞ음이 나ᄂᆞᆫ지라(中州金相 攜貲往金陵市絹 **舟人**窺貲殺)<太上感應篇圖說(1852) 3:57b>

마. 쟝단군 고랑포 사ᄂᆞᆫ 최돌복이가 ᄆᆡ돌 十五 ᄀᆡ를 ᄇᆡ에 싯고 풍덕군 ᄶᅡ으로 팔너 갓더니 풍덕 부샹 임방에셔 모도 억탈ᄒᆞ고 ᄯᅩ 그 ᄆᆡ돌 싯고 갓던 **ᄇᆡ샤공**을 그 부샹들이 잡아내여 연고 업시 무슈 란타ᄒᆞ고 돈 五十 량을 ᄯᅩᄒᆞᆫ 륵탈

ᄒᆞ얏다더라<독립신문(1899-10-13)>

바. 그 청국 **<u>ᄇᆡㅅ사공</u>**들이 셔양 사ᄅᆞᆷ들을 다 죽이고 함쟝과 다른 사ᄅᆞᆷ ᄒᆞ나만 바다ㅅ물에 ᄯᅱ여ᄂᆞ려 헴질을 ᄒᆞ여도 망ᄒᆞ엿스니 만일 신부들이 그 ᄇᆡ에 올낫더면 그 죽음을 필경 면치 못ᄒᆞ엿스리로다<京鄕寶鑑(1908) 3:214>

‘ᄇᆡ사공’류는 18세기 이후에 출현하며 원문의 ‘沙, 梢工, 舟人’에 대응된다. 중국어 차용어 중에는 ‘ᄇᆡ사공’처럼 후대의 변화 과정에서 새로운 형태소가 추가되어 기존의 차용어와 유의 관계를 이루는 경우들을 종종 목격할 수 있다. 이와 관련해서는 6장의 조어적 측면에서 집중적으로 논의하고자 한다.

아래는 동음이 반영된 ‘쵸공, 초공’의 용례이다.

(6) 가. 믄득 <u>션뷔</u> ᄉᆞᆺ두어려 돗ᄃᆡ로ᄲᅧ 질너 먼니 보ᄂᆡᄂᆞᆫ 거시 잇ᄂᆞᆫ지라 이ᄢᅴ 진공이 깁히 슈막 가온ᄃᆡ 좌ᄒᆞ고 좌우의 뫼신 위의 즁즁쳡쳡ᄒᆞ여시니 ᄇᆡ소리의 ᄉᆞᆺ두어리믈 알니오만은 [⋯] 믄득 고이히 너겨 좌우로ᄲᅧ 므ᄅᆞ라 ᄒᆞ니 뉴셰량이 고 왈 강상의 닉슈ᄒᆞᆫ 죡엄이 흘너 ᄇᆡ머리의 브ᄃᆡ치니 <u>션뷔</u> 놀나 흘녀 먼니 보ᄂᆡᆫ다 ᄒᆞᄂᆞ이다 진공이 번연경동 왈 [⋯] ᄲᆞᆯ니 <u>션부</u>로 ᄒᆞ여곰 건져 회ᄉᆡᆼᄒᆞ믈 엇지 못ᄒᆞ여도 ᄯᅩᄒᆞᆫ 어복을 ᄎᆡ오미의셔 낫지 아니랴 [⋯] 공의 명이 한번 나리ᄆᆡ 즁인이 ᄉᆞ지원들 엇지 거역ᄒᆞ리오 <u>그즁 믈의 닉은 **쵸공**</u> 두어 사ᄅᆞᆷ이 옷술 벗고 믈의 드러 헤음ᄒᆞ여 시신을 미러 ᄇᆡ의 다히고<明行貞義錄(19세기 초반) 51:19b-20a>

나. 쇼졔의 셩은 니요 명은 쥰이니 노쥐 사람으로 양ᄌᆞ강의셔 **<u>쵸공</u>**이 되엿더니 능히 슈셩을 안다 ᄒᆞ여 사람드리 브르기ᄅᆞᆯ 혼강뇽이라 ᄒᆞ고(小弟姓李名俊 祖貫盧州人氏 專在揚子江中撑船**<u>梢公</u>**爲生 能識水性 人都呼小弟做混江龍李俊便是)<이대 水滸誌(1908) 32:7b>

다. **<u>초공(梢工)</u>**: [명] 뱃사공<조선어사전 9>[cf. 뱃사공 [명] 배를 부리는 사람 沙工 船人 梢工<조선어사전 8>]

위에서 보듯이, '쵸공, 초공'의 예는 19세기 이후의 번역 자료를 중심으로 확인된다. 현재 '사공'과 '초공'은 동일한 의미를 지닌 별도의 표제어로 『표준국어대사전』에 올라 있다.

(7) 가. **<u>사공06(沙工/砂工)</u>**: [명] =뱃사공.
　 나. **<u>초공03(梢工)</u>**: =뱃사공.

차용어의 차자 표기로 사용되었던 '沙工'이 '사공'의 대응 한자로 자리잡았다.

지금까지 '梢工'을 어원으로 하는 '샤공, 샤공, 사공, ᄉᆞ공'과 '쵸공, 초공'에 대해 통시적으로 살펴보았다. 논의의 핵심을 요약하면 아래와 같다.

혼성형 '샤공'은 15세기 문헌에서, '사공'은 16세기 이후의 문헌에서, 'ᄉᆞ공'은 19세기 자료에서 문증되는 어형이다. 18세기 이후 자료에서는 'ᄇᆡ사공, ᄇᆡᄉᆞ공, ᄇᆡ샤공, ᄇᆡㅅ사공'처럼 '샤공'류의 혼성형 차용어들과 유의 관계를 이루는 복합어가 등장한다. 이처럼 새로운 형태소가 추가되어 기존의 차용어와 유의 관계를 이루는 것은 중국어 차용어의 통시적 변화 과정에서 종종 목격되는 것이다. 동음형 중 '쵸공'은 19세기 이후의 문헌에서, '초공'은 20세기에 이르러서 문증되는 어형이다. 현재 『표준국어대사전』에는 혼성형의 후대형인 '사공'과 동음형의 후대형인 '초공'이 동일한 의미의 것으로 기술되어 있다. 뿐만 아니라 '사공'의 차자 표기로 쓰였던 '沙工'이 '사공'의 대응 한자 표기로 자리잡았다.

4.2.1.11. [卓子] [혼]조ᄌᆞ·교ᄌᆞ-[동]탁ᄌᆞ > [혼]교자(交子)-[동]탁자

‘卓子’를 어원으로 하는 어형에는 ‘조ᄌᆞ, 교ᄌᆞ’와 ‘탁ᄌᆞ’가 있다.

(1) 가. 卓조子즈: 상<譯語類解-器具(1690) 下:13a>[cf. 卓조子즈: 卓子<華語類抄-器具(19세기 말) 48b>, 卓조子즈: 탁ᄌᆞ<목판본 華語類抄-器具(미상) 23b>]

나. 卓: 고족상 탁. 又特立也, 高也.<訓蒙字會-器皿(1527) 中:6a>, 卓: 노ᄑᆞᆯ 탁<新增類合-事物(1576) 下:56a>

(1)에서 보듯이 ‘조ᄌᆞ’와 ‘탁ᄌᆞ’는 ‘卓子’를 각각 ‘한음+동음’, ‘동음+동음’ 형태로 반영한 것이다. 그리고 ‘교ᄌᆞ’는 ‘조ᄌᆞ’의 과도 교정형(‘ㄱ’ 구개음화)이다. ‘조ᄌᆞ’가 한음이 반영된 어형이라는 사실은 (2)의 기록에서 확인이 가능하다.

(2) 가. 卓子謂之造子者, 華音之誤翻也./+華音卓子作좌즈+/(卓子를 造子라고 이르는 것은 중국음을 잘못 옮긴 것이다./+중국음인 ‘좌즈’에서 만들어졌다+/)<雅言覺非(1819) 2>

나. 卓子: 卓華音조, 俗言卓子床조ᄌᆞ상, 高足床也.(‘卓’의 중국음은 ‘조’이다. ‘卓子’를 속언으로 ‘조ᄌᆞ상[卓子床]’이라고 하는데 이는 고족상이다.)<名物紀畧-器用部(1870) 3:5b>

(2가)에서 ‘卓子’를 ‘造子’로 잘못 옮겼다는 내용을 지적하고 있지만, 이를 통해 ‘조ᄌᆞ’가 한음[華音]을 반영한 어형이고 ‘卓子’가 그 어원임을 알 수 있다.[33] 또한 (2나)에서는 ‘조’음은 ‘卓’의 중국음이고, ‘卓子’가 속언으로는 ‘조ᄌᆞ상’이라고 하는 것으로 다리가 높은 상, 즉 ‘고족상’

33) 蕭悅寧(2014: 6)에서는 ‘卓子’와 관련된 『雅言覺非』의 내용을 인용하면서 “현재 우리가 접할 수 있는 문헌에서 ‘造子’에 대당되는 ‘조ᄌᆞ’, ‘조자’나 ‘조즈’를 찾을 수 없지만 漢語 발음에서 차용되어 ‘造子’의 東音으로 발음되는 차용어가 존재했었음을 알 수 있다.”고 하였으나, ‘조ᄌᆞ’와 관련된 용례는 여러 문헌에서 확인할 수 있었다.

을 지칭하였음을 알 수 있다. 원어와 달리 '조즈상'에는 의미를 명확하게 해주는 '상'이라는 요소가 후행하고 있다. 또한 의미에 있어서도 원어인 "卓子"가 "상"이라는 보다 포괄적인 의미를 나타내는 것과 달리, "고족상"이라는 다소 한정적인 의미로 이해된다. 아래 형태별로 하나씩 살피기로 한다. (3가~다)는 단독형으로 쓰인 '조즈'의 용례이고, (3라~마)는 복합어 내부에 출현하는 '조즈'의 예이다.

(3) 가. 八仙卓子: 여둛 먹는 조즈<譯語類解補-器具補(1775) 43a>[cf. 卓子: 상<譯語類解-器具(1690) 下:13a>]

나. 앗가는 스물 다섯 조즈를 버렷더니 이제는 문득 열세 조즈는 업시ᄒᆞ고 다만 열두 조즈를 노ᄒᆞ 동으로부터 셔흐로 두 줄노 돌나 안즈야 비로소 쥬령을 힝ᄒᆞ미 편ᄒᆞ리이다(若照早間二十五桌分五排坐了 不知這令如何行法 據我主意必須減去十三桌 只消十二桌 由東至西 分兩行團團坐了 方好行令)<鏡花錄(第一奇諺) 20:71>

다. ᄇᆞ야흐로 교의 일빅과 조즈 스물다섯슬 버려 ᄒᆞᆫ 조즈의 네 사ᄅᆞᆷ식 안즈 빅 사ᄅᆞᆷ에 즈리를 분빅ᄒᆞ더니(卞濱命人把這二十五席正面向南 由東至西 分做五行擺開 每行五席 每席四坐)<鏡花錄(第一奇諺) 18:74>

라. 八仙卓子: 팔션조즈<名物紀畧-器用部(1870) 3:5b>

마. 卓子: 卓華音조, 俗言卓子床조즈상, 高足床也. ○ 八仙卓子 팔션조즈, 多人會食之盤. ○ 一作交子床.<名物紀畧-器用部(1870) 3:5b>

예문 중 '조즈'는 '卓子', '卓', '席'에 대응된다. (3다)에서 "의자"를 의미하는 '교의'와 짝을 이루며 "즈리를 분빅ᄒᆞ-"라는 표현과 어울리므로 '교의'와 함께 쓰이는 '상' 종류임을 알 수 있다. (3가)와 (3라~마)에서는 원문의 '八仙卓子'를 "여둛 먹는 조즈"라는 구성이나 '팔션조즈'라는 복합어에 대응시키고 있는데, 이 중 (3마)의 점선 친 부분에는 '팔션조ᄌᆞ'에 대하여 "많은 사람이 모여 식사하는 상(多人會食之盤)"이라고 주석을 달았다. '卓子床조ᄌᆞ상'[34] 또한 '卓子'를 '交子床'이라고도 한다는 기록이 보이는데, '交子床' 외에도 '喬子床', '轎子床', '俎子牀'과 같은 다양한 한자 표기들이 발견되며, 이들은 한글 자료에서 '교ᄌᆞ상, 교ᄌᆞ샹, 괴ᄌᆞ상, 교ᄌᆞㅅ상, 교자상'[35] 등으로 나타난다. 이와 더불어 아래와 같이 '조ᄌᆞ'와 동일한 용법의 '교ᄌᆞ'가 발견되어 주목된다.

(4) 가. 기ᄃᆞ리든 그 ᄉᆞ람들 ᄎᆞᄎᆞ로 모여온 후 봉ᄂᆡ국 음식 와셔 외당의 갓다 두고 큰 교ᄌᆞ 둘너안ᄌᆞ ᄎᆞ례로 드러 먹고 우리나라 쥬방으로 조션 음식 조곰 ᄒᆞ여 평양 소쥬 감홍노ᄂᆞᆫ 잇든 거시 ᄒᆞᆫ 병이오 의쥬 약과 다식과ᄂᆞᆫ 남은 거시 ᄒᆞᆫ 졉시며 문어 광어 젼복쌈은 찬합 ᄒᆞᆫ 층 더러 오고 약밥이야 얌젼ᄒᆞ다 빗츤 어이 져리 희며 원소병은 아ᄅᆞᆷ답다 밤톨만큼 비졋고나<燕行紀(1895) 135쪽>

나. 八仙卓: **팔션교ᄌᆞ**<華語類抄-器具(19세기 말) 48b>

다. **팔션교ᄌᆞ**: 八仙轎子. The table of the eight immortals-a rich spread.<韓英字典(1897) 497>

라. 八仙交子: **팔선교자**<조선어사전 10>

마. 목긔푸리 볼작시면 장농 두쥬 궤 그릇과 쥬홍금칠 피샹ᄌᆞ며 층찬합의 각계슈리 교의 탁ᄌᆞ **교ᄌᆞ상**과 ᄎᆡᆨ상 경ᄃᆡ 벼

---

34) 南豊鉉(1972a: 64)에서는 중세국어 시기에 이미 높은 사용빈도를 보였을 뿐만 아니라 현대어까지 활발하게 쓰이고 있는 단음절 한자어 중의 하나로 '床'을 제시하고 있다.

35) 관련 용례를 제시하면 아래와 같다.

예 가. 목긔푸리 볼작시면 장농 두쥬 궤 그릇과 쥬홍금칠 피샹ᄌᆞ며 층찬합의 각계슈리 교의 탁ᄌᆞ **교ᄌᆞ상**과 ᄎᆡᆨ상 경ᄃᆡ 벼로샹의 ᄌᆞ기 반다지며 ᄇᆡᆨ통 쟝식 옷함이요<燕行紀(1895) 112쪽>

나. 俎子牀: **괴ᄌᆞ상**<日用備覽記-文房具(1937) 3a>

(가)는 북경 유리창에 있는 '목기푸리[木器鋪]'를 묘사한 장면으로 '교의' 및 '탁ᄌᆞ'와 나열된 '교ᄌᆞ상'의 용례이다. (나)의 '괴ᄌᆞ상'은 '俎子牀'에 대응된다. 동일한 문헌에서 '교'가 '괴'로 표기된 용례로 '平轎子: 평괴ᄌᆞ<日用備覽記-器用具(1937) 5b>, 交拜: 괴ᄇᆡ<日用備覽記-婚具(1937) 22b>' 등이 더 발견된다.

로샹의 ᄌᆞᄀᆡ 반다지며 ᄇᆡᆨ통 쟝식 옷함이요<燕行紀(1895) 112쪽>

(4가)는 사람들이 둘러앉아 음식을 먹는 장면을 묘사한 것이므로 이때의 ‘교ᄌᆞ’는 맥락상 “상”을 의미하는 것으로 판단된다. (4나~라)의 ‘팔션교ᄌᆞ’나 ‘팔선교자’는 각각 ‘八仙卓’, ‘八仙轎子’, ‘八仙交子’에 대응되며, (4다)에서는 ‘팔션교ᄌᆞ’에 대하여 “아주 넓으며 여덟 신선이 그려져 있는 상(The table of the eight immortals—a rich spread)”이라고 설명하고 있다. (4마)는 북경 유리창에 있는 ‘목기푸리[木器鋪]’를 묘사한 장면으로 ‘교의’ 및 ‘탁ᄌᆞ’와 나열된 ‘교ᄌᆞ상’의 용례이다. 동일한 문맥에서 ‘탁ᄌᆞ’와 ‘교ᄌᆞ상’이 나열되어 있는 것으로 보아 이들은 서로 다른 사물을 지칭하는 용어였음을 다시 한번 확인할 수 있다. 이외에도 관련된 형태로 ‘팔션교ᄌᆞㅅ상<구의산>, 팔션샹<송뢰금>, 팔선상<조선어사전 10>’ 등이 더 발견된다. (3)과 (4)를 전반적으로 비교했을 때, ‘조ᄌᆞ’류와 ‘교ᄌᆞ’류는 결국 동일한 의미의 것임을 알 수 있다. 이와 관련하여 『표준국어대사전』에 ‘교ᄌᆞ’류의 후대형인 ‘교자, 교자상’만 표제어로 등재되어 있고 ‘조잣상’은 ‘교자상’의 비표준어로 처리되어 있다.36) ‘조ᄌᆞ’류에서 관찰되는 이러한 의미는 원어인 ‘卓子’가 갖고 있는 의미와 비교했을 때 보다 한정적임을 알 수 있다.

아래는 ‘탁ᄌᆞ’의 용례이다.

(5) 가. 믈읫 이바디예 모다 처엄 안조매 각별이 <u>탁ᄌᆞ</u>를 두 기동 ᄉᆞ이예 ᄇᆡ셜ᄒᆞ고 큰 잔을 그 우희 노하 둘디니 쥬신은

36) ‘교ᄌᆞ상’의 대응 한문이 ‘交子床’, ‘喬子床’, ‘轎子床’처럼 다양한 차자 표기의 형태로 나타날 뿐만 아니라, 또한 ‘괴ᄌᆞ상’의 대응어로 또 다른 차자 표기인 ‘組子牀(조자상)’이 나타난다. ‘교ᄌᆞ상’과 ‘조ᄌᆞ상’의 의미와 용법이 일치하며, 음운론적으로도 ‘교ᄌᆞ상’은 ‘조ᄌᆞ상’의(‘ㄱ’ 구개음화) 과도 교정형으로 설명이 가능하기 때문에 ‘교ᄌᆞ상’이 ‘조ᄌᆞ상’을 과도 교정한 형태가 아닐까 하는 의심이 들지만 결정적인 증거를 확보하지 못했으므로 더 이상의 판단은 보류한다.

돗ᄀᆡ ᄂᆞ려 탁ᄌᆞ 동녁의 셔ᄃᆡ 션녁을 향ᄒᆞ고 손은 ᄯᅩ 돗ᄀᆡ ᄂᆞ려 탁ᄌᆞ 션녁의 셔ᄃᆡ 동녁을 향ᄒᆞ라(曰凡燕集初坐匡別設卓子於兩楹間爲古 置大杯於其上乎里尼 主人隱 降度爲也 立於卓東乎代 西向爲古 上客隱 亦降度爲也 立於卓西乎代 東向爲羅)<呂氏鄕約諺解(1519) 24b>

나. 웃듬으로 문 밧긔 ᄒᆞᆫ 탁ᄌᆞ를 노코 우희 一尊 佛像을 안치고 燈燭을 ᄇᆞᆰ게 혀고 여러 가짓 茶果等味를 버리고 佛을 청ᄒᆞ여 殯前에 드리매(為頭兒門外前放一個卓兒 上頭放坐一尊佛像 明點燈燭 擺諸般茶果等味 請佛入到殯前)<朴通事諺解(1677) 下:42a>[cf. 卓子: 상<譯語類解-器具(1690) 下:13a>, 卓子: 상<同文類解-器具(1748) 下:13b>, 卓子: 상<蒙語類解-器具(1790) 下:9b>, 卓子: 상<方言類釋-鏡奩類(1778) 戌部:9a>]

다. 春櫈: 큰 탁ᄌᆞ<譯語類解補-器具補(1775) 43a>

라. 예수 하나님의 뎐에 들어가 당사ᄒᆞᄂᆞᆫ 쟈과 돈 밧구ᄂᆞᆫ 쟈의 탁ᄌᆞ과 비들기 파ᄂᆞᆫ 쟈의 의ᄌᆞ를 밀치며 쳐 ᄂᆡᄶᅩᆺ차 갈오샤ᄃᆡ 긔록에 ᄂᆡ의 집은 비ᄂᆞᆫ 집인데 너희가 써 소혈을 만진다 ᄒᆞ다라<예수聖敎全書(1887) 58-59>

마. 셰 반등식 귀를 맛초아 ᄒᆞᆫ 반등의 세 사람이 안게 ᄒᆞ고 가온ᄃᆡ 탁ᄌᆞ ᄒᆞ나흘 노하 아홉 사람이 ᄒᆞᆫ 탁ᄌᆞ를 ᄒᆞᆫ가디로 ᄒᆞ니 이ᄂᆞᆫ 몸을 의지ᄒᆞ야 쉬고ᄌᆞ 홈이오<장서각본 乙丙燕行錄(19세기) 6:29-30>, 두 사람은 셔편 교의의 안고 우리ᄂᆞᆫ 동편 교의 안ᄌᆞ니 좌를 졍ᄒᆞᄆᆡ 탁ᄌᆞ 우희 다ᄉᆞᆺ 그랏 차를 버리니<장서각본 乙丙燕行錄(19세기) 7:89-90>

마.′ 캉의 ᄒᆞᆫ가지로 안ᄌᆞ니 쥬인이 탁ᄌᆞ를 드려노흐니 슈역이 닐오ᄃᆡ 우리 둘흔 ᄒᆞᆫ 탁ᄌᆞ의 먹으려니와 궁ᄌᆞᄂᆞᆫ ᄯᅩᆫ 탁ᄌᆞ를 노흐라 ᄒᆞ니 쥬인이 아노라 ᄒᆞ고 즉시 다른 탁ᄌᆞ ᄒᆞ나흘 ᄂᆡ 압히 노터라<장서각본 乙丙燕行錄(19세기) 2:31>

바. 봉남은 탁ᄌᆞ에다 턱을 밧치고<두견성(1912) 상:103>

'탁ᄌᆞ'는 16세기 이후부터 줄곧 발견되며 원문의 '卓子, 卓, 卓兒' 등에 대응된다. (5마)에서 '반등, 교의'와 세트를 이루는 물건인 것으로 보아, 이때의 '탁ᄌᆞ'는 다리가 긴 형태의 "상"을 의미한다는 것을 알 수 있다. 또한 (5마')의 '탁ᄌᆞ'는 '캉'에 올려놓고 앉아서 사용하는 형태임으로 낮은 형태의 "상"임을 알 수 있다. 즉, (5나)의 참조 부분에 제시된 것처럼, (5)의 '탁ᄌᆞ'는 "상"이라는 포괄적인 의미를 나타내는 것이라고 할 수 있다.

하지만 18세기 말 이후의 문헌들에서 문맥상 위의 용례와 의미가 다를 것으로 판단되는 (6)과 같은 '탁ᄌᆞ'의 예도 발견된다.

(6) 가. 櫃隔子: 간 막은 **탁ᄌᆞ**<蒙語類解補-器具補(1790) 25a>

나. 쳠하의 납병을 들고 층층ᄒᆞᆫ **탁ᄌᆞ**의 온갓 믈화ᄅᆞᆯ 베픈 곳은 이ᄂᆞᆫ 잡화 푸ᄌᆡ오 온갓 마을악이ᄅᆞᆯ 주줄의 걸고 **탁ᄌᆞ** 우희 둥근 ᄉᆞ모집 ᄀᆞᆺ흔 거ᄉᆞᆯ 무슈히 언ᄌᆞᆫ 곳은 이ᄂᆞᆫ 마을악이 푸ᄌᆡ오 온갓 ᄀᆞᆺ옷과 여러 가디 의복이 ᄉᆞ벽의 걸닌 곳은 의복 푸ᄌᆡ오 둥글게 ᄆᆞ라 **탁ᄌᆞ**의 언져시ᄃᆡ 온갓 비단을 각각 졔 유ᄃᆡ로 빠흔 곳은 이ᄂᆞᆫ 비단 푸ᄌᆡ오 [⋯] 문압히 별양 놉흔 픽ᄅᆞᆯ 셰워 네다ᄉᆞᆺ 길히 되고 **탁ᄌᆞ**의 무슈ᄒᆞᆫ 화병의 온갓 약ᄌᆡ 일홈을 쁜 곳은 이ᄂᆞᆫ 약ᄌᆡ 푸ᄌᆡ오 [⋯] 층층ᄒᆞᆫ **탁ᄌᆞ**의 온갓 셔젹을 이 뉴뉴히 빠혀시ᄃᆡ 각각 씨ᄅᆞᆯ 브쳐 졔목을 표ᄒᆞᆫ 곳은 이ᄂᆞᆫ 셔칙 푸ᄌᆡ오<장서각본 乙丙燕行錄(19세기) 2:99-101>

다. 황칠 ᄉᆞ층 **탁ᄌᆞ** 일빵(黃漆四層卓子一雙)<丁未嘉禮時日記-庫間(1848년 이후) 85a>

라. **탁ᄌᆞ**: 卓子. Table, pupitre, (pour écrire, pour mettre des livres). Casier, rayon de bibliothèque ou de dressoir.((글을 쓰기 위한, 책을 놓기 위한) 탁자, 작은 책상. 도서관이나 찬장의 정리 선반, 선반.)<韓佛字典(1880) 506>

마. 잠식은 나무로 기동 셰을 만들어 놉희 여덥 ᄌᆞ 되게 ᄒᆞ고 즁간에 **탁ᄌᆞ** 모양으로 아홉 층을 ᄒᆞ고 그 ᄉᆞ니에 뉘에 글

읏 용납ᄒᆞ게 ᄒᆞ난니라 쇼잠식은 놉기 네 ᄌᆞ 남지시 ᄒᆞ고 너븨도 네 자 되게 ᄒᆞ고 **탁ᄌᆞ** 층은 오육 층으로 ᄒᆞ야 가니 쟝안의 두게 ᄒᆞ난니라<蠶桑輯要(1886) 34a>

바. 영국으로 말ᄒᆞᆯ지라도 경향 간에 허다ᄒᆞᆫ 셔원을 릉히 긔록ᄒᆞ지 못ᄒᆞ겟스나 륜돈셩에 잇ᄂᆞᆫ 박물원 셔루가 텬하에 뎨일이라 그 집 지은 뎨도가 심히 화려ᄒᆞ고 굉쟝ᄒᆞ야 이젼 로마국 셔울에 잇ᄂᆞᆫ 셩뎐 외에ᄂᆞᆫ 이러ᄒᆞᆫ 집이 업ᄂᆞᆫᄃᆡ 셔루 안에ᄂᆞᆫ 모도 금은으로 ᄭᅮᆷ이고 ᄎᆡ식이 령롱ᄒᆞ야 사ᄅᆞᆷ의 면목이 빗쵸이며 **탁ᄌᆞ**를 여러 층으로 비셜ᄒᆞ야 층층이 슈만권 셔ᄎᆡᆨ을 ᄎᆞ셔ᄃᆡ로 모혀 두고 **탁ᄌᆞ** 젼면에ᄂᆞᆫ 다 각각 ᄎᆡᆨ 제목을 분명히 써 붓쳐셔 보ᄂᆞᆫ 쟈로 ᄒᆞ여곰 편의케 ᄒᆞ고<독립신문-논설(1899-10-6)>

(6나)의 '층층ᄒᆞ-', (6다)의 'ᄉᆞ층', (6마)와 (6바)의 '층' 등을 통해 '탁ᄌᆞ'가 층으로 된 형태의 것임을 알 수 있다. 이러한 '탁ᄌᆞ'의 의미는 (6마)와 (6바)의 문맥을 통해 구체적으로 드러난다. (6바)는 런던 박물관의 서루(書樓)에 대해 묘사한 것이다. '탁ᄌᆞ'를 여러 층으로 배설하여 층층이 수만 권의 서책을 차례대로 모아놓았다는 맥락을 참조했을 때, 이때의 '탁ᄌᆞ'는 여러 층으로 된 서가와 비슷한 형태의 것임을 알 수 있다. '탁ᄌᆞ'가 갖는 후자의 의미는 중국어 '卓子'에서는 찾아지지 않는 것으로서 후대에 의미 확대가 일어났음을 알 수 있다. 아래에서 보듯이 현재『표준국어대사전』에는 '교자'와 '탁자'가 의미 차이를 갖는 것으로 기술되어 있다. 이 중 (7가)의 의미「1」은 본고에서 검토한 문헌 자료에서는 확인이 어려웠다.

(7) 가. **교자02(交子)**: 명 「1」 교자상에 차려 놓은 음식. 건교자, 식교자, 얼교자가 있다. 「2」 =교자상(交子床). [cf. 교자상, 조잣상]

나. **탁자01(卓子)**: 명 「1」 물건을 올려놓기 위하여 책상 모양으

로 만든 가구를 통틀어 이르는 말. 「2」 물건을 올려놓기 위하여 널조각으로 여러 층을 들여 만든 세간. 「3」 『불교』 부처 앞에 붙박이로 있는, 공양물·다기 따위를 차려 놓는 상.

현재까지 '卓子'를 어원으로 하는 '조ᄌᆞ, 교ᄌᆞ'와 '탁ᄌᆞ'에 대해 통시적으로 살펴보았다. 논의의 핵심을 요약하면 아래와 같다.

혼성형의 '조ᄌᆞ'는 17~19세기 자료에서, '교ᄌᆞ'는 19세기 이후의 자료에서 문증되는 어형이다. 단독으로 쓰일 뿐만 아니라 '조ᄌᆞ상, 교ᄌᆞ상, 교ᄌᆞ샹, 괴ᄌᆞ상, 교ᄌᆞㅅ상, 교자상'과 같이 의미 부류를 명확히 해주는 '상(床)'이 후행하여 복합어를 형성하기도 한다. 동음형의 '탁ᄌᆞ'는 18세기 이후의 자료에서 문증된다. 현재 『표준국어대사전』에는 혼성형의 후대형 '교자'와 동음형의 후대형 '탁자'가 서로 다른 의미의 표제어로 올라 있다. 또한 교자의 음차 표기인 '交子'가 '교자'의 대응 한자 표기로 자리잡았다.

4.2.1.12. [板子] [혼]반ᄌᆞ·ᄇᆞᆫ자·반지-[동]판ᄌᆞ·판자 > [혼]반자-[동]판자

'板子'를 어원으로 하는 어형에는 '반ᄌᆞ, ᄇᆞᆫ자, 반지'와 '판ᄌᆞ, 판자'가 있다.

(1) 가. **板반子즈**: 곤쟝<譯語類解補-刑獄補(1775) 37a>[cf. 板子: 곤쟝(漢-**板반子즈**)<方言類釋-刑獄類(1778) 戌部:16a>, 閣거**板반子즈**: 션반<譯語類解-屋宅(1690) 上:19a>, 竹주**板반子즈**: 사ᄅᆞᆷ 티ᄂᆞᆫ 竹鞭<譯語類解-刑獄(1690) 上:67a>, 模무**板반子즈**: 탈판<譯語類解補-器具補(1775) 45a>, 仰板(앙판): 俗言**板子**, 華音**반즈**. ○ 天檵텬쟝. ○ 頂隔.<名物紀畧-宮室部(1870) 3:3b>]

나. 板: 널 **판**<訓蒙字會-器皿(1527) 中:8a>

위에서 보듯이 '반ᄌᆞ'는 '한음+동음'의 결합 방식을 나타내는 어형이고,[37] 'ᄇᆞᆫ자'는 '반'에서 'ᄇᆞᆫ'으로의 'ㆍ'의 과도 교정과 'ᄌᆞ'에서 '자'로의 'ㆍ>ㅏ'의 변화를 동시에 보여주는 어형이며, '반지'는 제2음절에서 'ᄌᆞ>지'의 변화를 겪은 어형이다.[38] 또한 '판ᄌᆞ'는 '동음+동음'의 방식으로 결합된 어형이다. 아래 어형별로 하나씩 살피기로 한다.

(2)는 '반ᄌᆞ'와 'ᄇᆞᆫ자'의 용례이다.

(2) 가. 浮篷: 초개집의 역거 ᄠᅴ워 ᄶᅡᆫ 반ᄌᆞ<譯語類解-屋宅(1690) 上:19a>, 仰板: 널로 ᄶᅡᆫ 반ᄌᆞ<譯語類解-屋宅(1690) 上:19a>, 葦箔: 셔슬 ○ 야비 ○又반ᄌᆞ<同文類解-宮室(1748) 上:35a>, 望板: 널로 ᄭᅵᆫ 반ᄌᆞ(漢-望왕板반, 又天텬板반子즈)<方言類釋-屋宅類(1778) 酉部:20b>, 頂隔: 반ᄌᆞ<漢淸文鑑-室家類(1779) 9:69b>, 天花板: ᄭᅩᆺ 그린 반ᄌᆞ<漢淸文鑑-壇廟類(1779) 9:28b>, 반ᄌᆞ: 盤子. Plafond d'un appartement; plafond en tapisserie.(집의 천장, 벽지로 된 천장)<韓佛字典(1880) 301>, 반ᄌᆞ: 天障. The ceiling. See 텬쟝.<韓英字典(1897) 385>

---

37) '板'의 한음 '반'이 반영된 어형에는 '반등', '션반', '안반', '젼반' 등이 더 있다. 관련 용례를 제시하면 아래와 같다.

예 가. 板凳: 반등(漢-板반登등, 淸-반단, 蒙-반당)<方言類釋-床帳類(1778) 戌部:9a>[cf. 板凳: 반등 ○ 반단<同文類解-器具(1748) 下:13a>, 板凳: 반등 ○ 반탕<蒙語類解-器具(1790) 下:9b>]

나. 閣板子: 션반<同文類解-器具(1748) 下:13a>, 閣板子: 션반<蒙語類解-器具(1775) 下:12a>

다. 俎조, 載牲器, 俗以小者曰刀楿도마, 所以切肉者, 一曰切板. ○ 大者曰按板, 華音안반, 所以按搓粉餠者.<名物紀畧-器用部(1870) 3:5a>, 安板: 本朝. 安板卽打餠具, 俗稱안반.<古今釋林 28-外篇-東韓譯語-釋器(18세기 중엽~말엽) 815쪽>[cf. 案板: 도마<蒙語類解-器具(1790) 下:10b>]

라. 剪板젼판, 所板備刀練도련者, 華音作젼반者.<名物紀畧-器用部(1870) 3:12a>, 剪板: 젼반<日用備覽記-文房具(1937) 3a>

38) '반지'의 '子'가 '子'의 이른 시기 한음을 반영했을 가능성에 대해서도 생각해볼 수 있겠지만, 본고에서는 '반ᄌᆞ'와 '반지'가 아주 오랜 시간 격차를 두고 확인된다는 점을 근거로 '죵ᄌᆞ(鍾子)>종지, 쟝ᄌᆞ(障子)>장지, 가ᄌᆞ>가지'처럼 'ㆍ'의 음운 변화를 겪었을 가능성이 더 클 것으로 판단하였다.

나. ᄆᆞ춤 쥐 이셔 그 삿기를 안고 **반ᄌᆞ**로셔 ᄯᅥ러디ᄃᆡ 죽기의 니ᄅᆞᄃᆞ록 서ᄅᆞ 노티 아니ᄒᆞ니 공이 판을 밀고 업ᄃᆡ여 울고 비유ᄒᆞ기를 더옥 근졀히 ᄒᆞᆫ대<朝野會通(18세기 말~19세기) 1:38b>

다. ᄒᆞᆫ 부인은 며ᄂᆞ리 둘과 ᄯᆞᆯ ᄒᆞ나흘 ᄃᆞ리고 ᄇᆡᆨ년ᄉᆞ의 가니 피란ᄒᆞᄂᆞᆫ 부녀들이 무수히 가셔 뎔방 **반ᄌᆞ** 우희 무수히 ᄃᆞ토와 오ᄅᆞ거ᄂᆞᆯ […] 불구의 적병이 와셔 **반ᄌᆞ** 우희 드릿ᄂᆞ니를 다 죽이니<國朝故事(미상) 5:39a-b>

라. 발을 들고 우흐로 ᄇᆞ라보ᄆᆡ 당즁ᄒᆞ야 금부쳐 ᄒᆞ나흘 셰워시ᄃᆡ 몸픠ᄂᆞᆫ 여닐곱 간의 그득ᄒᆞ고 기ᄅᆡᄂᆞᆫ 수십 댱 놉흔 집 **반ᄌᆞ**의 다하시니 그 웅장ᄒᆞᆫ 졔도를 샹샹홀ᄃᆡ라<장서각본 乙丙燕行錄(19세기) 6:96-97>[cf. ᄉᆞ오일 젼의 힝ᄎᆞ 셔쟈들이 몬져 드러와 캉을 수쇄ᄒᆞ고 압흐로 ᄃᆡ를 셰우고 안밧그로 됴희를 발나 ᄇᆞ람을 막고 가온ᄃᆡ로 문을 ᄂᆡ여 문렴ᄌᆞ를 드리오고 우흔 슈슈대로 **반ᄌᆞ**를 ᄆᆡᆫ들고 ᄒᆞᆫ 편을 간을 막아 협방이 되게 ᄒᆞ여시니 ᄀᆞ장 졍쇄ᄒᆞ더라<장서각본 乙丙燕行錄(19세기) 4:134>]

마. 셰간긔명 볼작시면 […] 산유ᄌᆞ ᄌᆞ리상의 션단뇨의 ᄃᆡ단니블 원앙금침 잣벼긔를 **반ᄌᆞ**갓치 ᄡᅡ하 노코 은침 갓튼 가즌 열쇠 쥬황ᄉᆞ ᄭᅵᆫ을 다라 본돈 셧거 ᄢᅦ여 달고<南原古詞(1864) 2:4b-5a>[cf. 산유ᄌᆞ ᄌᆞ리샹의 션단뇨 원앙금 잣벼개를 **반ᄌᆞ**가지 ᄊᆞ하 놋코<경판 35장본 춘향전>]

바. 향운긔의 어미 츄월이가 이 말을 듯더니 하도 긔가 막히고 분ᄒᆞ야 열 길 시무 길 **반ᄌᆞ**가 ᄯᅮ러지도록 납뛴다<공진회(1915) 19>[cf. 그동안 관비가 왕리ᄒᆞ며 슈작된 일을 듯고셔 **반ᄌᆞ**가 얏다고 열 길 스무 길은 ᄯᅱ면셔<화의혈(1918) 44>, 불ᄂᆞᆫ 강변에 송아지 ᄯᅱ듯 **반ᄌᆞ**가 얏다고 펄펄 ᄯᅱ며<금강문(1914) 62>, 그졔야 ᄌᆞ긔를 ᄇᆡ반ᄒᆞ고 간 것을 ᄭᆡ닷고 두 눈에셔 불덩이가 핑핑 돌아 **반ᄌᆞ**가 낫다고 ᄯᅱ면셔<산천초목(1912) 37>]

사. 그 운목에ᄂᆞᆫ ᄀᆞᆼ동지가 어ᄃᆡ 가셔 술을 그럿케 먹엇던지 ᄋᆞ무 걱정 업ᄂᆞᆫ 사람갓치 잠이 드러셔 **ᄇᆞᆫ자**가 울리도록 코를

고ᄂᆞᆫᄃᆡ 건넌방과 사랑방이 지쳑이라<귀의성(1907) 상:36>[cf. 노파의 코 고ᄂᆞᆫ 소리ᄂᆞᆫ **반ᄌᆞ**를 울린다<혈의누(1908) 55>]

(2가)에서 '반ᄌᆞ'는 '葦箔, 頂隔'에 대응되며 '셔슬'과 유의 관계를 갖는다. 참조 부분에서 '셔슬'이 '望板'에 대응되므로 '반ᄌᆞ'의 의미는 대응어인 '葦箔, 頂隔, 望板'의 의미를 빌어서 추정이 가능하다.

'반ᄌᆞ'가 나타내는 의미는 (2가~사)에서 밑줄 친 부분의 문맥을 통해 보다 구체적으로 드러난다. (2나)는 쥐가 새끼를 안고 '반ᄌᆞ'에서 떨어졌음을 서술한 것으로서, '반ᄌᆞ'가 상대적으로 높은 곳에 위치한 것임을 알 수 있다. (2다)는 '빅년ᄉᆞ'라는 절의 '반ᄌᆞ' 위로 숨어들었다가 결국은 적벽에게 살해당한 내용을 서술한 것이다. 이 내용만으로 숨어 있던 '반ᄌᆞ'의 위쪽이 어느 곳인지에 구체적으로 알기 어렵지만, (2라~사)를 통해 보다 구체적인 의미를 추출해낼 수가 있다. (2라)는 발을 들고 위로 바라보니 가운데 길이가 수십 장 되는 금부처가 집 '반ᄌᆞ'에 닿아 있었다는 내용이다. 따라서 '반ᄌᆞ'는 집 위쪽을 가리킨다는 것을 알 수 있다. (2라)의 참조 부분은 동일한 문헌에서 연행 사절단이 머물 숙소를 정리하는 장면인데, 전후 문맥과 함께 고려했을 때 "우흔 슈슈대로 반ᄌᆞ를 ᄆᆞᆫ둘고"는 방의 윗면을 수수대로 만든 것으로 이해된다. 이외에 (2마)는 '션단뇨 원앙금 잣벼개'를 높이 쌓았다는 것을 "반ᄌᆞ갓치 빠하노코"로 표현한 것이며, (2바)와 (2사)는 각각 높이 뛴다는 것과 코 고는 소리가 크다는 것을 "열 길 시무 길 반ᄌᆞ가 뚜러지도록 납쒼다"와 "분자가 울리도록 코를 고ᄂᆞᆫᄃᆡ"로 묘사한 것이다. 이상의 내용들을 종합했을 때, '반ᄌᆞ, 분자'는 방의 위쪽을 지시하던 단어임을 쉽게 알 수 있다. 더불어 앞서 살핀 (2다)에서 '반ᄌᆞ' 위에 숨는다는 것은 곧 지붕과 천장 사이의 빈 공간에 숨은 것으로 추정된다.

단독형으로 쓰인 '반ᄌᆞ' 외에도 아래와 같이 복합어 내부에 쓰인 '반ᄌᆞ'의 예가 발견된다.

(3) 가. **望板**: **널반ᄌᆞ**<譯語類解補-屋宅補(1775) 13a>, **望板**: **널반ᄌᆞ**. 椳扇·頂椳.<廣才物譜(19세기 초) 二:宮室:2a>[cf. 望板: 널로 ᄭᅵᆫ 반ᄌᆞ(漢-望왕板반, 又天텬板반子ᄌᆞ)<方言類釋-屋宅類(1778) 西部:20b>, 望板: 셔슬<漢清文鑑-室家類(1779) 9:69b>, **葦箔**: 셔슬 ○ 야비 ○又반ᄌᆞ<同文類解-宮室(1748) 上:35a>, 板子: 널<蒙語類解-樹木(1790) 下:37a>]

나. **天花板**: 卽綺井也. **우물반ᄌᆞ**.<廣才物譜(19세기 초) 二:宮室:2a>[cf. 綺井: 屋上以板爲井形, 飾以丹靑如綺也.<廣才物譜(19세기 초) 二:宮室:2a>]

(3가)의 '널반ᄌᆞ'는 대응어에서도 알 수 있듯이, 그야말로 "널로 ᄭᅵᆫ 반ᄌᆞ"이다. 하지만 19세기 말 문헌 속에는 (3가)의 '널반ᄌᆞ'와는 다른 의미의 '널빈지, 빈지, 빈디'와 '널반지, 널빤지'가 발견된다.

(4) 가. **널빈지**: 板壁. Cloison, mur en bois.(칸막이, 나무로 된 벽)<韓佛字典(1880) 275>, **널빈지**: 板壁. A board wall; a loose board partition.<韓英字典(1897) 367>, **널빈지**: 板壁<國漢會語(1895) 59>

나. **널빈지**: 명 좌시터에 문 대신으로 끼었다 떼었다 하는 한 조각씩으로 맞후는 널빤지 빈지<조선어사전 05>

(5) 가. 남편 쳠하ᄂᆞᆫ 다 널노 **빈디**를 ᄧᅡ고 당즁ᄒᆞ야 ᄒᆞᆫ 아ᄅᆞᆷ 둥근 쇠골희ᄅᆞᆯ 박고<장서각본 乙丙燕行錄(19세기) 7:106>

나. **빈지**: 板圍. Cloison en planches, mur en bois.(판자로 만든 칸막이, 나무로 된 벽)<韓佛字典(1880) 326>

다. **빈지**: 障隙板, 板圍<國漢會語(1895) 158>

라. 썩젼써리 쥬막집 마당 **빈지**를 덜컥덜컥 쎄며 동니 ᄉᆞᄅᆞᆷ들이 문 압 문 압헤 둘식 셋식 느러안져 이약이를 ᄒᆞᄂᆞᆫ지라<금강문(1914) 99>

위의 (4)와 (5)는 각각 ‘널빈지’와 ‘빈디, 빈지’의 용례이다. (4)의 ‘널빈지’는 ‘板壁’에 대응되며 (4나)와 같은 의미를 나타낸다. (5가)의 ‘빈디’는 보다 이른 시기의 숭실대본에서는 ‘빈지’로 나타나던 것이다. ‘널’, ‘ᄡᆞ-’와 공기하는 것으로 보아 ‘빈지’와 동일한 의미의 것일 가능성이 높으나 지칭하는 대상이 무엇인지가 분명하지 않다. 하지만 (4나~다)의 대응어나 (5라)의 밑줄 친 내용을 참조했을 때 (4)의 ‘널빈지’와 동일한 의미임을 알 수 있다. 이상의 ‘빈디’와 ‘빈지’가 ‘반지’와 형태상 의미상 관련되기 때문에 기원적으로 ‘板子’와 관련될 가능성도 배제할 수 없지만, ‘반’과 ‘빈’의 관계를 음운론적으로 설명하는 데 어려움이 있으므로 이에 대한 판단을 보류하고자 한다.

아래는 ‘널반지, 널빤지’의 용례이다.

(6) 가. ᄋᆞᆸ뒤에 쌍창문 척척 닷쳐 두고 문 뒤에는 긴 **<u>널반지</u>**를 두이쪽 셕숨짜로 가루질너셔<은세계(1908) 88>

나. 그 문 뒤에다 길고 짜른 **<u>널반지</u>**를 승표와 갓치도 ᄃᆡ이고 가표와 갓치도 ᄃᆡ엿는ᄃᆡ<설중매화(1913) 86>

다. **<u>널반지</u>**: 板. A small board; a slab. See 널판.<韓英字典(1897) 367>[cf. <u>널</u>: 板. A board. See 널반지.<韓英字典(1897) 366>, <u>널판</u>: 木板. A board; a plank. See 널.<韓英字典(1897) 367>, <u>널판</u>: 木板. Planche.(널빤지)<韓佛字典(1880) 275>]

라. **<u>널빤지</u>**: 명 통나무를 톱으로 켜서 얇고 넓게 만든 재목 널판<조선어사전 05>

(6)의 ‘널반지, 널빤지’는 문맥상 “널, 널판”의 의미로 이해된다. 그러므로 (3)의 ‘널반ᄌᆞ’와 (6)의 ‘널반지, 널빤지’는 의미가 달랐음을 알 수 있다. 즉 ‘널반ᄌᆞ’가 ‘반ᄌᆞ’와 유사한 의미를, ‘널반지’, ‘널빤지’는 ‘널, 널판’과 유사한 의미를 나타낸다. 이는 결국 ‘반ᄌᆞ, 널반지·널빤지’의 의미가 다름을 의미하는데,[39] 단어나 나타내는 의미에서도 드러나듯이,

'널반ᄌᆞ'는 종속 관계를 갖는 수식 구조의 것인 반면, '널반지'와 '널빤지'는 대등 관계를 가진 병렬 구조의 것이다.

이어서 살펴볼 것은 '板子'의 동음이 반영된 '판ᄌᆞ, 판자'이다.

(7) 가. 옥즁의ᄂᆞᆫ 모로미 방과 집을 널니 ᄒᆞ고 ᄯᆞ히 <u>판ᄌᆞ</u>를 ᄭᆞᆯ며 ᄯᆡ로 정히 ᄡᅳ러 루습ᄒᆞ고 츄악ᄒᆞᆫ ᄀᆡ운이 업게 ᄒᆞ면 거의 병들기를 면ᄒᆞ고 졔 ᄉᆡᆼ업ᄒᆞ기를 편히 ᄒᆞ리라(至於牢獄羈所 又須寬其房屋 鋪以地<u>板</u> 時常埽滌 不使潮穢 庶可免其染病 便其作工)<易言諺解(19세기) 48a>

나. ᄀᆡ현이 쇼이ᄃᆡ왈 악장이 쇼셔 아ᄅᆞ시미 한 ᄎᆔ광탕ᄌᆞ로 지목ᄒᆞ시므로 한 <u>판ᄌᆞ</u> 만ᄒᆞᆫ ᄯᆞ흘 다ᄉᆞ리믈 니러틋 ᄒᆞ시니 견모ᄒᆞ믈 븟그릴 ᄲᅮᆫ이로소이다<明行貞義錄(19세기 초반) 63:4b>

다. 쵹즁의 강왕쳔이 그 부뫼 <u>향판</u>/+향나모 <u>판ᄌᆡ</u>라+/ ᄉᆞ셔 ᄡᅧ 이ᄌᆞ비 ᄒᆞ얏더니 왕쳔이 삼판으로ᄡᅧ 밧고아 팔고 쟈근덧 ᄒᆞ야 ᄯᅩ 쥬판으로ᄡᅧ 그 삼판을 밧고아 다시 팔앗더니 밋 부뫼 죽으ᄆᆡ 왕쳔이 다시 그 쥬판을 머므르고 숑판으로ᄡᅧ 장ᄉᆞ 지ᄂᆡ엿더니 왕쳔이 일즉 벽녁을 입어 죽고<注生延嗣妙應眞經諺解(19세기 중기~말기) 12a>[cf. <u>판자(板子)</u>: 「송판」(松板)과 같음<조선어사전 10>]

라. <u>션판ᄌᆞ</u>: 懸板. Planche autour d'une chambre sur la muraille pour déposer des objets.(물건들을 놓기 위해 방 둘레의 벽에 다는 판자)<韓佛字典(1880) 400>, <u>판자</u>: 板子<國漢會語(1895) 325>

마. 그ᄂᆞᆯ 밤에ᄂᆞᆫ 신을 신고 <u>판자쪽</u> 갓ᄒᆞᆫ 돌 우으로 올라가다가<귀의성(1907) 상:42>

바. <u>널판ᄌᆞ</u>에 몸을 의지ᄒᆞ야 누구를 기다리ᄂᆞᆫ 듯<강상루(1919) 54>

---

39) 이러한 의미 차이가 발생한 동기에 대해 구명하고 싶지만, 현재 내용만으로 더 이상 논의를 진전시키기 어렵다. 동기나 경로, 원인 등과 관련해서는 앞으로의 연구 과정에서 지속적으로 밝혀져야 할 부분이다.

(7)의 '판ᄌᆞ, 판자'는 '板, 板子'에 대응되며 문맥상 "널, 널판"의 의미로서 앞서 살펴본 '널반지, 널빤지'와 의미가 같다. 단독형으로 출현할 뿐만 아니라 (7라~바)의 '션판ᄌᆞ, 판자쪽, 널판ᄌᆞ'처럼 복합어의 내부에 출현하기도 한다. (7)에서 발견할 수 있듯이, '반ᄌᆞ, 븐자'가 나타내는 "천장"의 의미로 쓰인 용례는 발견되지 않는다. 현재 '板子'를 어원으로 한 대상들 중에서 (8)과 같이 '반ᄌᆞ'의 후대형 '반자'와 '판ᄌᆞ'의 후대형 '판자'가 쓰이고 있다. (9)는 『표준국어대사전』에서 '널'과 함께 결합한 '널반자, 널빤지, 널판자, 널판지'와 관련된 내용을 제시한 것이다.

(8) 가. **반자02**: 명 『건설』 지붕 밑이나 위층 바닥 밑을 편평하게 하여 치장한 각 방의 윗면. 【<板子】
　　나. **판자02(板子)**: 명 =널빤지.

(9) 가. **널반자**: 명 『건설』 널조각만 대고 종이를 바르지 않은 반자. ≒목반자「1」.
　　나. **널빤지**: 명 판판하고 넓게 켠 나뭇조각. ≒나무판자・널01「1」·널판「1」·널판자·널판장「1」·판08「1」·판자02(板子). 【←널+반지[<板子]】
　　다. **널판자(-板子)**: 명 =널빤지.
　　라. **널판지(-板-)**: 명 → 널빤지.

위에서 '널반자'와 '널빤지·널판자'가 서로 다른 의미의 것으로 제시되어 있다. 대체적으로 본고에서 고찰한 문헌적 사실과 일치한다.

지금까지 '板子'를 어원으로 하는 '반ᄌᆞ, 븐자, 반지'와 '판ᄌᆞ, 판자'에 대해 통시적으로 살펴보았다. 논의의 핵심을 요약하면 아래와 같다.

혼성형 중 '반ᄌᆞ'는 17세기 이후의 자료에서, '븐자'는 20세기 초의 자료에서, '널'이 선행한 '널반지'는 19세기 이후의 자료에서 발견되는 어형이다. 이때의 '널반지'는 '반주'가 포함된 '널반주'와 서로 다른 의미를 나타내는데, 전자는 "널, 널판"의 의미를, 후자는 "천장"의 의미를 나타낸다. 또한 동음형의 '판주'는 19세기 이후의 자료에서 문증되는데, "널, 널판"의 의미를 나타내는 것으로 '널반지'와 유의 관계이다. 현재 『표준국어대사전』에는 '반자, 널반자, 널빤지'와 '판자, 널판자, 널판지' 등이 표제어로 올라 있는데 '반자'와 '널반자'가 유사한 의미로, '판자'와 '널빤지, 널판자, 널판지'가 유사한 의미로 서술되어 있다.

4.2.1.13. [靴子] 혼훠주-동화주 > 혼∅-동화자

'靴(兒/子)'를 어원으로 하는 어형에는 '훠, 훼, 훠ᄋᆞ, 훠주'와 '화주'가 있다. 이외에도 '靴(兒/子)'를 직접적인 어원으로 하지는 않으나 이와 유의 관계를 이루면서 공존하는 '목화, 목훠·목훼[木靴]'가 있다.[40]

(1) 가. **靴훠**子즈: 通稱 훠<譯語類解-服飾(1690) 上:45b>
　　나. 靴: 훳 **화**<訓蒙字會-服飾(1527) 中:11b>

위에서 보듯이, 대체적으로 '훠'류는 '靴'의 한음을 반영한 어형이고, '화'류는 '靴'의 동음을 반영한 어형이다. 아래 어형별로 하나씩 살피기로 한다.

(2)에서 살펴볼 것은 '훠'의 용례이다.

(2) 가. 모든 比丘ㅣ 東方앳 실와 소옴과 깁과 이 짜햇 **훠**와 신과 裘毳와/+裘는 갓오시오 毳는 터럭오시라+/ 乳와 酪과 醍醐와를 닙디 아니ᄒᆞ면 이 ᄀᆞᆮᄒᆞᆫ 比丘ᄂᆞᆫ 世에 眞實로 解脫ᄒᆞ야 아룃 비

40) 이 중 '훠'는 李基文(1965/1991), 劉昌惇(1975), 蕭悅寧(2014)에서, '훠ᄋᆞ'는 李基文(1965/1991)과 蕭悅寧(2014)에서 중국어 차용어로 지적된 바 있다.

들 갑곡 三界예 ᄃᆞ니디 아니ᄒᆞ리니 엇뎨어뇨(若諸比丘ㅣ 不服東方앳 絲綿絹帛과 及是此土앳 **靴**履裘毳와 乳酪醍醐ᄒᆞ면 如是比丘ᄂᆞᆫ 於世예 眞脫ᄒᆞ야 酬還宿債ᄒᆞ고 不遊三界ᄒᆞ리니 何以故오)<楞嚴經諺解(1461) 6:96b>

나. 믈 서 되로 제 남진의 **훠**를 시서 글군 므를 ᄃᆞ시 ᄒᆞ야 머그라(水三升洗夫**靴**/+ 남진의 **훠**+/剔汁溫服)<救急簡易方(1489) 7:07a>

다. 례로 뵐 저긔 다 명함 드리고 사모 스고 털링 닙고 품ᄃᆡ ᄒᆞ고 **훠** 신고 홀 자ᄇᆞ라 벼슬 업슨 사ᄅᆞᆷ은 명함 드리고 갇 스고 털링 닙고 ᄯᅴ ᄯᅴ오 신 시ᄂᆞ라(皆具門狀/+ 今從便用名銜+/ 用幞頭公服腰帶靴笏/+ 國俗私禮不用公服 有官則從便代以紗帽團領品帶穿靴+/ 無官具名紙/+ 名銜+/ 用幞頭襴衫腰帶繫鞋/+ 無官者代以笠團領條帶靴+/)<呂氏鄕約諺解(1519) 19a-20b>

라. 靴: **훳** 화<訓蒙字會-服飾(1527) 中:11b>, 韈: 보션 말. 又俗呼**훠쳥**. 氈襪.<訓蒙字會-服飾(1527) 中:11b>, 韡: 靴. **훠** 화.<新增類合-衣服(1576) 上:31b>, 靴子: 通稱 **훠**<譯語類解-服飾(1690) 上:45b>

마. 동ᄂᆡ 지ᄇᆡ 밧비 가니 아모것도 몯 보내니 기ᄅᆡ **훠**도 나도니 몯 미처 지어 보내니<순천김씨묘-106, 1550~1592, 신천강씨(어머니)→순천김씨(딸)>

바. 희라 나의 쇠모ᄒᆞ미 ᄒᆡ를 ᄯᆞᆯ와 더옥 심ᄒᆞ고 각병으로ᄡᅥ 좌와ᄒᆞ미 다 어렵고 ᄒᆡᆼ뵈 ᄯᅩᄒᆞᆫ 녜와 ᄀᆞᆺ디 못ᄒᆞ니 의복을 정제ᄒᆞ고 **훠**ᄅᆞᆯ 신을 ᄣᅢ의 더옥 간삽ᄒᆞᄃᆡ 봉심ᄒᆞ야 일을 ᄒᆡᆼᄒᆞᆯ ᄣᅢ예ᄂᆞᆫ 몸을 감히 스ᄉᆞ로 두디 못ᄒᆞ여 거ᄅᆞᆷ이 돈연히 나으니 이 엇디 젹은 졍셩의 니ᄅᆞᆫ 배리오 소듕이 이시미라(噫 予之衰耗隨年益甚 加以脚疾坐臥俱難 行步亦不及於昔 整衣着**靴**之時其尤艱澁 而於奉審將事之際 身不敢自有步履頓勝 此豈微誠所致 所重在焉)<御製經世問答續錄諺解(1763) 1b>

사. 슈건 가져오고 옷과 冠과 ᄯᅴ 가져오라 衣冠 ᄒᆞ고 ᄯᅴ ᄯᅴ고 **훠**와 보션 신고 다른 ᄃᆡ 가쟈<捷解蒙語(1790) 4:11b>

아. 구월에 보양관 송쥰길이 은가를 비러 향리로 도라가려 ᄒᆞ거ᄂᆞᆯ 샹이 불너보시고 원ᄌᆞ를 명ᄒᆞ샤 나와 보라 ᄒᆞ시니

원직 당계 옥즘에 남포를 닙으시고 홍딕 **흑훠**로 북향 지비ᄒᆞ오시고 단공 위좌ᄒᆞ오시ᄆᆡ 미목이 쳥낭ᄒᆞ오시고 신긔 슈발ᄒᆞ오시니 일좌 제신이 용동ᄒᆞ샤 쳠망치 아니리 업더라<朝野會通(18세기 말~19세기) 30:32b-33a>, 긔우졔를 샤단에 친힝ᄒᆞ실시 례죄 흑포 옥딕 **흑훠**로 힝례ᄒᆞ오시믈 쳥ᄒᆞ거늘<朝野會通(18세기 말~19세기) 29:11b>

'훠'는 '靴'에 대응되는 것으로서 15세기 이후의 다양한 성격의 문헌 자료에서 줄곧 확인된다. 이 중 (2다)에서 '사모-털링-품딕-훠'의 조합이 확인되고 (2아)에서는 '남포-홍딕-흑훠'의 조합이 확인된다.

(3)은 '훼'의 용례이다.

(3) 가. ᄒᆞᆫ 관원이 흰 모시옷 닙고 쇼건 쓰고 거문 **훼** 신고 와 틱니의게 읍ᄒᆞ고<大宋興亡錄(18~19세기) 1:60>

나. 이는 당부치 말나 쇼승이 마음을 다ᄒᆞ여 유무를 젼ᄒᆞ리라 ᄒᆞ고 머리의 모ᄌᆞ를 쓰고 직녕을 닙고 **훼**를 신고 나셔니<禪眞逸史(18세기) 4:45>

다. 울니딕 황금봉시투고의 연화대ᄌᆞ갑을 닙고 망농ᄉᆞᄌᆞ딕의 거믄 **훼**를 신어시니 ᄂᆞᆺ치 두렷ᄒᆞ여 놉흔 코와 둥군 눈이 극히 효용ᄒᆞ고 좌우 장이 다 긔갑이 션명ᄒᆞ여 지뫼 정쟝ᄒᆞ니 크게 쇼릐ᄒᆞ여 원슈를 ᄂᆞ오라 ᄒᆞ니<玄氏兩雄雙麟記(미상) 4:36a-b>

위에서 보듯이 '훼'는 18세기 이후의 일부 자료를 중심으로 확인된다. 그 중 (3가)에서는 '흰 모시옷-쇼건-거문 훼'의 조합이고, (3나)는 '모ᄌᆞ-직녕-훼'의 조합이며, (3다)는 '황금봉시투고-연화대ᄌᆞ갑-망농ᄉᆞᄌᆞ딕-거믄 훼'의 조합이다.[41]

41) 이밖에도 '훼'형을 반영한 '목훼'의 용례가 보이는데 이에 대해서는 '목화·목훠' 부분에서 함께 논의하겠다.

(4)는 '휘ᄋᆞ'의 용례이다.

(4) 가. 이거슨 이 **휘ᄋᆡ**로다(這箇是**靴子**)<朴通事諺解(1677) 上:37b>[cf: 이ᄂᆞᆫ **휘**<飜譯朴通事(1510년대) 上:41b>, 이ᄂᆞᆫ 이 **휘ᄋᆞ**ㅣ로다(這是**靴子**)<朴通事新釋諺解(1765) 1:40a>]

나. 뎌러면 네 **휘ᄋᆡ** 엇디 ᄆᆞᆯ랏ᄂᆞ뇨(那般時 你的**靴子**怎麽乾)<朴通事諺解(1677) 中:51b>[cf. **靴**ㅣ<1765(朴通事新釋諺解) 2:56b>]

다. ᄒᆞᆫ 도적은 뎌 **휘ᄋᆞ** 푸ᄌᆞ에 셩녕 ᄇᆡ호라 가고(一箇賊那**靴**鋪裏學生活去)<朴通事諺解(1677) 中:19b>[cf. **靴** 푸ᄌᆞ<朴通事新釋諺解(1765) 2:28a>]

라. ᄒᆞᆫ 舍人 ᄇᆡᄋᆞ기ᄂᆞᆫ 발에 신은 거슨 거믄 기ᄌᆞ피에 金線 남오리로 갸품 씨고 부리 것고 디즈에 분칠ᄒᆞ고 五綵로 麒麟을 綉ᄒᆞ고 柳綠 빗체 비단으로 부리 두론 **휘ᄋᆞ**에 흰 부드러온 시욹쳥에 ᄒᆞᆫ 부 야쳥 비단에 滿刺嬌ᄒᆞᆫ 슬갑을 ᄆᆡ엿고 [...] ᄯᅩ ᄒᆞᆫ 舍人 ᄇᆡᄋᆞ기ᄂᆞᆫ 흰 기ᄌᆞ피 휘ᄋᆞ에 鴨頭綠羅에 獅子ᄅᆞᆯ 綉ᄒᆞ야 깃도론 프른 부드러온 시욹쳥에 ᄒᆞᆫ 쌍 明綠 빗ᄎᆡ 四季花ᄅᆞᆯ 綉ᄒᆞᆫ 슬갑을 ᄆᆡ엿고(夜來兩箇舍人操馬 一個舍人打扮的 脚穿著皀麂皮嵌金線藍條子 卷尖粉底五彩繡麒麟柳綠紵絲抹口的靴子 白絨氈襪上 拴著一副鴉青段子滿刺嬌護膝 [...] 又一個舍人打扮的 白麂皮靴子 鴉綠羅納繡獅子的抹口 青絨氈襪上 拴著一對明綠繡四季花護膝)<朴通事諺解(1677) 上:24b-27a>[cf. **휘**, **휘**<飜譯朴通事(1510년대) 上:26a-29a>, **휘**, **휘**(靴子, 靴)<朴通事新釋諺解(1765) 1:29a-31a>]

(4)의 '휘ᄋᆞ(靴兒)'는 원문의 '靴(子)'에 대응되는 것으로 『朴通事新釋諺解』에서 1건 보이는 외에 나머지는 모두 『朴通事諺解』에 집중적으로 나타난다.[42)]

---

42) 『飜譯朴通事』에서는 '휘'로 통일된 것에 비해, 『朴通事諺解』에서는 '휘'(4회)와 '휘ᄋᆞ'(5회)로, 『朴通事新釋諺解』에서는 '휘'(3회, '즌 휘' 포함), '휘ᄋᆞ'(1회) '靴'(10회, '靴刷(1회)·靴帶(1회)' 포함.)로 나타난다. 동일한 원문에

(5)는 '훠즈'의 용례이다.

(5) 가. 靴子: **훠즈**<倭語類解-服飾(1781) 上:46a>
　나. 거년 삼ᄉᆞ월 간의 여긔 이실 제 보형뎨의 도포를 닙고 **훠즈**를 ᄯᅩᄒᆞᆫ 신으며 말익이를 ᄯᅩᄒᆞᆫ 쓰고 갑작이 한 번 보니 도로혀 보형뎨와 ᄀᆞᄐᆞ딕 다만 두 낫 귀엣고리만 더ᄒᆞᆫ지라(可記得舊年三四月裡住着 把寶兄弟的袍子穿上 **靴쉬子즈**也穿上 額子也勒上 猛一瞧 倒像是寶兄弟 就是多兩個耳墜子)<紅樓夢(19세기 말) 31:48>
　다. 딕옥이 홍양피 젹은 **훠즈**를 신고 홍우단의 호리피 안 너흔 학창의를 닙고(黛玉換上掐金挖雲紅香羊皮小**靴** 罩了一件大紅羽緞面白狐狸皮的鶴氅)<紅樓夢(19세기 말) 49:49>

위에서 '훠즈'는 '靴(子)'에 대응된다. 이 중 (5나)는 '도포-훠즈-말익이'의 차림이다.[43]

(6)은 '화즈'의 용례이다.

(6) 가. 기즈피 **흑화즈** 청구<윤선도 恩賜帖(1630) 坤:1a>
　나. 가샹이 일즉 닙으시든 빅쵸 뎝리와 흑셔피 **화즈**를 ᄉᆞ급ᄒᆞ시고 손조 금젼의 써 주어 ᄀᆞᄅᆞ사되<朝野會通(18세기 말~19세기) 7:23b>[cf.원직 바하으로 오셰의 강사딕녕과 옥딕 흑화로 단공 딕안ᄒᆞ시니<朝野會通(18세기 말~19세기) 9:35a>]
　다. 냥상이 한강 졍북의 거동ᄒᆞ샤 젼숑ᄒᆞ시고 궁시 안마 의갑과 밋 **화즈**를 주시다(二上幸漢江亭北餞之 賜鞍馬弓矢衣笠及

대하여 시간차를 두고 언해된 『飜譯朴通事』와 『朴通事諺解』에서 후자를 중심으로 중국어 접미사 '-ᄋᆞ(兒)'가 결합된 '훠ᄋᆞ(靴兒)'가 보인다. 『朴通事諺解』의 문체에 대하여 고찰해 보아야 알 수 있겠지만, '兒'가 반영되었다는 것은 『朴通事諺解』가 중국어 구어에 좀 더 가깝게 번역되었음을 말해준다.

43) '靴子'가 '쉬즈'로 주음된 것은 근대 시기 변화한 '靴'의 한음을 반영한 것이다.

靴)<朝野僉載(18세기 후기~19세기) 5:35>, 샹이 근졍뎐에 어ᄒᆞ샤 잔ᄎᆡᄅᆞᆯ 비셜ᄒᆞ여 츌젼 졔쟝을 위로ᄒᆞ시고 윤덕 등을 샹방의와 밋 **화ᄌᆞ**ᄅᆞᆯ 주샤 ᄒᆞ여금 닙고 참연ᄒᆞ라 ᄒᆞ시고 젼망ᄉᆞ졸은 명ᄒᆞ샤 초혼치졔ᄒᆞ시니라<朝野僉載(18세기 후기~19세기) 7:23a-b>

라. ᄉᆞ뷔 상샹에셔 옷ᄉᆞᆯ 닙은 ᄎᆡ 누어 자믈 보고 져의 등이 필경 나ᄅᆞᆯ 위ᄒᆞ여 **화ᄌᆞ**ᄅᆞᆯ 경경히 벗기ᄆᆡ 녀인의 궁혜 드러난지라<再生緣傳(19세기 말) 34:115>

마. 어졔 밤든 후 쥬긱ᄉᆞ 부ᄌᆡ 니ᄅᆞ니 ᄒᆞ여시되 태샹황뎨 상ᄉᆞ의 됴션국 복 닙을 ᄉᆞ신이 날마다 진시 오시 신시의 경운문 밧긔 니ᄅᆞ러 반녈을 ᄯᆞ라 슬프믈 들 거시니 날마다 ᄣᆡ ᄃᆞ닷거든 통관이 ᄒᆞᆫ가지로 기ᄃᆞ려 녜ᄅᆞᆯ 힝ᄒᆞ라 ᄒᆞ엿더라 대모 관ᄃᆡᄂᆞᆫ 초삼일 밤의 임의 일운지라 어졔 샹방 부방 소문을 드ᄅᆞ니 부방의셔ᄂᆞᆫ 오각ᄃᆡᄅᆞᆯ ᄇᆡᆨ지로 ᄡᆞ ᄇᆞᄅᆞ고 쟝ᄎᆞᆺ 사모ᄅᆞᆯ ᄇᆞ로려 ᄒᆞ나 다만 목화ᄂᆞᆫ ᄇᆞᄅᆞᆯ 길도 업고 달니 변통 업ᄂᆞᆫ지라 샹방의셔 ᄯᅩᄒᆞᆫ 부방을 조차 오각ᄃᆡᄅᆞᆯ ᄇᆞ르려 ᄒᆞᄃᆡ 임의 ᄡᅴᄅᆞᆯ 희게 ᄒᆞ면 사뫼 검지 못ᄒᆞᆯ 거시오 목화만 검지 못ᄒᆞᆯ지라 ᄇᆞ야흐로 걱졍ᄒᆞ여 내게도 의논ᄒᆞ여시나 내 ᄯᅩᄒᆞᆫ 별양 의견이 업ᄂᆞᆫ지라 드ᄃᆡ여 역관을 모화 의논ᄒᆞ니 샹방 별비행 니광직이 ᄀᆞᆯ오ᄃᆡ 쇼인이 일즉 뎡유년의 납동 니 판셔 대감을 ᄯᆞ라 드러와실 졔 태샹황 황태후 샹ᄉᆞᄅᆞᆯ 당ᄒᆞ여 셩복날 오사모 오각ᄃᆡ 거믄 훠로 참예ᄒᆞ여시니 이 ᄇᆞᆰ은 인증이라 의심ᄒᆞᆯ 배 업다 ᄒᆞ거ᄂᆞᆯ 부ᄉᆡ 여러 번 ᄌᆞ져ᄒᆞ다가 샹ᄉᆞ로 젼례ᄃᆡ로 ᄒᆞ미 무방타 ᄒᆞ야 드ᄃᆡ여 ᄇᆞ른 거ᄉᆞᆯ 도로 ᄠᅳᆺ고 의논이 졍ᄒᆞᆫ지라 이날 새벽의 대모 관ᄃᆡ와 오사모와 오각ᄃᆡ에 **흑화ᄌᆞ**ᄅᆞᆯ ᄀᆞᆺ초고 궐하의 나아가 동화문을 드러 븍으로 슈ᄇᆡᆨ 보ᄅᆞᆯ 힝ᄒᆞ니 프른 기와로 덥흔 집이 잇ᄂᆞᆫ지라<장서각본 戊午燕行錄(19세기) 3:46a-b>

바. 좌편의ᄂᆞᆫ 남빗 비단 모ᄌᆞ의 깁슈건으로 머리ᄅᆞᆯ 동혀시며 남빗 비단 오ᄌᆞᄅᆞᆯ 닙고 남빗 고의에 엶은 **화ᄌᆞ**ᄅᆞᆯ 신엇시ᄃᆡ(左邊寶藍緞子六瓣壯帽 絹帕擰頭 寶藍緞子綁身小襖 寶

藍裩褲 薄底靴子)<忠烈小五義(19세기 말~20세기 초) 1:39>

(6가)와 (6나)의 ‘흑화ᄌᆞ’와 ‘화ᄌᆞ’는 각각 ‘기ᄌᆞ피’와 ‘흑셔피’로 만들어진 것으로서 이 중 후자는 백초(白綃) 철릭[帖裡]과 함께 하사받은 것이다.[44] (6바)는 ‘남빗 비단 모자-깁수건-남빗 비단 오ᄌᆞ-남빗 고의-엷은 화ᄌᆞ’의 차림을 묘사한 것이다. (6마)는 문맥상 ‘사모-오각듸-목화’, ‘오사모-오각듸-거믄 훠’와 ‘오사모-오각듸-흑화ᄌᆞ’가 각각 대응된다. 따라서 이때의 ‘거믄 훠’, ‘흑화ᄌᆞ’, ‘목화’는 문맥상 유의 관계를 이루는 것이라고 할 수 있다. 예문 (2~6)의 사이사이에 제시된 ‘흑훠, 흑화(ᄌᆞ), 거믄 훠·거문 훠·검은 훠’에서도 알 수 있듯이, ‘훠’는 단독으로도 쓰이고 합성어의 일부로도 쓰이지만, ‘화’는 ‘목화, 화ᄌᆞ, 흑화, 흑화ᄌᆞ’처럼 한자어의 내부 요소로만 쓰인다. 이어서 ‘훠’류와 유의 관계를 이루는 ‘목훠, 목화’의 예에 대해 살펴볼 것이다. (7)은 ‘목훠’의 예이다.

(7) 가. 샹이 근뎡뎐의 뎐좌ᄒᆞ야 위로ᄒᆞ고 샹방의 의복과 목훠를 주어 잔ᄎᆡ예 참예ᄒᆞ라 ᄒᆞ시고<朝野記聞(18세기 7·80년대 경) 3:4a>

나. 지현이 홀연이 마으락이를 벗고 뮌머리의 사모를 쓰고 인ᄒᆞ야 관듸를 내야 닙어 ᄡᅴ와 목훼를 ᄀᆞ초고 다시 교위예 올나 안즈매 두 눈의 눈물이 비 오듯 ᄒᆞ야 셜우믈 이긔디 못ᄒᆞᄂᆞᆫ 거동이오<숭실대본 乙丙燕行錄(1829~1831) 2:66>

나.′ 그 지현이 홀연이 마을이를 벗고 뮌머리의 사모를 쓰고 인ᄒᆞ야 관듸를 ᄂᆡ여 닙어 ᄡᅴ와 목훠를 ᄀᆞᆺ초고 다시 교위의 올나안ᄌᆞ매 두 눈의 눈물이 비 오ᄃᆞᆺ ᄒᆞ야 셜움을 니긔지 못ᄒᆞᄂᆞᆫ 거동이오<장서각본 乙丙燕行錄(19세기) 4:66>

나.″ 디현이 홀연 마으락이를 벗고 사모를 쓰며 관듸를 내여 닙어 각듸와 목화를 ᄀᆞᆺ초고 다시 교위의 올나 안자매 두

44) 이 ‘화ᄌᆞ’가 출현하는 『朝野會通』 전문을 대상으로 고찰했을 때, ‘화ᄌᆞ, 홋목화, 흑화’에서는 ‘화’형을, ‘훠, 훠부리, 흑훠(2회)’에서는 ‘훠’형을 보이고 있다.

눈의 눈믈이 비 오돗 ᄒᆞ야 슬프믈 이긔지 못ᄒᆞᄂᆞᆫ 거동이 오<장서각본 戊午燕行錄(19세기) 2:35a>

동일한 내용을 시기를 달리 하여 필사한 (7나)와 (7나′), 또한 해당 문헌의 내용을 어느 정도 수용한 (7나″)와의 비교를 통하여 '목훼, 목훠'가 후대 문헌에서 '목화'로 바뀌어 필사되었음을 발견할 수 있다.[45] (7가)는 『朝野記聞』에 출현하는 '목훠'의 예로, 이는 비슷한 성격의 문헌인 (8가)에서 '목화'로 필사된 것과 대조된다.

(8)은 '목화'의 예이다.

(8) 가. 일이 새로 형극 듕으로 조차 와 머리에 평냥ᄌᆞ를 쓰고 빅젹삼과 플신이 형용이 쵸췌ᄒᆞ니 보ᄂᆞᆫ 재 탄식ᄒᆞ더라 졔지 각각 옷과 가ᄉᆞᆯ 내야 당면ᄒᆞ야 밧고니 복식이 일신ᄒᆞ되 홀노 사ᄅᆞᆷ이 다 <u>훗목화</u>를 신어 버셔 주리 업ᄉᆞ니 발이 오히려 플신이러라<朝野會通(18세기 말~19세기) 18:18b-19a>

나. 쓰기를 맛초ᄆᆡ 가로에게 부쳐 도라가 그 아비에게 드리라 ᄒᆞ고 <u>목화</u> ᄉᆞᆺ으로써 왜인을 막어 차다가 피살ᄒᆞ니 平調信이 차탄ᄒᆞ야 관을 지어 염히 뭇고 표를 셰워 셩명을 긔록ᄒᆞ더라<璿譜輯略諺解(20세기 초) 92a-b>

다. 靴: <u>목화</u>, 雁爪: <u>목화코</u>, 靴臉: <u>목화볼</u>, 鞾扇: <u>목화울</u>, 泥靴: <u>유목화</u><廣才物譜(19세기 초) 二:衣服:2a-b>

라. <u>목화</u>: 木靴. Bottes des officiers ou des hommes en place. Bottes chinoises.(장교들이나 요직에 있는 사람들의 장화. 중국식 장화.)<韓佛字典(1880) 243>, <u>목화</u>: 木靴. Court-dress boots. (신다).<韓英字典(1897) 333>, <u>목화</u>: 木靴<國漢會語(1895) 117>

45) 장경남(2002:162-168)에서 『戊午燕行錄』과 그 이전 시기 한글 연행록들 사이의 수용 관계에 대해 다룬 바 있다.

'목화'는 '목훠'와 달리 '홋목화, 목화코, 목화볼, 목화울, 유목화'처럼 복합어 내부에도 나타난다. '목화'가 보여주는 이러한 특징은 위에서 살펴본 '훠'의 기능과 비슷하다. 지금까지 '靴(兒/子), 木靴'에서 기원한 '훠(ᄋᆞ/ᄌᆞ), 훼, 화ᄌᆞ, 목화, 목훠' 등 유의 관계를 형성하는 대상들을 살펴보았다. 전반적인 경향성을 살펴보았을 때, '훠'는 이른 시기의 문헌에서부터 시작하여 전 역사 시기를 걸쳐 다양한 성격의 문헌에서 폭넓게 발견된 반면 '훠'에 접미사 '-ᄋᆞ(兒)'가 결합된 '훠ᄋᆞ'는 한학서를 중심으로 확인된다. '-ᄌᆞ(子)'가 후행한 '훠ᄌᆞ, 화ᄌᆞ'는 '훠'보다 후대에 나타난다. 비슷한 시기에 단독형으로 쓰인 '*화'는 문헌에서 찾아지지 않았으며, '화ᄌᆞ, 목화, 흑화'처럼 한자어 구성 요소의 일부로 나타난다. 후대로 오면서 기존에 '훠'가 가지고 있던 다양한 역할들을 '목화'가 이어받게 되면서 현대국어에는 '화자'와 '목화'만 남고 다른 어형들은 모두 사라지게 되었다.[46] (9)는 『표준국어대사전』에 제시된 '화자' 관련 내용을 옮겨온 것이다.

(9) **<u>화자07(靴子)</u>**: 명 =목화04(木靴).[cf. 목화04(木靴): 명 예전에, 사모관대를 할 때 신던 신. 바닥은 나무나 가죽으로 만들고 검은빛의 사슴 가죽으로 목을 길게 만드는데 모양은 장화와 비슷하다. ≒화자07(靴子).]

지금까지 '靴(兒/子)'를 어원으로 하는 '훠, 훼, 훠ᄋᆞ, 훠ᄌᆞ'와 '화ᄌᆞ' 및 이들과 유의 관계를 이루는 '목화, 목훠·목훼[木靴]'에 대해 통시적으로 살펴보았다. 논의의 핵심을 요약하면 아래와 같다.

이 중 '훠'는 가장 이른 시기에 다양한 성격의 문헌에 폭넓게 발견되

46) '훠ᄌᆞ·화ᄌᆞ, 목훠·목화, 흑훠·흑화'가 일정 기간 공존했으나 '훠ᄌᆞ'가 '화ᄌᆞ'보다 좁은 분포를 보이고, '훠'형 단어가 '화'형으로 점점 대체되는 듯한 모습을 보였으며, 또한 '목훠'는 합성어의 일부로 쓰인 예가 잘 찾아지지 않는다는 점 등이 '훠'형에서 '화'형으로 변화하는 과정을 잘 보여준다.

는 반면, '훼'는 일부 문헌에만 보이며, '훠ᄋᆞ'는 『朴通事諺解』를 중심으로 나타난다. 단독형으로 쓰인 '*화'는 문헌에서 찾아지지 않았으며, '화ᄌᆞ, 목화, 흑화'처럼 합성어 내부에서만 발견된다. '훠ᄌᆞ/화ᄌᆞ, 목훠/목화, 흑훠/흑화'가 일정 기간 공존했으나 '훠'형 단어가 '화'형으로 점점 대체되는 보습을 보였다. 후대로 오면서 기존에 '훠'가 가지고 있던 다양한 역할들을 '목화'가 이어받게 되면서 현대국어에는 '화자'와 '목화'만 남고 다른 어형들은 모두 소실되었다.

4.2.2. 후행 요소에 한음이 반영된 경우

이어서 살펴볼 대상들은 후행 요소에 한음이 반영된 공존형들이다. 여기에는 '喇叭', '網巾', '紫的', '紫檀'을 어원으로 하는 '혼성형'과 '동음형'의 차용어들이 포함된다. 마찬가지로 어원의 가나다순에 따라 대상들을 배열하였다.

4.2.2.1. [喇叭] [혼]라발·나발·ᄂᆞ발-[동]라팔·나팔 > [혼]나발-[동]나팔

'喇叭'을47) 어원으로 하는 어형에는 '라발, 나발, ᄂᆞ발'과 '라팔, 나팔'이 있다. 이 중 가장 높은 출현 빈도를 보이는 것은 '나발'이다.

(1) 가. 吹**喇라叭바**: 라발 부다<譯語類解-敎閱(1690) 上:20a>, 吹喇叭: 라발 부다(漢-吹취**喇라叭바**)<方言類釋-敎閱類(1778) 西部:11b>

가.′ **囉叭**: 라발 ○ **라바**<同文類解-樂器(1748) 上:53a>

나. **喇라叭발**<倭語類解-樂器(1780년대초) 上:43b>

나.′ 라발: 喇叭. (라발). (라발 팔). A trumpet; A horn; a bugle. (불다). See 쥬라.<韓英字典(1897) 485>

---

47) 어원은 산스크리트의 'rappa'에서 온 것으로 이에는 입을 크게 벌린다는 뜻이 있으며, 중국에서 나팔(喇叭)이라고 번역되었다.<두산백과>

‘喇叭/囉叭’의 근대 東音과 漢音이 각각 ‘팔’과 ‘바’이기 때문에 평음인 ‘라발’의 ‘발’은 근대 동음이나 한음의 반영으로 해석되기 어려우며, ‘叭’의 중고 한음이 /pæt/인 점으로 미루어 보았을 때, ‘발’은 ‘叭’의 중고 한음이 반영된 어형일 것으로 판단된다.[48] 또한 ‘라팔’은 ‘叭’의 동음 ‘팔’을 반영한 것이다. 따라서 ‘라발’은 이른 시기의 한음이 반영된 어형인 반면,[49] ‘라팔’은 ‘叭’의 동음을 반영한 것이다. (1가')에 제시된 ‘囉叭’의 만주어 대응어 ‘라바’는 한국어 대응어인 ‘라발’과 음상이 아주 유사하다. 따라서 이들은 동원 관계일 가능성이 높을 것으로 판단된다. 이외에 ‘나발’과 ‘나팔’은 ‘라발’과 ‘라팔’에서 어두의 ‘ㄹ>ㄴ’ 변화를 겪은 어형이고, ‘ᄂᆞ발’은 ‘나발’의 과도 교정형이다. 아래 어형별로 하나씩 살피기로 한다.

우선 살펴볼 것은 한음이 반영된 ‘라발, 나발, ᄂᆞ발’의 용례이다.

(2) 가. 吹喇라叭바: **라발** 부다<譯語類解-敎閱(1690) 上:20a>, 吹喇라叭바: **라발** 부다(漢-吹취喇라叭바)<方言類釋-敎閱類(1778) 酉部:11b>, 囉

48) 김민수 편(1997)에서는 ‘喇叭’의 중국 근대음은 [lapeat/lapa]이므로 한국어에서 그대로 차용하였다면 ‘라받/라바’가 되었을 것이나, ‘喇叭’의 한자음에 따라 ‘라발’이 되었다고 생각된다고 하였다. 이 관점에 따른다면 ‘喇叭’의 중세 동음이 ‘라발’이고 ‘叭’의 동음이 나중에 격음 ‘팔’로 변화했다고 해야 할 것이다. 한국어의 격음 발달 과정과 어형 속에 종종 대응 한자의 옛 음을 보유한 경우들이 발견된다는 점을 염두에 두었을 때, 이러한 가능성도 배제할 수 없지만, 본고에서는 ‘叭’의 성부인 ‘八’의 중세 동음이 이미 격음인 ‘팔’로 쓰였을 뿐만 아니라, 만주어에도 음상이 비슷한 ‘라바’가 보인다는 점, 음절말의 ‘ㄷ>ㄹ’의 대응이 한음과 동음의 대응에서 종종 발견되는 양상이라는 점을 근거로 ‘라발’이 중국어의 원음을 반영했을 가능성이 더 큰 것으로 보았다.

49) 15~16세기 자료에는 왜 ‘라발, 나발’이 문증되지 않는지에 대해 의문이 생길 수 있다. ‘라발, 나발’은 원래 군호(軍號)로 사용되었던 것이기 때문에 병서(兵書)에서 보다 높은 출현 빈도를 보인다. 현존하는 한글 병서들은 모두 17세기 이후의 것이다. 이러한 자료상의 제약 때문에 ‘라발, 나발’을 찾아보기가 어려웠을 것으로 짐작된다.

叭: **라발**<同文類解-樂器(1748) 上:53a>, 囉叭: **라발**<蒙語類解-軍器(1790) 上:37b>, 囉叭: **라발**<方言類釋-樂器類(1778) 酉部:9b>

나. 빗ᄂᆞᆫ 챠를 ᄐᆞ고 빗난 의복을 닙고 쥬와 ᄀᆞᆺ치 ᄃᆞ니다가 **라발** 소ᄅᆡ 날 ᄣᆡ를 기ᄃᆞ려 쥬와 ᄀᆞᆺ치 구름을 ᄐᆞ고 ᄂᆞ려와셔 심판ᄒᆞᆯ ᄣᆡ에 겻ᄒᆡ서 혹 마귀던지 혹 죄인이던지 그ᄃᆡ들도 ᄆᆞ음대로 죄를 뎡ᄒᆞᄂᆞ니 쥬의 원슈ᄂᆞᆫ 근본 그ᄃᆡ의 원슈ㅣ라<天路歷程(1895) 2:198b-199b>[cf. ᄯᅩᄒᆞᆫ 이젼에 쥬의 죵들이 여러 가지 긔이ᄒᆞᆫ 일을 ᄒᆞ며 쓰던 긔계를 뵈니 마셔의 집힝이와 아리씨가 셔셰라 죽이던 텰퇴와 못과 기뎐이 미뎐 군ᄉᆞ를 츙살ᄒᆞ던 병과 **라발**과 등과 산가가 륙ᄇᆡᆨ인을 죽이던 쇠채찍과 […] 그 외에 ᄯᅩ 여러 가지 조흔 보ᄇᆡ에 물건을 다 내여 뵈매<天路歷程(1895) 1:61a-b>]

다. **라발**: 喇叭. (라발). (라발 팔). A trumpet; A horn; a bugle. (불다). See 쥬라.<韓英字典(1897) 485>

라. 쥬일을 당ᄒᆞ야 내가 셩신의 감동ᄒᆞ야 드ᄅᆞ니 내 뒤에셔 큰 소ᄅᆡ가 **라발** 부ᄂᆞᆫ 것 ᄀᆞᆺᄒᆞ야 ᄀᆞᆯᄋᆞᄃᆡ<신학월보(1900) 323>

(3) 가. 도ᄌᆞ기 일ᄇᆡᆨ 거름 안ᄒᆡ 들거ᄃᆞᆫ 녕ᄒᆞᄂᆞᆫ 즁통 ᄒᆞᆫ 번 노코 블근 고툐ᄂᆞᆯ 군 앏 다ᄉᆞᆺ 거름의다가 셰고 **단파ᄀᆡ 나발**을 부러ᄃᆞᆫ 포슈ᄃᆞᆯ히 ᄒᆞᆷᄭᅴ 나셔 호ᄎᆞ로 버러ᄡᅡ가 **텬아셩 나발**을 부러 ᄆᆞ차ᄃᆞᆫ ᄒᆞᆷᄭᅴ 노코 요령 흔드러ᄃᆞᆫ ᄃᆡ오를 거도어 들라(賊至百步之內 號砲一聲 立紅招於兵前五步 吹**單擺開**砲手齊出單列 吹**天鵝聲**畢齊放 摔鈸收隊)<練兵指南(1612) 5b-6a>

나. **나발**은 펴과댜 호미니 붑을 뎜ᄒᆞ고 **나발** 부로믈 닐온 파ᄃᆡ외니 이ᄂᆞᆫ 큰 ᄃᆡ오를 펴과댜 호미오(**喇叭**要擺 點鼓吹**喇叭**謂之擺隊 是要擺大隊)<兵學指南(1787) 1:17b>

다. **喇叭**: **나발**.<廣才物譜(19세기 초) 二:軍旅:5a>

라. 간신이 헤치고 믈을 완완이 모라 수삼 니를 힝ᄒᆞᄆᆡ 비로소 ᄉᆞ롬이 드믈고 상여 ᄒᆞ나히 압희 나아가ᄃᆡ 위의 ᄀᆞ장 셩ᄒᆞᆫ지라 셰팔ᄃᆞ려 무ᄅᆞ라 ᄒᆞ니 종친의 집 ᄂᆡ상이라 ᄒᆞ더

라 [···] 그 뒤ᄒᆡ 십여 빵 군악을 좌우의 항녈을 졍ᄒᆞ여 졍졔히 버려시니 각ᄉᆡᆨ 긔치 두어 빵과 듀댱 ᄒᆞᆫ 빵과 파초션 ᄒᆞᆫ 빵과 **나발** ᄒᆞᆫ 빵과 태평소 두 빵과 방향 ᄒᆞᆫ 빵 증과 븍이 각 ᄒᆞᆫ 빵이니 좌우를 ᄂᆞᆫ화 픙뉴를 쥬ᄒᆞᄃᆡ ᄒᆞᆫ 편이 수ᄇᆡᆨ 보를 힝ᄒᆞ여 ᄒᆞᆫ 곡됴를 ᄆᆞᆺᄎᆞᄆᆡ 증을 쳐 일시의 소ᄅᆡ를 긋치고 ᄒᆞᆫ 편이 그 ᄉᆞᆺ출 니어 븍을 울녀 일시의 소ᄅᆡ를 주ᄒᆞ고 곡조를 ᄆᆞᄎᆞᄆᆡ ᄯᅩᄒᆞᆫ 증을 쳐 소ᄅᆡ를 그치니 서로 힘을 쉬워 소ᄅᆡ를 ᄉᆞᆺ지 아니케 홈이오 다ᄅᆞᆫ 악긔ᄂᆞᆫ 아국과 대강 ᄀᆞᆺ흐나 오직 **나발**이 통을 휘워 부리를 뒤흐로 향ᄒᆞ니 고이ᄒᆞᆫ 졔되러라<장서각본 乙丙燕行錄(19세기) 18:97-99>

마. **나발**: **喇叭**. Trompette, clairon. Syn. 쥬라 Tjyou-ra, 호긔 Ho-keui.(트럼펫, 나팔. [동]쥬라, [동]호긔)<韓佛字典(1880) 581>[cf. 뎐하셩: 喇叭. Bruit de trompettes.(나팔 소리)<韓佛字典(1880) 513>, 쥬라: 喇叭. Sorte de trompette à timbre fort et sourd, syn. 나발 Na-pal.(강하고 둔탁한 소리의 나팔의 종류. [동]나발)<韓佛字典(1880) 586>]

바. 그 사ᄅᆞᆷ이 ᄀᆞᆯᄋᆞᄃᆡ 밤에 ᄭᅮᆷ을 ᄭᅮ니 하ᄂᆞᆯ 빗치 변ᄒᆞ야 심히 검고 ᄯᅩ 무셥게 뎐동 번ᄀᆡᄒᆞ거ᄂᆞᆯ 내 ᄆᆞᄋᆞᆷ이 대단이 두려워 머리를 들어보매 검은 구름이 니러나ᄂᆞᆫ 곳에셔 **나발** 소ᄅᆡ 나며 화렴이 창텬ᄒᆞ더니 소ᄅᆡ 잇셔 불너 ᄀᆞᆯᄋᆞᄃᆡ 죽은 사ᄅᆞᆷ은 다 니러나 심판을 밧으라<天路歷程(1895) 1:36a-b>

사. ᄀᆞ만이 모든 군병을 뎐령ᄒᆞᄃᆡ 적병이 당막 알픠 오나든 **나발** ᄒᆞᆫ 번 블 거시니 네 녁흐로 드러 각각 잡아 ᄆᆡ라<서울대 忠義水滸 22:28b>

아. **나발**者, **喇叭**也.<東言考略-兵器(미상) 下:56>

(4) 가. 굴노ᄉᆞ령 치장 보아라 [···] 아히 기ᄉᆡᆼ 녹기홍상 으른 기ᄉᆡᆼ 착즐입 젼ᄇᆡᄉᆞ령 방울 ᄎᆞ고 와르릉 와르릉 후ᄇᆡᄉᆞ령 ᄉᆞ실 ᄎᆞ고 져르렁 져르렁 ᄉᆡ납 함 쌍 고동 함 쌍 ᄂᆞ발 홈 쌍 영기 함 쌍 압폐 일ᄉᆞᆫ 뒤의 거들거려 날려올 졔 권마

상이 ᄌᆞᄌᆞᄒᆞ다 오홍 <u>ᄂᆞ발</u> 소리가 더옥 좃타<사재동 87장본 춘향전(1908) 54b>[cf. 금고 ᄒᆞᆫ 쌍 호츙 ᄒᆞᆫ 쌍 바리 ᄒᆞᆫ 쌍 경 ᄒᆞᆫ 쌍 **<u>나팔</u>** ᄒᆞᆫ 쌍 셰악 한 쌍 고두 ᄒᆞᆫ 쌍 솔발 ᄒᆞᆫ 쌍 슌시 ᄒᆞᆫ 쌍 영긔 두 쌍<申在孝 판소리사설 赤壁歌(19세기) 484>]

나. **<u>喇叭</u>**: **<u>ᄂᆞ발</u>**<日用備覽記-文房具(1937) 3b>

'라발, 나발, ᄂᆞ발'은 원문의 '喇叭'이나 '囉叭'에 대응된다. 이 중 '라발, 나발'은 17세기 문헌에서부터 20세기 문헌에 이르기까지 두루 문증되는 반면, 'ᄂᆞ발'은 19세기 이후 자료에 문증된다. (2가)에서 '라발'이 '教閱, 樂器, 軍器'와 같은 어휘 부류에 분류되어 있는 것에서도 알 수 있듯이, '라발, 나발, ᄂᆞ발'은 군호(軍號)나 악기로 쓰이던 것으로, 흔히 '불-/블-[吹]'과 공기한다.

(3가)는 '單擺開', '天鵝聲'이라는 나발의 취법(吹法)에 대해 '단파긔 나발'과 '텬아셩 나발'로 대응시킨 경우이다. '나발'의 대응어는 원문 속에서 찾아볼 수 없지만, 동일한 문헌 속에서 나발의 기타 취법(吹法)인 '뎐신·젼신 나발'과 '파딕오 나발'이 원문의 '轉身喇叭<8b/27a>'과 '擺隊伍喇叭<22a>'에 대응되어 나타나는 것으로 보아, 이때의 '나발'은 '喇叭'에 대응됨을 알 수 있다. 또한 (3라)에는 담헌 홍대용이 북경에서 목격한 청나라 종친의 내상(內喪) 장면을 묘사한 것으로서 상여 대열에 포함된 군악(軍樂) 중에 "나발 ᄒᆞᆫ 쌍"이 포함되어 있다. 이때의 '나발'에 대해 "다른 악긔ᄂᆞᆫ 아국과 대강 ᄀᆞᆺᄒᆞ나 오직 나발이 통을 휘워 부리를 뒤흐로 향ᄒᆞ니 고이ᄒᆞᆫ 졔되러라"라고 묘사되어 있다. 이로부터 홍대용이 목격한 '나발'은 그 당시 조선에서 흔히 사용된 나발과는 형태상의 차이가 있었을 것으로 짐작된다.

아래는 동음을 반영한 '라팔, 나팔'의 용례이다.

(5) 가. **<u>라팔</u>**: **<u>囉叭</u>**<國漢會語(1895) 55>

나. 즁학 다리 근쳐에셔 어린 ᄋᆞ히들이 모혀 희롱질노 <u>병뎡의</u>

긔예를 ᄒᆞᄂᆞᆫᄃᆡ **라팔** 부ᄂᆞᆫ 것과 진퇴ᄒᆞᄂᆞᆫ 범졀이 넘어 이샹ᄒᆞ거ᄂᆞᆯ 군부에셔 그 ᄋᆞ히들을 불너 긔예를 시험ᄒᆞᆫ즉 과연 긔예 익슉ᄒᆞᆫ 병뎡에셔 못지 안ᄒᆞᆫ지라 드ᄃᆡ여 그 ᄋᆞ히들 즁에 우등 넷슬 ᄲᅩᆸ아 **라팔슈**를 식혓다더라<독립신문(1897-7-8)>

다. 셩진항에셔ᄂᆞᆫ 호환이 잇ᄂᆞᆫ 고로 ᄒᆡ항 슌검들이 **라팔** 불고 죵치고 북치고 산 우흐로 올나가셔 그 범을 필경은 잡앗다더라<독립신문(1899-11-24)>

라. 이 사ᄅᆞᆷ이 잠간 하ᄂᆞ님의 입 가온ᄃᆡ 긔운과 ᄀᆞᆺ치 말ᄉᆞᆷᄒᆞᆫ 바가 비록 그 입에셔 나왓스나 임의 망연ᄒᆞ야 ᄭᆡᄃᆞᆺ지 못ᄒᆞ니 하ᄂᆞ님이 뎌를 쓰ᄂᆞᆫ 것이 맛치 **라팔**을 불어 뎌의 소ᄅᆡ를 빌어 내 ᄯᅳᆺ을 젼ᄒᆞᆷ과 ᄀᆞᆺᄒᆞᆫ지라<신학월보(1909) 7:41>

마. 불구에 젼투긔가 펄펄ᄒᆞ며 돗ᄃᆡ 우흐로 올나가고 두어 마ᄃᆡ의 **라팔** 소ᄅᆡᄂᆞᆫ 안이 들닐 ᄃᆡ가 업시 ᄯᅩᄯᅩ<두견성(1912) 하:39:3>[cf. **라팔**을 불고 북을 울녀 명예 구ᄒᆞ기를 일ᄉᆞᆷ지 안을 것 갓흐면 아지 못ᄒᆞᄂᆞᆫ 쟈ᄂᆞᆫ 일홈도 듯지 못ᄒᆞ려니와<두견성(1912) 하:82:4>, **라팔** 소ᄅᆡ가 료량히 들니더라<두견성(1912) 하:53:16>]

(6) 가. 마즈막 **나팔**ᄋᆞᆯ 불 ᄯᅢ에 **나팔**ᄋᆞᆯ 불면 죽은 쟈가 닐어 썩지 ᄋᆞᆫ이ᄒᆞ고 ᄯᅩ 우리도 변ᄒᆞ리라<예수聖教全書(1887) 465>

나. 도라간 일요일에 정동 ᄉᆡ예ᄇᆡ당에 여러 교ᄉᆞ와 모든 교인들이 모도혀 예ᄇᆡᄒᆞ고 찬미ᄒᆞᄂᆞᆫᄃᆡ 상동 병원 의ᄉᆞ 쉬민씨가 **나팔**을 가지고 찬미가 ᄒᆞᄂᆞᆫ 귀절을 맛츄어 불ᄆᆡ 쇼ᄅᆡ가 가장 쳥아ᄒᆞ여 ᄆᆡ우 깃부게들 드럿다더라<매일신문(1899-6-14)>

다. 우리 즁에 일홈은 프라이라 ᄒᆞᄂᆞᆫ 이가 근본 **나팔** 불기를 됴화ᄒᆞ고 담략이 큰 사ᄅᆞᆷ인ᄃᆡ 적병의 츙돌ᄒᆞᆷ을 통분이 넉여 압흐로 나아가다가 즁히 샹ᄒᆞ야 명이 경각에 잇ᄂᆞᆫᄃᆡ 그 친ᄒᆞᆫ 벗 굴노우라 ᄒᆞᄂᆞᆫ 이를 불너 **나팔**을 주며 ᄀᆞᆯᄋᆞᄃᆡ

나는 나라 일에 죽으니 한이 업거니와 그듸는 싸홈을 익이고 도라갈 쌔에 이 **나팔**을 가지고 우리 집에 가셔 내의 모친씌 드려 벽샹에 걸게 ᄒᆞ라 ᄒᆞ고 말을 맛치ᄆᆡ 샹뎨긔 긔도ᄒᆞ되 나를 텬당으로 인도ᄒᆞ샤 후일에 모친의 얼골을 다시 보게 ᄒᆞ쇼셔 ᄒᆞ고 인ᄒᆞ여 죽으니<독립신문(1899-11-21)>

라. **나팔** 소리에 억기춤이 나셔 져녁밥을 허동지동 재촉을 ᄒᆞ야 먹으며 이 ᄋᆡ 이동백이 김봉문이는 정말 명창이더라<산천초목(1912) 2:4>[cf. 별안간에 네누나 나누나 나니누 네눈실 그 **나팔** 뒤를 싸라 장구 소고 징 졔금을 함부루 두다려 내니<산천초목(1912) 1:7>, 에 참 갈보도 만히는 모여들어 아마 장안 갈보가 취군 **나팔** 소리만 드르면 나 모양으로 신이 졀노 내리는 것이더라<산천초목(1912) 2:8>]

마. 밤은 ᄎᆞᄎᆞ 깁퍼 ᄉᆞ방이 고요ᄒᆞᆫᄃᆡ 어는 곳으로붓터 들니는지 쏘쏘쏘 뚜뚜 ᄒᆞ는 **나팔** 소ᄅᆡ가 은은히 들인다 아이고 벌셔 아홉 시가 되엿나 져 **나팔**은 아홉 시에 분다는ᄃᆡ<江上淚(1919) 104>

'라팔'은 원문의 '囉叭'에 대응되며, '나팔'과 함께 모두 19세기 말기에 이르러서야 비로소 확인되는 어형이다. 문헌 자료에서 확인되는 '라팔, 나팔'은 용법에 있어서 앞서 살펴본 '라발, 나발, ᄂᆞ발'과 별다른 차이를 보이지 않는다. 현재 『표준국어대사전』에는 (7)과 같이 '나발'과 '나팔'이 모두 표제어로 올라 있다.

(7) 가. **나발01(喇叭▽)**: 명 「1」 『음악』 옛 관악기의 하나. 놋쇠로 긴 대롱같이 만드는데, 위는 가늘고 끝은 퍼진 모양이다. 군중(軍中)에서 호령하거나 신호하는 데 썼다. 「2」 지껄이거나 떠들어 대는 입을 속되게 이르는 말. 「3」 ((흔히 '…이고 나발이고' 구성으로 쓰여)) 앞의 체언을 하찮은 것으로 낮추면서 뒤에 오는 서술어의 부정적 요소를 강하게 만드는 말.

나. **나팔02(喇叭)**: 명 「1」 『음악』 금속으로 만든 관악기의 하나. 군대에서 행군하거나 신호할 때 쓴다. 「2」 끝이 나팔꽃 모양으로 된 금관 악기를 통틀어 이르는 말. 「3」 → 나발01「1」.

위의 내용에 따른다면, 현대 국어에서 모두 악기 명칭으로 쓰일 수 있지만, (7)의 밑줄 친 부분에서는 의미 차이를 가지고 있다. 우선 (7가)처럼 "지껄이거나 떠들어 대는 입을 속되게 이르는 경우"나, "…이고 나발이고"의 구성에서는 '나발'이 쓰인다는 점이 그러하다. 또한 (7나)처럼 "끝이 나팔꽃 모양으로 된" 서양 악기를 지칭하는 데 '나팔'이 사용된다는 점이다. 본고에서 검토한 예문들에서 드러난 사실을 바탕으로 하였을 때, '나발'과 '나팔'이 가지는 이러한 의미상의 차이는 애초부터 존재했던 것이 아니라, 구체적인 의미를 나타내던 것으로부터 비유적인 의미까지 나타낼 수 있게 되었다. 또한 새롭게 유입된 문물을 기존에 존재하던 명칭으로 지칭하는 과정에서 '나발'과 '나팔'이 의미 영역을 점점 구분하게 된 것으로 판단된다.

지금까지 '喇叭'을 어원으로 하는 '라발, 나발, ᄂᆞ발'과 '라팔, 나팔'에 대해 통시적으로 살펴보았다. 논의의 핵심을 요약하면 아래와 같다.

혼성형 중 '라발, 나발'은 17세기부터, 'ᄂᆞ발'은 19세기 이후의 자료에서 문증된다. 또한 동음형의 '라팔, 나팔'은 19세기 말에야 비로소 문증된다. 대응어나 다른 단어들과의 공기 관계에 있어 별다른 차이를 보이지 않을 뿐만 아니라 이본 자료에서 '나발'과 '나팔'로 다르게 실현된 것으로 보아 양자는 원래 별다른 의미 차이가 없이 서로 다른 성격의 한자음이 반영된 어형이었을 것으로 판단된다. 그러다가 후대에 '나발'과 '나팔'의 의미가 각기 다른 방향으로 확장되어 현재 '나발'과 '나팔'이 『표준국어대사전』에서와 같이 의미 차이를 가진 공존형으로 발달하게 되었다.

4.2.2.2. [網巾] 혼망긴-동망건·ᄆᆞᆼ건·망견·망근 > 혼∅-동망건

‘網巾’을 어원으로 하는 어형에는 ‘망긴’과 ‘망건, ᄆᆞᆼ건, 망견, 망근’이 있다.50)

(1) 가. 網왕兒ᄉᆞᆯ: 망긴<譯語類解-服飾(1690) 上:43b>, 頭투巾긴: 頭巾<譯語類解-服飾(1690) 上:43a>

나. 網: 그믈 망<訓蒙字會-器皿(1527) 中:8b>, 巾: 곳갈 건. 又슈걶 건.<訓蒙字會-服飾(1527) 中:11a>, 巾: 뵈 건<光州千字文(1575) 35b>, 巾: 슈건 건<新增類合-衣服(1576) 上:31a>

나.′ 巾: 帨也, 首飾. 근.<御製奎章全韻(1796) 眞>, 巾: 슈건 근, 拭物具. 又 두건 근, 蒙首衣, 帨也, 首飾. 俗音건.<註解千字文(1804) 35b>, 巾: 머리 쓸 근, 諺건, 冪也, 一幅巾裹頭. 수건 근, 佩巾帨手.<字類註釋-衣冠類(1856) 上:88b>

(1)에서 보듯이 ‘망긴’은 ‘巾’의 한음 ‘긴’이 반영된 형태이고,51) ‘망건’은 ‘網巾’의 동음을 반영한 형태이다. 그러나 ‘망근’의 경우 ‘씬>쓴’처럼 ‘망긴’에서 음운 변화를 겪었을 가능성, (1나′)에 제시된 것처럼 ‘巾’의 또 다른 동음 ‘근’이 반영되었을 가능성이 있다.52) ‘唐巾’을 어원으

50) 이 중 ‘망긴’은 李基文(1965/1991), 劉昌惇(1975), 蕭悅寧(2014)에서, ‘망근’은 李基文(1965/1991)과 劉昌惇(1975)에서 중국어 차용어로 지적된 바 있다.

51) ‘巾’의 한음 ‘긴’이 반영된 것에는 궁중어 ‘슈긴/숙인[手巾]’이 더 있다. 궁중과 관련되지 않는 자료에서는 ‘슈건/수건(手巾)’으로 나타나는 것과 대조적이다.

예 가. 슈긴텹 이빵/+쥬칠 일빵 농단칠 일빵+/ 두셕 쟝식 흰골박 이빵/+대 이 쇼 이+/ 목노 일 젹쇠 구 파ᄌᆞ 일 바팀 구 목승 일 쇼도마 일 통 ᄉᆞ좌 목유경 삼 <가례시긔명불긔>

나. 진어-님군이 잡사오시다 말 [...] 숙인-수건<궁듕네법풍속과전하는말삼-네법과 언사(1967) 23-24>

로 하는 단어들 중에도 '탕근'과 같이 '근'음이 반영된 어형이 나타난다는 점에 비추어 보았을 때, 후자일 가능성이 더 높을 것으로 판단된다. 아래 어형별로 살피기로 한다.

(2)는 '망긴'의 용례이다.

(2) 가. 오ᄂᆞᆯ 강소에 가려 타가 비 와 몯 가니 ᄂᆡ일 가려 ᄒᆞ뇌 **망긴관ᄌᆞ** 가 □□고져 ᄒᆞ니 ᄡᆞᆯ ᄒᆞᆫ 되만 보내소<순천김씨묘-076, 1550~1592년, 채무이(남편)→순천김씨(아내)>

나. 網兒: **망긴**<譯語類解-服飾(1690) 上:43b>, 網子: **망긴**<譯語類解-服飾(1690) 上:43b>, 籠網兒: **망긴** ᄡᅳ쇼셔<譯語類解-梳洗(1690) 上:48a>, 戴網子: **망긴** ᄡᅳ쇼셔<譯語類解-梳洗(1690) 上:48a>, 包網兒: **망긴** ᄡᅳ라<譯語類解-梳洗(1690) 上:48a>, 包網子: **망긴** ᄡᅳ다<方言類釋-梳飾類(1778) 戌部:8a>, 網子: **망긴**<華語類抄-服飾(19세기 말) 26b>[cf. 網子: **망건**<同文類解-服飾(1748) 上:55a>, 網子: **망건**<蒙語類解-服飾(1790) 上:42b>, 網子: **망건**<方言類釋-服飾類(1778) 酉部:22b>, 網子: **망건**<목판본 華語類抄-服飾(미상) 13b>; 網子盔: **망근골**<譯語類解-器具(1690) 下:18a>]

(2가)의 '망긴관ᄌᆞ'는 "망건에 달린 관자(貫子)"이다.[53] (2나)에서 '망긴'은 '網兒, 網子'에 대응되며,[54] 참조 부분과의 대조를 통해 한 문헌 속에서 '망긴'과 '망근', 또는 '망긴'과 '망건'이 공존하고 있음을 알 수

52) '巾'의 중세음과 현대음이 모두 '건'임에 반해, 근대국어 자서류에서 '근'으로 제시되고, '건'음은 오히려 동속음(東俗音)으로 서술된 동기에 대해서는 현재 불확실하다.

53) 圈子권ᄌᆞ, 俗言貫子관ᄌᆞ. 有金·玉·骨·角以別貴賤, 而貫條以整網巾者.<名物紀畧-器用部(1870) 3:9a>

54) 한글로 된 아래의 만주어 전사음과 몽골어 전사음은 '왕스'로 되어 있다. '子'가 만주어나 몽골어에서 '스'로 전사되어 나타난다는 점을 고려했을 때, 이때의 '왕스'는 '網子'와 관련될 것이다. 한국어에서는 '網巾'에 대응되는 '망긴'이, 몽골어와 만주어에서는 '網子'에 대응되는 '왕스'가 쓰인 것이다.

예 가. 網子: 망건 ○ **왕스**<同文類解-服飾(1748) 上:55a>

나. 網子: 망건(蒙-**왕스**)<方言類釋-服飾類(1778) 酉部:22b>, 網子: 망건 ○ **왕스**<蒙語類解-服飾(1790) 上:42b>

있다. '망긴'이 높은 출현 빈도를 보이는 것은 아니지만 16~19세기 문헌에서 모두 확인되며, 초기 용례 (2가)를 제외한 기타 용례들은 유해서를 중심으로 나타난다.

(3)과 (4)는 '망건'과 'ᄆᆞᆼ건, 망견'의 용례이다.

(3) 가. 括髮麻와 免布와 髽麻 ᄒᆞ라 ○ 머리 ᄆᆡᆯ 삼과 免ᄒᆞᆯ 뵈와 髽ᄒᆞᆯ 삼을 說ᄒᆞ라/+[…] 免은 닐온 뵈ᄅᆞᆯ ᄧᅴ거나 或 깁을 호거나 너븨 ᄒᆞᆫ 치ᄂᆞᆫ ᄒᆞ야 목으로브터 앏ᄑᆞᆯ 向ᄒᆞ야 니마 우희 서ᄅᆞ 어긔 내여 도로 샹토에 둘러 **망건** ᄡᅳᄃᆞᆺ ᄒᆞᄂᆞᆫ 거시라/<家禮諺解(1632) 5:27b>

나. 網子: **망건**<同文類解-服飾(1748) 上:55a>, 網子: **망건**<蒙語類解-服飾(1790) 上:42b>, 網子: **망건**<方言類釋-服飾類(1778) 西部:22b>, 網子: **망건**<목판본 華語類抄-服飾(미상) 13b>, 網巾: **망건**. =虎坐巾.<廣才物譜(19세기 초) 二:衣服:3b>, 邊子: **망건편ᄌᆞ**<廣才物譜(19세기 초) 二:衣服:3b>, 綱: **망건당**<廣才物譜(19세기 초) 二:衣服:3b>, 圈子: **망건관ᄌᆞ**<廣才物譜(19세기 초) 二:衣服:3b>, **망건**: 網巾. Serre-tête en crin, esp. de filet en crin que portent les hommes mariés.(말총으로 만든 머리띠, 결혼한 남자가 쓰는, 말총으로 만든 망의 종류)<韓佛字典(1880) 221>, **망건**: 網巾. A horse-hair head-band. (ᄡᅳ다) (쓰다).<韓英字典(1897) 306>, **망건**: 網巾, 首餙也<國漢會語(1895) 109>

다. 내 ᄀᆞᆯ오ᄃᆡ **망건**은 비록 대명 졔되나 실노 됴티 아니ᄒᆞ니라 엄ᄉᆡᆼ이 ᄀᆞᆯ오ᄃᆡ 무ᄉᆞᆷ 연고뇨 내 ᄀᆞᆯ오ᄃᆡ ᄆᆞᆯ의 ᄭᅩ리로 머리의 더으니 엇지 관과 신이 것구로 노히미 아니리오 엄ᄉᆡᆼ이 ᄀᆞᆯ오ᄃᆡ 그러ᄒᆞ면 엇지 ᄇᆞ리지 아니ᄒᆞᄂᆞ뇨 내 ᄀᆞᆯ오ᄃᆡ 습쇽의 닉어 고티지 못ᄒᆞᆯ ᄲᅮᆫ이 아니라 대명 졔도ᄅᆞᆯ ᄎᆞᆷ아 잇지 못ᄒᆞᆷ이니라<장서각본 乙丙燕行錄(19세기) 14:78-79>[cf. 網巾망건, 以馬尾結網爲巾者, 明初道士之服, 太祖命頒天下, 無貴賤皆裹. ○ 偏諸편져, 一曰絭, 織絲爲條, 俗以網巾謂之偏諸편ᄌᆞ.<名物紀畧-器用部(1870) 3:9a>]

라. 신낭의 벼루집은 집의셔 ᄡᅵ이게 ᄒᆞ시옵 **망건**도 시굴셔 ᄉᆞ

게 ᄒᆞ시ᄋᆞᆸ<송병필가-02, 1888년, 송병필(남편)→전주이씨(아내)>

마. 쇼됴의셔 의ᄃᆡ 병환으로 일습을 다 여러 번 가오시니 **망건**도 그ᄃᆡ로 여러 번 가시ᄂᆞᆫ지라<閑中漫錄(19세기) 234쪽>, 동국은 [⋯] 머리를 돌의 브ᄃᆡ치셔 **망건**이 다 ᄢᅵ어지고 니마가 상ᄒᆞ야 피 나시니<閑中漫錄(19세기) 140쪽>

바. 이 ᄋᆞ희가 일직 **망건** 쓰ᄂᆞᆫ 법을 ᄇᆡ왓ᄂᆞᆫ지라 일노 ᄉᆡᆼᄋᆡ가 되야 ᄒᆞᆼ샹 제 삼촌 내외의 육신을 봉양ᄒᆞᄂᆞᆫᄃᆡ ᄒᆞᆫ 번은 이 ᄋᆞ희가 시흥으로 **망건** 쓰러 가셔 여러 ᄇᆡᆨ량을 버러 가지고 온즉 제 삼촌이 다시 예수를 ᄇᆡ반ᄒᆞ고 죄에 빠졋ᄂᆞᆫ지라 다시 제 삼촌을 붓잡고 울며 ᄒᆞᄂᆞᆫ 말이 [⋯] 내가 이 **망건** 일을 힘써 ᄒᆞ야 아자씨 내외분을 봉양ᄒᆞᆯ 터이니 어셔 오ᄂᆞᆫ 쥬일브터 회당에 가시오 ᄒᆞ더라 수일 젼에 이 ᄋᆞ희가 내게 와셔 ᄒᆞᄂᆞᆫ 말이 내가 이 항구에셔 버리가 안되여 우리 삼촌을 봉양ᄒᆞᆯ 수 업시니 내가 이졔 강원도로 가셔 **망건**을 써서 우리 삼촌을 밧들겟소<신학월보(1901) 1:399-400>

사. 통영 진사립에 옥관자 붓친 **망건**을 쓰고 누루퉁퉁ᄒᆞᆫ 반쥬차렵 솜두루막이에 두메셔랍 메토리를 푹 눌너 신고 어린 아희 버ᄀᆡ만ᄒᆞᆫ 괴나리보ㅅ짐을 축 늘어지게 궁둥이에 붓쳐 지고 산골길로 휘쥭휘쥭 넘어오는 사람은 화김에 나셔셔 치악산 근쳐를 유람ᄒᆞ고 송도 등디로 향ᄒᆞ는 홍참의라<雉岳山(1912) 下:26>

(4) 가. 쫄라ᄆᆡ힌 **ᄆᆞᆼ건편자**가 탁 ᄭᅳᆫ어지며 벼락령이 내리ᄂᆞᆫᄃᆡ 영문이 발ᄭᅳᆺ 뒤집ᄂᆞᆫ다<銀世界(1908) 57>

나. 관ᄃᆡ 도복 ᄒᆡᆼ의 창옷 즁치막과 남여 의복 ᄒᆞᆫ삼 고의 **망견** 쒸미기 각ᄭᅳᆫ접기 ᄇᆡ자 단쵸 토슈 보션 쥬먼이 쌈지 양낭 필낭 휘양 풍치 쳔의 즁의 가진 금침 쌍원낭 슈노키라 각ᄃᆡ 흉ᄇᆡ 쌍학 노키<가람 46장본 심청전(1911) 1a>

(3)에서 보듯이 '망건'은 기타 동일 어원 차용어들과 비교했을 때보

다 넓은 분포를 보이던 것으로서 17세기 이후의 다양한 자료에서 발견되며 현대국어에도 활발하게 쓰이고 있다. (3나)에서 '망건'은 '網子, 網巾'에 대응되는 것이다. '망건'의 과도 교정형인 'ᄆᆞᆼ건'과 'y'가 첨가된 '망견'은 (4)와 같이 후대의 극히 한정된 자료에서 발견된다.

'망건' 다음으로 많은 분포를 보이는 것은 '망근'이다.

(5) 가. 網왕子즈盔퀴: **망근골**<譯語類解-器具(1690) 下:18a>

나. 당만 나문 헌 **망근**의 갑풀 관자 녹슨 당줄 다라 쓰고<烈女春香守節歌(미상) 下:24b>[cf. 셔리 역졸 거동 보소 **외올망근** 공단 씌기 ᄉᆡ 펴립 눌너 쓰고<烈女春香守節歌(미상) 下:37b>]

다. 사람마다 새해를 당하면 새 갓에 새 **망근**에 새 옷에 새 신을 신고 부모와 일가와 동리의 노인들과 친구들을 차저 가서 셰배를 하는데 우리 무리는 맛당히 세 가지나 행할 거시 잇스니<신학월보(1903) 3:3-4>

라. 오복이가 ᄉᆡ로 관례를 ᄒᆞᆫ 탓으로 상투ᄂᆞᆫ 쳔 근 무게나 ᄆᆡ달아 노은이 ᄀᆞᆺ고 **망근편ᄌᆞ**에 니마가 졸녀 눈이 확근확근ᄒᆞ며 두통이 심히 나ᄂᆞᆫ지라 **망건편ᄌᆞ**에다 오복이가 자쥬도리사 관ᄃᆡ에 일품 셔씌를 눌너 씌고 겹쌜 사모를 **망건편ᄌᆞ**에다 숙웃ᄒᆞ게 쓰고<九疑山(1912) 上:36>

마. 상ᄉᆞ 나지ᄂᆞᆫ 안이ᄒᆞ야도 십여 일 젼에 진사님이 **갓망근**도 안이 쓰고 상토바람으로 아ᄅᆡ도리에 이슬을 휘주근ᄒᆞ게 뎍시고 드러오시ᄂᆞᆫ 것만 얼풋 뵈얏고 어ᄃᆡ 계시다 오셧ᄂᆞᆫ지 엇지ᄒᆞ야 그 모양이 되셧ᄂᆞᆫ지 도모지 몰으고<枯木花(1908) 48>[cf. 상사 나지ᄂᆞᆫ 안이ᄒᆞ야도 십여일 젼에 진ᄉᆞ님이 **갓망건**도 안이 쓰고 단상토 바ᄅᆞᆷ으로 아ᄅᆡ도리에 이슬을 휘쥭근ᄒᆞ게 젹시고 드려오신ᄂᆞᆫ 것만 얼풋 보얏고 어ᄃᆡ 계시다 오셧ᄂᆞᆫ지 엇지ᄒᆞ야 그 모양이 되셧ᄂᆞᆫ지 도모지 몰으고<枯木花(1912) 48>]

바. 網巾: **망근**<日用備覽記-衣服具(1937) 12b>

‘망근’은 (5가)처럼 17세기 문헌에도 해당 용례가 확인되지만, 19세기 이후의 문헌자료에 집중적으로 등장한다. (5라)나 (5마)처럼 동일한 문헌이나 이본 관계의 자료들에서 ‘망근’과 ‘망건’이 모두 확인되는 경우가 허다하다.

현재 (6)처럼 ‘망건’이 『표준국어대사전』에 올라 있다.

(6) **망건(網巾)**: 명 상투를 튼 사람이 머리카락을 걷어 올려 흘러내리지 아니하도록 머리에 두르는 그물처럼 생긴 물건. 보통 말총, 곱소리 또는 머리카락으로 만든다. [cf. 갓망건, 갓망건하다, 망건골, 망건꾸미개, 망건당, 망건당줄, 망건뒤, 망건앞, 망건장이, 망건쟁이, 망건집, 망건편자, 베망건, 복자망건, 외올망건, 인모망건, 탈망건, 탈망건하다]

지금까지 ‘網巾’을 어원으로 하는 ’망긴’과 ‘망건, ᄆᆞᆼ건, 망견, 망근’에 대해 통시적으로 살펴보았다. 논의의 핵심을 요약하면 아래와 같다.

‘網巾’을 어원으로 하는 단어들은 ‘망긴’, ‘망근’, ‘망건’, ‘ᄆᆞᆼ건’, ‘망견’의 순으로 확인된다. ‘망긴’은 16~18세기 자료에서, ‘망건’은 17세기 이후의 자료에서, ‘ᄆᆞᆼ건’과 ‘망견’은 20세기 이후의 개별 문헌에서 확인된다. 이 중 동음형의 ‘망건’과 ‘망근’이 보다 높은 출현 빈도를 보인다. 후대에 한음을 반영한 ‘망긴’은 사라지고 동음을 반영한 어형 중 ‘망건’만 현재까지 쓰이고 있다.

4.2.2.3. [紫的] 혼ᄌᆞ디·ᄌᆞ지·자지-동ᄌᆞ뎍·ᄌᆞ젹 > 혼자지(紫地)-동∅

‘紫的’을 어원으로 하는 어형에는[55] ‘ᄌᆞ디, ᄌᆞ지, 자지’와 ‘ᄌᆞ뎍, ᄌᆞ젹’

55) <언해문에 ‘紫的’, ‘紫디’로 나타나는 예>
예 가. ᄯᅩ 마자 ᄲᅧ ᄒᆞ야디닐 고툐ᄃᆡ 菉豆ㅅ ᄀᆞᆯ올 새 쇠 銚兒애 慢火로 봇고 ᄃᆡ 眞實ㅅ **紫的ㅅ빗** ᄀᆞᆮ게 ᄒᆞ야 새 기른 므레 ᄆᆞ라 누근 膏ᄅᆞᆯ ᄆᆡᆼᄀᆞ라 헌 ᄃᆡ 둗거이 ᄇᆞ툐ᄃᆡ 넙게 ᄒᆞ고 힌 죠ᄒᆡ와 젓나못 널로 ᄇᆞ텨 ᄆᆡ

등이 있다.56)

(1) 가. 紫的: 紫ᄌᆞ, 靑赤色, 俗言紫的ᄌᆞ지. 的華音지, 誤翻紫芝.<名物紀畧-布帛部(1870) 3:25b>

나. 紫: ᄌᆞ딘 ᄌᆞ<訓蒙字會-色彩(1527) 中:15a>, 的: 마ᄌᆞᆯ 뎍<光州千字文(1575) 32b>

이 중 '디, 지'형이 한음을 반영한 형태라는 것에 대해서는 아래의 자료에서 지적된 바가 있다.

(2) 가. 紫草者, 茈草也. 一名茈莀, 一名紫芺, 一名紫丹, 一名地血/+又名鴉含草+/, 以染紬帛. 謂之紫的者, 華語也. 吾東訛傳, 遂以紫的呼爲紫芝/+的本入聲, 華音讀之如芝+/, 轉呼爲芝草, 豈不謬哉. (紫草란 茈草이다. 일명 茈莀, 일명 紫芺, 일명 紫丹, 일명 地血/+또는 鴉含草+/이라고 하여 비단을 물들인다. 紫的이라고 이르는 것은 중국말이다. 우리 나라에서 이 말이 잘못 전해져서 드디어 紫的을 紫芝라 하고/+的은 본디 入聲인데 중국음으로 읽으면 芝와 같다+/ 변화하여 (紫草를) 芝草라고 부르니 어찌 잘못이 아니겠는가.)<雅言覺非(1819) 1>[cf. 紫草ᄌᆞ쵸, 轉云지치, 花紫根紫, 可以染紫, 故云. ○ 紫丹. ○ 紫芺. ○ 茈莀. ○ 藐. ○ 地血. ○ 鴉含草.<名物紀畧-布帛部(1870) 3:26a>]

라(又方治攧撲骨損 用菉豆粉於新鐵銚內慢火炒 令眞紫色 新汲水調成稀膏 厚傳損處令徧 以白紙杉木板傳定)<救急方諺解(1466) 下:35a>

나. /+應당이 期년복 니브니ᄂᆞᆫ 吉服을 ᄀᆞ라 니브되 그러나 오히려 그ᄃᆞᆯ 盡ᄒᆞ도록 金이며 진珠ㅣ며 錦繡ㅣ며 다紅이며 紫디 거ᄉᆞᆯ 닙디 말고 오직 妻ᄅᆞᆯ 爲ᄒᆞᆫ 者ᄂᆞᆫ 오히려 禫복을 닙어ᄡᅡ가 열다ᄉᆞᆺ ᄃᆞᆯ이 盡커든 버ᄉᆞ라+/<家禮諺解(1632) 9:19b>, /+神位예 蒲薦을 ᄡᅳ고 □□席을 加호ᄃᆡ 다 션이 잇고 或 紫디 褥ᄅᆞᆯ ᄡᅳ되 다 기ᄅᆡ 대 자히오 너븨 두 자 반이오+/<家禮諺解(1632) 10:31b>

56) 이 중 'ᄌᆞ디'는 李基文(1965/1991), 劉昌惇(1975), 蕭悅寧(2014)에서, 'ᄌᆞ지·자지'는 蕭悅寧(2014)에서 중국어 차용어로 지적된 바 있다.

나. 紫ᄌᆞ, 青赤色, 俗言紫的ᄌᆞ지. 的華音지, 誤翻紫芝.<名物紀畧-布帛部(1870) 3:25b>

아래 어형별로 쓰임에 대해 하나씩 살피기로 한다. (3)은 한음이 반영된 'ᄌᆞ디'의 용례이다.

(3) 가. 여슷 爻애 見火ㅣ 수믈 ᄉᆞ라 能히 거믄 ᄂᆡ와 ᄌᆞ디 브리 ᄃᆞ외ᄂᆞ니라 ᄒᆞ시니 다 煩濁ᄋᆡ 發호미라(六爻애 見火ㅣ 燒息ᄒᆞ야 能爲黑烟紫焰이라ᄒᆞ시니 皆煩濁所發也ㅣ라)<楞嚴經諺解(1461) 5:57b>

나. 祿山이 杲卿이ᄅᆞᆯ 金紫ᄅᆞᆯ 주어늘/+金紫ᄂᆞᆫ ᄌᆞ디 긴 ᄃᆞᆫ 印이라+/(祿山賜杲卿金紫)<三綱行實圖-忠臣圖-顔袁罵賊(1481) 13a>

다. 論語에 ᄀᆞ로ᄃᆡ 君子ᄂᆞᆫ 너무 프르러 블근 빗 도ᄃᆞᆫ 것과 블근 거ᄉᆞ로 동졍을 아니ᄒᆞ시며 분홍 ᄌᆞ디로 샹녯 오ᄉᆞᆯ ᄆᆡᆼᄀᆞ디 아니ᄒᆞ더시다(論語에 曰 君子ᄂᆞᆫ 不以紺緅로 飾이러시다 紅紫로 不以爲褻服이러시다)<飜譯小學(1518) 4:24a>[cf. 분홍과 ᄌᆞ디로ᄡᅥ 샹녯 옷도 ᄆᆡᆼᄀᆞ디 아니ᄒᆞ더시다<小學諺解(1588) 3:21b>]

라. 감차할란ᄃᆡ 일ᄇᆡᆨ 됴 ᄌᆞ디 셰툐 일ᄇᆡᆨ 됴(茶褐欒帶一百條紫條兒一百條)<飜譯老乞大(1510년대) 下:69a>[cf. ᄌᆞ디 툐ᄋᆞ 일ᄇᆡᆨ 오리<老乞大諺解(1510년대) 下:62a>, ᄌᆞ지 툐ᄋᆞ 一百 오리<重刊老乞大諺解(1795) 下:64a>]

마. 네 ᄌᆞ디ᄂᆞᆫ 져년희 몯 다 드려 니건희 ᄀᆞᅀᆞᆯ 지최ᄅᆞᆯ 몯 ᄲᆞᆯ 것 ᄒᆡ여 주어늘 ᄆᆞᆺ다가 몯ᄒᆞ니 하 ᄌᆡ촉ᄒᆡ여늘 당옷 ᄀᆞᅀᆞ미 더 서더니라<순천김씨묘-015, 1550~1592년, 신천강씨(어머니)→순천김씨(딸)>

바. 의혹입문의 ᄀᆞᆯ오ᄃᆡ 더데 진ᄂᆞᆫ 사ᄒᆞᆯ래 믈이 쇠고 더데 지어 마치 과실 니그면 곡지 ᄠᅥ러디ᄃᆞᆺ ᄒᆞ야 긔운이 간고 혈긔 평화ᄒᆞ야 빋치 비로소 가다 우후로브터 ᄂᆞ려 누르면 굳고 프른 밀빗 ᄀᆞᄐᆞ며 혹 누러 거머ᄒᆞ며 혹 ᄌᆞ디빗 보도 ᄀᆞᄐᆞ면 됴ᄒᆞ니라(醫學入門曰 收靨三日 漿老痂結如果熟帶

落氣收 血平光色始斂 自上而下按之 堅硬蒼蠟色 或似紫紅葡萄色佳)<諺解痘瘡集要(1608) 上:34a>

사. 녀름의 ᄆᆞᄋᆞᆷ이 셩ᄒᆞ니 입 가온ᄃᆡ 빗치 몱고 빗나 ᄌᆞ윤ᄒᆞ여 년곧 ᄀᆞᆺᄐᆞ니ᄂᆞᆫ 평ᄒᆞ고 거므니ᄂᆞᆫ 병 들고 누론 이ᄂᆞᆫ 화평ᄒᆞ고 희니ᄂᆞᆫ 살고 블그니ᄂᆞᆫ 위ᄐᆡᄒᆞ고 ᄌᆞ디빗 ᄀᆞᆺᄐᆞ니ᄂᆞᆫ 죽ᄂᆞ니라(夏애 心旺ᄒᆞ니 口中色이 鮮明光潤ᄒᆞ야 如蓮花者ᄂᆞᆫ 平ᄒᆞ고 黑者ᄂᆞᆫ 病ᄒᆞ고 黃者ᄂᆞᆫ 和ᄒᆞ고 白者ᄂᆞᆫ 生ᄒᆞ고 赤者ᄂᆞᆫ 危ᄒᆞ고 紫者ᄂᆞᆫ 死니라)<馬經抄集諺解(17세기) 上:26b>[cf. 입시울이 ᄌᆞ디 ᄀᆞᆺ고 혜 븕그면 긔운이 ᄉᆞᆯ희 막켜 븟기 닐어나고(唇紫舌紅氣滯肌膚作腫ᄒᆞ고)<馬經抄集諺解(17세기) 上:30b>]

아. 紫紵絲: ᄌᆞ디 비단<譯語類解-織造(1690) 下:4b>

'ᄌᆞ디'는 '紫, 紫紅'에 대응되는 것으로, (3바)의 문맥을 통해 포도 색깔에 가까운 색임을 알 수 있다. 15~17세기 다양한 성격의 자료에 폭넓게 발견되며, '블[焰], 깁, 옷[服], 비단[段子], 더데[痂], 입[口], 입시울[唇]'의 색깔을 나타내는 맥락에 사용되었다. (3마)의 문맥을 통해 '지최' 즉 지초(芝草: 지치)를 재료로 'ᄌᆞ디'색을 낼 수 있음을 알 수 있다.

(4)는 'ᄌᆞ디'의 구개음화형인 'ᄌᆞ지'의 용례이다.

(4) 가. 닙은 거시 하 업ᄉᆞ니 연초록 든 거스로 뎌구리 ᄒᆞ고 슈개 ᄯᆞᄂᆞᆫ 명지를 제 쟝옷 ᄒᆞ리만 베혀셔 ᄌᆞ지 드려 쟝옷 ᄒᆞ고 보라를 ᄀᆞᄂᆞᆫ 무명에 드려 바지조차 ᄒᆞ여 닙펴 ᄃᆞ려가게 ᄒᆞ소<진주하씨묘-139/곽씨-91, 17세기 전기, 곽주(남편)→진주하씨(아내)>[cf. ᄌᆞ지 양ᄉᆡᆨ단 두리마기<송병필가-06, 1889년, 송병필(남편)→전주이씨(아내)>, ᄌᆞ지 항나<송병필가-08, 1889년, 송병필(남편)→전주이씨(아내)>]

나. 紫: ᄌᆞ지 ᄌᆞ<靈藏寺版 類合(1700) 3b>, 紫色: ᄌᆞ지<同文類解-布帛(1748) 下:25b>, 紫色: ᄌᆞ지<譯語類解補-織造補(1775) 40a>, 紫的: ᄌᆞ지<廣才物譜(19세기 초) 二:衣服:5b>, 京징醬쟝: 블근 ᄌᆞ지<華語類抄-織造(19세기 말) 43a>, 紫芝: ᄌᆞ지<日用備覽記-衣服具(1937) 13b>

다. 두 편의 ᄀᆞᆺ 보ᄂᆞ니 바다 ᄀᆞᆺ고 뫼 ᄀᆞᆺᄐᆞ여 셩셩젼도 ᄉᆞ라시며 금병풍도 쳐 노코셔 그리 만ᄒᆞᆫ 왜녀들이 미만ᄒᆞ야 안자시니 불근 옷도 닙어시며 프ᄅᆞᆫ 옷도 닙어시며 ᄌᆞ지 옷도 닙어시며 아롱 옷도 닙어시니 그 듕의 호ᄉᆞᄒᆞ니 ᄉᆞ환가 부려라ᄂᆡ<日東壯遊歌(1764년 이후) 3:10b-11a>

라. ᄯᅩ 하교ᄒᆞ야 ᄀᆞᆯᄋᆞ샤ᄃᆡ 나ᄂᆞᆫ ᄌᆞ지 곤룡포ᄅᆞᆯ/+태샹왕 닙으시ᄂᆞᆫ 옷시라+/ 닙고 츙ᄌᆞᄂᆞᆫ 불근 곤룡포/+나라 닙으시ᄂᆞᆫ 옷시라+/ 닙고 군신을 죠회 밧ᄂᆞᆫ 거ᄉᆞᆯ 보면 이 ᄀᆞᆺᄒᆞᆫ 즐겁고 경ᄉᆞ의 일이 어ᄃᆡ 이시며 내 ᄯᅩᄒᆞᆫ 맛당이 유복ᄒᆞᆫ 사ᄅᆞᆷ이 되리라 ᄒᆞ시니<明義錄解(1777) 亨:52a>

마. 비단 ᄑᆞᄂᆞᆫ 相公아 네 푸ᄌᆞ에 [...] 醬色ᄌᆞ지침향 [...] 이 여러가지 대단과 다ᄆᆞᆺ 져기 비단과 紗羅ㅣ 다 잇ᄂᆞ냐(賣段子的相公 你鋪子裏 那魚白 [...] 醬色真紫沉香 [...] 這各㨾的緞子 與些紵絲紗羅都有麽)<重刊老乞大諺解(1795) 下:22b-23b>

바. ᄌᆞ지 갑ᄉᆞ 너분 ᄯᅴᄅᆞᆯ 셰류츈풍 빗기 ᄯᅴ고<南原古詞(1864) 1:9a>

사. 이읏고 시녜 ᄌᆞ지 반의 ᄎᆞᄅᆞᆯ 노화 나오니 ᄇᆡᆨ옥죵의 안개갓튼 ᄎᆞ와 ᄃᆡ쵸갓튼 과실이라<심청젼(1876) 13b>

아. 셔편은 텬단을 구버보니 네모진 담 안희 쳡쳡ᄒᆞᆫ 궁실이 다 항녈이 졍졔ᄒᆞ고 가온ᄃᆡ 세 층 둥근 집이 이시니 놉기 구름 밧게 ᄲᅡ혀나고 ᄌᆞ지빗 디와을 니어시니 단쳥이 셔로 ᄇᆡ이여 홀난ᄒᆞᆫ 광치 말노 긔록지 못ᄒᆞᆯ너라<장서각본 乙丙燕行錄(19세기) 9:13>

위의 예문에서 ‘ᄌᆞ지’는 ‘紫, 紫色, 紫的, 紫紬, 紫芝, 真紫’의 대응어로, ‘장옷, 두루마기, 항나, 옷, 곤룡포, 비단, ᄯᅴ, 반, 디와’의 색상을 나타내는 맥락에 사용되었다. 대응어 중 ‘紫芝’는 ‘ᄌᆞ지’의 차자 표기이다. 17~19세기 다양한 성격의 자료에서 폭넓게 발견되는 어형이다.

(5)는 ‘ᄌᆞ지’에서 ‘ㆍ>ㅏ’의 변화를 경험한 ‘자지’의 예이다.

(5) 가. 眞紫: 자지<方言類釋-布帛類(1778) 酉部:27a>

나. 옥천집 ᄌᆞ녀 셰시 ᄡᅥ도 옷가지 아니ᄒᆞ여 쥴 길 업ᄉᆞ오니 당목 이십 쳑 홍당목 칠 쳑 초록 칠 쳑 <u>자지</u> 칠 쳑 송화ᄉᆡᆨ 칠 쳑은 년들 당긔 가음 ᄂᆡ일 지푸ᄂᆡ 장의 ᄉᆞ 보ᄂᆡ시 <송병필가-90, 19세기 후반, 전주이씨(아내)→송병필(남편)>

다. [조ᄃᆡ·ᄉᆡᆨᄊᆡ] 금실마리와 <u>자지실</u>이 움즉이ᄆᆡ 빗나고 빗나시니 빵으로 동심을 ᄆᆡ자 드리오기를 ᄂᆞᆨ니히 ᄒᆞ엿도다 비겨 강셩의 셤 아ᄅᆡ 플빗과 갓트니 아ᄅᆞᆷ다온 자질과 눈연ᄒᆞᆫ 닙히 셔유의 바의ᄂᆞᆫ ᄯᅩ다(金縷<u>紫線</u>動葳甤 雙綰同心垂陸離 較似康成階下草 芳姿嫩葉暎書帷)(금누자션동위이ᄒᆞ니 빵관동심슈ᄂᆞᆨ니라 교사강셩계ᄒᆞ초ᄒᆞ니 방자눈엽영셔유ㅣ라) <鶴石集-組帶(19세기 이후) 73>

라. 보라 ᄃᆡ단 요 이불을 반자ᄶᅡ지 도로 싸고 용목 괘상 두리상을 <u>자지</u>함농 겹쳐 놋코 오동 셜합 빅통 연쥭 서초양초 가득하며<규방가사-福善禍淫歌(미상) 32>

마. 신션ᄒᆞᆫ 조화로 머리를 장식ᄒᆞ고 <u>자지빗</u> 하가마를 단정ᄒᆞ게 입엇ᄂᆞᆫᄃᆡ<추월색(1912) 3>

바. <u>자지(紫芝)</u>: 명「자색」(紫色)과 같음.<조선어사전 07>

위에서 '자지'는 원문의 '眞紫, 紫, 紫的'에 대응되는 것이다. 'ᄌᆞ디'나 'ᄌᆞ지'와 마찬가지로 "자색"을 의미하는 맥락에 사용되었다. 이어서 '紫的'의 동음을 반영한 어형들에 대해 살펴보기로 한다. 우선 살펴볼 것은 동음형인 'ᄌᆞ뎍, ᄌᆞ젹'의 용례이다.

(6) 가. <u>ᄌᆞ뎍</u> 구읫나기 뮌 비단 ᄒᆞᆫ 자과(<u>紫</u>宮素段子一尺)<朴通事諺解(1677) 上:43a-b>[cf. <u>ᄌᆞ디비쳇</u> 구의나깃 뮌 비단 ᄒᆞᆫ 자콰<飜譯朴通事(1510년대) 上:47b-48a>]

나. 갑인 츈의 내여 가니 나갈 적 분 ᄇᆞᄅᆞ고 <u>ᄌᆞ뎍</u> 댱옷 닙고 바로 나가거ᄂᆞᆯ ᄂᆞᆷ이 닐오ᄃᆡ 오래 사다가 하ᄃᆡ 아니코 가미 죵의 도리 아니로다 ᄒᆞᆫ대<西宮日記(17세기) 50b>

다. <u>ᄌᆞ뎍</u> 금슈복ᄌᆞ 견마기(<u>紫的</u>金壽福字肩莫只)<丁未嘉禮時日記(1848

년 이후) 2b>

(7) 가. 다홍은 오미ᄌᆞᄂᆞ ᄆᆡ실물의 ᄲᆡᆯ면 빗치 셩ᄒᆞ고 <u>ᄌᆞ젹</u>은 오좀의 ᄉᆡᆨ라야 빗치 변치 아니ᄒᆞ고 남은 녹두물과 두부순물의 ᄲᆞᆯ면 빗치 상치 아니ᄒᆞ고 지튼 옥ᄉᆡᆨ은 물이 물의 ᄉᆞᆯ무면 연ᄒᆞ고 지튼 초록온 죠흔 초의 ᄲᆞᆯ면 여터지고 거믄 물 드린 거ᄉᆞᆫ 치ᄌᆞ 물의 ᄲᆞᆯ면 빗ᄂᆞ고 싱뵈ᄂᆞᆫ 븕은 비름과 ᄒᆞᆫᄃᆡ ᄉᆞᆯ무면 ᄇᆡᆨ뎌포 갓고<閨閤叢書-셰의법(1869) 27b>

나. 왕이 익션 면뉴관을 쓰고 홍금 곤농포를 닙어스며 ᄇᆡᆨ옥ᄃᆡ를 ᄯᅴ고 벽올홀를 쥐여 늉쥰뇽안의 희긔 만면ᄒᆞ거ᄂᆞᆯ 왕휘 ᄯᅩᄒᆞᆫ 머리의 쌍봉 구화관을 쓰고 몸의 ᄌᆞ금춰라삼을 가ᄒᆞ며 <u>ᄌᆞ젹</u>금슈상을 두루고 교의에 졍좌ᄒᆞ여스니<심쳥젼(1876) 19b-20a>

‘ᄌᆞ뎍, ᄌᆞ젹’은 (6)과 (7)에서처럼, 한음을 반영한 ‘ᄌᆞ디, ᄌᆞ지, 자지’보다 낮은 출현 빈도를 보이는 어형으로, ‘紫, 紫的’에 대응된다. (6가)와 그 참조 부분에서 동일한 원문의 ‘紫’에 대해 ‘ᄌᆞ디빗ᄎ’과 ‘ᄌᆞ뎍’으로 달리 나타나는 것으로 보아, ‘ᄌᆞ디’와 ‘ᄌᆞ뎍’은 유의 관계의 것이었음을 알 수 있다.[57] 또한 출현 빈도나 분포 상으로 보아, 혼성형이 동음형보다 선호되었음을 알 수 있다.

현재 “자주색”을 의미하는 ‘자지’가 (8)처럼 『표준국어대사전』에 올라 있으며, ‘자지’의 대응 한자 표기는 ‘紫地’로 되어 있다.

57) 단지 ‘자ᄉᆡᆨ’과 ‘ᄌᆞ뎍, ᄌᆞ디’가 동일한 의미의 것이었는지에 대해서는 여전히 의문으로 남는다. 일례로 『丁未嘉禮時日記』에서 ‘ᄌᆞ뎍’과 ‘ᄌᆞᄉᆡᆨ’ 모두 확인되는데, ‘ᄌᆞᄉᆡᆨ’은 ‘왜듀’에 선행해서만 나타나고 ‘ᄌᆞ뎍’은 ‘왜듀’ 외의 단어들과 공기하기 때문이다. ‘ᄌᆞᄉᆡᆨ’의 용례는 아래에 제시하였다.

예 <u>ᄌᆞᄉᆡᆨ</u> 왜듀 누비금/+면포 홋금+/(<u>紫色</u>倭紬縷飛衾/+綿布單衾+/)<15b>, <u>ᄌᆞᄉᆡᆨ</u> 왜듀 누비금/+ᄇᆡᆨ면포 홋금+/(<u>紫色</u>倭紬縷飛衾/+白綿布單衾+/)<17a>, <u>ᄌᆞᄉᆡᆨ</u> 왜듀 ᄌᆞᆫ누비금/+ᄇᆡᆨ뎌포 홋금+/(<u>紫色</u>倭紬細縷飛衾/+白苧布單衾+/)<21b>, <u>ᄌᆞᄉᆡᆨ</u> 왜듀 ᄌᆞᆫ누비금(<u>紫色</u>倭紬細縷飛衾)<55b>

(8) **자지(紫地)**: 명 =자주색.

'紫地'와 관련해서는 아래의 『星湖僿說』에서 관련 언급이 있으나, 다른 자료에서 쉽게 찾아지지 않는다.

(9) 今之赤紫則染以紫草 而國人謂之**紫地** 終不知黝紫之染用何物<星湖僿說 4-萬物門-黝紫赤紫>

밑줄 친 내용에는 "오늘날의 赤紫는 紫草로 물들이는데, 우리 나라 사람들은 '赤紫'를 '紫地'라고 부른다."고 기술되어 있다. 즉, 이때의 '紫地'는 'ᄌᆞ지, 자지'의 차자 표기 형태일 것으로 추정되며, 따라서 『표준국어대사전』에 '자지'의 대응어로 제시된 '紫地'는 차자 표기로 쓰이던 것이 대응어로 굳어진 경우라고 할 수 있다.

지금까지 '紫的'을 어원으로 하는 'ᄌᆞ디, ᄌᆞ지, 자지'와 'ᄌᆞ뎍, ᄌᆞ젹'에 대해 통시적으로 살펴보았다. 논의의 핵심을 요약하면 아래와 같다.

혼성형 중 'ᄌᆞ디'는 15~17세기 자료에서, 'ᄌᆞ지'는 17~19세기 자료에서, '자지'는 18세기 이후의 자료에서 문증된다. 또한 동음형 중 'ᄌᆞ뎍'은 17세기 이후, 'ᄌᆞ젹'은 19세기 자료에서 확인된다. 현재 이들 중 혼성형의 후대형인 '자지'가 쓰이고 있으며, 혼성형의 차자 표기로 쓰이던 '紫地'가 '자지'의 대응 한자 표기로 자리잡았다.

4.2.2.4. [紫檀] 혼ᄌᆞ탄-동ᄌᆞ단·자단 > 혼∅-동자단

'紫檀'을 어원으로 하는 어형에는 'ᄌᆞ탄'과 'ᄌᆞ단, 자단'이 있다.58)

(1) 가. **紫ᄌᆞ檀탄**<飜譯朴通事(1510년대) 上:15b>, **紫ᄌᆞ檀탄**: 紫檀<譯語類解補-珍寶補(1775) 39a>, 紫檀: (漢-**紫ᄌᆞ檀탄**)<方言類釋-樹木類(1778) 亥部:21a>

58) 이 중 'ᄌᆞ탄'은 蕭悅寧(2014)에서 중국어 차용어로 지적된 바 있다.

나. 紫: ᄌᆞᄃᆡᆫ <u>ᄌᆞ</u><訓蒙字會-色彩(1527) 中:15a>, 檀: 박달 단, ᄌᆞ단 <u>단</u>. <新增類合-樹木(1576) 上:9a>[59]

위에서 보듯이 ‘ᄌᆞ탄’은 ‘紫’의 동음과 ‘檀’의 한음을 반영한 어형이고, ‘ᄌᆞ단’은 ‘紫檀’의 동음을 반영한 어형이며, ‘자단’은 ‘ᄌᆞ단’에서 ‘ㆍ> ㅏ’의 변화를 겪은 어형이다. 이들 혼성형과 동음형은 비어두 위치에서 ‘ㅌ’과 ‘ㄷ’의 대립을 이루고 있다. 아래 어형별로 문헌 속에서의 쓰임에 대해 살펴보기로 한다.

아래는 ‘檀’의 한음이 반영된 ‘ᄌᆞ탄’이다.

(2) 일훔난 張黑子이라 홀 쟝신이 ᄆᆡᆼᄀᆞ론 갈히 됴ᄒᆞ니 뎌 ᄒᆞ야 ᄆᆡᆼᄀᆞᆯ이디 몯홀가 네 ᄆᆡᆼᄀᆞᆯ이면 엇디 ᄆᆡᆼᄀᆞᆯ일다 실 도티고 화류 가프레 록각 부리예 약대 ᄲᅧ로 마기 ᄒᆞ고 ᄆᆞ롯쇠 다님쇠 ᄆᆡᆼᄀᆞ로ᄆᆞᆯ 경묘히 ᄒᆞ고 <u>ᄌᆞ탄</u> ᄌᆞᆯᄋᆡ 샹아 머리예게도 ᄯᅩ 실 도툐리라(有名的張黑子 打的好刀子 着他打不得 你打時 怎麼打 起線 花梨木鞘兒 鹿角口子 駝骨底子 梁兒 束兒 打的輕妙着 <u>紫檀</u>把兒 象牙頂兒 也是走線)<飜譯朴通事(1510년대) 上:15b-16a>[cf. 紫檀 ᄌᆞᆯ레(<u>紫檀</u>把兒)<朴通事諺解(1677) 上:15a>, 칼ᄌᆞᄅᆞᄂᆞᆫ 紫檀으로 ᄒᆞ고(刀把要紫檀)<朴通事新釋諺解(1765) 1:18a>]

‘ᄌᆞ탄’은[60] 16세기의 한학서를 중심으로 확인되며, 칼자루를 만드는 재료로 쓰이고 있다. 이외의 자료에서는 ‘탄’음이 반영된 경우가 잘 보이지 않는다.

아래는 ‘紫檀’의 동음을 반영한 ‘ᄌᆞ단, 자단’이다.

---

59) ‘檀’이 “박달나무”의 의미로 쓰일 때는 대응어가 ‘檀木, 檀’으로 나타난다.

60) 아래 예문의 ‘ᄌᆞ타날’도 형태상 ‘ᄌᆞ탄’과 관련될 가능성이 있을 것으로 짐작되나 확실하지 않으므로 일단 논의에서 제외하였다.

예 여듧 ᄲᅩ긔 비취짓 ᄭᆞᆯ오 진언ᄌᆞ를 금으로 ᄭᅮ민 갇 우희 ᄉᆞᆫᄀᆞ락만 큰 <u>ᄌᆞ타날</u> 딩ᄌᆞ애 ᄀᆞᅀᅢ 공쟉의 짓 고잣고(八瓣兒鋪翠眞言字妝金大帽上 指頭來大 <u>紫鴉忽</u>頂兒 傍邊插孔雀翎兒)<飜譯朴通事(1510년대) 上:29b>

(3) 가. 檀: 박달 단, **ᄌᆞ단** 단.<新增類合-樹木(1576) 上:9a>

나. 紫檀: **자단**(漢-紫즈檀탄)<方言類釋-樹木類(1778) 亥部:21a>[cf. 紫檀: 紫檀<譯語類解補-珍寶補(1775) 39a>]

다. 문 열고 안자 보니 계뎡이 쇼쇄ᄒᆞ고 초가 긔이ᄒᆞ야 크나ᄒᆞᆫ 동ᄇᆡᆨ나모 븕은 쏫 만발ᄒᆞ고 열 길히나 놉하시며 종녀 **ᄌᆞ단** 노숑 감ᄌᆞ 좌우ᄒᆡ 둘너 잇고 영산홍 남쳔화ᄂᆞᆫ 난만이 픠여시며 그 밧긔 긔화이초 무수이 둘러시니<日東壯遊歌(1764년 이후) 2:13b>

라. 망미인혜텬일방의 님 그리ᄂᆞᆫ 상ᄉᆞ목 쳥산영니부운간의 됴셕 네블 북나무 슈쳑지휘 랑공불기 아름드리 거ᄌᆡᆨ목 **ᄌᆞ단** ᄇᆡᆨ단 산유ᄌᆞ 박달 용목 향목 침향 금픵 율목 잡목 텬두목 지두목 ᄒᆡᆼᄌᆞ목 ᄇᆡᆨᄌᆞ목 느러진 장송 부러진 고목 넙젹 쎡갈 황계피 무푸레 단목 측송 보리수 드렝드렝 널녀고나<南原古詞(1864) 1:11a-b>

마. 가온ᄃᆡ 놉흔 봉의 셰 층 집을 표묘히 지어시ᄃᆡ 여ᄃᆞᆲ 면이오 쳥디와로 니엇고 지ᄎᆞ 두 봉은 두 층 집이오 황디와로 니엇고 버거 두 봉은 ᄌᆞ지 〃와로 니어시ᄃᆡ 두 층과 팔면 졔되 ᄒᆞᆫ가지니 먼니셔 ᄇᆞ라보ᄆᆡ 단쳥과 졔되 공교 당녀ᄒᆞ야 인간 경ᄉᆡᆨ이 아니로ᄃᆡ 다만 흙 빗치 더럽고 남기 바이 드므러 약간 **ᄌᆞ단**과 측ᄇᆡᆨ을 심거시니 고이ᄒᆞ더라<장서각본 乙丙燕行錄(19세기) 9:72-73>

단독형으로 쓰인 'ᄌᆞ단'은 16세기 이후의 자료에서 줄곧 확인되며, 원문의 '紫檀'에 대응된다. 이외에도 'ᄌᆞ단향, ᄌᆞ단향, 자단향'과 'ᄌᆞ단목'처럼 '향, 향'이나 '목'이 후행하여 'ᄌᆞ단, 자단'과 유의 관계를 이루는 어형들도 발견된다.61)

61) "자단나무"의 의미가 아닌 "자단향불"의 의미로 쓰인 'ᄌᆞ단향'의 용례도 발견된다. 아래는 산신제(山神祭)를 지내기 위해 제단에 제물(祭物)을 차리는 장면을 묘사한 것이다. 세 이본의 대비를 통해 'ᄌᆞ단 향불', 'ᄌᆞ단향', '紫丹香불'은 동일한 것으로서 모두 자단을 재료로 하여 만든 향불을 의미한다는 것을 알 수 있다.

(4) 가. ᄌᆞ단햐ᇰ을 디투 글혀 므를 머그라(紫檀香濃煮服)<救急簡易方-霍亂(1489) 2:52b> [cf. 紫檀香: 紫檀香<同文類解-珍寶(1748) 下:23b>]

나. ᄌᆞ단햐ᇰ: 紫丹香. Boîte à parfums, breloques parfumées, sachet de parfums. Bois odoriférant, cyprès.(향수병, 향기 나는 장신구, 향주머니. 향기 나는 나무, 실편벽 나무.)<韓佛字典(1880) 541>, ᄌᆞ단향: 紫丹香. putchuck-the root of a kind of thistle.<韓英字典(1897) 736>, 자단향: 紫丹香<國漢會語(1895) 245>

다. 즁간은 텬당을/+복도 ᄀᆞᄐᆞᆫ 집이라+/ 지엇ᄂᆞᆫᄃᆡ ᄯᆞ히 자단향 가ᄌᆞ 하나를 노코 돌을 련마ᄒᆞ여 크게 병풍을 ᄆᆡᆫᄃᆞ러 둘너시며(當中是穿堂 當地放着一個紫檀架子大理石屏風)<紅樓夢(19세기 말) 3:17>

라. 자단향과 용목 ᄇᆡᆨ달 근포 다ᄅᆡ나무며 입 너분 덧갈나무 닛가의 능슈버들 이리 져리 얼거져셔 쥴쥴리 오고 가고<中山望月傳(1895) 22b-23a>[cf. 망미닌혜 天一방에 더덕 더덕 ᄉᆞᆫ 쇼나무 ᄌᆞ단 용목 ᄉᆞᆫ호 박달 가ᄉᆞ목 향나무 ᄑᆡᆼ나무 넙젹 ᄯᅥᆨ갈 능슈버들 포도 다ᄅᆡ 원츌니 느러지고 평퍼지고<국립도서관소장본 별주부전(미상) 21a>]

(5) ᄯᅩ 일지옥으로 ᄆᆡᆫ든 노인셩이 이시ᄃᆡ 장이 오츈이오 ᄌᆞ단목으로 갑을 ᄆᆡᆫ드럿시ᄃᆡ 상면의 몃 뎜 진쥬를 박고 ᄯᅩ 일ᄀᆡ 슈졍 가산이 잇거ᄂᆞᆯ<진주탑(미상) 4:2b-3a>[cf. 큰 산들과 모든 적은 산이며 열ᄆᆡ ᄆᆡᆺᄂᆞᆫ 나무와 모든 ᄌᆞ단향나무며<詩篇撮要(1898) 148편:9절>]

'ᄌᆞ단햐ᇰ, ᄌᆞ단향, 자단향'에서 'ᄌᆞ단햐ᇰ'은 15세기 자료에서 이미 문증되며, 이들은 '紫檀香' 또는 '紫丹香'에 대응된다. 이 중 '紫丹香'은 'ᄌᆞ

예 가. 구진등사 즁앙에난 황신기를 ᄭᅩᄌᆞ 노코 ᄌᆞ단향불 피우고<국립도서관 소장본 별주부전(미상) 14b>

나. 구진등ᄉᆞ 즁앙은 황식으로 셰운 후의 ᄌᆞ단향 피워 노코<권영철 소장 별주부전(미상) 33b>

다. 句陳騰蛇 中央勢로 黃身旗 글여 ᄭᅩᆺ고 紫丹香불 피우고<가람본 鱉兎歌(1887) 18a>

단향, 자단향'을 차자 표기한 것이다. 이 중 (4라)의 '자단향'과 'ᄌᆞ단'은 동일한 위치의 이본 자료에 나타난 것이다. 따라서 양자가 유의 관계임을 알 수 있다. (5)는 'ᄌᆞ단목'의 용례를 제시한 것인데, 노인성(老人星) 모양의 생일 선물을 담는 갑을 만드는 재료로 쓰인 것이다. 'ᄌᆞ단'이 'ᄌᆞ단향'과 유의 관계의 것이므로, 이때의 'ᄌᆞ단목'은 참조 부분에 제시한 'ᄌᆞ단향나무'에 대응되는 표현일 것으로 추정된다. (6)에서 보듯이, 현재 '紫檀'을 직접적인 어원으로 하는 '자단'과 '나무, 목' 등이 후행한 '자단나무', '자단목'이 쓰이고 있다.

(6) <u>**자단03(紫檀)**</u>: 명 『식물』 콩과의 상록 활엽 교목. 높이는 10미터 이상이며 잎은 어긋나고 겹잎으로 원형 또는 넓은 타원형이다. 나무껍질이 자줏빛이고 여름철에 누런 꽃이 총상(總狀) 화서로 핀다. 재목은 건축, 가구 따위의 재료로 쓴다. 인도 남부에서 스리랑카에 걸쳐 분포한다. ≒자단나무·자단목. (Pterocarpus santalinus)

지금까지 '紫檀'을 어원으로 하는 'ᄌᆞ탄'과 'ᄌᆞ단, 자단'에 대해 살펴보았다. 논의의 핵심을 요약하면 아래와 같다.

혼성형 'ᄌᆞ탄'은 『飜譯朴通事』(1510년대)에서 발견되고, 동음형의 'ᄌᆞ단'과 '자단'은 각각 15세기 이후와 18세기 이후의 다양한 자료에서 문증된다. 이 중 'ᄌᆞ단'은 'ᄌᆞ단향', 'ᄌᆞ단향나무' 등과 유의 관계를 이루는 것으로서 현재 동음형의 후대형인 '자단'과 '자단'에 '나무', '목'이 후행한 '자단나무', '자단목'이 공존하고 있다.

4.3. 소결

이상으로 혼성형과 동음형이 모두 확인되는 동일 어원 중국어 차용어들을 대상으로 그들의 통시적인 공존 및 변화의 양상에 대해 살펴보았다. 혼성형을 기준으로 했을 때, 이 중에는 선행 요소에 한음이 반영된 대상이 총 13종(架子, 筐子, 唐巾, 大紅, 雙六·雙陸, 牙子, 鴉靑, 頂子, 酒鼈兒, 梢工, 卓子, 板子, 靴(兒/子)), 후행 요소에 한음이 반영된 대상이 총 4종(喇叭, 網巾, 紫的, 紫檀)이다. 이 대상들 중 '卓子, 紫檀'을 제외한 기타의 것들은 모두 혼성형이 동음형에 앞서 문증된다. 또한 나중에 출현한 동음형들은 모두 17세기 이후, 즉 근대 국어 이후에 비로소 문증된다.

아래 <표 8>은 혼성형과 동음형이 모두 확인되는 동일 어원 차용어들의 세기별 분포 상황을 어형별로 정리한 것이다.62)

<표 8> 혼성형·동음형의 세기별 분포

어원	어형	15	16	17	18	19	20
架子	갸ᄌᆞ·개ᄌᆞ	×	×	×	○	○	○
	가ᄌᆞ	×	×	×	×	○	○
筐子	쾅지	×	×	×	○	×	×
	광지	×	×	×	×	○	○
唐巾	탕건·탕근	×	×	×	×	○	○
	당건	×	×	×	×	○	○
大紅	다홍·다홍·ᄃᆞ홍	×	○	○	○	○	○
	대홍·대홍ᄒᆞ-	×	×	×	○	○	○
雙陸	솽륙·솽륙·솽뉵	×	○	○	×	×	×
	상륙·상뉵·상륙·상뉵·샹뉵	×	○	○	○	○	○
	빵륙·쌍륙·쌍륙·썅뉵·뺭뉵·빵뉵	×	×	×	○	○	○
牙子	야ᄌᆞ	×	○	×	×	×	×
	아ᄌᆞ	×	×	×	×	×	○
鴉靑	야쳥·야쳥·야청·애청	×	○	○	○	○	○
	아쳥·아청	×	×	×	○	○	○
頂子	딩ᄌᆞ·딩ᄌᆞ·징ᄌᆞ·증ᄌᆞ	×	○	○	○	○	○
	뎡ᄌᆞ	×	×	×	×	○	○

62) 이 중 '架子, 大紅, 雙陸'은 한자 표기를 그대로 노출시킨 용례가 15세기 자료에서 이미 확인된다.

酒鼈兒	쥬벼ᄋᆞ	×	×	○	×	×	×
	쥬별ᄋᆞ	×	×	×	×	○	×
梢工	샤공·사공·ᄉᆞ공	○	○	○	○	○	○
	쵸공·초공	×	×	×	×	○	○
卓子	조ᄌᆞ·교ᄌᆞ	×	×	×	○	○	○
	탁ᄌᆞ·탁자	×	○	○	○	○	○
板子	반ᄌᆞ·븐자·반지	×	×	○	○	○	○
	판ᄌᆞ·판자	×	×	×	×	○	○
靴(兒/子)	훠·훼·훠ᄋᆞ·훠ᄌᆞ	○	○	○	○	○	○
	화ᄌᆞ	×	×	×	×	○	○
喇叭	라발·나발·ᄂᆞ발	×	×	○	○	○	○
	라팔·나팔	×	×	×	×	○	○
網巾	망긴	×	○	○	○	○	×
	망건·ᄆᆞᆼ건·망견·망근	×	×	○	○	○	○
紫的	ᄌᆞ디·ᄌᆞ지·자지	○	○	○	○	○	○
	ᄌᆞ뎍·ᄌᆞ젹	×	×	○	○	○	○
紫檀	ᄌᆞ탄	×	○	×	×	×	×
	ᄌᆞ단·자단	○	○	○	○	○	○

위 표에 제시된 어형들의 후대의 변화를 살펴보면, 이 중 '牙子, 酒鼈兒'를 어원으로 하는 단어는 사라졌고, '筐子'를 어원으로 하는 차용어들은 방언형으로 존재하며, '雙陸, 靴子, 網巾, 紫檀'에서 기원한 차용어는 동음형의 후대형이, '紫的'에서 기원한 차용어 중에는 혼성형의 후대형이 쓰이고 있다. 이외에 '架子, 唐巾, 大紅, 鴉靑, 頂子, 梢工, 卓子, 板子, 喇叭'에서 기원한 차용어들은 혼성형과 동음형이 현재까지 공존하고 있는 것들인데, 어형만 다를 뿐 의미 차이가 없이 쓰이는 '鴉靑, 頂子, 梢工' 기원의 공존형이 있는가 하면, '架子, 唐巾, 大紅, 卓子, 板子, 喇叭'에서 기원한 공존형들처럼 의미가 달리 쓰이는 대상들도 있다. 그러나 이 중 '大紅, 喇叭'에서 기원한 혼성형과 동음형의 의미 차이는 20세기 이전 자료 속에서는 포착되기 어려운 것으로 20세기 이후에 이루어진 변화일 가능성이 높다고 하겠다.

통시적인 변화 과정에서 혼성형이 살아남은 일부 대상들과 관련하여 흥미로운 사실 중 하나는 혼성형의 발음을 한자로 표시하기 위해 사용되었던 차자 표기가 대응 원어 표기로 굳어진 경우들이 있다는 점이다. '탕건, 징자·증자, 사공, 교자, 자지'에 대응되는 '宕巾, 鐵子·鎗子, 沙工·砂工, 交子, 紫地'가 그러하다. 또한 차용어들 중에는 후대에 갈수록 '빅사공·빅ᄉᆞ공·빅샤공·빅ㅅ사공, 조ᄌᆞ상·교ᄌᆞ상·괴ᄌᆞ상·교ᄌᆞㅅ상·교자상, 널반ᄌᆞ·널반지·널빤지·널판ᄌᆞ, ᄌᆞ단목, ᄌᆞ단향나무'처럼 새로운 요소가 결합되어 기존의 차용어와 유의 관계를 이루는 복합어가 늘어나는 경향성을 보인다.

그밖에도 혼성형들 중에는 '-ᄌᆞ(子)'로 끝나는 대상이 많이 포함되어 있다는 것이 하나의 특징으로 이야기될 수 있을 듯하다. '架子, 筐子, 牙子, 頂子, 卓子, 板子, 靴子'에서 기원한 혼성형 '갸ᄌᆞ·걔ᄌᆞ, 쾅지·광지, 야ᄌᆞ, 딩ᄌᆞ·딩ᄌᆞ·징ᄌᆞ·증ᄌᆞ, 조ᄌᆞ·교ᄌᆞ, 반ᄌᆞ·븐자·반지, 훠ᄌᆞ'처럼 'ᄌᆞ, 자, 지, 디'를 제외한 부분에만 한음이 반영되어 있다.

5. 한음형·혼성형의 공존 및 변화

5.1. 도입

이 장에서는 구성 요소 모두가 한음을 반영한 '한음형'과 구성 요소 중 일부가 한음을 반영한 '혼성형'의 공존과 변화에 대해 살펴볼 것이다. 이는 앞서 살펴본 동음형과의 공존인 '한음형·혼성형·동음형', '한음형·동음형', '혼성형·동음형'보다 훨씬 적은 비율을 차지한다. 여기에는 '盆子', '十分', '匾食'에서 기원한 동일 어원의 '한음형'과 '혼성형'이 포함된다. 아래 어원별로 하나씩 살피기로 한다.

5.2. 어원별 분석

5.2.1. 선행 요소에 한음이 반영된 경우

5.2.1.1. [盆子] 한분지·픈즈-혼픈ᄌᆞ·푼ᄌᆞ·푼주·푼쥬 > 한∅-혼푼주

'盆子'를 어원으로 하는 어형에는 '분지', '픈즈', '픈ᄌᆞ, 푼ᄌᆞ, 푼주, 푼쥬'가 있다.1)

(1) 가. <u>盆子</u>: 소라(漢-<u>盆픈子즈</u>)<方言類釋-器用類(1778) 戌部:10a>

1) 이 중 '푼ᄌᆞ'는 李基文(1965/1991)에서 중국어 차용어로 지적된 바 있다.

가.′ 瓦盆: 동희 ○ **벙스**<同文類解-器具(1748) 下:15a>, **磁盆**: 사푼ᄌᆞ ○ 여허러 **벙스**<同文類解-器具(1748) 下:15a>, 瓦盆: 동ᄒᆡ ○ **펑서**<蒙語類解-器具(1790) 下:11a>, **盆子**: 소라(漢-盆픈子즈 淸-**벙스**, 蒙-**펑스**, 倭-가나오기)<方言類釋-器用類(1778) 戌部:10a>

나. 盆: 딜동ᄒᆡ **분**<訓蒙字會-器皿(1527) 中:7a>

'분지'는 '盆'의 이른 시기 한음 '분'에 '子'의 중고 한음 '지'가[2] 결합된 것이고, '푼ᄌᆞ, 픈ᄌᆞ'는 '盆'의 근대 한음 '푼, 픈'에[3] 'ᄌᆞ'가 후행한

---

2) 이 '지'와 관련하여 劉昌惇(1980:90-91)처럼 'ᄌᆞ>지'(예: 장ᄌᆞ>장지, ᄃᆡᄌᆞ>대지, 쇄ᄌᆞ>쇄지)의 음운 변화를 겪은 형태로 판단하는 경우도 있으나, 陳泰夏(1978)에서처럼 '가지[茄子], 종지[盅子], 단지[罈子], 장지[障子], 단지[團子], 양지[樣子], ○지[巴子], 창지[腸子]' 등을 예로 '지[子]'를 중국 고음에서 비롯된 음으로 파악한 논의도 있다. '지'형을 유지한 모든 단어들에 대해 일일이 조사해보지 않아 결론을 내리기는 어렵지만, 적어도 '子'의 중고 한음이 'tsi'였다는 점, '지'형이 중세 문헌에서부터 확인된다는 점, '분지'와 비슷한 시기의 문헌들에서 'ᄌᆞ'형을 유지한 어형들이 많이 보인다는 점, '분지'라는 어형이 15세기 자료에서 이미 문증된다는 점 등을 고려했을 때 'ᄌᆞ>지'의 변화로 파악하기보다는 '지'의 중고 한음을 반영했을 가능성이 높아 보인다.

3) 이외에도 '盆子'를 직접적인 어원으로 하지는 않지만, '양푼·냥푼·량푼·냥푼힝긔'처럼 '푼'을 어형 속에 간직한 경우들이 존재한다.

예 가. ᄃᆞᆰ을 죄 ᄢᅵ셔 표고 박우거리 순무 토란 다ᄉᆞ마 도랏 너코 지령기ᄅᆞᆷ 쳐 항의나 **양푼**의나 ᄃᆞᆷ아 듕탕ᄒᆞ여 내면 됴ᄒᆞ니라<貞一堂雜識-칠계탕(1856) 12a>

나. 서 말 비ᄌᆞ려 ᄒᆞ면 ᄇᆡᆨ미 ᄒᆞᆫ 말 희게 쓸허 ᄇᆡᆨ셰ᄒᆞ야 ᄒᆞ로밤 ᄌᆡ와 작말ᄒᆞ야 물 서 말의 풀 쑤어 서ᄂᆞᆯ케 식여 국말 두 되 진말 칠 홉 석거 너헛다가 사흘 마ᄂᆡ 졈미 이 두 ᄇᆡᆨ셰ᄒᆞ야 닉게 쪄 차게 식여 그 미틔 버무려 항의로 덧ᄒᆞ라 쇼쥬 고을 적 물 ᄒᆞᆫ 박 몬져 부어 ᄭᅳᆯ히고 두루 저허 왼 솟ᄒᆡ 무친 후 그제야 삼ᄒᆡ쥬ᄅᆞᆯ 박으로 퍼 부어 저허 블숙블숙 ᄭᅳᆯ혀 겁품 일거든 고로고로 저허 고ᄋᆞ리ᄅᆞᆯ 걸고 우희 **양푼**의 믈을 부어 짐작ᄒᆞ야 과히 ᄭᅳᆯ혀 셩히 나기ᄅᆞᆯ 시작ᄒᆞ거든 블을 물니고 두어 가지만 찌더 ᄀᆞᄂᆞ리 ᄒᆞᆫ골가치 고로 너허 두면 쇼듀도 만히 나고 마시 됴ᄒᆞ니라 믈 서너 번 갈기ᄭᆞ지는 일졀 마ᄉᆞᆯ 보지 말고 술 다 푸고 쓰의 나거든 나죵 솟ᄎᆞᆫ 걸너 고으라 고을 적 츩덩굴과 감남글 일금ᄒᆞ라 쇼듀 나다가도 그치ᄂᆞ니 믈을 자조 ᄀᆞᆯ나 **양푼** 믈이 ᄎᆞ도록 됴ᄒᆞ니라<禹飮諸方-녹파쥬(19세기 중 후반) 6b-7a>

형태이다. 또한 '푼주, 푼쥬'는 둘째 음절에서 'ᄌᆞ>주'의 음운 변화 및 근대 국어 시기 치찰음 아래 'ㅜ'와 'ㅠ'의 혼기로 인해 생긴 형태이다. (1가)에서 '盆子'의 대응어로 쓰인 만주어의 '벙스'와 몽골어 '펑스, 펑서'는 '盆子'의 한음(漢音)과 음상이 유사하다. 따라서 이들은 동원 관계일 가능성이 높다. 아래 어형별로 하나씩 살피기로 한다. (2)는 '분지'의 용례이다.

(2) 가. 셜병과 시병에 ᄆᆞᅀᆞ미 아니 환ᄒᆞ야 미쳐 나ᄃᆞ로미 경간ᄒᆞᆫ 사ᄅᆞᆷ ᄀᆞᆮᄒᆞ야 말ᄉᆞ미 일뎡티 아니코 오래 ᄯᆞᆷ 나디 아니ᄒᆞ며 신ᅀᅴ를 모ᄅᆞ거든 <u>분지</u> 미틧 누른 거슬 하나 져그나 항의 녀코 ᄒᆞᆰ으로 구디 ᄇᆞᄅᆞ고 한 브레 ᄉᆞ라 나잘만 ᄒᆞ야 븘 독이 업거든 ᄡᅡ해 내야 동희로 둡고 ᄯᅩ 나잘만커든 ᄀᆞᄂᆞᆯ에 ᄀᆞ라 ᄀᆞᆺ 기론 므레 서 돈을 프러 머그라 됴티 아니커든 다시 ᄒᆞ야 머기면 됴ᄒᆞ리라(熱病及時疾心躁亂狂奔走狀似癲瘤 言語不定久不得汗不知人事者 人中黃/+<u>분짓</u> 미틧 누른 것+/不以多少入缸內 以泥固濟大火煆半 且去火後取出於地上 以盆盖之水半日許 細研新汲水/+ᄀᆞᆺ기론 믈+/調下三錢 或未退再作差)<救急簡易方諺解(1489) 1:111b-112b>[cf. 人中白: 오란 <u>딜분지</u> 미틔 얼읜 적 [...] ○人中白卽<u>尿桶</u>中澄底潔白者<東醫寶鑑(1613) 1:32a>]

나. 영락 저긔 아비 病ᄒᆞ야 大小便 不通커늘 廉이 벼슬 ᄇᆞ리고 侍病ᄒᆞ야 손소 <u>분지</u> 반내ᄆᆞᆯ 네 ᄒᆡ도록 그치디 아니ᄒᆞ야 大便을 맛보아 됴쿠지를 알오져 ᄒᆞ더라(永樂中 父淮祖嘗患便澁不通 廉棄官侍疾 手奉<u>溷器</u> 四年不輟 至嘗糞以驗吉凶)<續三綱行實圖-孝子圖-姜廉鑿冰(1514) 5a>[cf. 영락 저긔 아비 병ᄒᆞ야 대쇼변을 블통커늘 렴이 벼슬 ᄇᆞ리고 시병ᄒᆞ야 손소 <u>분지</u> 반내ᄆᆞᆯ 네 ᄒᆡ도록 그치디 아니ᄒᆞ야 대변을 맛ᄲᅩ아 됴쿠지를 알오져 ᄒᆞ더라<東國新續三綱行實圖-孝子圖-姜廉鑿冰(1613) 2b>]

다. 술위 사다가 미틔 지즑 ᄭᆞᆯ오 ᄯᅩ 젼토 ᄭᆞᆯ오 우희 두ᅀᅥ 깃 ᄭᆞᆯ오 아기를 누이고 우희 제 옷 둡고 보로기로 동이고 오좀 바들 박을 그 굼긔 바ᄅᆞ 노코 분지를다가 미틔 노코 아기 울어든 보고 ᄃᆞᆯ고지를 이아면 믄득 그치ᄂᆞ니라(買將車子來 底下鋪蒲席 又鋪氈子 上頭鋪兩三個襦子 著孩兒臥着 上頭蓋着他衣裳 着綳子絟了 把溺葫蘆正着那窟籠裏放了 把尿盆放在地下 見孩兒啼哭時 把車搖一搖便住了)<飜譯朴通事(1510년대) 上:56b-57a> [cf. 오좀 누ᄂᆞᆫ 박을다가 [⋯] 분지ᄅᆞᆯ다가<朴通事諺解(1677) 上:50b>]

라. 내 ᄉᆡᆼ각건ᄃᆡ 져의는 방ᄌᆞ 환혼ᄒᆞᆫ 사ᄅᆞᆷ이라 엇지 ᄯᆞ히 나리리오 ᄒᆞ여 챠환 무리로 ᄒᆞ여곰 오좀 분지ᄅᆞᆯ 가져와 ᄌᆡᄅᆞᆯ 담고 모다 져ᄅᆞᆯ 붓드러 그 우희 안치고(我想他是纔還了魂的人 如何下得地呢 教丫頭們拿過尿盆子來 墊了灰 大家扶着他蹲在上頭)<續紅樓夢(19세기 말) 14:44>

(2가~다)의 '분지'는 '尿桶, 溺器, 尿盆'에 대응되므로, "요강"을 의미를 나타내는 것임을 알 수 있다. 대응어뿐만 아니라 문맥을 통해서도 이러한 의미는 분명히 드러난다. 또한 (2나)에서 보듯이, 후대 이본 자료에서도 '분지'형을 유지하고 있다. (2라)의 '분지'는 원문의 '盆子'에 대응되나, '오좀'이 선행하고 있어 '尿盆子'의 대응 표현로 '오좀 분지'가 쓰인 경우라고 할 수 있다.

(2)의 문맥을 통해 관찰된 내용과는 달리, 기존의 사전들에서는 이 '분지'를 '푼주'와 동일한 것으로 파악하고 있다.

(3) 가. 分之苔席: 푼주[分之] 아래에 까는 태석. 푼주는 위는 넓고 아래는 좁은 사기그릇이고, 태석은 궁중 가례 등과 같은 국가적인 행사가 있을 때 배설되었던 기물들의 아래에 깔았던 자리를 말한다.<조선 시대 의궤 용어 사전 Ⅰ-왕실 전례 편(210-211쪽)>

예 a. 分之苔席

b. 分之別紋苔席

나. 盆之: 푼주. 아가리가 넓고 밑이 좁은 그릇.<『韓國漢字語辭典』 권3 514쪽>

예 a. 鍮盆之·唾口·湯罐各一<仁祖國葬都監儀軌-都廳-甘結秩 己丑5月13日>

b. 鍮盆之一坐<通文館志 四-房排>

(3)의 사전들에서는 ‘분지’의 차자 표기인 ‘盆之’나 ‘分之’에 대해 모두 “위가 넓고 아래가 좁은 (사기)그릇”을 의미하는 ‘푼주’를 가리키는 것이라고 되어 있다. (2)에서 살펴본 내용은 물론 (3)에 제시된 예문들의 전후 맥락을 함께 살펴보더라도 이러한 해석에 문제가 있을 것으로 보인다. (3가)의 ‘苔席’은 ‘등경, 세수, 세족, 의대, 화로’ 등과 어울려 쓰인 경우는 있으나 음식을 담는 그릇과 함께 쓰인 예들은 발견되지 않았다. (3나a)에는 ‘鍮盆之’가 ‘唾具’와 함께 나타나는데 음식 담는 그릇과 가래나 침을 뱉는 타구가 함께 나열되는 것은 상식적으로 받아들이기 어려운 것이다. 또한 (3나b)의 소제목이 ‘房排’로 되어 있듯이, 이때의 ‘盆之’는 침실에 놓여 있는 물건의 이름으로 쓰인 것이다. 유사한 성격의 자료에서 “유 요강 이빵 유 타구 일빵(鍮溺江二雙 鍮唾口一雙)<丁未嘉禮時日記(1848년 이후) 81b>”처럼 ‘요강’과 ‘타구’가 인접해서 나타난다는 점을 고려했을 때, (3)의 ‘盆之’와 ‘分之’ 또한 “요강”을 의미하는 것이지 식기로 쓰인 것은 아니라고 판단된다.

아래의 (4~6)은 ‘픈즈’, ‘픈ᄌᆞ, 푼ᄌᆞ’, ‘푼주, 푼쥬’와 관련된 용례이다.

(4) ᄌᆡᆨ련ᄒᆞᆷ이라 [...] 그러ᄒᆞᆫ 후의 가마ᄅᆞᆯ 긁어 펴셔 사픈즈의 담고 두어 먹음 닝슈ᄅᆞᆯ 뿜고/+그 쥭에 니블쳐로 되디 아니케 ᄒᆞᆷ이라+/ 둣터온 핫보ᄒᆞ로써 그 픈즈 부리ᄅᆞᆯ 봉ᄒᆞ고 ᄀᆞᄂᆞᆫ 노ᄒᆞ로 ᄆᆡ야(再鍊 [...] 然後盡盛磁盆 噴一二口冷水/+欲其不作粥被+/ 以厚襦褓封其盆口 用細繩縛之)<新傳煮硝方諺解(1698) 11b>

(5) 가. 磁盆: 사푼ᄌᆞ<同文類解-器具(1748) 下:15a>

나. 小盆子: 픈ᄌᆞ<譯語類解補-器具補(1775) 25b>

다. 푼ᄌᆞ 안의 연와ᄅᆞᆯ 간정히 슈습ᄒᆞ엿ᄂᆞ냐(那盆子裏的燕窩收拾乾淨沒有)<紅樓復夢(19세기 말) 11:110>

라. 낭시 ᄯᅩ 일ᄀᆡ 푼ᄌᆞ의 더운 밥을 가지고 나오거ᄂᆞᆯ(郎氏又端出一瓦盆熱飯來)<雪月梅傳(19세기 말) 2:74>

마. 아졔ᄧᅵᆷ의 연계ᄶᅵᆷ의 오리 게우 ᄇᆡᆨ슉이며 지짐 구의 복기국과 소ᄎᆡ ᄡᅳᆫ지 장아지며 쥭합 갓튼 ᄒᆡ졀초는 ᄃᆡ원졉의 국물 ᄡᅳ고 젹은 푼ᄌᆞ 어시탕은 바다 ᄉᆡᆼ션 지느럼이 아니 어린 연ᄒᆞᆫ ᄲᅧ를 살 부쳐셔 고아 ᄂᆡ고<戊子西行錄(19세기)>

바. 원텹 이 푼ᄌᆞ 이 소라 이 졉시 이<가례시슈식혼ᄎᆞᄎᆞ비불긔>

사. 긔명푸리 볼작시면 ᄉᆞ긔반상 화긔반상 금테 두룬 ᄉᆞ발 ᄃᆡ졉 보아 죵ᄌᆞ ᄇᆞ락이와 ᄎᆡ화 그린 슐병 슐잔 ᄌᆡᆼ반 졉시 탕긔로다 항아리며 푼ᄌᆞ기며 ᄎᆞ죵 ᄎᆞ관 ᄉᆞ시ᄭᅡ지 ᄊᆡ여진 것은 거멀못 ᄶᅩᄀᆡ진 것 쳘ᄉᆞ로 집고<병인연행가(19세기 후반)>[4)]

(6) 가. 푼주: Plat creux.(오목한 접시)<韓佛字典(1880) 364>

나. 磁盌ᄌᆞ완, 俗言盆子, 轉云푼쥬.<名物紀畧-器用部(1870) 3:8a>

다. 盆子: 푼쥬<日用備覽記-器用具(1937) 4b>

(4)와 (5가)의 '사픈즈, 사푼ᄌᆞ'는 '磁盆'에 대응된다. 또한 '픈ᄌᆞ'는 '小盆子, 盆子, 瓦盆'의 대응어로 나타난다. (5바)에서 '푼ᄌᆞ'가 '원텹', '소라', '졉시' 등과 공기하는 것으로 보아 "기명"의 의미로 쓰인 것으로 판단된다. 이외 '푼ᄌᆞ'의 구체적인 용도는 (5다~마)의 문맥을 통해 파악이 가능하다. 이들은 각각 '연와(燕窩)', '더운 밥[熱飯]', '어시탕(魚翅

4) "고종 3년(1866)에 고종이 왕비를 맞이한 사실을 중국에 알리기 위해 진하사은겸주청사(進賀使恩兼奏請使)로 사행길에 서장관으로 다녀온 홍순학(洪淳學, 1842~1892)의 작품이다. 작품의 내용은 1866년 4월 9일 서울을 출발하여 6월 6일 북경에 당도하고 40일간의 북경 체류 후, 8월 23일 다시 집으로 돌아오기까지 133일에 걸친 긴 여정을 기록하고 있다."(서수인 2015:1)

湯)'과 같은 음식을 담는 용기로 쓰인 것이다. 이는 앞서 살펴본 '분지'가 "요강"의 의미로 일관되게 나타났던 것과 대조된다. (6가)에서는 '푼주'에 대하여 "Plat creux(오목한 접시)"라고 풀이하였고, (6나)에서는 '磁盌'을 세속에서는 '푼쥬[盆子]'라고 바꾸어 부르게 되었다고 기술하였다. (6나)의 '푼쥬'는 (5가~나)에서와 마찬가지로 '器用具'로 분류되어 있던 것이다.

현재 『표준국어대사전』에는 (7)처럼 '푼주'만 올라 있다.

(7) <u>**푼주**</u>: 명 아가리는 넓고 밑은 좁은 너부죽한 사기그릇. 【<<중>盆子】 [cf. 술푼주, 푼자, 푼추(강원 방언)]

지금까지 '盆子'를 어원으로 하는 '분지', '픈즈', '픈ᄌᆞ, 푼ᄌᆞ, 푼주, 푼쥬'에 대해 통시적으로 살펴보았다. 논의의 핵심을 요약하면 아래와 같다.

이 중 이른 시기 한음을 반영한 한음형 '분지'는 15~19세기 문헌에서, '盆子' 근대 한음이 반영된 한음형 '픈즈'는 『新傳煮硝方諺解』(1698)에서, '盆子'를 '한음+동음'의 방식으로 받아들인 '픈ᄌᆞ'와 '픈ᄌᆞ'에서 원순모음화를 겪은 '푼ᄌᆞ'는 18세기 이후 자료에서, '푼ᄌᆞ'에서 치찰음 아래 'ㆍ>ㅠ, ㅜ'의 변화를 겪은 '푼주, 푼쥬'는 19세기 이후의 자료에서 문증된다. 평음형의 '분지'와 격음형의 '픈즈', '픈ᄌᆞ, 푼ᄌᆞ, 푼주, 푼쥬'가 "용기"의 의미로 쓰였다는 점에서는 공통점을 지니나 전자가 "요강"의 의미로 쓰였고 후자가 "그릇"의 의미로 쓰였다는 점에서 의미 영역을 달리한다. 즉, 어원은 동일하나 차용 시기나 의미 영역에 있어서 두 부류의 차용어가 독자적인 모습을 보인다는 것이다. 현재 혼성형의 후대형인 '푼주'가 쓰이고 있다.

5.2.2. 후행 요소에 한음이 반영된 경우

5.2.2.1. [十分] 한시푼-ᄒᆞᆫ십푼 > 한ø-ᄒᆞᆫø

'은(銀)'과 공기하는 '十分'을[5] 어원으로 하는 어형에는 '시푼'과 '십푼'이 있다.[6]

(1) 가. 十: 數之具. 씨.<御製奎章全韻(1796) 緝>, 分: 別也, 裂也, 施也, 十黍. 분.<御製奎章全韻(1796) 文>
나. 十: 열 십. 書式作拾.<訓蒙字會-雜語(1527) 下:14b>, 分: ᄂᆞ홀 분. 判也, 半也, 又十銖爲一分.<訓蒙字會-雜語(1527) 下:14b>

'시푼'은 '十分'의 한음을 반영한 어형이고, '십푼'은 '十'의 동음과 '分'의 한음이 반영된 어형이다. 아래 어형별로 하나씩 살펴보기로 한다.

(2)는 '十分'의 한음과 일치하는 '시푼'과 '은'이 결합된 '시푼은'의 용례이다.

(2) 가. 시딕 갑스로 시푼은 열두 량애 ᄒᆞ야 그 은을 글월 ᄒᆞᆫ 나래 홈ᄢᅴ 주믈 ᄎᆞ게 ᄒᆞ고 ᄯᅩ로 ᄠᅥ디기 업게 홀디니(時值價錢 白銀十二兩 其銀立契之日 一並交足 外沒欠少)<飜譯老乞大(1510년대) 下:16b-17a>
나. 내 해 다 실 ᄀᆞᄂᆞᆫ 구의 나깃 시푼은이니 ᄆᆡ ᄒᆞᆫ 량의 ᄂᆞᄌᆞᆨ ᄒᆞᆫ 은을 드틔우면 ᄒᆞᆫ 돈식 나리라(我的都是細絲官銀 每一箇兩傾白臉銀子 出一錢裏)<飜譯朴通事(1510년대) 上:33a>
다. 셔울 잣 안 積慶坊의셔 사ᄂᆞᆫ 사ᄅᆞᆷ 趙寶兒ㅣ 이제 쳔량 ᄡᆞᆯ 거시 업슨 젼ᄎᆞ로 졍원으로 긔약ᄒᆞ야 아모 채쥬의손ᄃᆡ 실

5) 본고에서의 '十分'은 문맥상 '은(銀)'과 공기하는 것으로서, "아주 충분히<표준국어대사전>"를 의미하는 부사 용법의 '십분'과는 다른 것이다.
6) 이 중 '시푼·십푼'은 蕭悅寧(2014)에서 중국어 차용어로 지적된 바 있다.

ᄀᆞᄂᆞᆫ **시푼** 구의 나깃 은 쉰 량 여수 업시 빈 내여 ᄆᆡ ᄒᆞᆫ 량의 워리를 현분식 ᄒᆞ야 ᄃᆞᆯ 조초 보내요ᄃᆡ(京都在城積慶坊住人趙寶兒 今爲缺錢使用 情願立約 於某財主處借到細絲官銀五十兩整 每月利息幾分 按月送納)<飜譯朴通事(1510년대) 上:60b-61a>

라. 舍人하 므슴 은고 ᄀᆞ장 됴ᄒᆞᆫ **시푼** 구의 나깃 은 잇다(舍人 甚麽銀子 有細絲官銀)<飜譯朴通事(1510년대) 上:74a>

(2가~나)는 '시푼은'의 용례이고, (2다~라)는 '시푼'의 용례이다. 이 중 (2가)의 '시푼은'은 원문의 '白銀'에 대응된다. (2라)의 밑줄 친 부분을 통해 '시푼'이 은 중에서도 양질의 것임을 알 수 있으나 구체적인 의미 파악은 어렵다. 하지만 동일한 성격의 문헌에 출현하는 (3)의 팔성은(八成銀), 구성은(九成銀), 십성은(十成銀)의 용례를 빌어 '시푼' 및 '시푼은'의 의미를 유추해낼 수 있다.

(3) 가. 큰형님 됴ᄒᆞᆫ 은으로 다고려 이 은이 다믄 **바품은**이로소니 엇디 ᄡᅳ료(大哥與些好的銀子 這銀只有**八成銀** 怎麽使的)<飜譯老乞大(1510년대) 下:64b-65a>

가.′ 네 닐오ᄃᆡ 다 이 白銀이라 ᄒᆞ더니 이 거ᄉᆞᆫ **八成銀**이니 그저 날을 두 냥을 주어도 니쳔이 업ᄉᆞ니 셜워 날을 죽게 ᄒᆞᄂᆞᆫ고나(你說都是白銀 這的**八成銀** 只與我二兩 沒利錢 虧死我也)<朴通事諺解(1677) 下:26a>

나. 그 ᄣᅳ니 스므여ᄃᆞᆲ 량으란 너ᄅᆞᆯ **구품은**을 주ᄃᆡ 엇더ᄒᆞ뇨(那零的二十八兩 與你**青絲**如何)<飜譯老乞大(1510년대) 下:63b>

나.′ **青絲**: **九成銀**<譯語類解-珍寶(1690) 下:1a>

나.″ 眞宗로 됴흔 銀이 만히 업서 아흔 兩을 가져 와시니 그 나믄 스물 여ᄃᆞᆲ 兩을 네게 **九成銀**을 주면 엇더ᄒᆞ니 나그내 네 보라 이다지 큰 훙졍에 므슴 緣故로 ᄃᆞ토ᄂᆞ니 이 銀이 됴흔 九品엣 거시니 구의銀ᄀᆞᆺ치 ᄡᅳ리라 이러ᄒᆞ면 너ᄀᆞᆺ치 ᄡᅳ쟈 됴흔 **九品銀**을 가져오라<蒙語老乞大(1741) 8:11b-12a>

다. **花銀**: **十分銀**<譯語類解-珍寶(1690) 下:1a>

다.′ 네 니르되 다 이 **십셩은**이라 ᄒᆞ더니(你說都是**白銀** 怎麽是八成銀子呢)<朴通事新釋諺解(1765) 3:30b>

(3가~가′)에서 '八成銀'은 언해문의 '바품은' 또는 '八成銀'에 대응된다. (3나′)과의 비교에서 분명하게 드러나겠지만, 이때의 '바품은'은 '八品銀'을 어원으로 한다. '바품은'의 '바'는 '八'의 한음을 반영한 것이다. (3가′)의 문맥을 통해 '八成銀'은 '白銀' 즉 '시푼은'보다 품질이 떨어지는 것이었음을 알 수 있다. (3나~나′)에서 "靑絲'의 대응어로 '구품은'과 '九成銀'이 쓰였다. '구품은'과 '九成銀'이 유의 관계라는 것은 (3나″)의 동일 문맥에서 보다 분명하게 드러난다. (3나″)의 문맥을 통해 문장 속에 출현한 '九成銀'과 '九品銀'이 관은(官銀)보다는 다소 질이 떨어지지만, 여전히 좋은 구품(九品)의 것임을 알 수 있다. (3다~다′)에서는 '花銀'과 '白銀'의 대응어로 각각 '十分銀'과 '십셩은(十成銀)'이 쓰인 경우이다. (2)의 문맥을 통해 십성은(十成銀), 구성은(九成銀), 팔성은(八成銀)의 순으로 품질이 점차 낮아지고 있음을 발견할 수 있다.

아래는 '십푼'이 포함된 '십푼은'의 용례이다.

(4) 時直 갑스로 **십푼은** 열 두 냥애 ᄒᆞ야 그 은을 글월ᄒᆞᆫ 날의 ᄒᆞᆷᄭᅴ 주믈 ᄎᆞ게 ᄒᆞ고 ᄯᅩ로 ᄲᅥ디미 업게 ᄒᆞ리라(時值價錢 **白銀**十二兩 其銀立契之日 一并交足 外沒欠少)<老乞上諺解(1670) 下:15a>[cf. **십푼은**<平安刊老乞上諺解(1745) 下:15a>]

앞서 (2가)에서 '시푼은'으로 나타나던 것이 17세기 이후의 이본 자료에서 '십푼은'으로 나타난다.

이상 언급한 '시푼은, 십푼은'이나 '바품은' 외에도 중국과 관련된 한학서 자료나 연행록 자료에는 화폐 명칭을 중국어 원음에 가깝게 표기한 경우를 쉽게 발견할 수 있다. 흔히 알려진 '쇼쳔' 외에도 아래의 '쾌

(塊)'나[7] '연바오'가[8] 그러하다.

(5) 가. 主意ᄅᆞᆯ 定ᄒᆞᆫ 後의 져ᄃᆞ려 엇마 船價ᄅᆞᆯ 무르니 졔 每 한 사ᄅᆞᆷ의 셜흔 **쾌** 洋錢을 달나 ᄒᆞᄃᆡ 만일 貨物을 가젓시면 一百 斤마다 열 **쾌** 돈을 혬ᄒᆞᄂᆞᆫ 거시 곳 올타(定了主意以後 問他多少船價 他要每一箇人三十**塊쾌**洋錢 若帶貨物就按着一百斤叩十**塊쾌**錢就)<華音啓蒙諺解(1883) 下:31a-b>

나. 젼당푸리 돈 밧고고 은 밧고며 **연바오** 오십냥듕 말굽쇠 이입냥듕 닷양듕 총ᄌᆞ쇠와 ᄒᆞᆫ냥듕 바독쇠ᄅᆞᆯ 작도로 씩어 보며 은양평 져울 달고 당십ᄃᆡ젼 너 돈 구 푼 힝용소젼 양엇 돈 굴ᄌᆞ오라 ᄒᆞ엿스니 아국 돈은 엿돈일네<燕行紀(1895) 36쪽>

지금까지 '은(銀)'과 공기하며 '十分'을 어원으로 하는 어형 '시푼'과 '십푼'에 대해 살펴보았다. 논의의 핵심을 요약하면 아래와 같다.

'시푼'은 16세기 한학서에서, '십푼'은 16세기 한학서의 17세기 이본에 출현하는 어형이다. '시푼'과 '십푼'은 현재 쓰이지 않을뿐더러, 한학서를 제외한 기타 자료에서는 잘 발견되지 않는다.

5.2.2.2. [匾食] [한]변시-[혼]편시·편슈·편수 > [한]∅-[혼]편수

'匾食'을 어원으로 하는 어형에는 '변시'와, '편시, 편슈, 편수'가 있다.[9]

---

7) 이때의 '쾌'는 아래의 "덩이"를 의미하는 '괴'가 아니라 중국 화폐 명칭을 나타낸다.
[예] **塊**: 덩이 **괴**<倭語類解-雜語(1780년대초) 下:32a>

8) '연바오[元寶]'는 "은으로 말굽 모양으로 만든 중국 화폐의 일종"(홍종선·백순철 공저 2005:115)임. "소전(小錢)은 중국 청나라 때에 쓰던 동전. 우리나라에서는 '쇠천'이라고 하여 비공식적으로 사용하였음."(홍종선·백순철 공저 2005:115)

9) 이 중 '변시'는 李基文(1965/1991), 劉昌惇(1975), 蕭悅寧(2014)에서 지적

(1) 가. **匾변食시**: 변시<譯語類解-食餌(1690) 上:51b>, **匾변食시**: 변시<華語類抄-食餌(19세기 말) 30b>

나. 匾: 실그러딜 **변**. 器薄不圓皃. 匾□.<字類註釋(1856) 下:2b>, **食**: 밥 **식**. 飮食. 又啖也. 又音四, 亦作飼·飤, 以食食人也.<訓蒙字會-饌食(1527) 中:10a>

(1가)에서 보듯이 '변시'는 '匾食'의 근대 한음과 일치하는 어형이다. 또한 (1나)에서 보듯이, 19세기 중반의 자서(字書)에서 '匾'의 동음은 '변'으로 나타난다. '편시'가 15세기 자료에서 이미 문증된다는 점을 고려했을 때, 자서에 제시된 '匾'의 동음과 어형 속에 반영된 음이 일치하지 않는 이유에 대한 부연 설명이 필요하다. '변대[扁担], 변두(扁豆), 쥬변(周徧)'처럼 '扁'을 성부로 하는 한자들은 이른 시기의 자료들에서 '변시'처럼 평음형으로 표기된 예가 종종 보인다. 이 중 '변두'와 '쥬변'은 현대 한국어에서 '편두'와 '주편'으로 쓰이는 것으로 대응 한자의 음도 '변'에서 '편'으로 바뀌었다. 이들과 마찬가지로, 현대 한국어에서 '변'과 '편'의 복수음을 갖고 있는 '匾'도 성부 '扁'에 이끌려 동음이 현재와 같이 '변, 편'의 복수음으로 정착되었을 가능성이 있다. 따라서 '편시'는 평음 '변'에서 격음으로 변화한 '匾'의 동음 '편'에 '食'의 한음 '시'가 결합된 어형일 가능성이 높다.

또한 '편슈, 편수'는 '편시'의 둘째 음절에서 '시>슈/수'의 변화를 입은 것이다. 비슷한 음운 환경에서 '모시'의 방언형 '모수<조선어사전>'가 존재했던 점으로 미루어 보아 '편시>편슈>편수'와 같은 형태 변화를 상정해 볼 수 있다. 이외에 몽골어와 함경도 방언에 '변시'와 음상 및 의미가 유사한 'pensi'와 '밴새'가 쓰인다는 점은 '변시'와 이들 사이가 동원 관계일 가능성이 높음을 말해준다.[10] 아래 어형별로 하나씩 살피기

되었으며, 이기문(2007)에서 '변시, 편시, 편슈, 편수' 사이의 관계 및 통시적인 변화가 체계적으로 논의되었다. 아래의 예문 중 (2가~다), (2자), (3), (4가~나), (4라)는 이기문(2007)과 겹친다.

10) 이는 필자 주변의 몽골어 화자와 함경도 방언 화자를 통해 확인한 것이다.

로 한다. 우선 살펴볼 것은 '변시'이다.

(2) 가. 飩: 만두 둔. **餛飩**卽**변시**.<訓蒙字會-饌食(1527) 10a>[cf. **餛**: 만두 혼<訓蒙字會-饌食(1527) 10a>]

나. 匾食: **변시**<譯語類解-食餌(1690) 上:51b>, 匾食: **변시**<方言類釋-食餌類(1778) 西部:29b>, 扁食: **변시**<漢淸文鑑-飮食類(1779) 12:45b>

다. 餛飩: 쟈근 **변시**<方言類釋-食餌類(1778) 西部:29b>, 餛飩: 젹은 **변시**<漢淸文鑑-飮食類(1779) 12:45b>

라. 官人들은 각각 니르라 므슴 밥 먹기를 즐기ᄂᆞ뇨 내 외아 官人의게 들리마 羊肉 너흔 饅頭와 ᄆᆡᆫ소 너흔 稍麥과 **변시**와 제물에 솔믄 包子와 薄餠과 煎餠과 너븐 국슈와 ᄆᆞ른 국슈와 ᄎᆞᆷᄁᆡ 무친 燒餠과 수유에 디딘 燒餠과 硬麵으로 ᄆᆡᆫᄃᆞ라 구은 ᄯᅥᆨ이니 이셰라(官人們各自說愛吃甚麽飯我念與官人聽 羊肉饅頭素餡稍麥**匾食**水精包子薄餠煎餠寬條麵掛麵芝麻燒餠黃燒餠油酥燒餠硬面火燒餠都有)<朴通事新釋諺解(1765) 3:35b-36a>

마. 허로라 ᄒᆞᄂᆞᆫ 거ᄉᆞᆫ 국슈 모양이요 분탕이라 ᄒᆞᄂᆞᆫ 거ᄉᆞᆫ 슈면 모양이오 **변시**라 ᄒᆞᄂᆞᆫ 거ᄉᆞᆫ 만두 모양이니 다 졔육국의 ᄆᆞᆫ들고 마늘과 초ᄅᆞᆯ 너허 약념ᄒᆞ엿더라<장서각본 乙丙燕行錄(19세기) 1:118>[cf. 京外店舖肴羞 專用猪肉湯 如胡盧粉湯 **便食**之屬 和以葱蒜 驟嘗之 臊辣逆胃 往往嘔噦不能近口<湛軒書外集 卷10-燕記>], 이곳의 **변시**라 ᄒᆞᄂᆞᆫ 음식은 아국 만두와 ᄀᆞᆺ흔지라 다른 곳이예셔 별양 됴키로 일홈이 잇ᄂᆞᆫ디라<장서각본 乙丙燕行錄(19세기) 4:8>

바. **변시만두법**: **변시만두** 진게 ᄇᆡᆨ숙ᄒᆞ야 그 살을 가늘게 두다려 잣가로 만히 셧고 호초가로 유장 알마초 버무려 잠간 복고 진가로 깁체의 쳐셔 반죽ᄒᆞ야 산승 미듯 얇게 비최게 미러 마러 귀나게 버혀 귀로 싸 고기 닭숙 물의 살마 초장의 쓰라<酒食是儀(19세기 중 후반) 35b-36a>[cf. **변시만두**: 비노계 ᄇᆡᆨ숙ᄒᆞ야 그 ᄉᆞᆯ홀 ᄀᆞ늘게 두ᄃᆞ려 잣ᄀᆞ로 만히 석

고 호쵸말 유쟝 맛마초 버므려 잠간 복고 진ᄀ로 깁체의 처셔 반듁ᄒ야 산승 미듯 엷게 비최게 미러 귀나게 버혀 귀로 빠고 돍숙 믈의 술마 초쟝의 쓰라<閨閤叢書(1809) 82쪽>]

사. 이곳의 **변시**라 하는 음식 먹음즉다 ᄒ거늘 사오라 ᄒ야 먹으니 아국의 만두 모양 ᄀ치 밍글고 쉰 마시 이시며 더운 물의 씌웟더라<장서각본 戊午燕行錄(19세기) 2:24a>

아. 어육과 만두와 **변시** 등 음식을 드리고 쏘 신션ᄒ 과실을 일기 ᄃ반의 버려 노흐며 잔과 져를 ᄀ쵸와 놋코(炒肉煎魚雙色擺 饅頭**扁食**兩般呈 更兼新樣乾鮮果 一大盤中疊幾層小小新杯烏木筯)<再生緣傳(19세기 말) 29:43>

자. 匾食: **변시**<華語類抄-食餌(19세기 말) 30b>

(2)에서 '변시'는 '匾食, 餛飩,[11] 便食, 扁食' 등에 대응된다. 이 중 특이한 것은 (2마)와 관련된 한문본 자료에서 '변시'가 '便食'로 나타난다는 점이다. 선행한 '허로[餄餎]'가 '胡盧'로 나타나는 것으로 보아, 이때의 '便食'은 '변시'의 차자 표기일 것으로 판단된다.

(2마~사)의 밑줄 친 내용을 통해 '변시'가 모양이 만두 같고 국에 띄워서 먹는 음식임을 알 수 있다. (2바)는 '변시'에 '만두'가 후행한 '변시만두'의 예로, 현재 '변씨만두'로 쓰이고 있다. '변씨만두'의 어원과 관련하여『林園十六志』와『東國歲時記』에 흥미로운 내용이 발견된다.

(3) 가. [**卞氏饅頭方**] 蕎麥粉塩水搜作劑 捍開作薄薄方寸皮 兩皮包一餡 以剪刀裁作三角形/+ 餡用猪肉芹菜葱椒等料+ / 醬湯下油椒等物料烹之 古有**卞氏**善爲此味因以名之 亦猶饆饠之得名也/+ 饔饎雜志+ /(메밀가루를 소금물로 반죽하여 얇게 밀어 사방 1치 크기로의 피를 만들어 두 개의 피로 하나의 소를 싸고 가위로 삼각형

11)『字類註釋』에는 '餛'과 '飩'의 자석(字釋)이 '만두'가 아닌 '혼돈병(餛飩餠)'으로 나온다. 관련 용례는 아래에 제시하였다.

예 가. 餛: 혼돈병 혼. 餫餛仝. 圓餠, 餛飩.<字類註釋-飮食類(1856) 上:78a>

나. 飩: 혼돈병 돈. 屑米麪裹餡類彈丸, 蒸啖之.<字類註釋-飮食類(1856) 上:78a>

으로 자른다./+소는 돼지고기, 미나리, 파, 천초 등으로 만든다.+/ 장국에 기름, 천초 등 양념을 넣고 끓인다. <u>옛날 변씨가 이 요리를 잘 만들어 변씨만두라는 이름이 붙여졌다.</u> 또한 '필라'라는 이름도 얻었다./+옹희잡지+/)<林園十六志-鼎俎志-卞氏饅頭方(1827년경)>

나. 用蕎麥麵造饅頭包 以蔬葱雞猪牛肉豆腐爲餡 醬湯熟食 <u>又以小麥麵作三稜樣 稱**卞氏饅頭** 盖始於卞氏而得名也</u>(메밀로 만두를 만드는데, 채소, 파 닭고기 돼지고기, 쇠고기, 두부로 소를 만들어 장국에 익혀서 먹는다. <u>또 밀가루로 세모 모양으로 만든 것을 변씨만두라고 하는데, 대개 변씨로부터 유래되었기 때문에 얻어진 이름이다.</u>)<東國歲時記-十月-冬節時食饅頭(1849)>

(3)에서는 '卞氏饅頭'에 대해 "변씨가 잘 만들어서" 또는 "변씨가 처음으로 만들어서" 유래된 명칭이라고 서술되어 있다. 하지만 구체적인 요리법이나 모양 등에 있어서 본고에서 살펴본 '변시'나 아래 곧 살펴볼 '편시, 편슈, 편수'와 별다른 차이가 없다. 이기문(2007: 139)에서는 '변씨만두'와 같은 복합어를 형성하게 된 근본 원인은 언중(言衆)의 의식 속에 단어의 본뜻이 흐려졌기 때문일 것으로 보았다. 이와 같은 패턴의 복합어 형성은 차용어의 통시적인 변화에서 종종 발견되는 것이다.

이어서 살펴볼 것은 '편시, 편슈, 편수'의 용례이다.

(4) 가. ᄆᆞ른 ᄯᅩᆼ이 챵ᄌᆞ애 막딜여 얼윈 거시 이셔 ᄇᆡ 탕만ᄒᆞ고 알파 믈 몯 보거든 가ᄎᆞᆯ 복셩홧곶 ᄆᆞᄅᆞ디 아니ᄒᆞ니 ᄒᆞᆫ 량과 밄ᄀᆞᄅᆞ 석 량ᄋᆞᆯ 섯거 <u>**편시**</u>를 ᄆᆡᆼᄀᆞ라 니기 글혀 밥 아니 머거셔 머그면 낫 후만 ᄒᆞ야 ᄇᆡ 안히 글흐면 도딘 거시 나 됴ᄒᆞ리라(乾糞塞腸癥腸脹痛不通 毛桃花/+가ᄎᆞᆯ 복셩홧곶+/一兩濕者麵/+밄ᄀᆞᄅᆞ+/三兩和麪作<u>**餛飩**</u>/+<u>**편시**</u>+/熟煮空腹食之至日午後腹中如雷鳴當下惡物爲效)<救急簡易方諺解(1489) 3:73b-74a>

나. 匾食: <u>**편슈**</u><廣才物譜(19세기 초) 二:飮食:2b>

다. <u>**匾食편식**, 華音시, 轉云**편슈**</u>. 滚麵如薄紙, 切爲四方裏餡,

四合如饅頭者.<名物紀畧-飮食部(1870) 3:38b-39a>

라. <u>편슈</u>: 徧水. Œufs dépouillés de la coque et cuits dans l'eau bouillante.(껍질을 벗기고 끓는 물에 익힌 달걀)<韓佛字典(1880) 359>, <u>편슈</u>: 徧水. A wheat-flour pie.<韓英字典(1897) 503>, <u>편수</u>: 偏水<國漢會語(1895) 328>

마. 匾食: <u>편슈</u><日用備覽記-飮食具(1937) 7b>

(4)에서 '편시, 편슈, 편수'는 '餛飩, 匾食, 徧水, 偏水'에 대응된다. 이 중 '徧水, 偏水'는 '편슈, 편수'의 차자 표기에 해당하는데, 하강진(2016)에서 『韓佛字典』의 대역 한자어가 "표제어가 한자어인 경우 그 한자를 그대로 가져오고, 그렇지 않은 경우에는 의미나 발음 정보가 유사한 한자로 대체했다."라고 한 것에 비추어 볼 때, '徧水'는 원어의 발음과 의미에 가깝게 대역어를 제시하고자 한 번역자의 의도에서 비롯된 것으로 판단된다. 이때의 '徧水'에서 '徧'이 한국의 속자(俗字), 즉 한국 한자를 사용하고 있다는 점도 특징적이다.(沈在箕 1987:27 각주 5, 이기문 2007:137) (4)에 제시된 '편시, 편슈, 편수'는 대응어나 관련 맥락에 있어서는 (3)에서 살펴본 '변시'와 동일하다.12)

현재 '변시만두'의 후대형인 '변씨만두'와 '편시'의 후대형인 '편수'가 유의어로 아래와 같이 공존하고 있다. (5가)를 통해 '변씨만두'의 민간 어원인 '卞氏饅頭'가 대응 한자 표기로 자리잡았음을 알 수 있다.

(5) 가. <u>변씨만두(卞氏饅頭)</u>: 명 =편수01.

나. <u>편수01</u>: 명 밀가루 반죽한 것을 얇게 밀어 여기에 채소로 만든 소를 넣고 네 귀를 서로 붙여 끓는 물에 익혀 장국

12) 다소 특이한 점은 (4라)의 『韓佛字典』에 '편슈'에 대하여 "껍질을 벗기고 끓는 물에 익힌 달걀"이라고 서술되어 있다는 점이다. 이는 (4라)의 『韓英字典』에 나와 있는 '편슈'의 서술 내용과는 차이를 보인다. 『韓佛字典』 외에는 이러한 의미로 쓰인 '편슈'의 용례가 보이지 않으므로 '편슈'에 대한 정확한 기술일지는 불확실하다.

에 넣어 먹는 여름 음식. 특히 개성 지방에서 많이 해 먹는다. ≒변씨만두.

이상으로 '匾食'을 어원으로 하는 차용어 '변시'와, '편시, 편슈, 편수'의 공존과 변화의 양상에 대해 살펴보았다. 지금까지 살펴본 내용의 핵심 부분을 간추려서 요약하면 아래와 같다.

'변시'는 '匾食'의 한음을 반영한 한음형이고, '편시'는 격음으로 변화한 '匾'의 동음 '편'에 '食'의 한음을 반영한 혼성형이다. '편슈'는 '편시'의 둘째 음절에서 'ㅅ' 아래 'ㅣ>ㅜ/ㅠ'의 변화를 입은 형태에 해당하고, '편수'는 '편슈'에서 'y'가 탈락한 형태에 해당한다. 이 중 '변시'는 후대에 '만두'가 후행한 동일 의미의 '변시만두'로 변화했으며, 이것이 다시 '변씨만두'로 변화하여 '卞氏饅頭'라는 민간 어원까지 획득하게 되었다. 현재 '변시만두'의 후대형인 '변씨만두'와 '편시>편슈>편수'의 변화를 겪은 '편수'가 유의 관계로 공존하고 있다. 이는 어떤 단어가 단독으로 쓰였을 때와 복합어의 일부로 쓰였을 때 서로 다르게 형태 변화가 일어나는 사실을 잘 보여 준다.

5.3. 소결

이상 '盆子', '十分', '匾食'에서 기원한 '한음형'과 '혼성형'을 예로 어형들 사이의 공존과 변화의 양상에 대해 살펴보았다.

'盆子'에서 기원한 공존형으로는 한음형 '분지, 픈즈'와 선행 요소가 한음을 반영한 혼성형 '픈즈, 푼즈, 푼주, 푼쥬'가 있다. 이 중 한음형 '분지'와 '픈즈'는 각기 다른 층위의 한음을 반영한 것이다.[13] 각자의

13) 한국어와 중국어의 접촉은 특정한 시기에만 머물러 있지 않았기 때문에 서로 다른 층위의 한음을 반영한 차용어들이 의미 분화를 보이면서 공존하는 양상은 차용의 한 단면을 보여준다고 할 수 있다.

의미도 달리 드러나, 시기를 달리 하여 받아들인 동일 어원 차용어들 사이의 형태와 의미가 다를 수 있음을 보여주는 예이다. 현재 “요강”의 의미를 나타내는 ‘분지’는 사라지고, ‘픈ᄌᆞ’의 후대형인 ‘푼주’만 쓰이고 있다.

‘은(銀)’과 공기하는 ‘十分’을 어원으로 하는 공존형에는 한음형 ‘시푼’과 후행 요소가 한음을 반영한 혼성형의 ‘십푼’이 있다. 이들은 한학서를 중심으로 확인될 뿐, 기타 자료에서는 잘 발견되지 않는다. 구성은(九成銀), 팔성은(八成銀)보다는 품질이 좋은 십성은(十成銀)을 의미하는 맥락에 사용된 것이다. 이처럼 중국과 관련된 자료들에서 화폐 명칭을 중국어 원음에 가깝게 표시된 경우는 쉽게 목격된다. 예를 들면, ‘쇼천[小錢]’, ‘쾌[塊]’나 ‘연바오[元寶]’가 있다.

‘匾食’을 어원으로 하는 한음형에 ‘변시’가 있고, 혼성형에는 ‘匾’의 동음 ‘편(<변)’이 반영된 ‘편시, 편슈, 편수’가 있다. 현재 이들의 후대형인 ‘변씨만두’와 ‘편수’가 쓰이고 있다. 이 중 ‘만두’가 결합된 ‘변씨만두(<변시만두)’는 어원 ‘匾食’과는 다른 ‘卞氏饅頭’라는 민간 어원을 얻게 되면서 이것이 현재 ‘변씨만두’의 대응 원어 표기로 자리잡았다.

아래 <표 9>는 한음형과 혼성형이 모두 확인되는 이상의 동일 어원 차용어들의 세기별 분포 상황을 정리한 것이다.

<표 9> 한음형·혼성형의 세기별 분포

어원	어형	15	16	17	18	19	20
盆子	분지	○	○	○	○	○	×
	픈즈	×	×	○	×	×	×
	픈ᄌᆞ·푼ᄌᆞ·푼주·푼쥬	×	×	×	○	○	○
十分	시푼	×	○	×	×	×	×
	십푼	×	×	○	○	×	×
匾食	변시	×	○	○	○	○	×
	편시·편슈·편수	○	×	×	×	○	○

위에서 보듯이, 한음형과 혼성형의 공존에 속하는 부류들은 위에서 살펴본 공존형들에 비해 현저히 적다. 이 중 '盆子'와 '十分'에서 기원한 차용어는 한음형이 우선 문증되는 반면, '匾食'에서 기원한 차용어들은 혼성형이 우선 문증된다. '十分'에서 기원한 차용어들은 중도에서 모두 사라졌고, '盆子'와 '匾食'의 경우에는 혼성형의 후대형이 남아 있다. 또한 '匾食'의 한음형 '변시'는 쓰이지 않으나 대신 여기에 '만두'가 결합된 '변씨만두'가 쓰이고 있다.

6. 동일 어원 차용어들의 공존 및 변화 양상

6.1. 도입

李基文(1965/1991: 218~219)에서는 16~18세기 한학서에 출현하는 근세 중국어 차용어들의 특징에 대해 아래와 같이 지적한 바 있다. 내용이 많기는 하나, 본장의 내용과 직접적인 관련을 맺는 것이므로 원문 그대로 아래에 옮겨 오기로 한다.

① 이들 근세중국어 차용어는 服飾·布帛·器具 등의 분야에서 특히 많이 발견되며 다음으로 珍寶·飮食·商賈 등의 분야에서 발견된다. 이것은 주로 이들 차용어가 실물과 함께 우리 나라에 들어왔음을 증명하는 동시에 중국으로부터 우리 나라에 유입된 물건들이 어떤 종류의 것이었음을 알려 주는 산 증거가 된다. 현대에 있어서의 日本 및 西歐諸語로부터의 차용어도 주로 이런 분야에 속하는 것들임을 생각할 때, 古今이 同軌라는 느낌을 금할 길 없다.

② 이들 차용어의 音韻論的 특징으로는 그들이 근세중국어 발음을 보여 주고 있음을 지적할 수 있다. 우리 나라 漢字音의 '오'에 많은 경우 '우'에 대응하는 점, 入聲 韻尾를 보여 주지 않는 점, 그리고 우리 나라 漢字音의 無氣音에 有氣音, 또는 그 반대의 대응을 보여주는 점 등이 현저한 특징이다.

③ 여기에 지적하지 않을 수 없는 주목할 만한 현상으로서 이들 차용어의 발음이 전통적 漢字音에 끌리어 드디어 그것에 일치되고 마는 경향이 뚜렷한 사실이다. 일일이 지적하지는

않았지만 우리의 리스트의 많은 예에 있어서 우리는 후대에 내려옴에 따라(가령 華語類抄) 한자어에 완전히 편입된 예가 증가함을 본다. 이것은 매우 특이하기는 하지만, 일종의 借用變移(loan shift)라고 할 수 있을 것이다.

④ 그리고 이와는 반대의 방향을 취하여, 이들 차용어의 발음에 적합한 한자를 택하여 그것을 표기하는 예가 흔히 있음을 본다. 이것은 특히 위의 雅言覺非의 인용이 잘 드러내고 있는 현상인 바, 이런 소위 '取音'의 방법에는 일종의 民間語源이 작용함을 느낄 수 있다.(우리는 現行 國語辭典에서 이런 取音 漢字가 많은 경우 그대로 채택되고 있음을 본다.)

⑤ 이들 차용어의 형태적 특징은 接尾辭 '子' 또는 '兒'를 가지고 있는 사실이다. 이들 접미사는 中國語史에 있어 초기 中世의 시기에 이미 사용되기 시작하여 그 후기에는 일반화되어 있었다고 한다. 따라서 이들이 있다고 해서 반드시 근세의 차용이라고는 할 수 없을 것이다. 다만 우리 나라 한문은 이들 접미사를 원칙적으로 용납하지 않았으므로 그 사용은 한자어와 차용어를 구별하는 특징이 되는 것이다.

⑥ 우리는 이들 차용어의 많은 예가 滿蒙語의 중국어 차용어와 합치함을 발견한다. 滿洲語가 국어와 공통적으로 중국어로부터 이들의 대부분을 차용하고 있는 사실은 특기할 만하다. 이것은 이 문화권에 있어서의 문화적 언어적 접촉의 공통성에 말미암은 것이다.

각 문단은 핵심 내용은 필자가 밑줄로 표시하였다. 이상의 여러 특징들은 본고의 용례를 통해서도 검증되는 바이다. 그러나 이상과 같은 특징 외에도 음운적 측면, 조어적 측면, 의미적 측면 등에 있어서 특징적인 모습들이 더 보인다. 일례로 한음의 영향으로 동음이 변화하기도 하고 새로운 속음이 탄생되기도 하며, 차용어가 내포하고 있던 의미의 영향으로 차자 표기에 사용되었던 한자가 새로운 훈을 획득하기도 한다. 또한 어휘의 공존과 변화의 측면에서 볼 때, 서로 다른 성격의 한자음을 포함하고 있는 차용어들이 의미 영역을 분화하여 공존하는가 하면, 후대에 생긴 동음형이 기존 한음형의 세력을 밀어내지 못하고 끝내는 한음형만 남게 된 경우도 있다.

따라서 6장에서는 개별 용례에 대해 살핀 2~5장의 내용과 李基文(1965/1991: 218~219)에서 제시한 특징들을 참고로 하여 차용어들의 공존과 변화에서 발견되는 어휘사 영역별 특징에 대해 종합적이고 체계적인 접근을 시도하고자 한다.

전반적으로 보았을 때, 차용어들 사이의 등장, 공존과 변화는 일괄적이고 동일한 양상을 보이는 것은 아니지만, 발음이나 형성 과정, 분포 등에서 어떤 경향성을 띠고 있음은 분명하다. 이러한 경향성은 차용어와 관련된 방법론을 정밀화하는 데 구체적인 증거 자료를 제공해 줄 수 있을 뿐만 아니라, 차용어가 어떤 방식으로 한국어의 어휘 체계 내에 들어오게 되는지를 보여주는 자료라는 점에서 한국어 어휘사 연구에 도움이 될 것이다.

6.2. 음운적 측면

아래 '한음과 동음의 대응 관계', '어형의 변화', '혼성형의 한자음 구성 방식', '특이 동음의 반영'이라는 측면에 초점을 맞추어 차용어의 음운적 특징에 대해 살펴보기로 한다. 이외에도 차용어의 음운적 특징이라고는 할 수 없으나, 차용어의 공존 및 변화와 관련된 중요한 내용인 차자 표기에 대해 '차자 표기의 확대와 성격 변화'라는 측면에서 살펴보고자 한다.

6.2.1. 한음과 동음의 대응 관계

한음이 포함된 한음형·혼성형 차용어와 동음이 반영된 동음형 차용어의 대응에서 가장 두드러진 대응 관계는 평음과 격음의 대립을 대표로 한 자음의 대응과 'ㅗ'와 'ㅜ'의 대응을 대표로 한 모음의 대응이다. 이와 같은 대응은 늘 하나의 패턴을 보이는 것은 아니다. 즉 중국어의 평음이 꼭 한국어의 격음에 대응된다거나 중국어의 'ㅗ'가 한국어의 'ㅜ'에 일방적으로 대응되는 것이 아니라는 것이다. 대체적으로 어떤 주된 대응 관계 속에 보다 다양한 대응 양상을 포함하고 있다.

예컨대, '小旦'을 어원으로 하는 한음형 차용어 'ᄼᆞ오단'에서 'ᄼᆞ오'는 '小'의 한음을 중국어 발음에 가깝게 표기한 것이다. '小[ᄼᆞ오]'와 동일한 섭(攝)에 속하는 한자들이 중국어 원음에 가깝게 한글로 전사될 때 'ᄋᆞ오, 아오, 야오(치찰음 아래)'로 표기되는 경우가 다수 존재한다. '가오리·거우리[高麗]<效-豪-平>, 원사오·원샤오·연ᄼᆞ오[元宵]<效-蕭-平>, ᅎᆞ오·ᅎᆞ위·쟈오·자호[吊]<效-嘯-去>, 창다오·챵다오[強盜]<效-號-去>, 챵파오[氅袍]<效-豪-平>'에서[1] '高, 宵, 吊, 盜, 袍'는 각각 '가오·거우, 사오·샤오·ᄼᆞ오, ᅎᆞ오·ᅎᆞ위·쟈오·자호, 다오, 파오'로 표기되어 있다. 대부분의 경우 'ᄼᆞ오단'처럼 'ᄋᆞ오, 아오, 야오(치찰음 아래)'에 대응되지만 '거우리, ᅎᆞ위'처럼 '어우, ᄋᆞ우'에 대응되는 어형도 발견된다.[2]

한 단어가 원어의 발음에 가깝게 받아들여질 때 다양한 음운 대응 양상을 보이는 것은 비단 중국어 차용어에만 한정된 것은 아니다. 일례로 신소설 자료에서 "탁자"를 의미하는 서구어 차용어 'table'를 표기할 때 '데불, 테불, 텔불'과 같은 다양한 표기를 보이고 있다.

예문 검토를 통해 획득한 이와 같은 인식을 바탕으로 본고에서는 한

1) 운서에 수록된 위치를 '攝-韻目-聲調'의 순서로 제시하였다. 이 중 섭(攝)은 16攝에 따른 것이고 운목(韻目)은 『御製奎章全韻』을 따른 것이다.

2) 또 예를 들면, 동일한 운류(韻類)에 속하는 '口', '勾', '斗'가 중국어 원음에 가깝게 표기될 때도 '쿠ᄃᆡ[口袋], 거우당[勾當], 두루풍[斗篷]'처럼 '우, 어우, 우우(<-으우)'의 다양한 대응 양상을 보인다. 『字類註釋』의 서술 내용을 참조한다면, 이들 모두 尤韻에 속하는 복합 모음이기 때문에 청각적으로 굴곡이 심해 다양하게 들렸을 것으로 판단된다.

음형·혼성형과 동음형 어형에 대해 '평음'과 '격음'의 대응 및 'ㅗ'와 'ㅜ'의 대응을 중심으로 살펴보기로 한다.

6.2.1.1. 평음과 격음의 대응

평음과 격음의 대응을 이루는 예는 다시 동음형이 평음형인가 격음형인가에 따라 두 부류로 나뉠 수 있다. 아래 <표 10>은 동음형이 평음형이고 한음형·혼성형이 격음형인 부류에 속하는 대상을 제시한 것인 반면, <표 11>은 동음형이 격음형이고 한음형·혼성형이 평음형인 부류에 속하는 대상을 제시한 것이다.

<표 10> 동음형이 평음형인 예

	어원	어형		대응 음소
		한음형·혼성형	동음형	
1	筐子	광지	광지	ㅋ:ㄱ
2	圖書	투슈 투셔·튀셔	도셔	ㅌ:ㄷ
3	鴨頭綠	야투루·야투로·야토로 야토룩·야토록	압두록	ㅌ:ㄷ
4	團領	텰링·털링·텬링	단령·달영·단영·단녕·덜렁	ㅌ:ㄷ
5	沙糖·砂糖	사탕·사탕·ᄉᆞ탕·샤탕	사당·사당	ㅌ:ㄷ
6	唐巾	탕건·탕근	당건	ㅌ:ㄷ
7	紫檀	ᄌᆞ탄	ᄌᆞ단·자단	ㅌ:ㄷ
8	店房	뎐팡	뎜방	ㅍ:ㅂ
9	財主	채쥬	직쥬	ㅊ:ㅈ
10	錢糧	쳔량·쳔량·쳔낭·쳘량·쳘낭·쳔량	젼량·젼낭·전량	ㅊ:ㅈ

동음형이 평음인 <표 10>의 예 중에서 보다 많은 비율을 차지하는

것은 한음형·혼성형과 동음형이 ‘ㅌ:ㄷ’의 대응을 보이는 예이다. 총 10개의 대상 중 6개가 ‘ㅌ’과 ‘ㄷ’의 대립을 이루고 있다. 이외에 ‘ㅋ:ㄱ’, ‘ㅍ:ㅂ’, ‘ㅊ:ㅈ’ 대응의 예도 찾아볼 수 있다.

<표 11> 동음형이 격음형인 예

	어원	어형		대응 음소
		한음형·혼성형	동음형	
1	玻瓈·玻璃	보리·버리 보려	파려·파리·ᄑᆞ리·피리	ㅂ:ㅍ
2	寶貝	보ᄇᆡ·보븨·보배·보뵈	보패·보ᄑᆡ	ㅂ:ㅍ
3	匹段·匹緞	비단	필단	ㅂ:ㅍ
4	板子	반ᄌᆞ·븐자·반지	판ᄌᆞ·판자	ㅂ:ㅍ
5	喇叭	라발·나발·ᄂᆞ발	라팔·나팔	ㅂ:ㅍ
6	縐紗	즈우샤·주사·즈으사·즈우사·져사·져우사	츄사	ㅈ:ㅊ

동음형이 격음인 <표 11>의 예들 중 한음형·혼성형이 ‘ㅂ’이고 동음형이 ‘ㅍ’인 ‘ㅂ:ㅍ’의 대응을 보이는 예가 압도적인 비율을 차지한다. 총 6개의 대상 중 5개가 그러하다.

위의 <표 10>과 <표 11>을 비교하였을 때, 한음형·혼성형과 평음형 사이에는 ‘격음:평음’의 대응이 ‘평음:격음’의 대립보다 다소 우세하다는 것을 발견할 수 있다. 또한 한음과 동음이 ‘격음:평음’의 대립을 이루는 대상들 중에는 ‘ㅌ:ㄷ’의 대립이 보다 높은 비율을 차지하고, 한음과 동음이 ‘평음:격음’인 대상들 중에는 ‘ㅂ:ㅍ’의 대립이 압도적인 비중을 차지한다.[3)]

3) 동음형이 격음인 예들 중에 유독 ‘ㅂ:ㅍ’의 대응이 많이 보이는 것은 한국어 격음의 발달 순서와 관련이 될 가능성이 있을 것으로 짐작되지만, 현재로서 깊이 있는 서술을 전개를 할 수 있는 상태는 아니므로 의견을 보류하고자 한다.

6.2.1.2. 'ㅗ'와 'ㅜ'의 대응

'ㅗ'와 'ㅜ'의 대응을 보이는 대상들은 한음형·혼성형과 동음형이 'ㅜ:ㅗ'의 대응인지, 'ㅗ:ㅜ'의 대응인지에 따라 다시 두 부류로 나뉜다. 아래 <표 12>는 한음형·혼성형과 동음형이 'ㅜ:ㅗ'의 대응과 'ㅗ:ㅜ'의 대응을 이루는 대상을 제시한 것이다.

<표 12> 'ㅗ'와 'ㅜ' 대응의 예

	어원	어형		대응
		한음형·혼성형	동음형	
1	湯**罐**	탕**권**	탕**관**·탕**관**	ㅜ:ㅗ
2	**靴**子	**훠**ᄌᆞ	**화**ᄌᆞ	ㅜ:ㅗ
3	夾**棍**·挾**棍**	갸**군**·갸**군**ᄒᆞ다	갸**곤**ᄒᆞ다	ㅜ:ㅗ
1	**套**袖	**토**슈·**토**수·**토**시	**투**수	ㅗ:ㅜ
2	鴨**頭**綠	야투루·야투로·야**토**로 야**토**룩·야**토**록	압**두**록	ㅗ:ㅜ

<표 12>에서 보듯이, '湯罐, 靴子, 夾棍·挾棍'에서 기원한 한음형·혼성형과 동음형은 'ㅜ:ㅗ'의 대응을 보이고, '套袖, 鴨頭綠'에서 기원한 한음형·혼성형과 동음형은 'ㅗ:ㅜ'의 대응을 보인다. 'ㅗ:ㅜ'의 대응과 관련하여 李基文(1965/1991: 218)은 동음의 'ㅗ'가 한음의 'ㅜ'에 대응되는 경우가 많다고 지적한 바 있으나 본고의 입장에서 보자면 'ㅗ'와 'ㅜ'의 모음 대응을 보이는 예들이 경향성을 살펴볼 만한 정도로 충분한 것은 아니라고 판단된다. 단지 이와 관련하여 한 가지 설명을 덧붙이자면, '鴨頭綠'에서 기원한 한음형·혼성형 중 '야토로, 야토룩, 야토록'은 동음형 '압두록'과 'ㅗ:ㅜ'의 대응을 보이지만, '야투루, 야투로'의 '투'는 동음의 '두(頭)'와 마찬가지로 모음이 'ㅜ'이다. 즉 동일한 어원을 가지면서 비슷한 시기에 문증되는 어형이지만, 일부는 'ㅗ'에 대응되고,

일부는 'ㅜ' 그대로 표기되었다는 것이다. 이러한 예는 이외에도 더 보인다. 예를 들면, '湯水'를 어원으로 하는 '탕쇠'에서는 '水'에 대응되는 '쇠'의 모음이 'ㅚ'로 나타나지만, '당쉬·쟝슈[漿水]나 '쉬문[水門]'에서는 'ㅟ'로 나타난다. 즉, 비슷한 시기의 어형임에도 불구하고 단어에 따라 일부는 'ㅚ'에 일부는 'ㅟ'에 대응되는 양상을 관찰할 수 있다. 한음과 동음의 대응 관계의 서술을 위한 도입부에서도 언급하였듯이, 이와 같은 예를 통해 음운 대응의 경향성을 살펴볼 수는 있겠으나 대상에 따라 편차를 보인다는 사실을 다시금 확인할 수 있다.

6.2.2. 어형의 변화

중국어 차용어들 중에는 통시적인 변화 과정에서 어형의 변화를 입은 대상들이 있다. 이 부분에서는 보다 특징적인 음운 변화를 입은 대상에 대해 '모음 관련 변화'와 '자음 관련 변화'로 나누어 살피기로 한다.

6.2.2.1. 모음 관련 변화

모음 관련 변화를 "y'의 첨가와 탈락, ㅏ>ㆍ, ㆍ>ㅜ(ᄌᆞ>주·쥬, ᄉᆞ>수·슈), ㅣ>ㅜ(시>수·슈, ㅜ>ㅣ(수·슈>시), ㆍ>ㅣ(ᄌᆞ>지), ㅣ>ㅡ(지>즈), ㅓ>ㅡ(건>근, 엄>음), ㅗ>ㅜ, 원순모음화'로 나누어 차례대로 살펴볼 것이다. 이 중 "y'의 첨가와 탈락', 'ㅏ>ㆍ'('ㆍ'의 과도 교정), 연구개음 아래의 'ㅓ>ㅡ'(고모음화), 'ㅗ>ㅜ'(고모음화), 순자음 아래의 원순모음화'를 제외한 기타의 모음 관련 변화들은 모두 치찰음 아래에서 일어난 변화이다.

1) 'y'의 첨가와 탈락

외형상 'ㅣ' 모음이 첨가된 어형에는 '튀셔(<투셔: 圖書), 이염(<이엄:

耳掩), 에염이(<아얌: 耳掩), 개ᄌᆞ(<갸ᄌᆞ: 架子), 애청(<야청: 鴉靑), 뉘비(<누비: 衲衣), 망견(<망건: 網巾), 훼(<훠: 靴)'가 있고, 'ㅣ' 모음이 탈락된 어형에는 '던방(<뎐방: 店房), 과게(<*과계: 夥計)'가 있다. 아래 'ㅣ' 모음이 첨가된 어형과 탈락된 어형으로 나누어 관련 용례와 함께 집중적으로 살펴보기로 한다.

'ㅣ' 모음이 첨가된 어형 중 '이염, 망견'은 동음형에 'y'가 첨가된 것이고, '튀셔, 에염이, 개ᄌᆞ, 애청, 뉘비, 훼'는 한음이 반영된 혼성형 또는 한음형에 'y'가 첨가된 것으로서 동음형보다는 혼형성과 한음형이 보다 높은 비율을 차지한다. 또한 'y'가 첨가된 위치를 볼 때 '튀셔, 에염이, 개ᄌᆞ, 애청, 뉘비'는 어중 위치이고, '이염, 망견, 훼'는 어말 위치이다.

이들은 외형상으로 'y'가 첨가되었거나 탈락되었다는 공통점을 갖고 있으나 그 음운론적 환경이나 동기는 각각 다르다.[4] 아래 대상의 유형별로 살피기로 한다. (1가~사')는 '튀셔, 이염·에염이, 개ᄌᆞ, 애청, 뉘비, 망견, 훼'와 관련된 용례를 제시한 것이다.

(1) 가. **튀셔** 치다: To stamp with a seal.<韓英字典(1897) 711[cf. **투셔**: 圖書. A seal; a stamp. (찍다) (치다). See 도셔.<韓英字典(1897) 711>, **투셔** 찍다: To stamp with a seal. See 도셔 치다.<韓英字典(1897) 711>]

나. 帽套: **紗帽이엽**<譯語類解-服飾(1690) 上:44a>, 狐帽: **紗帽이엽** ○ 一云煖帽<譯語類解-服飾(1690) 上:44a>, 帽套: **紗帽이엽**<華語類抄-服飾(19세기 말) 26b>, 帽套: **사모이엽**<목판본 華語類抄-服飾(미상) 13b>, **이염**: 額掩. Bonnet en peau de zibeline ayant la forme d'un melon.(Les hommers en place le mettent pendant l'hiver; les jeunes mariés s'en servent pour

4) 金徑暄(1998)과 김주필(2015)에서는 다양한 환경에 출현하는 'y' 첨가나 탈락에 대해 구체적으로 논의한 바 있다. 이 부분을 정리함에 있어 이 두 논저의 도움이 컸다.

la cérémonie du mariage.)(멜론의 형태를 띤 검은 담비 가죽으로 된 챙 없는 모자.(요직에 있는 사람들이 겨울 동안 그것을 착용한다. 신랑신부가 결혼 예식을 위해 그것을 쓴다.))<韓佛字典(1880) 37>, **이염**: 額掩. A woman's winter cap. (Prov.) 아얌.<韓英字典(1897) 58>

나. 額箍: 니마 앏히 붓치ᄂᆞᆫ **에염이**<漢淸文鑑-飾用物件類(1779) 11:22a>

다. 食輿: 舁食者. **개ᄌᆞ**.<廣才物譜(19세기 초) 二:飮食:1a>

라. **애청**: 명 「야청」에서 온 말<조선어사전 3>

마. ᄌᆞᆼ기 바둑 골픠 ᄉᆞᆼ육 적기을 눌노ᄒᆞ여 보리 ᄒᆞ히 기ᄉᆡ 무선니 ᄂᆡ달으며 ᄋᆞ양피 ᄌᆞ지 토시 솜승 보션 ᄂᆡ여노면 형임 니게 비록 약쇼ᄒᆞ오나 설ᄂᆡ북종 ᄎᆞᆫ 발암과 죠ᄉᆞ취혈 빙셜노의 숀발인들 안 실일가 형임 곳 죽계더며 ᄉᆞᆼ침젓셧 **뉘비질**과 관ᄃᆡ 도포 정여ᄂᆞ 수품 눌노ᄒᆞ여 ᄇᆡ우보고 아못죠록 ᄉᆞ라라서 오월오일 도라오면 츄천놀음 ᄒᆞ여보세<홍윤표소장 154장본 춘향전(미상) 78a>, 숑곳 셰울 짜니 업고 웅문헐 아히 업셔 가련헌 곽씨부인 몸을 바려 품을 팔 제 ᄉᆞᆨ반의질 관ᄃᆡ 도복 힝의 ᄎᆞᆼ의 직영이며 셥슈 쾌ᄌᆞ 즁치막 남여의복 **ᄌᆞᆫ 뉘비질** ᄉᆞᆼ침질<신씨가장본 沈淸歌(19세기) 156>, **잔뉘비**: 數行衣. piqué, esp. d'habit formé de deux tissus réunis parune couture à points rapproché formant ordinairement des carrés ou des losanges.(피케, 일반적으로 정사각형 또는 마름모 모양을 이루는, 촘촘한 바느질로 연결된 두 직물로 만들어진 옷의 종류)<韓佛字典(1880) 526>

바. 관ᄃᆡ 도복 힝의 창옷 즁치막과 남여 의복 ᄒᆞᆫ삼 고의 **망견** 쉬미기 각ᄉᆞᆫ접기 ᄇᆡ자 단쵸 토슈 보션 쥬먼이 쌈지 양낭 필낭 휘양 풍ᄎᆡ 쳔의 즁의 가진 금침 쌍원낭 슈노키라 각ᄃᆡ 흉ᄇᆡ 쌍학 노키<가람본 46장본 심청전(1911) 1a>

사. ᄒᆞᆫ 관원이 흰 모시옷 닙고 쇼건 쓰고 **거문 훼** 신고 와 ᄐᆡᆨ니의게 읍ᄒᆞ고<大宋興亡錄(18~19세기) 1:60>, 이ᄂᆞᆫ 당부치 말나 쇼승이 마음을 다ᄒᆞ여 유무를 젼ᄒᆞ리라 ᄒᆞ고 머리의 모ᄌᆞ

를 쓰고 직녕을 닙고 **훼**를 신고 나셔니<禪眞逸史(18세기) 4:45>, 울니ᄃᆡ 황금봉시투고의 연화대ᄌᆞ갑을 닙고 망뇽ᄉᆞᄌᆞᄃᆡ의 거믄 **훼**를 신어시니 ᄂᆞᆾ치 두렷ᄒᆞ여 놉흔 코와 둥군 눈이 극히 효용ᄒᆞ고 좌우 장이 다 ᄀᆡ갑이 션명ᄒᆞ여 ᄌᆡ뫼 졍쟝ᄒᆞ니 크게 쇼ᄅᆡᄒᆞ여 원슈를 ᄂᆞ오라 ᄒᆞ니<玄氏兩雄雙麟記(미상) 4:36a-b>

사.′ 지현이 홀연이 마으락이를 벗고 뮌머리의 사모를 쓰고 인ᄒᆞ야 관ᄃᆡ를 내야 닙어 ᄯᅴ와 **목훼**를 ᄀᆞ초고 다시 교위예 올나 안즈매 두 눈의 눈물이 비 오듯 ᄒᆞ야 셜우믈 이긔디 못ᄒᆞᄂᆞᆫ 거동이오<숭실대본 乙丙燕行錄(1829~1831) 2:66>[cf. 그 지현이 홀연이 마을이를 벗고 뮌머리의 사모를 쓰고 인ᄒᆞ야 관ᄃᆡ를 ᄂᆡ여 닙어 ᄯᅴ와 **목휘**를 ᄀᆞᆺ초고 다시 교위의 올나안ᄌᆞ매 두 눈의 눈물이 비 오ᄃᆞᆺ ᄒᆞ야 셜움을 니긔지 못ᄒᆞᄂᆞᆫ 거동이오<장서각본 乙丙燕行錄(19세기) 4:66>]

(1가)의 '튀셔'는 '투셔'의 어중에 'y'가 첨가된 어형으로 『韓英字典』에서 해당 용례가 확인된다. 참조 부분과의 비교에서 드러나듯이 동일한 문헌에서 'y'가 첨가된 어형과 그렇지 않은 어형이 공존한다.

(1나)의 '이염'은 '耳掩'의 동음형 '이엄'의 어간 내부에 'y'가 첨가된 것이다. 선행 음절 '이'의 영향으로 후행 음절의 '엄'에 'y'가 첨가되어 '염'으로 표기되었을 가능성이 있다. 또한 (1나′)의 '에염이'는 '아얌'에서 음성 모음으로 바뀐 '*어염'이 '에염'으로 표기되고, 여기에 다시 명사 파생 접미사 '-이'가 결합되었을 것으로 보인다. 이 중 '이염'은 국어사 전반에 걸쳐 확인될 뿐만 아니라, 앞서 어원별 용례 분석에서 살펴본 것처럼 '이엄'이나 '아얌'과 장기간 공존해 왔던 것이다. 그러나 '에염이'는 (1나′)에서와 같이 제한적으로 확인된다.

(1다)의 '걔ᄌᆞ'는 '갸ᄌᆞ'의 어간 내부에 'y'가 첨가된 것이다. 독립된 어형의 어간 내에 첨가된 것이므로 'ㅣ' 모음 역행동화나 'y' 첨가가 일어날 수 있는 음운론적 환경을 갖고 있지 않으며, 더구나 어간 내부에

출현한 'y'를 파생접미사와 관련시키기도 어렵다. 『廣才物譜』를 제외한 기타 자료에서는 '개ᄌᆞ'가 잘 보이지 않는다.

(1라)의 '애청'은 '야청'의 어간 내부에 'y'가 첨가된 것이다. 음운론적 환경은 '개ᄌᆞ(<갸ᄌᆞ)'와 유사하다. (1라)를 제외한 기타 자료에서는 '애청'의 예가 잘 보이지 않으며 『표준국어대사전』에도 '애청'은 '야청'의 비표준어로 제시되어 있다.

(1마)의 '뉘비'는 '누비'의 어간 내부에 'y'가 첨가된 것이다. 19세기 이후에 발견될 뿐만 아니라, 둘째 음절 '비'의 모음이 'ㅣ'인 것으로 보아, 'ㅣ' 모음 역행동화 현상을 반영한 어형일 가능성이 높다. 이는 동일한 음운 환경의 '아비>애비'와 비교했을 때 쉽게 이해된다. '뉘비'라는 어형은 현재 전남 방언에서 쓰이고 있다.

(1바)의 '망견'은 '망건'의 어간 말에 'y'가 첨가된 것이다. (1바)에서 제한적으로 확인되며, 기타 문헌에서는 보이지 않는다.

(1사)의 '훼'는 '훠'의 어간 말 위치에 'y'가 첨가된 어형이다. 단독형뿐만 아니라 (1사´)처럼 '목훠'의 어간 말에 'y'가 첨가된 '목훼'라는 어형도 발견된다. (1사´)의 '목훼'는 후대의 이본 자료에서는 '목훠'로 나타난다.

지금까지 'y'가 추가된 어형들에 대해 대상별로 살펴보았다. 이 중 '튀셔, 에염이, 뉘비'의 경우는 후행하는 'ㅣ'모음의 동화에 의해 나타났고, '이염'의 경우 선행 음절의 'ㅣ'모음의 영향에 의한 것이라고 볼 가능성이 있으나, '개ᄌᆞ(<갸ᄌᆞ), 애청(<야청), 망견(<망건), 훼(<훠)'는 어형만으로 직접적인 음운론적 동기를 포착해 내기가 어렵다.5)

시기적으로 볼 때 '이염'이 17세기 자료에서 발견되는 외에 기타 어형들은 18세기 이후의 자료에서 확인되며 'y'가 첨가된 어형들은 그렇

5) 金徑暄(1998)에서는 이처럼 'y'가 나타나게 된 동기를 모음체계상의 불균형을 회복하기 위한 것이라고 보았다. 즉 전설계 모음이 하나밖에 없었기 때문에 균형 잡힌 대립 체계를 추구하는 과정에서 단모음화, 'ㅣ' 모음 역행동화와 함께 'y'의 첨가나 탈락 현상이 일어났다는 것이다.

지 않은 어형들과 공존하였다. '퀴셔, 이염, 에염이 개ᄌᆞ, 애청, 뉘비, 망견, 훼' 중 '뉘비'가 방언으로 쓰이고 있는 외에 나머지는 모두 소실되었다. 여러 자료에서 다양하게 나타나는 용례가 있는가 하면, 그렇지 않은 어형들도 있다.

아래 살펴볼 것은 'ㅣ' 모음이 탈락된 '던방', '과게'이다. 양적으로 이들은 'ㅣ' 모음이 첨가된 예들보다 훨씬 적다.

(2) 가. **던방** 니 쟝귀지가 이 광경을 보고 데ᄃᆡ로 마음이 초급하야 인역 이심을 다하여 져을 호동하여도 더옥 졍 긔별이 업던니(**店던房팡**李掌櫃的一看這个光景 替他心裡燋急 各人盡力兒給他活動些 越發更沒有信)<六堂文庫本 中華正音/騎着匹(20세기 초 이후) 上:10b-11a>[cf. ᄂᆡ가 삼십여 년 **뎜막**을 ᄀᆡ하여셔 얼마 ᄀᆡᆨ상을 맛자 지ᄂᆡ보고 얼마 당ᄉᆞ을 반하여 지ᄂᆡ셔도(我開三十多年的**店던房팡** 惹過多少客商們 辦過多小的生意)<六堂文庫本 中華正音/騎着匹(20세기 초 이후) 上:17a>]

나. **과게** 왈 폐관에 ᄉᆡᆼᄋᆡ가 쳥담ᄒᆞ야 오ᄅᆡ 주무를 장괴ᄒᆞᆷ이 읍스며 다만 **과게** 일냥 인ᄲᅮᆫ이라(**夥計**曰 敝館生意淸淡 久無專夥掌櫃 只**夥計**一二人耳)<神州光復誌演義(20세기 이후) 16:13b>

위의 예들이 오기일 가능성은 낮아 보인다. (2가)에서 '던방'뿐만 아니라 '뎜막'을 '뎜막'으로 표기한 예도 보인다는 점, 그리고 비슷한 시기의 다른 문헌([예] 禮: 레도 레<장서각본 千字文(미상) 41>)에도 이처럼 'ㅣ' 모음이 탈락된 경우를 볼 수 있다는 점에서 그러하다. 보편적이지는 않지만 'ㅕ'나 'ㅖ'가 'ㅓ'나 'ㅔ'로 표기된 경우들이 종종 발견되므로 본고에서는 오기보다는 'ㅣ' 모음이 탈락된 경우로 간주하여 다루었다. 'ㅣ' 모음이 탈락된 어형들은 20세기 이후의 자료에서 발견된다.

2) ㅏ>ㆍ

본고에 대상들 중에는 어두 위치의 'ㅏ'가 'ㆍ'로 과도 교정된 용례들이 다수 발견된다. 'ᄑᆞ리, ᄉᆞ쳐(ᄒᆞ다)·ᄉᆞ쳐방, ᄉᆞ탕, ᄃᆞ홍, ᄉᆞ공, ᄇᆞᆫ자, ᄂᆞ발, ᄆᆞᆼ건'이 그러하다. 관련 용례는 아래에 옮겨왔다.

(3) 가. 玻보璃리: **ᄑᆞ리**<목판본 華語類抄-珍寶(미상) 20a>[cf. 玻보璃리: **보리**<華語類抄-珍寶(19세기 말) 41a>]

나. ᄒᆞ일업시 송도 남문 밧 긱쥬집을 차ᄌᆞ가 청쥬집과 괴산집은 안에다 **ᄉᆞ쳐**를 뎡ᄒᆞ고 오도령은 봉노방으로 드러가 자랴고 누엇ᄂᆞᆫᄃᆡ<枯木花(1912) 140>, 우리 **ᄉᆞ쳐ᄒᆞ고** 잇ᄂᆞᆫ 원각ᄃᆡᄉᆞ의 쵸막으로 ᄀᆞ셔 몃칠 간 조리를 ᄒᆞ시ᄂᆞᆫ 거시 엇더홀ᄂᆞᆫ지오<쌍옥적(1911) 85>, 그쟈가 영록을 압셰우고 얼마 안이 가더니 큰 긱쥬 집으로 드러가 으슥ᄒᆞᆫ **ᄉᆞ쳐방** ᄒᆞ나를 치우고 드러안더니 얼골을 ᄯᅮ러지게 ᄉᆞᆲ혀보며 식삼실럽게 인ᄉᆞ를 청ᄒᆞᆫ다<琵琶聲(1913) 132>

다. 민강 **ᄉᆞ탕** 오화당 농안 예지 당ᄃᆡ초며 동졍 금귤이 더욱 조타 청동화로 빅탄 숫히 다리쇠를 거러 노코<南原古詞(1864) 2:7b>, 감을 무리 만코 조흔 것살 너어셔 무르지 안인 거살 겹질 벅겨 졈여 말유면 구득구득ᄒᆞᆫ 후 멥쌀가로을 찹쌀가로와 반식 셕거 **ᄉᆞ탕가로** 만이 셕거 치고 귤병 민강 얄게 졈여 무우썩 ᄲᅦᄒᆞ듯 ᄒᆞ여 안칠 젹의 계피가로 잣가로 ᄃᆡ초 밤 살문 거살 치 쳐 우의 가득히 ᄲᅦ여 빅지 덥고 다른 가로 덥허 찌면 감열ᄒᆞᆫ 맛이 싱기고 먹기가 앗가우니라<酒食是儀-셕탄벙(19세기 중 후반) 6b-7a>

라. **ᄃᆞ홍** 드리기ᄂᆞᆫ 젼혀 물이 죠하야 빗치 션명허고 물이 ᄶᅩ거ᄂᆞ 잡직ᄀᆞ 석기거ᄂᆞ 부졍ᄒᆞᆫ ᄉᆞ름이 보면 연지 물이 잘 ᄂᆞ지 아니ᄒᆞᄂᆞ니라<閨閤叢書-염싀법-진홍(1869) 22b>

마. **ᄉᆞ공**: 掌舵. Batelier; marin; marinier; matelot.(뱃사공, 선원, 뱃사람, 수병)<韓佛字典(1880) 389>, **도ᄉᆞ공**: 都師工. Le capitaine, le premier de l'équipage d'un navire, chef des bateliers qui font passer le fleuve.(함장, 배 승무원의 우두머리, 큰 강을 건네주는 뱃사공들의 우두머리) <韓佛字典(1880) 496>, 즁쥬 ᄯᆞ히 김샹이라 ᄒᆞᄂᆞᆫ 사ᄅᆞᆷ이 보화롤 만히 가지고 비단을 무역ᄒᆞ려 금능으로 가노라 강을 건너더니 그 **<u>ᄇᆡᄉᆞ공</u>**이 김샹의 간진 ᄌᆡ물을 탐ᄒᆞ여 모진 ᄆᆞ음이 나ᄂᆞᆫ지라(中州金相 攜貲往金陵市絹 <u>舟人</u>窺貲殺)<太上感應篇圖說(1852) 3:57b>

바. 그 운목에ᄂᆞᆫ ᄀᆞᆼ동지가 어ᄃᆡ 가셔 술을 그럿케 먹엇던지 ᄋᆞ무 걱정 업ᄂᆞᆫ 사람갓치 잠이 드러셔 <u>**ᄇᆞᆫ자**가 울리도록 코를 고ᄂᆞᆫᄃᆡ</u> 건넌방과 사랑방이 지쳑이라<귀의셩(1907) 상:36>

사. 굴노ᄉᆞ령 치장 보아라 [...] 아히 기ᄉᆡᆼ 녹기홍상 으른 기ᄉᆡᆼ 착즐입 젼ᄇᆡᄉᆞ령 방울 ᄎᆞ고 와르릉 와르릉 후ᄇᆡᄉᆞ령 ᄉᆞ실 ᄎᆞ고 져르렁 져르렁 ᄉᆡ납 함 쌍 고동 함 쌍 **<u>ᄂᆞ발</u>** 흠 쌍 영기 함 쌍 압페 일ᄉᆞᆫ 뒤의 거들거려 날려올 졔 권마상이 ᄌᆞᄌᆞᄒᆞ다 오홍 <u>ᄂᆞ발</u> 소리가 더옥 좃타<사재동 87장본 춘향전(1908) 54b>, **<u>喇叭</u>**: <u>ᄂᆞ발</u><日用備覽記-文房具(1937) 3b>

아. 쫄라ᄆᆡ힌 **<u>ᄆᆞᆼ건편자</u>**가 탁 ᄭᅳᆫ어지며 벼락령이 내리ᄂᆞᆫᄃᆡ 영문이 발ᄭᅳᆺ 뒤집ᄂᆞᆫ다<銀世界(1908) 57>

위에서 보듯이 본고의 대상 중 어두 음절의 'ㅏ'가 'ㆍ'로 표기된 용례들은 19세기 중·후반~20세기 전반 자료에 집중적으로 등장한다.

3) ㆍ>ㅜ(ᄌᆞ>주·쥬, ᄉᆞ>수·슈)

이들은 치찰음 아래에서 'ㆍ'가 'ㅜ'로 변화한 것이다. '盆子'를 어원으로 하는 'ᄑᆞᆫᄌᆞ>푼ᄌᆞ>푼쥬·푼주>푼주'와 '家事'를 어원으로 하는 '갸ᄉᆞ>갸슈>개슈>개수'가 해당 용례에 속한다. 관련 용례는 아래에 제시하였다.

(4) 가. 磁盌ᄌᆞ완, 俗言盆子, 轉云**푼쥬**.<名物紀畧-器用部(1870) 3:8a>, 盆子: **푼쥬**<日用備覽記-器用具(1937) 4b>, **푼주**: Plat creux.(오목한 접시)<韓佛字典(1880) 364>

나. **갸슈**: Dish washing.<韓英字典(1897) 199>, **갸슈물**: 洗器水. Eau à laver la vaisselle. Lavure de vaisselle.(설거지할 때 쓰는 물. 설거지할 때 쓴 개숫물)<韓佛字典(1880) 138>, **갸슈물**: Dish-water.<韓英字典(1897) 199>, **갸슈통**: 洗器桶. Bassin qui sert à mettre l'eau pour laver la vaisselle. Vase pour laver la vaisselle.(설거지하기 위한 물을 담는 데에 쓰는 대야. 설거지하기 위한 그릇)<韓佛字典(1880) 138>, **갸슈통**: A basin-in which to wash dishes.<韓英字典(1897) 199>, **개슈물**: Dish-water.<韓英字典(1897) 174>

'푼ᄌᆞ'에서 치찰음 아래 'ㆍ>ㅜ'의 변화를 겪은 (4가)의 '푼쥬, 푼주'는 19세기 말에 등장한다. '푼쥬'의 둘째 음절이 '쥬'로 나타난 것은 'ㅈ'이 치조음에서 구개음으로 바뀌면서 '쥬'와 '주'가 동일한 음가를 가졌기 때문이다. '갸ᄉᆞ'에서 둘째 음절의 'ᄉᆞ>수'의 형태 변화를 겪은 (4나)의 '갸슈'는 19세기 말 자료에서 확인된다. 이때 '갸수'가 아닌 '갸슈'로 나타나는 것은 이 시기에 나타난 'ㅅ' 아래의 'ㅜ'와 'ㅠ'의 혼기 현상과 관련된다. 또한 '갸슈'에서 모음 변화를 겪은 '개슈'도 '갸슈'와 비슷한 시기에 문증된다.

한정적이기는 하지만, 본고에서 'ㆍ>ㅜ'의 변화를 보이는 대상은 모두 말음절 두음이 'ㅅ, ㅈ'인 것으로 19세기 후반 자료에서 문증된다. 본고에서 다룬 '盆子'나 '家事'에 대한 논의는 아니지만, 소신애(2015)에서는 중부 방언을 대상으로 체언 어간말 'ᄋᆞ>오'의 변화에 대해 다루면서 '힝ᄌᆞ>힝주, 댱ᄉᆞ>장수'와 같은 용례를 든 바 있다. 소신애(2015)를 따른다면, 'ᄋᆞ>오>(>우)'와 같은 변화를 상정해야 할 것이나, '힝ᄌᆞ>

힝주, 당ᄉᆞ>장수'를 포함하여 본고의 용례에서 중간형인 '*푼조, *걍소'가 문증되지 않는다는 것이 문제이다. 이러한 'ᆞ>ㅜ'의 변화가 일어난 원인에 대해서는 앞으로 더 지켜보아야 할 것이다.

4) ㅣ>ㅜ, ㅜ>ㅣ(시>수·슈, 수·슈>시)

이는 치찰음 아래에서 'ㅣ>ㅜ' 또는 'ㅜ>ㅣ'의 변화를 보이는 예들이다. '匾食'을 어원으로 하는 '편시>편슈>편수'와 '套袖'를 어원으로 하는 '토슈>토수>토시'가 이러한 예에 속한다. 관련 용례는 아래에 제시하였다.

(5) 가. 匾食: **편슈**<廣才物譜(19세기 초) 二:飮食:2b>, 匾食편식, 華音시, 轉云**편슈**. 滚麵如薄紙, 切爲四方裹餡, 四合如饅頭者.<名物紀畧-飮食部(1870) 3:38b-39a>, **편슈**: 鯿水. Œufs dépouillés de la coque et cuits dans l'eau bouillante.(껍질을 벗기고 끓는 물에 익힌 달걀)<韓佛字典(1880) 359>, **편슈**: 鯿水. A wheat-flour pie.<韓英字典(1897) 503>, 匾食: **편슈**<日用備覽記-飮食具(1937) 7b>, **편수**: 偏水<國漢會語(1895) 328>

나. **토시**ᄂᆞᆫ 너도 기워 씨고 이리 기워 보낸다<선세언독-23, 1681~1689년, 연안이씨(어머니)→안동김씨(딸)>, ᄌᆞᆼ기 바둑 골픠 ᄉᆞᆼ육 적기을 눌노ᄒᆞ여 보리 ᄒᆞ히 기ᄉᆡ 무선니 ᄂᆡ달으며 ᄋᆞ양픠 ᄌᆞ지 **토시** ᄉᆞᆷ승 보션 ᄂᆡ여노면 형임 니계 비록 약쇼ᄒᆞ오나 설ᄂᆡ북종 ᄎᆞᆫ 발암과 죠ᄉᆞ취혈 빙셜노의 숀발인들 안 실일가 형임 곳 죽계더며 ᄉᆞᆼ침젓셧 뉘비질과 관ᄃᆡ 도포 정여ᄂᆞᆫ 수품 눌노ᄒᆞ여 ᄇᆡ우보고 아못죠록 ᄉᆞ라라서 오월 오일 도라오면 츄천놀음 ᄒᆞ여보세<홍윤표소장 154장본 춘향전(미상) 78a>, **토시**: 吐手. Bracelets, fausses manches d'étoffe, manchons qui vont du poignet jusqu'au coude sous l'habit.(손목에 대는 가죽 밴드, 천으로 된 소매커버, 옷

아래에 팔꿈치에서 손목까지 오는 토시)<韓佛字典(1880) 521>, 토시: 吐手. Wristlets. (끼다)<韓英字典(1897) 709>, 남셔 큰 산림동 사는 김운고가 작은 광교 송학보의 집을 빌어 등토시를 몬드러 파는딕 그 형 김운경이가 오면 문득 돈을 구청ᄒᆞ니ᄭᅵ 김운고의 ᄆᆞ음에 괴롭고 슬어ᄒᆞ야 륙월 이십오일 스ᄉᆞ로 그 목을 칼노 찔너 피가 만히 낫는딕 아즉 죽지 아니ᄒᆞ얏다더라<독립신문(1897-7-8)>, 토시: 명 「토수」(吐手)에서 온 말<조선어사전 9>[套手: 토슈<譯語類解補-服飾補(1775) 28b>, 套手: 토슈<同文類解-服飾(1748) 上:56a>, 套袖: 토슈<漢清文鑑-衣服類(1779) 11:6b>, 手套: 토슈<蒙語類解-服飾(1790) 上:43b>, 暖韝: 토슈. =腕衣·套袖.<廣才物譜(19세기 초) 二:衣服:3a>]

나.´ 등토수: 藤吐手<國漢會語(1895) 90>, 토수: 吐手·衣具<國漢會語(1895) 320>, 별감의 거동 보소 [...] 다홍 싱초 고은 홍의 숙쵸 창의 밧쳐 입고 보라 누비 저고리에 외올쓰기 누비 바지 양식단 누비 빅자 젼빅자 바쳐 입고 그향수쥬 누비토수 젼토수 밧쳐 끼고<漢陽風物歌(미상) 197>, 마제토수(馬蹄吐手): 명 토수의 부리를 말굽 모양으로 만들어서 손등을 덮는 것<조선어사전 2>, 등토수: 명 등의 줄기로 엮어 만든 여름에 끼는 토수<조선어사전 2>, 토수(吐手): 명 팔목에 끼는 방한구 套袖<조선어사전 9>

(5가)에서 보듯이, '편시>편슈'처럼 치찰음 아래에서 '시>슈'의 변화를 겪은 어형은 19세기 초 문헌에서 문증되며, '편슈'에서 단모음화를 겪은 '편수'는 19세기 말 문헌에서 문증된다. 이와 유사한 변화를 경험한 예로 남부 방언의 '모슈(<모시)'를 들 수 있다.(최전승 2014:89~91)

'편시>편슈'와 같은 'ㅣ>ㅠ'의 변화 외에도 이와 반대되는 'ㅠ>ㅣ'의 예도 보인다. '套袖'에서 기원한 (5나)와 (5나´)의 '토슈, 토시'는 '토슈>토시'의 변화를 겪었다. (5나)의 '토슈'는 18세기 이후의 자료에서 확인이 되고, (5나´)에서처럼 19세기 이후의 자료에서는 단모음화를 겪은

'토수'로 나타난다. 문제는 (5나) 및 그 참조 부분에 제시한 해당 어형들의 최초 용례를 비교해 보았을 때, '토슈'의 후대형으로 알려진 '토시'가 '토슈'보다 이른 17세기에 문헌에서 이미 확인된다는 것이다. 어원이 '套袖'라는 점을 생각했을 때, '토슈'가 더 오래된 어형이고 '토시'가 '토슈'에서 'ㅜ>ㅣ'의 변화를 겪은 어형일 가능성이 더 높다. 그러나 '편시, 편슈, 편수'의 경우 '편시>편슈>편수'의 변화가 일어났다는 점과 '토시'가 '토슈'에 앞서 문증되었다는 점을 고려했을 때 변화의 방향이 'ㅜ>ㅣ'일 가능성도 배제할 수 없다. 앞으로 유사한 패턴을 보이는 예들과의 비교를 통해 더 자세히 논의되어야 할 부분이다.

5) ㆍ>ㅣ(ᄌᆞ>지)

치찰음 아래에서 'ㆍ>ㅣ'의 변화를 보인 대상들이다. 여기에는 '筐子'를 어원으로 하는 '*쾅ᄌᆞ>쾅지', '*광ᄌᆞ>광지'와 '板子'를 어형 속에 포함하고 있는 '널반ᄌᆞ>널반지'가 있다. 아래 (6)은 관련 용례를 제시한 것이다.

(6) 가. 믈똥을 **쾅지**예 담아시니 드려서 잘 ᄀᆞᆷ초와 두라 다ᄅᆞᆫ 사ᄅᆞᆷ 가져갈셰라<淸語老乞大(1765) 7:1a-1b>, 竹簍子: **쾅지**<同文類解-器具(1748) 下:15b>, 竹簍子: **쾅지**<蒙語類解-器具(1790) 下:11a>, 蒲包: 부들 **쾅지**<譯語類解補-器具補(1775) 45a>, 蒲包: 챵포로 겨른 **쾅지**<漢淸文鑑-器用類(1779) 11:44a>, 荊條筐: ᄊᆞ리 **쾅지**<漢淸文鑑-器用類(1779) 11:44a>, 茶紙簍: 차 **쾅지**<漢淸文鑑-器用類(1779) 11:44b>, 油簍: 기름 **쾅지**<漢淸文鑑-器用類(1779) 11:44b>

나. 竹簍子: **광지**<廣才物譜(19세기 초) 二:器用:3a>, 이여 뭇사ᄅᆞᆷᄋᆞᆯ 명ᄒᆞ여 풀에 안지우고 ᄯᅥᆨ 다삿 ᄀᆡ과 고기 두 ᄀᆡᄅᆞᆯ 취ᄒᆞ여 하날ᄋᆞᆯ 울어러 츅슈ᄒᆞ고 ᄣᅦ여 뎨자ᄅᆞᆯ 주니 뎨자 뭇사ᄅᆞᆷᄋᆞᆯ 주ᄆᆡ 다 ᄇᆡ부루게 먹고 남은 부수럭이ᄅᆞᆯ 열두 **광지**에 치

우고 먹은 쟈 녀인과 얼인 것 외여 수가 오쳔이다라<예수聖教全書-맛ᄃᆡ복음 데십사쟝(1887) 20a>, 筐: **광지** 비<歷代千字文(1911) 24b>

다. **널반지**: 板. A small board; a slab. See 널판.<韓英字典(1897) 367>, ᄋᆞᆸ뒤에 쌍창문 척척 닷쳐 두고 문 뒤에ᄂᆞᆫ 긴 **널반지**를 두이쯧 셕숨짜로 가루질너셔<은세계(1908) 88>, 그 문 뒤에다 길고 짜른 **널반지**를 승표와 갓치도 ᄃᆡ이고 가표와 갓치도 ᄃᆡ엿ᄂᆞᆫᄃᆡ<설중매화(1913) 86>

'*광ᄌᆞ'와 '*광ᄌᆞ'에서 치찰음 아래 'ㆍ>ㅣ'의 변화를 겪은 (6가)의 '광지'와 (6나)의 '광지'는 각각 18세기 중반 이후에 간행된 역학서와 19세기 이후의 여러 자료에서 문증된다. 마찬가지로 '널반ᄌᆞ'에서 치찰음 아래 'ㆍ>ㅣ'의 변화를 반영한 (6다)의 '널반지'는 19세기 이후의 자료에서 발견된다. 본고의 대상 중 치찰음 아래 'ㆍ>ㅣ'의 변화는 18세기 중반 이후에 보이는 것이라고 할 수 있다.

6) ㅣ>ㅡ(지>즈)

'ㅣ>ㅡ', 즉 'ㅈ' 아래 전설모음화의 과도 교정을 보인 경우로 '頂子'에서 기원한 '딩ᄌᆞ>딩ᄌᆞ>징ᄌᆞ>증ᄌᆞ>증자'를 들 수 있다.

(7) 팔쳑 당신 군노ᄉᆞ령 휠적 쒸여 나가ᄂᆞᆫ 거동 보소 산슈털 벙거지 청니 광단 안을 올녀 **총증ᄌᆞ** 굴독 샹모 눈 고은 공작미를 당ᄉᆞ실노 역거 달고 셩셩젼 증도리 밀화 귓돈 은영ᄌᆞ 너분 씐의 날ᄂᆡ 용ᄌᆞ 썩 붓치고 환도 ᄉᆞ슐 거러 ᄎᆞ고 화류 댱도 씐을 다라 흉복통 빗기 ᄎᆞ고<南原古詞(1864) 3:11b-12a>, **증ᄌᆞ**: Bouton au sommet du chapeau des soldats et des mandarins. Globule(au-dessus du chapeau des soldats) (군인들과 관리들의 모자 꼭대기에 달린 단추. (군인들의 모

자 위에 달린) 작은 구.)<韓佛字典(1880) 556>, 피인이 샹시ᄂᆞᆫ 다 귀쳔 업시 마으락이ᄅᆞᆯ 뼈시되 <u>증ᄌᆞ</u>ᄅᆞᆯ 둥근 구실ᄀᆞᆺ치 ᄆᆡᆼ글고 비록 픔슈ᄅᆞᆯ 조차 븕고 검으며 프ᄅᆞ고 흰 빗출 다ᄅᆞ게 ᄒᆞ나 옷슨 ᄒᆞᆫ 빗 거믄 거시오 [...] 이날은 져희 니른바 됴관과 됴복을 ᄀᆞᆺ초와시니 [...] 마으라기예 다 <u>증ᄌᆞ</u>ᄅᆞᆯ 다라시ᄃᆡ 빗출 ᄂᆞᆫ화 ᄆᆡᆼ그라 두 치 남즉ᄒᆞ게 ᄒᆞ여시니 왕공 후ᄇᆡᆨ과 문무 일픔은 금으로 ᄭᅩᆺ 바탕을 ᄆᆡᆼ그라 우희ᄂᆞᆫ 븕은 보셕을 믈니고 가온대 동쥬ᄅᆞᆯ 박아시며 이픔은 우희 산호ᄅᆞᆯ 믈니고 가온대 져근 븕은 보셕을 박아시며 ᄉᆞ픔은 우희 청금셕을 믈니고 가온대 져근 프른 보셕을 박아시며 바탕은 다 일픔과 ᄀᆞᆺ고 오픔은 우희 슈졍을 믈니고 가온대 슈졍을 박아시며 칠팔구픔은 우희 믈닌 거시 업고 가온대 다만 져근 슈졍을 박아시며 <장서각본 戊午燕行錄(19세기) 3:23b-25b>

'증ᄌᆞ'는 '징ᄌᆞ'에서 치찰음 아래 'ㅣ>ㅡ'의 변화를 겪은 것으로 19세기 자료에서 집중적으로 등장한다. 현재 '증ᄌᆞ'의 후대형인 '증자'가 쓰이고 있다.

7) ㅓ>ㅡ(건>근, 엄>음)

연구개음 아래에서 'ㅓ>ㅡ'의 고모음화를 반영한 어형이다. '網巾'을 어원으로 하는 '망건>망근', '唐巾'을 어원으로 하는 '탕건>탕근', '耳掩'을 어원으로 하는 '이엄>이음'이 이러한 예에 속한다. 아래 (8)은 관련 용례를 제시한 것이다.

(8) 가. 網子盔: **<u>망근골</u>**<譯語類解-器具(1690) 下:18a>, 당만 나문 헌 **<u>망근</u>**의 갑풀 관자 녹슨 당줄 다라 쓰고<烈女春香守節歌(미상) 下:24b>, 사람마다 새해를 당하면 새 갓에 새 **<u>망근</u>**에 새 옷에 새 신을 신고 부모와 일가와 동리의 노인들과 친구들을 차저

가서 셰배를 하는데 우리 무리는 맛당히 세 가지나 행할 거시 잇스니<신학월보(1903) 3:3-4>, 오복이가 ᄉᆡ로 관례를 ᄒᆞᆫ 탓으로 상투ᄂᆞᆫ 쳔 근 무게나 ᄆᆡ달아 노은이 ᄀᆞᆺ고 **망근편ᄌᆞ**에 니마가 졸녀 눈이 확근확근ᄒᆞ며 두통이 심히 나ᄂᆞᆫ지라 **망건편ᄌᆞ**에다 오복이가 자쥬 도리사 관ᄃᆡ에 일품 셔ᄯᅴ를 눌너 ᄯᅴ고 겹ᄲᅮᆯ 사모를 **망건편ᄌᆞ**에다 슉웃ᄒᆞ게 쓰고<九疑山(1912) 上:36>, 상ᄉᆞ 나지ᄂᆞᆫ 안이ᄒᆞ야도 십여 일 젼에 진사님이 **갓망근**도 안이 쓰고 상토바람으로 아ᄅᆡ도리에 이슬을 휘주근ᄒᆞ게 덕시고 드러오시ᄂᆞᆫ 것만 얼픗 뵈얏고 어ᄃᆡ 계시다 오셧ᄂᆞᆫ지 엇지ᄒᆞ야 그 모양이 되셧ᄂᆞᆫ지 도모지 몰으고<枯木花(1908) 48>, 網巾: **망근**<日用備覽記-衣服具(1937) 12b>

나. 토인이 드러가 그ᄃᆡ로 엿쥬온이 ᄉᆞᄯᅩ 물ᄉᆡᆨ 모르시고 도련님 글공부 심쎠 ᄒᆞ신 쥴만 짐작ᄒᆞ고 우슘 한번을 웃난듸 **탕근** 버셔지난 쥴도 모르고 시물 네 ᄭᅳᆨ지을 넹긔난듸<장자백창본 춘향가(미상) 11a-b>, 외올망 쥬어ᄆᆡ여 옥관ᄌᆞ ᄌᆞ쥬 당쥴 압을 쥴나 질ᄭᆞᆫ ᄆᆡ고 젼남황나 ᄌᆞ락쳘육 진ᄌᆞ쥬 ᄃᆡ고ᄯᅴ여 쳥영ᄑᆡ 빗게 차고 젼모입 금파 갓ᄭᆞᆫ 호슈 입시을 졔법 쌘쳐 **ᄀᆡ알탕근** 밧쳐 쓰고 칠ᄑᆡ영마 각진부감 호담요을 언져 타고 젼후ᄇᆡᆨ 굴노ᄉᆞ영 홍의십슈 표장공장 혼검으로 번듯 들고 나난 듯긔 드러올 졔<백성환창본 춘향가(미상) 58a>

다. 거번의 보ᄂᆡᆫ **이음** 며나리 머리의 맛더잇ᄀᆞ<송병필가-17, 1891년, 송병필(남편)→전주이씨(아내)>

연구개음 아래 'ㅓ>ㅡ'의 고모음화를 반영한 어형은 18세기 이후에 집중적으로 나타난다. (8가)의 '망근골'처럼 17세기 말의 자료에 문증되는 경우도 있지만, 이 경우에 있어서도 대부분의 용례는 19세기 이후의 자료에 집중적으로 나타난다. 이와 마찬가지로 (8나)의 '탕근'은 19세기 이후의 자료에서, (8다)의 '이음'은 19세기 말 자료에서 발견된다. 조정아(2016: 126)에서는 같은 발신자의 편지에 '없-'이 '읎-'으로 일관되게 나타나는 것으로 보아 (8다)의 '이음'이 '이엄'의 충청 방언을 반영했을 가능성이 있다고 지적하였다.6)

8) ㅗ>ㅜ

'ㅗ>ㅜ'의 고모음화를 반영한 어형에는 'ᄃᆡ모>ᄃᆡ무'가 있다. 관련 용례는 아래에 제시하였다.

(9) <u>흑ᄃᆡ무</u>: 黑玳瑁. Black tortoise-shell.<韓英字典(1897) 144>[cf. ᄃᆡ모: 玳瑁. (ᄃᆡ) (모). Tortoise-shell.<韓英字典(1897) 644>, 왜ᄃᆡ모: 倭玳瑁. Japanese tortoise-shell.<韓英字典(1897) 76>, 적ᄃᆡ모: 赤玳瑁. Red tortoise-shell. See 화ᄃᆡ모.<韓英字典(1897) 742>, 화ᄃᆡ모: 花玳瑁. Bright colored tortoise-shell.<韓英字典(1897) 155>]

'ᄃᆡ무(<ᄃᆡ모)'가 어형 속에 반영된 '흑ᄃᆡ무'의 예는 19세기의 『韓英字典』에서 문증된다. 이러한 'ㅗ>ㅜ'의 변화는 18세기 후기에 형태소 내부에서 광범위하게 일어난 것이다.7)

9) 원순모음화

순자음 아래의 원순모음화를 반영한 것에는 '·ㅣ>ㅚ'의 변화를 보인 '보뵈(<보ᄇᆡ, 寶貝)'와 'ㅡ>ㅜ'의 변화를 보인 '푼ᄌᆞ(<픈ᄌᆞ, 盆子)'가 있다. 관련 용례를 제시하면 아래와 같다.

(10) 가. 내 니ᄂᆞᆫ 더러온 오슬 버서 ᄇᆞ리고 **<u>보뵈옛 오슬</u>** 어더 니

6) '탕근' 또한 판소리 사설을 중심으로 확인된다는 점을 감안하였을 때 '탕건'의 방언형이 반영되었을 가능성이 있다.

7) 이는 백두현(1997: 13)의 내용을 재인용한 것이다.

브미 ᄀᆞᆺᄒᆞᆫ디라<海印寺版 念佛普勸文(1776) 38a>, 德으로 일삼으면 제 分인 줄 제 모로며 [...] 學文을 **보뵈**로 아라야 去取 適中ᄒᆞ리라<青丘永言-원(18~19세기) 24>

나. 磁盆: **사푼ᄌᆞ**<同文類解-器具(1748) 下:15a>, **푼ᄌᆞ** 안의 연와를 간졍히 츄습ᄒᆞ엿ᄂᆞ냐(那**盆子**裏的燕窩收拾乾淨沒有)<紅樓復夢(19세기 말) 11:110>, 낭시 또 일ᄀᆡ **푼ᄌᆞ**의 더운 밥을 가지고 나오거ᄂᆞᆯ(郎氏又端出一**瓦盆**熱飯來)<雪月梅傳(19세기 말) 2:74>, 아졔ᄈᆡᆷ의 연계ᄶᆡᆷ의 오리 게우 ᄇᆡᆨ슉이며 지짐 구의 복기국과 소ᄎᆡ 쯘지 쟝아지며 쥭합 갓튼 ᄒᆡ졀초는 ᄃᆡ원 졉의 국물 쓰고 젹은 **푼ᄌᆞ** 어시탕은 바다 ᄉᆡᆼ션 지느럼이 아니 어린 연ᄒᆞᆫ 섀를 살 부쳐서 고아 ᄂᆡ고<戊子西行錄(19세기)>

(10가)의 '보뵈'와 (10나)의 '푼ᄌᆞ'는 모두 18세기 이후의 자료에서 발견된다. 이들은 각각 '보ᄇᆡ'와 '픈ᄌᆞ'에서 원순모음화를 겪은 어형이다.

6.2.2.2. 자음 관련 변화

자음과 관련된 변화는 모음과 관련된 변화에 비하여 그다지 활발하게 이루어지지 않았다. 아래 살펴보게 될 자음 관련 변화는 'ㄴㄹ'의 연쇄와 관련된 변화 및 구개음화에 대한 것이다.

1) ㄴㄹ>ㄴㄴ>ㄴㅇ, ㄴㄹ>ㄹㄹ>ㄹㄴ>ㄹㅇ

한자음에서 'ㄴ'과 'ㄹ'의 연쇄와 관련될 대상들이 후대의 문헌에서 'ㄴㄴ, ㄴㅇ, ㄹㄹ, ㄹㄴ, ㄹㅇ'으로 바뀐 예들이다. '천량(<쳔량, 錢糧)'과 관련된 '천냥, 철량, 철냥' 및 '전량'과 관련된 '전냥', 그리고 '단령(團

領)'과 관련된 '달영, 단영, 단녕'이 그러하다. 관련 용례를 제시하면 아래와 같다.

(11) 가. 벼ᄉᆞᆯ이 도독이오 심삽 쥐 삼십오 현 **젼냥**을 ᄀᆞᄋᆞᆷ아라 여러 ᄇᆡᆨ만 **쳔냥**을 두디 아냐 이리 쉬 젹으니 엇디ᄒᆞ리오(官至都督 管轄十三州三十縣**錢糧** 我只道有幾百萬**堆積**原來也只有這些)<禪眞逸史(18세기) 3:99>, 내 준 금은 비단 **쳘량**을 다 내게 둔 거ᄉᆞᆫ 雲長이 과연 쳔 냥 금으로도 ᄉᆡᆼ각ᄋᆞᆯ 밧고지 못ᄒᆞᆯ 거시오 의ᄅᆞᆯ 웃듬으로 ᄒᆞ여 **쳘량**을 멀리ᄒᆞᄂᆞᆫ 거ᄉᆞᆫ 진실로 ᄉᆞ나희라<三譯總解(1774) 2:5b>, 成親 계우 三四年에 戱殺이 드러던지 數多 **쳘냥** 가ᄌᆞᆫ 셰간 各邑貢物 奴婢 田畓 짠머리 石雄黃의 眞珠 套心 귀의고리 압뒤 빈혀 蜜花粧刀 緋緞長衣 大緞치마 다 쥬어 팔아다가<악부(미상) 下:50>

나. 왕개 ᄀᆞᆯ오ᄃᆡ 명됴 적 화상은 다 사모 **단녕**이오 머리털을 ᄉᆞᆨ지 아녓ᄂᆞ니라 내 ᄀᆞᆯ오ᄃᆡ 그러ᄒᆞ면 네 조상도 근본은 우리 머리 졔도와 ᄀᆞᆺᄒᆞ니 네 이졔 우리 머리ᄅᆞᆯ 나모라 홈이 올ᄒᆞ냐 왕개 웃고 말을 아니 ᄒᆞ더라<장서각본 乙丙燕行錄(19세기) 4:42-43>, ᄂᆡ 셕반을 실히 못ᄒᆞ고 한쳑ᄒᆞ믈 겸ᄒᆞ여 힝즁의 가져 왓던 **단녕**을 ᄌᆞᆸ히고 술을 만히 어더 진취ᄒᆞᄆᆡ 쥬긔 편힝ᄒᆞ여 일신니 번열ᄒᆞ니 온실을 구헐 의ᄉᆡᆨ 업고 거두망산월ᄒᆞ며 회두ᄉᆞ고향ᄒᆞ여 당부 웅심이 셜셜이 쳑숑ᄒᆞ던 ᄇᆡ 한 쥰 술이 화연이 슬프믈 잇치이며 ᄇᆡᆨ우을 쳑탕ᄒᆞ니 이 아니 호긔롭고 즐거오냐<玩月會盟宴(18~19세기) 17:22a-b>, 홍포 오ᄉᆞᄒᆞᆫ 하관은 즁계의셔 명을 드러 젼ᄒᆞ고 거믄 단쇽 젼포의 슈군복을 쪄닙고 총ᄆᆡ지ᄅᆞᆯ ᄡᅳᆫ ᄌᆞ와 흑ᄉᆞ **단영**의 ᄌᆞ젹 두건 ᄡᅳᆫ 무리 정하의 벌 버듯ᄒᆞ여 마이 치믈 웨니 집장ᄉᆞ예 엇지 잠간이나 ᄆᆞᄋᆞᆷ 노ᄒᆞ리오<玩月會盟宴(18~19세기) 157:13b>, 국쇽이 녜브터 벼ᄉᆞᆯᄒᆞᄂᆞᆫ 재 다 **홍단녕**을 닙으니 듕국 사ᄅᆞᆷ이 군신

이 복식이 ᄀᆞᆺ다 ᄒᆞ야 글니 너기더니 임진 후 창졸의 ᄉᆞ대뷔 다 쳔닉을 닙다가 긔히년 간의 비로소 듕국을 의방ᄒᆞ야 **흑단녕**을 닙고 신튝의 녜조판셔 뉴근이 의논을 셰워 평시를 의방ᄒᆞ야 고쳐 홍식을 닙으니 인졍이 녜일 좃기를 즐거워 ᄒᆞ미러라<朝野記聞(18세기 7·80년대 경) 3:33b-34a>, 쇼졔 존명이 이러ᄒᆞ니 거역지 못ᄒᆞ여 직비슈명ᄒᆞ니 년보를 두루혀 관복을 셤길식 초옥 셤슈의 녹금 **단영**을 밧드러 골흠을 ᄆᆡ고 ᄯᅴ를 두루ᄆᆡ<尹河鄭三門聚錄(미상) 35:24b>, 녜죄 회계ᄒᆞᄃᆡ 이졔 왕셰ᄌᆞ 상에 ᄌᆞ샹으로 ᄉᆞᄂᆞᆫ 긔년을 입으샤 십삼일에 졔ᄒᆞ시고 졔복후ᄂᆞᆫ 목면 **단영** 등 복식으로 통젼 삼십일ᄒᆞ야 졔ᄒᆞ야 인렬왕후 샹 마련을 의거ᄒᆞ니<朝野僉載(18세기 후기~19세기) 32:29a>

위에서 보듯이 어중의 'ㄴㄹ'을 'ㄴㄴ, ㄴㅇ, ㄹㄹ, ㄹㄴ, ㄹㅇ'로 적는 방법은 18~19세기 자료에서 집중적으로 나타난다.

2) 구개음화

차용어 중에는 'ㄷ' 구개음화, 'ㄱ' 구개음화, 'ㅎ' 구개음화와 관련된 어형들이 모두 발견된다. 아래 (12~14)는 각각 'ㄷ', 'ㄱ', 'ㅎ' 구개음화와 관련된 용례를 제시한 것이다. 우선 살펴볼 것은 'ㄷ' 구개음화와 관련된 용례이다.

(12) 가. **젼방** 쟝궤지가 쳐음 이 어림을 보고 그 사람드리 마음이 죠급허여 이편이 힘을 다허여 져를 셔둘너 쥬어도 더욱 가망이 업더니(**店뎐房팡**賬櫃的一看這箇光景 替他心裡焦急 各人盡力兒給他活動些 越發更沒有信)<濯足文庫本中華正音(미상) 20a>

나. 닙은 거시 하 업ᄉᆞ니 연초록 든 거ᄉᆞ로 뎌구리 ᄒᆞ고 슌

개 ᄧᆞᆫ 명지ᄅᆞᆯ 제 쟝옷 ᄒᆞ리만 베혀셔 ᄌᆞ지 드려 쟝옷 ᄒᆞ고 보라ᄅᆞᆯ ᄀᆞᄂᆞᆫ 무명에 드려 바지조차 ᄒᆞ여 녑펴 ᄃᆞ려가게 ᄒᆞ소<진주하씨묘-139/곽씨-91, 17세기 전기, 곽주(남편)→진주하씨(아내)>, ᄌᆞ지 양ᄉᆡᆨ단 두리마기<송병필가-06, 1889년, 송병필(남편)→전주이씨(아내)>, 紫: ᄌᆞ지 ᄌᆞ<靈藏寺版 類合(1700) 3b>, 紫色: ᄌᆞ지<同文類解-布帛(1748) 下:25b>, 紫色: ᄌᆞ지<譯語類解補-織造補(1775) 40a>, 紫的: ᄌᆞ지<廣才物譜(19세기 초) 二:衣服:5b>, 京징醬쟝: 블근 ᄌᆞ지<華語類抄-織造(19세기 말) 43a>, 紫芝: ᄌᆞ지<日用備覽記-衣服具(1937) 13b>, ᄯᅩ 하교ᄒᆞ야 ᄀᆞᆯᄋᆞ샤ᄃᆡ 나ᄂᆞᆫ ᄌᆞ지 곤룡포ᄅᆞᆯ/+태샹왕 닙으시ᄂᆞᆫ 옷시라+/ 닙고 츙ᄌᆞᄂᆞᆫ 불근 곤룡포/+나라 닙으시ᄂᆞᆫ 옷시라+/ 닙고 군신을 죠회 밧ᄂᆞᆫ 거ᄉᆞᆯ 보면 이 ᄀᆞᆺᄒᆞᆫ 즐겁고 경ᄉᆞ의 일이 어ᄃᆡ 이시며 내 ᄯᅩᄒᆞᆫ 맛당이 유복ᄒᆞᆫ 사ᄅᆞᆷ이 되리라 ᄒᆞ시니<明義錄解(1777) 亨:52a>, ᄌᆞ지 갑ᄉᆞ 너분 ᄯᅴᄅᆞᆯ 셰류츈풍 빗기 ᄯᅴ고<南原古詞(1864) 1:9a>, 셔편은 텬단을 구버보니 네모진 담 안히 쳡쳡ᄒᆞᆫ 궁실이 다 항녈이 졍졔ᄒᆞ고 가온ᄃᆡ 세 층 둥근 집이 이시니 놉기 구름 밧게 ᄲᅡ혀나고 ᄌᆞ지빗 디와을 니어시니 단쳥이 셔로 ᄇᆡ이여 홀난ᄒᆞᆫ 광ᄎᆡ 말노 긔록지 못ᄒᆞᆯ너라<장서각본 乙丙燕行錄(19세기) 9:13>

다. 다홍은 오미ᄌᆞᄂᆞ ᄆᆡ실물의 ᄲᆡᆯ면 빗치 셩ᄒᆞ고 ᄌᆞ젹은 오좀의 ᄉᆡᆨ라야 빗치 변치 아니ᄒᆞ고 남은 녹두물과 두부순물의 ᄲᆞᆯ면 빗치 상치 아니ᄒᆞ고 지튼 옥ᄉᆡᆨ은 물이 물의 ᄉᆞᆯ무면 연ᄒᆞ고 지튼 초록온 죠흔 초의 ᄲᆞᆯ면 여터지고 거믄 물 드린 거ᄉᆞᆫ 치ᄌᆞ 물의 ᄲᆞᆯ면 빗ᄂᆞ고 ᄉᆡᆼ뵈ᄂᆞᆫ 븕은 비름과 ᄒᆞᆫᄃᆡ ᄉᆞᆯ무면 ᄇᆡᆨ뎌포 갓고<閨閤叢書-셰의법(1869) 27b>, 왕이 익션 면뉴관을 쓰고 홍금 곤농포ᄅᆞᆯ 닙어스며 ᄇᆡᆨ옥ᄃᆡᄅᆞᆯ ᄯᅴ고 벽올홀ᄅᆞᆯ 쥐여 늉쥰농안의 희긔 만면ᄒᆞ거ᄂᆞᆯ 왕휘 ᄯᅩᄒᆞᆫ 머리의 쌍봉 구화관을 쓰고 몸의 ᄌᆞ금취라삼을 가ᄒᆞ며 ᄌᆞ젹금슈상을 두루고 교의에 졍좌ᄒᆞ여스니<심쳥젼(1876) 19b-20a>

라. 琥珀 징ᄌᆞ 一百 ᄇᆞᆯ<重刊老乞大諺解(1795) 下:63a>, 그 즁 의복

이 션명ᄒᆞ고 마ᄋᆞ락이의 징ᄌᆞᄅᆞᆯ 붓친 쟈ᄂᆞᆫ 벼ᄉᆞᆯ이 잇ᄂᆞᆫ 사ᄅᆞᆷ이오 션ᄇᆡᄂᆞᆫ 벼ᄉᆞᆯ이 업셔도 ᄯᅩᄒᆞᆫ 징ᄌᆞᄅᆞᆯ 붓치니 션ᄇᆡ의 징ᄌᆞᄂᆞᆫ 금으로 ᄆᆡᆼ근 거시러라<장서각본 戊午燕行錄(19세기) 2:23b>, 도굴노 호ᄉᆞ 보쇼 산슈털 벙거지 남일광단 안을 올여 날나리 용ᄌᆞ 싹 붓치고 ᄇᆡᆨ옥 징ᄌᆞ 공장미 쥬먹 갓탄 밀화쥬난 양귀 밋틔 빗시 난다<장자백창본 춘향가(미상) 30a-b>

(12)와 같이 ‘ㄷ’ 구개음화를 반영한 어형에는 ‘젼방(<뎐방, 店房), ᄌᆞ지(<ᄌᆞ디, 紫的), ᄌᆞ젹(<ᄌᆞ뎍, 紫的), 징ᄌᆞ(<딩ᄌᆞ, 頂子)’가 있다. (12나)의 ‘ᄌᆞ지’처럼 17세기부터 ‘ㄷ’ 구개음화를 반영한 예가 보이기는 하지만, 보다 집중적으로 나타나는 것은 18세기 말 이후의 자료에서이다.

아래는 ‘조ᄌᆞ>교ᄌᆞ’의 변화를 보인 ‘ㄱ’ 구개음화의 과도 교정과 관련된 용례이다.[8)]

(13) 기ᄃᆞ리든 그 ᄉᆞ람들 ᄎᆞᄎᆞ로 모여온 후 봉ᄂᆡ국 음식 와셔 외당의 갓다 두고 큰 교ᄌᆞ 둘너안ᄌᆞ ᄎᆞ례로 드러 먹고 우리나라 쥬방으로 조션 음식 조곰 ᄒᆞ여 평양 소쥬 감홍노ᄂᆞᆫ 잇든 거시 ᄒᆞᆫ 병이오 의쥬 약과 다식과ᄂᆞᆫ 남은 거시 ᄒᆞᆫ 졉시며 문어 광어 젼복쌈은 찬합 ᄒᆞᆫ 층 더러 오고 약밥이야 얌젼ᄒᆞ다 빗츤 어이 져리 희며 원소병은 아ᄅᆞᆷ답다 밤톨만큼 비졋고나

8) 실제로 한글 자료 중에는 ‘ㄱ’ 구개음화와 관련된 중국어 차용어가 더 발견된다. 아래의 ‘슈교ᄋᆡ-슈죠의[水餃兒]’가 그러하다.

예 가. 슈교ᄋᆡ법: ᄎᆡ소ᄅᆞᆯ 표고 셩이 외ᄅᆞᆯ ᄀᆞᄂᆞ리 싸흐라 ᄇᆡᆨᄌᆞ 호쵸ᄀᆞᄅᆞ 약념ᄒᆞ여 밀ᄀᆞᄅᆞᆯ 깁의 노외야 국슈ᄀᆞ치 ᄆᆞᆯ아 엷게 싸 놋그릇 굽으로 바가 도렵게 버혀 그 소ᄅᆞᆯ ᄀᆞᄃᆞᆨ이 녀허 ᄆᆞ이 ᄉᆞᆯ마 기ᄅᆞᆷ 무쳐 초지령의 노하 드리라<음식디미방(1670경~1680) 3b>

나. 슈죠의: 외을 ᄌᆞᆯ게 ᄎᆡᆨ 쳐 기름진 황뉵 ᄃᆞᆰ고기 호초가로 마늘 ᄑᆞᆺ 씩 소금 약념 갓초와 넛코 기름 쳐 간장의 쥬물너 복근 외 ᄒᆞᆫ양 셕거 밀가로 곱게 쳐 반쥭ᄒᆞ여 얄쎄 미러 소을 싸 삼ᄂᆞᆫ 것갓치 만드러 시루의 찌되 ᄉᆡᆼ나무 입흘 노와 벗닷지 안이ᄒᆞ게 ᄒᆞ면 조ᄒᆞ니 ᄡᅧ ᄂᆡ여 초즁의 먹되 모양은 만두 갓고 송편 갓치 ᄒᆞᄂᆞᆫ이라<酒食是儀(19세기 중후반) 10a>

<燕行紀(1895) 135쪽>, 八仙卓: 팔션교즈<華語類抄-器具(19세기 말) 48b>, 팔션교즈: 八仙轎子. The table of the eight immortals-a rich spread.<韓英字典(1897) 497>, 목긔푸리 볼작시면 장농 두쥬 궤 그릇과 쥬홍금칠 피샹즈며 층찬합의 각계슈리 교의탁즈 교즈상과 칙상 경딕 벼로샹의 즈기 반다지며 빅통 장식 옷함이요<燕行紀(1895) 112쪽>

(13)의 '교즈'는 '조즈'에 대한 'ㄱ' 구개음화의 과도 교정 표기이다. 이러한 예는 19세기 말 이후의 자료에서 문증된다.

아래의 (14)는 '햐쳐, 햐쳐ᄒᆞ다'에서 'ㅎ' 구개음화를 겪은 '샤쳐, 사쳐, ᄉᆞ쳐, 사처, 샤쳐ᄒᆞ다, 사쳐ᄒᆞ다, ᄉᆞ쳐ᄒᆞ다'의 용례이다.

(14) 가. 칙문을 든 후로 ᄆᆞ양 샤쳐의 니ᄅᆞ면 쥬인을 불너 말을 무러 슈작을 닉이고 싱니와 풍쇽을 알고져 ᄒᆞ니 두어 말을 ᄒᆞ면 즉시 노야의게 알윌 말이 잇노라 ᄒᆞ고 쳥심환을 달나 ᄒᆞ니<숭실대본 乙丙燕行錄(1829~1831) 1:55>, 샤쳐의 니ᄅᆞ러 오후의 계부를 뫼시고 샹부ᄉᆞ와 ᄒᆞᆫ가지로 동문을 나가 강ᄀᆞ의 비를 귀경ᄒᆞᆯ식<장서각본 乙丙燕行錄(19세기) 18:104>, 샤쳐: 舍處. Maison prise ou occupée par un mandarin ou un gouverneur en voyage, pour y passer la nuit.(관리 또는 지사가 여행 중에 밤을 보내기 위해 취하거나 이용하는 집)<韓佛字典(1880) 379>, 샤쳐: 舍處. A special guest-room. (잡다). See 샤관.<韓英字典(1897) 535>, 샤쳐 치우다: To prepare a special guest-room.<韓英字典(1897) 535>, 나으리 말슴이 어서 몬져 가서 쥬막에 사쳐나 뎡ᄒᆞ고 져녁이나 식히면 나는 가는딕로 ᄯᅡ라갈 ㅅ것이니 어서 압셔가라 ᄒᆞᆸ데다<馬上淚(1912) 17>, ᄒᆞᆫ일업시 송도 남문 밧 긱쥬집을 차즈가 쳥쥬집과 괴산집은 안에다 ᄉᆞ쳐를 뎡ᄒᆞ고 오도령은 봉노방으로 드러가 자랴고 누엇는딕<枯木花(1912) 140>, 쏜술갓치 드러가며 사처는 진름

문 밧 쥬ᄆᆡᆨ집으로 뎡ᄒᆞᆯ 즉뎡이라<은세계(1908) 61>

나. ᄉᆞ힝 <u>**샤쳐ᄒᆞᆫ**</u> 겻방의 비쟝들이 햐쳐를 뎡ᄒᆞ니 나도 ᄒᆞᆫ가지로 안즈ᄃᆡ 다ᄅᆞᆫ 비쟝들이 심히 불안ᄒᆞ야 ᄒᆞ거ᄂᆞᆯ<숭실대본 乙丙燕行錄(1829~1831) 1:5>, 심양 동편은 <u>**샤쳐ᄒᆞᄂᆞᆫ**</u> 집이 다 놉고 너ᄅᆞ더니 산ᄒᆡ관 안밧근 큰 집이 젹고 셰간 즙물이 다 가난ᄒᆞᆫ 모양이 만터라<숭실대본 乙丙燕行錄(1829~1831) 2:35-36>, <u>**샤쳐ᄒᆞ다**</u>: 舍處. To occupy for a time; to reside at.<韓英字典(1897) 535>, 우리 <u>**ᄉᆞ쳐ᄒᆞ고**</u> 잇ᄂᆞᆫ 원각ᄃᆡᄉᆞ의 쵸막으로 ᄀᆞ셔 몃칠 간 조리를 ᄒᆞ시ᄂᆞᆫ 거시 엇더ᄒᆞᆯᄂᆞᆫ지오<쌍옥적(1911) 85>, 잠시 려ᄒᆡᆼ을 졍지ᄒᆞ고 ᄃᆡ동문 안에 <u>**사쳐ᄒᆞ야**</u> 슈일을 안흘ᄒᆞ고 셩 ᄂᆡ외를 ᄎᆞ례로 구경ᄒᆞᆫ다<화중화(1912) 4>

다. <u>**사쳐방**</u>: 舍處房. Chambre retirée où l'on peut être seul.(혼자 있을 수 있는 외딴 방)<韓佛字典(1880) 379>, <u>**샤쳐방**</u>: 舍處房. A special guest-room.<韓英字典(1897) 535>, 물론 누구던지 ᄌᆞ긔 령혼 <u>**샤쳐방**</u>에 싸크라티쓰와 벼즐과 쎈티와 쉑쓰피아와 다른 큰 ᄎᆡᆨ 지은 쟈이 잇스면 그 사ᄅᆞᆷ의 집은 좁고 간난ᄒᆞᆫ 집이로되 념려ᄒᆞᆯ 거시 아니오<신학월보(1908)>, 그 버들 그림자ᄂᆞᆫ 엇던 주믁집 <u>**사처방**</u> 서창에 드렷고<은세계(1908) 67>, 김ᄉᆡᆼ원이 압셔 드러가며 여보게 쥬막장이 내ᄒᆡᆼ <u>**사쳐방**</u> ᄒᆞᆫ아를 어셔 치어 쥬게<雉岳山(1911) 하:114>, 그쟈가 영록을 압셔우고 얼마 안이 가더니 큰 ᄀᆡᆨ쥬 집으로 드러가 으슥ᄒᆞᆫ <u>**ᄉᆞ쳐방**</u> ᄒᆞ나를 치우고 드러안더니 얼골을 뚜러지게 ᄉᆞᆲ혀보며 ᄉᆡ삼실럽게 인ᄉᆞ를 쳥ᄒᆞᆫ다<琵琶聲(1913) 132>

이상의 ‘햐쳐’, ‘햐쳐ᄒᆞ-’의 구개음화와 관련된 어형들은 모두 19세기 이후의 문헌 자료에서 확인된다. 현재 ‘햐쳐’류에서 ‘ㅎ’ 구개음화를 겪은 ‘샤쳐’류의 후대형인 ‘사처’와 ‘사처하다’가 쓰이고 있다.

6.2.3. 혼성형의 한자음 구성 방식

한자음의 구성 방식으로 볼 때 본고의 대상들은 '한음+한음'의 한음형, '한음+동음'의 혼성형, '동음+한음'의 혼성형, '동음+동음'의 동음형 네 가지가 있을 수 있다. 본고에서 살펴본 대상 중 혼성형과 동일한 어원을 지닌 2장의 '한음형·혼성형·동음형', 4장의 '혼성형·동음형', 5장의 '한음형·혼성형'을 종합적으로 살펴보았을 때, 각각의 짝이 되는 혼성형 중에는 한음이 어두에 위치한 '한음+동음'의 구성이 한음이 어말에 위치한 '동음+한음'의 구성보다 높은 비율을 차지한다. 본고의 대상들 중 한음이 어두에 위치한 대상의 목록을 아래 <표 13>에 제시하였다.

<표 13> 한음이 어두에 위치한 경우

	어원	어형		어원	어형
1	家事	갸ᄉᆞ·갸슈·개슈	13	大紅	다홍·다홍·ᄃᆞ홍
2	圖書	투셔·튀셔	14	雙陸	솽륙·솽륙·솽뉵
3	燒餅	ᄉᆞ오병	15	牙子	야ᄌᆞ
4	膝欄·膝襴	스란문(ᄒᆞ-)·슬안문·스란	16	鴉青	야청·야청·야청·애청
5	鴨頭綠	야토록	17	頂子	딩ᄌᆞ·딩ᄌᆞ·징ᄌᆞ·증ᄌᆞ
6	店房	뎐방·젼방·던방	18	酒鼈兒	쥬벼ᄋᆞ
7	玻瓈·玻璃	보려	19	梢工	샤공·사공·ᄉᆞ공
8	下處	햐쳐(ᄒᆞ다)·샤쳐(ᄒᆞ다)·사쳐(ᄒᆞ다)·ᄉᆞ쳐(ᄒᆞ다)·사처	20	卓子	조ᄌᆞ·교ᄌᆞ
9	夾棍	갸곤ᄒᆞ다	21	板子	반ᄌᆞ·ᄇᆞᆫ자·반지
10	架子	갸ᄌᆞ·개ᄌᆞ	22	靴(兒/子)	훠ᄋᆞ·훠ᄌᆞ
11	筐子	쾅지	23	盆子	픈ᄌᆞ·푼ᄌᆞ·푼주·푼쥬
12	唐巾	탕건·탕근	총 23개		

음성적인 측면에서 볼 때, 이러한 경향성의 차이는 어말 위치보다는 청각적으로 더 또렷하게 들리는 어두 위치에서 한음이 반영될 가능성이 더 높음을 암시해 준다. 동음이 선행한 형태에 비해 한음이 선행한 형태가 더 일반적이었을 것이라는 것과 관련해서 <표 13>의 '갸곤ᄒᆞ-'와 관련된 아래의 예가 흥미롭다.

(15) 사ᄅᆞᆷ을 티며 사ᄅᆞᆷ을 ᄭᅮ지즈며 사ᄅᆞᆷ을 <u>잔지ᄒᆞ며</u> 사ᄅᆞᆷ을 <u>갸곤ᄒᆞ여</u> 錢鈔ᄅᆞᆯ 取覓ᄒᆞᄂᆞ니 ○ /+『譯語類解』: '손ᄭᅡ락 ᄶᅧᄆᆡᄂᆞᆫ 것'曰儹指, '쥬뢰 트는 나모'曰夾棍. 『吏文輯覽』: 將五條細木挾於手指足指之間, 以繩緊約其指若碎, 問囚之具也.+/(打人罵人偺人<u>夾</u>人 取覓錢鈔)<伍倫全備諺解(1721) 1:42a>

위 예문의 '갸곤ᄒᆞ-'는 원문의 '夾'에 대응되며, '티-[打], ᄭᅮ짖-[罵], 잔지ᄒᆞ-[偺]' 등과 공기한다. '儹指'나 '夾棍'이 출현하는 문헌의 내용까지 협주 속에 제시한 것으로 보아 그 당시 사람들에게 익숙하게 알려진 단어는 아니었을 것으로 추정된다. 우리의 관심사는 바로 동일한 문맥에 나란히 출현하는 '잔지ᄒᆞ-'와 '갸곤ᄒᆞ-'의 한자음 구성 방식에 있다. '잔지ᄒᆞ-'의 어기 '잔지-'는 어원 '儹'의 한음 '잔'에 '指'의 동음 '지'가 결합된 혼성형이다. 이는 어두 음절이 '夾'의 한음 '갸'를 반영하고 둘째 음절이 '棍'의 동음 '곤'을 반영한 '갸곤ᄒᆞ-'도 마찬가지이다. 이들 모두 한음이 어두 음절 위치에 놓여 있다는 공통점을 갖는다.

그밖에도 '한음+동음'의 혼성형들 중에는 '-ᄌᆞ(子)'로 종결되는 대상이 많이 포함되어 있다는 것이 또 하나의 특징으로 이야기될 수 있을 듯하다. '架子, 筐子, 牙子, 頂子, 卓子, 板子, 靴子, 盆子'에서 기원한 혼성형 '갸ᄌᆞ·개ᄌᆞ, 쾅지·광지, 야ᄌᆞ, 딩ᄌᆞ·딩ᄌᆞ·징ᄌᆞ·증ᄌᆞ, 조ᄌᆞ·교ᄌᆞ, 반ᄌᆞ·븐자·반지, 훠ᄌᆞ, 픈ᄌᆞ·푼ᄌᆞ·푼주·푼쥬'는 'ᄌᆞ' 또는 그 변화형 '자, 지, 주·쥬'를 제외한 부분에만 한음이 반영되어 있다. 물론 국어사 자료 속에는 '둔즈[頓子·袓子·屯子], 디즈[底子], 푼즈[粉子], 픈즈[盆子]'처럼[9)]

'子'의 근대 한음 '즈'가 반영된 경우도 존재하지만, 동음 'ᄌᆞ'로 반영된 어형에는 훨씬 미치지 못한다. 동일한 대상에 대해 '-ᄌᆞ'형 위주의 대응을 보인 것은 아마도 '-子'형 대상들이 높은 빈도를 보임에 따라 그 당시의 화자들이 '-ᄌᆞ'를 분리해 내는 것이 가능했고, 이것이 후대의 차용 과정에서 '-子'를 '-ᄌᆞ'로 직접 대응시키는 결과를 가져왔을 가능성이 있음을 말해 준다.

물론 아래 <표 14>와 같이 후행 요소에 한음이 반영된 '밀라[蜜蠟], 라발[喇叭], 망긴[網巾], ᄌᆞ디[紫的], ᄌᆞ탄[紫檀], 십푼[十分], 편시[匾食]'와 같은 어형들도 존재하지만, 선행 요소에 한음이 반영된 혼성형에 비해 낮은 비율을 차지한다.

<표 14> 한음이 어말에 위치한 경우

	어원	어형		어원	어형
1	蜜蠟	밀라·밀화·밀하·밀아	5	紫檀	ᄌᆞ탄
2	喇叭	라발·나발·ᄂᆞ발	6	十分	십푼
3	網巾	망긴	7	匾食	편시·편슈·편수
4	紫的	ᄌᆞ디·ᄌᆞ지·자지	총 7개		

후행 요소에 한음이 반영된 <표 14>의 대상들 중 우리는 'ᄌᆞ디, ᄌᆞ탄'을 포함하여 '밀라', '십푼'에도 주목할 필요가 있다. 전자는 색상을 나타내는 부분이 동음으로 되어 있다는 공통점을 갖는 반면, 후자는 '밀'과 '십'이 당시에 독립적으로 쓰일 수 있었다는 공통점을 갖는다.

'ᄌᆞ디, ᄌᆞ탄' 외에도 본고의 대상들 중에는 '다홍[大紅], 야쳥[鴉靑], 야토록[鴨頭綠]'처럼 색상을 나타내는 부분에만 동음으로 되어 있는 경우를 여럿 발견할 수 있다. 이는 우연의 일치로 보기는 어려우며, 한자음의 결합과 관련하여 음운적인 요인 외에도 어떤 어휘론적 요인이나 어원 의식이 작용했을 가능성이 있음을 암시해주는 것이다. 이와 같은

9) 필자가 국어사 자료 전반을 대상으로 수집한 용례들 중에서 '子'가 '즈'로 반영된 경우는 이 몇 개가 거의 전부이다.

현상은 비단 한자음의 구성 방식에서 드러날 뿐만 아니라, 곧 살펴보게 될 한자 대응어의 표기에서도 관찰되는 현상이다.(6.2.5 참조)

6.2.4. 특이 동음의 반영

본고에서 고찰한 대상들 중에는 기존에 알려진 한자음과는 다른 음으로 기록된 것들이 종종 목격된다. '피리', '쇼조'가 그러하다. 대상의 수가 많지는 않으나, 이들 어형의 존재는 차용이 한자라는 문자를 매개로 한 차용도 동시에 이루어졌음을 보여주는 직접적인 근거가 되기 때문에 이곳에서 함께 다룰 것이다. 아래 어형별로 관련 용례와 함께 살피기로 한다.

1) [玻璃] 피리

'玻璃'를 어원으로 하는 어형 중 '피리'의 '피'는 '玻'의 성부(聲符) '皮'에 이끌린 것이다.

(16) 가. 습인이 보니 다만 보ᄆᆡ 두 낫 <u>피리</u> 젹은 병이 대쇄 셰치ᄂᆞᆫ 되ᄂᆞᆫᄃᆡ 샹면의ᄂᆞᆫ 라ᄉᆞ쟝 은ᄯᅮ에ᄅᆞᆯ ᄒᆞ엿고 아황빗 조희의 목셔/+나모 일홈+/ 믉은 니ᄉᆞᆯ이라 ᄡᅥ시며(襲人看時只見兩箇<u>玻瓈</u>小瓶 却有三寸大小 上面螺螄銀蓋 蛾黃籤上寫着林檎淸露)<紅樓夢(19세기 말) 34:35>

나. 한 죠각 <u>피리</u> 밋 업ᄂᆞᆫ 거울의 두 묏ᄲᅮ리 ᄭᅡᆨ근 ᄃᆞ시 프ᄅᆞ러 그 즁간의 잇더라(一片<u>玻璃</u>無底鏡 兩峰削翠在其中)<女仙外史(19세기 말) 6:7>

기존의 한자음대로라면 (16)의 '피리'가 '파리'라고 표기되어야 할 것이나 이곳에서는 '피리'로 표기되었다. 혹자는 이를 오기라고 할지도 모르겠지만, (16)과 같이 서로 다른 문헌에서 '피리'라는 어형이 확인될 뿐만 아니라, 성부(聲符)에 이끌린 한자음이 운서나 자서에서도 흔히 발견된다는 점을 고려하였을 때, 오기보다는 문자를 매개로 한 번역의 과정에서 자연스럽게 발생한 것으로 보아야 할 것이다.

2) [小旦] 쇼조

태조 이단(李旦)의 어휘 '단'을 피하기 위해 동일한 의미를 가진 '朝'의 동음 '조(<됴)'가 쓰인 경우이다.

(17) 가. 어시의 즁인이 노름을 보고 느즌 후의 바야흐로 ᄒᆞᆺ허지니 가뫼 그 <u>**쇼조**/+노름ᄒᆞᄂᆞᆫ 명식이라+/</u> 되엿던 것과 쇼츅 되엿던 거ᄉᆞᆯ 깁히 ᄉᆞ랑ᄒᆞ여(於是大家看戲看到晚方散 賈母深愛那做<u>小ᄣᅣ旦단</u>的與一個做小丑的)<紅樓夢(19세기 말) 22:23>

나. 우리 부즁의 <u>**쇼조**/+노름 ᄎᆞ지ᄒᆞᆫ 명식이라+/</u> 구실ᄒᆞᄂᆞᆫ 긔관 하나히 이시니 오ᄅᆡ 조히 부즁의 잇더니 이졔 마ᄎᆞᆷ내 ᄉᆞ오일을 도라오지 아니ᄒᆞ거ᄂᆞᆯ(我們府裡有一個做<u>小ᄣᅣ旦단</u>的琪官 一向好好在府 如今竟三五日不見回去)<紅樓夢(19세기 말) 33:9-10>

전통 한자음대로라면 예문의 '쇼조'가 '쇼단'으로 표기되었을 것이지만, (17)에서는 '됴(朝)'에서 구개음화와 단모음화를 겪어 '쇼조'로 나타나고 있다. 이는 언어외적인 요인이 어형에 영향을 줄 수 있음을 보여주는 예이다.

이상으로 '玻璃, 小旦'을 어원으로 하는 일부 어형 중 전통 한자음과는 다른 음이 반영된 대상들에 대해 용례와 함께 살펴보았다. 이 중 '玻璃'를 어원으로 하는 '피리'는 대응 한자의 성부(聲符)에 이끌린 표기이고, '小旦'를 어원으로 하는 '쇼조'는 피휘(避諱)라는 언어 외적 요인이 어형의 표기에 영향을 준 예이다. 이들은 전통 한자음과는 다르며 탄생한 동기도 각기 다르다.

6.2.5. 차자 표기의 확대와 성격 변화

본고의 대상들 중에는 차용어의 차자 표기가 나중에 해당 어형의 대응어로 나타나는 경우가 다수 포함되어 있다. 후대로 갈수록 이러한 차자 표기가 사용된 경향이 늘어나게 되면서 일부는 현재 해당 어형의 대응 표기로 자리잡았다. 이 외에도 차용어 속에 포함된 일부 요소를 이와 음상이나 의미가 유사한 고유어와 관련시킴으로써 새로운 민간어원을 획득하기도 한다. 아래 본고에서 언급된 대응들을 중심으로[10)]어원과는 다른 한자 표기가 차용어의 대응 표기로 쓰이게 된 예들에 대해 문헌 자료에서의 문증 사실 및 『표준국어대사전』과의 비교를 통해 살펴보기로 한다. 아래 ':' 부호를 기준으로 왼쪽은 어원을 제시하였고 오른쪽은 한글 표기의 대응어로 출현한 적이 있는 한자 표기들을 제시한 것이다.[11)]

1) 圖書: 套署, 套書, 圖署

'圖書'를 어원으로 하는 어형들의 차자 표기로 '套署, 套書'와 '圖署'가 발견된다. 이 중 '套署'와 '套書'가 '투셔'의 차자 표기이고 '圖署'는

10) 발기 자료, 의궤 자료, 한문 문집 자료들을 포함하였을 때 훨씬 다양한 대응 표기들을 수집할 수가 있다. 아래 다루어진 대상들은 오로지 본고에서 고찰한 자료들에 한정한 것임을 밝혀 둔다. 이외의 한문 문집 자료 등에서 확인되는 차자 표기들에 대해서는 앞서 개별 대상을 논의하는 자리에서 각주로 관련 형태들을 제시하고 본격적인 논의에서는 제외하였다.

11) 필자는 차용어의 대응어로 다양한 차자 표기가 보이는 현상에 대해 고민하는 과정에서 박부자(2015)를 만났다. 차자 표기와 관련되는 여러 생각들을 정리하는 데 있어 이 논저에서 많은 도움을 받았음을 밝혀둔다.

‘도서(圖書)’를 달리 적은 것이다. ‘套書’의 ‘書’와 ‘圖署’의 ‘圖’처럼 어원 속에 포함된 일부 한자를 그대로 가져온 표기가 있는가 하면, ‘套署’와 ‘圖署’에 포함된 ‘署’처럼 “서명(署名), 수결(手決)”을 의미하는 어원과 의미상의 관련을 맺는 한자가 표기로 쓰이기도 하였다. 후대의 변화 과정 속에서 ‘套署’와 ‘套書’는 혼성형의 대응 표기로 정착하지 못하였다. 『표준국어대사전』에는 동음을 반영한 ‘도서(圖署)’가 ‘도서(圖書)’와 함께 의미 차이가 있는 별도의 표제어로 제시되어 있다.

2) 玻瓈: 菩里, 菩离, 甫里. 玻瓈鏡: 麥鏡

‘玻瓈’의 한음 ‘보리’가 반영된 ‘보리경(玻瓈鏡)’에서 ‘보리’의 음상이 ‘麥’의 훈(訓)과 유사함으로 인해 ‘玻瓈鏡’이 ‘麥鏡’이라는 민간 어원을 갖게 된 경우이다.[12] 이외에도 ‘보리’의 차자 표기로 쓰인 ‘菩里, 菩离, 甫里’가 일부 자료에서 확인되나 ‘보리’를 포함하여 해당 차자 표기들도 후대에 모두 사라졌다.

3) 蜜蠟: 密化, 蜜花, 密華

‘蜜蠟’을 어원으로 하는 ‘밀라’의 과도 교정형 ‘밀화’의 차자 표기로 ‘密化, 蜜花, 密華’가 확인된다. 이 중 ‘密化’는 『韓佛字典』에 ‘密華’는 『國漢會語』에 제한적으로 나타나며 이외의 자료들에서는 ‘蜜花’가 주로 확인된다. 어원과의 비교에서 드러나듯이, ‘蜜花’의 ‘蜜’은 원어의 표기를 그대로 유지하고 있다. 『표준국어대사전』에 ‘蜜花’는 ‘밀화’의 대응 표기로 제시되어 있다.

4) 衲衣: 縷飛

12) 관련 용례는 2.2.1.7.의 예문 (2)와 (3)을 참조할 수 있다.

한음형 '누비'의 차자 표기로 '縷飛'가 확인된다. '누비'의 대응 표기로 정착되지는 못하였으나, 그 당시로서는 여러 자료에서 확인된 바 있다. '누'의 차자 표기에 사용된 한자 '縷'에 '누비'의 의미 부류를 제시하는 '糸'변이 결합되어 있다.

5) 木棉: 武名

'무명'을 차자 표기한 형태로 '武名'이 쓰였음이 다양한 자료에서 확인된다. 하지만 '무명'의 한자 대응어로는 정착하지 못하였다.

6) 錢糧: 賤量

'천량, 쳔량'의 차자 표기에 해당되는 '賤量'이 『雅言覺非』에서 확인된다. 이를 제외한 기타 자료에서는 잘 보이지 않는 대응 한자 표기이다.

7) 縐紗: 走紗, 苧藕紗

'走紗'는 '주사'의 차자 표기에 해당하고, '苧藕紗'는 'ᄌᆞ우사'의 차자 표기로 나타난다.[13] '走紗'와 '苧藕紗' 모두 어원 '縐紗'의 '紗'를 표기로 간직하고 있다.(박부자 2015:347) 관련 어형의 소멸과 함께 현재 모두 쓰이지 않고 있다.

8) 套袖: 套手, 吐手

13) 박부자(2015: 347)에서는 'ᄌᆞ'의 음을 갖는 한자가 없으므로 대신 19세기 '苧'의 한자음을 '우'는 '藕'의 한자음을 빌어 음차표기한 것이라고 하였다.

'토슈'의 차자 표기로는 '套手'와 '吐手'가 확인된다. 이 중 보다 높은 출현 빈도를 보이는 것은 '吐手'이다. '토슈'가 팔뚝 위치에 착용되는 것이라는 점을 생각했을 때 '套手'와 '吐手'에서의 '手'의 선택은 원어와의 의미의 관련성을 염두에 둔 것일 가능성이 있다. '套手'는 어원인 '套袖'의 '套'를 유지하고 있다. 현재 '토슈>토시'의 변화를 경험한 '토시'가 쓰이고 있으며, '토슈' 및 관련 대응 표기들은 모두 소멸하였다.

9) 匹段·匹緞: 備緞, 緋緞

한음형 '비단'의 차자 표기로는 '備緞'과 '緋緞'이 확인된다. 이중 '備緞'은 『丁未嘉禮時日記』에서 문증된다. 또한 '緋緞'에서 '緞'은 원어의 표기를 반영한 것인 한편, '緋'는 '비단'의 의미 부류를 제시하는 '糸'변에 음을 나타내는 성부 '非'가 결합된 자형이다. 한문 자료 속에서 '匹段'은 주로 18세기 이전의 자료에서 확인되고, '匹緞'은 18세기 중반 이후의 자료에서 주로 확인된다는 점을 감안하였을 때, '緞'자 또한 후대의 변화 과정에서 '段'에 '糸'변이 첨가되는 쪽으로 변화하였을 가능성이 높다. '緋'나 '緞'에서와 같이 의미 부류를 제시해주는 부수(部首)에 독음을 제시해주는 성부(聲符)가 결합된 자형이 차자 표기에 사용되는 예는 종종 발견된다. 일례로 진보(珍寶) 명칭에는 '王', 복식(服飾) 명칭에는 '衤', 비단 명칭에는 '糸', 음식(飮食) 명칭에는 '食'이 부수로 사용된 경우가 그러하다. '緋'가 차자 표기에 사용된 예로 '누비'에 대응되는 '縷緋'를 더 들 수 있다. '누비'는 본고에서 살펴본 '縷飛' 외에도 기타 한문 자료들에서 '縷紕, 縷裶'로 표기된 예가 더 발견되는데, 이때 '비'의 차자 표기에 해당되는 '紕'와 '裶' 또한 의미 부류를 제시하는 '糸'변, '衤'변에 음을 나타내는 '比', '非'가 결합되었다는 자형상의 특징을 보인다. 『표준국어대사전』에는 '緋緞'이 '비단'의 대응 한자 표기로 제시되어 있다.

10) 觱篥·篳篥: 皮里, 觱里

'피리'의 차자 표기로 '皮里'가 사용되었다. 이 중 '皮里'는 『雅言覺非』에서, '觱里'는 『日用備覽記』에서 문증된다. '觱里'는 어원 속의 '觱'을 그대로 유지하고 있다.

11) 唐巾: 宕巾

'唐巾'을 어원으로 하는 혼성형 '탕건'의 차자 표기로는 '宕巾'이 확인된다. '宕巾'에서 '巾'은 어원의 표기를 그대로 반영하고 있다. '宕巾'이 '탕건'의 대응 한자 표기로 굳어짐에 따라 '宕巾'의 '宕'이 현재 "탕건"이라는 새로운 훈(訓)을 갖게 되었다는 점이 흥미롭다. 이를 통해 의미와 관계없이 오로지 차자 표기만을 위해 사용되었던 한자가 때로는 관련 어형이 갖고 있는 전체 의미의 영향으로 새로운 의미를 갖게 되기도 한다는 것을 발견할 수 있다. 『표준국어대사전』에는 '宕巾'이 '탕건'의 대응 한자 표기로 제시되어 있다.

12) 大紅: 多紅, 茶紅

'다홍, 다홍'의 차자 표기로는 '多紅'과 '茶紅'이 여러 문헌에서 발견된다. 어원인 '大紅'의 '紅'을 표기에 반영하고 있다.

13) 頂子: 徵子, 鐵子, 鎗子

'딩즈, 딩즈, 징즈'의 차자 표기로 '徵子'가 『雅言覺非』에서 확인된다.

‘徵子’는 원어의 ‘子’를 그대로 유지하고 있다. 현재『표준국어대사전』에는 혼성형의 후대형 ‘징자’, ‘증자’의 대응 표기로 각각 ‘鐵子’, ‘鏳子’가 제시되어 있으나, 이들은 한글 관련 역사 자료에서는 잘 보이지 않고 한문 자료들에서 관련 용례가 확인된다. ‘鐵子’와 ‘鏳子’의 ‘子’는 어원의 표기를 그대로 유지한 것이고, ‘鐵’과 ‘鏳’은 각각 ‘頂’의 한음 ‘딩’에서 ㄷ-구개음화를 경험한 ‘징’음과 ‘징’에서 과도 교정된 ‘증’음을 반영한 차자 표기이다. 자형에서 드러나듯이, 이 두 글자는 ‘頂子’의 의미 부류를 제시하는 ‘金’변에 음을 제시하는 성부가 결합된 것이다.

14) 梢工: 沙工, 砂工, 師工

‘梢工’의 혼성형인 ‘사공, ᄉᆞ공’의 차자 표기로 사용되었던 것에는 ‘沙工, 砂工, 師工’이 있다. 이중 ‘沙工’이라는 어형이 가장 흔히 발견되고, ‘砂工’은 국어사 자료에서는 출현 용례를 발견하기 어렵지만『표준국어대사전』에서 ‘사공’의 대응 표기로 제시된 것이며, ‘師工’은『韓佛字典』에서 제한적으로 확인된다. ‘沙工, 砂工, 師工’은 어원 ‘梢工’의 ‘工’을 그대로 유지하고 있다. 또한 ‘沙工, 砂工’의 ‘沙’와 ‘砂’는 ‘梢工’과 의미상의 연관성을 찾기 어려운 반면, ‘師工’은 ‘工’과 유의 관계를 갖는 ‘師’를 선택하고 있다.『표준국어대사전』에는 ‘沙工’과 ‘砂工’이 ‘사공’의 대응 한자 표기로 제시되어 있다.

15) 板子: 盤子

‘반ᄌᆞ’의 차자 표기로 ‘盤子’가 쓰인 예가『韓佛字典』에서 발견된다. 오기일 가능성도 배제할 수 없지만,『韓佛字典』에 제시된 대응 한자 표기의 성격을 고려했을 때 단순히 오기로만 처리할 수 없을 듯하다. 이와 관련해서는 뒷부분의 한자 대응어의 표기에서 드러나는 특징을 종체적으로 살피는 자리에서 다시 언급하기로 한다.

16) 卓子: 造子, 交子

'조ᄌᆞ' 및 '조ᄌᆞ'의 과도 교정 표기인 '교ᄌᆞ'의 대응어로 '造子'와 '交子'가 쓰이게 된 경우이다. 이 중 '造子'는 『雅言覺非』에서 관련 용례가 문증되고, '交子'는 보다 다양한 자료에서 문증된다. '造子'와 '交子' 모두 원어인 '卓子'의 '子'를 그대로 반영하고 있다. 『표준국어대사전』에는 '교자'의 대응 한자 표기로 '交子'가 제시되어 있다.

17) 紫的: 紫芝, 紫地

'ᄌᆞ디, ᄌᆞ지, 자지'의 차자 표기로 '紫芝'와 '紫地'가 발견된다. 이 중 '紫地'는 『星湖僿說』에서 발견되는 것이다. '紫芝'와 '紫地'에서 색깔을 나타내는 '紫'는 어원의 표기를 그대로 유지한 반면, '芝'와 '地'는 의미와 상관없이 '디, 지'의 음을 나타내고 있다. '紫地'가 『표준국어대사전』에서 '자지'의 대응 한자 표기로 제시되어 있다.

18) 紫檀: 紫丹

'ᄌᆞ단, 자단'의 차자 표기로 '紫丹'이 쓰인 예가 『韓佛字典』, 『韓英字典』, 『國漢會語』에서 발견된다. 단독형의 '紫丹'이 아닌 'ᄌᆞ단향'이나 '자단향'의 대응어로 '紫丹香'이 나타난 경우이다. 그러나 해당 표제어에 대한 해석은 '紫檀香'의 의미로 되어 있어 본고에서는 이때의 '紫丹香'이 'ᄌᆞ단향'이나 '자단향'의 음을 반영한 차자 표기로 처리하였다.

19) 盆子: 盆之, 分之

'분지'의 차자 표기로 '盆之'와 '分之'가 쓰인 경우이다. 이중 '盆之'는 어원 '盆子'의 '盆'을 그대로 반영하고 있다.

20) 匾食: 䬸水, 偏水, 卞氏

'匾食'을 어원으로 하는 '변시, 편시, 편슈, 편수' 중 '편슈, 편수'에 대응되는 차자 표기로 '䬸水'와 '偏水'가 확인된다. '䬸水'의 '䬸'은 한국에서 만들어진 '한국 한자'이다.(沈在箕 1987:27:각주 5) 앞서 살펴본 여러 음차자에서와 마찬가지로 '匾食'의 의미 부류를 제시하는 '食'변이 자형 속에 포함되어 있다. '䬸水'와 '偏水'의 공통점은 '水'가 음차자로 나타난다는 것인데, 이기문(2007: 137)에서는 이때의 '水'가 '匾食'을 냉국에 넣어 먹은 사실을 반영한 것이라고 보았다. 이외에도 '변시'가 후대에 "변씨가 잘 만들어서" 또는 "변씨가 처음으로 만들어서" 유래된 명칭이라고 부회됨에 따라 '卞氏'라는 민간 어원이 생기기도 하였다. 『표준국어대사전』에는 '변씨만두'의 대응 한자 표기로 '卞氏饅頭'가 제시되어 있다.

이상의 개별 용례 검토에 대한 검토 사실을 토대로 우리는 아래와 같은 특징적인 모습들을 종합해 볼 수 있다.

첫째, '麥鏡'을 제외한 나머지 예들은 모두 대응 한자의 음을 딴 음차 표기이다.

둘째, 어형 중 일부가 어원의 원래 표기를 그대로 유지한 경우들이 다수 발견된다. 정리하면 아래의 <표 15>와 같다. 이 중 개별 문헌에서 확인되는 음차 표기들은 비고란에 '○' 표시를 하였다.

<표 15> 표기의 일부가 어원과 일치하는 경우

<table>
<tr><th></th><th>어원</th><th>대상 어형</th><th>차자 표기</th><th>중복 한자</th><th>비고</th></tr>
<tr><td rowspan="2">1</td><td rowspan="2">圖書</td><td>투셔</td><td>套書</td><td>書</td><td></td></tr>
<tr><td>도셔</td><td>圖署</td><td>圖</td><td></td></tr>
<tr><td>2</td><td>蜜蠟</td><td>밀화</td><td>蜜花</td><td>蜜</td><td></td></tr>
<tr><td rowspan="2">3</td><td rowspan="2">縐紗</td><td>주사</td><td>走紗</td><td>紗</td><td></td></tr>
<tr><td>즈우사</td><td>苧藕紗</td><td>紗</td><td>○</td></tr>
<tr><td>4</td><td>套袖</td><td>토슈</td><td>套手</td><td>套</td><td></td></tr>
<tr><td rowspan="2">5</td><td rowspan="2">匹段·匹緞</td><td rowspan="2">비단</td><td>備緞</td><td>緞</td><td>○</td></tr>
<tr><td>緋緞</td><td>緞</td><td></td></tr>
<tr><td>6</td><td>觱篥·篳篥</td><td>피리(?)</td><td>觱里</td><td>觱</td><td>○</td></tr>
<tr><td>7</td><td>唐巾</td><td>탕건</td><td>宕巾</td><td>巾</td><td></td></tr>
<tr><td rowspan="2">8</td><td rowspan="2">大紅</td><td rowspan="2">다홍·다홍</td><td>多紅</td><td>紅</td><td></td></tr>
<tr><td>茶紅</td><td>紅</td><td></td></tr>
<tr><td rowspan="3">9</td><td rowspan="3">頂子</td><td rowspan="2">딍ᄌᆞ·딩ᄌᆞ·징ᄌᆞ·징자</td><td>徵子</td><td>子</td><td>○</td></tr>
<tr><td>鐓子</td><td>子</td><td></td></tr>
<tr><td>증자</td><td>鏳子</td><td>子</td><td></td></tr>
<tr><td rowspan="3">10</td><td rowspan="3">梢工</td><td rowspan="3">사공·ᄉᆞ공</td><td>沙工</td><td>工</td><td></td></tr>
<tr><td>砂工</td><td>工</td><td></td></tr>
<tr><td>師工</td><td>工</td><td>○</td></tr>
<tr><td>11</td><td>板子</td><td>반ᄌᆞ</td><td>盤子</td><td>子</td><td>○</td></tr>
<tr><td rowspan="2">12</td><td rowspan="2">卓子</td><td>조ᄌᆞ</td><td>造子</td><td>子</td><td>○</td></tr>
<tr><td>교ᄌᆞ</td><td>交子</td><td>子</td><td></td></tr>
<tr><td rowspan="2">13</td><td rowspan="2">紫的</td><td rowspan="2">ᄌᆞ디·ᄌᆞ지·자지</td><td>紫芝</td><td>紫</td><td></td></tr>
<tr><td>紫地</td><td>紫</td><td>○</td></tr>
<tr><td>14</td><td>紫檀</td><td>ᄌᆞ단·자단</td><td>紫丹</td><td>紫</td><td>○</td></tr>
<tr><td>15</td><td>盆子</td><td>분지</td><td>盆之</td><td>盆</td><td></td></tr>
</table>

이 중 '圖署', '蜜花', '緋緞', '宕巾', '鐓子', '鏳子', '沙工', '砂工', '交子', '紫地'는 후대의 변화 과정에서 해당 어형의 대응 표기로 자리잡았다는 점이 특히 흥미롭다. 이들은 또다른 동음형과 함께 의미 분화를 일으키는 대상들이라는 점도 지적할 만하다.[14] 또한 '走紗, 苧藕紗'의

14) 의미와 관련해서는 뒷부분에서 의미 분화를 논의하면서 보다 구체적으로 논의하겠다.

‘紗’, ‘備緞, 緋緞’의 ‘緞’, ‘宕巾’의 ‘巾’, ‘沙工, 砂工, 師工’의 ‘工’처럼 어형에서 해당 어형의 의미 부류를 제시하는 후부 요소가 어원의 표기를 그대로 유지하는가 하면,15) ‘-子’나 색상을 나타내는 ‘紅’, ‘紫’처럼 위치에 상관없이 원어의 특정 형태에 편중하여 반영한 모습도 보인다. 대상 중 대부분은 어형 중 일부 또는 전체에 한음이 반영된 혼성형 또는 한음형이지만, ‘圖署’나 ‘紫丹’과 같이 동음형의 차자 표기로 사용된 경우도 보인다.

셋째, 음차자들 중에는 어형의 의미와 관련시키고자 한 흔적들이 보인다. 이는 두 가지로 나누어 볼 수 있다. 하나는 <표 16>에서처럼 원어와 의미상 관련을 맺을 수 있는 한자를 음차자로 선택한 경우이고 다른 하나는 <표 17>에서처럼 해당 어형의 의미 부류를 제시할 수 있는 부수(部首)를 자형으로 택한 경우이다.16)

<표 16> 어원의 의미와 관련 있는 한자를 선택한 경우

	어원	대상 어형	차자 표기	관련 한자	관련 의미
1	圖書	투셔	套署	署	서명(署名), 수결(手決)
2	套袖	토슈	套手	手	팔뚝 위치 착용
			吐手	手	팔뚝 위치 착용
3	梢工	사공·ᄉᆞ공	師工	師	‘工’과 유의 관계

15) 이는 宋基中(2004: 20)에서 언급된 ‘縣, 城, 大, 山, 王, 郡, 州, 金, 國, 寺; 夫, 人, 部, 典, 川, 水, 谷, 道, 村, 幢, 郎, 府’와 같은 後置 分類語가 한자어표기자 중에서 가장 높은 비율을 차지한다는 연구 결과를 떠올리게 한다. 해당 어형의 분류를 제시하는 분류어가 고대 한국어에서든 중세 한국어에서든 표기에 그대로 노출되는 경우가 다수 확인된다.

16) 金鍾塤 著(1994a: 133, 162)에서는 차자 표기는 이조 말 서리들이 많이 사용하였으며, 『東韓譯語』, 『行用吏文』, 『東言考略』, 『華音方言字義解』, 『雅言覺非』, 『芝峰類說』, 『星湖僿說』과 같은 실학문헌에 주로 나타난다고 하였다. 그 이유로 근세인들이 한자 또는 한자어로 쓰는 것만 공식적이고 정당한 서사방법이라고 인식하였기 때문에 오랫동안의 차용표기 생활에서 고유어까지 한자로 부회하는 차자 표기를 생성하게 되었다고 보았다.

4	紫的	ᄌᆞ디·ᄌᆞ지·자지	紫芝	芝	식물과의 관계
5	匾食	편슈·편수	鯿水	水	냉국에 넣어 먹음
			偏水	水	냉국에 넣어 먹음

<표 17> 차용어의 의미 부류를 제시하는 자형을 선택한 경우

	어원	대상 어형	차자 표기	관련 한자	부수
1	衲衣	누비	縷飛	縷	絲
2	匹段·匹緞	비단	緋緞	緋	絲
3	頂子	징자	鐵子	鐵	金
		증자	鏳子	鐵	金
4	匾食	편슈·편수	鯿水	鯿	食

넷째, 일부 자료에서 한글 표제어의 차자 표기로 어원과 다른 대응어를 표시한 경향성이 두드러진다. 대표적인 것으로 『韓佛字典』을 들 수 있다. '密化, 茶紅, 師工, 盤子, 紫丹香, 鯿水'가 그러하다.[17] 비슷한 시기의 다른 문헌에서라면 '蜜花, 大紅, 沙工·砂工, 板子, 紫檀香, 匾食'으로 나타날 법한 것들이다. 이는 표제어가 차용어인 경우 이들과 의미나 발음 정보가 유사한 한자로 대체한 『韓佛字典』의 독자적인 성격과 관련될 것으로 짐작된다.(하강진 2016)

다섯째, 이외에 '套署·套書'의 '套', '菩里·甫里', '皮里·觱里'의 '里', '甫里'의 '甫', '吐手'의 '吐', '緋緞'의 '緋', '多紅'의 '多', '沙工'의 '沙', '盆之·分之'의 '之'와 같은 표기들은 고유어나 한자어를 대상으로 한 차자 표기에서도 흔히 목격된다.[18]

마지막으로 개별 대상들과 관련하여 일부 흥미로운 현상들을 지적해 둘 필요가 있다. '宕巾'의 존재로 인해 '宕'이 "탕건"이라는 훈(訓)을 갖

17) 『韓英字典』과 『國漢會語』에도 한글 대응어가 동일하게 나오는 경우들이 있다. '茶紅', '紫丹香', '鯿水'가 그러하다.

18) 이는 宋基中(2004: 23)에 제시된 어휘 표기에 사용된 음독·훈독자, 박부자(2015: 349-351)에 제시된 음차 표기에 사용된 한자 목록, 및 필자가 수집한 차자 표기에 쓰인 한자들을 기초로 판단한 것이다.

게 된 경우나[19] '麥鏡'이나 '卞氏饅頭'처럼 차용어의 훈(訓) 또는 음(音)과 유사한 민간 어원이 대응 한자 표기로 굳어진 경우가 그러하다.[20]

6.3. 조어적 측면

차용어가 조어에 활발하게 참여한다는 것은 차용어로서의 확실한 지위를 획득하였음을 증명하는 하나의 근거가 되기도 한다. 이 부분에서는 단어 형성의 측면에서 서로 다른 유형의 동일 어원 차용어들이 어떻게 단어 형성에 참여하는지에 대해 살펴볼 것이다.

본고의 대상들 중 가장 흔히 목격되는 파생 방식으로는 용언의 '-ᄒᆞ다' 파생과 체언의 '-이' 파생이 있다. '-ᄒᆞ다'가 후행한 어형에는 '시란ᄒᆞ다, 슬란문ᄒᆞ다, 햐쳐ᄒᆞ다, 갸군ᄒᆞ다·갸곤ᄒᆞ다, 칭ᄒᆞ다·쳥ᄒᆞ다, 대홍ᄒᆞ다' 등이 있고, 명사 파생 접미사 '-이'가 후행한 어형에는 '에염이'가 있다. 이들에 대해서는 특별히 언급할 내용이 없으므로, 구체적인 논의를 생략하고 특징적인 모습을 보이는 합성어의 형성에 대해 중점적으로 살피고자 한다.

동일 어원 차용어들의 통시적인 변화에서 드러나는 두드러진 특징 중의 하나는 바로 후대에 새로운 어휘소가 결합되며 기존의 한음형, 혼성형, 동음형의 차용어와 유의 관계를 가진 합성어를 형성하는 경우가 많다는 점이다. 따라서 이 부분에서는 모든 어형들의 합성어 형성이 아닌 차용어와 유의 관계를 가진 합성어에 초점을 맞춰 살펴보고자 한다. 이와 관련하여 정약용의 『雅言覺非』에서 흥미로운 용례가 발견된다.

---

19) 沈在箕(1987: 27)의 각주 5에 따르면, '木'이 나타내는 "무명"의 의미는 한국어에서 뜻이 바뀐 것이라고 한다.

20) 이외에 『雅言覺非』와 같은 한문 자료에 제시된 차자 표기들이 한글 표제어와 한자 대응어가 나란히 놓여 있는 한글 문헌에 수록된 차자 표기들과 한자 선택에서 차이를 보인다는 것도 하나의 특징으로 꼽을 수 있다.

(18) 帶子者, 束腰之帶, 華語也. 帶子例用組紃爲之,/+二絲交之爲線, 乃織.+/ 東語誤翻, 乃以組紃爲帶子,/+方言曰대ᄌᆞ+/ 其稱束腰之組曰帶子腰帶,/+대ᄌᆞ 허리씌+/ 不成話說.(帶子란 허리를 묶는 띠의 중국말이다. 帶子는 으레 組紃을 써서 이를 만든다./+두 가지 실을 꼬아 줄을 만들어서 짠다.+/ 우리 나라 말은 잘못 옮겨져 곧 組紃을 帶子로 여기고,/+帶子는 우리말로 '대ᄌᆞ'라고 말한다.+/ 그 허리에 묶는 組를 腰帶/+대ᄌᆞ 허리씌+/라고 말하니 이야기거리가 되지 않는다.)<雅言覺非(1819) 2>

위에서 '대ᄌᆞ'가 '대ᄌᆞ 허리씌'로 쓰인 것처럼 본고의 대상 중에는 '누비옷, 누비즁, 샤쳐방·사쳐방·사처방, 빅사공·빅ᄉᆞ공·빅샤공·빅ㅅ사공, 조ᄌᆞ상·교ᄌᆞ상·교ᄌᆞ샹·괴ᄌᆞ상·교ᄌᆞㅅ상·교자상, 널반ᄌᆞ·널반지·널빤지, ᄌᆞ단목·ᄌᆞ단향나무, 변시만두'처럼 차용어에 기타 형태소가 결합되어 기존의 차용어와 유의 관계를 형성하는 합성어들이 종종 발견된다. 현재 표준어로 인정받지 못하고 있지만 본고와 관련된 '개숫그릇(북한어), 단령의(북한어), 가사일(비표준어), 점방집(경남 방언)'<표준국어대사전>에서도 비슷한 양상을 보이고 있다.[21] 아래 이 대상들에 대해 어형별로 하나씩 살피기로 한다. 각각의 소제목은 '단독형>동일 의미 합성어>현대어'의 방식으로 제시한 것이다.

우선 살펴볼 것은 새로운 요소가 차용어의 뒷부분에 자리한 예들이다.

1) 누비>누비옷>누비옷

(19) 가. 오ᄉᆞᆯ 빗이샤ᄃᆡ 七寶로 ᄭᅮ미실ᄊᆡ 고ᄫᆞ시고 쳔쳔ᄒᆞ더시니 마리ᄅᆞᆯ 갓ᄀᆞ시고 **누비옷** 니브샤 붓그료미 엇뎨 업스신

21) 또 예를 들면, 현재 방언형에 남아 있는 '노털[老頭兒], 노토리, 영감 노토리'도 비슷한 양상을 보인다. 이는 "영감"을 의미하는 '노토리'의 앞에 '영감'이 선행한 것이다.

가<月印千江之曲(1447) 上:43b-44a>

나. 시혹 阿練若애 **누비오ᄉᆞ**로 空閑ᄒᆞᆫ ᄃᆡ 이셔(或有阿練若애 **納衣**로 在空閑ᄒᆞ야셔)<法華經諺解(1463) 4:194b>

다. 가난호ᄆᆞᆫ 모매 샹녜 縷褐ᄋᆞᆯ 닙ᄂᆞ니 서르 맛나 纜縿ᄋᆞᆯ 웃디 마롤디어다 잇다감 ᄠᅥ러 겨르ᄅᆞ이 자바 니르와ᄃᆞ니 쇽절업시 錦繡 젹삼 니보매 더으도다/+縷褐ᄋᆞᆫ **누비오시**라 纜縿ᄋᆞᆫ 오ᄉᆡ 허룬 양ᄌᆡ라+/(貧卽身常披縷褐ᄒᆞᄂᆞ니 相逢ᄒᆞ야 不用笑繿縿이어다 有時예 抖擻ᄒᆞ야 閑提起ᄒᆞ니 勝得空披錦繡衫ᄒᆞ도다)<南明集諺解(1482) 上:32a>

예문의 '누비옷'은 한음형 '누비'에 '누비'의 의미 부류를 지시하는 '옷'이 후행한 것으로서 '누비'와 유의 관계이다. 이때의 '누비옷'은 "누벼서 지은 옷"을 의미하는 현대국어의 '누비옷'과는 의미 차이가 있다. 위 예문의 '누비옷'은 "헌 옷"을 의미한다.

2) 누비>누비즁>-∅

(20) 가. 하ᄂᆞᆯ히 일워시니 赤脚仙人 아닌ᄃᆞᆯ 天下蒼生ᄋᆞᆯ 니ᄌᆞ시리잇가 하ᄂᆞᆯ히 ᄀᆞᆯᄒᆡ어시니 **누비즁** 아닌ᄃᆞᆯ 海東黎民을 니ᄌᆞ시리잇가(天旣成之 匪赤脚仙 天下蒼生 其肯忘焉 天方擇矣 匪**百衲師** 海東黎民 其肯忘斯)<龍飛御天歌(1447) 4:7b>

나. 雲門의 ᄒᆞᆫ 낫 胡餠ᄋᆞᆫ 天下앳 **누비즁**이 시버 오며 시버 가ᄂᆞ니 머구므며 비와ᄐᆞ며 시보ᄆᆞᆯ 眞實로 알면 ᄇᆞᆯ셔 供養호ᄆᆞᆯ ᄆᆞᄎᆞ리라(雲門一枚胡餠ᄋᆞᆫ 天下**衲僧**이 咬嚼來咬嚼去ᄒᆞᄂᆞ니 苟知呑吐咬嚼ᄒᆞ면 早已供養了也ᄒᆞ리라)<金剛經三家解諺解(1482) 3:52b-53a>[cf. 이 누비ᄂᆞᆫ 뎌 ᄀᆞᆮ디 아니ᄒᆞ야 오며 가매 제 ᄌᆞ녹ᄌᆞ녹ᄒᆞ도다(此衲ᄋᆞᆫ 不如彼ᄒᆞ야 來去에 自從容ᄒᆞ도다)<金剛經三家解諺解(1482) 5:10b>, 衲僧은 妄이 본ᄃᆡ 업슨 ᄃᆞᆯ 절로 아라 덜며 그춤 ᄆᆞᅀᆞᆷ 업고 ᄠᅳ며 ᄌᆞ모ᄆᆞᆯ ᄆᆞ더니 너기ᄂᆞ니 이 **衲**ᄋᆡ 妄 긋디 아니호ᄆᆞᆯ 웃디

말라(衲僧ᄋᆞᆫ 自知妄元無ᄒᆞ야 無心除斷ᄒᆞ고 任浮沈ᄒᆞᄂᆞ니 休笑此<u>衲</u>의 不斷妄ᄒᆞ라)<金剛經三家解諺解(1482) 5:16b>]

예문의 '누비즁'은 참조 부분의 '누비'와 동일한 의미의 것으로서 "僧衣를 입은 중"을 지칭한다. 그러므로 이때의 '누비즁'은 '누비'에 그 의미 부류를 지시하는 '즁'이 결합된 것이라고 볼 수 있다. 앞선 '누비옷'과 비교했을 때, '누비'가 문맥에 따라 "옷"의 의미와 "즁"의 의미를 모두 나타낼 수 있었기 때문에, 양자를 연관 지어서 생각하였을 때, '누비'의 의미를 명확히 지시하기 위한 방편으로 '옷'이나 '즁'과 같은 요소가 후행했을 가능성이 높다.

3) 사쳐·샤쳐·사처·ᄉᆞ쳐>사쳐방·샤쳐방·사처방·ᄉᆞ쳐방>사처, 사첫방

(21) 가. **<u>사쳐방</u>**: 舍處房. Chambre retirée où l'on peut être seul.(혼자 있을 수 있는 외딴 방)<韓佛字典(1880) 379>

가.′ 김ᄉᆡᆼ원이 압셔 드러가며 여보게 쥬막장이 내ᄒᆡᆼ **<u>사쳐방</u>** ᄒᆞᆫ아를 어셔 치어 쥬게<雉岳山(1911) 하:114>

나. **<u>샤쳐방</u>**: 舍處房. A special guest-room.<韓英字典(1897) 535>

나.′ 물론 누구던지 ᄌᆞ긔 령혼 **<u>샤쳐방</u>**에 싸크라티쓰와 벼즐과 쩬티와 쉑쓰피아와 다른 큰 칙 지은 쟈이 잇스면 그 사ᄅᆞᆷ의 집은 좁고 간난ᄒᆞᆫ 집이로되 념려ᄒᆞᆯ 거시 아니오<신학월보(1908)>

다. 그 버들 그림자ᄂᆞᆫ 엇던 주ᄆᆞᆨ집 **<u>사처방</u>** 서창에 드렷고<은세계(1908) 67>

라. 그쟈가 영록을 압셔우고 얼마 안이 가더니 큰 ᄀᆡᆨ쥬 집으로 드러가 으슥ᄒᆞᆫ **<u>ᄉᆞ쳐방</u>** ᄒᆞ나를 치우고 드러안더니 얼골을 뚜러지게 숇혀보며 ᄉᆡᆨ삼실럽게 인ᄉᆞ를 청ᄒᆞᆫ다<琵琶聲(1913) 132>[cf. **<u>샤쳐</u>**: 舍處. Maison prise ou occupée par un mandarin ou un gouverneur en voyage, pour y passer la nuit.(관리 또는 지사가 여행 중에 밤을 보내기 위해 취하거나 이용하는 집)<韓佛字典(1880) 379>, **샤쳐**: 舍處. A special guest-room. (잡다). See 샤관.<韓英字典(1897) 535>, **샤쳐** 치우다: To prepare a special guest-room.<韓英字典(1897) 535>, 호화로온 길 갓흐면 쥬막에 드러가셔 닉힝 **사쳐**를 치우고 자깃지만는<강상촌(1913) 21>, 교군군다려 **ᄉ쳐**를 치우라 ᄒ야 져녁을 식이고 누어 잘 포셔로 드러ᄋ젓더니<홍도화(1912) 상:49>]

'사쳐방, 샤쳐방, 사처방, ᄉ쳐방'은 '사쳐·샤쳐·사처·ᄉ쳐' 등에 '방'이 결합된 것으로서 참조 부분의 '사쳐'류와는 유의 관계이다.

4) 조ᄌ·교ᄌ·교자>조ᄌ상·교ᄌ상·괴ᄌ상·교ᄌᄉ상·교자상>교자, 교자상

(22) 가. 卓子: 卓華音조, 俗言**卓子床조ᄌ상**, 高足床也. ○ **八仙卓子 팔션조ᄌ**, 多人會食之盤. ○ 一作交子床.<名物紀畧-器用部(1870) 3:5b>

나. 목긔푸리 볼작시면 쟝농 두쥬 궤 그릇과 쥬홍금칠 피샹ᄌ며 층찬합의 각계슈리 교의 탁ᄌ **교ᄌ상**과 칙상 경딕 벼로샹의 ᄌ기 반다지며 빅통 쟝식 옷함이요<燕行紀(1895) 112쪽>

다. 俎子牀: **괴ᄌ상**<日用備覽記-文房具(1937) 3a>

라. 구름 ᄀᆺ흔 챠일 아레 화문 등믹에 모란 병풍을 둘너치고 **팔션교ᄌᄉ상**에 홍보를 덥허 노앗는딕<구의산(1912) 상:37>

마. **교자상**: 交子牀<國漢會語(1895) 35>

예문의 '조ᄌ상, 교ᄌ상, 괴ᄌ상, 교ᄌᄉ상, 교자상'은 'ᄌ조, 교ᄌ, 괴ᄌ, 교자'의 뒤에 이들의 의미 부류를 지시하는 '상(床)'이 결합된 것으로, '상'이 결합되지 않은 형태들과 유의 관계이다.

5) ᄌᆞ단, ᄌᆞ단향>ᄌᆞ단목, ᄌᆞ단향나무>자단, 자단목

(23) 가. ᄯᅩ 일지옥으로 ᄆᆡᆫ든 노인셩이 이시ᄃᆡ 장이 오촌이오 <u>ᄌᆞ단목</u>으로 갑을 ᄆᆡᆫ드럿시ᄃᆡ 상면의 몃 뎜 진쥬를 박고 ᄯᅩ 일ᄀᆡ 슈졍 가산이 잇거ᄂᆞᆯ <진쥬탑(미상) 4:2b-3a>

나. 큰 산들과 모든 적은 산이며 열ᄆᆡ ᄆᆡᆺᄂᆞᆫ 나무와 모든 <u>ᄌᆞ단향나무</u>며 <시편촬요(1898) 148편:9절>]

위의 'ᄌᆞ단목'과 'ᄌᆞ단향나무'는 각각 'ᄌᆞ단'과 'ᄌᆞ단향'에 그 부류를 지시하는 한자어 '목'과 고유어 '나무'가 후행한 경우이다. 이들은 'ᄌᆞ단'이나 'ᄌᆞ단향'과 유사한 의미를 나타낸다.

6) 변시>변시만두>변씨만두

(24) 가. **<u>변시만두</u>**: 비노게 ᄇᆡᆨ슉ᄒᆞ야 그 ᄉᆞᆯᄒᆞᆯ ᄀᆞ늘게 두ᄃᆞ려 잣ᄀᆞ로 만히 석고 호쵸말 유쟝 맛마초 버므려 잠간 복고 진ᄀᆞ로 깁체의 처셔 반듁ᄒᆞ야 산승 미듯 얇게 비최게 미러 귀나게 버혀 귀로 빠고 ᄃᆞᆰ슉 믈의 ᄉᆞᆯ마 초쟝의 쓰라 <閨閤叢書(1809) 82쪽>

나. **<u>변시만두법</u>**: **<u>변시만두</u>** 진게 ᄇᆡᆨ슉ᄒᆞ야 그 살을 가늘게 두다려 잣가로 만히 셧고 호초가로 유장 알마초 버무려 잠간 복고 진가로 깁체의 쳐셔 반죽ᄒᆞ야 산승 미듯 얇게 비최게 미러 마러 귀나게 버혀 귀로 ᄊᆞ 고기 닭슉 물의 살마 초장의 쓰라 <酒食是儀(19세기 중 후반) 35b-36a>

'변시'에 그 부류를 지시하는 '만두'가 후행하여 '변시만두'라는 합성어를 형성한 경우이다. 이기문(2007: 139)에서는 '변씨만두'라는 복합어를 형성하게 된 근본 원인은 무엇인지 알 수 없는 말 뒤에 그것이 가리키는 물건이 속한 종개념(種概念)이나 유개념(類概念)을 나타내는 말을 붙임으로써 그 말의 이해에 도움을 주는 한편, 말의 안정성(安定性)을 주려고 했던 것이라고 보았다.

지금까지 살펴본 대상들과 달리, 아래의 예들은 새로운 요소가 차용어의 앞부분에 자리한 것이다.

7) 사공·ᄉᆞ공·샤공>ᄇᆡ사공·ᄇᆡᄉᆞ공·ᄇᆡ샤공·ᄇᆡㅅ사공>사공, 뱃사공

(25) 가. 녕남 **ᄇᆡ사공** 격군들의 당년 신포/+올히 밧칠 신포란 말솜이라+/를 특별이 탕감ᄒᆞ고(嶺南沙格等身布 特爲蕩減)<諭慶尚道都事兼督運御史金載人書(1783) 5a>, 梢工: **ᄇᆡ사공**<廣才物譜(19세기 초) 二:器用:1a>, 임진왜난에 샤부가 부녀ㅣ 만히 증파강에 다달나 ᄇᆡ예 닷토와 올을 ᄉᆡ ᄒᆞᆫ 부인이 잇서 게집종 다려고 왓서 ᄇᆡ예 올여지 못ᄒᆞᆫ지라 **ᄇᆡ사공**이 절박히 녁여 그 손을 잡아 ᄇᆡ예 올어게 ᄒᆞ니 부인이 크게 울어 갈오ᄃᆡ ᄂᆡ 손이 네게 욕 당ᄒᆞ엿스니 ᄂᆡ 엇지 살이요<女士須知(1889) 29a>

나. 즁쥬 ᄯᆞ히 김샹이라 ᄒᆞᄂᆞᆫ 사ᄅᆞᆷ이 보화ᄅᆞᆯ 만히 가지고 비단을 무역ᄒᆞ려 금능으로 가노라 강을 건너더니 그 **ᄇᆡᄉᆞ공**이 김샹의 간진 ᄌᆡ물을 탐ᄒᆞ여 모진 ᄆᆞ음이 나ᄂᆞᆫ지라(中州金相 攜貲往金陵市絹 舟人窺貲殺)<太上感應篇圖說(1852) 3:57b>

다. 쟝단군 고랑포 사ᄂᆞᆫ 최돌복이가 ᄆᆞ돌 十五 ᄀᆡ를 ᄇᆡ에 싯고 풍덕군 ᄯᅡ으로 팔너 갓더니 풍덕 부샹 임방에셔 모도 억탈ᄒᆞ고 ᄯᅩ 그 ᄆᆞ돌 싯고 갓던 **ᄇᆡ샤공**을 그 부샹들이 잡아내여 연고 업시 무슈 란타ᄒᆞ고 돈 五十 량을 ᄯᅩᄒᆞᆫ 륵탈ᄒᆞ얏다더라<독립신문(1899-10-13)>

라. 그 청국 **ᄇᆡㅅ사공**들이 셔양 사ᄅᆞᆷ들을 다 죽이고 함쟝과 다른 사ᄅᆞᆷ ᄒᆞ나만 바다ㅅ물에 쒸여ᄂᆞ려 헴질을 ᄒᆞ여도 망ᄒᆞ엿스니 만일 신부들이 그 ᄇᆡ에 올낫더면 그 죽음을 필경 면치 못ᄒᆞ엿스리로다<京鄉寶鑑(1908) 3:214>

'ᄇᆡ사공·ᄇᆡᄉᆞ공·ᄇᆡ샤공·ᄇᆡㅅ사공'은 '사공·ᄉᆞ공·샤공'보다 훨씬 나중의 문헌에 출현하는 것으로서, 기존의 '사공'류와는 유의 관계이다.

8) 반ᄌᆞ, 판ᄌᆞ>널반ᄌᆞ, 널반지·널빤지·널판ᄌᆞ>널반자, 널빤지·널판자

'板子'를 어원으로 하는 '반ᄌᆞ, 판ᄌᆞ'가 서로 다른 의미를 나타내는 단어였던 것처럼, 각각의 어형에 '널'이 선행한 '널반ᄌᆞ, 널반지·널빤지·널판ᄌᆞ'가 문헌 자료 속에서 각기 다른 의미의 복합어로 쓰였다는 점이 흥미롭다.

(26) **望板**: **널반ᄌᆞ**<譯語類解補-屋宅補(1775) 13a>, **望板**: **널반ᄌᆞ**. 槅扇·頂槅.<廣才物譜(19세기 초) 二:宮室:2a>[cf. 望板: 널로 ᄭᅵᆫ 반ᄌᆞ(漢-望왕板반, 又天텬板반子ᄌᆞ)<方言類釋-屋宅類(1778) 西部:20b>, 望板: 셔슬<漢淸文鑑-室家類(1779) 9:69b>, **葦箔**: 셔슬 ○ 야비 ○又반ᄌᆞ<同文類解-宮室(1748) 上:35a>, 板子: 널<蒙語類解-樹木(1790) 下:37a>]

(27) 가. ᄋᆞᇁ뒤에 쌍창문 쳑쳑 닷쳐 두고 문 뒤에ᄂᆞᆫ 긴 **널반지**를 두이ᄯᅩ 셕숨ᄶᅡ로 가루질너셔<은세계(1908) 88>, 그 문 뒤에 다 길고 ᄶᅡ른 **널반지**를 승표와 갓치도 ᄃᆡ이고 가표와 갓치도 ᄃᆡ엿는ᄃᆡ<설중매화(1913) 86>, **널반지**: 板. A small board; a slab. See 널판.<韓英字典(1897) 367>[cf. 널: 板. A board. See 널반지.<韓英字典(1897) 366>, 널판: 木板. A board; a plank. See 널.<韓英字典(1897) 367>, 널판: 木板. Planche.(널빤지)<韓佛字典(1880) 275>]

나. **널빤지**: 명 통나무를 톱으로 켜서 얇고 넓게 만든 재목 널판<조선어사전 05>

다. **널판ᄌᆞ**에 몸을 의지ᄒᆞ야 누구를 기다리ᄂᆞᆫ 듯<강상루(1919) 54>

'널반ᄌᆞ'는 "널로 ᄭᅵᆫ 반ᄌᆞ", '널반지, 널빤지, 널판ᄌᆞ'는 "널판"의 의미를 나타내는 것이다. 따라서 '널'은 비록 '板子'에 대응되는 단어이기는 하나 '널반ᄌᆞ', '널반지, 널빤지, 널판ᄌᆞ'에서는 '반ᄌᆞ, 반지·빤지, 판ᄌᆞ'에 선행하여 이들의 의미를 명확하게 지시해주는 역할을 한다.

이상으로 동의 어원 차용어들과 유의 관계를 나타내는 동의중복형의 '누비옷, 누비즁, 변시만두, 사쳐방·샤쳐방·사처방·ᄉᆞ쳐방, ᄇᆡᆨ사공·ᄇᆡᆨᄉᆞ공·ᄇᆡᆨ샤공·ᄇᆡᆨㅅ사공, 조ᄌᆞ상·교ᄌᆞ상·ᄀᆈᄌᆞ상·교ᄌᆞㅅ상·교자상, 널반ᄌᆞ·널반지·널빤지, '널판ᄌᆞ, ᄌᆞ단목·ᄌᆞ단향나무'에 대하여 살펴보았다. 이들은 현대 한국어의 '물가 곁, 역전 앞, 옥상 위, 시내 안'(노명희 2009: 280~281)과도 동일한 구성을 나타낸다. 이 중 'ᄇᆡᆨ사공'류와 '널반ᄌᆞ·널반지·널빤지, 널판ᄌᆞ'를 제외한 기타 대상들은 선행 요소의 의미 부류를 제시하는 '옷, 즁, 만두, 방, 상, 목, 나무'와 같은 요소가 차용어에 후행함으로써 해당 차용어의 의미 부류를 지시해주는 역할을 하고 있다. 여기에는 '옷, 나무'와 같은 고유어 요소도 있지만 '즁, 만두, 방, 상, 목'과 같은 한자어 요소가 다수를 차지한다.

6.4. 의미적 측면

이 부분에서는 의미적 측면에 걸친 동일 어원 차용어의 특징에 대해 '의미 분화'와 '의미 변화'의 측면에서 살펴보기로 한다. '의미 분화'에서는 동일 어원 차용어들 사이에 어떻게 의미 영역을 달리 하여 쓰이는지에 대해 살펴볼 것이고, '의미 변화'에서는 개별 어형이 어떠한 통시적인 의미 변화를 겪었는지에 대해 살펴볼 것이다.

6.4.1. 의미 분화

동일 어원 차용어 공존형에서 드러나는 가장 큰 특징은 바로 한음이 반영된 어형과 동음이 반영된 어형 사이에 의미 차이를 보이면서 공존하는 대상들이 많이 보인다는 것이다. 차용의 동기 중 하나가 필요(need)에 의한 것이라는 점은 익히 알려진 것이다. 즉 기존의 어형과 동일한 의미를 갖고 있으면서 어원까지 동일하다면 굳이 새롭게 받아들일 필요가 없었을 것이다. 아래 대표적인 몇몇 용례들을 중심으로 동일 어원 차용어들의 의미 분화 양상에 대해 살피겠다. 의미 분화를 보이는 동일 어원 차용어들은 어형 사이의 의미 영역이 완전히 갈리는지 아니면 한쪽의 의미가 다른 한쪽의 의미에 포함되는지에 따라 다시 두 부류로 나뉜다. 편의상 전자를 '전반적 분화', 후자를 '부분적 분화'로 지칭하여 다루기로 한다.

6.4.1.1. 전반적 분화

앞에서 개개의 어형에 대해 세세히 살펴본 바 있으므로, 이 부분에서는 의미 차이를 확실히 보여줄 수 있는 예문만을 선택하여 제시한 뒤 관련 설명을 더하고자 한다. 보다 구체적인 내용에 대해서는 2~5장의 해당 부분을 참조할 수 있다.

1) [家事] 갸스·갸ᄉᆞ·갸슈·개슈-가ᄉᆞ > 개수-가사

(28) 가. 益利 가 보니 그어긔 수제 섯드러 잇고 香ᄂᆡ 섯버므러 잇고 갸ᄉᆞ를 몯 다 서러 잇ᄂᆞᆫ ᄃᆞ시 ᄒᆞ얫더니(匙筯交橫 香烟雜亂 椀楪收拾 猶未得了)<月印釋譜(1459) 23:74a-b>, 對答호ᄃᆡ 지븨 가 ᄒᆞ니 수제 섯드러 잇고 香ᄂᆡ 섯버므러 잇고 즁님낸 다 나가시고 갸ᄉᆞ를 몯 다 설어젯더이다(歸到家中 正見匙筯交橫 香烟雜亂 僧徒并散 椀楪收拾 猶未得了)<月印釋譜(1459) 23:74b>

나. 器: 그릇 ○ 터튠 ○ 又갸스<同文類解-器具(1748) 下:13a>

(29) 아ᄋᆞ 광안이 몬져 댱가 드니 어미 <u>가ᄉᆞ</u>ᄅᆞᆯ 다 맛졋더니 [...] 광안의 쳬 ᄌᆡ산 문셔와 자믈쇠ᄅᆞᆯ 다 광진의 쳐ᄅᆞᆯ 주니 광진이 봉ᄒᆞ여 도로 주고 ᄀᆞᆯ오ᄃᆡ 제쉬 일즉 모친을 셤기고 <u>가ᄉᆞ</u>ᄅᆞᆯ 맛져 겨시니 고치디 못ᄒᆞ리라 ᄒᆞ고(弟光顔先娶而 母委以<u>**家事**</u> [...] 弟婦籍貲貯納管鑰於姒 光進命反之曰 婦逮事姑且嘗命主<u>**家事**</u> 不可改)<五倫行實圖-兄弟圖-光進返籍(1797) 4:30b-31a>[cf. <u>**집빗 이를**</u>, <u>**집븨 이를**</u><玉山書院本 二倫行實圖(1518) 18a>]

(28)의 ‘갸ᄉᆞ, 갸스’는 “그릇”의 의미를 나타내고, (29)의 ‘가ᄉᆞ’는 “집의 일” 즉 “집안일”의 의미로 쓰이고 있다. 이들의 후대형인 ‘개수’와 ‘가사’가 현재까지도 의미 차이를 보이면서 공존하고 있으나, 전자의 경우 “그릇”의 의미에서 “개숫물”, 즉 “설거지물”의 의미로 변화했다는 점에서 기존의 용법과 차이를 보인다.

2) [圖書] 투슈·투셔·튀셔-도셔 > 투서-도서(圖書)·도서(圖署)

(30) 가. 옷 몯 미처 지을 양이어든 ᄀᆞᄂᆞᆫ 무명을 마니 보내소 두녁 그ᄐᆡ <u>투슈</u> 텨 보내소 무명옷 이시면 게갠ᄃᆞᆯ 오시사 몯 ᄒᆞ여 니블가 민망ᄒᆞ여 ᄒᆞᄂᆡ 모로매 ᄒᆞ여 보내소<新昌孟氏墓 出土諺簡(1490년대)>

나. 포공이 ᄂᆞᆷ의 손의 죽은 줄을 아더니 믄득 보니 ᄯᅴ 우희 ᄒᆞᆫ 낫 젹은 남그로 삭인 <u>투셰</u> 이시ᄃᆡ 이ᄂᆞᆫ 뵈 ᄑᆞᄂᆞᆫ ᄃᆡ 표ᄒᆞᄂᆞᆫ 거시여ᄂᆞᆯ(包公知被人謀死 忽見衣帶上係一個木刻小小<u>印子</u> 却是賣布的記號)<包公演義-木印(19세기) 7:20>, 포공이 즉시 나모 <u>투셔</u>ᄅᆞᆯ ᄂᆡ여 공니ᄅᆞᆯ 시겨 뵈의 친 <u>투셔</u>와 마초와 보니 ᄒᆞᆫ 말도 그ᄅᆞ디 아닌디라(包公復取木<u>印記</u>對之一些不差)<包公演義-木印(19세기) 7:24>

다. 방믈 늑십 태ᄅᆞᆯ 다시 봉과ᄒᆞᆯ식 부윤으로 더브러 ᄀᆡᆨ샤의셔 ᄒᆞᆫ가지로 간검ᄒᆞ여 믄져 글ᄌᆞ로 일일히 구별하여 ᄯᅳᆯᄒᆡ 빠흔 후 샹통ᄉᆞ 마두 두 놈을 차뎡ᄒᆞ여 쥬쟝ᄒᆞ야 간검ᄒᆞ고 봉과소입유둔 공셕과 결과ᄒᆞᄂᆞᆫ 노히 심히 만흐며 ᄂᆡ봉의ᄂᆞᆫ **투셔**를 치고 외봉의ᄂᆞᆫ 다 인을 쳐 봉과ᄒᆞ여 ᄀᆡᆨ사 월낭의 빠히고 본부장교로 ᄒᆞ여금 쥬야슈직을 시기더라<戊午燕行錄(19세기) 1:9a-b>

(31) 죠고만 졉칙이 이셔 졔목의 인보라 ᄒᆞ여시니 이ᄂᆞᆫ 당경의 친히 삭인 **도셔**를 ᄀᆡ록ᄒᆞ미니 슈졍 **도셔**와 구리 **도셔**와 샹아 **도셔**를 다 각각 표ᄒᆞ얏더라<장서각본 乙丙燕行錄(19세기) 11:111>, 탁ᄌᆞ 우ᄒᆡ **도셔돌** 여러히 노혀 ᄇᆞ야흐로 삭이ᄂᆞᆫ지라 다 남그로 우리를 빠 돌흘 씨워시ᄃᆡ 안ᄒᆡ 소음을 너허 샹치 아니케 ᄒᆞ고 두 편의 뽀야기를 박아 요동치 아니케 ᄒᆞ엿더라<장서각본 乙丙燕行錄(19세기) 11:110-111>

(30)의 '투슈, 투셔'는 천의 양쪽 또는 봉투의 안쪽에 표식으로 치는 것이다. (30다)에서 'ᄂᆡ봉'에는 '투셔'를 치고 '외봉'에는 '인'을 친다고 한 것으로 보아 '투셔'와 '인'의 의미가 달랐을 것으로 짐작된다.[22] (30나)의 '투셔'가 '나모, 남ㄱ'에 후행하고 (31)의 '도셔'가 '슈졍, 구리, 샹아, 돌' 등과 인접한 것으로 보아 '투셔'와 '도셔'가 만들어진 재료에 따라 구분되었을 가능성에 대해서도 생각해 볼 수 있다.[23] 그 경위가 어떠하였든지 양자가 의미 차이를 갖고 공존했다는 점은 분명해 보인다. 현재 한음이 반영된 '투서'와 동음이 반영된 '도서(圖書)', '도서(圖署)'가 의미 영역을 달리 하면서 공존하고 있다.

22) 2.2.1.2.에서 논의하였듯이, 『雅言覺非』에서는 '투슈'와 '도셔'가 만들어진 재료에 따라 구분된다고 지적한 반면, 『豹菴稿』에서는 관인(官人)을 '印'이라고 하고 사인(私人)은 '圖署'라고 한다고 지적한 바 있다.

23) 이는 아마도 개인용 도장으로 가격이 보다 저렴한 나무를 많이 선택한 반면, 관인을 비롯한 공적인 상황에서 쓰이는 도장은 고급 재료들이 선택된 경우가 많았기 때문이 아니었을까 추측해 본다.

3) [唐巾] 탕건·탕근-당건 > 탕건-당건

(32) 가. 唐巾: 唐一作宕, 或云有居宕山者造此. **탕건**.<廣才物譜(19세기 초) 二:衣服:3b>

나. **탕건**: 宕巾. Bonnet en crin des officiers du gouvernement, comme celui des mandarins, mais sans ailes.(관리들의 그것처럼, 그러나 날개는 없는, 정부 관료들의 말총으로 만든 챙 없는 모자)<韓佛字典(1880) 507>

다. 낭청니 들어오는ᄃᆡ 통영모ᄌᆞ 셰ᄉᆞ립 은구영ᄌᆞ ᄉᆞᆫ호갓ᄭᅳᆫ 철ᄃᆡ 슈계 눌너 쓰고 ᄋᆡ틔 죠흔 석셩망근 ᄃᆡ모관ᄌᆞ 긔알갓튼 **충탕건** 세포징엄 광ᄃᆡ슐 홍복통을 눌너 ᄆᆡ고 ᄊᆞᆼ코박니 ᄇᆡᆨ쎡이 방ᄌᆞ바지 통향전 물읍 아ᄅᆡ 눌너 ᄆᆡ고 흘흘 들어갈 제<홍윤표소장 154장본 춘향전(미상) 17a>

라. 협슈룩ᄒᆞᆫ 머리에 **인모탕건**을 푹 눌너쓰고 취안이 몽롱ᄒᆞ야 그 엽헤 십오륙 세는 될락말락ᄒᆞ고 쇼복을 하얏케 ᄒᆞᆫ 녀ᄌᆞ 한아를 획 도라보며<顯微鏡(1912) 4>

(33) 가. 비쥐 놀나 졍신을 뎡ᄒᆞ여 보니 쥬듕의 일위 쇼년이 흑ᄉᆞ **당건**을 쓰고 쳥ᄉᆞ포를 닙어 유ᄉᆡᆼ의 거동이로ᄃᆡ<明珠寶月聘(미상) 11:68-69>

나. 뉴지휘 니ᄅᆞ러 그 ᄇᆡᆨ나 광ᄉᆞᆷ을 금풍의 브치이고 오ᄉᆞ **당건**을 우빈의 기우려 솔 그늘과 ᄃᆡ 쎨기 밋희 ᄒᆞᆫ가로이 거ᄅᆞ며 냥안이 다만 츄텬의 뇨활홈과 ᄇᆡᆨ운의 표양ᄒᆞ믈 눈 쥬어 동빈이 동졍의 오ᄅᆞ고 ᄌᆞ진이 학가ᄅᆞᆯ 멍에홈 ᄀᆞᆺ트믈 ᄋᆡ찬ᄒᆞ여 이윽이 관망ᄒᆞᄃᆡ<明行貞義錄(19세기 초반) 12:35a>

다. 소ᄉᆞᄆᆡ 크게 깃거 홍과 노졸을 ᄃᆞ리고 본진의 도라와 원문 밧긔 셰우고 먼져 드러가 원슈게 고ᄒᆞᆫᄃᆡ 원슈 ᄃᆡ희ᄒᆞ여 왈 ᄂᆡ 혼탈의 우인을 잠간 보니 교앙 당돌ᄒᆞᆫ지라 심샹한 항쟝으로 대졉지 못ᄒᆞ리라 ᄒᆞ고 즉시 융복을 벗고 학챵의를 닙고 <u>**당건**</u>을 쓰고 문밧긔 나아가 홍혼탈의 손을 잡고 소 왈<서울대도서관본 玉樓夢(19세기 이후) 5:58b>

(32)는 '唐'의 한음을 반영한 '탕건'의 용례이고, (33)은 '唐'의 동음을 반영한 '당건'의 용례이다. 후자의 '당건'은 번역 소설을 중심으로 나타나며 '흑ᄉᆞ 당건-청ᄉᆞ포, ᄇᆡᆨ나 광ᄉᆞᆷ-오ᄉᆞ 당건, 학챵의-당건'의 맥락에 출현하는 것으로 '紗'를 재료로 만들어진 것이다. 하지만, (32)의 '탕건'은 '총탕건, 인모탕건'에서 보아낼 수 있듯이 말총이나 인모가 재료로 쓰였다. 즉 양자의 출현 맥락은 사뭇 다르다고 할 수 있다. 이외에도 "벼슬자리"라는 비유적 의미로 쓰인 '탕건'의 용례가 아래와 같이 발견된다.

(34) 가. ᄂᆡ부 쥬ᄉᆞ 홍붕관씨ᄂᆞᆫ 젼 대신 남졍쳘씨의 친근ᄒᆞᆫ 사ᄅᆞᆷ이라 대신ᄭᅴ 사ᄉᆞ로이 말ᄉᆞᆷᄒᆞ기를 ᄉᆡᆼ이 특별ᄒᆞᆫ 직업도 업고 겸ᄒᆞ여 <u>**탕건**</u>이나 ᄒᆞ나 엇어 써 ᄇᆡᆨ두나 면ᄒᆞ면 영귀ᄒᆞᆷ이 극ᄒᆞᆯ지니 쥬ᄉᆞ나 ᄒᆞ나 식여 쥬시면 월은은 밧지 안켓ᄉᆞᆸ네다 ᄒᆞ고 인ᄒᆞ야 쥬ᄉᆞ 차함 ᄒᆞᆫ 자리를 엇어 ᄒᆞ고 여일히 마을노 ᄉᆞ진ᄒᆞ거ᄂᆞᆯ<매일신문(1898-6-18)>

나. 戊戌 設博士試于成均舘 求禮郡守朴恒來勸公赴試 將薦之 公辭曰 吾忘<u>宕巾</u>久矣 屢勸竟不應 宕巾者 本邦官人所戴馬鬃帽子之名也<梅泉集-先兄梅泉公事行零錄(1913) 卷首>

그런데 '당건'의 출현 맥락은 앞서 살핀 '탕건, 탕근'과는 사뭇 다르다. 첫째, '당건'이 나타나는 문헌의 성격이다. (34)에서 보듯이 '당건'은 번역 또는 번안된 소설 자료에 집중적으로 나타난다. 이는 다양한 성격의 문헌에서 두루 확인되었던 '탕건'과는 대조적이다. 둘째, '당건'이 만들어진 재료이다. '흑ᄉᆞ 당건, 오ᄉᆞ 당건, 연ᄉᆞ/년ᄉᆞ 당건'으로부터 이들이 말총이나 인모를 재료로 한 '탕건, 탕근'과는 달리 사(紗)로 만들어진 것이다. 셋째, '갓'이나 '망건'과 같은 다른 것과 조합해서 착용한 기록이 잘 보이지 않고 단독으로 착용되었다. 넷째, 함께 착용한 '청ᄉᆞ포(靑紗袍)', '빅나 광숨(白羅纊衫)', '빅포 심의(白布深衣)', '학챵의(鶴氅衣)', '청삼(靑衫)', '학의(鶴衣)', '청나포(靑羅袍)', '대홍 망뇽포(大紅蟒龍袍)' 등은 모두 동음을 반영한 어형이다. 이러한 특징을 문헌의 성격과 결부해 보았을 때 한자를 매개로 원문을 언해하는 과정에 주로 출현하는 '당건'은 의미상 '탕건, 탕근'과 구분되었을 가능성이 높을 것으로 판단된다.

4) [板子] 반ᄌᆞ·븐자·반지-판ᄌᆞ·판자 > 반자-판자

(35) 가. 浮篷: 초개집의 역거 삐워 ᄶᅡᆫ 반ᄌᆞ<譯語類解-屋宅(1690) 上:19a>, 仰板: 널로 ᄶᅡᆫ 반ᄌᆞ<譯語類解-屋宅(1690) 上:19a>, 葦箔: 셔슬 ○야비 ○又반ᄌᆞ<同文類解-宮室(1748) 上:35a>, 望板: 널로 ᄭᅵᆫ 반ᄌᆞ(漢-望왕板반, 又天텬板반子ᄌᆞ)<方言類釋-屋宅類(1778) 酉部:20b>, 頂隔: 반ᄌᆞ<漢淸文鑑-室家類(1779) 9:69b>, 天花板: 곳 그린 반ᄌᆞ<漢淸文鑑-壇廟類(1779) 9:28b>, 반ᄌᆞ: 盤子. Plafond d'un appartement; plafond en tapisserie.(집의 천장, 벽지로 된 천장)<韓佛字典(1880) 301>, 반ᄌᆞ: 天障. The ceiling. See 텬장.<韓英字典(1897) 385>

나. ᄆᆞ춤 쥐 이셔 그 삿기를 안고 반ᄌᆞ로셔 ᄯᅥ러디되 죽기의 니ᄅᆞᄃᆞ록 서ᄅᆞ 노티 아니ᄒᆞ니 공이 판을 밀고 업듸여 울고 비유ᄒᆞ기를 더옥 근졀히 ᄒᆞᆫ대<朝野會通(18세기 말~19세기) 1:38b>

다. 향운긔의 어미 츄월이가 이 말을 듯더니 하도 긔가 막히고 분ᄒᆞ야 열 길 시무 길 반ᄌᆞ가 ᄯᅮ러지도록 납뛴다<공진회(1915) 19>[cf. 그동안 관비가 왕릭ᄒᆞ며 슈작된 일을 듯고셔 반ᄌᆞ가 얏다고 열 길 스무 길은 쒸면셔<화의혈(1918) 44>, 불는 강변에 송아지 쒸듯 반ᄌᆞ가 얏다고 펄펄

쒸며<금강문(1914) 62>, 그졔야 ᄌᆞ긔를 ᄇᆡ반ᄒᆞ고 간 것을 ᄭᆡ닷고 두 눈에셔 불덩이가 핑핑 돌아 반ᄌᆞ가 낫다고 쒸면셔<산천초목(1912) 37>]

(36) 가. 옥즁의ᄂᆞᆫ 모로미 방과 집을 널니 ᄒᆞ고 ᄭᆞ히 판ᄌᆞ를 ᄭᆞᆯ며 ᄯᆡ로 정히 ᄡᅳ러 루습ᄒᆞ고 츄악ᄒᆞᆫ 긔운이 업게 ᄒᆞ면 거의 병들기를 면ᄒᆞ고 졔 ᄉᆡᆼ업ᄒᆞ기를 편히 ᄒᆞ리라(至於牢獄羈所 又須寬其房屋 鋪以地板 時常埽滌 不使潮穢 庶可免其染病 便其作工)<易言諺解(19세기) 48a>

나. 긔현이 쇼이ᄃᆡ왈 악장이 쇼셔 아ᄅᆞ시미 한 취광탕ᄌᆞ로 지목ᄒᆞ시므로 한 판ᄌᆞ 만ᄒᆞᆫ ᄯᆞ흘 다ᄉᆞ리믈 니러틋 ᄒᆞ시니 견모ᄒᆞ믈 븟그릴 쑨이로소이다<明行貞義錄(19세기 초반) 63:4b>

다. 그ᄂᆞᆯ 밤에ᄂᆞᆫ 신을 신고 판자쪽 갓ᄒᆞᆫ 돌 우으로 올라가다가<귀의성(1907) 상:42>

‘板’의 한음이 반영된 (35)의 ‘반ᄌᆞ’는 “천장”의 의미를 나타내고, ‘板’의 동음이 반영된 (36)의 ‘판ᄌᆞ’는 “널판”의 의미를 나타낸다.

5) [盆子] 분지·픈즈-픈ᄌᆞ·푼ᄌᆞ·푼주·푼쥬 > ∅-푼주

(37) 가. 영락 저긔 아비 病ᄒᆞ야 大小便 不通커늘 廉이 벼슬 ᄇᆞ리고 侍病ᄒᆞ야 손소 분지 반내ᄆᆞᆯ 네 ᄒᆡ도록 그치디 아니ᄒᆞ야 大便을 맛보아 됴쿠지를 알오져 ᄒᆞ더라(永樂中父淮祖嘗患便澁不通 廉棄官侍疾 手奉溷器 四年不輟 至嘗糞以驗吉凶)<續三綱行實圖-孝子圖-姜廉鑿冰(1514) 5a>[cf. 영락 저긔 아비 병ᄒᆞ야 대쇼변을 블통커늘 렴이 벼슬 ᄇᆞ리고 시병ᄒᆞ야 손소 분지 반내ᄆᆞᆯ 네 ᄒᆡ도록 그치디 아니ᄒᆞ야 대변을 맛ᄲᅩ아 됴쿠지를 알오져 ᄒᆞ더라<東國新續三綱行實圖-孝子圖-姜廉鑿冰(1613) 2b>]

나. 술위 사다가 미틔 지즑 ᄭᆞᆯ오 ᄯᅩ 젼토 ᄭᆞᆯ오 우희 두ᅀᅥ 깃

ᄭᆞᆯ오 아기를 누이고 우희 제 옷 둡고 보로기로 동이고 오좀 바ᄃᆞᆯ 박을 그 굼긔 바ᄅᆞ 노코 분지를다가 미틔 노코(買將車子來 底下鋪蒲席 又鋪氈子 上頭鋪兩三個禣子 著孩兒臥着 上頭蓋着他衣裳 着綳子絟了 把溺葫蘆正着那窟籠裏放了 把尿盆放在地下)<飜譯朴通事(1510년대) 上:56b-57a>

다. 내 ᄉᆡᆼ각건ᄃᆡ 져의ᄂᆞᆫ 방ᄌᆞ 환혼ᄒᆞᆫ 사ᄅᆞᆷ이라 엇지 ᄡᅡ히 나리리오 ᄒᆞ여 챠환 무리로 ᄒᆞ여곰 오좀 분지ᄅᆞᆯ 가져와 ᄌᆡᄅᆞᆯ 담고 모다 져ᄅᆞᆯ 븟드러 그 우희 안치고(我想他是纔還了魂的人 如何下得地呢 教丫頭們拿過尿盆子來 墊了灰 大家扶着他蹲在上頭)<續紅樓夢(19세기 말) 14:44>

(38) 가. ᄌᆡ련홈이라 [···] 그러ᄒᆞᆫ 후의 가마ᄅᆞᆯ 긁어 퍼셔 사픈즈의 담고 두어 먹음 ᄂᆡᆼ슈ᄅᆞᆯ 뿜고/+그 쥭에 니블쳐로 되디 아니케 홈이라+/ 듯터온 핫보흐로써 그 픈즈 부리ᄅᆞᆯ 봉ᄒᆞ고 ᄀᆞᄂᆞᆫ 노흐로 ᄆᆡ야(再鍊 [···] 然後盡盛磁盆 噴一二口冷水/+欲其不作粥被+/ 以厚穤裸封其盆口 用細繩縛之)<新傳煮硝方諺解(1698) 11b>

나. 푼ᄌᆞ 안의 연와ᄅᆞᆯ 간졍히 슈습ᄒᆞ엿ᄂᆞ냐(那盆子裏的燕窩收拾乾淨沒有)<紅樓復夢(19세기 말) 11:110>

다. 푼주: Plat creux.(오목한 접시)<韓佛字典(1880) 364>

라. 磁盌ᄌᆞ완, 俗言盆子, 轉云푼쥬.<名物紀畧-器用部(1870) 3:8a>

(37)은 이른 시기의 한음을 반영한 ‘분지’의 용례이고, (38)은 근대 한음을 반영한 ‘픈ᄌᆞ’류의 용례이다. 양자가 “용기”의 의미로 쓰였다는 점에서는 공통점을 지니나 ‘분지’가 “요강”의 의미로 ‘픈ᄌᆞ, 푼ᄌᆞ, 푼주, 푼쥬’가 “그릇”의 의미로 쓰였다는 점에서 의미 영역을 달리 하는 대상들이다.

이러한 의미 영역 분화에서 드러난 특징적인 모습들은 李基文(1986: 791)에서 제기한 차용어의 “意味의 局限”을 떠올리게 한다. ‘唐巾’의 경우 지시물의 변화가 생겼거나 하는 가능성을 배제할 수 없지만, ‘家事, 圖書, 板子, 盆子’는 중국어에서 양쪽의 의미를 모두 포함하고 있던 것이다. 따라서 각각의 어형을 기준으로 보았을 때, 이들은 원어보다는 제한된 의미와 용법을 보이는 것이라고 할 수 있다.[24] 특히 차용 시기를 달리하여 받아들인 '분지'와 '픈ᄌᆞ'의 존재는 어원은 동일하지만 시기를 달리 하여 받아들인 차용어들 사이에 의미가 다름을 보여주는 직접적인 증거가 된다.[25] '분지[盆子]'를 제외한 '家事, 唐巾, 圖書, 板子'에서 기원한 공존형의 후대형들은 현재까지도 의미 영역을 달리 하면서 공존하고 있다.

6.4.1.2. 부분적 분화

의미 영역이 위의 예들처럼 완전히 나누어지지는 않지만, 어느 한쪽이 다른 한쪽의 의미를 포함하고 있을 것으로 판단되는 대상들이 존재한다. 이 부분에서는 바로 이러한 의미상으로 상·하위 관계를 이루는 동일 어원 차용어들에 대해 다루기로 한다.

1) [衲衣] 누비·뉘비-납의 > 누비-납의

'누비'류와 '납의'는 모두 '衲衣'에서 기원한 단어이지만 '누비'의 의미

24) "의미 대상이 되는 문물, 현상, 개념이 먼저 유입되고 그것을 지칭하기 위한 어휘가 필요해 원어를 차용한 것이기 때문에 원래 가지고 있던 다양한 의미보다는 사용 영역이 제한된다. 즉 차용어는 본국에서 쓰이는 사전적 의미가 전부가 차용되는 것이 아니고 어느 특수한 의미, 즉 특정한 상황에서 쓰이는 의미만 차용되는 것이 보통이다.(李埴 1966:56)"

25) 현재 기사나 보도에 활발하게 쓰이고 있는 '유우커'와 '산커'를 통해서도 쉽게 이해된다. 어원인 '遊客'이 중국어에서는 "여행객"의 의미로 쓰이지만, 한국 뉴스에서 '유우커'는 '산커[散客]'와 대비되는 "단체 관광객", 그것도 중국 관광객을 의미하는 맥락에 주로 쓰인다. 이는 다른 한 측면에서 원어와는 다른 의미를 나타내는 것으로 파악될 수가 있다. 이와 비슷한 모습을 보이는 것으로 '모찌떡'을 들 수 있다. '모찌'는 일본어에서 "떡"을 의미하지만 '모찌떡'은 한국어에서 떡의 한 종류인 "찹쌀떡"을 의미한다.(노명희 2009:297)

범위가 '납의'보다 넓었을 것으로 판단된다. '납의'는 아래의 예문에서 발견된다.

(39) 가. 익죄 무ᄌᆞᄒᆞ신디라 계비 최시 친히 양양 낙산ᄉᆞ 관음굴의 나아가 비ᄅᆞ시니 ᄭᅮᆷ의 **납의** 닙은 듕이 와 ᄒᆞᄃᆡ 반ᄃᆞ시 귀ᄌᆞᄅᆞᆯ 나호리니 기명을 ᄡᅥ 션ᄅᆡ라 ᄒᆞ라 ᄒᆞ더니 오래디 아냐 도조ᄅᆞᆯ ᄉᆡᆼᄒᆞ시매 쇼ᄌᆞᄅᆞᆯ 션ᄅᆡ라 ᄒᆞ시고 쇼시의 ᄭᅮᆷ을 ᄭᅮ시고 룡 ᄲᅩ신 일이 이셔 뉴혈이 ᄀᆞ득ᄒᆞᆫ 고로 젹디라 일홈ᄒᆞ니라<朝野會通(18세기 말~19세기) 1:10b-11a>[cf. 시혹 阿練若애 누비오ᄉᆞ로 空閑ᄒᆞᆫ ᄃᆡ 이셔(或有阿練若애 納衣로 在空閑ᄒᆞ야셔)<法華經諺解(1463) 4:194b>, 觀世音菩薩이 ᄒᆞᆫ 쥬ᇰ이 ᄃᆞ외샤 **누비** 닙고 믌 ᄀᆞᅀᆡ 오샤 이 겨집ᄃᆞ려 니ᄅᆞ샤ᄃᆡ(觀世音菩薩丶 遂化作一僧人ソ𠆢 **披百衲** 直至江邊ソ𠆢 乃謂此婦人曰ソ𠆢厶)<佛頂心陀羅尼經(1464) 上:11a>

나. **납의(衲衣)**: 명 빛이 검은 중의 옷<조선어사전 5>

(39가)의 '납의'는 15세기 자료의 '누비옷'이나 '누비'로 나타나던 것이다. 문맥과 결부했을 때 "僧衣"를 의미하는 것임을 알 수 있다. 하지만 '누비'는 "僧衣"뿐만 아니라 "누비옷을 입은 중"이라는 비유적 의미를 포함하여 "기운옷, 해지고 낡은 옷", "누벼서 지은 옷"과 같은 다양한 의미를 나타내던 것이다. 현재『표준국어대사전』에서 '누비'는 "누벼서 지은 옷"의 의미를, '납의'는 "僧衣"의 의미를 나타내는 것으로 기술되어 있다. '납의'의 용례가 한정적으로 나타나기 때문에 어떠한 과정을 거쳐 이처럼 의미 영역이 다른 것으로 변화하게 된 것인지에 대해서는 불확실하다.

2) [玳瑁·瑇瑁] ᄃᆡ미-ᄃᆡ모·대모·ᄃᆡ무 > ∅-대모

'ᄃᆡ미'와 'ᄃᆡ모'는 모두 바다거북의 인갑(鱗甲)을 의미하는 맥락에 쓰일 수 있다. 'ᄃᆡ모'의 경우 거북을 가리키는 예도 아래와 같이 발견된다.

(40) 가. 玳瑁: ᄃᆡ모. 生海洋深處, 狀如龜黿而殼稍長. 背有甲十二片, 以黑白相錯, 成斑文. 其裙邊缺如鋸齒.<廣才物譜(19세기 初) 四:介龜:1b>[cf. 玳瑁대모, 一作瑇瑁, 南海大龜, 背上有鱗, 大如扇, 將作器煮之, 其柔如皮.<名物紀畧-貨寶部(1870) 3:20a>]

나. ᄃᆡ모: 玳瑁. Ecaille transparente du ventre de tortue de mer, du 거북 Ke-pouk.(바다거북, 거북의 배에 있는 투명한 껍질.)<韓佛字典(1880) 464>

즉 'ᄃᆡ모'로 대표되는 동음형은 "대모갑"의 의미와 함께 "거북, 자라"와 같은 동물의 의미와 함께도 나타낼 수 있었다. 그러나 이 경우 'ᄃᆡ미'가 의미 범위의 제한 때문에 사라졌다기보다는 문헌의 성격이 반영된 일시적인 표기였을 가능성을 배제할 수 없다.

3) [寶貝] 보ᄇᆡ·보븨·보배·보뵈-보패·보ᄑᆡ > 보배-∅

'보ᄇᆡ'류와 '보패'류는 "소중한 물건, 보화"와 같은 구체적 의미를 나타내는 맥락에서는 모두 쓰일 수 있었다. 하지만 아래와 같이 추상적인 비유의 의미로 쓰인 경우는 '보ᄇᆡ'류에 한해 확인된다.

(41) 가. 德으로 일삼으면 제 分인 줄 제 모로며 [⋯] 學文을 **보뵈**로 아라야 去取 適中ᄒᆞ리라<靑丘永言-원(18~19세기) 24>

나. 쳥년 시ᄃᆡ에 졔일 질거운 일이 무잇이냐 ᄒᆞ면 무를 것 업시 일ᄉᆡᆼ에 **보ᄇᆡ** 될 만ᄒᆞᆫ 공부ᄒᆞᄂᆞᆫ 일이라 ᄒᆞᆯ 것이라 <金剛門(1915) 35>

(41가)에서 '보뵈'는 비유적인 의미로 쓰인 것으로 '學文'이 보배처럼 값진 것임을 가리킨다. 또한 (41나)에서 '보빅'는 '공부'가 보배와 같이 소중한 것임을 나타낸 것이다. 이러한 의미 범위의 차이 때문에 후대에 나타난 동음형의 음에 이끌리지 않고 결국은 동음형을 자리에서 밀어내게 된 것으로 판단된다.

4) [請] 칭ᄒᆞ다–쳥ᄒᆞ다·쳥ᄒᆞ다·청ᄒᆞ다 > ∅–청하다

본고의 "칭ᄒᆞ-"는 "초대하다"의 의미로 쓰인 것이다. 하지만, '請'을 어원으로 하는 동음형 '쳥ᄒᆞ다·청ᄒᆞ다·청ᄒᆞ다'는 "초대하다"의 의미 외에 "부탁하다"의 의미로도 쓰인다. 그러나 '칭ᄒᆞ-'의 용례가 개별 문헌에 한정되어 나타날 뿐만 아니라, 동일한 문맥과 용법 속에서 '쳥ᄒᆞ-'와 함께 나타나는 것으로 보아, 원문의 영향에 따른 일시적인 표기일 가능성이 높다. 아래는 "초대하다"의 의미로 쓰인 동음형의 출현 용례를 제시한 것이다.

(42) 가. 녀름지슬 아비 **쳥ᄒᆞ거든** 다 가고 이웃지븨셔 주거든 거스디 아니ᄒᆞ노라(田父**要**皆去 隣家問不違)<杜詩諺解-寒食(1481) 11:11b>

나. 반도 아니 바닷더니 긔니 바다 두고 번동 ᄡᆞᆯ 셜ᄒᆞᆫ 말 셔올로 갈 제 ᄒᆡ여 달라 **쳥ᄒᆞ니** 내 모기라 맛뎌더니 긔니 다 바다 두고<순천김씨묘-080, 1550~1592년, 신천강씨(어머니)→순천김씨(딸)>

다. 전시ᄂᆞᆫ 안음현 사ᄅᆞᆷ이니 찰방 뎡유열의 안해라 임진왜난의 맛보 그 아븨게 **쳥ᄒᆞ야** ᄀᆞᆯ오ᄃᆡ 원컨대 져근 칼ᄒᆞᆯ 어더지라 ᄒᆞ거ᄂᆞᆯ(全氏安陰縣人 察訪鄭惟悅之妻也 壬辰倭亂嘗**請**於其父曰願得小刀)<全氏被害東國新續三綱行實圖-新續烈女圖-全氏被害(1617) 4:85b>

라. 길분은 량나라 풍익 사ᄅᆞᆷ이니 아비 원향 녕을 ᄒᆞ엿더니

아젼의 무함ᄒᆞᆫ 배 되여 잡히여 뎡위/+법 마튼 마을이라+/에 나아갈ᄉᆡ 이 ᄣᅢ에 분의 나히 십오 셰라 길거리에 우지디며 공경의게 빌고 청ᄒᆞ니 보ᄂᆞᆫ 사ᄅᆞᆷ이 다 눈믈을 흘리더라(吉翂 馮翊人 父爲原鄕令 爲吏所誣 逮詣廷尉 翂年十五 號泣衢路 祈請公卿 見者隕涕)<五倫行實圖-孝子圖-吉翂代父(1797) 1:39a>

마. 됴 평원군의 부인은 무긔의 ᄆᆞᆺ누의라 됴ㅣ 급홈애 ᄉᆞ쟈관과 개 셔로 ᄇᆞ라 구완을 무긔의게 칙ᄒᆞ거ᄂᆞᆯ 무긔 왕의게 청ᄒᆞ고 밋 손으로 ᄒᆞ여곰 노라 다래기ᄅᆞᆯ 온가지로 ᄒᆞᆫᄃᆡ 왕이 듯디 안니ᄒᆞ더라(趙平原君의 夫人은 無忌의 姉也ㅣ라 趙ㅣ 急에 使者冠蓋相望ᄒᆞ야 責救於無忌어ᄂᆞᆯ 無忌請於王ᄒᆞ고 及使賓客으로 游說萬端ᄒᆞᆫᄃᆡ 王이 不聽ᄒᆞ더라)<十九史略諺解(1832) 2:73b-74a>

바. 김씨ᄂᆞᆫ 괴롭기도 ᄒᆞ고 그 사졍이 가엽기도 ᄒᆞ야 청ᄒᆞᄂᆞᆫ ᄃᆡ로 쥬고 쥬고 ᄒᆞᆫ 것이 벌셔 ᄒᆞᆫ두 번니 아니요<江上淚(1919) 23>

현재에도 동음형의 후대형인 '청하다'는 "초대하다"와 "부탁하다"의 의미로 활발하게 쓰이고 있다.

5) [湯水] 탕쇠-탕슈·탕수 > ∅-탕수

"국"의 의미로 쓰일 때는 '탕쇠'와 '탕슈'류가 다 보이지만 "끓는 물"의 의미로 쓰일 때에는 '탕슈'류만 발견된다. 아래는 "끓는 물"의 의미로 쓰인 '탕슈'류의 용례를 제시한 것이다.

(43) 가. ᄇᆡᆨ미 두 말 ᄇᆡᆨ셰 작말ᄒᆞ여 탕슈 열 다ᄉᆞᆺ 대야 ᄀᆞ장 ᄭᅳᆯ혀 듬 기야 닉거든 국말 ᄒᆞᆫ 되 다솝 섯거 녀코 사흘 만ᄒᆞ거든 찹ᄡᆞᆯ 두 말 밥 ᄶᅧ 식거든 몬져 술에 석거 녀허

듯다가 스므 날 후 쓰라<음식디미방-녹파쥬(1670경~1680) 19a>

나. 정월 첫 돗날 빅미 두 말 빅셰 작말 탕슈 서 말 딕링 누록 닷 홉 섯거 녀코 둘잿 돗날 빅미 서 말 빅셰 작말 탕슈 너 말 닷 되 반쥭 딕링ᄒᆞ여 녓고 셋재 돗날 빅미 닷 말 빅셰 작말 탕슈 닐굽 말 닷 되 딕링ᄒᆞ여 비져 닉거든 쓰라<酒方文[瀟湘月文]-삼히쥬/三亥酒(18세기 초기) 2a-b>

다. 진말 ᄒᆞᆫ 말 뇌야 기름 ᄒᆞᆫ 되 너허 반쥭ᄒᆞ여 되나기로 츠고 탕슈와 술과 쑬은 반쥭 알맛치 쳐셔 반쥭ᄒᆞ여 판의 박거나 모 지게 ᄆᆡᆫ들 불을 알맛초 쓰게 ᄒᆞ여 지져 내여 즙청을 먹이되<陞付吏案 酒方文-별약과법(19세기 초기) 2a>

라. 湯: 탕슈 탕, 熱水. 又끌힐 탕, 熱沃. 又물결 샹, 水盛貌, 蕩也.<註解千字文(1804) 5a>

마. 탕슈: 湯水. The hot water-of sulphur springs.<韓英字典(1897) 693>

앞서 살펴본 'ᄃᆡ미'나 '칭ᄒᆞ-'와 마찬가지로 '탕쉬'가 아래의 (44가)에서처럼 극히 한정적으로 나타나기 때문에 원문의 성격에 따른 일시적인 영향일 가능성을 배제할 수 없다.

(44) 가. 탕쉬와 차반이 다 ᄀᆞ거다 ᄒᆡ 디ᄂᆞ다 갤리 대육 받ᄌᆞ와든 각산홀 거시라(湯탕水쉬茶飯都完備了 日頭落了 疾忙擡肉時散着)<飜譯老乞大(1510년대) 下:39a>[cf. 잔치에 국과 밥이 다 ᄀᆞ잣다 ᄒᆡ 져시니 밧비 드러다가 먹으미 죠타(酒席湯飯都完備了 日頭落了 疾些忙擡過來喫了好)<重刊老乞大諺解(1795) 下:38a>

나. 탕슈: 湯水. Bouillon épais et consommé(진하고 맑은 수프).<韓佛字典(1880) 508>[cf. 탕: Bouillon épais; consommé de viande; remède infusé, consommé; eau thermale; eau.(진한 수프; 맑은 고기국; 우려낸 약, 콩소메; 온천수; 물.)<韓佛字典(1880) 507>]

6) [架子] 갸ᄌᆞ·개ᄌᆞ-가ᄌᆞ > 갸자-가자

'갸ᄌᆞ'류와 '가ᄌᆞ'류가 "지지대"의 의미로 쓰일 때는 별다른 차이 없이를 보이지 않았으나, "음식을 나르는 도구"를 의미할 경우 '갸ᄌᆞ'류를 중심으로 확인된다.

(45) 가. 食輿: <u>갸ᄌᆞ</u><物名括-舟車類(19세기) 19b>, 食輿: <u>갸ᄌᆞ</u><物譜-舟車-車輿(1802) 下:6b>, 食輿: 舁食者. <u>개ᄌᆞ</u>.<廣才物譜(19세기 초) 二:飮食:1a>

나. ᄂᆡ궁의셔 녀귀비 치제ᄒᆞᄂᆞᆫ 위의 니ᄅᆞ니 놉흔 샤ᄌᆞ의 향쵹 졔젼을 밧드러 궁뇌 몌여 [...] 댱공이 황망이 외졍의 돗글 여러 태감을 마ᄌᆞ 졉ᄃᆡᄒᆞ며 쥬방의 븐부ᄒᆞ여 <u>갸ᄌᆞ</u> 멘 궁노롤 후ᄃᆡᄒᆞ라 ᄒᆞ고 ᄂᆡ쳑의 흔흔ᄒᆞ믈 깃거ᄒᆞ니<玩月會盟宴(18~19세기) 170:32a-32b>

다. 이의 상방의 하지ᄒᆞ여 어션 두 <u>갸ᄌᆞ</u>로 뼈 위ᄐᆡᄉᆞ의게 ᄉᆞ숑ᄒᆞ시니 진공이 텬은을 망극ᄒᆞ여 젼하의 나려 ᄇᆡᄇᆡ 고두ᄒᆞ여 황은을 숙ᄉᆞᄒᆞ더라<明行貞義錄(19세기 초반) 38:3a>, 셩찬 두 <u>갸ᄌᆞ</u><明行貞義錄(19세기 초반) 53:1b>

라. ᄉᆞ령 이 명 ᄉᆞ환군 오 명 <u>갸ᄌᆞ군</u> ᄉᆞ 명 각 목 일 필<동궁마마풍용필강ᄒᆞ오신ᄂᆡ외샹격불긔(18~19세기) 11a>

마. <u>갸ᄌᆞ</u>: Plateau pour porter les mets.(요리를 나르기 위한 큰 쟁반)<韓佛字典(1880) 138>

현재 이들의 후대형은 의미 영역이 다른 별도의 표제어로 『표준국어대사전』에 올라 있다. 따라서 이들 역시 '누비'와 '뉘비'처럼 원래는 의미상 상·하위 관계였다가 점차 의미 영역을 달리하게 된 경우라고 할 수 있다.

7) [卓子] 조ᄌᆞ·교ᄌᆞ-탁ᄌᆞ·탁자 > 교자-탁자

'탁즈'는 '조즈'의 상위어로서 "상"이라는 보다 포괄적인 의미를 가진 반면, '조즈'는 "고족상"이라는 다소 한정적인 의미를 나타내던 것이었다.

(46) 가. 八仙卓子: 여둛 먹는 조즈<譯語類解補-器具補(1775) 43a>[cf. 卓子: 상<譯語類解-器具(1690) 下:13a>]

나. 앗가는 스물 다섯 조즈를 버렷더니 이제는 문득 열세 조즈는 업시ᄒᆞ고 다만 열두 조즈를 노ᄒᆞ 동으로부터 셔흐로 두 줄노 돌나 안즈야 비로소 쥬령을 힝ᄒᆞ미 편ᄒᆞ리이다(若照早間二十五桌分五排坐了 不知這令如何行法 據我主意 必須減去十三桌 只消十二桌 由東至西 分兩行團團坐了 方好行令)<鏡花錄(第一奇諺) 20:71>

다. ㅂ야흐로 교의 일빅과 조즈 스물다섯슬 버려 ᄒᆞᆫ 조즈의 네 사름식 안즈 빅 사름에 즈리를 분비ᄒᆞ더니(卞濱命人把這二十五席正面向南 由東至西 分做五行擺開 每行五席每席四坐)<鏡花錄(第一奇諺) 18:74>(6:256)

라. 八仙卓子: 팔션조즈<名物紀畧-器用部(1870) 3:5b>

마. 卓子: 卓華音조, 俗言卓子床조즈상, 高足床也. ○ 八仙卓子팔션조즈, 多人會食之盤. ○ 一作交子床.<名物紀畧-器用部(1870) 3:5b>

이는 (46마)의 서술에서도 분명하게 지적되었다. 현재 '조즈'의 후대형인 '교자'와 동음을 반영한 '탁즈'의 후대형 '탁자'가 의미상 상·하위 관계를 가지면서 공존하고 있다.

이외에도 본고에서 다룬 대상들 중에서 '나발'과 '나팔', '다홍'과 '대홍', '무명'과 '목면', '피리'와 '필률'이 『표준국어대사전』에 의미가 차이 나는 것으로 기술되어 있는 것이다. 하지만 이러한 차이는 20세기 이전의 국어사 자료에서는 잘 포착되지 않으므로 이들과 관련된 후속적인 연구가 필요할 것이다.

6.4.2. 의미 변화

어휘의 의미는 고정불변한 것이 아니라 통시적인 과정에서 확장되기도 하고 축소되기도 하며 때로는 지시물이 바뀌기도 한다. 이러한 의미 변화의 과정은 원어와의 유연성을 점점 잃어가고 있는 상황의 반영이기도 하다. 차용어의 통시적인 공존과 변화에서 드러나는 이러한 의미 변화는 개별 어형에 따라 이루어지므로 어형별로 그 변화에 대해 살피기로 한다.

1) [家事] 갸수

이는 지시 대상이 달라진 경우이다. '家事'에서 기원한 한음형은 원래 "그릇"의 의미로 쓰이던 것이었으나 현재 (48)과 같이 "개숫물"의 의미로 쓰이고 있다.

(47) 가. 갸슈: Dish washing.<韓英字典(1897) 199>

나. 갸슈물: 洗器水. Eau à laver la vaisselle. Lavure de vaisselle.(설거지할 때 쓰는 물. 설거지할 때 쓴 개숫물)<韓佛字典(1880) 138>, 갸슈물: Dish-water.<韓英字典(1897) 199>[cf. 개슈물: Dish-water.<韓英字典(1897) 174>]

다. 갸슈통: 洗器桶. Bassin qui sert à mettre l'eau pour laver la vaisselle. Vase pour laver la vaisselle.(설거지하기 위한 물을 담는 데에 쓰는 대야. 설거지하기 위한 그릇)<韓佛字典(1880) 138>, 갸슈통: A basin-in which to wash dishes.<韓英字典(1897) 199>

(48) <u>개수</u>: 명 =개숫물.【<<중>家事】[cf. 개숫물: <u>음식 그릇을 씻을 때 쓰는 물.</u> ≒개수01·설거지물.]<표준국어대사전>

2) [膝欄] 슬란

지시 대상이 달라진 경우이다. 원래는 무릎도리 위치에 무늬가 새겨진 비단을 의미하던 것이었으나 현재 아래와 같이 치마 아랫단에 탈부착이 가능한 장신구를 지칭한다. 이는 (50)의 한문 자료를 통해서도 드러난다.

(49) 남 호뎝문 녕쵸단 웃치마 일/+부금뎐ᄌᆞ **<u>슬란</u>** 구+/ 다홍 도뉴단 겹치마 일/+부금뎐ᄌᆞ **<u>슬란</u>** 구+/(藍蝴蝶紋英綃緞上裳一/+付金篆字膝襴具+/多紅桃榴緞甲裳一/+付金篆字膝襴具+/)<丁未嘉禮時日記(1848년 이후) 14b>

(50) 가. 月山大君, <u>青紗織金麒麟**膝襴**一匹</u>, 青界地雲紵絲一匹; 明懿公主, 明綠界地雲紵絲一匹, <u>青紗鋪絨暗**膝襴**一匹</u>.<성종실록 16권(1472년 3월 5일 기사)>

나. 裳以青緞爲之, 前三幅短而連縫, 後四幅長而各二幅連縫以相掩, 前後有辟積, <u>中下列貼織金龍(俗稱**膝蘭**)</u>.<國朝續五禮儀補序例 1-吉禮-王妃禮服制度-裳(1751)>

3) [衲衣] 누비

이는 의미가 확장되었다가 다시 축소된 경우이다. '누비'가 처음에는 중들의 해진 옷이나 '僧衣'를 입고 있는 중을 의미하였으나 나중에는 "僧衣", "기운옷, 해지고 낡은 옷", "누벼서 지은 옷" 등의 의미를 모두 나타낼 수 있게 되었다.[26] 이 중 "누벼서 지은 옷"의 의미는 나중에

26) 이 중 "낡은 옷"의 의미가 확실한 '누비옷'의 용례를 추가적으로 제시하면 아래와 같다.

획득하게 된 것이다. 현재는 '납의'와 의미 영역을 나누어 "누벼서 지은 옷"의 의미로만 쓰이고 있다.

4) [沙糖·砂糖] 샤탕·사탕

한음을 반영한 어형의 의미가 확장된 경우이다. 19세기 말~20세기 초의 문헌들에서는 "사탕수수"의 의미로 쓰인 '샤탕, 사탕'의 용례가 다수 발견된다.

(51) 가. 하와이 안에 외국 사ᄅᆞᆷ들이 토민보다 슈효가 더 만히 잇시며 외국 사ᄅᆞᆷ 즁에ᄂᆞᆫ 일본 막버리군이 뎨일 만히 잇ᄂᆞᆫ지라 이 셔음 쇽에셔 **샤탕나무**를 만히 심으ᄂᆞᆫᄃᆡ 역군이 부족ᄒᆞᆫ 고로 하와이 졍부에셔 몃 해 젼에 일본 졍부와 약죠ᄒᆞ고 일본 역군을 **샤탕** 회샤에셔들 고립ᄒᆞ야 쓰게 약죠ᄒᆞᆫ 후로 지금 거긔 가셔 잇ᄂᆞᆫ 일본 역군이 이만 ᄉᆞ쳔ᄉᆞᄇᆡᆨ칠 명이라 그 나라 안에 뎨일 큰 쟝ᄉᆞ들과 텰도와 젼션과 **샤탕** 회샤들과 기외 각ᄉᆡᆨ 큰 샹회들은 대개 미국 사ᄅᆞᆷ들의 돈으로 ᄒᆞᄂᆞᆫ 것이라<독립신문(1897-7-15)>

나. 비유컨ᄃᆡ 미국셔ᄂᆞᆫ ᄇᆡᆨ셩들이 힘쓰ᄂᆞᆫ 것이 밀 심으ᄂᆞᆫ 것과 목화 심으ᄂᆞᆫ 것과 쇼 기르ᄂᆞᆫ 것과 담ᄇᆡ 기르ᄂᆞᆫ 것과 실과 기르ᄂᆞᆫ 것과 **샤탕** 기르ᄂᆞᆫ 것과 나무 기르ᄂᆞᆫ 것과 ᄉᆡᆼ션 잡ᄂᆞᆫ 것이라<독립신문(1898-4-9)>

예 가. 오ᄉᆞᆯ 빗이샤ᄃᆡ 七寶로 ᄭᆞ미실ᄊᆡ 고ᄫᆞ시고 쳔쳔ᄒᆞ더시니 마리ᄅᆞᆯ 갓ᄀᆞ시고 **누비옷** 니브샤 붓그료미 엇뎨 업스신가<月印千江之曲(1447) 上:43b-44a>

나. 가난호ᄆᆞᆫ 모매 샹녜 縷褐ᄋᆞᆯ 닙ᄂᆞ니 서르 맛나 繿縿ᄋᆞᆯ 웃디 마롤디어다 잇다감 ᄢᅥ러 겨르ᄅᆞ이 자바 니르와ᄃᆞ니 쇽절업시 錦繡 젹삼 니보매 더으도다/+縷褐ᄋᆞᆫ **누비오시**라 繿縿ᄋᆞᆫ 오ᄉᆡ 허룬 양ᄌᆡ라+/(貧卽身常披縷褐ᄒᆞᄂᆞ니 相逢ᄒᆞ야 不用笑繿縿이어다 有時예 抖擻ᄒᆞ야 閑提起ᄒᆞ니 勝得空披錦綉衫ᄒᆞ도다)<南明集諺解(1482) 上:32a>

다. 하와이 이민과에서 샹항으로 보ᄂᆡᆫ 아라ᄉᆞ국 이민 ᄉᆞ빅 명은 돈을 적게 준다고 불평ᄒᆞᆫ ᄆᆞᄋᆞᆷ을 픔고 **사탕밧헤** 드러가셔 일ᄒᆞ기를 거절ᄒᆞ고 워싱톤에 잇ᄂᆞᆫ 아라ᄉᆞ 대ᄉᆞ에게 뎐보ᄒᆞ여 본국으로 도라가게 ᄒᆞ여 달나고 ᄒᆞ엿다더라<대한매일신보-아국 이민의 불평(1910-3-10)>

라. 청국 ᄉᆞᄅᆞᆷ이 미국에 가셔 고용으로 **샤탕** 농ᄉᆞ를 ᄒᆞᆯᄉᆡ 모든 일에 ᄉᆡᆼ소ᄒᆞ야 ᄌᆞ연히 잘 못ᄒᆞ는 일이 만ᄒᆞᆫ지라<瑤池鏡(1913) 30>

‘샤탕, 사탕’이 갖는 “사탕수수”의 의미는 19세기 이전 자료에서는 발견되기 어려웠던 것이다. 현재 ‘샤탕, 사탕’ 대신 ‘사탕수수’가 쓰이고 있지만, ‘샤탕, 사탕’이 의미 확장이 일어나게 된 데는 그 당시의 역사 배경과 결부해서 따져보아야 할 문제일 것으로 판단된다.

5) [卓子] 탁ᄌᆞ

의미 확장이 일어난 경우이다. ‘탁ᄌᆞ’는 “상”의 의미 외에도 “여러 층으로 된 세간”의 의미로 쓰인 경우가 발견된다.

(52) 가. 櫃隔子: 간 막은 **탁ᄌᆞ**<蒙語類解補-器具補(1790) 25a>

나. 쳠하의 납병을 ᄃᆞᆯ고 층층ᄒᆞᆫ **탁ᄌᆞ**의 온갓 믈화ᄅᆞᆯ 베픈 곳은 이ᄂᆞᆫ 잡화 푸ᄌᆡ오 온갓 마을악이ᄅᆞᆯ 주줄의 결고 **탁ᄌᆞ** 우희 둥근 ᄉᆞ모집 ᄀᆞᆺᄒᆞᆫ 거ᄉᆞᆯ 무슈히 언ᄌᆞᆫ 곳은 이ᄂᆞᆫ 마을악이 푸ᄌᆡ오 온갓 ᄀᆞᆺ옷과 여러 가디 의복이 ᄉᆞ벽의 걸닌 곳은 의복 푸ᄌᆡ오 둥글게 ᄆᆞ라 **탁ᄌᆞ**의 언져시ᄃᆡ 온갓 비단을 각각 졔 유ᄃᆡ로 빠ᄒᆞᆫ 곳은 이ᄂᆞᆫ 비단 푸ᄌᆡ오 [⋯] 문 압희 별양 놉ᄒᆞᆫ ᄑᆡᄅᆞᆯ 셰워 네다ᄉᆞᆺ 길히 되고 **탁ᄌᆞ**의 무슈ᄒᆞᆫ 화병의 온갓 약ᄌᆡ 일홈을 쁜 곳은 이ᄂᆞᆫ 약ᄌᆡ 푸ᄌᆡ오 [⋯] 층층ᄒᆞᆫ **탁ᄌᆞ**의 온갓 셔젹을 이

뉴뉴히 빠혀시ᄃᆡ 각각 ᄶᅵ룰 브쳐 제목을 표ᄒᆞᆫ 곳은 이ᄂᆞᆫ 셔칙 푸ᄌᆡ오<장서각본 乙丙燕行錄(19세기) 2:99-101>

다. 황칠 ᄉᆞ층 **탁ᄌᆞ** 일빵(黃漆四層**卓子**一雙)<丁未嘉禮時日記-庫間(1848년 이후) 85a>

라. **탁ᄌᆞ**: 卓子. Table, pupitre, (pour écrire, pour mettre des livres). Casier, rayon de bibliothèque ou de dressoir.((글을 쓰기 위한, 책을 놓기 위한) 탁자, 작은 책상. 도서관이나 찬장의 정리 선반, 선반.)<韓佛字典(1880) 506>

마. 잠식은 나무로 기동 셰을 만들어 놉희 여덥 ᄌᆞ 되게 ᄒᆞ고 즁간에 **탁ᄌᆞ** 모양으로 아홉 층을 ᄒᆞ고 그 ᄉᆞ니에 ᄂᆡ에 글읏 용납ᄒᆞ게 ᄒᆞ난니라 쇼잠식은 놉기 네 ᄌᆞ 남지시 ᄒᆞ고 너븨도 네 자 되게 ᄒᆞ고 **탁ᄌᆞ** 층은 오육 층으로 ᄒᆞ야 가니 쟝안의 두게 ᄒᆞ난니라<蠶桑輯要(1886) 34a>

바. 영국으로 말ᄒᆞᆯ지라도 경향 간에 허다ᄒᆞᆫ 셔원을 릉히 긔록ᄒᆞ지 못ᄒᆞ겟스나 륜돈셩에 잇ᄂᆞᆫ 박물원 셔루가 텬하에 뎨일이라 그 집 지은 뎨도가 심히 화려ᄒᆞ고 굉쟝ᄒᆞ야 이젼 로마국 셔울에 잇ᄂᆞᆫ 셩뎐 외에ᄂᆞᆫ 이러ᄒᆞᆫ 집이 업ᄂᆞᆫᄃᆡ 셔루 안에ᄂᆞᆫ 모도 금은으로 ᄭᅮᆷ이고 ᄎᆡᄉᆡᆨ이 령롱ᄒᆞ야 사ᄅᆞᆷ의 면목이 빗쵸이며 **탁ᄌᆞ**를 여러 층으로 ᄇᆡ셜ᄒᆞ야 층층이 슈 만권 셔칙을 ᄎᆞ셔ᄃᆡ로 모혀 두고 **탁ᄌᆞ** 젼면에ᄂᆞᆫ 다 각각 ᄎᆡᆨ 제목을 분명히 써 붓쳐셔 보ᄂᆞᆫ 쟈로 ᄒᆞ여곰 편의케 ᄒᆞ고<독립신문-논설(1899-10-6)>

의미 변화와 관련된 위의 용례에서 보듯이, 여기에는 지시대상이 달라진 경우, 의미가 확장된 경우, 의미가 축소된 경우와 같이 다양한 변화의 양상이 관찰된다. 이러한 의미 변화는 비단 차용어에서만 관찰되는 것은 아니다. 이와 같은 예를 통해 차용어가 가지고 있는 이질적인 모습 외에도 고유어와 동질적인 부분도 있음을 확인할 수 있다.

6.5. 기타

이외에 본고에서 본격적으로 다루지는 않았으나 차용어의 존재 양상과 관련하여 주의 깊게 살펴보아야 할 것으로 판단되는 '동원어'와 '궁중어'에 대해 간단히 언급하기로 한다.27)

6.5.1. 동원어

앞서 각각의 차용어의 한자음 구성을 살피는 2~5장의 내용을 통해, 만주어나 몽골어에도 이들과 비슷한 의미와 음상을 지닌 어사가28) 존

---

27) 이외에도 차용어들 중에는 협주가 동반된 경우가 있다. 중국어 원음이 반영된 어형에 이러한 협주가 수반되었다는 것은 그만큼 차용어의 초기 단계 모습을 반영했을 가능성이 높음을 말해준다. 차용어와 관련된 중요한 정보이기는 하나, '동원어', '궁중어'와는 성격이 동떨어진 것이므로 구체적인 논의는 생략한다. 아래는 본고의 대상 중 협주가 수반된 '쇼조'의 용례를 옮겨 온 것이다.

예 가. 어시의 즁인이 노름을 보고 느즌 후의 바야흐로 흣허지니 가뫼 그 쇼조/+노름ᄒᆞᄂᆞᆫ 명식이라+/ 되였던 것과 쇼츅 되엿던 거슬 깁히 ᄉᆞ랑ᄒᆞ여(於是大家看戲看到晚方散　賈母深愛那做小ᄡᅣ旦단的與一個做小丑的)<紅樓夢(19세기 말) 22:23>

나. 우리 부즁의 쇼조/+노름 ᄎᆞ지ᄒᆞᆫ 명식이라+/ 구실ᄒᆞᄂᆞᆫ 긔관 하나히 이시니 오ᄅᆡ 조히 부즁의 잇더니 이졔 마춤내 ᄉᆞ오일을 도라오지 아니ᄒᆞ거ᄂᆞᆯ(我們府裡有一個做小ᄡᅣ旦단的琪官　一向好好在府　如今竟三五日不見回去)<紅樓夢(19세기 말) 33:9-10>

28) 한글로 전사한 만주어나 몽골어 대응어에는 '√'와 같은 부가부호가 달려 있다. 그 당시의 몽골어나 만주어의 발음을 연구하거나 이들 언어와 한국어 또는 중국어와의 음운 대응 관계를 논의하기 위해서는 이러한 부가부호들이 필수적인 고려의 대상이 될 것이다. 하지만 이 부분에서는 단지 기타 언어에도 음상이 비슷한 차용어가 존재한다는 것을 보여주기 위한 것이므로 부가부호는 생략하고 한글로 된 전사음 부분만 제시하였다. 자료에 따라 표제어와 대응어의 제시 순서가 차이가 난다. 예컨대, 『方言類釋』은 '한자 표제어-대응어(한어[漢] 만주어[淸] 몽골어[蒙] 일본어[倭])'의 체재로 되어 있던 것이나 모두 제시하지 않고 한국어와 음상이 비슷한 전사음이 있는 것만 선택하여 제시하였다. 또한 『同文類解』와 『蒙語類解』는 '한자 표제어-

재했음을 확인하였다.[29] 이들은 한국어 내에서의 중국어 차용어와 동원 관계일 가능성이 높은 대상들이다. 이들을 의미 유형에 따라 제시하면 아래와 같다.

(53) [服飾類]

頂子: 딩ᄌᆞ ○ **딩스**<同文類解-服飾(1748) 上:55a>, 頂子: 딩ᄌᆞ(漢-頂딩 子즈 淸-**딩스** 蒙-오칠)<方言類釋-服飾類(1778) 酉部:22b>

(54) [布帛類]

鴉靑: 야쳥 ○ **야친**<同文類解-布帛(1748) 下:26a>, 鴉靑: 아쳥(漢-鴉야 靑칭 淸-**야친**)<方言類釋-布帛類(1778) 酉部:27a>

(55) [珍寶類]

가. 寶貝: 보픠(漢-寶봐貝븨 淸-**보오배**)<方言類釋-珍寶類(1778) 戌部:18b>

가.′ 寶貝: 보ᄇᆡ ○ **보배**<同文類解-珍寶(1748) 下:22b>, 玉璽: 玉璽 ○ **보배**<同文類解-官職(1748) 上:39a>, 寶보貝븨: 通稱 보ᄇᆡ, **보배**<漢淸文鑑-貨財類(1779) 10:40a>

나. 玻瓈: 버리 ○ **보리**<同文類解-珍寶(1748) 下:23a>

나.′ 玻瓈: 보리(漢-玻보瓈리 淸-**볼로수** 蒙-**볼로**)<方言類釋-珍寶類(1778) 戌部:18b>

다. 蜜蠟: 미라 ○ **미라**<同文類解-珍寶(1748) 下:23a>

한글 대응어 ○ 한글 전사음'의 순서로, 『漢淸文鑑』은 '한어 표제어-한글 대응어, 만주어 전사음'의 순으로 제시하였다.

29) 이와 관련하여 李基文(1965/1991: 219~226)에서는 의미 분야별 차용어의 목록을 제시하면서 개별 어휘에 대한 설명의 끝부분에서 만주어나 몽골어에서 발견되는 음상이 비슷한 어휘도 참고로 제시한 바 있다.('boobai[淸]-寶貝', 'boli[淸]-玻瓈', 'mila[淸]-蜜蠟', 'palang[淸]-琺瑯', 'kantu[淸]-(匚敢)頭', 'fungse[淸]-粉子', 'lo[淸]-羅', 'yacin[淸]-鴉靑', 'suwampan[淸]-筭盤', 'pengse[[蒙]·fengse[淸]-盆子', 'hū[淸]-斛', 'giyase[淸]-架子', 'šatan[淸]-砂糖', 'püse[蒙]·puseli[淸]-鋪子', 'čaling[蒙]·caliyan[淸]-錢糧', 'šušu[淸]-蜀黍/薥薥', 'baise[淸]-白菜')

다.´ 蜜蠟: 미라(漢-蜜미蠟라 蒙-**밀라**)<方言類釋-珍寶類(1778) 戌部:18b>, 蜜蠟: 미라 ○ **미라**<蒙語類解-珍寶(1790) 下:18b>

라. 玳瑁: 玳瑁 ○ **대믜** 후루<同文類解-珍寶(1748) 下:23a>

라.´ 玳瑁: 玳瑁 ○ **대메**<蒙語類解-珍寶(1790) 下:18b>, 玳瑁: 대모(漢-玳대瑁믜, 蒙-**대메**)<方言類釋-珍寶類(1778) 戌部:19a>

(56) [器具類]

가. 瓦盆: 동희 ○ **벙스**<同文類解-器具(1748) 下:15a>, 磁盆: 사푼ᄌᆞ ○ 여허러 **벙스**<同文類解-器具(1748) 下:15a>

가.´ 瓦盆: 동히 ○ **펑서**<蒙語類解-器具(1790) 下:11a>, 盆子: 소라(漢-盆픈子즈 淸-벙스 蒙-**펑스**)<方言類釋-器用類(1778) 戌部:10a>

(57) [買賣類]

가. 店房: 숫막 ○ 날마 타타라 보, 一云**댠방**<同文類解-買賣(1748) 下:27b>

가.´ 店房: 숫막 ○ 쿠문ㅜ 바굴치 걸, 一云**댠팡**<蒙類類解-買賣(1790) 下:22a>

(58) [飮食類]

가. 砂糖: 砂糖 ○ **샤탄**<同文類解-飮食(1748) 上:61a>, 八寶糖: 八寶糖 ○ 두룬 이 **샤탄**<同文類解-飮食(1748) 上:61a>

나. 燒餠: 지진 썩 ○ **쇼빈**<同文類解-飮食(1748) 上:59a>

나.´ 燒餠: 지진 썩 ○ **쇼빙**<蒙語類解-飮食(1790) 上:46a>

(59) [樂器類]

囉叭: 라발 ○ **라바**<同文類解-樂器(1748) 上:53a>

(60) [戱玩類]

가. 雙陸: 雙陸 ○ **솽루**<同文類解-戱玩(1748) 下:32b>

가.´ 雙陸: 雙陸 ○ **솽루**<蒙語類解-戱玩(1790) 下:26a>, 打雙陸: 상륙 치다(漢-打다雙솽陸릭, 蒙-**솽룰**라뮈)<方言類釋-技戱類(1778) 亥

部:3a>

(61) [官職類]

가. 錢粮: 뇨 ○ **챠랑**<同文類解-官職(1748) 上:38b>, 錢粮: 뇨(漢-錢천 粮량 淸-**찰란** 蒙-찰링)<方言類釋-官職類(1778) 申部:32b>

가.′ 錢粮: 뇨 ○ **챠링**<蒙語類解-官職(1790) 上:28b>, 錢粮: 뇨(漢-錢천 粮량 淸-찰란 蒙-**찰링**)<方言類釋-官職類(1778) 申部:32b>

위의 예는 각각 '服飾類, 布帛類, 珍寶類, 器具類, 買賣類, 飮食類, 樂器類, 戱玩類, 官職類'에서 발견되는 만주어나 몽골어(프라임 표시) 전사음을 제시한 것이다. 본고에서 살펴본 한음형 차용어들이 다양한 표기들이 확인되었던 것처럼, 이들의 전사음도 하나의 형태로 나타나는 것이 아니라 다양한 표기 양상을 드러낸다.

이는 동원어의 존재 여부는 차용의 사실과 방향을 제시함에 있어서 중요한 단서가 되기 때문이다.[30] 이 중 보다 높은 비율을 보이는 것은 '珍寶類'이다. 이러한 경향성은 진보류에 속하는 차용어들이 꼭 중국을 통한 것이 아니라, 만주어나 몽골어로부터 중국어로 유입되었을 가능성, 기타 언어에서 이 세 언어에 유입되었을 가능성, 어느 한 언어에서 일단 차용하고 나중에 또 다른 언어에서 2차, 3차의 차용 과정을 겪었을 가능성이 존재함을 말해준다. 중국어에서 '珍寶類'에 속하는 단어들 중 많은 대상들이 무역을 통해 중앙아시아 여러 나라들에서 받아들여졌기 때문이다. 이는 '玻瓈, 蜜蠟, 玳瑁'의 자형을 통해서도 예측 가능한 것이다.[31]

30) Campbell(1999: 72)은 이와 관련하여 "When a word in two (or more) languages is suspected of being borrowed, if it has legitimate cognates (with regular sound correspondences) across sister languages of another family, then the donor language is usually one of the languages for which the form in question has cognates in the related languages."라고 하였다.

31) 필자가 몽골어나 만주어에 대한 지식이 없는 관계로, 한글로 전사된 다른

6.5.2. 궁중어

한음이 반영된 차용어들 중에는 『표준국어대사전』에서 궁중 용어로 기술된 것이 일부 포함되어 있다. '수긴', '지', '지타구'가[32] 그러하다. 이 중 '수긴'은 '手巾'을 어원으로 하며, 본고의 '망긴'과 동일하게 '巾'의 한음 '긴'을 반영한 어형이다. 또한 '지'와 '지타구'의 '지'는 "요강"으로 지적되어 있으나 아직까지 어원이 밝혀지지 않고 있다. 본고는 이때의 '지'가 '분지'의 '지'일 가능성이 있을 것으로 생각하지만, 음운론적으로 타당한 설명을 붙일 수 없으므로 가능성 정도로 지적해 두고자 한다. 이유는 다음과 같다.

우선, 궁중에서는 요강과 타구를 아울러 이르는 말로 '지타구'가 쓰였다. 앞서 살핀 바와 같이 "가래나 침을 뱉는 그릇"을 의미하는 '타구'는 예문에서 '분지'와 늘 공기한다. 이와 같은 단어 사이의 공기 관계는 이때의 '지'가 '분지'에서 비롯되었을 가능성이 있음을 말해 준다. 또한 소변, 대변, 변기 같은 것이 궁중에서 '매우', '매화', '매화틀'과 같은 완곡한 표현으로 바꾸어 불렀다는 점을 감안했을 때 "소변을 담는 그릇"인 '분지'가 '지'로 쓰이게 된 데는 어떤 금기가 반영되었을 가능성도 생각해볼 수 있다. 마지막으로 '분지'와 '지'는 형태상, 의미상의 유사성을 갖고 있다.

일반적인 문헌 자료에서는 잘 발견되지 않는 '수긴', '지', '지타구'가 궁중어를 중심으로 발견된다는 사실은 앞으로 문화사적인 배경이나 차용어의 유입 경로, 차용의 동기 등과 함께 더 깊이 따져보아야 할 문제이다.

언어 자료들 중에 본고의 차용어와 음상과 의미가 유사한 형태들이 발견된다는 정도로만 언급하고 더 이상의 논의는 자제한다.

32) 본고의 대상은 아니지만, '푸짓잇(<프디+ㅅ+잇)' 또한 한음이 반영된 궁중어이다.

6.6. 소결

본장에서는 동일 어원 차용어들의 공존과 변화에서 드러나는 특징들을 음운적 측면, 조어적 측면, 의미적 측면, 기타로 나누어 살펴보았다. 지금까지의 논의를 요약하면 다음과 같다.

6.2에서는 음운적 측면의 특징을 '한음과 동음의 대응 관계', '어형의 변화', '혼성형의 한자음 구성 방식', '특이 동음의 반영'의 측면에서 살펴본 것이다. 이외에도 음운적 측면과 직접적인 관련은 없지만 차용어의 차자 표기와 관련된 내용을 '차자 표기의 확대와 성격 변화'의 측면에서 고찰하였다. 그 결과 한음과 동음의 대응에서 '격음:평음'의 대응이 '평음:격음'의 대응보다 높은 비율을 보인다는 것을 확인할 수 있었다. 뿐만 아니라 '격음:평음'의 대립을 보이는 대상 중에는 'ㅌ:ㄷ'의 대응이 높은 비중을 차지한 반면, '평음:격음'의 대립을 보이는 대상 중에는 'ㅂ:ㅍ'의 대응이 압도적이었다. 혼성형의 한자음 구성 방식으로는 '한음+동음'의 형식이 더 일반적이었는데, 이러한 경향성은 특히 3종 공존형에서 두드러지게 나타났다. 또한 일부 어형들 속에는 전통 한자음에서 벗어난 특이한 동음이 반영되었음을 발견할 수 있었다. 이러한 동음의 탄생은 성부(聲符)의 이끌림이나 피휘와 같은 언어 내·외적 요인으로 인한 것이다. 한음형이나 혼성형의 대응 표기로 쓰이던 것이 후대에 대응 한자 표기로 굳어진 경우가 있음을 발견하였다.

6.3에서는 조어적인 측면에서 동의중복형의 합성어 형성에서 드러난 특징들에 대해 다루었다. 차용어를 구성 요소로 하는 합성어들 중에는 후대의 변화 과정에서 기존의 차용어와 유의 관계를 가진 동의 중복 형태가 많이 등장한 것을 볼 수 있었다.

6.4는 차용어의 공존과 변화에서 드러나는 가장 특징적인 부분이라

고 할 수 있다. 이 부분에서는 차용어의 의미적 특징에 대해 '의미 분화', '의미 변화'로 나누어 살펴보았다. 그 결과 한자음의 결합 방식이 다른 어형들 사이에 의미 영역을 달리 하는 경우가 있는가 하면, 한쪽의 의미가 다른 한쪽에 포함되는 경우도 있음을 확인할 수 있었다. 또한 개별 어형에 따라 후대의 변화 과정에서 의미가 확대 또는 축소되거나 지시물이 바뀌거나 하는 의미상의 변화를 입기도 하였다.

또한 6.6에서는 차용어의 존재 양상과 관련하여 주의 깊게 살펴보아야 할 필요가 있다고 판단되는 '동원어'와 '궁중어'에 대해 간략히 언급하였다.

7. 결론 및 남은 과제

7.1. 결론

지금까지 한자음의 결합 방식이 다른 동일 어원의 한음형, 혼성형, 동음형 차용어를 공존 유형에 따라 '한음형·혼성형·동음형', '한음형·동음형', '혼성형·동음형', '한음형·혼성형'으로 나누어 통시적으로 살펴보았다. 본고가 동일한 어원을 지니면서 다양한 외형으로 나타나는 이들 차용어에 대해 관심을 갖게 된 이유는, 어원은 비록 동일하더라도 어형 속에 반영된 한자음의 성격에 따라 의미가 달리 쓰이는 경우가 있음을 발견했기 때문이다. 또한 이들 차용어에 대해 기존의 연구들에서는 목록을 제시하고 어원을 확인하는 중심의 논의만 이루어졌을 뿐 개개의 차용어의 용법에 대해 문맥을 빌어 자세히 검토한 연구가 드물었으므로 중국어 차용어 연구, 더 나아가 어휘사 연구에 비판적으로 기여할 수 있을 것이라는 판단이 들었다. 아래 본고의 논의를 요약하고, 차용어의 전면적이고 체계적인 연구를 위해 꼭 논의가 필요하지만 본고에서 미처 다루지 못한 내용에 대해 향후 과제로 제시하는 방식으로 논의를 진행하고자 한다.

2~5장에서 공존 유형별로 동일 어원 차용어들에 대해 다양한 문헌 자료를 바탕으로 실증적으로 검토하고 난 뒤, 6장에서는 이들 차용어에 대해 어휘사의 영역별로 종합적으로 검토하였다. 2장에서는 한음형, 혼성형, 동음형이 모두 확인되는 차용어를, 3장에서는 한음형과 동음형이 모두 확인되는 차용어를, 4장에서는 혼성형과 동음형이 모두 확인되는 차용어를, 5장에서는 한음형과 혼성형이 모두 확인되는 차용어를 다루

었다. 그리고 6장은 2~5장에서 드러나는 특징적인 내용에 대해 음운적 측면, 조어적 측면, 의미적 측면, 기타로 나누어서 종합적으로 살펴보았다.

한자음 결합 방식을 보았을 때, 혼성형 중에는 한음이 선행한 '한음+동음'의 방식이 '동음+한음'의 방식에 비해 일반적이었다. 음성적인 측면에서 이는 청각적으로 더 또렷하게 들리는 어두 위치에 한음이 반영되었을 가능성이 더 높았음을 암시해 준다. '갸곤ᄒᆞ-'의 예를 통해 우리는 이러한 가능성에 대해 구체적으로 살핀 바 있다. 이와 대조적으로 어형 속에 놓인 위치에 상관없이 '다홍[大紅], 야칭[鴉青], 야토록[鴨頭綠], ᄌᆞ디[紫的], ᄌᆞ탄[紫檀]'처럼 색상을 나타내는 부분만 동음으로 되어 있는 경우나 중국어에서 '-子'로 끝나는 '架子, 筐子, 牙子, 頂子, 卓子, 板子, 靴子, 盆子'가 '갸ᄌᆞ·걔ᄌᆞ, 광지·광지, 야ᄌᆞ, 딩ᄌᆞ·딩ᄌᆞ·징ᄌᆞ·증ᄌᆞ, 조ᄌᆞ·교ᄌᆞ, 반ᄌᆞ·븐자·반지, 훠ᄌᆞ, 픈ᄌᆞ·푼ᄌᆞ·푼주·푼쥬'와 같이 'ᄌᆞ' 또는 그 변화형 '자, 지·디, 주·쥬'에 대응되는 용례가 '즈'에 대응되는 용례보다 압도적으로 많다는 점은 어두라는 음운적인 요소 외에도 기타 어휘론적 요소가 작용했을 가능성을 말해준다.

어형들 사이의 세기별 분포 양상으로 보았을 때, 한음형이 우선 문증되는 경우도 있고, 혼성형이 우선 문증되는 경우도 있으며, 동음형이 우선 문증되는 경우도 있지만, 이 중 보다 높은 비율을 보이는 것은 한음형이 우선 문증되는 경우이다. 대체적으로 '한음형→혼성형→동음형'의 순서로 확인된다고 할 수 있다. 뿐만 아니라, 이처럼 한음형이 우선 문증되는 대상들은 대응되는 동음형이 근대국어 이후의 문헌에서 비로소 확인된다는 공통점을 보인다. 이들 공존형들 중에는 해당 어원을 지닌 어형 모두가, 또는 한음이 전체 혹은 부분적으로 반영된 한음형이나 혼성형이, 또는 동음형이 제한적인 쓰임을 보이는 경우들이 있다. 이러한 제한적인 쓰임을 보이는 대상들은 대체적으로 한학서, 유해서, 대역어휘집, 번역 소설, 연행록과 같이 중국 또는 중국어와 밀접한 관련을 갖는 문헌들을 중심으로 확인된다는 공통점을 지닌다. 이들은 차용어를 귀화 정도에 따라 '외국어→외래어→귀화어'로 구분했을 때, '외국어'의 성격에 보다 가까운 부류라고 할 수 있다.

한음이 반영된 한음형·혼성형 차용어의 차자 표기가 나중에 해당 어형의 대응 한자 표기로 굳어진 경우가 있다. '圖書>圖書, 圖署', '蜜蠟>蜜花, 蜜蠟', '匹段·匹緞>緋緞, 匹緞', '唐巾>宕巾, 唐巾', '頂子>鐵子, 鎗子, 頂子', '梢工>沙工·砂工, 梢工', '卓子>交子, 卓子', '紫的>紫地'가 그러한 예에 속한다. 심한 경우에는 '匾食饅頭>匾氏饅頭'처럼 새로운 민간 어원을 갖게 되기도 한다. 후대로 갈수록 이러한 차자 표기가 사용된 경향이 늘어난다.

일부 어형 속에는 특수한 동음이 반영된 경우가 있다. '피리(玻璃)' '쇼조(小旦)'가 그러하다. 이 중 '피리'는 '玻'의 성부에 이끌린 것이고, '쇼조'는 피휘(避諱)라는 언어 외적 요인에 따른 것이다. 특히 성부에 이끌린 '피리(玻璃)'는 단어 차용이 문자를 매개로 이루질 수 있음을 보여주는 단적인 예라고 하겠다.

조어적인 측면에서 볼 때, 두드러진 특징 중의 하나는 차용어들 중에는 후대에 새로운 어휘소가 결합되며 기존의 한음형, 혼성형, 동음형과 유의 관계를 가진 합성어를 형성하는 경우가 많다는 점이다. '누비>누비옷, 누비>누비즁>∅, 샤쳐·사쳐·사처>샤쳐방·사쳐방·사처방>사첫방, 사공·ᄉᆞ공·샤공>ᄇᆡ사공·ᄇᆡᄉᆞ공·ᄇᆡ샤공·ᄇᆡㅅ사공>뱃사공, 조ᄌᆞ·교ᄌᆞ·교자>조ᄌᆞ상·교ᄌᆞ상·교ᄌᆞ샹·괴ᄌᆞ상·교ᄌᆞㅅ상·교자상>교자상, 반ᄌᆞ>널반ᄌᆞ/널반지·널빤지>널반자/널빤지·널판자, ᄌᆞ단·ᄌᆞ단향>ᄌᆞ단목·ᄌᆞ단향나무>자단·자단목, 변시>변시만두>변씨만두'가 그러하다.

동일 어원 차용어와 관련하여 가장 흥미로운 부분은 바로 어원은 동일하나 반영된 한자음의 성격에 따라 의미가 다른 공존형들이 보인다는 점이다. '家事'에서 기원한 '갸스·갸ᄉᆞ·갸슈·개슈'와 '가ᄉᆞ', '圖書'에서 기원한 '투슈·투셔·튀셔'와 '도셔', '唐巾'에서 기원한 '탕건·탕근'과 '당건', '板子'에서 기원한 '반즈·븐자·반지'와 '판즈·판자', '盆子'에서 기원한 '분지'와 '픈즈·픈즈·푼즈·푼주·푼쥬'가 그러하다. 또한 '衲衣', '玳瑁·瑇瑁', '寶貝', '請', '湯水', '架子', '卓子'에서 기원한 차용어들은 의미 분화까지는 아니지만, 한쪽의 의미가 다른 한쪽의 의미보다 넓어 상·하위 관계를 이루고 있는 것이다. 그리고 '갸수[家事]', '슬란[膝欄]', '누비[衲衣]', '샤탕·사탕[沙糖·砂糖]', '탁즈[卓子]'는 후대에 지시물이 바뀌거나 의미가 확대 또는 축소되는 개별적인 변화를 경험하였다.

이외에도 동일 어원 차용어들은 몽골어나 만주어에서 음상과 의미가 비슷한 어형이 발견되거나, 궁중어에 흔적을 남기는 경우가 있다.

7.2. 남은 과제

본고에서는 동일 어원을 지닌 차용어들에 대해서만 다루었다. 어휘의 변화와 관련된 전반적인 윤곽을 드러내기 위해서는 직접적인 경쟁 관계에 참여했던 어형들과의 비교 검토도 필요하다. 예를 들면, '갸ᄉᆞ'와 '가ᄉᆞ'의 관계를 논함에 있어 '집일'이나 '집안일'의 선대형인 '집븨 일, 집일' 등과의 관계도 함께 살펴보아야만 '가ᄉᆞ'의 변화에 대해 정확하게 살필 수가 있다. 또한 '분지'의 탄생과 소멸에 대해 논하기 위해서는 '요강'과의 관계를 배제할 수 없다. 따라서 직접적인 경쟁 관계에 놓인 기타 어형들과의 비교 연구도 차용어의 통시적인 연구와 관련된 필요한 과제이다.

둘째, 한글로 표기된 어형뿐만 아니라 해당 어형의 전체 또는 일부(예 卓ᄌᆞ)가 한자로 표기된 어형들이 발견된다. 대상에 따라, 문헌에 따라 이러한 표기 양상의 차이를 보인 원인은 무엇인지, 즉 이와 같은 표기를 빌어 저자가 반영하고자 했던 메시지는 무엇이었을지 줄곧 의문의 대상이었으나 여기에 대한 답은 아직 얻지 못하였다. 즉 이러한 표기가 탄생하게 된 이면에는 언해자의 언어 인식이 반영된 것인지 아니면 그 당시의 언어 사실과 관련해 어떤 증거를 담고 있을지에 대해서는 앞으로 지속적으로 검토될 필요가 있는 부분이다.[1]

셋째, 논문을 준비하는 과정에 반복적으로 실감했음에도 불구하고, 본고에서는 근대국어 후기 중국어 회화서나[2] 일제 시기의 중국어 회화서, 번역 소설, 연행록과 같이 한음이 반영된 어형들이 집중적으로 등장하는 기타 자료들을 간접적으로만 인용을 했을 뿐, 본고의 직접적인 연구 자료로 다루지 못하였다. 앞으로 이들까지 포함하여, 이들 문헌에 출현하는 한음 관련 어형들이 정반대의 성격을 갖는 자료들에서 어떻게 쓰이고 있는지를 고찰할 필요가 있다.

넷째, 차용어는 어휘사적인 측면에서뿐만 아니라 문화적인 측면에서의 고찰도 필요하다. 본고에서는 이와 관련하여 일부 대상을 논의하는 과정에 부분적으로만 언급했을 뿐이다. 원어의 영향이나 간섭이 쉽게 일어나는 한학서들을 비교하더라도 문헌에 출현하는 문물 명칭은 시대에 따라 변화하였음을 발견할 수 있다.[3] 차용어가 문화 접촉의 결과물이라는 시각에서 보았을 때 문화사적인 측면에서의 고찰은 필수적이다.

다섯째, 본장에서 이야기된 경향성들은 어디까지나 본고의 대상들을

1) 南豊鉉(1968a: 82-85)에서 이와 관련된 내용이 언급된 바 있다.

2) 조선후기에 『你呢貴姓』, 『學淸』, 『騎着一匹』, 『中華正音』과 같은 필사본 한어 회화서들이 존재한다. 이들 자료에도 언해문과 함께 번역과 주음이 달려 있어 후대의 차용어 연구를 위한 소중한 자료이다. 뿐만 아니라 이들 자료에 나타나는 차용어들은 조선 후기에 한학서에 나타나는 어휘와 맥이 닿아 있다. 이들 자료에 나타나는 동일 기원 차용어와 관련어들의 공존 양상에 대한 연구는 본고에서 대상으로 한 더 이전 시기의 동일 어원 차용어와 관련어들의 공존 양상을 연구함에 있어 많은 직·간접적인 증거들을 제공해준다.

3) 일례로 19세기 한학서인 『華音啓蒙諺解』에는 그 이전 시기에는 한학서에서는 볼 수 없었던 '輪船·火輪船'이나 '自鳴鐘·즈명죵'과 관련된 대화 주제가 출현한다.

통해 도출된 것이다. 따라서 보다 넓은 범위에서의 변화를 살피기 위해서는 앞으로 관련 용례들을 부단히 확충하여 일반성을 도출해낼 필요가 있다.

참고문헌

(1) 판독·원전 자료 [※ 자료 명칭을 가나다순으로 배열하였으며 표기는 자료의 원표기를 따름.]

『(역주) 家禮諺解』, 세종대왕기념사업회, 2014.[한재영 해제]

『古今釋林』, 아세아문화사, 1977.[이기문 해제]

『廣才物譜-한글 색인』, 弘文閣, 1998.[洪允杓 해제]

『校訂全韻玉篇』(장서각 K1-178).

『(역주) 구급간이방언해』, 세종대왕기념사업회, 2007-2008.[김동소 해제]

『國漢會語』(韓國語學資料叢書 第一輯), 太學社, 1986.[洪允杓 해제]

『閨閤叢書』, 株式會社 寶晉齋, 1987.[憑虛閣李氏 原著·鄭良婉 譯註]

『騎着一匹(日本 濯足文庫 所藏)』(近代漢語資料叢書), 鮮文大學校 中韓飜譯文獻硏究所, 2010.[朴在淵 編譯]

『騎着匹(六堂文庫)·中華正音(華峰文庫)』(近代漢語資料叢書), 圖書出版 學古房, 2011.[朴在淵·金瑛 編]

『낙셩비룡·문장풍뉴삼ᄃᆡ록·징셰비틱록 교주·영인본』(조선 왕실의 소설 01), 한국학중앙연구원, 2009.[임치균·박순임·허원기·이지영 교주]

『「老乞大」·「朴通事」 原文·諺解 比較 資料』, 鮮文大學校 中韓飜譯文獻硏究所, 2003.[朴在淵 校點]

『(原本) 老乞大諺解(全)』(國語國文學資料叢書), 서울亞細亞文化社, 1980.[金根洙 해제]

『노박집람역주(老朴集覽譯註)』, 태학사, 2011.[정광·양오진 역주(정광 해제)]

『뉴니냥문녹(劉李兩門錄)』(장서각 K4-6792).

『楞嚴經諺解(全)』, 大提閣, 1977.
『同文類解(乾, 坤)』, 弘文閣, 1995.[洪允杓 解題]
『名物紀畧』, 學古房, 2015.[박재연·구사회·이재홍 校註]
『明珠寶月聘』(樂善齋 小說 第二輯), 高麗書林, 1986.[李相澤 解題]
『명힝졍의록(明行貞義錄)』(낙선재본고전소설총서 II), 韓國學中央硏究院.[임치균 해제]
『蒙語類解(上, 下, 補)』, 弘文閣, 1995.[洪允杓 해제]
『蒙語老乞大』(奎章閣資料叢書 語學篇 七), 서울大學校 奎章閣韓國學硏究院, 2006.[宋基中 解題]
『무오연힝녹(戊午燕行錄)』(장서각 K2-4518).
『磻溪隧錄』, 여강출판사, 1991.[반계 류형원 저/북한·과학원 고전연구실 번역]
『方言類釋』, 弘文閣, 1985.[洪允杓 해제]
『(역주) 백련초해』, 세종대왕기념사업회, 2013.[김무봉·김성주]
『셔한연의(西漢演義)』(한글생활사 자료 총서-번역 고소설), 圖書出版 學古房, 2007.[박재연·이재홍 校註]
『션보집략언히(璿譜輯略諺解)』(장서각 K2-965).
『新增類合』(東洋學叢書 第二輯), 檀國大學校附設 東洋學硏究所, 1972.[安秉禧 解題]
『심청전』(고전문학역주총서 5), 민속원, 2005.[김진영·김영수·차충환·김동건]
『雅言覺非』, 一志社, 1976.[金鍾權 譯註]
『아언각비(雅言覺非)·이담속찬(耳談續纂)』(현실총서 33), 현대실학사, 2005.[丁若鏞 저·丁海廉 역주]
『語錄解三種校本合刊』, 學古房, 2015.[尹昭晶·[中]潘牧天 編]
『(역주) 어제경세문답(언해)』(장서각 소장 한글필사본 자료총서 4), 도서출판 역락, 2006.[김주필·조항범·황문환·박용만(김주필 해제)]
『(역주) 어제경세문답속록(언해)』(장서각 소장 한글필사본 자료총서 5), 도서출판 역락, 2006.[황문환·김주필·조항범·박용만(황문환 해제)]
『(역주) 어제속자성편(언해)』(장서각 소장 한글필사본 자료총서 2), 도서출판 역락, 2006.[황문환·김주필·조항범·박용만(황문환 해제)]

『御製奎章全韻』(장서각 K1-194).

『(역주) 여씨향약언해』, 세종대왕기념사업회, 2012.[김문웅 해제]

『연행가』(100대 한글 문화유산-76), 신구문화사, 2005.[홍종선·백순철 공저]

『예수셩교젼셔』(開化期 國語資料集成-성서문헌편 7), 박이정출판사, 1996.[정길남 편]

『伍倫全備諺解』(奎章閣資料叢書 語學篇 五), 서울大學校奎章閣, 2005.[宋基中 해제]

『(역주) 오륜행실도』(서울대학교 규장각한국학연구원 한국학공동연구총서 5), 서울대학교 출판문화원, 2006.[송철의·이현희·장윤희·황문환(황문환 해제)]

『완월회밍연』(장서각 K4-6834).

『을병연힝녹(乙丙燕行錄)』(장서각 K2-4532).

『음식디미방 주해』, 글누림, 2006.[백두현(백두현 해제)]

『(역주) 이륜행실도』, 세종대왕기념사업회, 2010.[김문웅 해제]

『理藪新編(下)』(韓國學古典씨리즈), 서울 亞細亞文化社, 1975.[黃胤錫 原著]

『임원십육지-정조지』, 교문사, 2007.[서유구 지음/이효지·조신호·정낙원·차경희 편역]

『日用備覽記』(중한번역문헌연구소 소장 한글 생활사 자료), 鮮文大學校 中韓飜譯文獻硏究所, 2007.[김민지·박재연 編]

『字類註釋(全)』, 建國大學校出版部, 1974.[成元慶·金昇坤 解題]

『(표점 교감 전자배판) 全韻玉篇』(한국한자연구소 자료총서 1), 도서출판3, 2016.[王平 해제]

『정미가례시일기(丁未嘉禮時日記) 주해』, 한국학중앙연구원 출판부, 2010.[황문환·김주필·박부자·안승준·이욱·황선엽 주해]

『(校勘·標點) 定本 與猶堂全書』, 茶山學術文化財團, 2012.

『正俗諺解』, 弘文閣, 1984.[洪允杓 解題]

『정속언해·경민편』, 세종대왕기념사업회, 2010.[김문웅]

『朝野記聞』(韓國學資料叢書二十七), 韓國精神文化硏究院, 2000.[이광호·최진옥·임치균 解題]

『朝野僉載』(韓國學資料叢書十九), 韓國精神文化硏究院, 1999.[이광호·정구복·임치균 解題]

『朝野會通』(韓國學資料叢書二十), 韓國精神文化硏究院, 1999.[李珖鎬·鄭求福·林治均

解題]
『주방문·정일당잡지 주해(부록: 승부리안 주방문)』, 글누림, 2013.[백두현(백두현 해제)]
『朝鮮民謠集成』, 正音社, 1947.[金思燁·崔常壽·方鐘鉉 共編]
『조선시대 한글편지 판독자료집』 1·2·3권, 역락, 2013.[황문환·임치균·전경목·조정아·황은영 엮음]
『조선 사대부가의 상차림-주식시의(酒食是儀)·우음제방(禹飮諸方)』, 대전역사박물관, 2012.[김은선 해제]
『조야쳠지』(장서각 K2-291).
『(역주) 증수무원록언해』(서울大學校 韓國文化硏究所 韓國學共同硏究叢書 4), 서울대학교출판문화원, 2004.[송철의·이현희·장윤희·황문환(장윤희 해제)]
『千字文』(東洋學叢書 第三輯), 檀國大學校附設 東洋學硏究所, 1973.[李基文 해제]
『천자문-장서각 소장 왕실 천자문 역해』(AKS 역주총서 019), 한국학중앙연구원 출판부, 2016.[황문환·김건곤·신익철·조용희·박부자·이현주 역해]
『捷解蒙語』, 弘文閣, 1988.[金炯秀 解題]
『淸語老乞大』, 弘文閣, 1998.[宋基中 해제]
『秋官志』(奎貴 1012-v.1-10).
『쾌심편』(장서각 귀 K4-6851).
『八歲兒·小兒論·三譯總解(三種合本)』, 弘文閣, 1995.[洪允杓 解題]
『한듕녹』(규장각 가람古 813.54-H994h-v.1-6).
『한불ᄌᆞ뎐』(동아시아개념어총서, 한국어의 근대와 이중어사전), 박문사, 2012.[황호덕·이상현 편]
『한영ᄌᆞ뎐』(동아시아개념어총서, 한국어의 근대와 이중어사전), 박문사, 2012.[황호덕·이상현 편]
『紅樓夢』 上·下, 선문대학교 중한번역문헌연구소, 2004.[권도경·박재연·김영 교주]
『화뎡션힝녹』(장서각 K4-6869).
『華東正音通釋韻考』(장서각 K1-197).

『華語類抄』, 鮮文大學校 中韓飜譯文獻硏究所, 2004.[全基廷 校點]
『(譯註·影印) 華音方言字義解』, 三光出版社, 1995.[黃胤錫 原著·姜憲圭 譯註]
『訓蒙字會』(東洋學叢書 第一輯), 檀國大學校附設 東洋學硏究所, 1971.[李基文 해제]
『형셰언』(중국 소설·희곡 번역자료 총서 3), 學古房, 1995.[박재연]

(2) 사전류

강순제·김미자·김정호·백영자·이은주·조우현·조효숙·홍나영(2015), 『한국복식사전』, 민속원.
김무림(2015), 『(전면개정판) 한국어 어원사전』, (도)지식과교양.
김민수 편(1997), 『우리말 語源辭典』, 태학사.
南廣祐 編著(1997), 『敎學 古語辭典』, 교학사.
단국대학교 동양학연구소(1992), 『韓國漢字語辭典』, 檀國大學校出版部.
朴在淵 編(2010), 『朝鮮後期 漢語會話書辭典』, 中韓飜譯文獻硏究所, 圖書出版 學古房.
박재연 주편(2010), 『필사본 고어대사전』, 선문대학교 중한번역문헌연구소, 圖書出版 學古房.
朴在淵·金瑛·李玟淑(2004), 『紅樓夢 古語辭典-홍루몽계 필사본 번역소설에 나타난 어휘를 중심으로』, 鮮文大學校 中韓飜譯文獻硏究所.
여찬영(2012), 『조선 시대 의궤 용어 사전 Ⅰ-왕실 전례 편』, 대구가톨릭대학교 한국전통문화연구소, 景仁文化社.
劉昌惇 著(1985), 『李朝語辭典』, 延世大學校 出版部.
이기갑·고광모·기세관·전제문·송하진 공편(1998), 『전남방언사전』, 태학사.
鄭良婉·洪允杓·沈慶昊·金乾坤(1997), 『朝鮮 後期 漢字語彙 檢索辭典

-物名考·廣才物譜』, 韓國精神文化硏究院.
朝鮮總督府 編(1920), 『朝鮮語辭典』, 朝鮮總督府.
파리외방전교회/펠릭스 클레르 리델 지음, 이은령·김영주·윤애선 옮김(2014), 『현대 한국어로 보는 한불자전』(부산대학교 인문학연구소 지능형 개화기 한국어사전 연구 총서 01), 소명출판.
하영휘 외 편저(2011), 『옛편지 낱말사전』, 돌베개.
한글학회(1992), 『우리말 큰 사전 4-옛말과 이두』, 어문각.
홍윤표·송기중·정광·송철의(2000), 『17세기 국어사전』(상·하), 太學社.
황호덕·이상현 편(2012), 『한국어의 근대와 이중어사전-게일, 『韓英字典한영ᄌᆞ뎐(A Korean-English Dictionary)』(1897)』(영인편 V), 박문사.
황문환·김주필·배영환·신성철·이래호·조정아·조항범 엮음(2016), 『조선시대 한글편지 어휘사전』, 역락.

(3) 논저류

가. 한국

강신항(2007), 「황윤석의 국어인식」, 『이재난고로 보는 조선 지식인의 생활사』, 한국학중앙연구원, 17-96.
강신항·이종묵·권오영·정순우·정만조·이헌창·정성희·강관식 지음(2007), 『이재난고로 보는 조선 지식인의 생활사』, 한국학중앙연구원.
權仁瀚(2009), 『中世韓國漢字音訓集成』(改訂版), 제이앤씨.
金徑暄(1998), 「국어 하향이중모음의 통시적 연구」, 성균관대학교 國語國文學科 國語學專攻 박사학위논문.
金圭哲(1990), 「漢字語」, 『國語硏究 어디까지 왔나-主題別 國語學

研究史』(서울大學校 大學院 國語研究會 編), 東亞出版社, 519-530.

金敏洙 著(1980), 『新國語學史(全訂版)』, 一潮閣.

金完鎭(1970), 「이른 時期에 있어서의 韓中 言語 接觸의 一斑에 對하여」, 『어학연구』 6-1, 서울대학교 언어교육원, 1-16.

金鍾塤 著(1994a), 「取音語彙攷」, 『國語語彙論硏究』, 한글터, 133-163.

金鍾塤 著(1994b), 「「雅言覺非」攷-取音語彙와 固有漢字를 중심으로」, 『國語語彙論硏究』, 한글터, 164-177.

金鍾塤(2014), 『韓國 固有漢字 硏究』(개정증보판), 보고사.

김주필(2007), 「≪됴야긔문(朝野記聞)≫의 모음 관련 음운현상과 그 통시적 특성」, 『어문학논총』 26, 국민대학교 어문학연구소, 73-88.

김주필(2015), 『구개음화의 통시성과 역동성』(國語學叢書 26), 國語學會, 153-219.

김철준(2004), 『『화어유초』의 어휘 연구』, 도서출판 역락.

金春月(2012), 「낙선재본 『홍루몽』의 중국어 어휘 차용에 대한 연구」, 한국학중앙연구원 한국학대학원 국어학전공 석사학위논문.

김춘월(2016a), 「동일 어원 차용어들의 의미 차이에 대하여」, 『정신문화연구』 39-2, 한국학중앙연구원, 129-151.

김춘월(2016b), 「동일 어원 차용어와 한자어의 공존 양상에 대하여 -의미를 중심으로」, 『2016년 여름 국어사학회 전국학술대회 발표자료집(중세·근대국어 조사 연구의 쟁점과 과제)』, 183-203.

김춘월(2017a), 「'盆子' 기원 중국어 차용어의 의미 분화에 대한 연구」, 『韓國語教育與研究』 2017-1, 黑龍江朝鮮民族出版社, 16-21.

金春月(2017b), 「동일 어원 한자어의 평음·격음 교차 양상에 대하여」, 『口訣硏究』 38, 구결학회, 201-236.

김태곤(2003), 「「正俗諺解」에 나타난 어휘 변천 연구」, 『영주어문』 6, 영주어문학회, 17-45.

김한별(2015), 「19세기 전기 국어의 음운사 연구-<의성김씨 학봉종가 언간>을 중심으로」, 서강대학교 대학원 국어국문학과 국어학 전공 박사학위논문.

南廣祐 著(1973), 『朝鮮(李朝)漢字音研究』, 一潮閣.

南豊鉉(1968a), 「15世紀 諺解 文獻에 나타난 正音 表記의 中國系 借用 語辭 考察」, 『국어국문학』 39·40, 국어국문학회, 39-86.

南豊鉉(1968b), 「中國語 借用에 있어 直接借用과 間接借用의 問題에 對하여-初刊 「朴通事」를 中心으로 하여」, 『李崇寧博士 頌壽紀念論叢』, 心岳李崇寧博士頌壽紀念事業委員會, 213-223.

南豊鉉(1972a), 「中世國語의 中國語 借用 研究-單音節 體言을 中心으로」, 『論文集』 6, 漢陽大學校, 59-83.

南豊鉉(1972b), 「15世紀國語의 漢字語 借用攷」, 『國文學論集』 5-6, 단국대학교 인문대학 국어국문학과, 3-22.

南豊鉉(1985a), 「民間語源 數題」, 『國語學』 14, 국어학회, 59-73.

南豊鉉(1985b), 「國語 속의 借用語-古代國語에서 近代國語까지」, 『국어생활』 2, 국어연구소, 6-22.

노명희(2009), 「국어 동의중복 현상」, 『國語學』 54, 국어학회, 275-302.

盧明姬(2011), 「現代國語 異種 語彙의 類義的 共存 樣相」, 『語文研究』 39-2, 한국어문교육연구회, 33-62.

박부자(2013), 「'누비' 관련 명칭의 국어사적 고찰」, 『韓國服飾』 31, 檀國大學校 石宙善紀念博物館, 111-135.

박부자(2015), 「왕실발기에 나타난 복식 관련 어휘 차자표기의 한자 운용에 대한 연구」, 『國語學』 75, 국어학회, 335-372.

박상규(2007), 「滿洲教科書 "三譯總解"의 比較 言語學的인 한 側面」, 『朝鮮時代의 淸學書에 대한 新研究-特히 八歲兒·三譯總解를 中心으로』(한국학과 우랄·알타이학 관련자료·연구총서), 도서출판 역락,

581-616.

박재연(2001/2012b), 「중국 번역소설과 역학서에 나타난 어휘에 대하여-낙선재 번역소설 필사본에 나타난 차용어를 중심으로」, 『한국어문학연구』 13, 한국어문학연구회, 137-174.

朴在淵(2010), 「조선 후기 필사본 漢語會話書 華峯文庫『中華正音』에 대하여」, 『국어사연구』 11, 국어사학회, 195-220.

朴在淵(2012a), 「조선 후기 필사본 漢語會話書六堂文庫『騎着匹』에 보이는 稀貴語와 借用語에 대하여」, 『譯學과 譯學書』 3, 譯學書學會, 64-105.

박재연(2012b), 『한글필사문헌과 사전 편찬』, 역락.

배영환(2012), 「酒食是儀와 禹飮諸方에 대한 국어학적 연구」, 『조선 사대부가의 상차림-주식시의(酒食是儀)·우음제방(禹飮諸方)』, 대전역사박물관, 270-313.

백두현(1997), 「19세기 국어의 音韻史的 고찰-母音論」, 『韓國文化』 20, 서울대학교 한국문화연구소, 1-47.

백두현(2012), 「음운변화로 본 하생원 『주방문』(酒方文)의 필사 연대」, 『한국문화』 60, 서울대학교 규장각 한국학연구원, 181-211.

백두현·송지혜(2012a), 「19세기 초기 安東府의 『陞付吏案 酒方文』 연구」, 『嶺南學』 22, 경북대학교 영남문화연구원, 211-242.

백두현·송지혜(2012b), 「안동부(安東府) 향리 문서 『승부리안』(陞付吏案)의 주방문(酒方文) 주해」, 『어문론총』 57, 한국문학언어학회, 513-540.

백상현(2001), 「«雅言覺非»의 分析的 研究」, 공주대학교 대학원 국어국문학과 국어학전공 석사학위논문.

성석제·손석춘·오정희·은희경(2007), 『100년을 울린 겔릭호의 고동소리-미주 한인 이민사 100년의 사진』, 현실문화연구.

成煥甲(1983), 「固有語의 漢字語 代替에 관한 研究」, 中央大學校 大學院 國語國文學科 國語學專攻 博士學位論文.

成煥甲(1986), 「借用語와 固有語의 調和-意味領域의 分化」, 『國語學新研究-若泉金敏洙敎授華甲紀念』, 塔出版社, 563-575.

成煥甲(1987), 「固有語의 漢字語化 過程」, 『국어생활』 8, 국어연구소, 40-50.

소신애(2015), 「체언 어간말 ‘ᄋᆞ>오’ 변화에 대하여-중부 방언을 중심으로」, 『국어학』 74, 국어학회, 175-206.

蕭悅寧(2012), 「『譯語類解』와 『方言類釋』에 나타난 近代漢音系 借用語」, 『口訣研究』 29, 구결학회, 43-95.

蕭悅寧(2014), 「韓國語 近代漢音系 借用語 研究」, 成均館大學校 一般大學院 國語國文學科 國語學專攻 博士學位論文.

蕭悅寧(2015), 「近代漢音借詞“선비”考」, 『中國言語研究』 61, 韓國中國言語學會, 237-249.

소재영·조규익·장경남·최인황(1997), 『주해 을병연행록』, 태학사.

小倉進平 著·李珍昊 譯註(2009), 「2부 31장 한국어에 있어서의 외래어」, 『한국어 방언 연구』, 전남대학교출판부, 622-640.

宋基中(2004), 『古代國語 語彙 表記 漢字의 字別 用例 研究』, 서울대학교출판부.

신혜성·김지연(2009), 「고종 및 순종연간의 혼례 복식에 관한 연구」, 『서울학연구』 35, 서울시립대학교 서울학연구소, 1-58.

沈在箕(1971), 「漢字語의 傳來와 그 起源的 系譜」, 『金亨奎博士 頌壽紀念論叢』, 一潮閣, 355-370.

沈在箕(1987), 「한자어의 구조와 그 조어력」, 『국어생활』 8, 국어연구소, 25-39.

안예리(2016), 「20세기 초 문어 말뭉치의 구축 및 활용 시 고려사항」, 『한국어학』 71, 한국어학회, 49-80.

梁念恩(2016), 「근대 한어 학습서 『기착필(騎着匹)』 이본의 언해에 대한 비교 연구」, 한국학중앙연구원 한국학대학원 국어학 전공 석사학위논문.

연규동(1996), 「近代國語 語彙集 研究-語解類 譯學書를 중심으로」,

서울대학교 대학원 언어학과 언어학전공 박사학위논문.
연규동(2015), 「활자본 『화어유초』의 서지학적 연구」, 『국어사 연구』 20, 국어사학회, 227-251.
연규동(2016), 「유해류 역학서의 종합적 검토」, 『국어사 연구』 22, 국어사학회, 7-45.
劉昌惇(1980), 『語彙史研究』(國語國文學叢書), 二友出版社.
李基文(1965/1991), 「近世中國語 借用語에 대하여」, 『國語 語彙史研究』, 東亞出版社.
李基文(1986/1991), 「借用語 研究의 方法」, 『國語學新研究 Ⅱ-若泉金敏洙敎授 華甲紀念』, 塔出版社, 787-799.
李基文(1998), 『新訂版 國語史概說』, 태학사.
이기문(2007), 「빈대떡과 변씨만두」, 『새국어생활』 17-2, 국립국어원, 133-139.
李基文(2008), 「韓國語 語源 研究의 回顧와 展望」, 『대한민국학술원 논문집(인문·사회과학편)』 47-1, 대한민국학술원, 49-97.
李庸周 著(1974), 『韓國漢字語에 관한 研究-語彙論的 機能을 中心으로』(國語國文學叢書), 三英社.
李堉(1966), 「國語借用語 研究」, 『韓國語研究』(忠北大學校) Ⅱ 第7號~第11號, 弘文閣, 1-66.
李準煥(2007), 『근대국어 한자음의 체계와 변화-성모의 대응 양상을 중심으로』, 成均館大學校 大學院 國語國文學科 國語學專攻 博士學位論文.
이준환(2017), 「19세기 고전 산문 작품에 반영된 국어 한자음의 양상에 대하여」, 『2017년 여름 국어사학회·계명대 한국학연구원 공동 전국학술대회 발표자료집(중세·근대 국어 보조 용언 연구의 쟁점과 과제)』, 120-139.
이지영(2009), 「사전 편찬사의 관점에서 본 『韓佛字典』의 특징 - 근대국어의 유해류 및 19세기의 『國漢會語』, 『韓英字典』과의 비교를 중심으로」, 『한국문화』 48, 서울대학교 규장각 한국학연구원, 73-92.

이진호 지음(2005), 『국어 음운론 강의』, 삼경문화사.

이진호(1999), 「중세국어 한자 학습서의 來母 初聲 표기 양상」, 『韓國文化』 23, 서울대학교 규장각 한국학연구원, 33-62.

이토 지유키 저·이진호 역(2011), 『한국 한자음 연구』, 역락.

이현희·김한결·김민지·이상훈·백채원·이영경(2014), 『근대 한국어 시기의 언어관·문자관 연구』, 소명출판.

장경남(2010), 「국문본 연행록 『북연긔힝』 연구」, 『우리文學硏究』 29, 우리문학회, 99-132.

정경일(2008), 『규장전운·전운옥편』(100대 한글 문화유산-11), 신구문화사.

제송희(2012), 「18세기 행렬반차도 연구」, 『미술사학연구』 273, 한국미술사학회, 101-132.

趙世用(1986), 「漢字語에서 改鑄된 歸化語 硏究-15세기 以後의 朝鮮漢字音과 中國 中原音으로 書寫된 漢字語를 中心으로」, 漢陽大學校 大學院 國語國文學科 博士學位論文.

조정아(2016), 「언간 자료에 나타나는 생활 물명의 어휘사적 연구」, 한국학중앙연구원 한국학대학원 박사학위논문.

趙恒範(1990), 「借用語」, 『國語硏究 어디까지 왔나-主題別 國語學硏究史』(서울大學校 大學院 國語硏究會 編), 東亞出版社, 531-536.

조항범(2014), 『국어 어원론』(개정판)(충북대학교 인문사회 연구총서), 충북대학교 출판부.

陳泰夏(1978), 「固有語化된 漢語 接尾辭 「지(子)」에 대하여」, 『언어학』 3, 한국언어학회, 227-244.

차경희(2012), 「『주식시의(酒食是議)』에 기록된 조선후기 음식」, 『韓國食生活文化學會誌』 27-6, 553-587.

蔡琬(1982), 「茶山의 雅言覺非에 대하여」, 『韓國學硏究』 第一輯, 同德女子大學附設 韓國學硏究所, 31-48.

최남희·정경일·김무림·권인한 편저(2006), 『國語史와 漢字音』, 도서출판 박이정.

최전승(2014), 「19세기 전기 경북 사회방언 발달 과정에서의 개별성과 보편성-『의성김씨 김성일파 종택 한글간찰』을 중심으로」, 『한국어 방언사 탐색』(전북대학교 교과교육연구총서 8), 역락, 19-121.

하강진(2016), 「표제어 대역 한자어의 탄생과 『한불자전』의 가치」, 『코기토』, 부산대학교 인문학연구소, 107-143.

河野六郎 著·李珍昊 譯註(2010), 『한국 한자음의 연구』, 역락.

한국고전번역원(2010), 『한국문집총간편람』, 동양인쇄주식회사, 163.

許元基(1999), 「『녈셩후비지문(烈聖后妃誌文)』과 조선시대 왕비의 형상」, 『藏書閣』 2, 한국학중앙연구원, 89-106.

황문환(2012), 「덕온공주 집안 유물 중 한글 자료에 대하여」, 『한국복식』 30, 단국대학교, 169-189.

황문환·임치균·전경목·조정아·황은영 엮음(2013), 『조선시대 한글편지 판독자료집』 1·2·3권, 역락.

황문환(2015), 『(조선시대의 한글 편지) 언간』, 역락.

황선엽(2014), 「식물명 연구의 현황과 과제」, 『정신문화연구』 37-4, 한국학중앙연구원, 71-94.

LI ZHENZHENG(2015), 「茶山 丁若鏞의 『雅言覺非』 研究」, 고려대학교 대학원 국어국문학과 박사학위논문.

나. 기타

沈國威 著(2010), 『近代中日詞彙交流研究-漢字新詞的創製、容受與共享』, 北京: 中華書局.

王力 著(2004), 『漢語史稿』, 北京: 中華書局.

(4) 웹자료

가. 한국

고려대학교 민족문화연구원 해외한국학자료센터(http://kostma.korea.ac.kr/)
국립민속박물관(http://www.nfm.go.kr/index.nfm)
국립중앙도서관(http://www.nl.go.kr/nl/index.jsp)
두피디아(www.doopedia.co.kr/)
서울대학교 규장각 한국학연구원(http://kyujanggak.snu.ac.kr)
역사정보종합시스템(http://www.koreanhistory.or.kr)
우리말샘(https://opendict.korean.go.kr/main)
유니 한자찾기: 어려운, 복잡한 한자(http://uny.kr/)
전국박물관소장품검색(http://www.emuseum.go.kr/main)
조선시대 필사본 음식조리서의 용어 색인 DB(http://ffr.krm.or.kr/base/td003)
조선왕조실록(http://sillok.history.go.kr)
한국고전적종합목록시스템(http://www.nl.go.kr/korcis)
한국고전종합 DB(http://db.itkc.or.kr)
한국복식사전(http://www.dic-costumekorea.org)
한국신소설어휘사전(http://newnovel.aks.ac.kr/)
한국콘텐츠진흥원 <문화원형백과>(http://www.culturecontent.com)
한국학 자료포털(http://www.kostma.net)
한국학중앙연구원 장서각(http://jsg.aks.ac.kr)
한식재단 <한식아카이브>(http://archive.hansik.org)

나. 기타

教育部 異體字字典(http://140.111.1.40/)
東方語言學(http://www.eastling.org/)

北京大學中國語言學研究中心(http://ccl.pku.edu.cn:8080/ccl_corpus/index.jsp?dir=gudai)
語料庫在線(http://www.cncorpus.org/)
中央研究員 漢籍電子文獻(http://hanji.sinica.edu.tw/)

부록

◇ [부록 1] 본고의 연구 대상 목록

가. '어원'은 본고에서 대상으로 한 차용어들을 동음(東音)의 가나다순에 따라 배열한 것이다.

나. '어형'은 본고에서 대상으로 한 동일 어원 차용어를 '한음형', '혼성형', '동음형'으로 나누어 제시한 것이다.

다. '차자표기'는 본고에서 대상으로 한 자료 중에 출현한 차자표기 형태들을 참고로 제시한 것이다.

	어원	어형			차자표기
		한음형	혼성형	동음형	
1	家事	갸스	갸ᄉᆞ·갸슈·개슈	가ᄉᆞ	
2	架子		갸ᄌᆞ·개ᄌᆞ	가ᄌᆞ	
3	夥計	호치		과계	
4	筐子		광지	광지	
5	衲衣	누비·뉘비		납의	縷飛
6	團領	텰링·털링·텰링		단령·달영·단영·단녕·덜령	
7	唐巾		탕건·탕근	당건	巾宕
8	玳瑁	ᄃᆡ미		ᄃᆡ모·대모·ᄃᆡ무	
9	大紅		다홍·다홍·ᄃᆞ홍	대홍·대홍ᄒᆞ-	多紅·茶紅
10	圖書	투슈	투셔·튀셔	도셔	套署·套書·圖署
11	喇叭		라발·나발·ᄂᆞ	라팔·나팔	

	어원	어형			차자표기
		한음형	혼성형	동음형	
			발		
12	網巾		망긴	망건·ᄆᆞᆼ건·망견·망근	
13	木綿	무면·무명·무영·미명·미영·밍·명		목면	武名
14	蜜蠟	미라	밀라·밀화·밀하·밀아	밀랍	密化·蜜花·密華
15	寶貝	보ᄇᆡ·보븨·보배·보뵈		보패·보ᄑᆡ	
16	盆子	분지·픈즈	픈ᄌᆞ·푼ᄌᆞ·푼주·푼쥬		盆之·分之
17	沙糖·砂糖	사탕·사탕·ᄉᆞ탕·샤탕		사당·사당	
18	小旦	ᄉᆞ오단		쇼조	
19	燒餠	쇼빙	ᄉᆞ오병	쇼병	
20	膝欄·膝襴	시란ᄒᆞ-	스란문(ᄒᆞ-)·슬안문·스란	슬란	
21	十分	시푼	십푼		
22	雙陸		솽륙·솽륙·솽뉵	상륙·상뉵·상륙·상뉵·샹뉵·빵륙·쌍륙·쌍륙·썅뉵·뺭뉵·빵뉵	
23	牙子		야ᄌᆞ	아ᄌᆞ	
24	鴉靑		야청·야청·야청·애청	아청·아청	
25	鴨頭綠	야투루·야투로·야토로	야토록·야토록	압두록	
26	耳掩	ᅀᆞ염·아얌		이엄·이염·이음	
27	紫檀		ᄌᆞ탄	ᄌᆞ단·자단	紫丹
28	紫的		ᄌᆞ디·ᄌᆞ지·자	ᄌᆞ덕·ᄌᆞ젹	紫芝·紫地

	어원	어형			차자표기
		한음형	혼성형	동음형	
			지		
29	財主	채쥬		ᄌᆡ쥬	
30	錢糧	쳔량·쳔량·쳔냥·쳘량·쳘냥·천량		젼량·젼냥·젼량	賤量
31	店房	뎐팡	뎐방·젼방·던방	뎜방·졈방	
32	頂子		딩ᄌᆞ·딩ᄌᆞ·징ᄌᆞ·증ᄌᆞ	뎡ᄌᆞ	徵子·鐵子·鐕子
33	酒鼈兒		쥬벼ᄋᆞ	쥬별ᄋᆞ	
34	請ᄒᆞ-	칭ᄒᆞ-		쳥ᄒᆞ-·쳥ᄒᆞ-·쳥ᄒᆞ-	
35	梢工		샤공·사공·ᄉᆞ공	쵸공·초공	沙工·砂工·師工
36	縐紗	즈우샤·주사·즈으사·즈우사·져사·져우사		츄사	走紗·苧藕紗
37	卓子		조ᄌᆞ·교ᄌᆞ	탁ᄌᆞ·탁자	造子·交子
38	湯罐	탕권		탕관·탕관	
39	湯水	탕쇠		탕슈·탕수	
40	套袖	토슈·토수·토시		투수	套手·吐手
41	玻瓈·玻璃	보리·버리	보려	파려·파리·ᄑᆞ리·피리	菩里·菩离·甫里
42	板子		반ᄌᆞ·븐자·반지	판ᄌᆞ·판자	盤子
43	匾食	변시	편시·편슈·편수		鯿水·偏水·卞氏
44	匹段·匹緞	비단		필단	備緞·緋緞
45	觱篥·篳篥	피리·필이		필률	皮里·觱里
46	下處	햐츄	햐쳐(ᄒᆞ-)·샤쳐(ᄒᆞ-)·사쳐(ᄒᆞ-)·ᄉᆞ쳐(ᄒᆞ	하쳐(ᄒᆞ-)	

	어원	어형			차자표기
		한음형	혼성형	동음형	
			-)·사처		
47	夾棍	갸군(ᄒᆞ-)	갸곤ᄒᆞ-	협곤	
48	靴(兒/子)		훠ᄌᆞ	화ᄌᆞ	
49	胸背	흉븨·흉븨		흉비	

◇ [부록 2] 기존논의에 제시된 차용어 목록

가. '어원'은 어원의 가나다순에 따라 배열한 것이다. 세 논저에서 제시된 어원 표기가 다를 경우 윗첨자로 구분하였다. 숫자 '1'은 李基文(1965/1991), 숫자 '2'는 劉昌惇(1975), 숫자 '3'은 蕭悅寧(2014)을 표시한다.

나. '李基文(1965/1991)'에 제시된 어형 중 밑줄을 긋고 글씨를 굵게 한 어형들은 『理藪新編』, 『雅言覺非』에 제시된 전사음을 옮겨온 것이다. 본고에서 대상으로 한 자료들에서는 해당 어형이 문증되지 않기 때문에 여타의 어형들과 구분하여 표시하였다.

다. '劉昌惇(1975)'에 제시된 차용어들은 격식이 통일된 것이 아니기 때문에, 어원이 누락되거나 예문 중에 제목에 제시되지 않은 새로운 어형이 발견되거나 어형은 제시되었으나 관련 예문은 찾을 수 없는 경우들이 섞여 있다. 예문의 대응어를 통해 어원을 찾을 수 있는 경우에는 대응어를 어원으로 제시하였고, 찾을 수 없는 경우에는 '?' 부호로 표시하였다. 표제어에서 어형이 누락되어 있더라도 예문 중 한글 원문에서 관련 어형을 찾을 수 있을 경우 함께 제시하였다. 또한 관련 예문을 찾을 수 없는 경우들은 대개 국어사 문헌 자료에서 문증되지 않는 주음 성격의 것이므로 표 속에 포함시키지 않았다.

라. '蕭悅寧(2014)'에 제시된 '노비게[羅比甲], 로텰릭[羅貼裏]'은 李基文(1965/1991)과 劉昌惇(1975)에서 '노, 로', '비게', '텰릭'과 같이

개별 대상으로 처리되어 있던 것이다. 따라서 '노비게, 로털릭'에 한해서는 어원이 '羅, 比甲, 貼裏'로 된 부분의 내용을 참조하길 바란다.

	어원	기존논의		
		李基文(1965/1991)	劉昌惇(1975)	蕭悅寧(2014)
1	[匚敢]頭[1]·鬮頭[3]	**간투**		감토
2	家事	갸ᄉᆞ, 갸스	갸ᄉᆞ	
3	架子	갸ᄌᆞ	갸ᄌᆞ	갸ᄌᆞ
4	假的	**갸디**		
5	髭子	허ᄌᆞ		
6	喝采다			혀ᄎᆞ다
7	甘結	간계		
8	芥子			계ᄌᆞ, 겨ᄌᆞ
9	栲	고리		
10	斛	휘	휘	휘
11	罐子			권ᄌᆞ
12	筐笊籬			광조리, 광주리
13	卦		과	
14	褂子	쾌ᄌᆞ		
15	塊			쾌
16	句			귀
17	男便		난편	
18	團領	**던링**		
19	達達			다대
20	唐巾	탕건	탕건	
21	當直	**당지**		
22	玳瑁	ᄃᆡ미	ᄃᆡ미	
23	帶子	ᄃᆡᄌᆞ	ᄃᆡᄌᆞ, 대지	
24	大紅	다홍	다홍	다홍
25	圖書	투슈, 투셔		투슈
26	挑牙	툐야, 툐아		툐야, 툐아
27	頓子	둔즈, 둔ᄌᆞ	둔즈	둔즈
28	銅	퉁	퉁	통, 퉁
29	頭盔	투구	투구	투구
30	羅	로, 노	노	로, 노

	어원	기존논의		
		李基文(1965/1991)	劉昌惇(1975)	蕭悅寧(2014)
31	鑼鍋	노고	노고	노고, 로고
32	喇叭			라발
33	網巾	망긴, 망근	망긴, 망근	망긴
34	明珀			명패
35	毪子	무ᄌᆞ		
36	木棉	무명	무명	
37	蜜蠟	미라	미라	미라
38	盤			판
39	伴當			번당
40	伴人			번ᄉᆡᆫ
41	背皮			븨피
42	白楊			ᄇᆡᆨ양
43	白菜	ᄇᆡᆨᄎᆡ		ᄇᆡᆨᄎᆡ
44	玻瓈	파란	파란	파란
45	邊兒	변ᄉᆞ, 변ᄋᆞ	변ᄉᆞ, 변ᄌᆞ	
46	餠⿰食者[1]·餠__[3]	빙져, 빙쟈	빙쟈	빙쟈
47	菩提		보리	
48	寶貝	보ᄇᆡ	보ᄇᆡ	보ᄇᆡ, 보븨
49	棒鎚			방취, 방츄
50	分			푼, 픈
51	盆子	푼ᄌᆞ		
52	粉子	푼ᄌᆞ	푼ᄌᆞ	푼ᄌᆞ, 픈ᄌᆞ
53	棚子	풍ᄌᆞ		
54	比甲	비갸, 비게	비갸, 비게	비갸, 비게
55	絲麵			스면, 싀면, 슈면
56	砂糖	사탕	사탕	사탕
57	斜皮	셔피	셔피	셔피
58	猞猁猻		시라손	
59	算盤	산판	산판	
60	上頭	샹투	샹투	
61	生		승[4]	
62	生菜			ᄉᆡᆼ채
63	書辦			셔반

	어원	기존논의		
		李基文(1965/1991)	劉昌惇(1975)	蕭悅寧(2014)
64	先輩			션븨, 션ᄇᆡ
65	閃緞	션단		션단
66	燒餅			쇼빙
67	酥油			수유
68	孫子		손ᄌᆞ, 손주	
69	刷子	솨ᄌᆞ, 샤ᄌᆞ, 사ᄌᆞ	솨ᄌᆞ, 솨지	샤ᄌᆞ, 사ᄌᆞ
70	受苦			슈구
71	水門			쉬문
72	水飯	슈판		
73	緌兒	수ᄉᆞ		
74	膝襴			스란
75	心兒	심ᄉᆞ	심ᄉᆞ, 심지	심ᄉᆞ
76	十分			시푼, 십푼
77	雙			솽
78	雙雙			솽솽
79	雙六			솽뉵
80	牙子			야ᄌᆞ
81	鴉青	야쳥	야쳥	야쳥, 야청
82	鴨頭綠	야투로, 야토록, 야토룩	야토로, 야투로, 야토록, 압두록	야투루, 야투로, 야토록
83	樣子			양ᄌᆞ
84	玉黃			유황
85	褥			요
86	利錢			니쳔, 리쳔
87	印子鋪			인ᄌᆞ푸
88	自家		ᄌᆞ갸	
89	紫檀			ᄌᆞ탄
90	紫的	ᄌᆞ디	ᄌᆞ디	ᄌᆞ디, ᄌᆞ지, 자지
91	刺질		치질	치질
92	雜貨			잡호
93	腸子			챵ᄌᆞ
94	?		장ᄌᆞ, 장지	
95	財主			채쥬

	어원	기존논의		
		李基文(1965/1991)	劉昌惇(1975)	蕭悅寧(2014)
96	底子			디즈
97	赤根菜		시근치	시근치
98	錢	쳔	쳔[5)]	쳔
99	錢粮[1]·錢糧[2·3]	쳔량	쳔량	쳔량
100	氈衫			젼산
101	氈條			젼툐
102	田禾		뎐호	뎐호
103	占卦		졈과	
104	頂子[1·2·3]·頂兒[1·2]	딩ᄌᆞ	딩ᄌᆞ	딩ᄌᆞ
105	笊籬	죠릐		죠릐, 됴릐
106	罩網	조왕		
107	條兒	툐ᄋᆞ	툐ᄋᆞ	툐ᄋᆞ
108	條環			토환, 툐환
109	座兒	좌ᄉᆞ, 좌ᄋᆞ	좌ᄉᆞ, 좌ᄌᆞ	좌ᄋᆞ
110	座子			좌ᄌᆞ
111	酒鼈兒[1]·酒鱉兒[3]	쥬벼ᄋᆞ		쥬벼ᄋᆞ
112	眞的	진디	진디	진지
113	茶褐			차헐
114	差事·差使			ᄎᆡᄉᆞ
115	唱戱			챵시
116	帖裏[2]·貼裏[3]		텰릭	텰릭, 텬릭
117	帖子[1]·帖兒[2]·貼子[3]	톄ᄌᆞ	톄ᄌᆞ	톄ᄌᆞ
118	請ᄒᆞ다			칭ᄒᆞ다
119	梢工			ᄉᆞ공, 사공
120	蜀黍[1·2·3]·薥薥[1]	슈슈	슈슈	슈슈
121	縐紗	즈우샤, 주사	즈우사	즈우샤, 주사
122	鞦皮			쥬피
123	打緊ᄒᆞ다			다긴ᄒᆞ다
124	搭連[1·2]·褡連[3]	대련	대련	대련
125	湯罐		탕권	탕권
126	湯水			탕쇠
127	套袖	토슈	토슈	토슈

	어원	기존논의		
		李基文(1965/1991)	劉昌惇(1975)	蕭悅寧(2014)
128	玻瓈	버리	버리	보리
129	罷漏		바루	
130	板凳			반등
131	匾食	변시	변시	변시
132	鋪			푸
133	鋪子	푸ᄌᆞ	푸ᄌᆞ, 푸주	푸ᄌᆞ
134	匹			비
135	匹段	비단	비단	비단
136	觱篥	피리		
137	下處	햐쳐	햐쳐	햐츄, 햐쳐
138	炕			캉
139	夾棍			갸군, 갸곤
140	護膝	후시	후시	후시
141	護項	휘항	휘항	
142	靴	훠	훠	훠
143	花娘			화냥
144	貨物			포믈
145	靴兒	훠ᄋᆞ		훠ᄋᆞ
146	靴子			슈여ᄌᆞ
147	荒貨[1·2]·行貨[3]	황호	황호, 황후	황호, 항호
148	回回			휘휘
149	胸背	흉븨	흉븨	

◇ [부록 3] 문집류에 등장하는 차용어 목록

가. '어원'은 어원의 가나다순에 따라 배열한 것이다. '전사음'에는 문집에 제시된 전사음을 옮겨온 것이다. 간혹 전사음이 제시되어 있지 않은 경우도 있다. 어원이 달리 제시되어 있거나 전사음이 다를 경우 윗첨자로 구분을 하였다. 숫자 '1'은 『雅言覺非』, 숫자 '2'는 『磻

4) '이승, 저승, 즘승, 초승'을 예로 들고 있다.
5) '밀쳔'을 예로 들고 있다.

溪隧錄』, 숫자 '3'은 『理藪新編』을 말한다.

나. '문집'은 『雅言覺非』, 『磻溪隧錄』, 『理藪新編』의 수록 여부를 제시한 것이다. 수록되어 있을 경우 '○'로 표시하였다.

	어원(전사음)	문집		
		雅言覺非	磻溪隧錄	理藪新編
1	家事(갸스)		○	○
2	假的(갸디)		○	○
3	甘結(간계)			○
4	栲栳(잔랖)	○		
5	橄頭[1]·[匚敢]頭[3](감투[1]·간투[3])	○		○
6	褂子(쾌즈)	○		
7	衲衣(나히)	○		
8	腦包(랖밮[2]·낲밮[3])		○	○
9	團領(퉌링[2]·던링[3])		○	○
10	唐巾(탕_)	○		
11	當直(당디[2]·당지[3])		○	○
12	帶子	○		
13	大紅(다홍[2]·더훙[3])		○	○
14	圖書(뚜슈)	○		
15	銅(퉁)		○	○
16	銅斛(뚱훼)			○
17	斗拱(투궁)	○		
18	頭錢(뚜젼)	○		
19	頭盔(뚜귀[1]·특퀴[2]·투퀴[3])	○	○	○
20	屯絹(뚜견)	○		
21	馬福塔(마부타)	○		
22	馬兒(마올)			○
23	網巾(망긴)		○	○
24	木棉(무면)	○		
25	武侯菜(무후채)	○		
26	薄縫(보봉)	○		
27	白菜(빅채)	○		
28	琺瑯(바랑)	○		
29	碧魚(비유)	○		
30	補處(부춰)	○		

	어원(전사음)	문집		
		雅言覺非	磻溪隧錄	理藪新編
31	斜廊	○		
32	斜皮(셔삐)	○		
33	艄工(샤궁)	○		
34	水飯(슈판)			○
35	鴉靑(야칭)		○	○
36	額掩(耳_)	○		
37	英固爾岱(힝구ᄋᆞᆯ때)	○		
38	猧兒(훠ᄋᆞᆯ)			○
39	紫的(ᄌᆞ디[2]·자디[3])		○	○
40	盞托(잔탚)	○		
41	錢糧[1·2]·錢粮[3](쳔량[1·3]·쳔랑[2])	○	○	○
42	頂子(딩즈)	○		
43	笊籬(쟌례)	○		
44	罩網(쟌왕)	○		
45	帖裏[1·3]·帖裡[2](텨리[2·3])	○	○	○
46	帖子(텨즈)		○	○
47	圊廊(칭랑)	○		
48	蓟黍(쑤슈)	○		
49	縐紗(주사)	○		
50	推窓(튀촹)	○		
51	推鉋(뒤퐌)	○		
52	托樑(토량)	○		
53	卓子(쟌즈)	○		
54	搭連(다련)	○		
55	套袖(탚식)	○		
56	玻璨(보리)	○		
57	八朔(바샾)			○
58	鋪墊(푸댠)	○		
59	匹段(비단)			○
60	觱栗(피리)	○		
61	下處(햐츄)		○	○
62	炕洞(캉둥)	○		
63	護項(후_)	○		

찾아보기

ㄷ

ㄹ

ㅁ

ㅂ

ㅅ

ㅎ

동일 어원 중국어 차용어의 통시적 연구

초판 1쇄 발행 2024년 8월 30일

지은이 김춘월(金春月)
펴낸이 김길준
펴낸곳 (학)신구학원신구문화사

등록 1968. 6. 10. 제1-205호
주소 경기도 성남시 중원구 광명로 377, 1층(금광동, 우촌학사)
전화 031-741-3055~6
팩스 031-741-3054
이메일 shingupub@naver.com
홈페이지 www.shingubook.com

ISBN 978-89-7668-282-6 93700